Le droit hiérosolymitain dans l'Orient latin du XIe au XVIe siècle

Les « Assises de Jérusalem »

Logiques Juridiques

Fondée par Gérard Marcou
Dirigée par Jean-Claude Némery et Thomas Perroud

Le droit n'est pas seulement un savoir, il est d'abord un ensemble de rapports et pratiques que l'on rencontre dans presque toutes les formes de sociétés. C'est pourquoi il a toujours donné lieu à la fois à une littérature de juristes professionnels, produisant le savoir juridique, et à une littérature sur le droit, produite par des philosophes, des sociologues ou des économistes notamment.

Parce que le domaine du droit s'étend sans cesse et rend de plus en plus souvent nécessaire le recours au savoir juridique spécialisé, même dans des matières où il n'avait jadis qu'une importance secondaire, les ouvrages juridiques à caractère professionnel ou pédagogique dominent l'édition, et ils tendent à réduire la recherche en droit à sa seule dimension positive. À l'inverse de cette tendance, la collection « Logiques juridiques » des éditions L'Harmattan est ouverte à toutes les approches du droit. Tout en publiant aussi des ouvrages à vocation professionnelle ou pédagogique, elle se fixe avant tout pour but de contribuer à la publication et à la diffusion des recherches en droit, ainsi qu'au dialogue scientifique sur le droit. Comme son nom l'indique, elle se veut plurielle.

Dernières parutions

Xavier LABBEE, *La société française est-elle matriarcale ?* 2023.
Togbé Agbessi ALANGUE, *Le Togo et les traités internationaux, La pratique conventionnelle togolaise de 1960 à nos jours*, 2023.
Paraclet NKUTI, *Le droit à la liberté religieuse en RD Congo. Étude juridique des fondements, implications et perspectives africaines*, 2023.
Samir ZIME YERIMA, *Le droit face au surnaturel. Approche juridique de la question sorcellaire en Afrique*, 2023.
Héritage Bita Heyeghe, Placide Lasmothey (dir.), *La « rébellion » en droit public et science politique*, 2023.
Rabiaa BOURHIM, *La régulation des conflits dans l'espace collectif marocain. Entre l'endogénéité du droit et le positivisme,* 2023.
Nader ZGHAL, *L'arbitre et les méthodes de détermination du droit applicable au fond*, 2023.
Laura BAUDIN, *Cyberattaques et droit international public. De la négociation entre États à l'intégration des acteurs privés pour parvenir à la cyberpaix ?,* 2023.
Ludovic BERTON, *Penser la démocratie sociale*, 2023.

Louis-Marie Audrerie

Le droit hiérosolymitain dans l'Orient latin du XIe au XVIe siècle

Les « Assises de Jérusalem »

Préface de Laura Viaut

L'Harmattan

Du même auteur :

- **Avec Dominique AUDRERIE, *Chevalerie et chevaliers du Saint-Sépulcre*, Mémodoc (20 mai 2021), ISBN-13 : 979-1090452428**

- **« À la redécouverte des « Assises de Jérusalem », entre le souvenir et l'élaboration d'un droit sur six siècles dans l'Orient latin », *Bulletin du centre d'études médiévales d'Auxerre* | *BUCEMA* [En ligne], 25.2 | 2021**

5-7, rue de l'École-Polytechnique, 75005 Paris

http://www.editions-harmattan.fr

ISBN : 978-2-14-034728-3
EAN : 9782140347283

Préface

C'est une émotion très douce qui accompagne l'invitation à coiffer une thèse d'une préface en vue de sa publication. On ne peut que se réjouir de cette consécration offerte à un jeune docteur prometteur dont on a pu voir l'épanouissement intellectuel et scientifique.

Ce travail, préparé sous la direction du Professeur Nicolas Warembourg, a été brillamment soutenu à l'université Paris I Panthéon Sorbonne le 18 mai 2021, devant un jury de médiévistes réputés, présidé par le Professeur Éric Bournazel et composé des Professeurs Luc Guéraud, Vincent Martin, Liêm Tuttle et Nicolas Warembourg, qui a autorisé la publication en l'état et la candidature à un prix.

La publication de cette thèse est d'autant plus significative que son sujet, sans être confidentiel, est encore peu connu : les Assises de Jérusalem, ou plus précisément, le droit hiérosolymitain dans l'Orient latin médiéval. Le sujet, il est vrai, est extrêmement ambitieux. D'une part, parce que celui qui s'y aventurerait serait semblable à un jeune pionnier, tant il est vrai que peu de chercheurs s'y sont risqués. D'une autre, parce que les sources médiévales – anciennes, manuscrites, partielles et parfois partiales - sont d'un maniement difficile. Quelle volonté et quel courage n'a-t-il pas fallu à Louis-Marie Audrerie pour relever un tel défi ! Pour pouvoir disposer de moyens à la mesure de l'ambition de son sujet, l'auteur a consenti à tant d'efforts…

Une telle résolution lui a permis de démontrer que ce qu'il est convenu d'appeler les « Assises » correspond aux règles appliquées dans le Royaume de Jérusalem. Produit à l'origine en assemblée depuis Godefroy de Bouillon dans le royaume (1099-1187) et consigné dans des chartes portant le nom de « Lettres dou Sepulcre », le droit hiérosolymitain est ensuite devenu la coutume partagée du royaume latin de Jérusalem reconstitué à Saint-Jean d'Acre, puis dans celle du royaume latin de Chypre jusqu'en 1571. L'histoire de ce droit méconnu, réparti en vingt manuscrits médiévaux, est ici retracée sur plusieurs siècles. L'auteur présente le fruit de ses recherches en six chapitres. Le premier, remontant aux origines du droit hiérosolymitain, présente ses filiations avec le droit du nord de la France, tandis que le deuxième porte sur la transcription de ces textes au sein de livres juridiques dans les deux royaumes, Jérusalem et Chypre. Les trois chapitres suivants portent, de manière chronologique, sur la réception du droit hiérosolymitain dans le royaume de Chypre du XIVe au XVe siècle. Le sixième et dernier chapitre décrit la dernière version du droit hiérosolymitain, version devenue officielle et conservée jusqu'en 1571, soit jusqu'à la fin de l'Orient latin. Cette étude minutieuse des sources, parfois tardives, à la fois dans le temps et l'espace, a permis à l'auteur de dresser l'histoire générale de cette source du droit, généralement appelée les « Assises de Jérusalem ».

Le style fluide et limpide de l'auteur permet de mettre à la portée de tous les mécanismes juridiques hiérosolymitains les plus difficiles d'approche. C'est un exploit intellectuel d'avoir su présenter le droit et les institutions du royaume de Jérusalem. Mais c'est un véritable tour de force d'avoir établi, à travers elle, l'histoire de la production et de la réception de son droit. Pour ce faire, Louis-Marie Audrerie a travaillé sous une double casquette - celle d'un juriste et d'un historien -, ou plutôt d'un historien médiéviste des facultés de droit. Chacun sait aujourd'hui que l'espèce, menacée par le recul de la maîtrise du latin, est en voie d'extinction. Par son travail, ses recherches, Louis-Marie Audrerie a su faire perdurer l'histoire du droit médiéval.

La pertinence de ses choix et l'intelligence de ses démonstrations font véritablement de ce livre une référence incontournable pour l'histoire des institutions de l'Orient médiéval latin.

Laura VIAUT

Maître de conférences en histoire du droit

Université Paris I Panthéon Sorbonne

Introduction

Lorsqu'il est fait mention des « Assises de Jérusalem », il est fait référence de manière habituelle, dans la littérature scientifique spécialisée, à l'ensemble des livres de droit écrits pour la plupart au XIIIe siècle décrivant le droit et les institutions du premier royaume latin de Jérusalem (1099-1187). Aussi, pour le grand historien Prawer une étude fondée sur les « Assises de Jérusalem », œuvres juridiques du XIIIe siècle, ne peut être que fautive puisque les sources « reflètent, en mettant les choses au mieux, la pratique du XIIIe siècle, bien qu'elles aient conservé certaines traditions du XIIe siècle »[1]. Ainsi, en pratique, les « Assises de Jérusalem » font référence, dans l'historiographie commune, et ceci de manière unanime, au droit qui aurait continué de s'appliquer et à s'adapter, dans une certaine mesure, dans le nouveau royaume de Jérusalem reconstitué à Saint-Jean d'Acre après la perte du royaume en 1187, par suite de la victoire de Saladin, mais aussi dans le royaume de Chypre, royaume latin constitué après la conquête de l'île par Richard Cœur de Lion au cours de la troisième croisade en 1191.

En histoire du droit, cette source du droit est vue comme une source qui « illustre un droit primitif de la période féodale, peu évolué, et pour ainsi dire fossilisé »[2]. Tous les historiens s'accordent enfin pour convenir qu'après la perte de Saint-Jean d'Acre en 1291, les « Assises de Jérusalem » ne furent plus véritablement appliquées. Cette dénomination « Assises de Jérusalem » est trompeuse en ce qu'elle laisserait entendre que nous posséderions un corps de droit uniforme, ou même une coutume officielle figurant dans un seul manuscrit rédigé à Jérusalem, ce que nous n'avons pas. Précisons d'ores et déjà que cette appellation est née au XVIe siècle lorsque ces recueils ont commencé à être étudiés[3].

Depuis la thèse d'histoire du droit de Maurice Grandclaude, *Étude critique sur les Livres des Assises de Jérusalem*, soutenue en 1920[4], il n'y a plus eu de travaux d'ensemble sur ce sujet, ni de réflexions nouvelles en histoire du droit qui permettent d'appréhender les « Assises de Jérusalem » dans leur ensemble, sous un nouvel éclairage historique et juridique. Dès lors, les travaux de Grandclaude servent souvent de base à toute l'historiographie postérieure dans la manière d'appréhender les « Assises de Jérusalem » et d'y faire référence, que ce soit dans les rares études spécialisées ou dans les études plus généralistes portant sur l'Orient latin. En dehors de quelques corrections

---

[1] J. PRAWER, « Les premier temps de la féodalité dans le royaume latin de Jérusalem », *Revue d'histoire du droit*, vol. 22 (1954), p. 401-424 (ici p. 410).

[2] A. CASTALDO, Y. MAUSEN, *Introduction historique au droit*, 2019, p .156.

[3] Nous abordons ce point dans notre chapitre préliminaire.

[4] M. GRANDCLAUDE, *Étude critique sur les livres des Assises de Jérusalem*, Thèse pour le doctorat, Faculté de droit de l'Université de Paris, Paris, 1923.

à la marge, ses travaux restent la référence première. Pour Grandclaude, le droit hiérosolymitain fut mal observé après 1291 dans le royaume de Chypre car « les assises ne sont plus dans leur milieu historique »[1]. De manière générale, pour lui, les « Assises de Jérusalem » n'ont de valeur que dans la période où elles ont paru et dans une moindre mesure ont une valeur informative sur la période qui les précède. Il considère le droit décrit dans les Livres comme « régressif » et « imprécis »[2]. Il considère seulement que le Livre de Jean d'Ibelin a pu avoir conservé son autorité[3], mais il en doute fortement[4]. Il perçoit le royaume de Chypre au XIVe et au XVe siècle comme une anarchie effroyable[5]. Analyse qui sera très contestée ici.

Les rééditions de quelques-uns de ces « recueils de lois » par des historiens depuis 1995 ont relancé l'intérêt scientifique pour le sujet[6]. En 2015, dans ce sens, s'est tenu à Orléans le 21 et le 22 mai 2015 un colloque ayant pour thème « Autour des Assises de Jérusalem », sous la présidence de Bernard Ribémont[7]. Cette rencontre pluridisciplinaire, entre différents chercheurs internationaux, s'était alors proposé de faire le point sur le sujet. Il est apparu que ce colloque aboutissait à plusieurs conclusions dont il faut aujourd'hui s'éloigner. En effet, la première conclusion scientifique, retenue dans la préface à l'édition des contributions de ce colloque de 2015, fournie par Jérôme Devard et Bernard Ribémont consiste, en premier lieu, à refuser à ce corpus normatif son caractère de droit d'origine française et ceci contrairement à toute la tradition de l'historiographie. De plus, pour Michel Balard, spécialiste de l'Orient latin médiéval, dans sa contribution, les « Assises de Jérusalem » ne sont que l'expression d'œuvres individuelles de techniciens du droit sans aucun caractère officiel dont l'étude permet seulement de comprendre ce que fut la loi dans le premier royaume de Jérusalem[8]. Enfin, en conclusion à ce colloque, Stéphane Boisellier, retient lui, de ces deux jours, d'échanges que « Globalement, les Assises ne fournissent plutôt que l'image d'une société politique fictive, fantasmée, idéalisée par les auteurs mêmes des compilations … »[9]. Il ajoute même que le

---

[1] *Ibid.*, p. 94.
[2] *Ibid.*, p. 108.
[3] *Ibid.*, p. 94.
[4] *Ibid.*, p. 166.
[5] *Ibid.*, p. 167.
[6] M. GREILSAMMER, *Le Livre au roi*, Académie des inscriptions et belles-lettres, Paris, 1995 ; N. COUREAS, *The Assizes of the Lusignan Kingdom of Cyprus*, (traduction anglaise du grec), Nicosia : Cyprus Research Centre, 2002 ; P. W. EDBURY, ed., *John of Ibelin, le Livre des Assises*, Leiden, 2003 ; M-A. NIELEN, *Lignages d'outremer*, Académie des inscriptions et belles-lettres, Paris, 2003 ; P. W. EDBURY, *Philip of Novara, Le Livre de Forme de Plait*, éd. & trans. P. W. Edbury, Nicosia, 2009.
[7] « Autour des Assises de Jérusalem », sous la direction de Jérôme Devard et Bernard Ribémont, Actes du Colloque d'Orléans, Orléans 21-22 mai 2015, Classiques Garnier, Collection POLEN, Pouvoirs, lettres, normes, n° 10, 2018.
[8] *Ibid.*, M. BALARD, p. 29-30.
[9] *Ibid.*, S. BOISELLIER, p. 225.

droit décrit est un droit sans aucun doute archaïque et sans valeur au moment où les recueils furent écrits. Ces propos sont manifestement faux et c'est ce que démontre cet ouvrage par une étude globale de la matière.

Pour bien aborder les « Assises de Jérusalem » il faut les situer dans un ensemble de sources juridiques et historiques, ayant trait à l'Orient latin et en particulier au royaume de Jérusalem, mais surtout dans un contexte de production. De plus, pour la première fois, tous les manuscrits connus qui comprenaient tout ou partie des livres de droit décrivant les « Assises de Jérusalem », selon l'expression consacrée, sont ici proposés. Il est aussi procédé ici à la recension de toutes les éditions des « Assises de Jérusalem ». Enfin, sont identifiées de manière exhaustive, toutes les études scientifiques touchant aux « Assises de Jérusalem » du XVIe siècle à aujourd'hui ; état des lieux présenté dans le chapitre préliminaire. Ce chapitre permet d'éviter d'alourdir de beaucoup cette introduction générale et de situer précisément le travail qui va suivre par rapport à la recherche antérieure.

Cette étude préalable, jamais réalisée, a permis d'avoir une vision globale du sujet et a amené à se rendre compte que bien des approches, jusque-là retenues sur la nature, le caractère et la portée des textes décrivant les « Assises de Jérusalem », n'étaient pas à l'abri de la critique. Si en effet les analyses de l'historiographie ancienne reposaient pour l'essentiel sur une connaissance extrêmement parcellaire des sources, mais pas forcément du fond du droit et du contexte de production, l'historiographie plus récente, et ce jusqu'à aujourd'hui, sont restés dans une démarche qui a enfermé leurs conclusions dans l'interprétation réductrice de l'expression « Assises de Jérusalem », résultant des éditions anciennes de ces textes. Les interprétations récentes ont fait elles l'impasse sur l'analyse complexe de l'époque donnée ; sur ce qui a conduit à l'écriture de ces textes. C'est-à-dire sur ce qui explique le pourquoi et la valeur de ce qui est exposé. Les principaux auteurs de livres de droit décrivant les « Assises de Jérusalem » de la seconde moitié du XIIIe siècle, n'entendaient surtout pas se limiter à décrire le droit alors applicable au temps du premier royaume de Jérusalem au XIIe siècle. Les interprétations récentes ont fait aussi l'impasse sur l'analyse des différentes périodes postérieures qui ont reproduit ces textes et surtout qui nous les ont fait connaître ; les principaux manuscrits connus sont du XIVe et du XVe siècle.

Aussi, pour clarifier, il faut comprendre dès à présent que les principaux textes, constituant ce que l'on désigne communément « Assises de Jérusalem », ont été rédigés pour la plupart dans la seconde moitié du XIIIe siècle par des jurisconsultes chevaliers du royaume de Jérusalem et du royaume de Chypre. Que les autres textes de ce corpus juridique ont été rédigés dans et pour le royaume de Chypre au XIVe siècle. Enfin, que le droit exposé s'est appliqué jusqu'au XVIe siècle. À l'origine, ces œuvres juridiques sont indépendantes les unes des autres, avant d'être compilé, et sont attribuables pour la plupart à des auteurs identifiés.

Il est ainsi distingué habituellement neuf livres. Les sept premiers concernent la Haute Cour et les deux derniers, la Cour des Bourgeois[1] :

- Le Livre de Philippe de Novare ou Livre de Forme de Plait ou encore Livre à un sien ami (composé, pour la seconde version connue, postérieurement à 1265).

  Philippe de Novare est au service de Jean d'Ibelin, le « vieux seigneur de Beyrouth » (et également oncle de Jean d'Ibelin, l'auteur). Il n'est pas né dans l'Orient latin mais probablement en Lombardie à Novare[2]. Il passa jeune en Terre sainte et il était un jeune écuyer pendant le siège de Damiette au cours de la cinquième croisade en 1218, ce qui signifie vraisemblablement qu'il est né entre 1195 et 1200. Il meurt entre 1269 et 1277. Il participa à la guerre entre les Ibelin et l'empereur du Saint Empire germanique Frédéric II[3].

- Le Livre de Jean d'Ibelin (composé et terminé en 1266).

Jean d'Ibelin est né en 1215[4]. Il fit ses premières armes dans la guerre contre les Lombards, et y donna des preuves éclatantes de bravoure, d'après Philippe de Novare qui a écrit l'histoire de cette guerre[5]. Ce Jean d'Ibelin devint ensuite comte de Jaffa, d'Ascalon et de Rames, et en cette qualité il réunit ses forces à l'armée de Saint Louis, lors de la septième Croisade. Joinville le représente comme un seigneur puissant, courageux et habile dans le conseil[6]. Après le départ de Saint Louis, Jean d'Ibelin devient le chef seigneur du royaume de Jérusalem en juin 1254[7]. Il ne gouverna qu'un an. Il se retira des affaires à partir de 1258 et meurt en 1266. C'est durant cette période qu'il semble avoir écrit son Livre d'Assises.

- Le Livre des lignages d'Outremer.
  Ce Livre semble être à l'origine la suite du Livre de Jean d'Ibelin.
- Le Livre la Clef des Assises (composé entre 1266 et 1291).
  Auteur inconnu.
- Le Livre de Geoffroy Le Tort (composé entre 1264 et 1276).
  Auteur simplement identifié.
- Le Livre de Jacques d'Ibelin (composé peu après 1271).
  Auteur simplement identifié.
- Le Livre au roi (datation admise en 1205 mais jugé ici impossible et renvoyée ici au tout début du XIVe siècle).

  L'hypothèse de Gérard de Montréal comme auteur est retenue ici.

---

[1] La Haute Cour et la Cour des Bourgeois sont les deux institutions de justice et de gouvernement majeures dans l'Orient latin.

[2] P. W. EDBURY, *Philip of Novara, Le Livre de Forme de Plait*, Nicosia, 2009, introduction p.15-19.

[3] A. A. BEUGNOT, « Notice sur la vie et sur les écrits de Philippe de Navarre », in *Bibliothèque de l'école des chartes*, 1841, tome 2, p. 1-31.

[4] P. W. EDBURY, *John of Ibelin and the Kingdom of Jerusalem*, Woodbridge, Suffolk, The Boydell Press, 1997.

[5] NOVARE (de) Philippe, *Mémoires*, Paris, Éd. Ch. Kohler, 1913.

[6] JEAN de JOINVILLE, *Vie de Saint Louis*, ed. Jacques Monfrin, Paris, Dunod, 1995.

[7] RHC, Historiens occidentaux, Tome II, Chronique d'Ernoul, Livre XXXIV, chap. II, p. 441.

- Le Livre des Assises de la Cour de Bourgeois (composé à partir de 1250).

  L'hypothèse de Nicolas Antiaume comme auteur est retenue ici.
- Le Livre Contrefais ou « Abrégé du Livre des Assises de la Cour des Bourgeois » (Deux parties : I. Le Livre du Pledeant et II. Le Livre du Plaidoyer) (composé peu après 1325).

  L'hypothèse de Pierre d'Uschoise comme auteur est retenue ici

À ces Livres il faut ajouter différents textes, que l'on retrouve également dans les manuscrits, qui sont les deux plaidoiries relatives au service militaire entre le roi Henri de Chypre et Jacques d'Ibelin en 1271, le recueil des Ordonnements du Vicomte de la Cour des Bourgeois de Nicosie (compilation de textes compris entre 1267 et 1323), le texte dit des « formules » (composé entre 1324 et 1359) et des documents relatifs à la successibilité au trône et à la régence dans le royaume de Jérusalem et de Chypre (transcriptions de plaidoiries devant la Haute Cour du XIIIe et du début du XIVe siècle).

Ces Livres et recueils de droit ouvrent la tradition des « coutumiers »[1] en langue française qui débute au milieu du XIIIe siècle. Ce mouvement de mise à l'écrit du droit dans l'Orient latin est contemporain du même mouvement qui a lieu en France. On retiendra ici le coutumier angevin qui par la suite va se trouver à l'origine des « *Établissements de Saint Louis* » ainsi que le « *Conseil à un ami* » du bailli royal du Vermandois Pierre de Fontaines. Ces Livres, ces traités, ces recueils de droit de l'Orient latin s'efforcèrent de fixer par l'écriture le droit du royaume de Jérusalem et du royaume de Chypre, la coutume d'alors. Précisons aussi dès à présent que pour Philippe de Novare et Jean d'Ibelin le mot coutume est toujours associé et attaché, comme synonyme, aux mots « *us* », « *usages* » et « *assises* ». La coutume étant dans les esprits de ces écrivains les usages du droit approuvé, soit la bonne coutume par opposition à la mauvaise coutume[2]. Ils n'emploient le mot coutume que pour écarter le droit savant car, en effet, « Sans renaissance des droits *universitaires*, point de coutume »[3]. L'usage de ce vocabulaire semble bien indiquer l'aboutissement inexorable de l'absorption par le *ius scriptum* des représentations majeures de la juridicité et la requalification en « coutume » de ce que les cultures médiévales avaient jusque-là tenu pour leur seul droit.

---

[1] R. JACOB, « Les coutumiers du XIIIe siècle ont-ils connu la coutume ? », *in La coutume au village dans l'Europe médiévale et moderne. Actes des XXe Journées internationales d'histoire de l'abbaye de Flaran*, Mireille Mousnier et Jacques Poumarède (éd.), Toulouse : Presses universitaires du Mirail, 2001, p. 103-119.

[2] *Ibid.*

[3] A. GOURON, « La coutume en France au Moyen Âge », *Recueils de la Société Jean Bodin*, 52, *La coutume*, Bruxelles, 1990, p. 205 ; Et CF. J. GILISSEN, *La coutume*, Turnhout : Brepols, 1982 ; in-8°, 122 pages, Typologie des sources du Moyen Age occidental, fascicule 41.

Ces Livres d'Assises font aussi partie de ce que l'on peut appeler le « droit français du Moyen Âge »[1] ; le droit pensé et exprimé en français (langue d'oïl) issu de la culture juridique coutumière partagée de l'espace francophone. Même si pour Granclaude, « *l'extrême originalité de ces institutions* »[2] n'en fait pas une des sources du droit français, il semble pourtant bien que si ce n'est pas « la » source du droit français, cela n'en reste pas moins « une » des sources les plus anciennes du droit médiéval latin d'inspiration française. Par exemple, le duel judiciaire décrit dans les Livres d'Assises, est dans l'Orient latin au XIIe siècle considéré comme relevant bien de la coutume de France, de la *consuetudine Francorum*[3]. Le contexte oriental, très différent du contexte français, a très certainement pu infléchir des règles d'origine franque mais il y a peu à dire sur ce point faute de comparaison possible.

Ces livres de droit de l'Orient latin, dans leur forme originelle, ont aujourd'hui disparu, mais nous sont parvenus pour tout ou partie, parfois de façon parcellaire, dans des manuscrits du XIVe au XVIIIe siècle constituant des corpus de droit au sein desquels ils ont été copiés et parfois compilés de manière choisie. Il peut être recensé ainsi un ensemble de trente et un manuscrits qui intègrent tout ou partie un ou plusieurs de ces livres de droit. Onze de ces manuscrits sont authentiques[4] et vingt qui en sont des copies, voire des copies de copies.

Comme manuscrits authentiques, il y a six manuscrits du XIVe siècle, trois manuscrits du XVe siècle et deux manuscrits du XVIe siècle.

Parmi les manuscrits du XIVe siècle deux se trouvent à Paris à la B.N.F.. Il y a le manuscrit de Saint-Germain (ms. fr. 19025), qui s'intitule *Les Coustumes du royaulme de Jherusalem*, et le manuscrit de Séguier-Coislin (ms. fr. 19026) ayant pour titre *Assises de Jérusalem*. Il y en a ensuite un à Oxford, à la Bodlein (ms. Selden Supra 69), un autre à Munich, à la Bayerische Staatsbibliothek (ms. français, *Codex Gallus* 51), qui porte l'intitulé *Livre des Assises de la baisse Court, c'est de la Court dou Visconte dou Reaume de Chipre*, et enfin un à Venise à la Marciana (ms. fr., Str. App. 20). Si ces premiers manuscrits sont en français, en revanche le sixième est en arménien et il se situe à Erevan à la bibliothèque Matenadaran Machtots (ms. 1898) ; mais ne s'y trouve ici que quelques chapitres d'un des livres[5].

---

[1] T. DUTOUR, « Existe-t-il un droit français au Moyen Age ? », *in Droit, pouvoir et société au Moyen Âge. Mélanges en l'honneur d'Yves Sassier*, éd. Emmanuelle Chevreau, Gilduin Davy, Olivier Descamps et Frédérique Lachaud, Limoges, Presses universitaires de Limoges, 2021, p. 73-85.

[2] M. GRANDCLAUDE, *Étude critique des livres des Assises de Jérusalem*, Jouve et Cie, Paris, 1923, p. 176-177.

[3] Guillaume de Tyr, RHC, Livre XIV, chapitre XV, p. 627 ; Cf. Annexe IV.

[4] Nous entendons par là le fait que ces manuscrits sont des originaux en soi. Cette distinction a son importance pour notre démonstration future.

[5] Le Livre des Lignages d'Outremer.

Pour les manuscrits du XVe siècle, deux sont en français et un est en grec. Les deux en français se trouvent pour l'un au Vatican (ms. français, *codex vaticanus latinus* 4789) et a pour titre *Livre de Jean d'Ibelin* et pour l'autre à Venise à la Marciana (ms. fr., App. COD. VI.) et se nomme *Assizes de la Court des Bourgeois du royaume de Jérusalem*. Le manuscrit en grec se trouve à Paris à la B.N.F. (ms. grec 1390) et est qualifié de *Assisiarum regni Hierosolymitani pars alter*. Ce dernier est une traduction d'un des Livres[1].

Les deux manuscrits « authentiques » du XVIe siècle sont la traduction officielle des « Assises de Jérusalem » en italien, ordonnée par la République de Venise en 1531, qui dominait alors le royaume de Chypre, afin de faciliter le travail des juges vénitiens dans l'application du droit des « Assises ». On retrouve ces deux manuscrits à Venise, à la Marciana (ms. it. II 46 et ms. it. 47).

Sur les vingt manuscrits copies de manuscrits authentiques il y en a onze issus des manuscrits en français, sept issus des manuscrits en italien et deux issus du manuscrit en grec.

Sur les onze manuscrits copies de manuscrits authentiques en français, ils sont issus de quatre sources différentes[2]. La première ne concerne qu'un seul des manuscrits, qui se trouve à Paris à la B.N.F. (ms. français, Dupuy 426) et qui est une copie du XVIe siècle de quelques chapitres du manuscrit de Saint-Germain (ms. fr. 19025). La deuxième source est les deux manuscrits du XVIIIe siècle, également situés à Paris à la B.N.F. (ms. fr. 12206 et ms. fr. 12207), qui sont respectivement la copie des deux manuscrits en français de Venise (ms. fr., Str. App. 20 et ms. fr., App. COD. VI). La troisième source ne concerne là aussi qu'un manuscrit du XVIIIe siècle qui se trouve à Munich, à la Bayerische Staatsbibliothek (ms. français, *Codex Gallus* 771) et qui s'intitule *Assises de Lorraine*, qui est la copie d'un manuscrit du XVe, lui-même copie d'un manuscrit du XIVe siècle. Ces deux manuscrits sont aujourd'hui disparus. La quatrième source concerne le plus grand nombre des manuscrits copies en français. Ce sont tous des manuscrits du XVIIe siècle. Le manuscrit de Carpentras (ms. français n° cgm 1786) est la copie du manuscrit du Vatican (*codex vaticanus latinus* 4789). Le manuscrit de Troyes (ms. français, Aube n°cgm 24) et le manuscrit de Paris de la B.N.F. (ms. français, Dupuy 652) sont des copies du manuscrit de Carpentras. Deux manuscrits de Paris, toujours à la B.N.F. (ms. français, Dupuy 278 et ms. français, 1078), sont les copies du manuscrit Dupuy 652. Et les deux derniers manuscrits de Paris, l'un à la B.N.F. (ms. français, 1077) et l'autre à la bibliothèque Sainte-Geneviève (ms. français, 778) sont des copies du manuscrit 1078.

Les sept manuscrits en italien, copies de manuscrits authentiques, sont tous issus des manuscrits italiens, traductions officielles, sauf un. Il a été référencé

---

[1] Le Livre de la Cour des Bourgeois.

[2] Il serra justifié du schéma de leur reproduction dans le chapitre préliminaire, pour la plupart, et pour le reste dans le corps de cette étude.

aussi à une époque un manuscrit du XVIe siècle, se situant anciennement à Gloucester, à la Bibliothèque de Cheltenham (ms. italien, n° 5684), mais qui a aujourd'hui disparu à la suite d'une vente publique entre 1885 et 1977. Dès quatre manuscrits du XVIIe siècle, deux sont à Paris à la B.N.F. (ms. italien 28 et 29), un est à Vienne à la bibliothèque Palatine (ms. italien n° 6256) et un est à Bologne à la bibliothèque universitaire (Cod. ital. n° 1076). Il y a aussi un autre manuscrit au Vatican du XVIIIe siècle (*codex vaticanus latinus*, ms. italien, 7806 A). Enfin, il y a un manuscrit en italien à Paris à la B.N.F. du XVIIe siècle (ms. italien 1496) qui est une traduction d'une partie du manuscrit du Vatican du XVe siècle (*codex vaticanus latinus* 4789).

Les deux manuscrits grecs du XVIe siècle, dont un est à Paris à la B.N.F. (ms. grec suppl. 465) et pour l'autre aujourd'hui disparu (connu comme : Athos, Saint Monastère de la Grande Laure, ms. grec) semblent être des copies du manuscrit grec du XVe siècle (ms. grec 1390).

Le *Stemma codicum* qui suit expose en gris clair les manuscrits authentiques et en gris foncé les manuscrits qui en sont les copies.

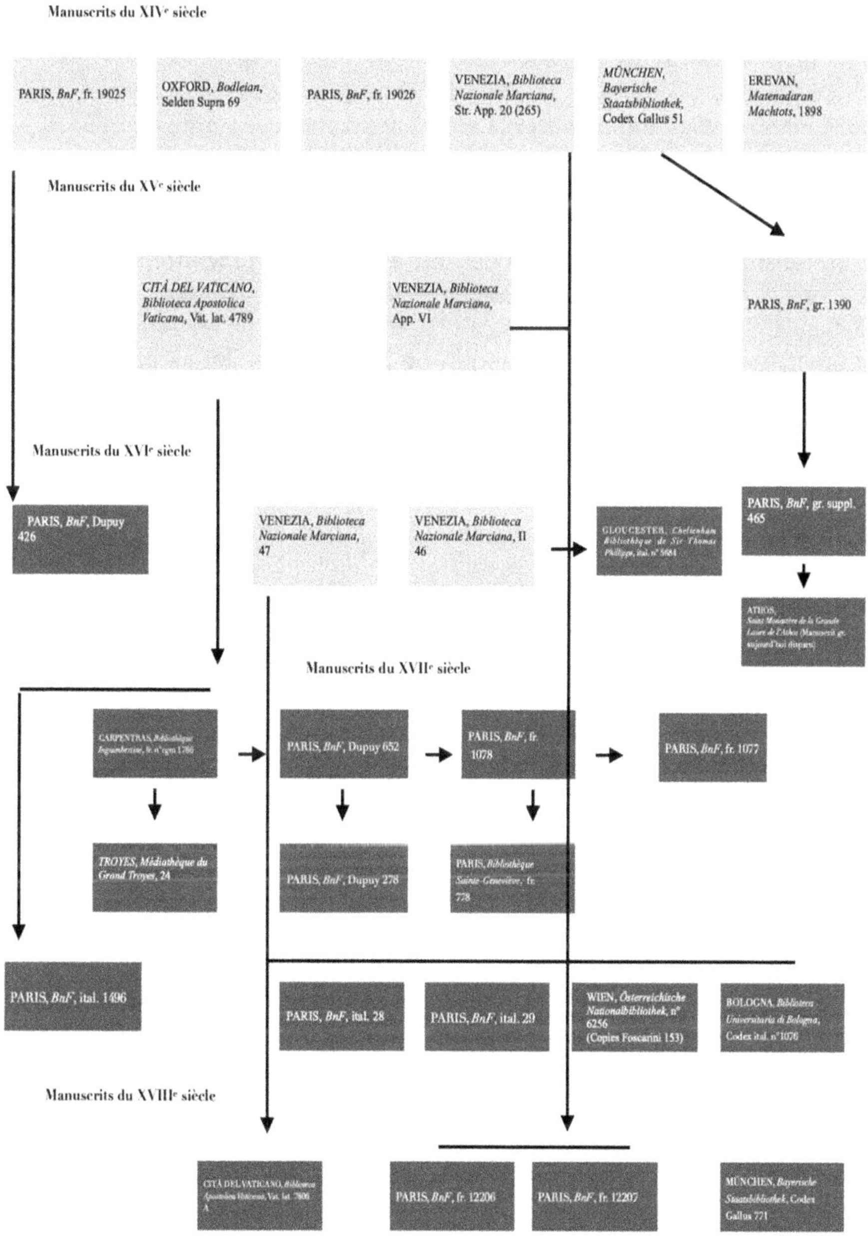

Manuscrits du XIVe siècle
PARIS, BnF, fr. 19025
OXFORD, Bodleian, Selden Supra 69
PARIS, BnF, fr. 19026
VENEZIA, Biblioteca Nazionale Marciana, Str. App. 20 (265)
MÜNCHEN, Bayerische Staatsbibliothek, Codex Gallus 51
EREVAN, Matenadaran Machtots, 1898
Manuscrits du XVe siècle
CITÀ DEL VATICANO, Biblioteca Apostolica Vaticana, Vat. lat. 4789
VENEZIA, Biblioteca Nazionale Marciana, App. VI
PARIS, BnF, gr. 1390
Manuscrits du XVIe siècle
PARIS, BnF, Dupuy 426
VENEZIA, Biblioteca Nazionale Marciana, 47
VENEZIA, Biblioteca Nazionale Marciana, II 46
GLOUCESTER, Cheltenham
PARIS, BnF, gr. suppl. 465
ATHOS,
Manuscrits du XVIIe siècle
CARPENTRAS
PARIS, BnF, Dupuy 652
PARIS, BnF, fr. 1078
PARIS, BnF, fr. 1077
TROYES, Médiathèque du Grand Troyes, 24
PARIS, BnF, Dupuy 278
PARIS, Bibliothèque Sainte-Geneviève, fr. 778
PARIS, BnF, ital. 1496
PARIS, BnF, ital. 28
PARIS, BnF, ital. 29
WIEN, Österreichische Nationalbibliothek, n° 6256
(Copies Foscarini 153)
BOLOGNA, Biblioteca Universitaria di Bologna, Codex ital. n°1076
Manuscrits du XVIIIe siècle
CITÀ DEL VATICANO
A
PARIS, BnF, fr. 12206
PARIS, BnF, fr. 12207
MÜNCHEN, Bayerische Staatsbibliothek, Codex Gallus 771

Par souci de compréhension des sources, est indiqué aussi ici, par ordre d'ancienneté, dans quels manuscrits se retrouvent de façon « intégrale » ou « partielle » ces Livres et ces textes de droit.

Le Livre des Assises de la Cour des Bourgeois nous est parvenu à travers onze manuscrits. Cinq manuscrits sont « authentiques », trois en français, un en italien et un en grec. Les six autres manuscrits sont des copies. Le premier manuscrit « authentique » du XIVe siècle qui contient le Livre des Assises de la Cour des Bourgeois en français est le Séguier-Coislin (ms. fr. 19026). Ce Livre se situe dans ce manuscrit du folio 1 à 16 et porte le titre de *Assises de la Cour des Bourgeois*. Il comporte ici seulement 78 chapitres. Le second est le manuscrit de Munich (ms. français, *Codex Gallus* 51). On retrouve la table et titres des matières du Livre du folio 1 à 15 et le Livre lui-même du folio 16 à 156 en 297 chapitres. Il contient en plus du précédent 30 chapitres propres, 18 en latin et 12 en français. Ce Livre porte ici le titre de *Assises de la Baisse Court*. Les manuscrits « authentiques » du XVe siècle qui contiennent le Livre de la Cour des Bourgeois sont celui de Venise en français (ms. fr., App. COD. VI) et celui de Paris en grec (ms. grec 1390). Ici, ces manuscrits ont pour objet unique ce Livre. Celui de Venise, en français, fournit le Livre en 265 chapitres et le manuscrit grec lui en 298 chapitres. Le manuscrit de Venise a 6 chapitres propres et tous les chapitres en latin qui se situent dans le manuscrit de Munich sont traduits. La version du manuscrit grec est très proche du manuscrit de Munich. Les deux autres manuscrits en grecs (ms. grec suppl. 465 et Athos, ms. grec) sont des copies et ne contiennent aussi que le Livre de la Cour des Bourgeois en 297 chapitres, avec seulement un chapitre original pour le premier[1]. Le manuscrit de Paris du XVIIIe siècle (ms. fr. 12207) est la copie parfaite du manuscrit de Venise. Les rubriques du Livres se retrouvent du folio 1 à 10 et le Livre du folio 13 au folio 99 en 265 chapitres. Le manuscrit « authentique » du XVIe siècle qui contient le Livre des Assises de la Cour des Bourgeois en italien est le manuscrit de Venise (ms. it. 47), manuscrit qui est la traduction officielle des Assises en italien de 1531. Ce Livre se retrouve du folio 8 au folio 171 en 265 chapitres. Le manuscrit de Paris (ms. italien 29) est une copie parfaite avec les rubriques du folio 1 à 5 et le Livre du folio 11 à 55 en 265 chapitres. Le manuscrit de Bologne (Cod ital n° 1076), qui est aussi une copie, ne contient lui que quelques chapitres. Enfin, le manuscrit de Vienne (ms. italien n° 6256) contient une copie du folio 393 au folio 497.

Le Livre de Philippe de Novare nous est parvenu à travers trois manuscrits en français. Il se retrouve seulement dans deux manuscrits « authentiques » ; le troisième est une copie. Il n'a jamais été traduit dans une autre langue. Les deux manuscrits « authentiques » qui contiennent ce Livre sont tous les deux du XIVe siècle. Le premier est le manuscrit Séguier-Coislin (ms. fr. 19026). Les rubriques de Livre se retrouvent aux folios 29 et 30, cotées I-LIII, et le

---

[1] L'assise numérotée 180, qui rend le mari responsable des dettes de sa femme, n'existe pas dans le manuscrit de Munich édité par Eduard H. von Kausler

texte du folio 235 au folio 264 en 53 chapitres, dont cinq sont propres. Le second est le manuscrit de Venise (ms. fr., Str. App. 20) avec le texte du folio 205 au folio 260 en 89 chapitres ou 79 chapitres et 10 annexes ayant la forme de consultations juridiques. Au dernier folio de ce Livre est indiqué le nom du copiste ou de l'écrivain qui a servi de plume à Philippe de Novare, « *Jehan le Petevin* ». L'ordre des chapitres et la disposition des matières sont extrêmement variables entre ces manuscrits mais le texte reste très semblable. Le manuscrit de Paris (ms. fr. 12206), qui est une copie de celui de Venise, inscrit le Livre de manière identique du folio 205 au folio 260 en 89 chapitres. Le Livre de Philippe de Novare nous est aussi connu de manière lacunaire dans le manuscrit d'Oxford (ms Selden Supra 69) qui nous donne 3 chapitres du Livre de Philippe de Novare folios 30, 281 et 289[1]. Il semble aussi, selon Edbury, que nous en avons une cinquième version, par confusion avec une partie du texte de Jean d'Ibelin[2], dans le manuscrit de Munich du XVIIIe siècle (ms. français, *Codex Gallus* 771) en 83 chapitres, du folio 49 au folio 183. Un chapitre est propre, relatif aux héritages des vilains (Fol. 162, chapitre 76).

Le Livre de Jean d'Ibelin nous est parvenu à travers dix-neuf manuscrits. C'est le texte qui a été le plus copié et diffusé. Ce Livre se retrouve dans six manuscrits « authentiques », dont cinq en français et un en italien. Les treize autres manuscrits sont des copies, ou des copies de copies. Les quatre manuscrits « authentiques » du XIVe siècle qui contiennent le Livre de Jean d'Ibelin sont le manuscrit Saint-Germain (ms. fr. 19025), le manuscrit d'Oxford (ms Selden Supra 69), le manuscrit Séguier-Coislin (ms. fr. 19026) et le manuscrit de Venise (ms. fr., Str. App. 20). Dans les deux premiers manuscrits, le texte est plus archaïque et est précédé d'un prologue. Ils fournissent un texte presque identique et la même disposition générale en 225 chapitres pour l'un et 272 chapitres pour l'autre[3]. Le manuscrit de Saint-Germain dispose le texte sur ses 222 folios et celui d'Oxford du folio 1 à 13 pour les rubriques et du folio 15 au folio 310 pour le texte. Dans les deux suivants, le texte est rajeuni et le prologue est réparti en cinq chapitres. Ils comportent, en plus des 225 chapitres des manuscrits précédents, dix-huit chapitres supplémentaires communs et des additions propres à chacun. Le manuscrit Séguier-Coislin donne le Livre de Jean d'Ibelin en 284 chapitres du folio 33 au folio 214. La table des rubriques se retrouve du folio 17 au folio 32. Le manuscrit de Venise donne lui le livre de Jean d'Ibelin du folio 11 au folio 174 en 263 chapitres, ainsi que des « chapitres » supplémentaires du folio 174 au folio 177. La table des rubriques se retrouve du folio 3 à 11. Le manuscrit Dupuy 426, du XVIe siècle, comporte quelques chapitres du Livre de Jean d'Ibelin, copie du manuscrit Saint-Germain, du folio 53 au folio 56.

---

[1] Chapitres indiqués comme « *Ex opere Philippi de Nauara* ».
[2] P. W. EDBURY, *Philip of Novara, Le Livre de Forme de Plait*, Nicosia, 2009.
[3] La différence de chapitres n'est en rien significative. Le découpage en chapitre varie selon les manuscrits sans pour autant changer le texte.

Le manuscrit (ms. fr. 12206) copie le Livre à partir du manuscrit de Venise. Le manuscrit de Munich du XVIIIe siècle (ms. français, *Codex Gallus* 771) qui est une copie de copie d'un manuscrit aujourd'hui perdu du XIVe siècle, donne le Livre de Jean d'Ibelin en 11 chapitres[1] du folio 31 au folio 49. Le manuscrit « authentique » du XVe siècle, qui contient le Livre de Jean d'Ibelin, est celui du Vatican (ms. français, *codex vaticanus latinus* 4789) en 330 chapitres du folio 25 au folio 275. Les rubriques du Livre sont là aussi au début du folio 3 au folio 18. Le manuscrit en italien, à Paris (ms. italien 1496), reproduit un extrait de ce Livre, à partir de ce manuscrit du folio 1 à 56. Le manuscrit de Carpentras (ms. français n° cgm 1786) est une copie du manuscrit du Vatican et reproduit les 330 chapitres. Les manuscrits suivants sont des copies, ou des copies de copies, de ce dernier manuscrit. On a le Dupuy 652, le manuscrit français 1078 et 1077, le manuscrit Sainte-Geneviève 778 et le manuscrit de Troyes (Aube n° cgm 24). Le manuscrit « authentique » du XVIe siècle, qui contient le Livre de Jean d'Ibelin, est celui de Venise (ms. it. II 46). Le texte, établi en italien, donne le Livre en 273 chapitres du folio 22 au folio 191. La table des rubriques se trouve du folio 7 au folio 21. Le manuscrit de Gloucester (ms. italien, n° 5684) copie ce Livre ainsi que le manuscrit de Paris (ms. italien 2 8, Gaston d'Orléans 28), du folio 12 au folio 149, et le manuscrit de Bologne (Cod. Ital. n° 1076) qui reproduit lui que quelques chapitres.

Le Livre des lignages d'Outremer nous est parvenu à travers quatorze manuscrits. Ce texte se présente la plupart du temps comme la suite du Livre de Jean d'Ibelin. Ce Livre se retrouve dans quatre manuscrits « authentiques », trois en français et un en arménien. Les dix autres manuscrits sont des copies, ou des copies de copies. Les trois manuscrits « authentiques » du XIVe siècle qui contiennent le Livre des lignages d'Outremer sont le manuscrit Séguier-Coislin (ms. fr. 19026), le manuscrit de Venise (ms. fr., Str. App. 20) et le manuscrit d'Erevan (ms. 1898), lui en arménien. Les deux manuscrits en français présentent le texte en 17 chapitres. Le manuscrit de Séguier-Coislin donne les rubriques du Livre au folio 28 et le texte du folio 214 au folio 221, chapitres CCLXXXV à CCCI, comme suite du Livre de Jean d'Ibelin. Le manuscrit de Venise nous donne le texte du folio 191 au folio 197. Le manuscrit 12206 du XVIIIe siècle, qui en est une copie, nous donne le Livre de manière identique. Le manuscrit d'Erevan donne la même version en arménien de ce Livre. Le quatrième manuscrit « authentique » est celui du Vatican (*codex vaticanus latinus* 4789) du XVe siècle. Ici le Livre est composé de 30 chapitres qui sont disposés du folio 276 au folio 296. Le manuscrit de Carpentras (ms. français n°cgm 1786) est une copie du manuscrit du Vatican et reproduit les 30 chapitres. Les manuscrits suivants sont des

[1] Les dix premiers chapitres du Livre sont conformes au manuscrit de Venise et au manuscrit 19026. Le onzième chapitre est un chapitre qui résume les fonctions des grands officiers de la couronne.

copies, ou des copies de copies, de ce dernier manuscrit qui ne contient que le Livre de Jean d'Ibelin et les lignages d'Outremer. On a le Dupuy 652, le manuscrit français 1078 et 1077, le manuscrit Sainte-Geneviève 778 et le manuscrit de Troyes (Aube n°cgm 24). De plus ici, on a le manuscrit Dupuy 278, qui appartient à la même famille, qui contient uniquement le Livre des lignages d'Outremer sur 24 feuillets. Le manuscrit de Munich du XVIIIe siècle (ms. français, *Codex Gallus* 771) qui est une copie de copie d'un manuscrit aujourd'hui perdu du XIVe siècle, donne le Livre des lignages d'Outremer en un seul chapitre du folio 245 au folio 248. Le manuscrit du Vatican du XVIIIe siècle (*codex vaticanus latinus*, ms. italien, 7806 A) nous donne une autre version en italien de ce Livre, a priori à partir de l'autre manuscrit du Vatican, en 9 chapitres du folio 241 au folio 252. Ce manuscrit ne comporte que ce Livre des Assises.

Le Livre de Geoffroy Le Tort nous est parvenu à travers sept manuscrits. Ce Livre se retrouve dans trois manuscrits « authentiques », deux en français et un en italien. Les quatre autres manuscrits sont des copies. Les deux manuscrits « authentiques » du XIVe siècle qui contiennent le Livre de Geoffroy Le Tort sont le manuscrit Séguier-Coislin (ms. fr. 19026) et le manuscrit de Venise (ms. fr., Str. App. 20). Le premier nous donne ce Livre en 19 chapitres du folio 230 au folio 235, les rubriques se trouvent elles aux folios 28 et 29. Le second ne nous donne que quelques extraits de ce Livre du folio 178 au folio 182. Le manuscrit du XVIIIe siècle (ms. fr. 12206) nous en donne la copie issue du manuscrit de Venise. De même, le manuscrit de Munich du XVIIIe siècle (*Codex Gallus* 771) nous donne une version semblable du folio 250 au folio 263. Le troisième manuscrit « authentique » à nous donner ce Livre est le manuscrit en italien de Venise du XVIe siècle (ms. it. II 46). Ce Livre se retrouve ici du folio 191 au folio 195 en 63 chapitres. Le manuscrit italien 28 de la B.N.F. nous en donne la copie comme le manuscrit de Gloucester (ms. italien, n° 5684).

Le Livre de Jacques d'Ibelin nous est parvenu à travers six manuscrits. Ce Livre se retrouve dans trois manuscrits « authentiques », deux en français et un en italien. Les trois autres manuscrits sont des copies. Les deux manuscrits « authentiques » du XIVe siècle qui contiennent le Livre de Jacques d'Ibelin sont le manuscrit Séguier-Coislin (ms. fr. 19026) et le manuscrit de Venise (ms. fr., Str. App. 20). Le premier nous donne ce Livre en 69 chapitres du folio 221 au folio 230, les rubriques se trouvent elles au folio 28. Le second nous donne aussi ce Livre en 69 chapitres du folio 183 au folio 190. Le manuscrit du XVIIIe siècle (ms. fr. 12206) nous en donne la copie issue du manuscrit de Venise. Le troisième manuscrit « authentique » à nous donner ce Livre est le manuscrit en italien de Venise du XVIe siècle (ms. it. II 46). Ce Livre se retrouve ici du folio 187 au folio 190 en 92 chapitres. Le manuscrit italien 28 nous en donne la copie comme le manuscrit de Gloucester (ms. italien, n° 5684).

Les deux plaidoiries relatives au service militaire entre le roi Henri et Jacques d'Ibelin nous sont parvenues à travers quatre manuscrits. Deux manuscrits sont « authentiques », un en français et un en italien. Les deux autres sont des copies du manuscrit en italien. Le premier manuscrit « authentique » qui comporte ce texte est celui de Venise du XIVe siècle (Str. App. 20) du folio 200 au folio 204. Le second manuscrit « authentique » est aussi celui de Venise, mais du XVIe siècle et en italien, du folio 196 au folio 202. Le manuscrit de Gloucester (ms. italien, n° 5684) et le manuscrit italien 28 en donnent la copie.

Le Livre la clef des Assises nous est parvenu à travers deux manuscrits, dont un seul est « authentique ». Le manuscrit « authentique » est celui de Venise du XIVe siècle (Str. App. 20). Il nous donne ce Livre en 240 chapitres avec un prologue du folio 261 au folio 278. Le manuscrit de Munich du XVIIIe siècle (ms. français, *Codex Gallus* 771) qui est une copie de copie d'un manuscrit aujourd'hui perdu du XIVe siècle, donne ce Livre de manière identique, mais sans son prologue, du folio 1 au folio 30.

Le Livre au roi nous est parvenu à travers trois manuscrits, dont deux sont « authentiques ». Les deux manuscrits « authentiques » du XIVe siècle qui contiennent le Livre au roi sont le manuscrit Séguier-Coislin (ms. fr. 19026) et le manuscrit de Munich (*Codex Gallus* 51). Le premier nous donne ce Livre en 31 chapitres, du folio 264 au folio 276, avec les rubriques aux folios 31 et 32. Le second nous donne ce Livre en 52 chapitres du folio 157 au folio 192. Le manuscrit de Munich du XVIIIe siècle (ms. français, *Codex Gallus* 771) qui est une copie de copie d'un manuscrit aujourd'hui perdu du XIVe siècle, donne ce Livre de manière semblable au manuscrit de Munich en 52 chapitres du folio 188 au folio 242. Les chapitres communs, 31 chapitres, et les 21 chapitres supplémentaires propres aux deux manuscrits de Munich ont tous le même style, les mêmes formules initiales et finales. Toutefois, les deux manuscrits de Munich abrègent assez souvent les formules. La disposition des matières est la même, à une divergence près, le chapitre XVI des deux manuscrits et de l'édition de Beugnot forme le XXVIIième chapitre du manuscrit de Saint-Germain.

Le Recueil des Ordonnements du Vicomte de la Cour des Bourgeois de Nicosie nous est parvenu à travers un seul manuscrit « authentique ». Il se retrouve dans le manuscrit « authentiques » de Munich du XIVe siècle (*Codex Gallus* 51), du folio 196 au folio 206, en 34 chapitres. Dans la version publiée par Beugnot de ce Livre, sont ajoutés cinq chapitres supplémentaires issus du manuscrit « authentique » du Vatican du XVe siècle (ms. français, *codex vaticanus latinus* 4789) inséré dans le Livre de Jean d'Ibelin du chapitre 309 au chapitre 313.

Le Livre Contrefais de la Cour des Bourgeois, qui s'articule en deux parties, nous est parvenu à travers six manuscrits, dont deux sont « authentiques ». La seule version complète se retrouve dans le manuscrit « authentique » du XIVe siècle de Venise (ms. fr., Str. App. 20). La première partie, le livre du Plédeant se retrouve en 72 chapitres du folio 279 au folio 315 et la seconde partie le livre du Plaidoyer en 40 chapitres du folio 315 au folio 339. Le deuxième manuscrit « authentique » qui fait état de ce Livre, mais seulement de sa première partie, est le manuscrit en italien de Venise du XVIe siècle (ms. it. 47) du folio 72 au folio 100. Là également, le Livre compte 72 chapitres pour cette partie. Les deux manuscrits italiens de Paris, le manuscrit it. 29 et le manuscrit fr. 12206 en donnent la copie. Le manuscrit de Vienne (manuscrit en italien n° 6256) en donne aussi la copie du folio 498 au folio 538 et le manuscrit de Bologne (Cod ital n° 1076) ne donne lui que quelques chapitres extrêmement résumés.

Le Livre des Formules nous est parvenu à travers un seul des manuscrits « authentiques », celui de Venise du XIVe siècle (ms. fr., Str. App. 20) du folio 339 au folio 375, en 24 chapitres.

Les documents relatifs à la successibilité au trône et à la régence sont intégrés au Livre de Jean d'Ibelin dans le manuscrit « authentique » du Vatican du XVe siècle (*codex vaticanus latinus* 4789). Ces documents forment 17 chapitres sur les 330. Ce sont le chapitre 284 et les chapitres 293 à 309. Beugnot les a édité en Livre or ces textes forment une partie du Livre de Jean d'Ibelin au XVe siècle.

Cet exercice de recension et de présentation systématique des manuscrits authentiques et des copies de ces manuscrits, ainsi que la présentation de la manière dont les Livres et les textes de droit y sont contenus, est essentiel et n'avait jamais été réalisé de manière aussi complète. Cette présentation montre de manière éclatante que les manuscrits authentiques ont tous été composés du XIVe au XVIe siècle, lorsque le royaume de Chypre était encore une réalité et utilisait le droit issu des « Assises ». La lecture de ces manuscrits somme toute tardifs rappelle que ces corpus de droit sont avant tout et essentiellement des coutumiers chypriotes, ou du moins des corpus de droit témoignant seulement de ce qui a pu être utilisé en cour pour « éclaircir » les juges, selon la formule consacrée par les jurisconsultes de l'Orient latin en 1368[1], ce qui a été souligné et répété dans le royaume de Chypre jusqu'au XVIe siècle au vu des chroniques historiques. Déjà Philippe de Novare dans la seconde moitié du XIIIe siècle disait que les Livres de droit alors écrits ne valent rien en soi, seule la décision de la cour *in fine* prévaut[2]. Il est aussi observable que certains Livres évoluent avec le temps ; plus les manuscrits sont récents plus les Livres comptent de chapitres, comme, par exemple, le Livre de Jean d'Ibelin ou encore le Livre au roi. Il s'agit d'un point important de cette étude. Cet état de fait n'a pas été suffisamment mis en avant, ni même remarqué nous semble-t-il. Les Livres semblent donc, en tout état de cause et en l'état, être des œuvres vivantes au service des juristes chypriotes. Il était

---

[1] BEUGNOT, vol. 1 : Lois, Livre de Jean d'Ibelin, Préface, p. 6.

[2] BEUGNOT, vol. 1 : Lois, Livre de Philippe de Novare, chap. LXVI, p. 536 : « *nos livres et nos avis, se nous les avons dit devant, ne valent riens, fors que à nos de juger* ».

pourtant généralement admis que le droit dis des « Assises » n'était plus, ou très mal appliqué dans le royaume de Chypre, après 1291[1]. Les manuscrits en grecs, montrent eux aussi une diffusion de ce droit auprès de la population hellénisée chypriote au XVe et XVIe siècle. Les manuscrits « authentiques » en italien sont eux le résultat de la traduction officielle des « Assises » par la République de Venise, maître de l'île de Chypre de 1473 à 1571, pour en faire une plus juste application auprès de la population chypriote devenue de plus en plus italienne, comme le prouvent leurs éditions officielles. Il faut redire ici très clairement que notre connaissance des « Assises de Jérusalem », plus ou moins idéalisées, est médiatisée par la connaissance que nous avons du seul droit chypriote du XIVe au XVIe siècle. Cette constatation qui s'impose à tous, est une approche nouvelle dans l'étude de ces sources juridiques bien connues. De manière plus significative les « Assises de Jérusalem » doivent être qualifiées plus justement aujourd'hui de droit hiérosolymitain, soit le droit ayant pour origine le droit du premier royaume de Jérusalem.

L'approche historique parfois réductrice dans le temps et l'espace de certains historiens sur ces sources a souvent dénaturé la réalité à la fois géographique et temporelle de ces textes, mais aussi la nature juridique même des corpus de textes composites, tels qu'ils nous sont parvenus. Quelques historiens considèrent, arbitrairement que ces manuscrits sont le résultat du travail de simples copistes qui enrichissent leurs bibliothèques de souvenirs d'un monde idéal[2]. C'est le danger qu'a pu souligner avec force Jacques Dalarun dans son plaidoyer pour l'histoire des textes[3]. Ils ne distinguent pas

---

[1] M. BALARD, « Remarques sur les Assises de Jérusalem », in *Autour des Assises de Jérusalem*, Actes du Colloque d'Orléans, p. 19-30 ; P. EDBURY, « The Assises de Jérusalem and légal pratique », p. 143-157 ; M. GRANDCLAUDE, *Étude critique des livres des Assises de Jérusalem*, Jouve et Cie, Paris, 1923, p. 94, p. 108, p. 166, p. 167.

[2] Cf. J. PRAWER, « Les premier temps de la féodalité dans le royaume latin de Jérusalem », *Revue d'histoire du droit*, vol. 22 (1954), p. 401-424 (ici p. 410) et notamment F. BESSON, *Les barons de la chrétienté orientale, Pratiques du pouvoir et cultures politiques en Orient latin (1097-1229)*, Histoire médiévale, Université Paris-Sorbonne, Paris, 2017, p. 33 : « Un certain nombre de parti pris sous-tendent ce travail de thèse, qu'il convient d'expliciter d'emblée. J'ai évité le plus possible de me référer aux grands ouvrages juridiques codifiés par Jean d'Ibelin et Philippe de Novare et désignés collectivement comme les « Assises de Jérusalem » : ceux-ci donnent en effet une image trop statique des relations féodales. Rédigés tardivement, ils cherchent en outre souvent, (...), à affaiblir le plus possible le pouvoir royal pour mieux mettre en valeur une identité nobiliaire idéale. Dès lors, ces textes jouent comme autant de mirages, d'autant plus difficiles à éviter qu'ils sont très longs, extrêmement bien écrits, fascinants par l'abondance de réponses qu'ils semblent pouvoir offrir. Mieux valait alors les laisser presque entièrement de côté, même si l'on ne s'interdira pas d'y faire référence de temps en temps pour contextualiser un point précis ».

[3] J. DALARUN, « Plaidoyer pour l'histoire des textes. À propos de quelques sources franciscaines », In : *Journal des savants*, 2007, N° 2, p. 319-358 : « Il a existé une histoire positiviste qui, dans sa version la plus obtuse, ne prenait les sources que pour en extraire des faits. Demeure le risque d'une philologie positiviste, qui ne prendrait les manuscrits que pour en extraire des textes. Quant à l'historien qui, à son tour, s'emparerait d'une source sans

le « fait » historique, soit l'exactitude d'un événement, du « fait » juridique, soit la pratique réelle et habituelle du droit, qui ne concorde pas forcément. Aussi ces historiens utilisent habituellement la même méthode avec ces sources juridiques, que celle qu'ils utilisent pour établir des faits historiques. Ils ne tiennent pas suffisamment compte des particularismes attachés au traitement de celles-ci qui témoignent avant tout d'une pratique juridique revendiquée dans le temps. Ils semblent ici ne pas avoir échappé à la tentation du concordisme, pratique éminemment discutable. Leur vérité historique s'oppose souvent à la vérité juridique, qui, si elle peut s'interpréter, n'en est pourtant pas moins la véritable vérité historique et juridique du moment étudié.

Le plus grand dilemme pour certains historiens est de se voir confronter, dans une époque donnée, à un droit qu'ils considèrent comme archaïque. Un manuscrit témoigne avant tout de son temps de reproduction[1]. C'est pour cela que l'étude des « Assises de Jérusalem » doit se replacer dans une perspective plus globale de la culture de l'écrit dans le monde médiéval. En effet, l'héritage de l'humanisme et de la notion moderne d'auteur conduit habituellement la philologie à hiérarchiser les manuscrits témoins du texte et à masquer de la sorte que chacun d'eux constitue une véritable version inscrite dans un contexte social singulier. Cette discipline de l'érudition traditionnelle des textes assimile trop souvent l'activité des copistes à une simple altération, sans prendre en compte que la transcription constitue au Moyen Âge, en tout état de cause, une forme de production textuelle à part entière. Dans une société marquée par l'oralité, les formes de l'écriture, son élaboration, la sociologie de sa maîtrise, les techniques de sa conservation et les fonctions politiques, économiques et sociales dont elle est le dépositaire sont autant de critères qui permettent de montrer que depuis l'Antiquité tardive, les sociétés médiévales ont élaboré un rapport très spécifique à l'écrit.

Le Moyen Âge chrétien se caractérisant de plus, dans le domaine de l'histoire du livre, par le développement des miscellanées, qui regroupent plusieurs œuvres. Le livre médiéval n'étant pas une totalité naturelle et son caractère composite implique certaines précautions particulières dans l'usage historique qui peut être fait de leur contenu. Les collections, recueils et flores sont donc au Moyen Âge des formes primordiales de production de la culture et du savoir qui ne peuvent être réduites à de simples procédés de conservation. La pratique dans la confection de recueils et de collections renvoie à une des formes singulières de production des textes au Moyen Âge. Cet état de fait était déjà exprimé au XIIIe siècle par saint Bonaventure au sujet

s'interroger sur les critères de son édition, il se couperait d'emblée de la réalité qu'il prétend atteindre » (p. 325).

[1] *Ibid.* : « Un manuscrit est un vecteur ; un vecteur matériel de la pensée dans le sillage duquel il faut constamment remonter le temps et le descendre, de la rédaction du texte à son remploi, qui est la modalité médiévale par excellence de la création » (p. 326).

des quatre modes médiévaux d'écriture des livres[1]. Il opposait le *scriptor*, qui écrit les mots des autres, le *compilator*, qui sélectionne des passages de textes qui ne sont pas de lui, le *commentator*, qui écrit à la fois avec les mots des autres et les siens propres, ces derniers servant à clarifier leur sens, et enfin l'*auctor* qui réserve à ses propres mots la première place et ne se sert de ceux des autres que pour les confirmer. Étonnamment, contrairement à cette tradition, certaines éditions récentes de Livre d'Assises, proposées par des historiens, recherchent à établir le Livre authentique, avec la difficulté qu'en droit ce concept n'existe pas ; à moins de désigner l'état du droit appliqué à un moment donné, dans un endroit donné, ce qu'ils ne cherchent pas à établir. Un Livre juridique est toujours la reprise des travaux de prédécesseurs dans une continuité et une actualisation normative, conformément à la finalité pratique du livre.

Comme ont pu le souligner Étienne Anheim et Pierre Chastang « La culture de l'écrit au Moyen Âge fait partie des nouveaux objets ayant émergé dans l'historiographie internationale depuis les années 1970, en s'appuyant sur une tradition érudite bien plus ancienne, celle des sciences dites « auxiliaires » de l'histoire, paléographie, épigraphie, codicologie, diplomatique, pour les replacer au centre même des interrogations sur la société médiévale »[2]. Selon ce nouveau courant, il s'agit surtout, dans la pratique historique, de nécessairement replacer tout document dans le contexte social de sa production, de sa reproduction et de ses usages afin d'en circonscrire de la sorte la valeur en l'inscrivant dans un système de représentation[3]. Tout document historique doit être envisagé comme une production avant tout sociale de son temps de reproduction. En effet, toujours selon ces nouvelles réflexions philologiques, l'archéologie traditionnelle des textes doit perdre son statut de simple miroir du passé ; ce qui justifiait alors une lecture historique fondée simplement sur la simple croyance en une immanence du sens. Il s'agit toutefois de remarquer ici que cette réflexion sur les pratiques d'écriture du monde médiéval et l'étude de son caractère décisif pour penser la structure même des sociétés médiévales n'a pas encore été

---

[1] SAINT BONAVENTURE, « *In primum librum Sententiarum, prœmium, quaestio IV* », *Opera Omnia*, t. I, Quaracchi, 1882, p. 14 : « *quadruplex est modus faciendi librum. Aliquis enim scribit aliena, nihil addendo, vel mutuando ; et iste mere dicitur scriptor. Aliquis scribit aliena addendo, sed non de suo ; et iste compilator dicitur. Aliquis scribit et aliena et sua, sed aliena tamquam principalia, et sua tamquam annexa ad evidentiam ; et iste dicitur commentator, non auctor. Aliquis scribit et sua et aliena, sed sua tamquam principalia, aliena tamquam annexa ad confirmatinem et debet dici auctor* ».

[2] E. ANHEIM et P. CHASTANG, « Les pratiques de l'écrit dans les sociétés médiévales (VIe-XIIIe siècle) », *Médiévales*, 56, printemps 2009, p. 5-10.

[3] Sur les relations entre récit et discours historique, voir les analyses suggestives de Jacques RANCIÈRE, *Les noms de l'histoire. Essai de poétique du savoir*, Paris, Éd. du Seuil, 1992 et Roger CHARTIER, *Au bord de la falaise : l'histoire entre certitudes et inquiétude*, Paris, Albin Michel, 1998, chap. « L'histoire entre récit et connaissance », p. 87-107.

pleinement reconnue, comme en témoigne l'absence d'essais de synthèse ou de manuels universitaires dans la bibliographie française.

Aussi, les éditions de Myriam Greilsammer[1] et de Peter Edbury[2] prêtent le flanc à cette critique. Ces dernières éditions critiques posent des difficultés pratiques à la compréhension du droit des « Assises de Jérusalem » et à sa division en Livres. En effet, ces éditions sont à la recherche des Livres originaux les plus authentiques et postulent l'absence de réalités propres dans leur insertion dans un corpus juridique du XIVe siècle et au-delà. À l'inverse de leurs prédécesseurs, sauf Beugnot, et de leurs successeurs qui publient des parties de manuscrits, eux puisent, additionnent et corrigent le Livre concerné en confrontant les manuscrits, à partir d'un manuscrit de base « choisi ». Or les manuscrits qui nous sont parvenus sont des corpus de droit ayant une unité juridique pratique de leur temps de rédaction, en tant que telle. Par exemple, les cinq manuscrits du XIVe siècle sont des corpus de droit qui ont une réalité juridique pratique à Chypre au XIVe siècle. Comme le souligne Jacques Dalarun dans son *Plaidoyer pour l'histoire des textes*, « ... le texte idéal ainsi reconstitué par le philologue ne doit jamais faire oublier les avatars de ses témoins, qui sont la seule réalité à laquelle nous puissions toucher et à laquelle il faut sans cesse revenir. Un témoin manuscrit n'est pas la malencontreuse corruption d'un texte pur qui n'a sans doute jamais existé comme tel. La vie est une corruption et la corruption, c'est la vie »[3]. La logique juridique de l'historien du droit impose donc de publier les manuscrits dans leur intégralité ou par partie. Il est aussi possible de les publier en les fusionnant pour donner l'ensemble des coutumes appliquées à l'époque de leurs compositions, soit à Chypre au XIVe siècle. C'est cette dernière méthode qu'a choisie Beugnot, même s'il ne le dit pas ainsi. La publication par Livre, en recherchant de manière hypothétique le texte le plus ancien, ne permet que de donner une vision très incorrecte du Livre originel du temps de sa composition, soit à Acre au XIIIe siècle, pour la plupart.

Dans la recherche de la version la plus ancienne et supposément la plus juste, ces éditeurs scientifiques font des choix dans les manuscrits dont les critères ne sont pas toujours faciles à percevoir. De fait, ces choix éditoriaux dénaturent la valeur juridique de ces textes. Il semble même qu'ils négligent le fait que chaque copiste est aussi un nouvel auteur, qui puise, assemble et assemble à nouveau les ouvrages et manuscrits selon leurs besoins. Chaque corpus étant en soi une vérité juridique de son époque. Chaque nouvel « auteur-copiste » dit le droit de son temps, donnant alors des textes compilés et remaniés. À une diversité de fonctions des textes et des corpus s'accompagnent de fait une pluralité de versions.

---

[1] M. GREILSAMMER, *Le Livre au roi*, Académie des inscriptions et belles-lettres, Paris, 1995.

[2] P. W. EDBURY, ed., *John of Ibelin, le Livre des Assises*, Leiden, 2003 et *Philip of Novara, Le Livre de Forme de Plait*, Nicosia, 2009.

[3] J. DALARUN, « Plaidoyer pour l'histoire des textes. À propos de quelques sources franciscaines », in *Journal des savants*, 2007, N° 2, p. 319-358 (ici p. 326).

L'hypothèse certaine d'une paternité commune ne doit pas empêcher de voir la réalité propre, entre la forme et la fonction, des manuscrits qui nous sont parvenus. Marie-Adélaïde Nielen l'avait justement souligné au sujet du Livre des Lignages d'Outremer et en a tenu compte dans son édition de 2003[1]. Ces textes rassemblent des normes mais n'en produisent pas ; ce sont des instruments juridiques et ce sont surtout des textes de juristes qui s'adressent à d'autres juristes. Ainsi, la dernière critique que l'on peut adresser à ces éditions, aussi louables soient-elles, est de ne pas admettre la présence de plusieurs versions vivantes et authentiques d'un même texte ayant une origine commune. Ainsi, les Livres d'Assises ne sont pas publiés tel qu'ils le sont réellement mais selon une hypothèse qui est présentée comme telle et qui se veut réalité historique. Ces éditions sont toutefois des travaux exemplaires de confrontation des manuscrits. Pour ces raisons lorsqu'il est fait référence aux textes, il est fait usage des éditions du XIXe siècle et principalement de l'édition de Beugnot, en sus des manuscrits eux-mêmes.

En ce qui concerne les autres sources du droit hiérosolymitain il n'existe que des sources indirectes. Des chancelleries, des établissements latins de Syrie-Palestine, nous ne possédons plus rien. Le caractère violent des départs des Francs de Syrie à la fin du XIIe siècle, puis à la fin du XIIIe siècle, a entraîné la disparition inexorable de toutes les archives locales. Toutefois, nous possédons directement certains documents juridiques d'origine ecclésiastique ainsi que des Ordres militaires, qui ont pu être mis à temps en sûreté, ainsi que ceux qui ont survécu à la perte du royaume de Chypre. Indirectement, nous possédons aussi quelques sources juridiques concernant d'autres établissements de l'Orient latin et qui fournissent quelques indications éclairantes sur le droit hiérosolymitain.

La plus ancienne source ecclésiastique qui fournit des indications sur la législation du premier royaume de Jérusalem provient du concile de Naplouse de 1120[2], qui rapporte des dispositions de nature législative applicables à tous les Francs de Terre sainte. La correspondance des papes et leurs archives sont aussi une source capitale. La correspondance, peu abondante pour l'Orient au XIe-XIIe siècle, devient plus importante à partir d'Innocent III[3]. Nous possédons aussi diverses lettres de la première croisade et de grands personnages francs de Syrie à des Occidentaux[4]. Par ailleurs nous avons aussi,

---

[1] M-A. NIELEN, *Lignages d'outremer*, Académie des inscriptions et belles-lettres, Paris, 2003, p. 40.

[2] J. MANSI, *Sacrorum conciliorum, nova et amplissima collectio*, 31 volumes, in-folio, Florence et Venise entre 1759 et 1798, XXI, col. 262 ; B. Z. KEDAR, "On the Origins of the Earliest Laws of Frankish Jerusalem : The Canons of the Council of Nablus", *Speculum* LXXIV (2), 1999.

[3] *Inventaire critique des lettres historiques des croisades (768-1100)*, comte Riant, Ernest Leroux éditeur, Paris, 1880.

[4] C. KOHLER, C-V. LANGLOIS, « Lettres inédites concernant les croisades (1275-1307) », *Bibliothèque de l'École des Chartes n°52*, 1891, p. 46-63.

grâce au travail de Reinhold Rochricht[1], une monumentale compilation de pièces détachées concernant la Terre sainte, depuis les temps de la première croisade jusqu'à la prise de Saint-Jean-d'Acre, soit de 1097 à 1291. Ce recueil comprend lettres, chartes et diplômes. Cet ensemble représente 1519 pièces, classées dans l'ordre chronologique. Chaque notice indique la date précise du document, le nom et les qualités des parties, l'objet et le résultat précis du document et très souvent le nom des témoins qui figurent dans l'acte. Ces actes de chancelleries sont le commentaire naturel des écrits des jurisconsultes de l'Orient latin.

Le *Tractus de locis et statu sancte terre Ierosolimitane* publié par Kedar[2], est un traité latin qui décrit précisément le royaume de Jérusalem dans les années précédant la bataille de Hattin (1187). Il présente les groupes chrétiens qui habitent quasi exclusivement ces contrées (Francs, Grecs, Syriens, Arméniens, Géorgiens, Jacobites et Nestoriens), faisant remarquer leurs valeurs militaires, leurs apparences, leurs principes religieux et leurs alphabets. On y trouve un long passage sur les Templiers qui est suivi d'un bref passage sur les Hospitaliers. La structure de l'Église latine est étudiée en détail et les lieux saints les plus importants du pays sont répertoriés. Des sections, sur les montagnes, la faune et les arbres fruitiers, sont suivies d'un passage sur les noms par lesquels les principales villes ont été connues à différentes époques. Ensuite, l'auteur analyse succinctement le gouvernement du royaume. Il mentionne le serment de couronnement du roi qui jure de préserver les coutumes de la patrie[3], énumère les dix barons les plus importants et précise que chacun doit suivre le roi à son appel contre un nombre déterminé de chevaliers[4]. Le traité se termine par la mention les communautés non chrétiennes vivant dans le pays que sont les juifs, les Samaritains, les assassins et les Bédouins. Ce traité a probablement été écrit entre 1168 et 1187 par un religieux pèlerin.

Des archives des ordres religieux, nous avons d'abord celle des archives de l'ordre canonial régulier du chapitre du Saint-Sépulcre de Jérusalem[5] et de

[1] R. ROCHRICHT, ed., *Regesta Regni Hierosolymitani (MXCVII-MCCXCII)*, Libraria Academica Wageneriana, Innsbruck, 1904.

[2] B. Z. KEDAR, « The *Tractatus de locis et statu sancta terre* », *The Crusades and their Sources. Essays Presented to Bernard Hamilton*, Aldershot, Ashgate, 1998, p. 123-131.

[3] *Tractatus de locis*, p. 129 : « *iurat iudicum et iusticiam inter gentes, consuetudines patrie et mores patrios conservare* ».

[4] *Ibid.*, p. 129-130 : « *preterea eadem Jerosolomitana provincia latinum regem habet [...] Cui barones terre tocius subsunt et ad nutum ipsius ad bellum procedunt, parati semper cum numero militum singulis assignato terram defendere et pro hereditate Christi dimicare [...] Omnes isti certum habent numerum militum, quos semper oportet esse paratos armis et equis, ut cotidie Saracenis insultantibus resistant* ».

[5] G. BRESC-BAUTIER, *Le cartulaire du chapitre du Saint-Sépulcre de Jérusalem*, Documents relatifs à l'histoire des Croisades publiés par l'Académie des inscriptions et belles-lettres, 15., P. Geuthner, Paris, 1984 ; E. ROZIERE (de), *Cartulaire de l'église du Saint-Sépulcre de Jérusalem*, publié d'après les Manuscrits du Vatican (ms. Vatican. latin. 7241), Paris,

Notre-Dame de Josaphat[1], qui regroupent quelques actes privés. Les archives les plus importantes sont celles des ordres militaires, ceux des Hospitaliers[2], ceux des Teutoniques[3] et ceux de Saint-Lazare[4]. On possède indirectement un certain nombre d'actes relatifs aux Templiers[5].

Du royaume de Chypre nous est parvenu aussi un certain nombre de sources complémentaires. Le royaume de Chypre ayant appliqué le droit hiérosolymitain jusqu'à sa conquête par les ottomans en 1571[6]. Nous possédons tout d'abord les lettres des papes[7] de 1296 à 1314 et le cartulaire de la cathédrale de la Sainte Sagesse de Nicosie[8]. Ensuite, de la chancellerie du royaume, nous possédons le « Livre des remembrances » de la Secrète du royaume de Chypre de 1468 à 1469[9], et un ensemble de chartes, documents, lettres, diplômes et traités[10].

Imprimerie Nationale, 1849 ; A. TARDIF, *Cartulaire de l'église du Saint-Sépulcre de Jérusalem*, Bibliothèque de l'école des chartes, 1852, tome 13, p. 513-532.

[1] F. DELABORDE, *Chartes de Terre-Sainte provenant de l'abbaye de l'abbaye de Notre-Dame de Josaphat*, XIXe fascicule des Publications de l'école française de Rome et d'Athènes, Paris, Thorin, 1880 ; C. KOHLER, « Chartes de l'abbaye de Notre-Dame de la Vallée de Josapahat en Terre-Sainte (1108-1291). Analyses et extraits », Revue de l'Orient latin n°7, 1899.

[2] J. DELAVILLE LE ROULX, ed., *Cartulaire général des Hospitaliers de S. Jean de Jérusalem (1100- 1310)*, vol. 1 (1100-1200), Paris, Ernest Leroux, 1894 ; DELAVILLE LE ROULX Joseph, *Les archives, la bibliothèque et le trésor de l'ordre de Saint-Jean de Jérusalem à Malte*, Bibliothèques des Écoles françaises d'Athènes et de Rome, 32, Thorin, Paris, 1883 ; S. PAOLI, *Codice Diplomatico del sacro militare ordine Gerosolimitano oggi di Malta raccolto da vari documenti di quell'archivio, per servire alla storia dello stesso Ordine*, Lucques, 1733-1737, 2 vol. in-fol..

[3] E. STREHLKE, *Tabulae Ordinis Teutonici*, Berlin, 1869.

[4] A. MARSY (comte de), *Fragment d'un Cartulaire de l'Ordre de S. Lazare en Terre Sainte*, Gênes, Imprimerie de l'Institut royal des sourds-muets, 1883.

[5] *Cartulaire général de l'ordre du Temple (1119–1150)*, éd. Marquis d'ALBON, Librairie ancienne Honoré Champion, Paris, 1913 ; CURZON (de) Henri, *La règle du temple*, publiée pour la société de l'histoire de France, Renouard, 1886.

[6] La République de Venise, maître de l'île depuis 1474, fait rédiger officiellement les Assises en italien en 1531. Ce point sera abordé particulièrement dans cette thèse.

[7] *Bullarium Cyprium*, éd. C. Schabel, J. Richard, and C. Perrat, *Texts and Studies in the History of Cyprus*, 64, 68, Nicosia, 2010, 2012, vol. 3, r-216, r-265.

[8] N. COUREAS, C. SCHABEL, *The Cartulary of the Cathedral of Holy Wisdom of Nicosia*, Nicosie, 1997.

[9] P. VIOLLET, *Les Remembrances de la haute cour de Nicosie*, Gênes, impr. de l'Institut royal des sourds-muets, 1881 ; J. RICHARD et T. PAPADOPOULOS, *Le « Livre des remembrances » de la Secrète du royaume de Chypre (1468-1469)*, Nicosie : Centre de recherches scientifiques (Sources et études de l'histoire de Chypre), 1983 ; M. SANUDO, *The Book of the Secrets of the Faithful of the Cross (Liber Secretorum Fidelium Crucis)*, tr. Peter Lock, Farnham, Ashgate, 2011.

[10] L. MAS LATRIE (de), *Histoire de l'île de Chypre sous le règne des princes de la maison de Lusignan*, d'après un mémoire couronné par l'Académie des inscriptions et belles-lettres, Paris, Imprimerie impériale, 1855, t. II (1852), et t. III ; *Chartes, documents, lettres, diplômes, traités de Chypre sous la domination des Lusignan* ; J. RICHARD, *Chypres sous les Lusignans, Documents chypriotes des Archives du Vatican (XIVe et XVe siècles)*, Geuthner, Paris,1962 ; C. KOHLER, « Documents chypriotes du début du XIVe siècle », *Revue de l'Orient Latin* n°11 3-

Nous possédons trois autres sources du droit appliqué dans l'Orient latin qui éclairent sur la pratique du droit hiérosolymitain. Ces sources sont les Assises d'Antioche, le code juridique du royaume arménien de Cilicie et les Assises de Romanie.

La principauté d'Antioche est l'un des établissements latins d'Orient constitué lors de la première croisade. Elle fut perdue définitivement en 1268[1]. Dans divers documents, et notamment dans une charte de 1265, on voit les parties alléguer les usages d'Antioche, désigné sous le titre fort clair d'Assises du Prince d'Antioche[2]. Cette coutume d'Antioche, ou plutôt ces Assises d'Antioche, a été publiée en français en 1876, après la découverte d'un manuscrit du XIVe siècle en arménien[3]. Les Assises de la principauté d'Antioche ont été rédigées, semble-t-il, au milieu du XIIIe siècle. On lit en effet dans le préambule original du document que les présentes Assises furent rédigées *« au temps du prince Boémond, par sire Pierre de Ravendel, sire Thomas, le Maréchal d'Antioche et d'autres savants et érudits seigneurs d'Antioche »*. Ces Assises furent rédigées sous le règne de Boémond V si l'on n'a pas de raison de douter de cette phrase de préambule. Il n'est pas envisageable de pousser la date au temps de son père Boémond IV, dit le Borgne, qui a régné de 1201 à 1233[4]. Ce texte traite des usages de la Haute Cour en dix-sept chapitres et de la Cour des Bourgeois en vingt-et-un chapitres. Les chapitres sur la Haute Cour abordent les devoirs réciproques du seigneur et de ses vassaux, la saisie des fiefs, le mariage, les procès des liges entre eux et avec les non-liges, l'homicide, les dettes, le bornage, les héritages et le paiement des droits dus sur les héritages. Les chapitres sur la Cour des Bourgeois traitent de la parenté, du mariage, des orphelins, des testaments, de l'homicide, des coups et des blessures, des bourgeoisies, des loyers, des dettes, des hypothèques, des poids et mesures, des banquiers, des marchandises et des marchands. Le tout est traité rapidement et brièvement. Les solutions juridiques de ce texte sont très proches du droit décrit dans les « Assises de Jérusalem ».

Le code du royaume arménien de Cilicie est lui issu du royaume arménien. L'empereur Frédéric Barberousse et son fils Henri VI ont fait de la principauté

4, 1908, p. 440-452 ; C. KOHLER, « Documents inédits concernant l'Orient latin et les croisades (XIIe-XIVe siècle) », *Revue de L'Orient latin* n°7, 1899, p. 1-37.

[1] R. GROUSSET, *Histoire des croisades et du royaume franc de Jérusalem - I. 1095-1130, L'anarchie musulmane*, Paris, Perrin, 1934 (réimpr. 2006), p. 135.

[2] PAOLI, *Cod. Diplom.*, t. I, p. 18.

[3] *Assises d'Antioche, reproduites en français et publiées au sixième centenaire de la mort de Sempad, le connétable, leur ancien traducteur arménien, dédiées à l'Académie des Inscriptions et Belles-Lettres de France par la Société Mekhithariste de Saint-Lazare*, Venise, 1876 ; L. MAS-LATRIE (de), « Assises d'Antioche... », in *Bibliothèque de l'école des chartes*, 1876, tome 37, p. 541-546.

[4] Aucune mention historique ne signale cette possibilité.

arménienne, alors sous influence byzantine, un royaume en 1198[1]. Le nouveau roi Léon se proclama fils de l'Église romaine, et modela la structure de son royaume sur celle des principautés fondées en Orient durant la première Croisade. Jean Richard note que les dignités auliques prennent alors un vêtement nouveau et qu'il est établi un sénéchal, un connétable et un maréchal qui prennent leur place à la cour du nouveau roi[2]. Il note aussi que l'étude des actes de la chancellerie montre l'existence d'actes écrits directement en langue latine. Les Assises d'Antioche ont été adoptées comme droit, dans le royaume arménien de Cilicie, au cours du XIIIe siècle, d'où la traduction en langue arménienne[3]. Cette traduction a été en effet réalisée par un seigneur arménien, l'illustre Sempad, pour une meilleure connaissance de ce droit dont ils font usage ordinairement[4]. Il est le connétable du royaume d'Arménie, frère du roi Héthoun Ier et en même temps le beau-frère d'Henri Ier, roi de Chypre[5].

Les Assises de Romanie sont un recueil de droit féodal qui aurait été rédigé en ancien français dans la Morée franque entre 1333 et 1346[6]. S'appliquant d'abord à la principauté d'Achaïe et à ses dépendances[7], les Assises furent adoptées un peu partout en Grèce franque[8]. Le texte comprend un prologue et

---

[1] C. MUTAFIAN, *Le royaume arménien de Cilicie, XIIe – XIVe siècle*, Paris, CNRS Éditions, 1993, p. 55.

[2] J. RICHARD, « La diplomatique royale dans les royaumes d'Arménie et de Chypre (XIIe-XVe siècles) », in *Bibliothèque de l'école des chartes*, 1986, tome 144, livraison 1, p. 69-86.

[3] L. MAS-LATRIE (de), « Assises d'Antioche… », in *Bibliothèque de l'école des chartes*, 1876, tome 37, p. 541-546.

[4] *Assises d'Antioche*, (Préface) : « Or, puisque d'ordinaire notre peuple et notre Cour se servaient de ces Assises, que cependant par ignorance il y avait des fautes et péril des âmes, et que par paresse on négligeait de recourir aux grands tribunaux, moi, avec un grand désir et beaucoup de sollicitude, j'ai trouvé (enfin) ce livre, et je me suis appliqué beaucoup à le traduire. Après avoir achevé la traduction, j'ai renvoyé (l'original et la traduction) à la Cour d'Antioche, afin qu'on les confrontât : et ils ont affirmé par leurs signatures et témoignages que la traduction est juste, et correspond mot pour mot (à l'original). Or, si quelqu'un veut vraiment se régler selon cette Assise et ces lois, (qu'il sache) que c'est la vraie Assise d'Antioche ». Edition et traduction de L. MAS- LATRIE (de), « Assises d'Antioche… », in *Bibliothèque de l'école des chartes*, 1876, tome 37, p. 541-546.

[5] Sempad est aussi diplomate et il est allé à la cour Mongol. Il est l'auteur d'une chronique sur l'histoire de l'Arménie ; SEMPAD LE CONNETABLE, *Chronique du Royaume de Petite-Arménie*, édition et traduction française de Dulaurier, dans Recueil des historiens des Croisades, Historiens arméniens I, traduction française, p. 610.

[6] *Dictionary of Byzantium*, Alexander Kazhdan (dir.), Oxford University Press, 1991, 1re éd., 3 tom., p. 1805.

[7] Soit le duché d'Athènes et seigneuries latines de Grèce centrale et insulaire dont le duché de Naxos.

[8] La principauté de Morée, ou d'Achaïe, est créée en 1204-1205 par des conquérants venus en grande partie du royaume de France. La famille des Villehardouin s'impose rapidement à la tête de ce nouvel État, et la période d'extension maximale du territoire intervient lors du règne de Guillaume de Villehardouin (1246-1278) qui parvient à conquérir les dernières places fortes résistantes dans le Péloponnèse. Par le biais de différents hommages, le prince est le suzerain d'une vaste Grèce latine, comprenant les îles ioniennes, le duché de l'Archipel (Cyclades), le duché d'Athènes, et plusieurs seigneuries en Béotie et en Étolie.

219 articles. Selon ce prologue, cette compilation tirerait son origine du Livre des Assises de Jérusalem de Jean d'Ibelin, et aurait été établie par l'empereur Baudouin Ier. Ces Assises survécurent dans les territoires passés sous protectorat vénitien[1] où elles furent appliquées jusqu'à la dissolution de la République vénitienne par Napoléon Ier en 1797[2]. En effet, elles auraient été traduites en dialecte vénitien entre 1375 et 1400 et une version officielle aurait été publiée à Venise en 1452 ou 1453. Les manuscrits existants sont des traductions en dialecte vénitien de textes français. Les divers manuscrits constituant les Assises furent originellement publiés par Paolo Canciani en 1785[3]. Il existe également deux éditions critiques incluant une traduction respectivement en français et en anglais ainsi qu'une édition italienne[4]. Nous possédons aussi, par ailleurs, différents actes diplomatiques[5].

Cette recension des sources juridiques de l'Orient latin indique bien qu'avant le XIVe siècle il n'y a pas, ou très peu, de sources juridiques faisant état du droit hiérosolymitain mais qu'en revanche à partir de là commence véritablement l'histoire de ce droit avec la matérialisation de sources manuscrites directes. Les sources manuscrites des « Assises de Jérusalem » font état, en tout état de cause, de la pratique juridique dans le royaume de Chypre du XIVe au XVIe siècle. Avant le XIVe siècle, il ne peut être que reconstituer de manière archéologique et hypothétique l'état du droit antérieur et originaire par une critique interne et externe des textes en confrontant ensuite les résultats aux autres sources indirectes à notre disposition. Nous sommes objectivement devant une préhistoire et une histoire de ce droit hiérosolymitain. Le mot préhistoire[6] est ici utilisé pour souligner de manière forte et appuyée le passé antérieur à la matérialité observable des sources écrites des « Assises de Jérusalem ». Ce n'est que dans un deuxième temps, et

---

[1] Soit l'Eubée, les Cyclades et les îles Ioniennes.

[2] D. JACOBY, *La féodalité en Grèce médiévale : les « Assises de Romanie » : sources, application et diffusion*, Mouton et Cie, Paris, La Haye, 1971, p. 191.

[3] P. CANCIANI, *Liber Consuetudinum imperii Romaniae, in Venetorum et Francorum ditionem redacti, concinnatus in usum Principatus Achajae a Serenissima Republica Veneta, Barbarorum leges antiquae III*, Venice, 1785.

[4] G. RECOURA, *Les Assises de Romanie, Edition Critique avec une Introduction et des Notes*, Honoré Champion, Paris, 1930 ; P. W. TOPPING, *Feudal Institutions as Revealed in the Assizes of Romania: The Law Code of Frankish Greece*, Translation of the Text of the Assizes with a Commentary on Feudal Institutions in Greece and Medieval Europe, Philadelphia, University of Pennsylvania Press, 1949 ; A. PARMEGGIANI, ed. (1998), *Libro dele Uxanze e statuti delo imperio de Romania,* Spoleto : CISAM.

[5] *Actes relatifs à la principauté de Morée (1289-1300),* pub. par C. PERRAT et J. LONGNON, Collection de documents inédits sur l'histoire de France, série in-8°, VOL. 6, Bibliothèque nationale, Paris 1967.

[6] Cet usage du mot préhistoire pour souligner la période qui se situe avant l'apparition des sources pour considérer une institution a déjà été utilisé par des historiens éminents : Cf. notamment Jean FLORI et son ouvrage *L'idéologie du glaive. Préhistoire de la chevalerie*, Genève, Droz, 1983.

seulement sur ces bases, que l'on peut rechercher alors à redéfinir le droit et les institutions du premier royaume de Jérusalem.

Il faut bien partir du constat que nous ne connaissons du droit du premier royaume de Jérusalem que l'avatar chypriote du XIVe au XVIe siècle. Les « Assises de Jérusalem » sont insuffisamment perçues par la littérature actuelle comme un droit en évolution qui a eu cours du XIe au XVIe siècle. Les « Assises de Jérusalem » ne peuvent être regardées comme les Livres conservant le souvenir du droit du XIIe, et dans une moindre mesure du XIIIe siècle. Grandclaude avait pourtant amorcé cette lecture possible, mais il n'avait pas encore tiré toutes les conséquences de ses propres constatations. Le droit hiérosolymitain, les « Assises de Jérusalem », est en réalité l'expression d'un droit qui a eu cours positivement sur six siècles de 1099 à 1571. C'est donc toute la problématique de cette étude que de retracer clairement cette grande histoire du droit hiérosolymitain du XIe au XVIe siècle et dans un espace donné plus large, l'Orient latin. Problématique qui conduit *in fine* à l'affirmation désormais incontestable qu'il n'existe qu'une certitude juridique dans l'application des « Assises de Jérusalem » qui est celle exprimée par la version officielle publiée en italien par la République de Venise au XVIe siècle ; pour une application à Chypre et ce jusqu'en 1571. Tout le reste relève d'hypothèses plus ou moins probables et fondées historiquement, dépendant de la critique externe du texte.

La majorité des manuscrits faisant état des « Assises » ne témoignent seulement que de ce qui a pu être utilisé en cour pour « éclaircir » les juges, selon la formule consacrée par les jurisconsultes de l'Orient latin et selon ce qui a été fermement rappelé en 1368[1], mais en aucun cas un droit pouvant s'imposer à la cour. L'ensemble des Livres d'Assises connus sont devenus des parties intégrantes de coutumiers privés. Il est très difficile de connaître l'état de ces Livres au XIIIe siècle, dans une version plus « originaire ». L'analyse des textes dans les différents manuscrits montre une appropriation de ces textes, à travers leurs transcriptions, par les copistes et les continuateurs. Ces Livres ont été avant tout des œuvres vivantes au service des jurisconsultes de Chypre au XIVe siècle au XVIe siècle. Il faut bien, semble-t-il, comme le souligne Jacques Dalarun, garder à l'esprit que « (L)'histoire des textes ne délivre pas de vérité historique définitive ; elle donne une chance d'être dans le vrai, elle borde la lice où peuvent librement tournoyer les hypothèses recevables »[2].

Cette étude a donc pour but de restituer dans le temps et l'espace l'application du droit hiérosolymitain, la valeur des sources mais aussi comprendre la genèse de ce droit et de ses origines. Pour retracer cette fresque

---

[1] BEUGNOT, vol. 1 : Lois, Livre de Jean d'Ibelin, Préface, p. 3 : Le livre devant servir seulement pour « *esclercir* » la cour selon ce qu'il « *estoit usé au royaume de Jérusalem* ».

[2] J. DALARUN, « *Plaidoyer pour l'histoire des textes. À propos de quelques sources franciscaines* », In : *Journal des savants*, 2007, N° 2, p. 319-358 (ici p. 327).

juridique sur six siècles, dans le contexte des croisades et de l'Orient latin au Moyen Âge, ce travail s'est appuyé sur les chroniques des contemporains, témoins aussi de la vie juridique et institutionnelle de l'Orient latin. Les auteurs de chroniques ne donnent qu'un nombre relativement restreint de renseignements sur le droit et les institutions ; leur propos est ailleurs. Il leur était cependant impossible de les passer entièrement sous silence. En exposant l'histoire de l'Orient latin, ils donnent quelques indications sur la situation des grands barons et leurs rapports avec la royauté.

Pour les débuts du royaume de Jérusalem il a fallu s'appuyer sur les *Gesta Francorum et aliorum Hierosolimitarum*[1]. À partir de 1127, l'historiographie franque de Syrie est représentée exclusivement jusqu'à la fin du XIIe siècle par l'*Historia rerum in partibus transmarinis gestarum* de Guillaume de Tyr[2]. C'est une des œuvres les plus remarquables du Moyen Âge. Pour la période suivante, il a été utilisé le *Livre d'Eracles*, ou *chronique d'Ernoul*[3]. Pour la croisade de Saint Louis, a été consulté la seule source d'importance que sont les Mémoires de Joinville[4]. Il a aussi été utilisé la chronique *Gestes des Chyprois*[5], une compilation réalisée au début du XIVᵉ siècle et comprenant d'une part « *l'estoire de la guerre qui fut entre l'emperor Federic et Johan d'Ibelin* »[6] (1228-1243) de Philippe de Novare et de l'autre la continuation, due probablement à un chevalier du nom de Gérard de Montréal, qui raconte les événements dans le royaume de Jérusalem et de Chypre jusqu'en 1320. Pour les événements du XIVᵉ et du début du XVᵉ siècle, a été utilisé la *chronique d'Amadi*[7] et dans une moindre mesure celle de Marino Sanuto[8]. Enfin, il a été utilisé, pour les évènements historiques se déroulant à la fin du XVᵉ siècle, la chronique de Florio Bustron[9].

Après un chapitre préliminaire de présentation de l'historiographie, du XVIᵉ siècle à aujourd'hui, qui contextualise parfaitement cette étude, sera étudié la genèse du droit hiérosolymitain dans le premier royaume de Jérusalem (1099-1187) et il sera montré qu'il y existe bien des traces du droit

---

1 *Documents relatifs à l'histoire des croisades*, 22 vol., Académie des inscriptions et belles-lettres, parus, Librairie Orientaliste Paul Geuthner, Paris, à partir de 1946-… Tome III, IV et V.

2 GUILLAUME DE TYR, *Histoire des régions d'outre-mer depuis l'avènement de Mahomet jusqu'à 1184*, 5 vol., éd. par N. Desgrugillers, trad. du latin par F. Guizot, Paleo, Clermont-Ferrand, 2005-2006.

3 *Documents relatifs à l'histoire des croisades*, Tome II

4 JEAN de JOINVILLE, *Vie de Saint Louis*, éd. Jacques Monfrin. Paris, Dunod, 1995.

5 PHILIPPE DE NOVARE, *Geste des Chiprois*, éd. G. Raynaud, Genève, Imprimerie Flick, 1887.

6 PHILIPPE DE NOVARE, *Guerra di Federico II in Oriente (1223-1242)*, éd. et trad. S. Melani, Naples, Liguori Editore, 1994.

7 *Chronicle of Amadi (The),* trad. N. Coureas and P. Edbury, Nicosia, 2015.

8 M. SANUDO, *The Book of the Secrets of the Faithful of the Cross (Liber Secretorum Fidelium Crucis)*, tr. Peter Lock, Farnham, Ashgate, 2011.

9 F. BUSTRON, *Chronique de l'Ile de Chypre*, éd. René de MAS LATRIE, Mélanges historiques, Choix de documents, t. 5, Paris, 1886.

originaire avec des filiations avec le droit du nord de la France (chapitre 1). Puis il sera étudié ce qui est resté dans le second royaume de Jérusalem et dans le royaume de Chypre au XIIIe siècle, deux royaumes jumeaux, période où ont été écrits la plupart des Livres de droit dont on ne connaît que des transcriptions postérieures (Chapitre 2). Ensuite, il a surtout été question de rendre compte de la place, de la transcription et de la diffusion du droit hiérosolymitain dans le royaume de Chypre du XIVe au XVe siècle (Chapitre 3, 4 et 5). Il y est démontré une pratique évolutive et contestée des « Assises » en soulignant le contexte de production ainsi que la composition de tous les manuscrits authentiques. Enfin, dans un dernier chapitre est vu la conservation officielle du droit hiérosolymitain dans la pratique, en italien, jusqu'en 1571, sous la domination de la République de Venise. L'année 1571 est celle où l'île passe sous domination ottomane, ce qui termine alors l'histoire de l'Orient latin (chapitre 6).

Chapitre préliminaire

La réduction historiographique du droit hiérosolymitain du XVIe au XXIe siècle

Il est nécessaire d'accorder au préalable une attention toute particulière sur l'ensemble des études scientifiques touchant aux « Assises de Jérusalem » du XVIe siècle à aujourd'hui, qui sont autant de strates herméneutiques laissées par l'historiographie. Cette recension, qui se veut exhaustive, permet de comprendre la naissance du problème historiographique, posé par le droit hiérosolymitain, qui s'est accentué avec le temps. Nous aborderons en premier lieu les différentes approches de l'historiographie du XVIe au XVIIIe siècle, sous l'ancien droit (I), puis dans un second temps au XIXe siècle, siècle où l'ensemble des sources ont été publiées (I), et enfin dans un troisième temps au XXe siècle jusqu'à ce début du XXIe siècle, période où une bonne partie des travaux et des éditions du siècle précédent ont été pour partie revisitées (III).

I. Les « Assises de Jérusalem », une source du droit français du XVIe au XVIIIe siècle

En France, à partir du XVIe siècle, les jurisconsultes français se sont intéressés aux « Assises de Jérusalem » comme une des sources du « droit français » en tant que coutume de France. Il s'agit, selon eux, d'un témoignage important du droit originaire de France, car les Assises sont alors considérées comme une des sources les plus anciennes, voire la plus complète du droit franc[1].

Du XVIe au XVIIe siècle, se renforce le sentiment national français, période où l'absolutisme monarchique fait notablement progresser l'unification politique et administrative du royaume. Le déclin des droits « universels » a favorisé la naissance des droits nationaux[2]. La doctrine et la jurisprudence vont chercher à unifier le droit français en atténuant les particularités locales. À cette fin, ils vont rechercher les grands principes du « droit français », par une étude critique des coutumes rédigées et par le comparatisme juridique. On

[1] Le chapitre CXXIV du Livre de Jean d'Ibelin du manuscrit dont ils disposent (édité par La Thaumassière p. 197), dit au sujet d'une question d'héritage « *fort chose à croire que il ait Usage en ce Royaume (Jérusalem) qui soit contraire à l'Usage de France* ». Comme, selon eux, c'est du droit français, et que c'est la source la plus ancienne, il est légitime, pour eux, de puiser dedans pour prouver l'origine du droit. Ils n'ont pas ou ne proposent pas la lecture inverse.

[2] J-L THIREAU, « Le comparatisme et la naissance du droit *français », Revue d'histoire des facultés de droit et de la culture juridique, du monde des juristes et du livre juridique*, SHFD/ Librairie générale de droit et de jurisprudence, 1990, p. 153-191.

doit l'expression de « droit français » à l'avocat parisien Louis Le Caron[1], dit Charondas, humaniste, jurisconsulte, poète et philosophe français. Il serait né en 1536 et mort en 1613, mais ces dates sont incertaines. Il fut lieutenant au bailliage de Clermont en Beauvaisis, charge qu'il exerça jusqu'à sa mort[2]. Cette notion de « droit français » traduit pour lui l'idée que la France posséderait une spécificité historique et institutionnelle qui la distinguerait des autres nations européennes[3] ; c'est ce que l'on appellera le « droit commun coutumier » au XVIIe siècle.

Le premier qui attira l'attention des savants sur les « Assises de Jérusalem » et à généraliser l'expression fut René Chopin (1537-1606)[4], avocat au Parlement. Reçu docteur en droit à l'âge de dix-sept ans, il devint un jurisconsulte réputé et passe encore pour un des meilleurs interprètes de la coutume. Dans son commentaire de la coutume d'Anjou en latin parut en 1581[5], et dans sa propre traduction de son œuvre[6], il regarde les « Assises des Jérusalem » comme le code même de Godefroy de Bouillon et comme partie intégrante des sources et usages de France. Il y constate, qu'à Jérusalem, la juridiction est attachée à la terre contrairement à la France. On ne connaît pas, hélas, sa source manuscrite, mais il cite comme source, le « *vieil* » Livre de Jean d'Ibelin qu'il nomme « *des Assises, des usages, et des plais de la haute cour dou royaume de Hierusalem* ». Il utilise aussi ce Livre, dans son œuvre, comme origine du fait que le fils n'a pas l'obligation de racheter le fief de son père mourant[7]. Il l'utilise encore pour expliquer le droit de relief et de rachat

---

[1] *Ibid.* p.154.

[2] L. PINVERT, *Louis le Caron dit Charondas* (1536-1613), dans la Revue de la Renaissance, septembre 1901.

[3] L. CHARONDAS LE CARON, *Panégyrique ou Oraison de loüange au Roy Charles VIII, nostre souverain seigneur*, Paris, 1566 ; *Responses ou decisions du droict françois confirmées par Arrests des Cours souveraines de ce Royaume et autres*, Paris : N. du Fossé, 1605 ; *Pandectes ou digeste du droit françois*, Lyon : J. Veyrat à l'enseigne du Vaze d'Or, 1597.

[4] *Dictionnaire historique des juristes français* (XIIe – XXe siècle), Patrick Arabeyre, Jean-Louis Halpérin et Jacques Krynen (dir.), Paris, Presses universitaires de France, coll. « Quadrige / Dicos poche », 2007 (réimpr. 2008, 2011).

[5] R. CHOPPIN, *De legibus Andium municipalibus lib. III ; itemque praevius tractatus de summis Gallicarum consuetudinum regulis*, N. Chesneau, Paris, 1581 L. I, t. 1, p. 93 : « *Quid de alia Francorum equitum colonia Hierosolymas ducta ? Gottofredus Bulionus sub nostris hand absimiles, de beneficiaria paœsertim jurisdictione et ex Gallico usu repetita, in hunc modum : es assises dou reyaume de Ierusalem est estably deux cours, etc. ex vetusto codice sic inscripto : Des assises, des usages et des plais de la Haute Cort dou reyaume de Ierusalem* ».

[6] R. CHOPIN, *Les Oeuvres de René Choppin*, divisées en cinq tomes, Chez Jacques d'Allin, Paris, 1663, Volume 1, p 69 ; « ... *Godefroy de Bouillon ayant conquis la Palestine, établit en l'Assemblée des Seigneurs François des Loix peu différentes des nostres & principalement touchant la lustice des fiefs, prises de l'usage de la France ...* ».

[7] *Ibid.*, Volume 1, p 245 : « *Et pour cette raison, presque par toute la France les fils ne sont obligez a racheter le fief de leur père du Seigneur duquel il est mourant, ny luy en payer rachapt, comme cy apres au 84. article de la Couftume d'Anjou* ».

de fief par mariage de la vassale[1]. Il cite encore des passages du Livre de Jean d'Ibelin dans son Traité *Des Priuileges des Rustiques & personnes viuans aux champs*[2].

Un autre célèbre jurisconsulte et contemporain de Chopin s'attacha aux Assises décrites dans le Livre de Jean d'Ibelin ; c'est l'historien du droit coutumier, François Raguel ou Ragueau (mort en 1605)[3]. Il a été lieutenant du bailliage de Berri au siège de Mehun. En 1584, Ragueau fut appelé, en qualité de professeur et lecteur, à la faculté de droit de l'université de Bourges. Il est le successeur de Cujas dont il a été l'élève. Dans son glossaire du droit[4] français de 1583, il utilise très souvent les Assises de la haute Cour pour expliquer du vocabulaire juridique. Glossaire qui sera repris par Eusèbe de Laurière (1659-1728), avocat au Parlement de Paris, qui s'attacha à l'étude de la jurisprudence et à l'étude de toutes les parties des coutumes particulières des diverses provinces de France. De même, Antoine Loysel (1536-1617), autre contemporain, jurisconsulte resté célèbre parmi les juristes pour avoir collecté les principes généraux de l'ancien droit coutumier français, utilise aussi le Livre de Jean d'Ibelin pour expliquer des points de droit de la même manière[5].

Au siècle suivant, c'est Julien Brodeau (1585-1653), qui poursuivra l'étude des Assises. Jurisconsulte et avocat au Parlement de Paris, il est l'auteur de plusieurs ouvrages d'histoire du droit[6]. Dans son commentaire sur la coutume de la prévôté de Paris[7], il utilise aussi les Assises pour analyser les solutions du droit et dégager des règles coutumières à la France. Il le fait au sujet de la succession des fiefs et de la part réservée au quint[8] et dans son commentaire de l'article 20 de la Coutume de Paris, au sujet de la liberté des vassaux de disposer, vendre, aliéner comme tout autre bien leur fief et renvoie

---

[1] *Ibid.*, Volume 1, p 509 : « *Bref, la cause principale du rachapt deu par le mariage de la vassaile est remarquée par la loy Syriaque établie autrefois par Godefroy de Bouillon & fes successeurs Roys Latins en la ville de Hierufalem* ».

[2] *Ibid.*, Volume 3, p 541.

[3] P. TAISAND, *Les vies des plus celebres jurisconsultes de toutes les nations : tant anciens que modernes, savoir, latins ou romains, françois, espagnols, italiens, allemans, anglois, hollandois, &c. : tirées des meilleurs auteurs qui en ont écrit, & mises en leur jour par ordre alphabétique*, Chez Prault pere, Paris, 1737 ; *Dictionnaire historique des juristes français* (XIIe – XXe siècle), *op. cit.*.

[4] F. RAGEAU, *Indice des droicts roiaux et seigneuriaux, des plus notables dictions, termes, et phrases de l'estat, et de la justice, & practique de France : recueilli des Loix, Coustumes, Ordonances, Arests, Annales, & Histoires du Roiaume de France & d'ailleurs*,1583, Paris (Chesnau).

[5] A. LOYSEL, *Institutes coustumières,* Paris, Abel L'Angelier, 2 Vol., 1607 et 1608.

[6] *Dictionnaire historique des juristes français* (XIIe – XXe siècle), *op. cit.*.

[7] J. BRODEAU, *Commentaire sur la coutume de la prévôté de Paris, avec un recueil des arrêts cotés sur chaque titre et article de ladite coutume. Ensemble les coutumes notoires du Châtelet de Paris et les décisions de messire Jean des Mares* (2 volumes), Paris, 1658.

[8] *Ibid.*, Volume 1, p. 9 : « *...& a esté donné pour loy aux peuples de la terre Sainte de par Baudouïn Roy de Hierusalem* ».

directement au Livre de Jean d'Ibelin[1]. Il le fait aussi sur la liberté d'aliéner pour les biens roturiers tenus en censive, article XXIII[2] et sur le Titre de « *Retrait Lignager* » de la Coutume de Paris où il constate la similitude avec les Assises[3]. Brodeau dit avoir utilisé pour ses travaux trois manuscrits[4]. Un manuscrit de la vaticane[5] qu'il semble avoir consulté, un autre de la bibliothèque de Pierre Séguier, chancelier de France, et un autre de la bibliothèque du défunt Jean Leschassier, conseiller au Châtelet de Paris dont il a tiré une copie[6]. Il n'est néanmoins pas possible, malheureusement, de faire concorder ces manuscrits avec ceux dont on a parlé plus haut.

Brodeau sera suivi dans sa démarche par Jacques de La Lande (1622-1703), ancien conseiller au présidial et professeur de droit à Orléans[7], a aussi utilisé les Assises dans son commentaire de la coutume d'Orléans en 1673. Il le fait en commentant l'article 1er de la coutume d'Orléans pour montrer l'usage ancien qui interdisait au vassal de vendre son fief sans l'autorisation de son seigneur[8].

Et enfin, on doit citer Charles du Fresne, sieur du Cange (1610-1688)[9], avocat au Parlement de Paris en 1631, conseiller du roi, célèbre historien, linguiste et philologue français de son temps. Il a lui aussi utilisé largement le Livre de Jean d'Ibelin dans son œuvre. Il le cite dans sa préface sur les *Etablissements de Saint Louis* qu'il publie en 1668[10]. Ce traité, nous dit-il, permet entre autres de donner « *l'origine de tout ce que nous lisons dans nos*

---

[1] *Ibid.*, Volume 1, p. 233 : « ... *l'extrait tiré des Assises de Hierusalem qui sont les lois que les François ont donné aux peuples de Syrie et de Hierusalem lors du premier voyage d'Outremer* ».

[2] *Ibid.*, Volume 1, p 280 : « ...*Les François aprés la conqueste de Hierusalem, ont estably le mesme vsage pour les heritages tant feodaux que censuels de la Syrie & autres prouinces de l'Orient* ... ».

[3] *Ibid.*, Volume 2, p. 314 : « *Les Assises de Hierusalem qui sont les loix que Godefroy de Bouillon établit au royaume de Hierusalem et de Chypre après la conqueste de la Terre-Saincte faicte par les François en 1099* ».

[4] *Ibid.*, Volume 1, p. 34.

[5] *Livre de Jean d'Ibelin*, Chypre, milieu du XVe siècle, (Biblioteca Apostolica Vaticana, ms. français, codex vaticanus latinus 4789).

[6] Jean Leschassier, est le gendre de Pierre Pithou (1539-1596), avocat, jurisconsulte, historien et humaniste gallican de la Renaissance, qui nous a transmis une copie de manuscrit (Paris, B. N. F., ms. français, Dupuy 426).

[7] *Dictionnaire historique des juristes français* (XIIe – XXe siècle), *op. cit.*.

[8] J. DELALANDE, *Coutume d'Orléans, commentée par M. Delalande, ancien conseiller au présidial, & professeur en Droit à Orléans*, Jean Borde, Orléans, 1704, p. 5 : « *C'a esté aussi l'ancien usage de ce royaume, duquel nous avons une preuve autentique dans le recueil des Statuts et des Reglemens fait par Godefroy de Bouillon et Baudoin son successeur pour le gouvernement et la discipline de ses sujets, lesquelles Loix furent prises de la police et observances gardé en France. Ce Livre intitulé Des Assises, des usages et des plais de la Haute cout du Royaume de Hierusalem* ».

[9] *Dictionnaire historique des juristes français* (XIIe – XXe siècle), *op. cit.*.

[10] DUCANGE, *Histoire de Saint Louis par Jean de Joinville avec les Etablissements de Saint Louis, par Charles du Fresnes, sieur du Cange*, chez Sebastien Mabre-Cramoisy, Paris, 1668.

coutumes »[1] et selon lui les Assises ne sont pas autre chose que les lois et les coutumes de la France[2]. Il se fonde, nous dit-il, sur une copie du manuscrit de la bibliothèque Vaticane, sans autres précisions[3]. Il utilise aussi le Livre dans ses observations sur l'histoire de Saint Louis par Jean de Joinville, qu'il publie dans le même ouvrage. Il s'en sert pour analyser du vocabulaire[4] et comme élément biographique[5]. D'un point de vue juridique, il y compare des points de droit[6]. Dix ans plus tard, il reprendra le terme Assise dans son Glossaire du latin médiéval au latin moderne[7]. Puis, à la fin de sa vie, il commença un ouvrage intitulé « *Les familles d'Outremer* ». Il se proposait d'écrire en complétant le livre des Assises dit « *Lignages d'outremer* », à l'aide de tous les documents historiques d'une authenticité incontestable qu'il avait pu réunir, l'histoire de familles de l'Orient Latin ainsi que celle des grands dignitaires de ces principautés. Son manuscrit a été déposé dans la collection des manuscrits de la Bibliothèque impériale où il y demeura longtemps oublié. Ce travail a été repris et complété par Alban Emmanuel Guillaume Rey (1837-1916) connu pour ses travaux sur les colonies franques en Syrie au XIIe et XIIIe siècles et sur les fortifications militaires au Proche-Orient. Il a publié l'ouvrage « *Les familles d'Outremer par de Ducange* » en 1869[8]. Ducange, dans le détail de l'ouvrage, y traite les Assises comme un code à part entière.

Le diplomate, historien et philologue français, Jacques Bongars (1554-1612), auteur d'ouvrages sur l'histoire romaine dont un sur l'histoire des

---

[1] *Ibid.*, p. 4.
[2] *Ibid.*, p. 5.
[3] *Ibid.*
[4] *Ibid.*, « *mezeav et ladre* », p. 34 et « *riche homs* », p. 51.
[5] *Ibid.*, sur la vie de Jean d'Ibelin, p. 61 et sur la vie de de Geoffroy de Sarignes, p. 63.
[6] *Ibid.*, Le droit de battre monnaie par les Hauts Barons à Jérusalem p. 88 ; La majorité à quinze ans pour les garçons et douze ans pour les filles pour avoir le droit de tenir fief p. 93 ; Les contremands, qui sont les excuses lors d'un jugement p.162 ; La différence entre le meurtre et l'homicide et que l'homicide ne se prouve qu'avec un duel p. 165 ; Sur les trois sortes de jugements que sont le *recort*, la *connoissance* et l'*ésgard* de court p. 168 ; Sur les trois manières de perdre son fief p. 170 ; Sur la tenue d'un fief et l'hommage p. 175 ; Le duel entre un chevalier et un sergent p. 180.
[7] DUCANGE, *Glossarium ad scriptores mediae et infimae latinitatis*, in quo, etc., 3 volumes in-folio, Paris, 1678 ; Au terme Assises, il retient : « *Les Assises doivent estre tenuës et maintenuës fermement en toutes choses : et de ce que hom ne sera certain, qui soit Assise, doit tenir selon l'usage et la longue coustumance, et de ce que Court aura fait esgard, ou connoissance, ou recort, qui soit Assise, doit estre tenu et maintenu come Assise. Car les Assises ne peuvent en plusiors choses estre provées, que par lonc usage, ou pour ce que l'on a vehu user et faire come Assise, et ce est maniere de Loy, et doit estre, et est tenue au Royaume de Hierusalem et de Chipre meaus que Leis, Decrés, ne Decretales, que le Seignor dou Royaume doit jurer et jure, ains que il soit retens à Seignor, de garder et maintenir les Assises, et les lons usages, et les bons coustumes du Roiaume de Hierusalem* ».
[8] DUCANGE, *Les Familles d'Outremer par de Ducange, continué par M. E. G-Rey*, Documents inédits sur l'Histoire de France, Imprimerie Impériale, Paris, 1869.

croisades intitulé « *Gesta Dei per Francos* » (1611)[1], semble avoir voulu, en son temps, imprimer les « Assises de Jérusalem » ou du moins le Livre des Lignages d'Outremer[2]. Mais le premier à les avoir publiés est le révérend père Philippe Labbé (1607-1667), jésuite français, éditeur prolixe et polygraphe, connu pour son œuvre d'éditeur et de compilateur[3]. Il le fait dans son *Abrégé royal de l'Alliance chronologique*[4]. Il prend pour support un manuscrit issu de la bibliothèque de Dupuy[5], sans que l'on puisse déterminer lequel, et signale des différences avec un manuscrit original à Venise[6]. Dans cet ouvrage, il reprend d'abord les généalogies tirées des Lignages d'Outremer en trente chapitres, « *dans son style ancien sans y rien changer ny altérer* »[7]. Puis, en raison du désir de « *donner au public des pièces rares et non encore publiées jusques à maintenant* », il intègre des fragments du Livre de Jean d'Ibelin, dans un chapitre intitulé « *L'histoire politique d'Outremer, tirée du livre non encore imprimé des Assises et bons usages du royaume de Jérusalem* »[8]. Il présente ces « Assises » comme les lois établies par Godefroy de Bouillon et ses successeurs[9].

À la fin du XVIIe siècle, en 1690, le jurisconsulte et humaniste Thomas de La Thaumassière, écuyer, sieur de Puy-Ferrand et de Gérissay (1631-1702)[10], fit imprimer pour la première fois en France dans sa totalité, à Bourges, le Livre de Jean d'Ibelin et le Livre des Lignages d'Outremer, sous le titre *Assises et bons usages du royaume de Jérusalem*, avec les coutumes de

---

[1] J. BONGARS, *Gesta Dei per Francos, sive orientalium expeditionum et regni Francorum Hierosolymitani historia, a variis sed illius aevi scroptoribus litteris commendata, nunc primum aut ad libros veteres emendates*, Hanovre, 1611.

[2] M-A NIELEN-VANDEVOORDE, « Un livre méconnu des Assises de Jérusalem : les Lignages d'Outremer », in *Bibliothèque de l'école des chartes*, 1995, tome 153, livraison 1, p. 103-130.

[3] L-M. CHAUDON, *Nouveau Dictionnaire historique ou Histoire abrégée de tous les hommes qui se sont fait un nom par des talents, des vertus, des forfaits, des erreurs, depuis le commencement du monde jusqu'à nos jours,* par une société de gens de lettres, Avignon, 1766 ; 4 vol.

[4] P. LABBE, s.j., *L'Abrégé Royal de l'Alliance chronologique de l'histoire sacrée et profane, des Patriarches, Juges et Roys de l'ancien Testament, des Souverains Pontifes de l'Eglise, des Empereurs de Rome, de Grèce, d'Allemagne, Payens, Chrestiens et Othomans, des Roys, Princes, etc. avec le lignage d'Outremer, les Assises de Jérusalem, et un Recueil historique de Pièces anciennes*, Meturas, Paris, 1651, 2 Volumes.

[5] *Ibid.*, Volume 1, p. 456.

[6] *Ibid.*, Volume 1, p 560.

[7] *Ibid.*, p. 421-455.

[8] *Ibid.*, p. 456-560.

[9] *Ibid.*, p. 421.

[10] *Dictionnaire historique des juristes français* (XIIe – XXe siècle), *op. cit.*; E. CHENON, *Les professeurs de droit français de l'Université de Bourges et le manuscrits de leurs cours, Nouvelle revue historique de droit français et étranger*, Vol. 45, L. Tenin, Paris, 1921.

Beauvaisis de Philippe de Beaumanoir[1]. La Thaumassière, docteur agrégé depuis 1681 à la Faculté de droit de Bourges, avocat au Parlement de Paris, est si profondément versé dans la connaissance de l'ancien droit français, qu'il fut nommé professeur royal de droit français à l'université de Bourges par Louis XIV en 1700. Par son travail et son érudition, il inscrivit le Livre de Jean d'Ibelin comme la source au sein duquel il faut chercher les fondements du droit français dans la continuité des jurisconsultes du droit français, ses prédécesseurs. Dans sa préface qu'il adresse à Colbert, il nous dit : « *les Assises & bons Usages du Royaume de Jerusalem, qui ne sont autre chose que les Loix que les Princes François accorderent avec beaucoup de justice aux Peuples d'Orient, aprés les avoir vaincus par la force de leurs Armes ; Ces Coûtumes ne sont autres que celles qui etoient observées dans le Royaume de France, comme il le témoigne luy-même en plusieurs endroits de son Livre. Ce sont les veritables sources de nôtre Droit Coutumier, qui pourront sans doute beaucoup contribuer à l'expliquer et l'illustrer, dans ce temps que nôtre Auguste Monarque a étably l'Etude publique du Droit François, qu'il fait enseigner dans les Universitez* »[2]. Dans son avertissement il ajoute : « *Il est certain qu'elles ont été tirées des Coutumes & Usages de la France* »[3]. Il publia ces textes, selon ses dires, d'après la copie utilisée par Brodeau tirée d'un manuscrit de la bibliothèque vaticane et d'un manuscrit issu de la bibliothèque de Colbert[4]. Il a pu comparer ses sources, nous dit-il, à une édition italienne de 1543[5]. Il enrichit sa publication de notes empreintes de la plus forte érudition. Son livre est d'une grande valeur pour la science et par les interpolations même qu'il contient. Il compare un certain nombre d'articles avec les sources classiques du droit[6]. Mais ce qu'il ne sait pas, c'est que les manuscrits qu'il utilise découlent de ceux qui témoignent du droit du royaume de Chypre, affirmé après 1368, avec la rédaction d'un livre de référence du Livre de Jean d'Ibelin et des lignages d'Outremer[7]. La « leçon » qu'il propose des Assises est une « leçon » originale qui n'a jamais été depuis republiée. Ce n'est ni une œuvre défectueuse, ni une œuvre d'amateur comme peut le

[1] G. T. THAUMASSIERE (de la), ed., *Coustumes de Beauvoisis par messire Philippes de Beaumanoir, Assises et bons usages du royaume de Jerusalem, par messire Jean d'Ibelin, et autres anciennes coutumes,* Bourges, 1690.
[2] *Ibid., Préface.*
[3] *Ibid., Avertissement.*
[4] *Ibid.* : « *J'en ai recouvré par le moyen de M. d'Herouval un Exemplaire en la Bibliotheque de feu M. Brodeau, transcrit sur le Manuscrit de la Bibliotheque Vaticane, & un autre dans celle de Monsieur Colbert ; les Assises ont été traduites en Italien, & imprimées à Venise en l'an 1543* ».
[5] Cette édition est inconnue. Nous ne connaissons que l'édition officielle vénitienne de 1535 dont nous reparlerons amplement : *DA GIOVANNI D'IBELIN, L'Alta corte. Le assise et bone usanze del reame de Hyerusalem, La Bassa corte, Le Assise et bone usanze del reame de Hyerusalem,* 2 parties en 1 vol. in-fol, stamp. di A. Pincio, Venetia, 1535.
[6] THAUMASSIERE, *op. cit.*, p. 239 à 270.
[7] Ce point sera approfondi dans le corps de cette thèse.

soutenir Jérôme Devard[1], car en dehors de quelques coquilles, son édition est celle du manuscrit du Vatican du XVe siècle, qui semble être en toute hypothèse le manuscrit de référence établi par le gouvernement du royaume de Chypre en 1369.

Il est intéressant de rappeler à ce stade que tous ces anciens jurisconsultes, en France, cherchaient dans ces anciennes « lois » le moyen d'éclairer les origines du droit français, et les publicistes espéraient y trouver des renseignements sur l'état de la société et sur l'histoire. Mais, il est important de le souligner, ils ne connaissent au XVIe siècle et au XVIIe siècle que le livre de Jean d'Ibelin et les Lignages d'outremer, principalement sur des copies du manuscrit du Vatican du XVe siècle[2]. Ils ne semblent pas savoir véritablement qu'il existe d'autres Livres qui complètent la description d'ensemble des Assises, bien que Brodeau cite l'existence du manuscrit en la possession du Chancelier Séguier. Si ce manuscrit est le même que celui que nous connaissons sous ce nom, alors ils avaient en leur possession bien d'autres sources[3]. Cependant rien ne démontre qu'ils ont véritablement consulté le manuscrit et que tout en connaissant son existence, ils ne l'ont pas directement consulté.

Le plus ancien manuscrit en circulation à l'époque, et semble-t-il utilisé par Brodeau, est le manuscrit en français de Paris à la B.N.F., Dupuy 426, en 246 feuillets, daté du 11 juillet 1577. C'est un manuscrit de notes et d'extraits de divers ouvrages d'histoire et de droit écrit par François Pithou[4], qui a pour titre *Notes et extraits de divers ouvrages d'HISTOIRE et de DROIT, par François PITHOU XVIe-XVIIe siècle*. Dans ce manuscrit, on trouve une copie de quelques chapitres du Livre de Jean d'Ibelin, du folio 53 à 56, extrait d'un des manuscrits du XIVe siècle qui en toute vraisemblance est le manuscrit Saint-Germain (ms. fr. 19025). Au folio 55 est écrit que le Livre dont sont extraits ces chapitres a été « *fait soubs l'empereur Frédéric II* ».

Les deux manuscrits suivants ne semblent pas avoir beaucoup circulé à l'époque mais sont à l'origine des manuscrits suivant qui eux ont circulé. Le premier est celui de Carpentras (ms. français n° cgm 1786) qui a pour titre *Assises et bons usages du roiaume de Hierusalem*. C'est un manuscrit papier à la reliure en parchemin du XVIIe siècle de 427 folios (320/220 mm). Ce

---

[1] J. DEVARD, « Aux origines du péché originel quant à la mauvaise utilisation des Assises de Jérusalem, L'édition de Gaspard Thaumas de la Thaumassière (1690) », Colloque « Autour des Assises de Jérusalem », *op. cit.*, p. 79-92 (p. 84-85).

[2] La connaissance, en France, du droit du « royaume de Jérusalem » pour les jurisconsultes qui ont utilisé et analysé ces textes du livre de Jean d'Ibelin, n'est en fait que la connaissance de la réalité du droit chypriote post 1369, date de la rédaction d'un premier Livre officiel.

[3] Ce manuscrit ne peut être que le manuscrit de Paris à la B. N. F., au département des manuscrits, le Séguier- Coislin, Saint-Germain français, ms. fr. 19026, (430 ancienne cote).

[4] Juriste de renom, il a été un des plus savants hommes de son temps qui a fait de grandes découvertes dans la jurisprudence et dans les belles lettres. Cf. *Les Pithou : Les lettres et la paix du royaume*, Sous la direction de Marie-Madeleine Fragonard et Pierre-Eugène Leroy, actes du colloque du 13-15 avril 1998, Classique Garnier, 2003.

manuscrit, en français, est une simple copie du manuscrit du Vatican du XVe siècle (Vat. lat. 4789), soit du Livre de Jean d'Ibelin et du Livre des Lignages d'Outremer. La copie semble avoir été faite pour Nicolas-Claude Fabri de Peiresc[1], en effet il est indiqué que « *ce manuscrit est un des plus rares et des plus curieux de la Bibliothèque vaticane. Monseigneur le cardinal Barberin me le fit copier non sans grand soin et peine* », signé Pieresc. Il semble aussi que ce manuscrit fut celui utilisé par Ducange. Le second est le manuscrit de Troyes (ms. français, Aube n°cgm 24), qui a pour titre « *Les Assises et bons usages du royaume de Jerusalem* ». Manuscrit papier du XVIIe siècle de 948 pages (480/280 mm) à l'écriture soignée. La reliure est en velours noir. C'est une copie du manuscrit de Carpentras. Il a appartenu à la bibliothèque du Père Boutier (1721).

Les manuscrits en français suivant se situant à Paris à la B.N.F., et pour un à la bibliothèque Sainte-Géneviève, ont beaucoup plus circulé et semblent avoir été prioritairement les outils de travail des jurisconsultes du « droit français ». Le premier manuscrit est le Dupuy 652 qui a pour titre « *Livre des ASSISES et bons usages du royaume de JERUSALEM ; Livre des lignages de sa mer* ». C'est un manuscrit papier du XVIIe siècle de 722 pages (275/220 mm) daté de 1648. Copie du manuscrit de Carpentras, il est signé de Pierre Dupuy[2] au fol. 1. Il contient des notes marginales de comparaison entre le texte et l'édition italienne de 1535[3]. On trouve, au feuillet 693, ces mots « *Ce recueil est faict après l'an 1368* ». Ce manuscrit semble avoir servi à l'édition de Labbe, en 1632. Le manuscrit Dupuy 278 est un manuscrit du XVIIe siècle de 24 feuillets, copie du manuscrit précédant mais uniquement du Livre des Lignages d'Outremer. Le manuscrit 1078, (Baluze 396, ancienne cote), est lui aussi une copie du Dupuy 652 est porte le titre de « *Assises et bons usages de Jerusalem, d'un ms. de la Vaticane et Le Livre des lignages deçà mer* ». Ce manuscrit papier est daté de 1650. Il contient 233 folios (185/200 mm) d'une écriture très négligée. En tête du volume se trouve la note suivante : « *Assises et bons usages de Jérusalem, d'un ms. de la Vaticane ; celui-ci a été copié sur le ms. qui est en la bibliothèque de messieurs Dupuy frères (ms. fr. Dupuy 652) ; autre semblable en celle de M. Séguier, chancelier de France ; autre en celle de M. Pelletier, conseiller au Chastelet* ». Ce

---

[1] Né le 1er décembre 1580 à Belgentier et mort le 24 juin 1637 à Aix-en-Provence, Pieresc est un érudit universaliste de l'époque baroque, conseiller au Parlement de Provence, polymathe, scientifique, homme de lettres, astronome et collectionneur. Cf. *Dictionnaire historique des juristes français* (XIIe – XXe siècle), *op. cit.*.

[2] Pierre Dupuy (1582-1651) est un avocat, conseillé d'État, bibliothécaire et érudit français ; Cf. Pierre Du Puy garde de la bibliothèque du roy, dans Charles Perrault, *Les Hommes illustres qui ont paru en France pendant ce siècle*, chez Antoine Dezallier, 1697, tome 1, p. 53-54.

[3] DA GIOVANNI D'IBELIN, *L'Alta corte. Le assise et bone usanze del reame de Hyerusalem, La Bassa corte, Le Assise et bone usanze del reame de Hyerusalem*, 2 parties en 1 vol. in-fol, stamp. di A. Pincio, Venetia, 1535; édition officielle des « Assises de Jérusalem » par la république de Venise pour pouvoir poursuivre l'application de ce droit sur l'île de Chypre. Nous y reviendrons dans le corps de cette thèse.

manuscrit semble être celui utilisé par La Thaumassière pour publier son édition. Les deux derniers manuscrits, en français, sont des copies du manuscrit précédant, le 1078. Le manuscrit 1077 (Baluze 446, ancienne cote), porte aussi le titre « *Assises et bons usages de Jerusalem, d'un ms. de la Vaticane et Le Livre des lignages deçà mer* ». C'est une copie effectuée par Baluze[1], avec correction des tables des rubriques. Il a fait partie de la collection Harlay. C'est un manuscrit papier du XVIIe siècle de 805 folios (350/230 mm). L'écriture est d'une exécution soignée et la reliure est en maroquin rouge et la tranche dorée. Le manuscrit de la bibliothèque Sainte-Geneviève (ms. français, 778) porte lui le titre « *Assises et bons usages de Jerusalem* ». C'est une copie avec des omissions. C'est un manuscrit de 291 feuillets (360/240 mm) à l'écriture soignée. La reliure est en veau brun. Il se trouve à l'intérieur la note suivante, « *Ex libris S. Genovefae Paris., 1753* ».

Pour terminer ici, il faut citer le manuscrit en italien de Paris à la B.N.F. (ms. italien 1496) qui est une copie du manuscrit du Vatican du XVe siècle (Vat. lat. 4789). C'est un manuscrit papier, en italien, du XVIe-XVIIe siècle de 54 feuilles. Il nous donne seulement un extrait du Livre de Jean d'Ibelin. Au folio 39, il est écrit : « *il a notre que le livre qui à présent est en la librairie vaticane n'a pas été fait du temps des sus-nommés rois mais longtemps après c'est à savoir de l'an MCCCLXVIII lorsque après la mort du roi Pierre quinziesme roy latin de Jérusalem et de Chypre par commun accord des homes liges du royaume...* ».

Avec le XVIIIe siècle commence, avec les « philosophes des Lumières », la légende noire des croisades, fruit, selon eux, du fanatisme et de l'intolérance de l'Église. La réalité est pourtant bien loin de ce tableau caricatural. Ce siècle montra, dans l'ensemble, moins d'intérêt pour les croisades et le droit de l'Orient latin. Certains philosophes voyaient dans les « croisades » de vastes entreprises de brigandage organisées par le fanatisme médiéval. Toutefois, Voltaire mettait en scène en 1732, dans *Zaïre*, le roi Guy de Lusignan[2].

Les « Assises de Jérusalem » conservent toutefois, dans ce siècle, une belle place dans l'historiographie française et dans l'histoire du droit en France. En effet, le dernier jurisconsulte d'ancien régime, Jacob-Nicolas Moreau (1717-1803)[3], avocat et un historien français, va consacrer une importante note historique sur les Assises de Jérusalem dans son Discours sur l'histoire de

[1] Étienne Baluze (1630-1718), est un patristicien, historiographe, bibliothécaire et juriste français ; Cf. Patricia GILLET, *Étienne Baluze (1630-1718) et l'histoire du Limousin : desseins et pratiques d'un érudit du XVIIe siècle*, Genève, Droz, 2008.

[2] La pièce obtient dès la création un très grand succès et restera au répertoire de la Comédie-Française jusqu'en 1936. Elle inspira à Felice Romani le livret de *Zaira*, opéra de Vincenzo Bellini. Cf. René Pomeau et Jean Ehrard, *Littérature française : De Fénelon à Voltaire*, Atthaud, 1989, p. 163.

[3] B. HERVOUET, *Jacob-Nicolas Moreau, le dernier des légistes. Une défense de la constitution monarchique au siècle des Lumières*, Préface de Jean-Marie CARBASSE et Guillaume LEYTE, Paris, LGDJ, 2009.

France en 21 volumes[1]. Il voit dans les Assises de Jérusalem l'un des plus anciens monuments du droit public féodal français qui donne le motif et l'origine de la plupart des usages en France depuis le XIIe siècle. Il faut pour lui les comparer aux établissements de Saint-Louis qui s'expliquent l'un par l'autre. En 1768, proche du fils de Louis XV, il devient précepteur du futur Louis XVI. En 1774, il est nommé historiographe de France. Il est ensuite le bibliothécaire de la reine Marie-Antoinette.

On doit encore citer ici, Armand-Gaston Camus (1740-1804)[2], qui a eu le souci des « Assises de Jérusalem » pour la formation des juristes de son époque. Dans son ouvrage, *Lettres sur la Profession d'avocat* de 1772[3], qu'il compléta en 1777[4] par sa Bibliothèque de droit, il nous dit, dans sa quatrième Lettre de la première édition[5], que les « Assises de Jérusalem » sont un monument qui reflète les anciens usages, comme les premiers statuts qui ont précédé nos coutumes et qui ont fait naître une partie de leurs dispositions. Dans sa bibliothèque de droit choisie, il indique la lecture des Assises publiées par La Thaumassière[6].

Ainsi, le Livre de Jean d'Ibelin et le Livre des Lignages d'Outremer ont été, en tout état de cause, une source pour le droit français du XVIe au XVIIIe siècle. Ces deux Livres ne font pas état d'un droit « étranger » pour les jurisconsultes d'ancien régime en France, lorsqu'ils comparent le droit hiérosolymitain décrit avec celui de la France. Pour eux, comme pour les autres auteurs de Livre d'Assises, le droit hiérosolymitain est un droit français exporté dans l'Orient latin. Il semble donc difficile de pouvoir contredire cette ancienne analyse, venant d'experts aussi éminents et sachant de l'ancien droit. Le droit hiérosolymitain des Latins d'Orient est un droit d'origine française, même s'il est certain que ce droit présente des spécificités. Le droit chypriote du XVe siècle, du moins le droit décrit dans le Livre de Jean d'Ibelin tel qu'il est établi dans le manuscrit dont sont issues toutes les copies alors en circulation en France, est conforme au droit français comparable pour les jurisconsultes d'Ancien Régime. Cela n'avait jamais été souligné.

En Italie, à la fin du XVIIIe siècle, les « Assises de Jérusalem » ont également intéressé les historiens du droit, du fait que le royaume de Chypre

---

[1] J-N MOREAU, *Principes de morale, de politique et de droit public puisés dans l'histoire de notre monarchie*, ou Discours sur l'histoire de France, Imprimerie royale, Paris, (1777-89) (21 volumes), Volume XV, p. 472.

[2] Il est avocat, jurisconsulte et homme politique français. Il joua un rôle important durant la période révolutionnaire. Nommé, dès le 14 août 1789, archiviste à la Commission des archives de l'Assemblée constituante, il est à l'origine de la création des Archives nationales. Il conserve ces fonctions d'archiviste national et de bibliothécaire du corps législatif jusqu'à sa mort ; Cf. A. ROBERT (sous sa direction), BOURLOTON Edgar, COUGNY Gaston, *Dictionnaire des parlementaires français... : depuis le 1er mai 1789 jusqu'au 1er mai 1889... 1889-1891*, 5 vol.

[3] A-G CAMUS, *Lettres sur la profession d'avocat*, Hérissan imprimeur du roi, Paris, 1772.

[4] A-G CAMUS, *Lettres sur la profession d'avocat*, Méquignon Le Jeune, Paris, 1777.

[5] *Ibid.*, éd, 1772, p. 138-139.

[6] *Ibid.*, éd, 1772, p. 42.

a été une dépendance de la République de Venise de 1473 à 1571. Paul Canciani (1725-1810), théologien et juriste italien, Frère de l'Ordre des Serviteurs de Marie, connu pour sa collection *« Barbarorum leges antiquae »,* publie une grande partie des Livres des Assises, en italien en 1781. Il publia dans le tome II de sa collection le Livre de la Cour des Bourgeois en 265 chapitres et la première partie du Livre abrégé des Assises en 40 chapitres[1]. Dans le tome V, il publia le Livre de Jean d'Ibelin en 273 chapitres, le Livre de Jacques d'Ibelin en 92 chapitres et le Livre de Geoffroy Le Tort en 63 chapitres[2]. Il publia ces Livres d'après les deux manuscrits en italien de Venise[3], traduction officielle[4], faite par les commissaires vénitiens pour l'île de Chypre, et imprimée à Venise en 1535[5]. Cette édition accompagna les travaux des érudits du XIXe siècle.

En France, à la fin du XVIIIe siècle, des juristes continuent, encore, de soulever l'importance des Assises de Jérusalem. Pierre Jean Agier (1748-1823)[6], avocat, ancien premier président à la Cour royale de Paris, avait en 1788 projeté une nouvelle édition des « Assises de Jérusalem »[7]. Suite, entre

---

[1] P. CANCIANI, *Barbarorum leges antiquae, « et Assisiae regni hierosolymitani ad inferiorem curiam pertinentes continentur »*, Volume II, Venise, 1781 ; Livre de la Cour des Bourgeois en 265 chapitres, p. 484-539 et la première partie du Livre abrégé en 40 chapitres, p. 540-565.

[2] P. CANCIANI, *Barbarorum leges antiquae, « et Assisiae regni hierosolymitani ad superi curia pertinentes continentur »*, Volume V, Venise, 1781 ; Livre de Jean d'Ibelin p. 128 à 296 en 273 chapitres, Livre de Jacques d'Ibelin p. 297-304 en 92 chapitres, Livre de Geoffroy Le Tort p. 305-309 en 63 chapitres.

[3] Venise, Biblioteca Nazionale Marciana, ms. it. II 46 (anciennement conseil des dix n°5.057), *Assise di Gerusalemme* ; et ms. it. 47 (anciennement conseil des dix n°5.038), *Assise di Gerusalemme.*

[4] Traduction officielle des « Assises de Jérusalem » par la république de Venise, en 1531, pour pouvoir poursuivre l'application de ce droit sur l'île de Chypre. Nous y reviendrons dans le corps de cette thèse.

[5] DA GIOVANNI D'IBELIN, *L'Alta corte. Le assise et bone usanze del reame de Hyerusalem, La Bassa corte, Le Assise et bone usanze del reame de Hyerusalem*, 2 parties en 1 vol. in-fol, stamp. di A. Pincio, Venetia, 1535.

[6] G. FALLOT, *notice Agier (Pierre Jean)*, Biographie universelle, t. 56, Paris, Michaud, 1834, p. 90-94.

[7] André Dupin (1783-1865), dit « Dupin aîné », avocat, procureur général auprès de la Cour de cassation et homme politique, alors qu'il dirigeait ses premières études vers les antiquités du droit français au début du XIXe siècle a écrit à Agier, pour savoir s'il avait donné suite à son projet de donner une édition des Assises de Jérusalem. Il lui répondit, le 17 mai 1806 par la lettre suivante, qu'il reproduit dans son ouvrage qui fait suite à *Lettres sur la profession d'avocat* de Camus : « *Monsieur, il est vrai qu'avant la révolution j'ai travaillé sur les Assises de Jérusalem, et j'avais emprunté pour cet effet à la bibliothèque, aujourd'hui impériale quelques manuscrits qu'on voulut bien me communiquer. Je ne songeais en cela qu'à ma propre instruction. Attaché au barreau, et désirant approfondir la science de mon état, j'avais cru devoir la chercher dans un livre qui est une des principales sources de notre ancien droit, et particulièrement du droit féodal. La révolution a dérangé mon projet et renversé toutes mes idées. Depuis bien longtemps je ne pense plus aux Assises de Jérusalem. Elles ne sont plus désormais utiles que pour l'histoire ; et sous ce rapport je n'y vois pas assez d'intérêt pour me livrer à un travail qui, par lui-même, n'est point attrayant. J'ai 'honneur, etc.* » ; Cf. DUPIN, *Bibliothèque choisie de livres de droits qu'il est le plus utile d'acquérir et de connaitre pour*

autres, à ces premiers travaux, Louis XVI, sensibilisé aussi par son précepteur Moreau à l'importance de cette source, témoigna le désir d'avoir une copie des manuscrits de Venise du XIVe siècle et du XVe siècle, en français. Le gouvernement français demanda alors à la République de Venise une copie de ces manuscrits. L'abbé Morelli, conservateur de la bibliothèque de Saint-Marc fut chargé par le Sénat de Venise de l'exécuter ; ce qu'il fit en 1789.

Le fruit de son travail se retrouve à Paris à la B.N.F. au département des manuscrits (ms. fr. 12206 et ms. fr. 12207) sous le titre de « *Assises de la haute court du royaume de Jérusalem, tirées de la bibliothèque de Saint-Marc de Venise. MDCCXC* ». Le premier manuscrit compte 365 folios (350/240 mm)[1]. La reliure, en maroquin rouge, est frappée aux armes de Venise. Ce manuscrit est illustré d'une miniature et de quelques initiales ornées. Il est la copie du manuscrit de Venise du XIVe siècle (ms. fr., Str. App. 20). Le second manuscrit compte 99 folios (350/240 mm)[2]. La reliure, est aussi en maroquin rouge et est aussi frappée aux armes de Venise. Ce manuscrit est aussi illustré d'une miniature et de quelques initiales ornées. Il est la copie du manuscrit de Venise du XVe siècle (ms. fr., App. COD. VI). Ces deux manuscrits, perdus pendant la Révolution française, ont été tour à tour la propriété de Maleszevosko, puis d'Ernest Desclozeaux, avant de réintégrer la Bibliothèque royale, en 1828.

---

faire suite aux Lettres sur la profession d'avocat de M. Camus, Bruxelles, H. Tarlier, 5e éd., 1833.

[1] *Fol. 2 : mention indiquant qu'il est des volumes choisis par les commissaires vénitiens en 1531,*
Fol. 3 à 11 : table des rubriques du Livre de Jean d'Ibelin,
Fol. 11 à 174 : le livre de Jean d'Ibelin en 263 chapitres,
Fol. 174 à 177 : texte d'une consultation juridique donnée par Jean d'Ibelin,
Fol. 178 à 182 : extrait du livre de Geoffroy Le Tort,
Fol. 183 à 190 : le livre de Jacques d'Ibelin,
Fol. 191 à 197 : les Lignages d'Outremer,
Fol. 197 à 200 : un texte relatif au duel judiciaire,
Fol. 200 à 204 : une plaidoirie de Jacques d'Ibelin sur le service d'ost,
Fol. 205 à 260 : le livre de Philippe de Novare,
Fol. 261 à 278 : la Clef des Assises,
Fol. 279 à 315 : le livre du Pledeant,
Fol. 315 à 339 : le livre du Plaidoyer,
Fol. 339 à 375 : formule et Assises.

[2] *Fol. 1 à 10 : rubriques,*
Fol. 13 à 99 : le Livre de La Cour des Bourgeois en 265 chapitres.

II. L'orientalisme passionné du XIXe siècle

La renaissance de l'étude historique du XIXe siècle marqua un renouveau des études consacrées à l'Orient latin, leurs sources et surtout à l'étude des « Assises de Jérusalem ». Cependant à l'inverse des siècles passés, le regard sur les Assises n'est plus pratique, mais devient simplement historique, avec le renouvellement du droit s'incarnant désormais dans le Code civil de 1804. Cette source historique ne devient plus qu'un objet purement scientifique et historique.

Entre 1812 et 1829 parurent l'*Histoire des croisades*[1] en sept volumes et la *Bibliothèque des Croisades* [2] en quatre volumes de Michaud[3]. Pour écrire son œuvre, ce grand historien des croisades, utilisa abondamment les Assises et consacre, de plus, en annexe une importante étude sur les « Assises »[4]. Il introduit son propos en nous disant que « Le plus curieux monument de la jurisprudence féodale pendant le Moyen Âge, est celui qui est connu sous le titre d'Assises de Jérusalem ; c'est dans ces assises expression des besoins d'un royaume militaire, qu'il faut étudier le véritable caractère de la féodalité dans sa native institution… ». Dans le volume V de son Histoire, il ajoute que « la civilisation commence ainsi pour l'Europe aux lieux mêmes d'où la foi chrétienne nous était venue »[5]. Pour lui les Assises, ou bien la « législation des croisés », ont inspiré Saint Louis. Michaud, en ce début de siècle, prolonge donc toujours l'idée de l'ancien régime sur la nature des Assises.

A sa suite, des juristes, historiens du droit, vont s'intéresser aux Assises pour conduire des études comparatives. Le premier est Jonas Daniel Meyer[6] qui compare et cherche les origines du système des jurys dans les Cours en Europe. Il voit notamment dans les « Assises de Jérusalem » l'origine des jurys et estime que ce système fut introduit et perfectionné en Angleterre par les croisés du pays[7]. Par la suite, le doyen de la faculté de droit de Caen, Pierre Thomine des Mazures, discute la position de Mayer sur l'origine des Assises en général et son rapport aux Assises de Jérusalem dans son *Commentaire sur*

---

[1] J-F. MICHAUD, *Histoire des Croisades* (7 volumes), Michaud, Paris,1812-1822.

[2] J-F. MICHAUD, *Bibliothèque des croisades* (4 volumes), Michaud, Paris,1829.

[3] Joseph-François Michaud (1767-1839) est un politique, historien, écrivain, journaliste et pamphlétaire français. Membre de l'Académie française (1813) et de l'Académie des sciences, belles-lettres et arts de Savoie (1820).

[4] J-F. MICHAUD, *Histoire des Croisades*, *op. cit.*, Volume II, p. 537 à 548.

[5] *Ibid.*, Volume VI, p. 71.

[6] Jonas Daniël Meijer (1780-1834) est le premier avocat juif aux Pays-Bas. Sans clients, il a étudié l'histoire du droit des autres pays et cela lui a valu des publications qui lui ont valu une renommée internationale. Il est également connu pour son combat pour l'émancipation des Juifs hollandais.

[7] J. D. MEYER, *Origine et progrès des Institutions judiciaires des principaux pays de l'Europe*, G. Dufour et Z. d'Ocagne, Paris, 1823, 6 vol. Tome 1 sur le jury et Tome II p. 165 et suivant sur la comparaison entre le jury anglais et les « Assises de Jérusalem ».

le code de procédure civile[1]. Quelques années plus tard, le conseiller à la Cour de cassation Charles-François Oudot discute, lui aussi, la position de Mayer sur l'origine du jury en général et son rapport aux Assises de Jérusalem[2]. On peut aussi citer ici l'article d'Henri Bordier, de 1845, relatif à quelques points de la coutume de Paris et à la jurisprudence du Parlement au XIVe siècle qu'il compare sur la question du douaire aux Assises de Jérusalem[3]. Dans les Assises, le douaire peut être réclamé par l'épouse, même si son mari n'est pas mort, dans l'hypothèse où ce dernier devient joueur, buveur et dispendieux[4]. Bordier retient sur ce point que les Assises, au contraire de la coutume de Paris, consacraient déjà le principe de l'article 1443 du Code civil. Ces juristes ne voient donc pas seulement dans les Assises un droit d'importation française dans l'Orient latin, témoignant paradoxalement des usages de France les plus anciens connus comme le dit la tradition historiographique, mais aussi un droit d'exportation qui a renouvelé le droit médiéval occidental. Cette approche semble particulièrement juste et cette idée s'est installée dans le temps dans la recherche scientifique et a même été complétée.

À partir 1824, on relève une velléité de rééditer les « Assises de Jérusalem ». Alphonse-Honoré Taillandier, avocat au Conseil du roi et à la Cour de cassation, signale qu'un certain éditeur Buchon souhaite republier l'ensemble des « Assises » dans sa collection des chroniques[5], en soulignant tout particulièrement l'importance des Livres des Assises pour l'étude de l'histoire et du droit. Toutefois, le premier à redonner une édition partielle des « Assises » est Jean-Marie Pardessus dans sa *Collection des lois maritimes antérieures au XVIIIe siècle* en 1828[6]. Il imprime sept chapitres du Livre de la Cour des Bourgeois se rapportant au droit commercial à partir la copie du manuscrit de Venise du XVe siècle (ms. fr., App. COD. VI), celui qui ne comporte que ce Livre (ms. fr. 12207). Il consacre aussi une importante étude aux Assises dans son *Mémoire sur l'origine du droit coutumier en France, et sur son état jusqu'au XIIIe siècle*[7], pour éclairer le droit féodal et les usages de France, celles-ci étant pour lui un emprunt aux usages de France. Rapporteur

---

1 P. THOMINE DES MAZURES, *Commentaire sur le code de procédure civile*, Chez Mancel Librairie, Caen, 1832, p. 37.

2 C.-F. OUDOT, *Théorie du jury ou observations sur le jury et sur les institutions judiciaires criminelles anciennes et modernes*, Joubert, Librairie de la Cour de cassation, Paris, 1845, p. 68.

3 H. BORDIER, « Commentaires sur un document relatif à quelques points de la coutume de Paris et à la jurisprudence du parlement au quatorzième siècle », in *Bibliothèque de l'école des chartes*, 1845, tome 6, p. 396-435.

4 BEUGNOT, vol. 2 : Lois, Livre de la Cour des Bourgeois, chap. CLXXI, p. 116.

5 A.-H. TAILLANDIER, « Dissertation sur les Assises de Jérusalem », *La Thémis*, t. VII, 10e livraison, 1824, p. 1-20.

6 J-M. PARDESSUS, *Collection des lois maritimes antérieures au XVIIIe siècle*, Imprimerie royale, Paris, 1828, T.1, p. 282.

7 J-M. PARDESSUS, « Mémoire sur l'origine du droit coutumier en France, et sur son état jusqu'au XIIIe siècle », in *Mémoires de l'Institut national de France*, tome 10, Paris, 1833, p. 666-765.

pour l'Académie des inscriptions et belles-lettres, au nom de la commission des travaux littéraires, il conclut sur l'importance d'une édition des Assises et invite à y adjoindre tous documents juridiques s'y rattachant compilés de façon éparse dans les différents manuscrits[1].

En Allemagne, Klauser[2] publie l'intégralité du manuscrit de Munich du XIVe siècle (ms. français, Codex Gallus 51), en 1839[3]. Il publie en regard, pour les parties correspondantes le manuscrit de Venise du XIVe siècle (ms. fr., Str. App. 20). L'édition de Klauser est une édition brute sans introduction ni commentaires. Cette édition nous donne donc le Livre des Assises des Bourgeois en 294 chapitres, le Livre au roi en 52 chapitres et le recueil des Bans et Ordonnances des rois de Chypre en 34 chapitres.

En France, Victor Foucher, avocat général à la cour royale de Rennes, publie en 1839 une édition du Livres de la Cour des Bourgeois, en 130 chapitres, et en 1841 le Livre de l'abrégé, les règles pour la bataille pour meurtre et le Livre des ordonements de la cour du vicomte[4]. Il publie ces Livres d'après les manuscrits de Venise du XIVe et du XVe siècle en français. Il donne aussi en parallèle le texte en italien de l'édition de Canciani. De plus, il met en regard, dans son analyse, les lois des Francs, les capitulaires, les établissements de Saint-Louis et le droit romain, pour montrer la concordance du droit exposé.

Pour donner suite aux travaux de Pardessus l'Académie des Inscriptions et Belles-Lettres va commencer à publier son *Recueil des historiens des croisades* en 1841, qui constitue une importante collection de documents médiévaux, écrits pendant les Croisades et édités à Paris de 1841 à 1906 en dix-sept volumes. Les deux premiers volumes ont été publiés en 1841 et 1843 sous le titre de « *Lois* » par le Comte Arthur Beugnot, avec comme sous-titre *Les Assises de Jérusalem ou Recueil des ouvrages de jurisprudence composés pendant le XIIIe siècle dans les royaumes de Jérusalem et de Chypre*[5]. Beugnot accompagne les deux volumes de deux monumentales *Introductions*. Il s'agit d'une édition de l'intégralité des Livres et des textes compris dans les manuscrits des Assises.

---

[1] J-M. PARDESSUS, « Rapport fait à l'Académie des inscriptions et belles-lettres, au nom de la commission des travaux littéraires, sur la publication des Assises de Jérusalem », dans la séance du 16 février 1838.

[2] Eduard Heinrich von Kausler (1801-1873) était un archiviste, historien et linguiste allemand.

[3] E-H. KAUSLER (von), *Les Livres des Assises et des Usages dou Reaume de Jerusalem sive Leges et Instituta Regni Hierosolymitani,* Stuttgart, 1839.

[4] V. FOUCHER, *Assises du Royaume de Jérusalem (textes français et italien), conférées entre elles, ainsi qu'avec les lois des Francs, les capitulaires, les établissements de saint-Louis et le droit romain, suivies d'un précis historique et d'un glossaire*, Rennes, Blin, 2 vol., 1839-1841.

[5] A-A. BEUGNOT, *Les Assises de Jérusalem ou Recueil des ouvrages de jurisprudence composés pendant le XIIIe siècle dans les royaumes de Jérusalem et de Chypre*, ed., Recueil des historiens des croisades, vol. 1 : Lois (Paris : Académie royale des inscriptions et belles-lettres, 1841) ; vol. 2 : Lois, (Paris : Académie royale des inscriptions et belles-lettres, 1843).

Le premier volume édite le Livre de Jean d'Ibelin et la préface issue du Livre de référence adopté en 1368 à Chypre, le Livre de Geoffroy le Tort, le Livre de Jacques d'Ibelin, le Livre de Philippe de Novare, le Livre Clef des Assises et le Livre au roi. Le manuscrit pour l'édition du Livre de Jean d'Ibelin est le manuscrit de Venise. Pour les autres, le manuscrit de base est celui de Venise, complété par le manuscrit Séguier-Coislin, (ms. fr. 19026) et l'édition de La Thaumassière.

Le deuxième volume édite le Livre des Assises de la Cour des Bourgeois, le Livre Abrégé du Livre des Assises de la Cour des Bourgeois, les Bans et Ordonnances des rois de Chypre de 1286 à 1362 et des Formules de chancellerie. Il édite aussi en appendice de ce volume les Documents relatifs à la successibilité au trône et à la régence, les Documents relatifs au service militaire et le Livre des Lignages d'Outremer. S'y ajoute cinquante-deux chartes issues du cartulaire du Saint-Sépulcre sur l'état des personnes et sur la transmission de la propriété chez les Latins de 1286 à 1362 et un Glossaire. Le manuscrit de base pour l'édition du livre des Assises de la Cour de Bourgeois est le manuscrit de Munich, Codex Gallus 51. Beugnot y ajoute les chapitres de celui de Venise qui y manquent et il y joint aussi des variantes que fournissent les manuscrits de Venise et de Saint-Germain. Le manuscrit pour l'édition du Livre Contrefais est celui de Venise. Le manuscrit pour l'édition des Bans et Ordonnances des rois de Chypre (1286-1362) est celui de Munich Cod. Gallus 51 et l'édition de La Thaumassière. Les Formules appartiennent au manuscrit de Venise. Pour l'appendice, les documents relatifs à la successibilité au trône et à la régence, et les documents relatifs au service militaire proviennent de l'édition de La Thaumassière. L'édition du Livre des lignages d'Outremer est un mélange des différents manuscrits sans qu'il soit possible de les distinguer. Les Chartes proviennent du manuscrit d'André du Chesne sur le Cartulaire du Saint-Sépulcre.

Le comte Beugnot ne fait pas à proprement parler une édition critique. Il justifie ses choix éditoriaux de compilation des manuscrits en expliquant qu'il s'agit ici non de livres de théorie, mais de recueils d'assises, et que de fait la meilleure édition sera celle qui en réunira le plus grand nombre. Beugnot, par ce choix éditorial est l'éditeur qui s'approchera, selon nous, le plus de la vérité sur ce que sont les « Assises », telles qu'elles nous sont parvenues dans les manuscrits, soit la coutume chypriote du XIVe au XVIe siècle. Il donne ainsi une édition sans doute inégalée jusqu'à ce jour. Les commentateurs de son édition à l'époque en feront l'éloge, comme Hercule Géraud[1] et Paulin Paris[2], qui ajoutera que ces deux volumes prennent rang parmi les travaux les plus

[1] H. GERAUD, « Assises de Jérusalem, ou recueil des ouvrages de jurisprudence composés pendant le treizième siècle dans les royaumes de Jérusalem et de Chypre, t. I. Assises de la Haute-Cour, par le comte Beugnot… », in *Bibliothèque de l'école des chartes*, 1841, tome 2, p. 289-292.

[2] P. PARIS, *Note sur l'édition de Beugnot, dans le journal des savants*, Imprimerie royale, Paris, juillet, 1841.

distingués de la jurisprudence française. Ils loueront à raison la qualité de son édition.

Beugnot, dans l'introduction du premier volume, nourrit l'idée que le royaume de Jérusalem est un « État féodal idéal » parmi les États de l'Orient latin[1]. Selon lui, et dans la tradition des jurisconsultes d'ancien régime, le droit et les Institutions contenus dans les « Assises de Jérusalem » ne sont que l'expression du droit du XIe siècle d'Europe et en particulier de la France. Pour lui, les fondateurs de ces États d'Orient, « poursuivis par la nécessité, ces guerriers législateurs, encore couverts de poussière et de sang, proclamèrent un code de lois qui reproduisait les coutumes de la mère patrie, ou plutôt de la France… de trouver dans le code de leurs lois les éléments de la législation de l'Europe au XIe siècle, à une époque où la féodalité avait atteint, après tant d'efforts et de luttes, son plus haut point de développement » et affirme « qu'il suffit de savoir que la constitution de ce nouvel État fut calquée sur celle du royaume de France, et qu'en cette matière si grave les Croisés eurent la prudence de ne rien essayer »[2]. Il n'exprime pas ici une impression mais un état de fait acquis et vérifié par la tradition.

Beugnot publia, par la suite, quatre études complémentaires, qui se suivent, ayant pour titre *Mémoire sur le régime des terres dans les principautés fondées en Syrie par les Francs à la suite des croisades*[3]. Il publia aussi une notice sur la vie de Philippe de Novare, un des auteurs de Livre d'Assises[4].

En 1853, Louis Koenigswarter[5] dans ses immenses *Sources et monuments du droit français antérieurs au quinzième siècle ou Bibliothèque de l'histoire du droit civil français depuis les premières origines jusqu'à la rédaction officielle des coutumes*[6] nous dira des Assises, que c'est « Le plus important

---

[1] M. GREILSAMMER, *Le Livre au roi,* Académie des inscriptions et belles-lettres, Paris, 1995, p. 20.

[2] A-A BEUGNOT, *Les Assises de Jérusalem ou Recueil des ouvrages de jurisprudence composés pendant le XIIIe siècle dans les royaumes de Jérusalem et de Chypre*, ed., Recueil des historiens des croisades, vol. 1 : Lois (Paris : Académie royale des inscriptions et belles-lettres, 1841), p. XII-XIII.

[3] A-A BEUGNOT Auguste Arthur, « Mémoire sur le régime des terres dans les principautés fondées en Syrie par les Francs à la suite des croisades », Bibliothèque de l'école des chartes, article 1, 1853, tome 14, p. 529-545 ; article 2, 1854, tome 15, p. 31-57 ; article 3, 1854, tome 15, p. 236-262 ; article 4, 1854, tome 15, p. 409-429.

[4] A-A BEUGNOT, « Notice sur la vie et sur les écrits de Philippe de Navarre », in *Bibliothèque de l'école des chartes*, 1841, tome 2, p. 1-31.

[5] Louis-Jean Koenigswarter (1814-1878) est un juriste et économiste français. Reçu docteur en droit à Leyde en 1835, il se consacre ensuite à des travaux sur l'économie politique et sur l'histoire du droit. Il devient, en 1860, le premier président du Comité de l'Alliance israélite universelle. Il est élu membre correspondant de l'Académie des sciences morales et politiques en 1850.

[6] L. KOENIGSWARTER, *Sources et monuments du droit français antérieurs au quinzième siècle ou Bibliothèque de l'histoire du droit civil français depuis les premières origines jusqu'à la rédaction officielle des coutumes*, Sauer & Auvermann, Frankfurt, 1968, Reproduction anastatique de l'édition de Paris, 1853.

et le plus célèbre monument de ces coutumes françaises transplantées en Orient »[1]. Il ajoute aussi que « Les coutumes de France que les croisés rédigèrent à partir de 1099, en Palestine, dans l'ile de Chypre, et à Constantinople après la fondation de l'empire latin, sont, malgré les modifications que la différence des lieux et des circonstances a dû imprimer aux usages de la métropole, les monuments les plus précieux et les plus antiques de notre droit féodal et coutumier »[2]. La tradition historiographique est ici toujours respectée. Simultanément, des érudits de langue allemande s'adonnaient à des recherches en Allemagne sur l'étude des sources de l'Orient latin. Louis-Alphonse Warnkönig publie une collection de chartes du IXe au XIIe siècle qui comble des lacunes sur les Assises de Jérusalem[3] et dans la *Monumenta Germaniae* de Pertz[4] on trouve une place aux textes historiques relatifs à l'Orient latin.

Paul Viollet membre de l'Institut, professeur d'histoire du droit civil et canonique à l'École de Chartes et bibliothécaire à la Faculté de droit de Paris a consacré sa thèse d'École des chartes sur la Cour des Bourgeois[5]. Paul Viollet y fait le « résumé les règles de procédure suivies devant cette juridiction »[6], soit la Cour des Bourgeois, sur 87 pages à partir de l'édition de Beugnot. Plus tard, dans son ouvrage *Histoire du droit civil français*[7], en 1893, il inscrira les « Assises de Jérusalem » dans les sources du dit droit, lui aussi, dans la tradition des jurisconsultes d'ancien régime.

En 1874, sortira l'étude de Francis Monnier[8] *Godefroi de Bouillon et les Assises de Jérusalem*[9], extrait du compte rendu de l'Académie des Sciences morales et politiques, rédigé par Charles Vergé, avocat et docteur en droit, sous la direction du Secrétaire perpétuel de l'Académie. C'est une étude très critique du travail d'édition et d'interprétation de Beugnot.

---

[1] *Ibid.*, p. 84.
[2] *Ibid.*
[3] L-A WARNKONIG, *Französische Staats und Rechtsgeschichte*, Heidelberg, Basel, 1846, t. XVIII, p. 344-353.
[4] *Monumenta Germaniæ Historica*, Deutsches Institut für Erforschung des Mittelalters, Hanovre (300 volumes depuis 1823).
[5] P. VIOLLET, *Étude sur la cour du vicomte, ou juridiction bourgeoise en Orient au temps des croisades*, thèse d'École des chartes, 1862, (thèse manuscrite), Archives nationales, fonds Paul Viollet, cote AB/XIX/3201.
[6] *Ibid.*, Fol. 3.
[7] P. VIOLLET Paul, *Histoire du droit civil français accompagnée de notions de droit canonique et d'indications bibliographiques*, librairie du recueil général des lois et des arrêts et du journal du Palais, L. Larose et Forcel éditeurs, Paris, 1893, p.169-176.
[8] Francis Monnier (1824-1875) est docteur ès lettres (Paris, 1853), professeur au collège Rollin à Paris et a été le précepteur du Prince impérial (1864-1867). Il devient membre de l'Académie de Besançon en 1865.
[9] F. MONNIER, *Godefroi de Bouillon et les Assises de Jérusalem*, avec des documents inédits, Librairie académique Didier et Cie, Editeurs, Paris 1874.

En 1875 la Société de l'Orient latin vit le jour. C'est une société archéologique fondée par le comte Paul Riant[1], dont les Archives sont publiées à Paris et la revue éditée au siège de la société à Genève. Les publications initiales étaient réparties en séries géographiques et historiques. Les séries géographiques comprenaient les itinéraires des pèlerins. Les séries historiques contenaient les chroniques, lettres et chartes. Riant lui-même, Louis de Mas-Latrie[2] et Emmanuel-Guillaume Rey[3] donnaient de nombreux articles et ouvrages en lien avec l'Orient latin, et publiaient des sources manuscrites. C'est à la suite de cette époque que l'on voit éditer le Cartulaire de l'église du Saint-Sépulcre de Jérusalem, le cartulaire de l'Ordre teutonique, les Assises d'Antioche, le Cartulaire de l'Ordre de Saint-Lazare, le cartulaire de l'Ordre de Saint-Jean de Jérusalem et les Chartes de Terre sainte provenant de l'abbaye de Notre-Dame de Josaphat.

En 1877, les deux manuscrits grecs des « Assises de Jérusalem » de Paris, ms. grec 1390, (anciennement coté Colbert 4723), *Assisiarum regni Hierosolymitani pars alter, lingua græca vulgari* et ms. grec suppl. 465, *Assisiæ regni Hierosolymitani,* ont été édités par Constantin Sathas[4]. Cette édition, comme tous les manuscrits grecs, ne contient que le Livre de la Cour des Bourgeois[5]. L'édition de Sathas est une édition brute sans introduction ni commentaires. Cette édition donne donc deux fois le Livre des Assises des Bourgeois en grec et en 298 ou 297 chapitres.

À la fin du siècle toujours en France, le professeur Edmond Meynal publiera un article sur les particularités des successions féodales dans les Assises de Jérusalem en 1892[6]. Deux ans plus tard sortira la thèse de Gaston Dodu sur *L'Histoire des institutions monarchiques dans le royaume latin de Jérusalem 1099-1291*[7]. Cette thèse reste une référence de premier plan. Tout comme Beugnot, il accorde une place importante à la féodalité dans le royaume de Jérusalem. Il voit dans cette dernière une redoutable puissance face à laquelle celle du roi était amoindrie. Il y avait selon lui « à côté du roi

---

[1] Paul Riant (1836-1888) est un historien de l'Orient latin, membre de l'Académie des inscriptions et belles lettres (élu en 1880).

[2] Louis de Mas Latrie (1815-1897), est un historien et un archéologue français. Archiviste paléographe (1839), secrétaire-trésorier de l'École des Chartes (1847), il devient le directeur des études à l'École des Chartes en 1849. Il est membre de l'Académie des Inscriptions et Belle lettres (élu en 1885).

[3] Emmanuel-Guillaume Rey (1837-1916) est un Orientaliste, archéologue et voyageur. Il a été membre de la Société nationale des antiquaires de France.

[4] Constantin Sathas (1842-1914) était un historien et chercheur grec.

[5] C. SATHAS, *Bibliotheca Graeca, Medii Aevi*, Maisonneuve, Paris, Vol. VI, 1877 : ms. grec suppl. 465, p. 3-247 et ms. grec 1390, p. 248-497.

[6] E. MEYNAL, « De quelques particularités des successions féodales dans les Assises de Jérusalem », *Nouvelle revue historique de droit français et étranger*, vol. 16 (1892), p. 408-426.

[7] G. DODU Gaston, *Histoire des institutions monarchiques dans le royaume latin de Jérusalem 1099-1291* (Thèse présentée à la faculté des lettres de Paris), Paris, Librairie Hachette et Cie, 1894.

et en face de lui, une redoutable puissance qui restreignait la sienne propre, la féodalité. Les Croisés qui placèrent après la conquête un roi à leur tête, établirent un régime non pas monarchique mais aristocratique. Le roi fut et resta le chef de l'aristocratie, la véritable souveraineté appartient au corps de la noblesse »[1]. Sa lecture des Assises est particulièrement intéressante et juste. Il focalise son étude sur le caractère purement féodal du royaume de Jérusalem, mais limite malheureusement dans le temps la pratique du droit dit des « Assises de Jérusalem » au XIIe-XIIIe siècle.

Le XIXe siècle a donc permis d'approfondir la connaissance des sources du droit hiérosolymitain en dévoilant l'ensemble des sources du droit de l'Orient latin. Pour ces chercheurs et ces éditeurs, les Livres d'Assises ont été écrits pour le royaume de Jérusalem et pour le royaume de Chypre au XIIIe siècle faisant état du droit alors applicable mais aussi de l'ancien droit. Pour eux, les Assises sont des textes de nature législative qui ont été établis et mis par écrit dans le premier royaume de Jérusalem (1099-1187) et dont a été gardé le souvenir comme coutume par une continuité dans la pratique au siècle suivant. Mais, le XIXe siècle arrête l'histoire des « croisades » en 1291 et ne considère pas ou peu l'histoire du royaume de Chypre de 1291 à 1571.

III. L'intérêt partagé du XXe et XXIe siècle

Le XXe siècle s'est beaucoup intéressé à l'Orient latin, mais les études qui portent directement sur les « Assises de Jérusalem » sont beaucoup moins nombreuses. Les Assises sont souvent vues, dans ce siècle, comme un sujet hors du temps et mythifié dans sa portée. Ainsi, au début du XXe siècle, l'étude spécifique des Assises est rare et très spécialisée mais connaît un renouveau dans son usage comme source historique dans la seconde moitié du siècle. La fin du XXe siècle et le début de notre siècle sont marqués en revanche par un renouveau des éditions des Assise.

En 1910, l'allemand Henrich Ludwig Von Zeller rééditera le manuscrit du Munich du XIVe siècle (Cod. gall. n° 51) mais cette fois accompagné d'une traduction en allemand[2]. Cette édition est une simple traduction accompagnée d'un glossaire ancien français-allemand.

Au XXe siècle, en histoire du droit, on ne peut citer que cinq noms de juristes qui ont porté leurs travaux sur les « Assises de Jérusalem » et ce jusqu'à aujourd'hui. Ces travaux sont quatre thèses de doctorat et trois articles. On trouve la thèse d'Edmond Deraze sur le mariage d'après les Assises de

[1] *Ibid.*, p. 172.

[2] H. L. ZELLER (Von DR. jur.), *Die Assisen von Jerusalem nach der Handschrift München Cod. gall. n° 51, Diplomatischer Abdruck mit deutscher Übersetzung, Einleitung, Glossar…*, Berlin, R. L. Prager, 1910.

Jérusalem soutenue en 1910[1], la thèse de Robert Marque sur les successions testamentaires d'après les Assises de Jérusalem, soutenue en 1912[2], la thèse de Pierre Christin portant sur les classes inférieures d'après les Assises de Jérusalem soutenue aussi en 1912[3], la thèse de Maurice Grandclaude, *Étude critique sur les Livres des Assises de Jérusalem,* soutenue en 1923[4] et enfin la thèse de Dimitri Hayek consacrée au droit franc et aux institutions judiciaires en Syrie, en général, pendant les croisades[5]. Les trois premières thèses et la dernière n'apportent rien de nouveau. Ce ne sont que de courts travaux de recension sur des points très spécifiques. En revanche, les travaux de Grandclaude font encore référence.

Grandclaude insistait sur la nécessité de situer les différentes sources des Assises dans le temps et dans leur milieu historique propre, en cernant les tendances de chacun des auteurs concernés. Précurseur dans cette approche des « Assises », il a replacé les manuscrits dans le temps de leur composition entre le XIVe et le XVIe siècle. Il n'a pas tiré toutes les conséquences de ses propres conclusions et analyses. Ses hypothèses de re-datation de certains des « Livres » des « Assises » et en particulier du « Livre au roi » ont fait autorité et ont été un des éléments déclencheurs de l'évolution de la recherche et de l'interprétation qui en a suivi. Mais ses conclusions sur la datation de certains des Livres semblent trop incertaines et les conclusions des savants du XIXe siècle semblent en revanche beaucoup plus pertinentes en la matière.

Aussi, depuis la thèse de Maurice Grandclaude de 1923, et de trois articles complémentaires à ses travaux[6], il n'existe pas d'étude globale sur l'intégralité du fond en France, ni semble-t-il à l'étranger, sur ce corpus. En histoire du droit, son élève Michel Villey consacrera sa thèse au développement de l'idéologie de la croisade et à sa définition juridique au cours du XIIe siècle[7]. Dans sa thèse, il met en valeur ce qui distingue la croisade, entreprise militaire se déroulant sur de lointains théâtres d'opérations, et la tradition antérieure de la guerre sainte, destinée seulement à résoudre des problèmes frontaliers entre

---

[1] E. DERAZE, *Le mariage d'après les Assises de Jérusalem*, Thèse pour le doctorat, Université de Poitiers, Faculté de droit, Imprimerie Blais et Roy, 1910.

[2] R. MARQUE, *Les cessions testamentaires d'après les Assises de Jérusalem*, Thèse pour le doctorat, 1912.

[3] P. CHRISTIN, *Les classes inférieures d'après les Assises de Jérusalem*, Thèse pour le doctorat, Université de Poitiers, Faculté de droit, 1912.

[4] M. GRANDCLAUDE Maurice, *Étude critique sur les livres des Assises de Jérusalem*, Thèse pour le doctorat, Faculté de droit de l'Université de Paris, Paris, 1923.

[5] D. HAYEK, *Le Droit franc en Syrie pendant les croisades : Institutions judiciaire*, Éditions Spes, Paris, 1925 (162 pages).

[6] M. GRANDCLAUDE Maurice, « Caractère du Livre au Roi », *Revue historique de droit français et étranger*, 5 (1926), p. 308-314 ; « Classement sommaire des manuscrits des principaux livres des Assises de Jérusalem », *Revue historique de droit français et étranger*, 5 (1926), p. 418-475 ; « Liste des assises remontant au premier royaume de Jérusalem (1099-1187) », in *Mélanges Paul Fournier*, Paris, 1929, p. 336-338.

[7] M. VILLEY, *La croisade : essai sur la formation d'une théorie juridique*, Thèse de doctorat en droit, Université de Paris, 1942, Caen, impr. Caennaise, 1942, 1 vol. (292 p.).

chrétiens et païens ou infidèles. Il insiste surtout, dans ses travaux, sur le lien entre Jérusalem et la conscience d'indulgences aux participants, tout en soulignant que le principal objectif de la croisade était d'aider les Église orientales, non de conquérir la Ville sainte.

Par la suite, on peut voir deux historiens entreprendre une étude comparatiste des « Assises de Jérusalem ». Le premier est René Iorga qui compare les « Assises de Jérusalem » avec la *Magna Carta* en 1920[1]. Comme historien des croisades, il va être le premier à considérer l'influence que pouvaient avoir sur la société féodale de l'Europe les Assises du royaume de Jérusalem, en ce qu'elles pouvaient être protectrices de l'abus de pouvoir[2]. Selon lui l'*habeas corpus* serait né dans l'Orient latin. Idée que fera sienne le grand historien des croisades René Grousset, idée qui se trouve particulièrement justifiée[3]. Le second est Georges Recoura qui lui compare les Assises avec le droit et les institutions de la principauté de Morée[4]. Il s'attache lui à montrer une continuité certaine tout en relevant des particularismes.

Ces chercheurs défendent l'idée, idée que cette étude soutient, que le royaume de Jérusalem a été le laboratoire juridique à bien des évolutions ultérieures dans d'autres pays. C'est l'idée qui a longtemps dominé dans l'historiographie de la fin du XIXe à la première moitié du XXe siècle. Les « Assises de Jérusalem » étant vues aussi selon certains comme l'expression d'une « féodalité pure »[5], voire d'un « système presque parfait du féodalisme »[6], où la monarchie n'avait qu'une consistance très limitée, selon

---

[1] N. IORGA, *Desvoltarea asezàmintelor politice si sociale aie Europei,* Bucarest, 1920-1922.

[2] *Ibid.*, p. 155 : « Antérieures, et de beaucoup, aux prescriptions de la « Grande Charte », les Assises sont des lois écrites, assurant contre l'abus en une plus grande mesure que l'acte anglais contre certains abus spéciaux ; elles représentent une norme de droit infiniment supérieure à la « Charte » anglaise, par leur étendue, par leur forme et l'harmonie des éléments qu'elles réunissent. Il est même possible de dériver l'une des autres, car ceux qui se sont élevés contre Jean sans Terre, en lui imposant le retour à la loi juste, étaient habitués depuis un siècle à ces usages du Levant : des croisés partaient continuellement d'Angleterre pour la Terre Sainte, et pendant le temps qu'ils y restaient, ils voyaient juger selon les « Assises de Jérusalem ». La « Grande Charte » elle-même a été accordée au moment où toute l'Angleterre était gagnée à l'idée de la croisade, qu'Henri II avait déjà embrassée et que Richard Cœur de Lion avait servie ».

[3] René Grousset écrira lui aussi en 1936, que « la royauté syrienne, surtout depuis la mort de Baudouin IV et la disparition de la royauté hiérosolymitaine, avait tendance à n'être qu'une royauté élective, d'autorité limitée, soumise au contrôle permanent, des Ordres et des barons, et de ce fait, ayant devancé dans la voie du parlementarisme féodal jusqu'à l'Angleterre de la Grande Charte » ; Cf. *Histoire des croisades et du royaume franc de Jérusalem,1188-1291, L'anarchie franque*, Paris, Perrin, 1936 (réimpr. 2006), tome III, p. 155.

[4] G. RECOURA, *Les Assises de Romanie*, Edition Critique avec une Introduction et des Notes, Edité par Honoré Champion, Paris, 1930.

[5] E-G. REY, *Les Colonies franques de Syrie aux XIIe et XIIIe siècle*, Paris, A. Picard, 1883, p. 1.

[6] J. La MONTE, *Feudal Monarchy in the Latin Kingdom of Jerusalem, 1100-1291*, Cambridge, Mediaeval Academy of America, 1932, p. 20 : « *purely feudal character of the Outremer State* ».

une transposition directe des coutumes de France. Si les expressions semblent exagérées, la réalité suggérée est plus que pertinente.

Les études en France, sur les Assises, dans la seconde moitié du XXe siècle et au début de notre siècle restent très rares. Charles d'Eszlary, plus de quinze ans après Iorga, va lui aussi comparer la *Magna Carta* aux Assises[1]. Il montre que 22 articles sur 63 ont une forte ressemblance avec les « Assises de Jérusalem », solutions souvent introuvables dans le droit anglais antérieur[2]. Eszlary remarque que pendant la troisième croisade, les seigneurs anglais eurent beaucoup d'occasions pour connaître le système des Assises de Jérusalem. En effet, les Anglais, pendant cette croisade, ont assisté par deux fois aux assemblées à Ascalon lorsque Conrad de Monferrat puis Henri II de Champagne ont été élus comme rois. Ils ont ainsi assisté à des actes « constitutionnels » hiérosolymitains. Après leur retour en Angleterre, les souvenirs de la Terre sainte étaient restés vivants. Guillaume Fitz Osbert, ancien croisé, a voulu ainsi introduire, en 1196, l'impôt proportionnel, à la façon de Terre sainte, ce qui jusqu'ici était inconnu en Angleterre. De plus, plusieurs croisés ont joué un rôle important dans la vie publique anglaise, après leur retour. Par exemple Hubert Walter, archevêque de Canterbury, William de Albini qui, après avoir signé la *Magna Carta*, est allé en Terre sainte en 1218. Mais, fait le plus important, Hugh de Neville, Eustache Vesci et William Marshal, anciens croisés et John Marshal (neveu de William Marshal) ont participé aux luttes politiques avant la *Magna Carta* et ils l'ont signée. Ezlary souligne enfin que les Templiers, qui se sont installés en Angleterre, et leur chef, Aymeric, ont aussi signé la Magna Carta.

Cette thèse d'Ezlary, a été reprise dans une communication récente, par Jean-Luc Lefebvre, lors d'un colloque international, à l'occasion du huitième centenaire de la *Magna Carta*, en 2015[3]. Il reprend les propos d'Eszlary en les confrontant aux études de Peter Edbury et de Myriam Greilsammer. Ezlary, par ailleurs, va aussi comparer la *Bulle d'or Hongroise* aux Assises[4]. Il y trouve un grand nombre d'éléments de comparaison, notamment par la

---

[1] C. ESZLARY (d'), « La Magna Carta, et son origine française », communication faite à l'Académie des Inscriptions et Belles Lettes, le 13 février 1953.

[2] Par exemple : l'emploi du *plurales majestatis* ; la nomination du roi selon le pays rex Angliaé et non plus selon la population *rex Anglorum* ; la structure de l'État aristocratique ;les règles de droit appelées « assises » ; le fait que le mariage entre classes sociales différentes soit interdites ;la liberté individuelle garantie ;l l'âge nécessaire pour l'obtention d'un fief ; la privation de bien interdit ; la libre disposition des biens en cas de décès ; la même réglementation du service militaire et des forêts ; la libre entrée et sortie des personnes et des marchandises ; l'interdiction d'établir et de lever l'impôt sans le consentement du conseil des nobles ; l'institution du *jus resistendi*…

[3] J-L. LEFEBVRE, « Aux sources de la Magna Carta (1215) : le droit du Royaume de France latin de Jérusalem », in *Le huitième centenaire de la Magna Carta*, sous la direction de Emmanuel Cartier et Jean-Pierre Machelon, Mare et Martin, Droit public, Université de Lille, 2017.

[4] C. ESZLARY (d'), « L'influence des Assises de Jérusalem sur la Bulle d'or hongroise », in *Le Moyen Âge vol*, 60, 1954, p. 335-378.

caractérisation du roi comme *primus inter pares* et le *jus resistendi*. Pour lui, c'est André II de Hongrie lors de sa croisade, de 1217 à 1218, qui va être influencé par ces sources, d'où la promulgation de la *Bulle d'or* en 1222.

Le regretté Jean Richard, comme l'avait fait Louis de Mas-Latrie[1], va aussi étudier et comparer les « Assises de Jérusalem » avec le code juridique du royaume arménien de Cilicie[2]. Cette approche a été reprise récemment par Azat Bozoyan[3]. Jean Richard, le premier, à l'inverse de l'historiographie traditionnelle, va commencer à remettre en cause l'historicité des Lettres du Saint-Sépulcre, le droit instauré par Godefroy de Bouillon, et la nature des « Assises » en défendant l'idée d'une monarchie puissante et indépendante[4]. C'est aussi l'hypothèse de Claude Cahen qui relève par ailleurs que l'historiographie jusqu'alors consacrée aux institutions féodales avait tendance à être fortement idéalisée dans l'étude du premier royaume de Jérusalem. Il souligne que : « l'ambiance sentimentale collective qui entoure les croisades paraît avoir troublé la sérénité, voire la perspicacité des chercheurs, trop polarisés vers les aspects « héroïques » de leur histoire, pour que l'étude de l'Orient latin ait reçu toute l'attention, ait été traitée sous toutes les précautions de méthode que les historiens ont su apporter à d'autres champs d'investigations, en apparence moins favorisés »[5].

Très récemment, Ahmed Djelida va comparer les systèmes féodaux du droit hiérosolymitain et siculo-normand, des « Assises d'Ariano » qui présentent des similitudes éloquentes[6]. Il précisera cette approche dans une communication dans le colloque « *Autour des Assises de Jérusalem* » de 2015[7]. Malheureusement, comme pour l'étude Jean-Luc Lefebvre, il reprend les études de Peter Edbury et de Myriam Greilsammer. Si toutes ces comparaisons sont particulièrement intéressantes, celles-ci n'apportent rien d'essentiel à notre étude et ne seront donc pas reprises.

Dans les pays anglo-saxons, les Assises ont beaucoup plus intéressé les chercheurs et leurs travaux ont largement contribué à nourrir le sujet, du fait

---

[1] L. MAS-LATRIE (de), *Assises d'Antioche…*, in *Bibliothèque de l'école des chartes*, 1876, tome 37, p. 541-546.

[2] J. RICHARD, « La diplomatique royale dans les royaumes d'Arménie et de Chypre (XIIe-XVe siècles) », in Bibliothèque de l'école des chartes, 1986, tome 144, livraison 1, p. 69-86.

[3] A. BOZOYAN, « La réception du droit franc en Arménie », in MUTAFIAN C. (dir.), *La Méditerranée des Arméniens XIIe-XIVe siècle*, Geuthner, Paris, 2014, p. 121-132.

[4] J. RICHARD, *Le Royaume latin de Jérusalem*, PUF,1953, p. 60-79.

[5] C. CAHEN, « La féodalité et les institutions politiques de l'Orient latin », in *Oriente e Occidente nel medio evo. Convegno di scienze morali, storiche e filolo-giche*, Accademia Nazionale dei Lincei, Roma, 1957, p. 67-191 (ici p.169).

[6] A. DJELIDA, *Les institutions du royaume siculo-normand*, École doctorale Droit et Science Politique Pierre Couvrat (Poitiers), Université de La Rochelle, 2017 ; thèse publiée sous le titre, *L'ordre et la diversité, La construction de l'institution royale en Italie normande au XIIe siècle*, Collection Méditerranées, L'Harmattan, Paris, 2020.

[7] A. DJELIDA, « Le contrôle de la féodalité par le roi au XIIe siècle, Les cas hiérosolymitain et siculo-normand », in « *Autour des Assises de Jérusalem* », J. Devard et B. Ribémont dir., *op. cit.*, p. 45.

de leurs réflexions, pourtant souvent à contresens de la tradition de l'historiographie. Aussi, à la suite de Recoura, John La Monte[1] et Peter Topping[2] ont travaillé à la comparaison entre les « Assises de Jérusalem » et le droit et les institutions de la principauté de Morée. Comme études spécialisées sur les Assises, nous avons les travaux de Peter W. Edbury[3], de Johnatan Riley-Smith[4], de James Brundage[5], de Graham Loud[6], de Alain Murray[7]. Ces travaux se fondent davantage sur des impressions à partir de sources narratives que sur une analyse juridiquement maîtrisée des sources et des phénomènes juridiques. Plus récemment, il y a eu la thèse de Marwan Nader[8], sur le droit des Bourgeois dans les royaumes de Jérusalem et de Chypre, et la thèse de Adam Bishop, sur le droit criminel dans les « Assises

---

[1] J. L. LA MONTE, « Three questions concerning the Assises de Jerusalem », *Byzantina-Metabyzantina* 1, 1946, p. 201-211.

[2] P. W. TOPPING, "Feudal Institutions as Revealed in the Assizes of Romania : The Law Code of Frankish Greece; Translation of the Text of the Assizes with a Commentary on Feudal Institutions in Greece and Medieval Europe", Philadelphia, University of Pennsylvania Press, 1949.

[3] P. EDBURY, « Law and Custom in the Latin East: Les Letres dou Sepulcre », *Mediterranean Historical Review*, no 10, 1995 ; *John of Ibelin and the Kingdom of Jerusalem*, Woodbridge, Suffolk, The Boydell Press, 1997 ; *Law and History in the Latin East*, Ashgate Publishing Limited, 2014 ; « The Livre des Assises by John of Jaffa : the development and Transmission of the Text », *The Crusades and their Sources : Essays presented to Bernard Hamilton*, Aldershot, Ashgate, 1998, p. 164-174 ; "The Livre of Geoffrey le Tor and the Assises' of Jerusalem", in *M.J. Peláez, ed. Historia administrativa y ciencia de la administración comparada. Trabajos en homenaje a Ferran Valls i Taberner*, vol 15, Barcelona: Promociones Publicaciones Universitarias, 1990 ; « Philip of Novara and the Livre de forme de plait », *Praktika tou tritou diethnous kyprologikou sunedriou*, t. 2, Nicosie, Etaireia Kupriakou Spoudou, 2001, p. 555-569 ; « Women and the Customs of the High Court of Jerusalem according to John of Ibelin », *Chemins d'Outre-mer : études d'histoire sur la Méditerranée médiévale offertes à Michel Balard*, Paris, 2004, p. 285-292 ; « The Livre des Assises by John of Jaffa : the development and transmission of the *text* », *Law and History in the Latin East*, Farnham, 2014, n° IV.

[4] J. RILEY-SMITH, *The Feudal Nobility and the Kingdom of Jerusalem, 1174-1277*, London, 1973 ; « The Assise sur la Ligece and the Commune of Acre », *Traditio*, t. XXVII (1971), p. 184-185.

[5] J. A. BRUNDAGE," *Marriage Laws in the Latin Kingdom of Jerusalem, Outremer", Studies in the History of the Crusading Kingdom of Jerusalem Presented to Joshua Prawer*, Jérusalem, Yad Ben Zvi, 1982, p. 258-271 ; "*Latin Jurists in the Levant", The Legal Elite of the Crusader States, in : Shatzmiller*, 1993, p18-42.

[6] G. A. LOUD, *« The Assise sur la Ligece and Ralph of Tiberias », Crusade and settlement. Papers reads at the First Conference of the Society for the Study of the Crusades and the Latin East and presented to R. C. Smail*, Cardiff, University College Cardiff Press, 1985.

[7] A. V. MURRAY, « Women in the Royal Succession of the Latin Kingdom of Jerusalem (1099–1291) », *Mächtige Frauen Königinnen und Fürstinnen im Europäischen Mittelalter (11.-14. Jahrhundert)*, Vorträge und Forschungen, 81, 2015, p. 131-162.

[8] M. NADER, *Burgesses and Burgess Law in the Latin Kingdoms of Jerusalem and Cyprus (1099-1325)*, Aldershot : Ashgate, 2006 ; et "Urban Muslims, Latin laws, and legal institutions in the Kingdom of Jerusalem," Medieval Encounters 13, 2007, p. 249-251.

de Jérusalem »[1]. Mais ces thèses anglo-saxonnes ne sont que des synthèses, d'une centaine de pages, de confrontations bibliographiques.

En Israël, Joshua Prawer[2], à la suite de Claude Cahen et de Jean Richard, a consacré sa carrière à l'étude des États latins d'Orient et du royaume de Jérusalem. Son ouvrage le plus connu est son *Histoire du Royaume Latin de Jérusalem*[3], qui remporta le prix Gustave Schlumberger de l'Académie des Inscriptions et Belles-Lettres. Ce livre, en deux volumes, présente le royaume de Jérusalem comme une société d'immigration laborieuse, et s'attache à montrer la pénurie de main-d'œuvre. Dans une autre de ses œuvres, *The Latin Kingdom of Jerusalem : European Colonialism in the Middle Ages*[4], conçue pour un public plus large, le propos paraît plus discutable encore. Joshua Prawer y dépeint les croisés comme une société d'immigrants francs vivants dans une ségrégation politique et sociale totale de la population musulmane et syro-chrétienne locale. Il qualifie ce phénomène « d'apartheid » en raison d'un refus des colons à l'assimilation culturelle et par le fait qu'ils ont reconstruit une société de type européen sur un sol étranger. Les croisés sont pour lui des colonialistes, selon une lecture totalement anachronique. Son livre *Crusader Institutions*[5], de 1980 rassemble un certain nombre de ses publications antérieures avec ajout et révisions de nouveaux chapitres. Prawer, parmi beaucoup d'autres publications, à travers deux articles spécifiques sur les origines des Assises[6], et dans son ouvrage *Crusader Institutions*[7], pose l'idée que le Livre des Bourgeois a emprunté soixante-trois dispositions à *Lo Codi*, et que 53 autres chapitres en sont inspirés. Le « *Lo Codi* » est un traité juridique provençal, du milieu du XIIe siècle, qui fut traduit en latin et en d'autres langues et qui serait arrivé à Jérusalem au XIIIe siècle[8]. Il y a toutefois discussion sur le fait de savoir si ce ne sont pas les « Assises de Jérusalem »

---

[1] A. BISHOP, *The Criminal Law and the development of the legal system of the crusader Kingdom of Jerusalem in the twelfth century,* Doctor of Philosophy, Centre for Medieval Studies University of Toronto, 2011.

[2] Le Professeur Joshua Prawer (1917-1990) était une figure importante de l'Enseignement supérieur israélien, l'un des fondateurs des universités de Haïfa et de Jérusalem, et l'un des réformateurs majeurs du système éducatif israélien. Il décrivait, parfois dans son travail, la société croisée comme une prémisse à l'expansion colonialiste européenne future.

[3] J. PRAWER, *Histoire du Royaume latin de Jérusalem*, Paris, Éditions du CNRS, 1969.

[4] J. PRAWER, *The Latin Kingdom of Jerusalem, European Colonialism in the Middle-East*, London, Weidenfeld and Nicholson, 1972.

[5] J. PRAWER, *Crusader Institutions,* Oxford, 1980.

[6] J. PRAWER, « Étude sur le droit des Assises de Jérusalem : droit de confiscation et droit d'exhérédation », *Revue historique de droit français et étranger*, 39 (1961), p. 520-551 et 40 (1962), p. 29-42 ; « Étude préliminaire sur les sources et la composition du Livre des Assises des Bourgeois », *Revue historique de droit français et étranger* (1922-), Quatrième série, Vol. 31(1954), p. 358-382.

[7] J. PRAWER Joshua, *Crusader Institutions* (Oxford, 1980), p. 378.

[8] A. GOURON, « *Du nouveau sur Lo Codi* », *Tijdschrift voor Rechtsgeschiedenis*, 43 (1975), p. 271-277.

qui ont influencé le « *Lo Codi* »[1] ou encore que ces dispositions semblables relèvent plutôt d'une pratique commune[2]. Enfin, pour Joshua Prawer une étude fondée sur des œuvres juridiques du XIIIe siècle, les « Assises de Jérusalem », ne peut être que fautive puisque les sources « *reflètent, en mettant les choses au mieux, la pratique du XIIIe siècle, bien qu'elles aient conservé certaines traditions du XIIe siècle* »[3]. Pour lui, les principes du XIIe siècle « *étaient celles de la soumission féodale à un chef territorial, à qui ils étaient liés par le serment, dont le pouvoir croissant les tenait en bride. La tradition politique qui a pu se transmettre était celle d'une organisation féodale hiérarchisée, pivotant autour d'un chef dont le contrôle était déjà accepté, ou était en train d'être accepté* ». Ce grand historien écarte le droit hiérosolymitain ou l'utilise au mieux pour souligner un point particulier. Son élève, Myriam Greilsammer, qui rééditera le Livre au roi, a publié elle trois articles, très tranchés, sur des points de droit liés à la place des femmes dans les Assises[4].

En Allemagne, les Assises ont beaucoup intéressé un chercheur et ses travaux ont largement contribué à nourrir le sujet. Cet historien des croisades est Hans Eberhard Mayer. En effet, au-delà de ses nombreux travaux sur l'Orient latin, il s'est intéressé, plus particulièrement, à la Cour des Bourgeois[5] et à la régence dans le royaume de Jérusalem[6] en partant des Assises.

À la fin du XXe siècle et au début du XXIe siècle on peut voir un renouveau des éditions des « Assises ». En effet, depuis l'édition complète établie en deux tomes par le comte Beugnot en 1841, les « Assises de Jérusalem » n'ont plus jamais été éditées dans leur intégralité mais livre par livre. Ainsi, le Livre du Roi a été réédité par Myriam Greilsammer de l'Université de Bar-Ilan en Israël, par l'Académie des Inscriptions des Belles-Lettres en 1995[7]. C'est une édition critique du livre au roi, d'après le manuscrit de Munich du XIVe siècle

---

[1] A. BISHOP, « *Les Assises de la Cour des Bourgeois et la question de leurs sources* », in « Autour des *Assises de Jérusalem* », *opit cit.*, p. 113-126.

[2] M. NADER, *Burgesses and Burgess Law in the Latin Kingdoms of Jerusalem and Cyprus (1099-1325)*, Aldershot: Ashgate, 2006, p. 56-57.

[3] J. PRAWER, « Les premier temps de la féodalité dans le royaume latin de Jérusalem », *Revue d'histoire du droit*, vol. 22 (1954), p. 401-424 (ici p. 410).

[4] M. GREILSAMMER Myriam, « Anatomie d'un mensonge : le Livre au Roi et la révision de l'histoire du royaume latin de Jérusalem par les juristes du XIIIe siècle », *Tijdschrift voor Rechtsgeschiedenis* n°67, 3-4, 1999, p. 239-254 : « L'imaginaire masculin et la soumission des vassales dans le Royaume latin de Jérusalem : un jalon supplémentaire dans l'Histoire de la violence symbolique envers les femmes », Journal of Medieval History n°27, 2001, *p. 331-363 ; « L'instrumentalisation du mariage des vassales dans les Assises de Jérusalem », in « Autour des Assises de Jérusalem* », *opit cit.*, p.159-180.

[5] H. E. MAYER, *Von der Cour des Bourgeois zum öffentlichen Notariat Die freiwillige Gerichtsbarkeit in den Kreuzfahrerstaaten*, Wiesbaden, Harrossowitz Verlag, 2016.

[6] H. E. MAYER, "Ibelin vs. Ibelin: The Struggle for the Regency of Jerusalem 1253-1258", *Proceedings of the American Philosophical Society n°122*, 1978, p. 25-57.

[7] M. GREILSAMMER, *Le Livre au roi*, L'Académie des inscriptions et et belles-lettres, Paris, 1995.

(Codex Gallus 51), corrigé par le manuscrit de Munich du XVIIIe siècle (Codex Gallus 771) et le manuscrit Séguier-Coislin du XIVe siècle (ms. fr. 19026). Cette édition ambitionne d'établir le Livre au roi dans sa version la plus proche de sa composition d'origine. Il s'agit donc d'une addition et de corrections au manuscrit de base choisi. Le résultat est très hypothétique. Cette étude sera l'occasion de lui apporter la contradiction sur la datation du Livre, le caractère de l'ouvrage et la portée juridique proposée[1].

En 2002, Nicholas Coureas a réédité dans ses deux versions grecques le Livre de la Cour des Bourgeois (ms. grec 1390 et ms. grec suppl. 465), l'un après l'autre[2]. Il a ajouté sa traduction en anglais du manuscrit grec 465. Cette édition a été un bon complément pour comprendre l'évolution dans l'application des Assises dans le temps.

Dans le même élan, le livre des Assises de Jean d'Ibelin et le livre de Philippe de Novare ont tous les deux étés réédités par Peter W. Edbury en 2003[3] et en 2009[4]. L'édition critique du Livre de Jean d'Ibelin est l'impression et la traduction en anglais de ce Livre d'après cinq manuscrits[5], en partant du plus ancien avec des appendices autonomes pour les additions propres à chaque version. L'édition critique du Livre de Philippe de Novare est l'impression et la traduction en anglais du Livre d'après deux manuscrits[6]. Ces éditions postulent là aussi le fait d'établir le Livre au plus proche de la composition d'origine. C'est donc une addition et des corrections au manuscrit de base choisi. Le résultat est là aussi très hypothétique.

Le Livre des lignages d'Outremer a été lui réédité de manière remarquable par Marie-Adélaïde Nielen à l'Académie des Inscriptions des Belles-Lettres en 2003[7]. C'est ici une édition des différents *Livres des lignages d'outremer,* selon les différentes versions qui y sont distinguées. Après une présentation des manuscrits connus, parmi lesquels de nombreuses copies d'époque moderne, que nous avons vues, sont éditées successivement les « leçons ». La première version est donnée selon les deux manuscrits les plus anciens (Venise, Biblioteca Marciana, ms francese 20265, choisi comme texte de base, et Paris, Bibl. nat. de Fr., fr. 19026). La seconde version est donnée selon le manuscrit du Vatican (Vat. lat. 4789). La troisième version est donnée selon le manuscrit de Munich (Codex Gallicanus 771). La quatrième version est donnée selon le deuxième manuscrit du vatican (Vatican, Vat. lat. 7806A).

---

[1] Nous y reviendrons plus particulièrement dans le déroulé de cette thèse.
[2] N. COUREAS, *The Assizes of the Lusignan Kingdom of Cyprus,* (traduction anglaise du grec), Nicosia : Cyprus Research Centre, 2002.
[3] P. W. EDBURY, ed., *John of Ibelin*, Leiden, 2003.
[4] P. W. EDBURY, ed., *Philip of Novara, Le Livre de Forme de Plait*, Nicosia, 2009.
[5] Le manuscrit Saint-Germain (ms. fr. 19025), le manuscrit d'Oxford (ms Selden Supra 69), le manuscrit Séguier-Coislin (ms. fr. 19026), le manuscrit de Venise (ms. fr., Str. App. 20) et le manuscrit de Munich du XVIIIe siècle (ms. français, Codex Gallus 771).
[6] Le manuscrit Séguier-Coislin (ms. fr. 19026) et le manuscrit de Venise (ms. fr., Str. App. 20).
[7] M-A. NIELEN, *Lignages d'outremer*, Académie des inscriptions et belles-lettres, Paris, 2003.

Une traduction de la version arménienne (Erevan, Matenadaran Machtots 1898) est également fournie.

Aussi, on peut se rendre compte que les études sur les « Assises de Jérusalem » jusqu'à la première moitié du XXe siècle sont toutes enthousiastes et elles offrent des perspectives très enrichissantes sur la connaissance des sources du droit hiérosolymitain. Un certain nombre d'études, depuis le XIXe siècle, ont apporté des réflexions nouvelles dans l'approche traditionnelle des Assises, notamment comme droit d'exportation. En revanche, à partir de 1950, des historiens s'attachent à rejeter la portée des sources juridiques que sont les Livres d'Assises. Il semble que ces derniers refusent d'intégrer des sources qui vont à l'encontre de leur propre lecture de l'Histoire, sans toutefois les connaître. Ils sollicitent excessivement, semble-t-il, le sens de la tradition historiographique.

Chapitre 1

Les empreintes du droit hiérosolymitain mis par écrit entre 1096 et 1187

La venue des Francs en Orient fait suite à cinq siècles de pression hégémonique de l'islam naissant mais surtout à l'appel des papes à la délivrance des Lieux saints. L'unique désir, alors exprimé était de porter secours aux chrétiens d'Orient, population encore très largement majoritaire[1], et de délivrer le Saint Sépulcre menacé[2].

Le premier pape qui a lancé un appel à la délivrance des Lieux Saints est le pape Grégoire VII en 1074[3]. Il tente alors de préparer une expédition mais cela n'aboutira pas. Le projet est repris par Urbain II en 1095, au concile de Clermont. C'est dans son sermon du 27 novembre 1095 (10e jour du Concile de Clermont) que ce pape lança un appel à la pitié, pour ces chrétiens et ces pèlerins agressés, humiliés, incapables de prier Dieu sans s'exposer à tant de dangers, contre ceux qui « détruisaient les églises, ils immolaient les Chrétiens comme des agneaux »[4]. Aussi, le royaume de Jérusalem, fondé par les Francs en 1099, n'est pas le fruit de la conquête d'un territoire par un homme et encore moins un héritage reçu. En revanche, ce royaume est l'aboutissement d'une action collective de pèlerins armés et de grands seigneurs, pour la plupart Francs, ayant pris la croix pour délivrer les Lieux saints. Par ailleurs, les chrétiens d'Orient, délivrés du joug musulman, ont eux aussi participé à l'établissement des nouvelles institutions.

L'action, bien que coordonnée, ne fut pas préméditée. En s'établissant en terre étrangère, aux antipodes de leur culture, les chefs naturels de la croisade, les grands seigneurs, ont transposé leurs institutions mais durent composer avec les réalités rencontrées. Ils instituèrent d'abord des grands fiefs indépendants, des seigneuries autonomes, et déclinèrent ensuite le partage

---

[1] Largement majoritaires pendant près de sept siècles, les Chrétiens d'Orient n'ont pas pu résister à l'hégémonie islamique. Avec les défaites successives des Francs, ils ne seront plus que 10 % des populations soumises au début du XVIe siècle alors qu'ils représenté encore 80 % de la population à la fin du XIe siècle (A. Ducellier, *Chrétiens d'Orient et Islam au Moyen Age, VIIe-XVe siècle*, Paris, 1996).

[2] J. HEERS, *La Première Croisade. Libérer Jérusalem 1095-1107*, Collection Tempus, La Flèche 2002, p. 26 : « *Il ne s'agissait pas seulement de provinces perdues, de terres et de villes, métropoles et berceaux du christianisme, tombés en d'autres mains ; ni seulement du souvenir des combats, ni des humiliations comme, en certains lieux, le port de signes distinctifs, regardés comme des signes d'infamie ; mais de pouvoir accomplir les dévotions aux Lieux saints en paix, sans tourments ni dépenses excessives* ».

[3] J. RICHARD, *L'esprit de croisade : textes médiévaux*, Cerf, 2000, p. 9.

[4] Orderic Vital, *Histoire ecclésiastique 31*, p. 408-413, cité in Jacques Heers, *La Première Croisade, Libérer Jérusalem 1095-1107, opit. cit.*., p. 71.

territorial en fiefs vassaux selon les pratiques féodo-vassaliques, système qui va dominer la société latine d'Orient[1]. Mais les territoires délivrés étaient la récompense de tous les pèlerins armés, un véritable bien commun, et celui des chrétiens d'Orient, les Syriens. Ainsi, en parallèle de l'organisation féodale, assurant la première barrière militaire, s'est adjointe une organisation des cités, indépendante de la féodalité, où se sont installés les hommes libres. Pour établir cet état de fait, il semble en tout état de cause, que le droit opposable à une si grande diversité de personnes fut bien mis par écrit dans des chartes et approuvé par tous. Ce droit des premiers temps était alors en partie mis par écrit, en toute hypothèse, après une large consultation, et était appelé, selon les auteurs des Livres d'Assises du XIIIe siècle, « Lettres du Saint-Sépulcre » puis tout simplement « Assises ».

L'étude attentive des sources juridiques du droit hiérosolymitain, bien que pour l'essentiel tardif, permet d'établir dans les textes de ce qui relève du droit originel, ou du moins d'établir les traces crédibles d'un droit originaire et d'y voir véritablement l'inspiration franque. Il est ainsi possible d'établir l'empreinte des premières « Lettres du Saint-Sépulcre » (I) et de recenser un certain nombre de vestiges d'Assises prises tout au long du XIIe siècle (II).

I. Les témoignages crédibles d'une mise par écrit du droit originel par Godefroy de Bouillon

Déjà au cours de la première « croisade » les hommes à la tête des armées et l'ensemble des pèlerins ont activement collaboré dans la conduite de l'entreprise qui a conduit en partie à la délivrance des chrétiens d'Orient de Syrie. Ainsi, au cours de ce premier pèlerinage armé, des règles de droit ont été retenues durant l'avancée militaire (A). Avec la fondation du royaume de Jérusalem, c'est l'ensemble des pèlerins, grands et petits, qui ont participé à l'établissement de cours de justice et de gouvernement (B) et à la rédaction de chartes de franchises, nommées « Lettres du Saint-Sépulcre », pour garantir le droit opposable à chacun (C).

A. L'évocation des premières règles de droit élaborées sur le chemin de Jérusalem

Les grands seigneurs, chefs des armées, étaient les chefs naturels de leurs hommes et ils ont conduit collectivement les opérations militaires. Mais ils étaient aussi accompagnés d'une foule de pèlerins, hommes libres et eux aussi

[1] On parle de société féodale lorsque le lien féodo-vassalique y est dominant ; E. BOURNAZEL, J.-P. POLY, [dir.], *Les Féodalités (Occident-Orient)*, Paris, PUF, Histoire générale des systèmes politiques, 1998, Introduction générale p. 5.

armés, qui se sont joints à leurs bannières. Ces derniers de fait ne dépendaient pas juridiquement de ces seigneurs et étaient indépendants en pratique de suivre ou non tel ou tel seigneur et de s'établir à leur convenance. Ces foules, on le sait, furent importantes et ils prirent part librement à la libération des Lieux Saints. En effet, l'appel du pape Urbain II reçoit un formidable écho, d'autant plus qu'il donne à l'entreprise un caractère méritoire : il promet l'indulgence plénière aux futurs « croisés ». Une première expédition est lancée au printemps 1096, appelée « croisade des pauvres », conduite par Gautier Sans Avoir. Environ 12 000 d'entre eux atteignent le Proche-Orient mais, mal équipés, ils sont rapidement anéantis par les Turcs à Nicomédie (aujourd'hui Izmit) en octobre 1096[1]. Par la suite, la même année, s'ébranle une deuxième expédition qui comprend quatre armées féodales par regroupements régionaux[2].

La première armée est conduite par Godefroy de Bouillon[3] et est composée de Francs du nord et de Lorrains. Les chroniqueurs l'appellent « duc de Lorraine » mais c'est en réalité le duché de Basse-Lotharingie, connu peu après sous le nom de duché de Brabant. Son père était comte de Boulogne et relevait du roi de France. Sa mère, Sainte Ida, était sœur de Geoffroy le Barbu, duc de Basse-Lotharingie. Godefroy est entré au service de l'empereur Henri IV qui l'investit de la Basse-Lotharingie pour récompenser sa loyauté. Il parlait le français (langue d'oïl) et l'allemand. Godefroy de Bouillon, partit pour la Croisade avec son frère aîné Eustache, comte de Boulogne, vassal du roi de France, son frère cadet Baudouin de Boulogne (le futur Baudouin Ier roi de Jérusalem), et son cousin, Baudouin du Bourg, fils du comte de Rethel (le futur Baudouin II roi de Jérusalem). Le futur royaume de Jérusalem, fondé par la maison de Lotharingie-Boulogne, sera un royaume dans les faits bien français[4]. La deuxième armée est formée essentiellement des Français du centre et de l'Ouest mais aussi de Flamands. Elle est dirigée par Hugues de Vermandois, frère du roi de France Philippe 1er, Robert de Flandre, Robert Courteheuse, duc de Normandie, fils de Guillaume le Conquérant, et par son beau-frère Étienne, comte de Blois et de Chartres[5]. La troisième armée part du Midi sous les ordres de Raymond IV de Saint-Gilles, comte de Toulouse et marquis de Provence, accompagné par le légat du Pape, Adhémar de Monteil, évêque du Puy-en-Velay[6]. La quatrième part d'Italie sous le commandement

[1] R. PERNOUD, *Les hommes de la Croisade*, p. 52-54.
[2] FLORI Jean, *La première croisade : L'Occident chrétien contre l'Islam*, Complexe, 2001.
[3] Cf. P. AUBE, *Godefroy de Bouillon*, Fayard, Paris, 1985 et Alphonse VETAULT, *Godefroy de Bouillon*, Alfred Mame et fils éditeurs, Tours, 1874.
[4] R. GROUSSET, *Histoire des Croisades et du Royaume franc de Jérusalem, I. 1095-1130 L'anarchie musulmane*, Perrin, Collection Tempus, Millau 2017, p. 83.
[5] F. NEVEUX, *L'Aventure des Normands, VIIIe-XIIIe siècle*, Collection Tempus, Paris 2015, p. 204.
[6] R. GROUSSET, *Histoire des croisades et du royaume franc de Jérusalem*, 1948, p. 4.

du prince normand Bohémond de Tarente[1]. Cette dernière est composée des Normands d'Italie méridionale et de Sicile. Ce groupe était animé de l'esprit de conquête de leurs ancêtres normands[2]. Les quatre armées de cette « croisade des barons » se rejoignent devant Constantinople, capitale de l'Empire romain[3].

Les armées féodales, à leur arrivée en Asie Mineure, vont commencer à libérer des territoires qu'ils vont d'abord rendre à l'Empire romain, puis certains grands seigneurs vont fonder des principautés territoriales indépendantes en Syrie et en Palestine, non des « États » selon l'enseignement de Lemarignier[4]. En Asie Mineure, les armées franques défont les Turcs, s'emparent de Nicée et de quelques autres places, qui sont rendues aux romains en 1097. Parvenus en Syrie, les chefs de la croisade, en l'absence d'un commandement unique, agissent alors pour leur propre compte. Le 21 octobre 1097, c'est le siège d'Antioche qui débute ; il se terminera le 2 juin 1098[5]. Entre-temps, Baudouin de Boulogne, le frère de Godefroy de Bouillon répond à l'appel à l'aide de l'arménien Thoros, maître de la cité d'Edesse. Il vient avec une petite armée, et prend possession en route des cités de Turbessel et de Ravendel. Il s'impose dans le gouvernement de la ville et au décès de Thoros il devient le maître de la citadelle et fonde le comté d'Édesse en mars 1098[6]. Antioche tombe en juin et est fondée la principauté d'Antioche au profit de Bohémond de Tarente[7]. Sa famille régnera deux cents ans, durant sept générations, de 1098 à 1287. Ce territoire est actuellement partagé entre la Turquie et la Syrie. Dans cette principauté, plus que dans tous les autres établissements Francs du Levant, l'implantation normande fut importante. La majorité des barons inféodés par Bohémond viennent de Normandie ou des deux-Siciles. Son neveu Tancrède lui succédera.

Ces armées n'ont pas évolué dans un mouvement anarchique mais construit. Les chroniques de la première croisade et en particulier les « *gesta* » anonymes[8] parlent à maintes reprises d'une cour de barons qui prenait pendant tout le voyage des décisions importantes. Guibert de Nogent[9] et Guillaume de

---

[1] *Ibid.*, p. 218.

[2] Bohémond de Tarente est le petit-fils de Tancrède de Hauteville, petit seigneur normand qui termina la reconquête de la Sicile musulmane et tenta la conquête de l'empire byzantin.

[3] J. HEERS, *La première croisade : libérer Jérusalem*, Perrin, Tempus, 2002.

[4] J.-F. LEMARIGNIER, *La France médiévale ; institutions et société*, Armand Colin U, (2e édition), 2016, p. 111.

[5] R. GROUSSET, *Histoire des croisades et du royaume franc de Jérusalem - I. 1095-1130 L'anarchie musulmane*, Paris, Perrin, 1934 (réimpr. 2006), p. 140-142.

[6] *Ibid.*, p. 120-124.

[7] J. HEERS, *La première croisade - Délivrer Jérusalem*, Perrin, coll. « Tempus », 1995, p. 203.

[8] A. MATIGNON, *Chronique anonyme de la première croisade*, Arléa, 1998 ; BREHIER Louis (éditeur scientifique et traduction), *Histoire Anonyme de la Première Croisade*, Les belles-lettres, Paris, 2007, 1 vol., p. 158, 160, 168, 190, 192.

[9] *Documents relatifs à l'histoire des croisades*, 22 vol., Académie des inscriptions et belles-lettres, parus, Librairie Orientaliste Paul Geuthner, Paris, à partir de 1946-…Vol. III, 1866, Vol. IV, II. Guibert de Nogent, *Historia quae dicitur Gesta Dei per Francos,* Livre VII.

Tyr[1] nous racontent que déjà, avant l'arrivée à Jérusalem, ces mêmes chefs ont organisé nombre de cités libérées. Raoul de Caen signale un différend survenu entre Arnould, futur patriarche de Jérusalem, et Tancrède, neveu de Bohémond de Tarente, qui fut arbitré par cette cour[2]. Il est donc certain qu'une cour des barons, prémisse de la future Haute Cour[3], était en germe pendant la première croisade.

Ces chroniques nous apprennent encore que le peuple de chaque nation, de chaque « *gens* » était mené et jugé par les chefs de cette « *gens* ». Pendant le siège d'Antioche, Albert d'Aix nous rapporte que les chefs de la croisade, avec le conseil des évêques, ont pris des mesures normatives applicables à l'ensemble des croisés et ajoute que des juges spéciaux furent institués pour réprimer certains délits et arbitrer les conflits commerciaux[4]. Il fut ordonné que désormais nul ne devra trahir son frère chrétien par de faux poids ou de fausses mesures, à prix d'or ou à prix d'argent ou bien encore dans l'échange ou dans la négociation de toute autre denrée. Il fut ordonné aussi que nul ne devra commettre un larcin, ni ne commettra le crime de fornication ou d'adultère. Il fut déclaré en outre, que celui qui méconnaîtrait ces injonctions serait saisi et puni sévèrement, afin que le peuple de Dieu pût se laver de toute iniquité et de toute impureté. Un grand nombre d'individus ayant violé les dispositions de ce décret, les juges, qui avait été établi, les punirent sévèrement. Les uns furent chargés de chaînes, d'autres battus de verges, d'autres subirent la tonsure ou la marque d'un fer rouge, afin que de tels exemples servissent à corriger et à réprimer les désordres des pèlerins. Il est donné l'exemple d'un homme et d'une femme surpris en adultère et ils furent

---

[1] RHC, Historiens occidentaux, Tome I, Guillaume de Tyr, Livre XVII, chap. 30, p. 811.
[2] *Documents relatifs à l'histoire des croisades*, 22 vol., Académie des inscriptions et belles-lettres, parus, Librairie Orientaliste Paul Geuthner, Paris, à partir de 1946-...Vol. III, 1866, VIII. Raoul de Caen, *Gesta Tancredi in expeditione Hierosolymitana,* chap. CXXXV, p. 699.
[3] Cour de justice et de gouvernement des hommes de la féodalité.
[4] RHC, Historiens occidentaux, Tome II, Chronique d'Albert d'Aix, Livre III, chap. LVII, p. 378 : « *Decretum populi Dei, et denotatio duorum, qui in adulterio deprehensi sunt. His finitis, et Christianorum aliquantulum persecutione ex nova munitione et istius decollatione repressa, Christiani principes adversitates suorum Boemundique societatis attritae recolentes, ac famis pestilentiam clademque mortalitatis in populo recensentes, ex peccatorum multitudine haec fieri asserebant. Qua de causa consilio habito cum episcopis et omni clero qui aderant, decreverunt omnem injustitiam et foeditatem de exercitu abscindi, videlicet, ut nullus in pondere aut mensura, nec in auri vel argenti ambitione, nec in alicujus rei mutatione aut negotio confratrem Christianum circumveniret; nullus furtum praesumeret; nullus fornicatione sive adulterio contaminaretur. Si quis vero hoc mandatum transgrederetur, deprehensus saevissima poena affligeretur: et sic populus Dei ab iniquitate et immunditiis sanctificaretur. Hoc quidem decretum plurimi transgredientes severe a judicibus constitutis correpti sunt, alii vinculati, alii virgis caesi, alii tonsi et cauteriati ad correctionem et emendationem totius legionis. Deprehensi ibidem in adulterio vir et femina, coram omni exercitu denudati, et post terga manibus revinctis, a percussoribus graviter virgis verberati, totum circuire exercitum coguntur, ut, saevissimis illorum plagis visis, a tali et tam nefario scelere caeteri absterreantur* » ; et Cf. ALBERT D'AIX, Histoire des croisades, 1095-1120, trad. du latin par F. Guizot, Paleo, Clermont-Ferrand, 2004, I, chap. III, LVII.

dépouillés tout nus en présence de toute l'armée. On leur attacha les mains derrière le dos et des exécuteurs de la justice les frappèrent de verges. Ils furent forcés ensuite à parcourir tous les rangs de l'armée, afin que la vue des plaies horribles dont ils étaient couverts servît à détourner tous les autres d'un crime aussi abominable[1].

Ces mesures de circonstances mais qui n'en reste pas moins une ébauche de la future Haute Cour et de la future Cour des Bourgeois[2] mais aussi de la cour de la Fonde[3]. L'établissement du droit et le gouvernement dans l'Orient latin furent ainsi originalement et originairement une œuvre conjointe de tous les hommes qui comptent.

B. L'établissement de cours de justice et de gouvernement à l'arrivée

En janvier 1099, le reste de l'armée s'engage dans la conquête de la Terre sainte en direction de Jérusalem. Les barons se battent d'abord, comme le décrit l'auteur du *Tractatus*, « pour défendre l'héritage du Christ »[4]. Après avoir longé la côte jusqu'à Jaffa, les croisés s'emparent de Jérusalem au terme d'un court siège, qui n'a duré que du 7 juin au 15 juillet 1099[5]. Aussitôt se pose la question de savoir qui restera sur place pour gouverner les Lieux Saints. Le pape n'ayant jamais proclamé vouloir en Palestine un nouveau « patrimoine de saint Pierre »[6], les chefs de la croisade font adopter le principe d'une élection d'un prince temporel et la théocratie est refusée[7].

Deux candidats sont en présence : Godefroy de Bouillon et Raymond de Saint-Gilles. Le duc de Lorraine Godefroy de Bouillon, « terrible à la guerre » pour les premiers chroniqueurs, va finalement prendre le dessus et être élu. Raymond de Saint-Gilles, comte de Toulouse, va alors lui fonder une première principauté indépendante à partir de la cité de Tortose en 1102 et il va ensuite commencer le siège de la ville de Tripoli. Après sa mort en 1105 son fils, Bertrand de Saint-Gilles, à partir de là, fonde le comté de Tripoli, principauté indépendante, après sept ans de siège, en 1109[8].

---

[1] Cette peine de la course pour les couples adultères est une peine courante dans le Midi de la France à la même époque et elle est déjà pratiquée vers 1080 dans les Pyrénées occidentales ; Cf. J.-M. CARBASSE, « « *Currant nudi* » : la répression de l'adultère dans le Midi médiéval (XIIe-XVe siècles) », dans J. Poumarède et J.-P. Royer (éd.), *Droit, histoire et sexualité*, Lille, 1987, p. 83-102.

[2] Cour de justice et de gouvernement des hommes dans les cités.

[3] Cour commerciale de Jérusalem.

[4] *Tractatus de locis...*, p. 129-130 : « *pro hereditate Christi dimicare* ».

[5] GROUSSET, *opit. cit.*, p. 217 et Cf. G. LOBRICHON, *1099. Jérusalem conquise*, Seuil, Paris, 1998.

[6] *Ibid.*

[7] Cf. M. VILLEY, *La Croisade. Essai sur la formation d'une théorie juridique (L'Église et l'État au Moyen Age)*, vol. VI), Paris, J. Vrin, 1942.

[8] J-L. DEJEAN, *Les comtes de Toulouse (1050-1250)*, Fayard, 1979 (réimpr. 1988), p. 78.

Il est retenu, dans la tradition historiographique, que Godefroy de Bouillon, après avoir refusé le titre de roi a choisi celui « d'avoué du Saint-Sépulcre »[1]. Cette proposition ne se retrouve pas dans les sources littéraires ni juridiques. L'avoué étant, en droit médiéval du XIe siècle, un seigneur protecteur d'un vassal[2]. Godefroy de Bouillon n'est, dans les sources juridiques, que le premier des barons, le duc Godefroy[3]. Le royaume de Jérusalem ne comprenait alors que les deux villes saintes de Jérusalem et de Bethléem, et le seul port de Jaffa[4]. Il n'est *rex* que pour les auteurs plus tardifs.

Jean d'Ibelin, au commencement de son Livre d'Assises, nous raconte aussi, dans les quatre premiers chapitres[5], les origines et les fondements juridiques du royaume de Jérusalem par Godefroy de Bouillon dans la tradition des chroniqueurs du XIIe siècle. Il insiste sur l'élection du duc Godefroy de Bouillon, élu par un commun accord, roi et seigneur de Jérusalem. Il rapporte le refus de Godefroy de porter la couronne là où le Christ a porté une couronne d'épines. On remarque que Jean d'Ibelin insiste beaucoup dans son Livre sur le souci de Godefroy de Bouillon de donner au royaume une base juridique la plus convenable et des bases institutionnelles. Il nous dit qu'il était très soucieux et désireux de bien organiser le royaume, afin que ses hommes et son peuple, et tous ceux qui allaient et venaient dans le royaume ou y demeuraient, fussent gardés et gouvernés, tenus et maintenus, menés et administrés selon le droit et la raison[6].

Dans ce sens, Jean d'Ibelin nous dit que Godefroy de Bouillon, entouré du patriarche, des princes et des barons et des hommes les plus sages, pour gouverner et juger les hommes du royaume institua dans premier temps deux

---

[1] J. RILEY-SMITH, "The Title of Godfrey of Bouillon", *Bulletin of the Institute of Historical Research*, 1979, vol. LII, p. 83-86 ; John FRANCE, "The Election and Title of Godfrey de Bouillon", *Canadian Journal of History*, 1983, vol. XVII, p. 321-330 ; Alan V. MURRAY, « The Title of Godfrey of Bouillon as Ruler of Jerusalem », *Collegium Medievale*, 1990, n°3, p. 163-178 ; Luc FERRIER, « La Couronne refusée de Godefroy de Bouillon : eschatologie et humiliation de la majesté au premier temps du royaume latin de Jérusalem », in *Le Concile de Clermont de 1095 et l'appel à la croisade*, Rome, École Française de Rome, 1997, p. 245-265 ; Benjamin BOURGEOIS, « Godefroy de Bouillon, la couronne et la royauté incomplète. Origines et évolutions d'une image politique », *Revue historique de l'Université de Sherbrooke*, 2014, n° 7.

[2] Vers 1100 un *avöé* est seigneur en tant que protecteur d'un vassal (*Roland*, éd. Bédier, 135 : En France, *ad Ais, devez bien repairer. La vos sivrat, ço dit, mis avoez*). A la fin du XIIe siècle, cela signifie : « protecteur, défenseur » (Chevalier cygne, éd. Hippeau, 113 ds T.-L. : *Ses avöés serai por son droit desrainier*).

[3] Cart. du S. Sép., n° 22, p. 34 ; n° 20, p. 49 ; n° 144, p. 262...

[4] H. PLATELLE, *Les Croisades*, Desclée, Paris, 1994, p. 23.

[5] BEUGNOT, vol. 1 : Lois, Livre de Jean d'Ibelin, chap. I à IV, p. 21 à 26.

[6] BEUGNOT, vol. 1 : Lois, Livre de Jean d'Ibelin, chap. I, p. 22 : « *il qui fu moult ententif, et moult curious à mètre le dit roiaume en bon point et en bon estât, et que ses homes et son peuple et totes manières de genz alant et venant et demorant el dit roiaume fucent gardés et gouvernés, tenus et maintenus, menés et justisiés à dreit et à raison* ».

Cours distinctes[1]. La Haute Cour pour gouverner et justicier les hommes de la féodalité, avec à sa tête le duc Godefroy, et la Cour des Bourgeois pour gouverner le peuple des cités, avec à sa tête un vicomte. Gouverner et rendre la justice étant intrinsèquement liés[2]. Cette attention juridique est aujourd'hui largement contestée, mais cela est contraire à l'étude approfondie des sources. Cet état de fait est historiquement et juridiquement établi.

Le chef seigneur du royaume, roi ou non, est le gouverneur et le chef de la justice de l'aristocratie féodale au sein de la Haute Cour. À cela s'ajoutent des cours seigneuriales de justice hiérarchiquement inférieures, au sens féodal (1.). Le vicomte de chaque cité est lui le gouverneur et le chef de la justice au sein de la Cour des Bourgeois. S'ajoutent aussi ici des cours inférieures catégorielles et communautaires. Deux parallèles de gouvernement et de justice pour les deux grandes catégories de la population. Ces Cours de justice étaient souveraines[3] et garantes des libertés dans le royaume de Jérusalem, selon le principe du jugement par les pairs.

1. La Haute Cour et les cours seigneuriales de justice et de coins

La Haute Cour et les cours seigneuriales de justice et de coins sont des institutions qui remontent aux origines du royaume de Jérusalem et leurs compétences semblables interviennent à des degrés différents. La Haute Cour est la cour féodale du royaume mais pour gouverner et rendre la justice dans les territoires ruraux, c'est là l'œuvre des seigneurs vassaux et arrières vassaux de la seigneurie de la couronne qui ont un privilège de cour de justice et de coins. La Haute Cour a la primauté sur toutes les cours et est ouverte à tous. Les cours seigneuriales ont les mêmes compétences à l'échelle de la seigneurie.

---

[1] BEUGNOT, vol. 1 : Lois, Livre de Jean d'Ibelin, chap. II, p. 23 : « *Le duc Godefroi establi deus cours séculiers : l'une, la Haute Court, de quoi il fu gouverneor et justisier; et l'autre, la Court de la Borgesie, à la quel il establi un home en son leuc à estre gouverneor et justisier, le quel est appelé visconte. Et establi que lui et ses homes et leur fiés et toz chevaliers fucent menés par la Haute Court, et que les autres gens qu'il ne vodreit qui ne fucent menés par la Haute Court, fucent menés par la Court de la Borgesie ; et que totes borgesies fucent menées et determineez par la Court de la Borgesie ; que les plais des borgesies ne peuvent ni ne doivent estre plaideés ni jugiés que en la Court de la Borgesie. Et ensi fu lors establi par comun acort dou seignor et de ses homes et des borgeis ; et ensi a esté adès puis tenu et maintenu el dit roiaume. Et il ne fist mie establir les assises et les usages des deus cours semblans en totes choses por ce que les haus homes et ciaus qui sont tenus au seignor de fei, et le seignor à eaus, et lor fiés et chevaliers, ne doivent pas estre ensi menés corne borgeisc, et borgesie ne genz de basse main ne peuple, come chevaliers* ».

[2] J-M CARBASSE, « Le roi législateur : théories et pratique », in. *Itinéraires d'histoire du droit et de la culture juridique*, Recueil d'étude, Pulim, Limoge, 2020, p. 72-73.

[3] Dans le langage judiciaire est qualifié de souveraine une juridiction dont les jugements ne sont pas susceptibles d'appel. Avec ce sens l'expression est apparue dès le XIIIe siècle chez Pierre Fontaine, Conseil à un ami, 21-22.

Le royaume de Jérusalem est conçu par nos auteurs de Livres d'Assises comme une seigneurie, au sens féodal du terme, et à sa tête il y a un chef seigneur qui peut ne pas être le roi. D'ailleurs, Godefroy de Bouillon a accepté la charge de chef seigneur mais pas la dignité de roi[1]. Jean d'Ibelin commence bien son Livre en nous rappelant que Godefroy de Bouillon, par un commun accord, fut élu roi et, et le « et » est important, seigneur du royaume ; il « *fu esleu à roi et à seignor dou dit roiaume* »[2]. Au chapitre V de son Livre, Jean d'Ibelin intitule encore le chef du royaume de « *chef seignor* »[3]. Jean d'Ibelin en rappelant cette histoire, nous dit bien que le chef seigneur du royaume se doit d'être élu et que cette élection est un principe fondateur dans le choix du gouverneur du royaume et qu'il doit être respecté. De fait, tous les successeurs de Godefroy de Bouillon à la tête du royaume de Jérusalem, comme chef seigneur, ont été élus[4]. Et ceci, même après 1187 dans le prolongement du royaume de Jérusalem à Acre et sur l'île de Chypre et ce jusqu'au XVe siècle. Le choix du chef seigneur relève des prérogatives de l'assemblée des barons et du clergé et parfois selon les circonstances cela nécessite l'approbation du « peuple ». Cette élection n'est ni fictive ni symbolique. Le chef seigneur est un *primus inter pares*.

Le chef seigneur est dans la pratique seulement « gouverneur et justicier » de la Haute Cour[5]; organe de gouvernement de la féodalité et cour de justice. Le royaume de Jérusalem est avant tout une seigneurie, selon le modèle importé d'Occident[6], et est conduit comme telle. À sa tête, il y a un chef seigneur qui est, selon les propres termes de nos auteurs, un « *gouverneur et justicier* », et cette charge peut être distincte de la dignité royale. Les textes issus des Livres des Assises font d'ailleurs souvent état dans le texte de l'expression « *le rei ou celui qui est en son leuc* ». Le roi pouvant être en état d'incapacité, mineur, prisonnier, malade ou encore absent. Il est alors élu un autre chef seigneur à terme. Le chef seigneur prend le qualificatif de roi

[1] BEUGNOT, vol. 1 : Lois, Livre de Jean d'Ibelin, chap. I, p. 22 : « *les princes et les barons qui l'orent conquise orent esleu à rei et à seignor dou roiaume de Jérusalem le duc Godefroi de Buillon, et ot receu la seignorie et ne vost estre sacré ne oint à roi el dit roiaume, por ce qu'il ne vost porter coronc d'or là où le rei des reis Ihesu Crist le fiz de Dieu porta corone d'espines le jor de la Passion* ».

[2] *Ibid.*, chap. I, p. 21, chapeau introductif.

[3] *Ibid.*, chap. V, p. 27 : « *ce que il me semble droit et raison que le chef seignor dou roiaume de Jérusalem* ».

[4] Annexe I.

[5] BEUGNOT, vol. 1 : Lois, Livre de Jean d'Ibelin, chap. II, p. 23 : « *Le duc Godefroi establi deus cours séculiers : l'une, la Haute Court, de quoi il fu gouverneor et justisier; et l'autre, la Court de la Borgesie, à la quel il establi un home en son leuc à estre gouverneor et justisier, le quel est appelé visconte* ».

[6] E. BOURNAZEL, « La royauté féodale en France et en Angleterre », in *Les Féodalités (Occident-Orient)*, E. BOURNAZEL, J.-P. POLY, [dir.], Paris, PUF, Histoire générale des systèmes politiques, 1998, p. 389-512 (ici p. 390) : « La royauté féodale doit se définir non seulement par les rapports que le roi peut entretenir avec ses propres vassaux ou arrière-vassaux, mais surtout par le fait que ces relations s'enracinent dans des fiefs… ».

lorsqu'il est élevé à cette dignité par un couronnement et un sacre[1], autrement celui-ci porte le nom de bailli du royaume.

Comme gouverneur et chef justicier du royaume, le roi est seulement garant de l'effectivité de la justice et de l'exécution des décisions des cours ; il préside les débats mais n'est pas lui-même juge ; il ne participe pas à la délibération. Le chef seigneur est le supérieur hiérarchique dans la hiérarchie féodo-vassalique. Il n'est en aucun cas le maître direct de tous ceux qui structurent cette même hiérarchie. Le chef seigneur n'est pas souverain, le royaume de Jérusalem n'est pas une monarchie. La qualité de gouverneur et de chef justicier, du chef seigneur et des seigneurs dans leur cour respective, implique d'offrir la garantie aux justiciables de la cour l'accès à la justice en assurant la présidence de la cour et par l'attribution d'un conseil. Il gouverne avec l'assentiment de sa Cour. Après que soit rendu le délibéré politique ou le jugement établi par les juges-liges, sans le chef seigneur, le chef justicier se doit de garantir l'exécution de la décision. Le chef seigneur gouverne la seigneurie du royaume comme premier des seigneurs du royaume en tant que titulaire de la charge de la seigneurie de la couronne. Il conduit les autres seigneurs, vassaux et arrières vassaux, à partir de l'hommage et de la ligesse à travers la Haute Cour[2]. Il est accompagné pour cela par les grands officiers du royaume[3]. Le roi, ou le bailli du royaume, est le chef seigneur du royaume et c'est en cette qualité que découle son pouvoir et non de la dignité royale ou même du sacre. La personne du roi n'incarne pas à lui seul le royaume.

La ligesse hiérosolymitaine est une particularité de l'Orient latin. Tous les vassaux du royaume de Jérusalem, quel que fût leur rang, rendaient l'hommage lige au roi et étaient pairs les uns des autres, de telle sorte que si un arrière-vassal se trouvait lésé dans ses droits par son seigneur, il pouvait en appeler directement au roi et à tous les seigneurs du royaume. Chaque chevalier du royaume était ainsi un vassal direct du roi et les arrière-vassaux obtenaient un droit de vote identique aux principaux barons et seigneurs. Les liges sont par principe les juges de leurs pairs mais ils peuvent aussi être appelés au conseil de leurs pairs dans une affaire et dans ce cas ils ne sont pas désignés comme juges mais comme « *avantparlier* ». Jean-Luc Lefebvre a pu établir que le jugement par les pairs est une « {V}ielle règle traditionnelle » et que « le témoignage ou le jugement par les pairs est sans doute le plus important des « droits de l'homme » au Moyen Âge… »[4] ; un pair étant la personne qui

---

[1] Annexe II.

[2] Ainsi comme a pu le souligner Ganshof, sur l'origine des cours féodale en France, nous le voyons ici, que comme dans la tradition carolingienne le seigneur n'exerce pas directement de juridiction sur son vassal. Cf. F-L. GANSHOF, « Contribution à l'étude des origines des cours féodales en France », *Revue historique de Droit français et étranger*, 4e série, 7, 1928, p. 643–665 (p. 646).

[3] Annexe III.

[4] J-L. LEFEBVRE, *Prud'hommes, serment curial et record de cour. La gestion locale des actes publics de Liège à l'Artois au Bas Moyen Age*, Paris, De Boccard, 2006, p. 404.

appartient au même serment. Le conseil d'un pair est aussi un héritage de la Rome ancienne reprise par la tradition chrétienne et romaine de l'Empire carolingien[1]. Il dit aussi que la notion de conseil, comme celle de la *fides*, n'est pas un héritage « germanique » ou issu d'une privatisation de la chose publique mais plutôt l'inverse comme une articulation au souci commun du maintien et de la sauvegarde de la *res publica.* Jean d'Ibelin, au début de son Livre nous dit bien que : « *Et establi à estre juges de la Haute Court ses homes chevaliers qui li estoient tenus de fei par l'omage qu'il li avoient fait* »[2]. Il semble ici que seuls les hommes liges vassaux directs sont juges. Mais au chapitre CCLXIX[3], il indique que peuvent être juges devant la Haute Cour, tous les hommes du chef seigneur du royaume qui ont fait le serment de la ligesse, chevaliers de bonne renommée et nés en loyal mariage, non bâtards, à moins qu'ils soient acceptés par les hommes francs, les « *frans homes* ».

La Haute Cour est une émanation et une prolongation des usages adoptés durant la première « croisade » et son institutionnalisation dans le royaume de Jérusalem semble par ailleurs être une transposition des « Assises de Lorraine ». Cette approche est totalement nouvelle. Les Assises de Lorraine étaient une institution unique et propre à la Lorraine. Les Assises étaient la plus haute magistrature du duché de Lorraine et étaient aussi un tribunal souverain[4]. L'origine de cette cour est inconnue, mais Meaume, dans son Histoire de l'Ancienne chevalerie, atteste la tenue d'assemblées de la chevalerie dès le XIe siècle[5]. Meaume s'appuie sur les chroniques latines de Séhère, premier abbé de Chamousey au XIIe siècle, ou celle de Jean de Bayon, religieux dominicain qui écrit au début du XIVe siècle. Il est avéré qu'elle existait déjà en 1048, lorsque Gérard d'Alsace obtint l'investiture du duché de Lorraine[6]. En effet, la confirmation des Assises fut une des conditions auxquelles la noblesse et le peuple de la Lorraine suspendirent leur soumission à ce prince[7]. Dans ses Mémoires, Henri de Beauvau fait allusion à la précocité des prérogatives de la chevalerie, laissant supposer une antériorité par rapport aux droits du souverain dans les duchés, avec des privilèges « acquis avant même qu'il n'y eût jamais eu de Ducs en Lorraine »[8]. Calmet, dans son Histoire de Lorraine, fait remonter sa création lui aussi au XIe siècle[9] et

---

[1] *Ibid.*, p. 281

[2] BEUGNOT, vol. 1 : Lois, Livre de Jean d'Ibelin, chap. II, p. 23.

[3] *Ibid.*, chap. CCLXIX, p. 418.

[4] E. BONVALOT, *Histoire du droit et des institutions de la Lorraine et des Trois Évêchés, du traité de Verdun à la mort de Charles II, 843-1431*, Slatkine Reprints, Genève, 1980, p. 285.

[5] G-E. MEAUME, Histoire de l'Ancienne chevalerie, Nancy, Sordoillet et fils, 1874, p. 69.

[6] G. BEXON, Histoire de Lorraine, Valade, 1777, Volume 1, p. 64.

[7] P-D. de ROGEVILLE, *Dictionnaire historique des ordonnances et des tribunaux de la Lorraine et du Barrois*, Leclerc, Nancy, 1777, Volume 1, p. 39.

[8] H. de BEAUVAU, *Mémoires pour servir à l'histoire de Charles IV*, Cologne, Pierre Marteau, 1688, p. 185.

[9] A. CALMET (Dom), *Histoire De Lorraine*, Chez A. Leseure, imprimeur ordinaire du Roy, 1748, Volume III, p. CLXXXI.

comme le confirme Anne Motta dans sa thèse Noblesse et pouvoir princier dans la Lorraine ducale (vers 1620-1737), soutenue en 2012[1]. Selon l'historique tiré de l'Essai sur l'histoire générale des tribunaux de Le Moyne des Essarts[2], les gentilshommes de l'ancienne chevalerie de Lorraine et leurs pairs étaient les seuls juges qui composaient le « Tribunal des Assises ». Leurs jugements n'étaient susceptibles d'être contestés par aucune voie. Ils avaient seuls le droit de les réformer et le prince lui-même n'en avait pas le pouvoir. Les gentilshommes y étaient assignés par des gentilshommes, les ecclésiastiques, par des ecclésiastiques et les nobles, par des nobles. Les Assises, se tenaient en Haute-Lorraine pendant l'assemblée des états généraux du duché. Toujours selon Le Moyne, les Assises exercèrent leurs fonctions jusqu'en 1634, date à laquelle Louis XIII leur substitua un « Conseil souverain » siégeant à Nancy. Ce tribunal, fut converti en « Cour de Parlement », ou « Parlement », par une ordonnance du duc Charles III, du 8 octobre 1571. Il existait, en cet état, lorsque Louis XIII conquit la Lorraine et le Barrois. La noblesse de Lorraine ayant refusé de prêter le serment de fidélité à Louis XIII, celui-ci supprima les Assises du duché de Lorraine et leur substitua un « Conseil souverain », qu'il établit à Nancy par un édit du 17 septembre 1634. Louis XIV s'étant rendu maître de Nancy le 26 août 1670, le supprima et en attribua la juridiction au Parlement de Metz. En 1697, après le traité de Ryswick, elle reprit ses fonctions et par un édit du mois de septembre 1775, elle fut établie en Cour de Parlement, ou Parlement. Elle resta, jusqu'en 1790, le treizième parlement du royaume et cessa son activité lors de la dissolution de tous les Parlements de l'Ancien Régime par l'Assemblée constituante. Dumast dans son Histoire, revient lui aussi sur cette institution qui était selon lui « une sublime institution, propre à la nation lorraine {…} le Tribunal souverain du pays, la Cour suprême qui tantôt décidait des intérêts controversés, tantôt jugeait d'affaires particulières entre le Duc et ses sujets {…} durant cinq cent ans »[3]. Il poursuit en suivant en ajoutant que : « On sait que dans ce noble corps, dont les travaux étaient gratuits, et où siégeaient seuls les chefs des familles patriotes immémoriales, dites « d'ancienne chevalerie », chacun des membres était libre d'échanger son rôle de juge contre le glorieux privilège de se faire, s'il le voulait, l'avocat de ses amis « ou des pauvres ». Il n'y avait pas de si hauts personnages en Lorraine, fût-ce un Lenoncourt, un Du Chatelet, un Des Armoises, un Du Beauvau, un Choiseul, un Bassompierre, un Ludres, un Custine, un

---

[1] A. MOTTA, *Noblesse et pouvoir princier dans la Lorraine ducale (vers 1620-1737)*, Histoire, Université du Maine, 2012, p. 110 et Cf. J. LAPOINTE Julien, *« Sous le ciel des Estatz », Les États généraux de Lorraine sous le règne personnel de Charles III (1559-1608),* Institut Universitaire Varenne, Collection des Thèses, 2016 (Voir p. 108-122).

[2] N-T. Le Moyne des ESSART, *Essai sur l'histoire générale des tribunaux des peuples tant anciens que modernes, ou dictionnaire historique et judiciaire*, Paris, 1778, Tome III, p. 273-278 ; M. DURIVAL, *Description de la Lorraine et du Barrois*, Leclerc, Nancy, 1778, p. 308.

[3] P. G. DUMAST, Histoire et tableau, seconde édition, Vagner, Nancy, 1847, p. 70.

Ficquelmont, un Raigecourt, un d'Haussonville, à qui ne pusse s'adresser des paysans dans la misère, en le priant de remplacer pour eux l'homme de loi, et de plaider leur cause. La haute fonction de ces pères de la patrie »[1]. Selon toujours Dumast, les chefs des familles de l'ancienne chevalerie de Lorraine siégeaient aux Assises, qui constituaient l'institution la plus illustre du duché, une sorte de Sénat dont les membres avaient le privilège d'être juges ou parties selon l'affaire qu'ils traitaient.

Les Assises de Lorraine, à partir de ce que l'on en sait sur ses origines et son fonctionnement, étaient, en tout état de cause, une assemblée de chevaliers comparable à la Haute Cour établie dans le royaume de Jérusalem. Les liens entre la Lorraine et Godefroy de Bouillon sont familiaux et immémoriaux. Selon l'hypothèse mise en avant par l'historiographie lorraine, les ducs de Lorraine sont issus en ligne masculine de Charlemagne par son descendant direct Charles, duc de Lorraine, et son fils Otton. À leurs morts, le duché de Lorraine serait passé à leur plus proche parent en lignée masculine, Godefroy, duc de Boulogne, dont descendent Godefroy de Bouillon et ses frères Eustache, Baudouin et Guillaume. Ce dernier, Guillaume de Bouillon, épousa Mathilde, fille de Gérard d'Alsace, qui défendit les Assises de Lorraine, et fut le père du duc Thierry, dont descendent les ducs de Lorraine[2]. Charles, Otton et Godefroy de Bouillon étaient ducs de Basse-Lotharingie tandis que Gérard et Thierry étaient ducs de Haute-Lotharingie. Godefroy de Bouillon n'a en fait que transposer semble-t-il, dans le royaume de Jérusalem, une institution franque déjà existante du nord de la France de la Basse-Lotharingie, et en particulier de la Lorraine dont il en avait été le duc. Cette cour, de ce que l'on sait, correspond dans son originalité de fonctionnement aux pratiques mises en place durant la « croisade » et aux attentes des seigneurs après la prise de Jérusalem. De plus, le nom de cette institution « Assises de Lorraines » fait le lien avec le nom choisi pour les « Assises » établies dans le premier royaume de Jérusalem. Ce point ne semble ne jamais avoir été souligné.

Les cours seigneuriales de justice et de coins ont été établies elles dès l'origine de la fondation du royaume de Jérusalem, en même temps que la Haute Cour, et ces cours ont été les cours de gouvernement et de justice pour les hommes dans les seigneuries à la campagne. Jean d'Ibelin nous dit au chapitre II de son Livre[3], que Godefroy de Bouillon et ses successeurs ont institué, après la Haute Cour, d'autres cours, intitulées « *cours et coins et justise* ». En effet, Ibelin finit ce chapitre en précisant que Godefroy et ses successeurs donnèrent en fief, des baronnies et des seigneuries avec des privilèges de cours et coins et de justice, avec un service militaire particulier et l'obligation du service de « *cors* », soit l'obligation de venir participer comme juge à la Haute Cour. Il semble donc, selon la suite des chapitres, que

[1] *Ibid.*, p. 70.
[2] G. BEXON, *Histoire de Lorraine*, Valade, 1777, Volume 1, p. 18 et s.
[3] BEUGNOT, vol. 1 : Lois, Livre de Jean d'Ibelin, chap. II, p. 24.

ces Institutions, dans leur usage et pratique ont été instituées aussi par écrit, dans les très certaines chartes de franchise que sont les « Lettres du Saint-Sépulcre » originaires.

Tous les fiefs ne sont pas assortis de droit de justice et de coins, ce qui d'ailleurs permet de différencier une seigneurie d'un simple fief. Le privilège de coins est le droit d'apposer au bas d'un acte un sceau de plomb signature du titulaire de la seigneurie. Les coins, au pluriel, sont les deux mâchoires du bullotirion que les chancelleries latines nomment *typarium*, comme l'a développé Chandon de Briailles[1]. Ces coins permettent, comme l'indique Jean d'Ibelin, de valider un privilège : « *le prevelige deit estre coignié des coins dou chief seignor dou fié qui a court et coins* »[2]. Celui qui n'a pas de coins doit faire un privilège en cour et le faire garantir par les coins de son seigneur.

Aux chapitres CCLXIX et CCLXX[3], Jean d'Ibelin nous donne la liste des seigneuries qui ont une cour seigneuriale de justice et le privilège de coins dans le royaume de Jérusalem. Cette liste du XIIIe siècle, comprend les seigneuries encore présentes, reconstituées après les grandes reconquêtes et celles dont il se souvient avant leur perte définitive. Jean d'Ibelin nous donne, tout d'abord, les quatre baronnies du royaume dont les seigneurs ont une cour de justice seigneuriale et privilège de coins, ainsi que des privilèges en tant que justiciable et en tant que chef militaire et étant donné « *la hautece et la franchise* » de leur baronnie, au chapitre CCLXIX[4] de son Livre. Il nous est donné aussi, par la suite, les seigneuries vassales, de ces baronnies, qui ont cour de justice et privilège de coins. On dénombre ainsi huit cours seigneuriales de justice au minimum, car il n'est pas indiqué, les seigneuries vassales de la baronnie-comté de Tripoli ayant privilège de cour seigneuriale de justice et de coins, mais peut-être qu'il n'y en a jamais eu ou plus. La première baronnie, qui est composée du comté de Jaffe et d'Escalone, de la seigneurie de Rames et Mirabel et de la seigneurie d'Ibelin, a trois cours seigneuriales de justice avec le privilège de coins. La deuxième baronnie est la principauté de Galilée, ou seigneurie de Tibériade, et elle a une cour seigneuriale de justice avec le privilège de coins. La troisième baronnie, qui est composée de la seigneurie de Saïtte (Sidon) et de Biaufor, de la seigneurie de Césaré et de la seigneurie de Bessan, a trois cours seigneuriales de justice avec le privilège de coins. La quatrième baronnie est le comté de Tripoli, nous dit Jean d'Ibelin. Il nous indique ici, incidemment, qu'au XIIIe siècle, le comté de Tripoli n'est plus une principauté indépendante. Mais il n'est pas certain de la qualité du comté comme baronnie du royaume. D'ailleurs, il n'indique pas ensuite les obligations de service en effectif militaire de cette seigneurie, il indique seulement que le comté a bien cent chevaliers. Il hésite, en effet,

---

[1] F. CHANDON DE BRIAILLES, « Le droit de "coins" dans le royaume de Jérusalem », in *Syria*. Tome 23 fascicule 3-4, 1942, p. 244-257.

[2] BEUGNOT, vol. 1 : Lois, Livre de Jean d'Ibelin, chap. CLXXXIX, p. 303.

[3] *Ibid.*, chap. CCLXIX et CCLXX, p. 417 et suiv.

[4] *Ibid.*, chap CCLXIX, p. 417.

avec une autre seigneurie, composée de la seigneurie du Crac et de Mont-Réal et de la seigneurie de Saint-Abraham (ou d'Hébron), appelée aussi seigneurie d'Outre-Jourdain.

Les six seigneuries suivantes sont considérées directement vassales de la seigneurie royale au XIIIe siècle, mais peut-être l'étaient-elles déjà au XIIe siècle. Il nous est donné aussi les seigneuries vassales qui ont cour de justice et de coins. On dénombre ainsi huit cours seigneuriales de justice supplémentaires :

La seigneurie du Crac et de Mont-Réal et de Saint-Abraham (ou d'Hébron), appelée aussi seigneurie d'Outre-Jourdain, a deux cours seigneuriales de justice :

- *La seigneurie du Crac et de Mont-Réal a cour de justice seigneuriale.*
- *La seigneurie de Saint-Abraham (d'Hébron) a cour de justice seigneuriale.*

La seigneurie du comte de Josselin, à Acre, a cour de justice seigneuriale.
La seigneurie de l'évêché de Saint-Georges de Lidde a cour de justice seigneuriale.
La seigneurie de l'archevêché de Nazareth a cour de justice seigneuriale.
La seigneurie de Sur (Tyr) a cour de justice seigneuriale.
La seigneurie de Beyrouth a cour de justice seigneuriale.

Les seigneuries suivantes ont disparu au moment où écrit Jean d'Ibelin, et il ne donne pas ensuite leurs obligations de services militaires. On dénombre ainsi huit cours seigneuriales de justice supplémentaires avec privilège de coins, qui ont été bien effectives au XIIe siècle et dans la première moitié du XIIIe siècle, après la reconquête des territoires :

La seigneurie de Blanche Garde a cour de justice seigneuriale, perte définitive en 1244.

La seigneurie d'Asur a cour de justice seigneuriale, perte définitive en 1265.

La seigneurie de Cayphas (Césarée) a cour de justice seigneuriale, perte définitive en 1266.

La seigneurie de Caymont a cour de justice seigneuriale.

La seigneurie d'Escandelion a cour de justice seigneuriale.

La seigneurie de Thoron, de Belinas, de l'Assebebe et de Château neuf, a cour de justice seigneuriale, perte définitive en 1266.

- *La seigneurie de Thoron a cour de justice seigneuriale.*
- *La seigneurie de Belinas a cour de justice seigneuriale.*
- *La seigneurie de l'Assebebe a cour de justice seigneuriale.*

2. Les Cours des Bourgeois, les cours consulaires et les cours des nations

C'est aussi dès le chapitre II de son Livre que Jean d'Ibelin évoque l'institution de l'office de vicomte et l'instauration de Cours des Bourgeois[1]. Comme pour la Haute Cour et les cours seigneuriales, la composition et le fonctionnement de la Cour des Bourgeois garantissent l'accès au droit et préserve les libertés de chacun[2]. Il évoque aussi dès le chapitre IV l'instauration de cours inférieures pour la population autochtone syrienne et une cour commerciale[3] et par la suite, d'autres cours inférieures vont apparaître pour les populations commerçantes étrangères et pour les affaires maritimes.

Si le chef seigneur est le gouverneur de la seigneurie de la couronne, le vicomte est le gouverneur de la cité. Ainsi dans chaque cité du royaume il y a un vicomte nommé par le roi, en son *leuc*, qui en est le gouverneur et le justicier à travers la conduite de la Cour des Bourgeois[4]. Cette institution du vicomte et celle de la Cour des Bourgeois remontent bien aux origines. En effet, nous savons par une charte qu'un vicomte, et donc une Cour des Bourgeois, existait à Jérusalem en 1104[5]. La présence d'un vicomte à Naplouse[6], à Tibériade[7], Jéricho[8], Césarée[9], Acre[10], Ascalon[11] et au Krak de

---

[1] BEUGNOT, vol. 1 : Lois, Livre de Jean d'Ibelin, chap. II, p. 23 : « *Et establi à estre juges ... de la Court de la Borgesie, borgeis de la dite cité, des plus loiaus et des plus sages que en la dite cité fucent. Et lor fist jurer le seirement que les jurés de la Court de la Borgesie jurent, le quel est devizé el livre des Assises de la Court de la Borgesie* ».

[2] Fernand Vercauteren a pu faire une analyse pénétrante du mot « *libertas* » et de son contenu. Selon lui le terme a été introduit dans les chartes urbaines sous l'influence de l'Église qui, au XIe siècle, cherche à se soustraire à l'autorité des laïcs, à acquérir sa *libertas*, c'est-à-dire une exemption du droit commun, autrement dit un privilège. Dans les chartes urbaines, ce privilège est accordé à des « *burgenses* » qui reçoivent par là des avantages d'ordre économique, social et juridique. Cf. F. VERCAUTEREN, « Exposé introductif », in *Les libertés urbaines et rurales du XIe au XIVe siècle*, Colloque international de Spa, 1966, Pro Civitate, 19, 1968, p. 19-22.

[3] *Ibid.*, chap. IV, p. 26.

[4] BEUGNOT, vol. 1 : Lois, Livre de Jean d'Ibelin, chap. II, p. 23 : « *Le duc Godefroi establi deus cours séculiers : l'une, la Haute Court, de quoi il fu gouverneor et justisier; et l'autre, la Court de la Borgesie, à la quel il establi un home en son leuc à estre gouverneor et justisier, le quel est appelé visconte* ».

[5] R. ROCHRICHT, ed., *Regesta Regni Hierosolymitani (MXCVII-MCCXCII)*, Libraria Academica Wageneriana, Innsbruck, 1904, n°35 et n° 43.

[6] E. de ROZIERE, *Cartulaire de l'église du Saint-Sépulcre de Jérusalem, publié d'après les Manuscrits du Vatican (ms.Vatican. latin. 7241)*, Paris, Imprimerie Nationale, 1849, n°33.

[7] *Ibid.*, n°123.

[8] *Ibid.*, n°119.

[9] S. PAOLI, *Codice Diplomatico del sacro militare ordine Gerosolimitano oggi di Malta raccolto da vari documenti di quell'archivio, per servire alla storia dello stesso Ordine, Lucques*, 1733-1737, T. I, p. 14.

[10] *Ibid.*, p. 26.

[11] *Ibid.*, p. 241.

Montréal[1] est aussi attestée au tout début du XIIe siècle. Mais pour avoir de plus amples détails sur l'office du vicomte il faut aller regarder dans le Livre Contrefais[2] écrit au XIVe siècle à Chypre.

Le vicomte est le gouverneur de la cité. Les Livres des Assises subordonnaient toute l'administration des villes à la présidence et à la surveillance du vicomte et de fait il avait pour mission la sécurité publique et la police des marchés mais aussi la charge de la perception des impôts dans la cité, les revenus du royaume. Le tableau que dresse Jean-François Nieus, des prérogatives des vicomtes dans le nord de la France, n'est pas éloigné de ce que laissent voir nos sources orientales[3]. Cette influence éventuelle ne doit pas surprendre : les premiers rois de Jérusalem, tout comme l'aristocratie, viennent, comme on l'a entrevu et comme l'a démontré Alan Murray[4], de cette région. La fonction de vicomte perdurera jusqu'en 1570, dans le royaume de Chypre[5]. Et contrairement à ce qu'écrit Joshua Prawer, rien n'indique dans les sources que le vicomte soit nommé pour un temps limité[6]. Le vicomte doit être chevalier et homme du roi, soit homme lige[7].

L'office de vicomte de Jérusalem était joint quelquefois à celui de châtelain de Jérusalem[8], châtelain de la tour de David ou de la citadelle de Jérusalem. Mais quelquefois ces deux fonctions étaient séparées et appartenaient à des personnes différentes. Un diplôme du 28 septembre 1110[9] nous présente un vicomte de Jérusalem, non nommé, et Anselme de Turre David, nettement distingués l'un de l'autre dans le corps de l'acte et dans les souscriptions des témoins. En revanche, un certain Rohard est vicomte de Jérusalem en 1171 et il se présente dans une charte comme « châtelain de la sainte cité de Jérusalem »[10]. Ces vicomtes-châtelains peuvent à leur tour être assistés par un

---

[1] Comme l'atteste une inscription retrouvée au-dessus de l'une des portes du château portant « UGO VICE... QUI... MCXVIII ». Cité par Paul DESCHAMPS, Les Châteaux des croisés en Terre sainte, tome 2 et *La défense du Royaume de Jérusalem*, étude historique, géographique et monumentale, *op. cit.*, p. 43.

[2] BEUGNOT, vol. 2 : Lois, Livre Contrefais, Partie I, chap. VII, p. 239.

[3] J-F NIEUS, « Vicomtes et vicomtés dans le nord de la France (XIe-XIIIe siècles) : un monde d'officiers au service du pouvoir princier », in Hélène DEBAX, *Vicomtes et vicomtés*, Toulouse, Presses Universitaires du Mirail, 2008, p. 291-304.

[4] A. MURRAY, *Monarchy and Nobility in the Latin Kingdom of Jerusalem, 1099-1131: Establishment and Origins*, Thèse de doctorat, sous la direction de Hugh Kennedy, University of St. Andrews, 1988.

[5] E. de LUSIGNAN, *Histoire générale des royaumes de Hierusalem, Cypre, Arménie et lieux circonvoisins, contenant l'entière description et situation d'iceux, de l'origine des roys, princes et grands seigneurs, qui ont commandé, dont la pluspart estoient françois, de leurs mœurs, religion et déportemens et généralement de tout ce qui y est advenu et passé depuis le déluge universel jusques en l'an... 1572...*, Paris, R. Foüet, 1604, p. 80.

[6] J. PRAWER, « The Burgage-Tenure », art. cit., ici p. 256.

[7] BEUGNOT, vol. 2 : Lois, Livre contrefais, Partie I, Chapitre II, p. 236.

[8] Cod. diplomat. T.I, p. 455 et Du Gange *Giossar. injim. latin. voce vicecomes*, t. VI, col. 1562.

[9] Cod. diplomat. N°2, p. 2.

[10] *Cartulaire général des Hospitaliers*, I, n° 422, p. 291 (RRR 866) : « *Roardus sancte civitatis Iherusalem castellanus* ».

« maître du château », attesté par exemple à Jérusalem[1] ou à Naplouse[2]. Le vicomte est assisté dans sa mission de police de la cité par une compagnie de sergents dirigée par le *Masthessep*[3].

Le chapitre IV du livre de la Cour des Bourgeois, qui commence le Livre sur les obligations de chef justicier du vicomte, commence par nous dire que le vicomte se doit, avec le conseil aux *bons homes de la terre*, les jurés, garantir la justice pour tous[4]. C'est-à-dire à tous ceux qui aiment Dieu, à ceux qui lui portent foi et loyauté et à tous ceux qui viennent devant lui porter leur demande. Il doit, ajoute l'auteur, car c'est son rôle du fait qu'il soit assis en son siège en la cour, entendre le *claim* et le *respons* des parties et faire rendre un jugement part les jurés. Le vicomte préside les débats et garantie la sanction mais ne juge pas lui-même directement, comme le roi. Le Livre Contrefais, précise que le vicomte doit tenir cour trois fois par semaine : le lundi, le mercredi et le vendredi, sauf les jours de fête au lieu désigné par le roi[5]. Ces jours-là, il doit faire mander les jurés-Bourgeois désignés pour ces jours par ses sergents. Il doit alors entendre tous ceux et celles qui se présentent. Il se doit, nous dit l'auteur, d'entendre aussi bien le petit que le grand, le riche que le pauvre. Car « *trestous doivent estre ygaus ; et sauver l'ennour de chascune persone selonc sa condecion* ». Une fois les débats tenus, le vicomte doit se retirer et faire se retirer le public et les plaignants pour laisser la compagnie des jurés-Bourgeois juger et faire « *escart et connoissance* ». Il peut toutefois rester avec les jurés pour établir un conseil demandé en cour. Une fois que les jurés auront délibéré le vicomte et les parties doivent entendre ensemble le délibéré. Le chapitre IV du livre de la Cour des Bourgeois, précise dès le début du Livre que le vicomte se doit lorsque le jugement est rendu par les jurés, faire droit à la partie qui a eu gain de cause et doit prendre le droit, l'amende judiciaire, qui revient au chef seigneur de celui qui s'est vu débouté ou condamné[6]. Le Livre Contrefais, précise que le vicomte, une fois le jugement rendu par les jurés, doit alors agir personnellement pour faire droit selon les affaires dans la journée[7].

---

1 Delaville Archives, n° 34, p. 120 (RRR 948) : « *castelli magistro* ».

2 RRH, n° 303, p. 78 (RRR 570) : « *magister castelli Neapolis* ».

3 Capitaine de la compagnie des sergents et second du vicomte dans la police de la ville. Nous ne possédons aucun indice étymologique certain sur l'origine de ce titre.

4 BEUGNOT, vol. 2 : Lois, Livre des Bourgeois, chap. IV, p. 21.

5 BEUGNOT, vol. 2 : Lois, Livre Contrefais, Partie I, chap.VII, p. 239.

6 BEUGNOT, vol. 2 : Lois, Livre des Assises de la Cour des Bourgeois, chap. IV, p. 21 : « *Et quant le jugement en sera fait, le bailly doit faire avoir son droit à celui qui a desrainée sa querele. Après doit prendre le bailly le droit qui en vient à son seignor de celuy qui est encheus par jugement* ».

7 BEUGNOT, vol. 2 : Lois, Livre Contrefais, Partie I, chap.VII, p. 239.

Le vicomte représente la personne du roi qui est le chef seigneur du pays. Il est accompagné dans sa mission de douze jurés-Bourgeois[1], formant la compagnie des jurés[2]. Le chapitre II du Livre Contrefais dispose qu'il peut y en avoir plus de douze s'il plait au roi et que ces jurés sont appelés Bourgeois[3]. Ces bourgeois devant être Francs et de la *loi de Roum*, soit ici catholiques. Ils sont nommés par le roi. Aucune autre source n'évoquait ce point. Selon ce chapitre, seuls les jurés ont la qualité de Bourgeois. Beugnot en note de bas page de ce même chapitre conteste cette lecture. Certes ce chapitre provient d'un Livre du XIVe siècle[4], mais son éclairage sur les pratiques anciennes ne laisse pourtant pas de doute quant à cette indication. De plus, cela explique bien des points sur la qualité des Bourgeois que l'on retrouve dans de nombreuses chartes au XIIe siècle dans l'Orient latin. En effet, en examinant les chartes contenues dans le Cartulaire du Saint-Sépulcre, on voit souvent les mêmes bourgeois servir de témoins. Ce fait, qui se reproduit dans les chartes publiées laisse bien supposer que quelques-uns d'entre eux étaient chargés de remplir les fonctions de témoins nécessaires, et de donner par leur assistance l'authenticité aux actes intéressant non seulement des bourgeois, mais émanant même des rois, patriarches, prieurs[5]. Les signatures des seigneurs sont précédées du mot *baronibus*, et celles des bourgeois par *burgensibus*. Ils sont aussi souvent appelés legales *viri, jurati testes, jurati Jerusalem*[6] ou encore de *regise majestatis jurati*[7]. Ces mêmes bourgeois, dont les noms reviennent à chaque instant avec les diverses qualifications indiquées provoquent et opèrent des transactions[8], assistent à la réception de serments de fidélité[9], figurent dans les actes de transmission de propriétés, remplissent le rôle d'experts[10], statuent sur les dommages et intérêts[11] et prennent part aux délibérations du chapitre du Saint-Sépulcre[12]. Ces Bourgeois semblent donc bien être les jurés de la Cour des Bourgeois et ces derniers agissent presque toujours en la présence ou sous la direction de leur vicomte[13]. Les Bourgeois

---

[1] *Ibid.*, chap. XII, p. 26.
[2] *Ibid.*, chap. VIII, p. 24.
[3] BEUGNOT, vol. 2 : Lois, Livre Contrefais, Partie I, chap. II, p. 236 : *« Et cestui doit estre acompaigniés de douze autres persounes, ou plus, ce il plaist au roi, lesqués sont apelés bourgois ; et que il soient bourgois et Frans , de la loi de Roum : ces sont jurés. Lesquel vicomte en la compagnie des jurés... »*.
[4] Cf. Seconde partie de cette étude.
[5] E. de ROZIERE, *Cartulaire de l'église du Saint-Sépulcre de Jérusalem*, publié d'après les Manuscrits du Vatican (ms.Vatican. latin. 7241), Paris, Imprimerie Nationale, 1849, exemples : n°56, 57, 59, 60, 86.
[6] *Ibid.*, n°133.
[7] *Ibid.*, n°108.
[8] *Ibid.*, n°48, 109, 115, 118, 141, 98.
[9] *Ibid.*, n°132.
[10] *Ibid.*, n°49, 59.
[11] *Ibid.*, n°120.
[12] *Ibid.*, n°77, 129, 240.
[13] *Ibid.*, n°62, 118, 184, 121, 100, 102, 103...

seraient donc seulement les Francs, non-chevaliers, nommés par le roi comme faisant partie intégrante du gouvernement du royaume et de la Cour des Bourgeois. Le Livre de la Cour des Bourgeois va dans ce sens au chapitre CCCIII lorsqu'il indique que le roi Baudoin a pris un établissement sans le conseil de ses hommes et des Bourgeois de la cité et qu'il n'est donc pas applicable[1]. De plus selon le Livre contrefais seul les jurés ont un devoir de conseil au vicomte et au roi[2]. Il semble donc bien en tout état de cause que les jurés sont forcément ici Bourgeois et Francs. Un Franc ne pouvant pas forcément être Bourgeois. Mais comme la notion de bourgeoisie correspond en droit hiérosolymitain à des biens immobiliers ne relevant pas du droit féodal[3], il est aussi possible que par extension un Bourgeois soit un Franc en possession d'une bourgeoisie. C'est ce que peut laisser entendre le chapitre CLIV du Livre des Assises de la Cour des Bourgeois, au sujet d'un problème de mitoyenneté, ou les deux propriétaires, sont qualifiés ici de *borgeis*[4]. Toutefois, le terme Bourgeois, comme catégorie juridique agissante en droit hiérosolymitain, ne semble appartenir qu'aux seuls jurés, qui d'ailleurs semblent être les seuls à prêter le serment de féauté. Ce qui est certain aussi, contrairement à ce qui a pu être soutenu, c'est que les Bourgeois ne sont pas une « classe sociale »[5]. On peut remarquer aussi que, selon Simone Roux[6], le mot de « bourgeois » en français est un terme qui apparaît pour la première fois en 1080 dans la Chanson de Roland et que la qualification de « bourgeoisie » aurait pour origine les « Assises de Jérusalem ». Cette origine affirme-t-elle, est plus ancienne que ce que les écrits consignent. Selon elle, l'Orient latin enregistre une réalité sociale déjà bien établie à la fin du XIIe siècle Outre-mer. Le qualificatif de Bourgeois en français semblerait donc avoir pour origine l'Orient latin. De même, Jean-Luc Lefebvre, sur l'adoption de la charte de Saint-Omer de 1127, souligne bien des points de comparaison avec le droit hiérosolymitain et son analyse du vocabulaire usité dans la charte est similaire aux usages dans l'Orient latin[7]. Tout laisse donc bien à penser que le droit hiérosolymitain a été une source d'influence majeure, en sens inverse, pour le droit occidental médiéval, ou du moins qu'il y a eu des échanges constructifs.

---

[1] BEUGNOT, vol. 2 : Lois, Livre des Assises de la Cour de Bourgeois, chap. CCCIII, p. 225 : *« por ce que li rois Bauduins y mist ces establissemens sans le conseill de ses homes et de ses borgeis de la cité »*.

[2] BEUGNOT, vol. 2 : Lois, Livre Contrefais, Partie I, chap. VIII, p. 241.

[3] *Ibid.*, chap. XXI p. 251.

[4] BEUGNOT, vol. 2 : Lois, Livre des Assises de la Cour de Bourgeois, chap. CLIV, p. 104.

[5] M. NADER, *Burgesses and Burgess Law in the Latin Kingdoms of Jerusalem and Cyprus (1099-1325),* Aldershot : Ashgate, 2006, p. 4.

[6] S. ROUX, *Les racines de la bourgeoisie*, Sulliver, Paris, 2011, p. 8.

[7] J-L. LEFEBVRE, « Relecture de la charte de Saint-Omer (1127) dans la lumière chartraine », in *Coutumes, franchises et libertés : Actes des rencontres européennes médiévales de Lorris*, 2012, Études réunies sous la dir. d'Élisabeth Magnou-Nortier, 19e volume de la collection Civilisation médiévale et des Mémoires de la SHDB, 2015, p. 125-163.

La compagnie des Bourgeois-jurés participe au gouvernement du royaume par le conseil au roi et le conseil au vicomte. Comme les liges à travers la Haute Cours. Aucune donation ou confirmation de droits par le roi ne pouvait se faire sans l'approbation de ses hommes, les liges, du clergé mais aussi des Bourgeois. Les plus anciennes chartes, que nous ayons à notre connaissance, prouvent encore cette organisation collégiale de gouvernement. Nous trouvons dans le Code diplomatique une charte de 1110, du roi Baudoin Ier, dans laquelle, à côté des *nobiles* sont mentionnés d'autres personnages appelés *boni viri*[1]. Par exemple, en 1120, Baudouin II abolit les droits qui se percevaient aux portes de Jérusalem sur le blé, l'orge et les légumes. La charte publiée à ce sujet est signée par le roi, le patriarche, plusieurs évêques, les grands officiers de la couronne, divers seigneurs et par quatre bourgeois, Porcel, Bertin, Bachelier et Guillaume Strabon[2]. Cette décision gouvernementale de nature fiscale a donc nécessité le recours à l'ensemble des « représentants » des corps institués de la société latine. En 1123, pendant la captivité de Baudoin II chez les Musulmans, le traité conclu avec les Vénitiens lors de la prise de Tyr, par le patriarche et par Guillaume de Bures alors chef seigneur, engage non seulement la parole royale mais ils promettent aussi de s'opposer à l'élection de tout nouveau roi qui ne confirmerait pas les concessions faites à la colonie vénitienne. Guillaume de Tyr nous apprend que pour délivrer ces privilèges aux Vénitiens, il a fallu réunir une assemblée composée du patriarche, des évêques, les barons et l'universalité du peuple[3]. Guillaume de Tyr, à propos de l'adoption d'un traité de paix en 1147, mentionne les *legiti viri*, les bourgeois[4]. Deux chartes, sur l'administration du royaume qui se rapportent au règne de Foulques (1131-1142) contenue dans le cartulaire du Saint-Sépulcre, portent également la signature des Bourgeois de Jérusalem. La première, de 1135, est une charte donnée par ce prince, comme bailli de la principauté d'Antioche, et dans laquelle il confirme les droits de l'église du Saint-Sépulcre sur certaines propriétés situées en cette ville[5]. La seconde, de 1136, est également une charte de confirmation accordée par Foulques à l'hôpital de Saint-Jean de Jérusalem[6]. L'une et l'autre de ces actes sont contre-signés, d'abord par les autorités ecclésiastiques, puis par des seigneurs, enfin par des bourgeois.

---

[1] S. PAOLI, *Codice Diplomatico del sacro militare ordine Gerosolimitano oggi di Malta raccolto da vari documenti di quell'archivio, per servire alla storia dello stesso Ordine, Lucques*, 1733-1737, 2 vol. in-fol., Tom. I, n°2, p. 2.

[2] BEUGNOT, vol. 2 : Lois, Chartes n° 6 p. 485.

[3] RHC, Historiens occidentaux, Tome I, Guillaume de Tyr, Livre XII, chap. 25, p. 550 : « *dominus patriarcha, et inclyti regionis illius, simul cum populo universo in civitatem conveniunt Acconensem* »

[4] *Ibid.*, Livre XVI, chap. 8, p. 715.

[5] BEUGNOT, vol. 2 : Lois, Chartes n°14 p. 491.

[6] S. PAOLI, *Codice Diplomatico del sacro militare ordine Gerosolimitano oggi di Malta raccolto da vari documenti di quell'archivio, per servire alla storia dello stesso Ordine*, Lucques, 1733-1737, 2 vol. in-fol., Vol. I p. 18.

Le contre-seing d'une charte royale n'est pas une simple formalité de chancellerie, sans importance politique. Dire le contraire serait méconnaître le caractère des usages de ce temps. Lorsque des corporations religieuses, aussi puissantes et aussi vénérées que l'étaient le couvent du Saint-Sépulcre et l'ordre de Saint-Jean, recevaient quelque faveur de la royauté, elles avaient soin de placer ce bienfait sous la garantie des personnages les plus considérables, afin de ne manquer ni de témoins ni de défenseurs si un jour le roi ou tout autre venait à enfreindre leurs droits. Quand nous voyons ici que les bourgeois interviennent dans des actes de ce genre et apposent leurs signatures après celles du roi, des évêques et des abbés, des principaux seigneurs, et reçoivent la qualification de *testes regni legitimi*, nous sommes autorisés à dire que les bourgeois autant que les barons et les autorités ecclésiastiques participent à l'action du gouvernement dans le royaume et à son administration.

Dans le royaume de Jérusalem, le droit des barons et même des bourgeois de prendre part au gouvernement n'était pas, comme en France, une simple abstraction ou un rapport de force. Les jurisconsultes de la Haute Cour proclament plus d'une fois ce principe politique. Dans le Livre des Bourgeois, au chapitre CCCIII, il est bien indiqué que ce principe avait pénétré si profondément dans les mœurs, que les juristes n'hésitaient pas à déclarer illégale, et dès lors inapplicable, une simple ordonnance de police rendue par le roi Baudouin Ier sans le conseil de ses hommes et de ses bourgeois[1]. Le texte ne laisse aucune place au doute. De plus, si le vicomte semble avoir été parfaitement indépendant du roi dans son gouvernement, au quotidien, il semble qu'il était bien soumis au contrôle des Bourgeois, qui peuvent en fonction, avoir recours au roi pour le démettre de sa fonction. Le chapitre V du Livre des Assises des Bourgeois précise que si le vicomte outrepasse ses prérogatives il doit être honni, dépossédé de son office et chassé du royaume[2]. Et ceci par droit du seigneur de la terre, soit par le chef seigneur. Le chapitre VI ajoute que le vicomte ne doit pas introduire de mauvaises coutumes en la terre, car le vicomte est tenu par son serment « *de bonnes coustumes tenir et essaucer, et les maies coustumes destruire et aviler, por l'ennour de Dieu et por le proufit de la terre et por le sauvement de s'arme* »[3]. Ainsi si le vicomte ne respectait pas ce principe les Bourgeois-jurés, et seulement eux, ont le devoir de ne pas l'accepter, le *soufryr*, et prévenir le chef

[1] BEUGNOT, vol. 2 : Lois, Livre des Bourgeois, chap. CCCIII, p. 225 : « *Bien saches que la raison ne prent mie à droit nus de VII. sos et demy d'escouver les rues, por ce que li rois Bauduins y mist ces establissemens sans le conseill de ses homes et de ses borgeis de la cité. Et por ce coumande la raison et l'assise que puis l'on a fait crier le banc par la vile c'on esnete les rues, et aucun home ou aucune feme faut à celuy banc et qui riens ne fasse net devant son hostel, la raison juge que le vesconte det aver de ce mesfait moût grant pitié, si que prendre ne deit que au mains que il pora, et deit souvent pardouner ces VII. sos et demy par pitié* ».

[2] BEUGNOT, vol. 2 : Lois, Livre des Bourgeois, chap. V, p. 22.

[3] *Ibid.*, chap. VI, p. 23.

seigneur qui est alors tenu de lui retirer son office. Ce chapitre ajoute que si le vicomte n'est pas un homme lige alors le seigneur doit le chasser hors de la ville sous huit jours. Les Bourgeois-jurés sont donc bien, là aussi, les organes de contrôle du gouvernement et particulièrement de celui de la cité. Eux seuls peuvent contrebalancer le pouvoir du vicomte.

Les Bourgeois-jurés sont avant tout, dans leur mission première, juges de la Cour des Bourgeois. Le chapitre VIII du Livre Contrefais le dit bien : « *L'office des jurés est que il sont tenus de conseillier le visconte de toutes les chozes de quoi l'on lor demandera conseill, et especiaument des cbozes qui au seignor apartienent, et à tous ceaus à qui il seront donés à conseil* »[1]. Le chapitre VIII du Livre des Bourgeois dispose que les jurés, comme pour les membres de la Haute Cour, ne pouvaient être *avocas* dans un procès où ils sont juges[2]. Celui qui le ferait, précise cet article, se verrait exclure de la compagnie des jurés et il perdrait son droit de *respons de cort*[3]. L'auteur justifie cela en citant le digeste et le Code Théodosien « *ut in una eademque causa nullus esse debeat advocatus et judex* »[4]. Le chapitre X reprend cette interdiction sur le fait que les jurés ne peuvent pas porter conseils aux parties lorsqu'ils siègent en la cour[5] et précise qu'ils ne doivent pas non plus dévoiler les secrets de la cour, à aucun homme dans le monde, ni même à leur père. Ceci à peine de perdre son honneur et d'être chassé de la terre (le royaume) un an et un jour. Le chapitre XII de ce Livre ajoute pour les jurés toutefois une obligation particulière de conseil envers les orphelins et orphelines, les mineurs et les veuves[6]. Lorsqu'ils sont demandés directement par leur nom ou indirectement à la cour en leur absence, ils sont tenus d'accomplir ce devoir le mieux qu'ils sauront et de bonne foi. Celui qui refuserait doit se voir chasser de la compagnie des jurés et perdre son *droit de respons de cort* pour toujours. Ce refus est ici qualifié de déloyauté envers le seigneur. Ce chapitre ajoute que ce devoir de conseil est leur raison d'être et qu'ils se doivent de conseiller et faire droit à tous ceux qui le demanderont[7]. Ceci, sauf à contre leur père ou leur mère. Ce chapitre est répété au chapitre CCLXXXII et le texte précise qu'ils « *sont il establis por dire dreit et por faire droit et por douner leau conceill à toutes gens, car ce est dreit et raison par l'assize* »[8]. Ces chapitres imposent les mêmes obligations pour les jurés que les liges de la Haute Cour.

---

[1] BEUGNOT, vol. 2 : Lois, Livre Contrefais, Partie I, chap. VIII, p. 241.

[2] BEUGNOT, vol. 2 : Lois, Livre des Bourgeois, chap. VIII, p. 24.

[3] D'ester en justice.

[4] *Digestorum* l. III, t. I, l. 6. Codex Theodosianus, l. Il, t. x, l. 2.

[5] BEUGNOT, vol. 2 : Lois, Livre des Bourgeois, chap. X, p. 25.

[6] *Ibid.*, chap. XII, p. 26.

[7] *Ibid.* : « *Car bien sachiés qu'il n'i a nul des douze jurés qui ne soient tenus par leur foi de doner conseill à toutes gens qui leur demanderont, nés contre son père et contre sa mère. Et ce est droit et raison, que por ce sont il establis por faire droit et por donner conceil à tous ceaus qui lor demanderont* ».

[8] BEUGNOT, vol. 2 : Lois, Livre des Assises de la Cour de Bourgeois, chap. CCLXXXII, p. 213.

Le Livre Contrefais, précise que les jurés sont d'abord tenus de conseiller le vicomte et spécialement sur les choses qui appartiennent au seigneur[1]. Ils sont ensuite tenus d'apporter conseil à tous ceux qui leur seront désignés et en particulier aux veuves, orphelins et mineurs qui doivent avoir deux jurés pour leur conseil. Un au choix et l'autre désigné par le vicomte. Ils peuvent donc, selon l'auteur, être bien *avantparlier* et dans ce cas ils ne sont pas juges puisqu'ils quittent leur siège.

Au chapitre CCLXX de son Livre, Jean d'Ibelin nous donne la liste des cités qui ont eu une Cour Bourgeoise au XIIe siècle dans le royaume de Jérusalem[2]. On en dénombre trente-sept[3]. De cette liste des Cours des Bourgeois, il ressort qu'il y avait de fait trente-sept vicomtes dans le royaume de Jérusalem et au minimum quatre cent quarante-quatre Bourgeois-jurés (douze fois trente-sept). L'institution du vicomte et de la Cour des Bourgeois remonte aux origines du royaume de Jérusalem, cela est certain. La fondation de la Cour des Bourgeois par Godefroy de Bouillon ne semble donc par relever de la légende et l'inscription de cette institution dans les Lettres du Saint-Sépulcre semble en tout état de cause, là aussi, plus que probable. Cette institution semble aussi être la transposition d'une ancienne institution en pratique dans son ancien duché, les « Assises de Valenciennes ». La ville de Valenciennes, dans le comté de Hainaut dépendait de son duché de Basse-Lotharingie. Le comte Baudoin II de Hainaut a été au côté de Godefroy de Bouillon durant toute la croisade jusqu'à sa mort peu avant la prise de Jérusalem[4].

Beugnot avait déjà remarqué que l'établissement d'une Haute Cour et d'une cour inférieure ou bourgeoise dans le royaume de Jérusalem était conforme à l'esprit des Institutions du nord de l'Europe. Il soulignait dans son introduction que quinze ans après la fondation du royaume de Jérusalem, en 1114, Baudouin III, comte de Hainaut, donna une charte aux habitants de Valenciennes et y « fonda dans cette ville deux juridictions absolument semblables à celles que Godefroy avait établies dans la capitale de ses États »[5]. Mais il semble bien, contrairement à l'analyse de Beugnot, que ce sont les Assises de Valenciennes qui ont influencé Godefroy de Bouillon. Dès 1066, le comte du Hainaut, Baudouin Ier et sa femme Richilde, ainsi que le châtelain Anselme de Ribémont, approuvèrent le « Règlement de la Karitet »,

---

[1] BEUGNOT, vol. 2 : Lois, Livre Contrefais, Partie I, chap. VIII, p. 241.

[2] BEUGNOT, vol. 1 : Lois, Livre de Jean d'Ibelin, chap CCLXX, p. 419.

[3] Jérusalem ; Naplouse ; Acre ; Daron ; Jaffe ; Escalone ; Rames ; Ibelin ; Thibériade ; Saphet ; Saïtte (Sidon) ; Beaufort ; Césaré ; Bessant ; Montréal ; Au Crak ; Saint-Abraham ; Béthleme ; Jéricho ; Bethgibelin ; Gardres ; Lidde ; Arsur ; Saint-Jean du Sabast ; Merle ; Château pèlerin ; Cayphas ; Caymont ; Nazareth ; Château du Roi à Acre ; Escandelion ; Sur (Tyr) ; Thoron ; Belinas ; Assebebe ; Château neuf ; Beyrouth.

[4] RHC, Historiens occidentaux, Tome I, Guillaume de Tyr, Livre VII, chap. 1, p. 218.

[5] BEUGNOT, vol. 2 : Lois, Introduction, p. IX.

association d'entraide mutuelle[1]. Cette charte est considérée par le chanoine Platelle, comme « un code de vie sociale et un commencement d'affranchissement politique »[2]. Cette association se développa en guilde, pourvue de privilèges de droit public. Elle avait son prévôt, son chancelier et ses ministres. Elle se vit accorder des prérogatives judiciaires pour certains types d'affaires. Il s'agissait donc d'un abandon de prérogatives du pouvoir comtal et seigneurial au profit du pouvoir civil, donnant à la bourgeoisie locale une importante autonomie. Ce « Règlement de la Karitet », est un des plus anciens statuts de guilde marchande que l'on ait conservé en Europe, et annonce la charte de la paix de 1114. On retrouve bien ici le principe établi dans cette ville des chartes présentant un droit écrit, ce qui confirme par ailleurs l'idée de « Lettres du Saint-Sépulcre », chartes écrites.

Valenciennes reçoit ensuite en 1114, par comte Baudouin III, la plus ancienne charte communale du Hainaut, « Paix de Valenciennes », dont on ait du moins gardé le texte[3]. Cette charte instituait un magistrat de la ville et un échevinage, la mise par écrit des coutumes jusque-là orales, civiles et pénales, et la mise en place de la « prévôté-le-comte », organe administratif et judiciaire qui avait compétence sur 27 villages autour de la ville. Ce tribunal des jurés était chargé de traiter les affaires criminelles, tandis que la compétence de l'ancien tribunal échevinal se voyait réduite aux affaires civiles. Les jurés ou « Seigneurs de la paix » étaient libres d'interpréter la charte sur tous les points douteux. Le comte lui-même devait se plier au sentiment des jurés dans les affaires relevant de leur compétence et établissait ainsi la souveraineté de la cour. Le témoignage était privilégié par rapport aux ordalies. De même, les chevaliers étaient jugés par leur seigneur selon les lois de la Haute Cour à l'opposé de la cour des Bourgeois : « *Milites delent tractari per dominum suum et per leges curie superioris ; burgenses vero per scabinos pacis jadicari tenebuntur* »[4]. Pratique qui se retrouve dans le royaume de Jérusalem. Cette charte, qui reconnaissait les droits acquis et les pratiques en vigueur, fut signée par la noblesse, le clergé et les bourgeois, là aussi comme dans la pratique du droit hiérosolymitain. Le comte demanda à tous les seigneurs et échevins de son comté de s'en inspirer[5]. Dans les faits, ce sont les

---

[1] J-M. CAUCHIES, « Coutume et législation en Hainaut du XIIe au XVIe siècle », in *Recueil d'études d'histoire hainuyère offertes à Maurice A. Arnould*, édité par Jean-Marie CAUCHIES et Jean-Marie DUVOSQUEL, Mons, Analectes d'histoire du Hainaut, Hannonia, 1983, t. I, p. 7-33.

[2] H. PLATELLE, dir., *Histoire de Valenciennes*, Presses Universitaires de Lille, 1982, Introduction (n. p.)

[3] P. GODDING et J. PYCKE, *La paix de Valenciennes de 1114*, Commentaire et édition critique, Université catholique de Louvain, Publications de l'Institut d'études médiévales, 2e série, Louvain-la-Neuve, 1981.

[4] J. GUYSE (de), *Histoire de Hainaut*, édition de Agricol-Joseph Fortia d'Urban, à partir des manuscrits « Chronique du Hainaut », XIVe siècle, traduite en français avec le texte latin en regard, Chez Paulin, Paris, à partir de 1826, 15 volumes, Vol. XI, p. 292.

[5] J-M. CAUCHIES, *opit. cit.*, p. 7-33.

riches marchands de la ville qui « achetèrent » au comte de Hainaut la Paix de Valenciennes, en échange du paiement de ses dettes. L'établissement par Godefroy de Bouillon d'une Cour souveraine pour « non-nobles » ne peut que s'inspirer d'une pratique déjà établie et attestée. Il n'a gouverné qu'une année et la pratique des Cours des Bourgeois est bien reconnue au XIIe siècle dans le royaume de Jérusalem. L'antériorité des pratiques de son duché n'a pu qu'inspirer les pratiques du royaume naissant. En retour, il semble aussi que les institutions de Terre sainte ont favorisé la confirmation des pratiques en France.

La Cour des Bourgeois a une compétence générale sur tous les habitants de la cité ne dépendant pas directement de la féodalité. Mais cette compétence générale est limitée par les cours inférieures de justice. Les cours inférieures de justice se distinguent en deux groupes. Il y a d'une part les cours des Nations qui participent, à leur échelle, au gouvernement des communautés et il y a d'autre part les cours consulaires spécialisées dans l'application du droit commercial dans les cités.

Dans les cours des Nations, qui participent à une moindre échelle au gouvernement et à la justice, on a la cour des Syriens, ou du *raïs*, et les cours des communautés marchandes italiennes. Dès le chapitre IV de son Livre Jean d'Ibelin nous parle de l'instauration, aux origines du royaume de Jérusalem, d'une cour judiciaire spécifique pour les populations syriennes. Il nous raconte que le peuple syrien, les chrétiens orientaux, sont venus voir le roi, dans les débuts du royaume de Jérusalem, pour demander à être jugés et conduits selon leurs usages devant une cour avec un de leur *chevetaine* et des jurés de leur peuple[1]. Cette cour fut mise en place dans presque toutes les cités et le chef de cette cour fut appelé *Rais*. Toutefois cette cour a une compétence limitée. En effet, selon le texte, les matières criminelles portant sur les atteintes à la personne où du sang est versé, ou ayant entraîné la mort, ou encore les violences entraînant la perte d'un membre relèvent de la Cour des Bourgeois. De même, les procès relatifs à des propriétés bourgeoises relèvent de la cour du chef seigneur ou de celle du vicomte. Hors ces cas, les *raïs* agissent et gouvernent leur peuple dans la cité comme le vicomte. En l'absence de cour de *raïs* la compétence revient à la cour de la Fonde, cour de commerce. Les

---

[1] BEUGNOTs, vol. 1 : Lois, Livre de Jean d'Ibelin, chap IV, p. 26 : « *Et après ce, le peuple des Suriens vindrent devant le roi dou dit roiaume, et li prièrent et requistrent qu'il vosist que il fucent menés par l'usage des Suriens, et qu'il y eust d'iaus chevetaine et jurez de court, et que par celle court il fucent menés selonc lor usages des carelles qui vendroient des uns as autres. Et il otroi à la dite court sauf carelle de sanc et carelle de quoi l'on pert vie ou ft membreb, et carelle de borgesie; les quels il vost que eles fucent plaidées et déterminées devant lui ou devant son visconte. Et le chevetaine de celle court est apelé rays en lor lenguage Arabic, et les autres jurés. Et en aucun leuc dou roiaume a jurez de la court des Suriens, et n'i a point de rays ; mais le bailli de la fonde de cel leuc est come rays. Et les plais des Suriens âes carelles avant dites, vienent devant lui, et sont déterminées par les jurés de celle court aussi comme devant le rays, qui vaut autant à dire en cest cas come visconte; et dès lors en çà a esté usé à mener les Suriens el dit roiaume si come il est devant dit* ».

Francs n'ont en pratique apporté que des modifications mineures au gouvernement de la population syrienne et grecque qui reste majoritaire[1]. Cette population continue à vivre dans des conditions très voisines de celles qu'elle a connues avant l'arrivée des Latins. C'est ce que nous dit Claude Cahen dans sa description du « régime rural syrien » avant 1192[2]. Cette organisation paraît refléter un état général du système agraire de l'empire byzantin, de la Romanie et des îles de la mer Egée. La population syrienne n'a dans les faits que substituer plus ou moins complètement une catégorie sociale dominante à une autre. Mais ces populations ont été intégrées par les Francs dans la vie sociale du pays, en assurant leur autonomie dans leur gouvernement.

Les communautés marchandes italiennes ont eux aussi obtenu le privilège d'avoir leur propre cour pour les gouverner et les juger dans les quartiers des cités où ils résidaient à partir de 1123. C'est le *Pactum Warmundi* qui a concédé ce privilège en premier aux Vénitiens dans toutes les villes royales notamment à Jérusalem et à Acre, par le chef seigneur Guillaume de Bures et le patriarche de Jérusalem pendant la captivité du roi Baudoin II[3]. Le roi Baudouin II imposa par la suite la fourniture d'un contingent de chevaliers pour participer à l'effort de guerre et Venise confia un fief à un certain Contarini pour s'acquitter ce service. Les affaires conduites par cette cour devant être d'ordre commerciale, achat et vente et concerner exclusivement les autres convenances qu'ils peuvent établir entre eux. En revanche, ces cours n'ont pas compétence pour les atteintes à la personne où du sang est versé, les coups apparents, le meurtre, les vols, la trahison, l'hérésie, la vente de maison, de terre, de vigne, de jardin et d'exploitations agricoles. Ces affaires relevant de la Cour des Bourgeois doivent être jugées selon le droit et les Assises de Jérusalem. Ce privilège de cours s'est peu à peu étendu aux autres communes italiennes. Au chapitre CXLVII du Livre des Bourgeois, nous pouvons lire que les Vénitiens, les génois et les Pisans, ces « communes », ont le privilège d'avoir leurs propres cours de justice pour les affaires qui concernent exclusivement leur propre nation[4].

---

[1] A-A BEUGNOT, « Mémoire sur le régime des terres dans les principautés fondées en Syrie par les Francs à la suite des croisades », [Quatrième article.], *Bibliothèque de l'école des chartes*,1854, tome 15, p. 409-429.

[2] C. CAHEN, « Notes sur l'histoire des croisades et de l'Orient latin », in *Bulletin de la Faculté des Lettres de Strasbourg*, XXIX, 1950-1951, 2e partie.

[3] RHC, Historiens occidentaux, Tome I, Guillaume de Tyr, Livre XII, chap. 25, p. 550.

[4] BEUGNOT, vol. 2 : Lois, Livre des Bourgeois, chap. CXLVII, p. 100 : « *Bien saches que nule des coumunes, si coume sont Veneciens et Genevés et Pisans, ne deivent aver nule cort entre iaus, se non de leurs gens meysmes, qui ont contrest ensemble de vente ou d'achet, ou d'aucunes autres couvenances qu'il ont ensemble. Bien les pevent condampner leur conceles de l'aver, ce il le forfont, et mètre en leur prison. Mais bien saches que nule coumune n'a cort de sanc, ce est de cop aparant, ni de nul murtre ni de larecin ni de trayson ni de herezerie, si com est patelin ou herege, ni de vente de maison ni de terre ni de vigne ni de jardin ni de casau, mais toutes ces choses se deivent juger et finer et vendre en la Cort Reau, et autre part ne se*

Dans les cours consulaires spécialisées dans l'application du droit commercial on a la cour de la Fonde et la cour de la mer et de la chaîne. La cour de la Fonde est un des tribunaux qui statuait sur les différends relatifs aux marchés, achats et ventes dans la cité. Jean d'Ibelin la cite comme antérieure à la cour du raïs[1].Mais ce sont les chapitres CCXLI, CCXLII, CCXLIII et CCXCII du Livre des Bourgeois qui nous informent de son fonctionnement[2]. Les textes ne font allusion qu'au marché de Saint-Jean d'Acre, la ville la plus grande et la capitale du royaume de Jérusalem au XIIIe siècle, mais il semble bien qu'il y en avait une dans chaque ville. La cour de la Fonde était présidée par un bailli, un représentant du vicomte en charge de la Cour des Bourgeois. Ce dernier pouvait être chevalier ou Bourgeois. Ce tribunal est composé de six jurés, quatre Syriens et deux Francs. Les autochtones chrétiens sont représentés à la cour, tandis que les juifs et les musulmans ne le sont pas. La cour a compétence pour juger les marchands dans leurs affaires d'achats et de ventes, mais aussi des dettes, des gages perdus ou abîmés, des baux commerciaux… En revanche la cour n'a pas compétence en matière de meurtre, de trahison, de blessure au sang, de vols et des cas judiciaires où il y a bataille judiciaire[3]. Ces affaires relèvent toujours de la Cour des Bourgeois. La cour de la Mer et de la Chaîne elle est une cour qui a été instituée par une Assise prise sous l'impulsion du roi Amaury[4]. Ces diverses dispositions sont décrites par des textes séparés et il est très probable qu'elles furent l'objet d'un règlement unique. La Cour de la Chaîne, ainsi nommée parce que l'entrée des ports était fermée par une chaîne, avait des attributions exclusivement commerciales dans les ports. Cette cour a pour fonction de trancher les litiges nés entre gens de mer dans leurs contestations maritimes. Elle jugeait les procès entre les armateurs et les capitaines, entre ceux-ci et les matelots, et connaissait de l'exécution des contrats maritimes.

---

peut faire, par dreit ne par l'assise de Jérusalem. Et se nule des coumunes juget ou faiset juger entre iaus nules de ces choses qui sont desus défendues, si ne deit riens valer, par dreit ne par l'assise ; et le deit tout desfaire la Cort Reau, et ne deivent soufrir le tort de la çouroune ».

[1] BEUGNOT, vol. 1 : Lois, Livre de Jean d'Ibelin, chap. IV, p. 26 : « *Et en aucun leuc dou roiaume a jurez de la court des Suriens, et n'i a point de rays ; mais le bailli de la fonde de cel leuc est come rays* ».

[2] BEUGNOT vol. 2 : Lois, Livre des Bourgeois, chap. CCXLI, CCXLII, CCXLIII et CCXCII, p. 171 et suivant et p. 220.

[3] Annexe IV.

[4] BEUGNOT, vol. 2 : Lois, Livre des Bourgeois, chap. XLIII à XLIX, p. 42 et suivant.

3. La rédaction de chartes de franchises nommées « Lettres du Saint-Sépulcre »

Une fois que Godefroy de Bouillon eu institué les Cours de justice et de gouvernement, voir dans le même temps, Jean d'Ibelin nous dit qu'entouré du patriarche, des princes et des barons et des hommes les plus sages, il fit mener une enquête auprès de la population des pèlerins pour s'enquérir des « *usages de leur terre* »[1] d'origine, principalement de ce qui deviendra la terre de France. Cette enquête écrite fut ensuite lue, dit-il, devant le patriarche et les autres du conseil. Après leurs conseils et leurs accords, Godefroy de Bouillon détermina le droit à garder et en fit « *assises et usages* »[2] pour le royaume de Jérusalem. Ce droit fut mis par écrit dans des « *chartes* » qui prirent le nom de « *Lettres dou Sepulcre* »[3]. C'est l'ensemble des personnalités des pèlerins armés d'origine franque qui ont ainsi participé à l'élaboration du droit.

Comme le souligne Jacques Kryenen, ce fait est habituel pour l'époque car « (Le) Moyen Âge considérait jusque-là le droit comme une création collective et toute réglementation positive n'étant jamais que la consécration d'un usage accepté »[4]. En pratique, on atteste et on transforme. L'élaboration de chartes de franchise sous la direction de Godefroy de Bouillon lui-même semble indiscutable. En effet, trois des Livres d'Assises font état de l'établissement de telles chartes. Nous possédons par ailleurs toujours de nombreuses chartes touchant l'Église de la même époque et la trace historique de chartes de franchises octroyées aux nations italiennes commerçantes dans l'Orient latin.

Une chartre étant comprise dès le XIe siècle comme un petit écrit, un acte, du latin *chartula* dérivé de *charta*, désignant l'écrit, une lettre. En bas latin, cela signifie un acte authentique. Une charte de franchise était dans l'ancien droit un acte qui accordait un titre ou un privilège, synonyme de liberté. Ainsi, Charles-Edmond Perrin, dans son Catalogue des chartes de franchise de la Lorraine antérieure à 1350, définit la charte de franchise comme « toute charte accordée par le pouvoir seigneurial à l'ensemble des sujets d'une seigneurie, pour régler les relations du seigneur et de la communauté et garantir à celle-ci et à ses membres des droits bien définis »[5]. De fait, dans cette acception, la

---

[1] BEUGNOT, vol. 1 : Lois, Livre de Jean d'Ibelin, chap. I, p. 22.
[2] *Ibid.*
[3] *Ibid*, chap IV, p. 26.
[4] J. KRYNEN, « Droit romain et État monarchique : à propos du cas français », in *Représentation, pouvoir et royauté, BLANCHARD Joël éd.,* Actes du colloque organisé par l'Université du Maine les 25 et 26 mars 1994, Paris, Picard, 1995, postface de Philippe Contamine, p. 13-23.
[5] C-E. PERRIN, *Catalogue des chartes de franchises de la Lorraine antérieures à1350*, Metz, Imprimerie lithographique Paul Even, 1924, p. 269 ; de même Cf. J. SCHNEIDER, *Les origines des chartes de franchises dans le royaume de France (XIe-XIIe siècles)*, dans Les libertés urbaines et rurales du XIe au XIVe siècle, Colloque international de Spa, 1966, Pro Civitate, 19, 1968, p. 29-50 : « (Charte de franchise) *un acte émis par un*

charte de franchise postule la préexistence d'une communauté, ce qui est le cas dans l'Orient latin qui distingue bien les Francs, les Syriens et les musulmans. Perrin fait remonter la plus ancienne « charte d'affranchissement » de Lorraine au Xe siècle, établie par l'abbé Jean de Saint-Arnoul le 16 août 927[1]. La Lorraine étant la région d'origine de Godefroy de Bouillon, il semble donc plus que probable qu'il en connaissait la pratique.

Il est seulement question dans les Livres des Assises de l'établissement de « *chartres* ». Jean d'Ibelin ajoute aussi dans son Livre, au sujet de la compétence des Cours de justice, que c'est une « *franchise* » ancienne[2]. La rédaction de telles chartes de franchise n'est donc pas, en tout état de cause, contraire aux usages du nord de la France de l'époque[3]. Jean d'Ibelin, qui est l'auteur le plus prolifique, développe longuement sur l'élaboration de ces chartes. Il nous raconte que Godefroy, en premier, et ses successeurs ensuite, mit par écrit les Assises, les usages et les coutumes des Cours établies pour gouverner et justicier les hommes du royaume, avec la première lettre enluminée d'or et de grandes majuscules et des rubriques en vert. Car comme le souligne Gérard Giordanengo, au XIe-XIIe siècle, « tout document écrit de nature juridique ne peut être séparé de l'ordre juridique »[4]. Chacune de ces chartes, Jean d'Ibelin utilise bien le mot « *chartre* », porte le sceau du roi, du patriarche et du vicomte. Ces chartes sont appelées « *Letres dou sepulcre* » car elles étaient gardées dans une grande huche au Saint-Sépulcre[5]. Ibelin ajoute que lorsqu'il y a débat en la Cour et qu'il se trouve un besoin de voir

souverain ou un seigneur, reconnaissant aux habitants d'une localité ou d'un groupe de localités un statut particulier dont les droits peuvent être de nature et d'ampleur variables : condition des personnes et des biens, limitation des droits féodaux et seigneuriaux, contrôle et taxation des activités économiques, autonomie administrative, pouvoirs de police et de justice ».

[1] *Ibid.*, p. 295.

[2] BEUGNOT, vol. 1 : Lois, Livre de Jean d'Ibelin, chap. XIV, p. 47 : « *cestc franchise ont ancienement les seignors dou reiaume de Jérusalem doné as borgcis, par la volenté et l'otroi et le conseill de leur homes* ».

[3] Cf : *Coutumes, franchises et libertés* : Actes des rencontres européennes médiévales de Lorris, 2012, Études réunies sous la dir. d'Élisabeth Magnou-Nortier, 19e volume de la collection Civilisation médiévale et des Mémoires de la SHDB, 2015.

[4] G. GIORDANENGO, « Le pouvoir législatif du roi de France (XIe-XIIe siècles) », *Travaux récents et hypothèses de recherche, Bibliothèque de l'école des chartes*, 1989, tome 147, p. 283-310 (ici p. 290).

[5] BEUGNOT, vol. 1 : Lois, Livre de Jean d'Ibelin, chap. IV, p. 25 : « *Après que le duc Godefroi et les autres qui après lui furent seignors et rois dou dit roiaume, orent les assises et les usages establis et les deus dites cours, si come il est avant dit, les queles assises, usages, costumes estaient escrites, chascune par soi de grant letres tornées, et la première letre dou comencement estoit enluminée d'or, et totes les rubriches estoient escrites, chascune par soi, vermeilles; et si estoient aussi bien les unes et les autres assises, des borgeis come de la Haute Court ; et en chascune chartre avoit le sceau et le seignau dou rei et dou patriarche, aussi et dou visconte de Jérusalem, et les apeloit on les Letres dou Sépulcre, por ce que elles estoient ou Sépulcre en une grant huche* ».

l'écrit, il faut neuf personnes pour consulter ces chartes. Il est alors nécessaire que soit présent le roi ou son représentant, deux hommes liges, le patriarche ou le prieur du Saint-Sépulcre, deux chanoines, le Vicomte de Jérusalem et deux jurés Bourgeois.

Cette pratique d'enfermer dans un coffre la « loi » dans un espace sacré est un usage connu sous la République romaine où les lois votées étaient aussi déposées à *l'Aerarium*, le trésor du peuple, dans le temple de Saturne, au Forum Romain, sur le versant oriental du Capitole pour y être conservées[1]. Cette pratique du coffre qui conserve « l'*œuvre de loi* », soit la chose publique actée, est selon Jean-Luc Lefebvre une très ancienne pratique connue dans le nord de la France qui va perdurer, dans certains endroits, jusqu'au XVIIe siècle[2]. Philippe de Novare, lui aussi dans son Livre au chapitre XLVII[3], nous raconte la même origine des Assises et usages de Jérusalem et nous dit aussi que ce droit fut écrit dans des « *chartes* » ayant pour nom « *Letres dou Sepulcre* ». De même, le Livre d'Assises Clef des Assises reprend dans son prologue[4], l'historique du Livre de Jean d'Ibelin et confirme la tradition de la mise par écrit de ce droit dans des chartes. Cet « historique » a été repris dans les « Assises de Moré »[5].

Jean d'Ibelin nous indique d'abord, dès le premier chapitre de son Livre, la nature du droit hiérosolymitain originaire. Ces « *Assises et usages* » devront s'appliquer tout d'abord à Godefroy de Bouillon mais aussi à tous ses gens et à son peuple (les Francs) et à tous les autres gens allant et venant et demeurant dans le pays[6]. Godefroy, chef élu du royaume, s'est placé ainsi lui-même sous l'autorité du droit ; ainsi, au XIIIe siècle, pour nos auteurs de Livres, il est clair que le roi est soumis au droit. Dans le monde médiéval, le droit et « Les institutions ne sont pas seulement une création *ex abrupto* du pouvoir, une projection venue d'en haut. Elles sont aussi le reflet dans la pensée des dirigeants d'habitudes sociales qu'il leur appartient de prendre en compte, voire d'assumer »[7]. Jean d'Ibelin ajoute que ce droit établi est la base du gouvernement du royaume et de la justice par droit et raison. Il s'ensuivait qu'un bon seigneur sert ses sujets et ne les exploite pas. Les rois et les chefs seigneurs, de fait, n'ont pas le droit d'abuser du pouvoir. Le pouvoir devant

---

[1] J. GAUDEMET, *Les naissances du droit*, Montchrestien, Precis Domat, Droit Public, 2006, p. 91.

[2] J-L. LEFEBVRE, *Prud'hommes, serment curial et record de cour. La gestion locale des actes publics de Liège à l'Artois au Bas Moyen Age*, Préface d'Elisabeth Nortier, Paris (De Boccard), 2006, p. 530-531

[3] BEUGNOT, vol. 1 : Lois, Livre de Philippe de Novare, chap. XLVII, p. 521.

[4] BEUGNOT, vol. 1 : Lois, Livre dit Clef des Assises, Prologue, p. 575.

[5] G. RECOURA, *Les Assises de Romanie,* Honoré Champion, Paris, 1930.

[6] La population syrienne qui est majoritaire : Cf. A-A BEUGNOT, « Mémoire sur le régime des terres dans les principautés fondées en Syrie par les Francs à la suite des croisades », [Quatrième article.], *Bibliothèque de l'école des chartes,*1854, tome 15, p. 409-429.

[7] E. BOURNAZEL, J.-P. POLY, *La mutation féodale (X^e^-XIIe siècles)*, 3e éd., Paris, PUF, 2004, p. 13.

être limité et les « sujets » doivent se voir reconnaître des droits, dont celui de participer à la gestion publique.

Les textes des Assises, les chartes et les chroniques ne cessent d'exprimer cet idéal d'une société bien gouvernée, dans laquelle les dominants auraient à cœur de rendre à chacun ce qui lui revient de droit. Le droit hiérosolymitain est donc présenté à l'origine comme composé d'Assises et d'usages, et ce droit est par nature supérieur à la volonté des gouvernants. Là aussi, comme le souligne Jacques Krynen, c'est une attitude conforme à la tradition de l'époque et il cite et traduit pour souligner son propos la loi *Digna vox* (C., 1, 14, 4) : « C'est une parole digne de la majesté du souverain que le prince se déclare lui-même soumis à la loi ; car notre autorité dépend de l'autorité du droit. Et, en vérité, la soumission du principat aux lois est plus grande que l'*imperium* »[1].

Le mot Assise renvoie en ancien français à la notion de placer solidement quelque chose et renvoie à l'idée au XIIe siècle à ce qui est établi et fixé. Dans ce sens, il faut remarquer ici qu'une Assise en Angleterre au XIIe siècle, sous le règne de Henri II (1133-1189), désigne la loi[2]. Il y a donc une distinction dans la perception du droit originaire du royaume de Jérusalem, par nos auteurs du XIIIe siècle, entre le droit qui a été établi ensemble et les usages juridiques pris par l'habitude commune. Il semble permis de dire alors clairement que cela signifie que les « Assises » sont le droit qui a fait l'objet d'un accord nécessaire par tous dans sa pratique alors que les « usages » sont les règles de droit qui n'ont pas fait l'objet de discussion particulière en raison de pratiques communes non discutées. Le droit hiérosolymitain est donc à la fois composé des Assises et à la fois les usages. Les Assises sont le droit mis par écrit au sein de chartes lues en public et jurées par tous, selon le principe d'ordre public du droit médiéval[3].

Nous pouvons, grâce au Livre de Philippe de Novare, avoir une idée de quelques règles de droit qui remonteraient à Godefroy de Bouillon et plus particulièrement d'Assises. En effet, dans son énumération des vieilles Lettres du Saint-Sépulcre qu'il connaît par ouï-dire, Philippe de Novare évoque six Assises qui remontent, selon lui, aux origines du royaume dont une est confirmée dans son existence originaire par Guillaume de Tyr. Grandclaude jugeait l'attribution d'Assises à Godefroy de Bouillon extrêmement téméraire

---

[1] KRYNEN, *opit. cit.*, p. 20

[2] E. GLASSON, *Histoire du droit et des institutions politiques, civiles et judiciaires de l'Angleterre, comparés au droit et aux institutions de la France, depuis leur origine jusqu'à nos jours*, (6 volumes, 1882-1883), A. DURAND et PEDONE-LAURIEL Éditeur, Paris, 1882, Tome II, p. 485.

[3] J-L. LEFEBVRE, *Prud'hommes, serment curial et record de cour. La gestion locale des actes publics de Liège à l'Artois au Bas Moyen Age*, Préface d'Elisabeth Nortier, Paris (De Boccard), 2006, p. 357.

et bien audacieuse[1]. Cependant, il considérait qu'il y a de sérieuses raisons pour considérer la chose comme possible, et même comme probable. Les six Assises mentionnées, en toute hypothèse, ont été établies du temps de Godefroy de Bouillon.

Philippe de Novare parle tout d'abord dans cette liste de l'Assise du démembrement de fief par part de service[2] et de celle de la tenure d'an et jour[3], Assises que l'on retrouve dans d'autres Livres. Il affirme par deux fois que l'Assise du démembrement de fief par part de service est antérieure à celle de la tenure d'an et jour, et que par conséquent cette seconde Assise doit être appliquée malgré les dispositions contraires de la première. Or, Guillaume de Tyr nous apprend que cette règle de droit fut établie par Godefroy de Bouillon en 1100[4]. Ces deux Assises semblent donc, en toutes hypothèses, bien remonter au règne de Godefroy de Bouillon. L'Assise du démembrement de fief par part de service autorisait le titulaire d'un fief de plusieurs services à sous-inféoder son fief en autant de parts qu'il devait de services à condition de conserver pour lui-même la fraction la plus étendue. L'Assise de la tenure d'an et jour établissait qu'une possession prolongée d'un an et un jour, lorsqu'elle a été paisible et incontestée, transformait la possession en une propriété réelle et inattaquable. De même, le détenteur d'un héritage ou d'un fief ne pouvait plus être inquiété après un an et un jour. Guillaume de Tyr, qui parle de cette norme de façon précise, en fait une description en tout point conforme aux renseignements fournis par les divers Livres des Assises. Il nous apprend, en outre, que cette règle fut établie pour combattre la tendance des croisés à délaisser leurs fiefs ou leurs terres au premier danger. Il importait à la stabilité des établissements chrétiens que la propriété d'un fief ou d'une terre bourgeoise ne restât jamais incertaine. Cette Assise montre et confirme l'idée que Godefroy de Bouillon a bien fait œuvre « législative »[5].

Ce délai d'an et jour[6] est une prescription qui se retrouve au XIIe siècle dans le nord de la France et principalement en Flandre comme à Saint-Omer

---

[1] GRANDCLAUDE Maurice, *Liste des assises remontant au premier royaume de Jérusalem (1099-1187)*, in Mélanges Paul Fournier (Paris, 1929), p. 336-338.

[2] BEUGNOT, vol. 1 : Lois, Livre de Philipp de Novare, chap. LXXXI, p. 553, Livre de Jean d'Ibelin, chap. CLXXXII, p. 284, Livre au roi, chap. XXXVIII, p. 633 et chap. XLIV, p. 638.

[3] BEUGNOT, vol. 1 : Lois, Livre de Philipp de Novare, chap. XI, p. 484, Livre de Jean d'Ibelin, chap. XXXVIII au chap. XL, p. 63 et suiv ; BEUGNOT, vol. 2 : Lois, Livre de la Cour des Bourgeois, chap. CV, p. 76 et chap. CXCVI, p. 131.

[4] « *Hi causam edicto dederunt, ut annua praescriptio locum haberet et eorum foveret partes, qui in tribulatione perseverantes per annum et diem tranquille et sine quaestione aliquid possederant* » ; GUILLAUME DE TYR, *Chronique du royaume franc de Jérusalem de 1095 à 1184*, Adapté par Geneviève Métais et René Métais, l'Intermédiaire des chercheurs et curieux, 1999, Livre IX, XIX, p. 317.

[5] J. PRAWER, « The Assise de Teneure and the Assise de Vente: A Study of Landed Property in the Latin Kingdom », *The Economic History Review*, New Series, Vol. 4, No. 1 (1951), p. 77-87.

[6] Bien que cette technique soit ancienne, ce délai d'an et jour n'apparaît que très rarement avant le XIIe siècle et on ne le trouve que dans des chartes urbaines ; Cf. P. OURLIAC, J-L

ou à Saint-Quentin[1]. La Charte de Saint-Omer a été octroyée en 1127 mais repose sur des traditions beaucoup plus anciennes[2], comme celle de Saint-Quentin dont la tradition fait remonter la première charte de liberté à une date antérieure à 1080, confirmée en 1102[3]. L'origine du droit hiérosolymitain se fonde donc bien en partie sur le droit franc. Il faut remarquer ici que les seigneurs de Saint-Omer et de Saint-Quentin ont pris part à la première « croisade » au côté de Godefroy de Bouillon. Le seigneur de Saint-Quentin est Hugues Ier de Vermandois, dit « Hugues le Grand », comte de Vermandois et de Valois. Il est le fils d'Henri Ier, roi de France et le frère cadet du roi de France Philippe Ier[4]. Il est l'un des chefs de la deuxième armée féodale et il meurt en Cilicie en 1101. Hugues de Fauquembergues, tué en 1106, est un fils cadet de la dynastie des châtelains de Saint-Omer qui possèdent le fief de Fauquembergue[5]. Il est connu comme Hugues de Saint-Omer et il est devenu le deuxième prince de Galilée et de Tibérias, première seigneurie du royaume de Jérusalem[6]. Son neveu, Godefroy de Saint-Omer, est l'un des membres fondateurs de l'ordre du Temple en 1118. Ce changement de nom pour cette dernière famille peut laisser penser qu'elle est à l'origine de l'Assise d'an et jour. En effet, ses membres font partie des grands seigneurs du royaume, leurs conseils comptent, et il est fait état d'un usage de leur terre d'origine. On peut aussi ajouter que ce décompte fait référence par homonymie au décompte de l'omer, prescription biblique commandant de décompter chaque jour des sept semaines qui séparent l'offrande de l'omer, au lendemain de Pessa'h et de la fête de Chavouot.

La troisième Assise, dont nous parle Philippe de Novare comme remontant aux origines, est celle du partage du fief entre sœurs en l'absence de frères[7]. Il nous dit que cette Assise « *en fu faite au coumencement, quant les premières assises furent faites* » et ajoute que pendant longtemps cette Assise fut usée, avant sa réformation, où la sœur aînée, en l'absence de frère, avait le fief tout entier[8].

GAZZANIGA, *Histoire du droit français, de l'an mil au code civil*, Albin Michel, 1985, p. 209 et J-P LEVY, A. CASTALDO, *Histoire du droit civil*, 2e éd., Précis Dalloz, 2010, p. 519.

[1] A. GIRY, *Histoire de la ville de Saint-Omer et de ses institutions jusqu'au XVIe siècle*, Paris, F. Vieweg libraire-éditeur, 1877, p. 210.

[2] J.-L. LEFEBVRE, « Relecture de la charte de Saint-Omer (1127) dans la lumière chartraine », in *Coutumes, franchises et libertés* : Actes des rencontres européennes médiévales de Lorris, 2012, Études réunies sous la dir. d'Élisabeth Magnou-Nortier, 19e volume de la collection Civilisation médiévale et des Mémoires de la SHDB, 2015, p. 125-163.

[3] J-L COLLART, « Saint-Quentin », in *Revue archéologique de Picardie*, Numéro spécial 16, 1999, p. 67-128.

[4] *Dictionnaire historique, ou Biographie universelle classique*, Antoine-Alexandre Barbier, Louis Barbier, Paulin Pierre de Champrobert, Volume 6, C. Gosselin, 1827, p. 1477.

[5] T. DELVAUX, *Le sang des Saint-Omer des croisades à la quenouille*, Tatinghem, 2007.

[6] RHC, Historiens occidentaux, Tome I, Guillaume de Tyr, Livre XI, chap. 5, p. 376.

[7] BEUGNOT, vol. 1 : Lois, Livre de Philippe de Novare, chap. LXXI, p. 542.

[8] *Ibid.* : « *Lonc tens après aussi estoit usé de seurs come des frères, car l'ainée seur avoit le fié tout entérinement* ».

La quatrième Assise évoquée en suivant est celle de l'Assise qui a précédé l'Assise du coup apparent du roi Baudoin[1]. Là aussi, Philippe de Novare insiste sur le caractère de la règlementation ancienne, sur les coups et blessures, avant d'aborder la nouvelle[2]. Un homme qui en a battu un autre par coup de la main, coup de pied ou par coups de bâtons doit verser au seigneur 100 besants au seigneur et 100 sous à la victime si cette dernière est un Franc. Si la victime est un Syrien[3], un griffon[4] ou un serf, l'agresseur doit alors verser seulement 50 besants au seigneur et 50 sous à l'agressé. Si l'agresseur nie les faits, la victime peut prouver son agression par deux garants de la même origine que l'agresseur. Lorsqu'un homme en a agressé un autre avec une arme *esmolue*[5] ou une masse de fer il doit en plus perdre le poing. S'il nie les faits, il doit y avoir un duel judiciaire entre les parties. Si les parties sont des chevaliers, le chevalier agresseur doit verser 1000 besants au seigneur et un harnais et l'armement complet de chevalier au chevalier victime. En effet, ajoute Novare, un chevalier qui bat un autre chevalier ne semble pas tenir l'autre comme chevalier, il est donc raison qu'il le refasse[6]. Si un sergent, un vilain ou un garçon agresse physiquement un chevalier, il doit perdre le poing droit. Si l'agression physique est une morsure la peine pécuniaire est divisée par deux mais si l'agresseur ne peut payer il doit perdre deux dents, les deux incisives supérieures[7]. Si la morsure entraîne une blessure grave ou une infirmité, l'agresseur doit perdre les quatre incisives. Si la morsure entraîne la mort l'affaire doit être portée comme un meurtre[8]. Philippe de Novare termine la description de cette ancienne Assise en disant que le roi Baudoin a dû réformer cette Assise en raison du fait que les pauvres et les étrangers pèlerins ne trouvaient pas de garants[9].

La cinquième Assise qui remonterait aux origines est l'Assise de la querelle de plus d'un marc d'argent[10]. Elle est citée dans l'Assise précédente. Cette Assise établissait que dans tout procès relatif à une somme d'argent supérieure à un marc d'argent, la preuve devait être fournie par deux garants, dont l'un pouvait être levé par gage de bataille. C'est en s'appuyant sur cette

---

[1] BEUGNOT, vol. 1 : Lois, Livre de Philippe de Novare, chap. LXXV, p. 546.

[2] *Ibid.* : « *Au coumencement, quant les premières assises furent faites, fu ordené et après usé, quant aucun se clamoit d'autre, disant que il l'aveit féru de main ou de pié ou de baston* ».

[3] Chrétien de rite oriental.

[4] Un Grec byzantin.

[5] Arme aiguisée.

[6] BEUGNOT, vol. 1 : Lois, Livre de Philippe de Novare, chap. LXXV, p. 546 : « *car cil qui le bat ne semble pas que il le tinge por chevalier ; et por ce que il le desfait, est bien raizon que il le reface* ».

[7] *Ibid.* : « *les deus maistres dens devant par dessus devreit perdre* ».

[8] *Ibid.* : « *Et se la morsure tome à mort, le fait doit estre conduit come murtre* ».

[9] *Ibid.* : « *car les povres homes et les estranges ne trovoient mie legierement garens qui de lor gré portassent la garentie* ».

[10] BEUGNOT, vol. 1 : Lois, Livre de Philipp de Novare, chap. LXXV, p. 546 : Cf, Livre de Jean d'Ibelin, chap. LXXV, p. 120 et BEUGNOT vol. 2 : Lois, Livre de la Cour des Bourgeois, chap. CLII, p. 103.

disposition que la pratique en est arrivée à admettre le duel judiciaire dans toutes les matières graves. Elle doit bien remonter à l'origine puisqu'elle a faussé l'application de la primitive Assise du coup apparent et que le roi Baudoin en a dû faire une réglementation nouvelle. Bien entendu cette datation n'est qu'une hypothèse.

La sixième et dernière Assise est l'Assise pour meurtre. Philippe de Novare signale cette Assise dans son énumération des anciennes Lettres du Saint-Sépulcre[1], mais sans indication de date. Il renvoie l'explication de l'Assise à ses développements sur le duel judiciaire pour meurtre. La primitive Assise du coup apparent ne devait pas lui être antérieure puisque, on l'a vu, elle y renvoie expressément pour le cas de coup de dent ayant entraîné la mort. Mais il est bien évident qu'on ne peut être trop affirmatif sur ce point. Tandis que l'homicide constituait un crime commis devant témoins, le meurtre était la mise à mort d'un homme sans témoin[2]. Il faut souligner ici, dans le sens de l'origine française du droit hiérosolymitain, que le duel judiciaire, dans l'Orient latin, est au XIIe siècle considéré comme relevant de la coutume de France (« *de consuetudine Francorum* ») selon Guillaume de Tyr, chancelier du royaume de Jérusalem[3].

La réticence, quant à l'existence de ces Lettres, tient d'abord aux témoignages concernant cet épisode. Les traditions attribuant à Godefroy de Bouillon cette œuvre « législative » lui sont postérieures de cent cinquante ans environ. En effet, aucun autre chroniqueur ne s'exprime sur l'établissement de ces chartes à proprement parler. Mais si ces témoignages proviennent d'auteurs qui vécurent au milieu du XIIIe siècle, ces derniers ont été formés par des jurisconsultes-chevaliers qui connaissaient ces lettres et qui ne pouvaient pas ne pas être exactement renseignés sur l'œuvre de Godefroy et sur toutes les dispositions normatives en vigueur d'alors[4]. Ils avaient connu des hommes qui avaient vu de leurs yeux les « Lettres du Saint-Sépulcre ». De plus, les cartulaires, les codes diplomatiques et autres documents, dont nous avons pu garder la trace, qui concernent toute la période du XIIe siècle, montrent que de nombreux privilèges et dispositions légales sont écrits dans des chartes. Enfin, comme l'a souligné Paul Viollet, dans sa thèse sur la Cour des Bourgeois dans le royaume de Jérusalem, la pratique en occident d'établir par écrit les usages d'une population est une pratique qui n'est pas novatrice[5].

---

[1] BEUGNOT, vol. 1 : Lois, Livre de Philippe de Novare, chap LX, p. 532.
[2] BEUGNOT, vol. 1 : Lois, Livre de Jean d'Ibelin, Chap. XCIV, p. 154.
[3] Guillaume de Tyr, RHC, Livre XIV, chapitre XV, p. 627 et Cf. Annexe IV.
[4] On peut citer ici, Raoul de Tibériade et Jean d'Ibelin, le vieux sire de Beyrouth, qui sont nés dans l'ancien royaume de Jérusalem. Ils connaissaient parfaitement le contenu des « Lettres du Saint-Sépulcre ». En effet, eux même avait été formés dans l'entourage des rois Guy et Amaury de Lusignan.
[5] P. VIOLLET, *Étude sur la cour du vicomte, ou juridiction bourgeoise en Orient au temps des croisades*, thèse d'École des chartes, 1862. (Thèse manuscrite), Archives nationales, fonds Paul Viollet, cote AB/XIX/3201.

Il donne comme exemple des usages de Barcelone rédigé par l'autorité du comte Raimond Bérenger le Pieux en 1060 ; la rédaction en 1088 des Fors du Béarn et les fors de Morlas, confirmés par Gaston IV ; ceux de Bigorre rédigés en 1097 par Bernard II ; et enfin il souligne que les premières coutumes anglo-normandes précédèrent les lettres du Saint-Sépulcre car elles remontent à Guillaume le Conquérant[1].

La réticence, quant à l'existence de ces Lettres, tient ensuite à l'idée avancée par l'historiographie du XIXe siècle reposant sur la rédaction d'un « code complet de lois », contrairement à ce qui est écrit dans les sources dont nous disposons. Cette idée a focalisé le débat scientifique et dénaturé profondément l'approche des origines de ce droit. C'est Beugnot, dans sa première et monumentale introduction à son édition des Assises, qui en a largement diffusé l'idée. L'usage de ce vocabulaire, qui va à l'encontre des mots mêmes des sources et à l'esprit du XIe-XIIe siècle, est à lier à la question du style épique de Beugnot et non à une dénaturation du fond. Mais cette formule « malheureuse » a retenu l'attention et focalisé le débat sur la vraisemblance d'une rédaction d'un code complet de lois, sans qu'il y ait eu de relecture des sources elles-mêmes qui n'évoquent jamais cette consistance.

Beugnot, dans sa première introduction à l'édition des Assises évoque la rédaction d'un code écrit par les premiers croisés qui reproduirait les coutumes de France[2]. Un peu plus loin il se corrige, en suivant là le Livre de Jean d'Ibelin, en évoquant plutôt la rédaction de chartes[3], portant le nom de *lettres dou Sépulcre*. Il alterne ensuite dans l'usage du vocabulaire. Ce vocabulaire est à associer en réalité au temps où écrit Beugnot, soit le XIXe siècle, temps des grandes codifications du droit, mais surtout à son style littéraire, épique et grandiloquent, qui cherche à éviter tout simplement les répétitions. Cette approche de Beugnot est peut-être due aussi à sa lecture de l'œuvre de Michaud sur l'histoire des croisades. En effet, ce dernier a fait une note d'éclaircissement sur ce que sont, selon lui, les Assises. Il qualifie lui, les

---

[1] *Ibid.* Fol. 7, 8 et 9.

[2] BEUGNOT, vol. 1 : Lois, Introduction, p. XII : « *le sujet que nous traitons nous oblige de nous transporter au moment où les Chrétiens maîtres d'Antioche, d'Edesse, et enfin de Jérusalem, s'occupèrent à organiser un gouvernement dans les pays qu'ils venaient de conquérir. Les chefs des Croisés, quand ils entreprirent cette tâche difficile, ne jouissaient pas de la liberté de pensée et d'action qui est nécessaire au législateur pour que son œuvre ne porte pas le cachet des circonstances et de la précipitation. Inquiets de l'esprit de désordre qui régnait dans leurs armées, pressés de pourvoir à la défense d'établissements qui, à peine fondés, étaient déjà assaillis de toutes parts, divisés entre eux par des vues contraires et par des ambitions rivales, ils n'eurent pas le loisir d'étudier le caractère des institutions politiques de l'Europe, afin de savoir s'il convenait de transplanter ces institutions dans l'Orient; poursuivis par la nécessité, ces guerriers législateurs, encore couverts de poussière et de sang, proclamèrent un code de lois qui reproduisait les coutumes de la mère patrie, ou plutôt de la France* ».

[3] *Ibid*, p. XIV : « *Il y avait deux codes ou chartes, l'un destiné aux nobles, l'autre aux bourgeois. Chaque assise ou loi était écrite séparément en lettres majuscules* ».

premières Assises de Godefroy de Bouillon, de « grand recueil de lois »[1]. En revanche, dans sa seconde introduction à l'édition des Assises, Beugnot, comme Paris avant lui[2], avance l'hypothèse que ces lettres du Saint-Sépulcre seraient un état général des fiefs du royaume de Jérusalem[3]. Selon lui, ces « Lettres » seraient un simple Livre des fiefs qui « servait de titre au souverain pour les réquisitions de service militaire qu'il adressait à ses vassaux ». Il ajoute, dans le même temps, que ces « *Lettres* » seraient à l'origine les chapitres CCLXXI et CCLXXII de l'ouvrage de Jean d'Ibelin. Idée reprise par Sathas dans son édition[4]. Nous le voyons ici, il n'est même plus question de code. Beugnot, lorsqu'il analyse le fond, s'attache alors à mieux respecter le vocabulaire des sources. De plus, dans une étude plus tardive, il affirme l'existence, dès l'origine, d'une « charte qui contenait les principes du gouvernement et de la législation du nouvel État, et que cette charte reçut le nom de Lettres du Saint-Sépulcre, parce qu'elle fut confiée à la garde des chanoines de l'église de ce nom »[5]. Il ajoute même, un peu plus loin, que ce fait est « très conforme aux coutumes du Moyen Âge et que de graves autorités attestent »[6]. Mais malheureusement l'historiographie a retenu seulement le mot « code » et a glosé longuement sur le principe d'un tel ouvrage sans que jamais les historiens ne reviennent aux sources.

À la suite de Beugnot, Monnier[7] et Vetault[8] s'accordent pour retenir l'existence d'un code originaire de lois. Les historiens allemands des croisades, contemporains de Beugnot, contestent eux la réalité de ces « Lettres » en tant que « lois ». Ici, tout est question de vocabulaire. En effet, Wilken[9] lui ne croit pas à la promulgation de lois écrites à cette époque. À sa suite Schlosser[10] voit une telle la rédaction comme relevant de la légende. De

[1] J.-F. MICHAUD, *Histoire des Croisades* (7 volumes), Michaud, Paris,1812-1822, V. 2, appendices, p. 537.

[2] P. PARIS, *Note sur l'édition de Beugnot, dans le Journal des savants*, Imprimerie royale, Paris, juillet, 1841, p. 302.

[3] BEUGNOT, vol. 2 : Lois, Introduction, p. XIV.

[4] C. SATHAS, « Assizai tou Basileiou ton Ierosolymon kai tes Kyprou », *Mesaiunikes Bibliothekes*, Paris, 1877.

[5] A-A BEUGNOT, « Mémoire sur le régime des terres dans les principautés fondées en Syrie par les Francs à la suite des croisades », [Deuxième article.], *Bibliothèque de l'école des chartes*, 1854, tome 15, p. 31-57 (ici p. 34).

[6] *Ibid.*

[7] F. MONNIER, *Godefroi de Bouillon et les Assises de Jérusalem*, avec des documents inédits, Librairie académique Didier et Cie, Paris, 1874, p. 38.

[8] A. VETAULT, *Godefroy de Bouillon*, Alfred Mame et fils éditeurs, Tours, 1874, p. 315.

[9] WILKEN, *Geschichte der Kreuzzuge nach morgenlandischen und abendlandischen Beritchten*, Leipzig, 1807-1832, 7 Vol., Livre I, chap. XIII.

[10] F. C. SCHLOSSER, *Weltgeschichte in zusammenhängender Erzählung, Frankfurt am Main*, 1815-1841, III, I, p. 154.

même, Sybel[1] pense que cela relève de la simple opinion. Enfin, Prutz[2] pense-lui que cette tradition ne tient pas debout. Malheureusement ces auteurs se sont bornés à formuler des opinions. Ils discutent l'impossibilité de la mise par écrit d'un « code » et de « lois », en ne s'appuyant jamais sur la lecture des sources qui ne disent pas cela. Dodu, dans sa thèse sur les institutions monarchiques du royaume de Jérusalem, lui doute de la réalité historique des « Lettres du Saint-sépulcre » et pense plutôt « que les hommes ont inventé l'existence d'un code imaginaire afin de sanctifier les coutumes traditionnelles des Français dans la Palestine »[3]. Le vocabulaire de Beugnot a étonnement bloqué la réflexion. Mais dans son Étude critique sur les Assises de Jérusalem, Maurice Grandclaude revient sur la possible existence des Lettres du Sépulcre, à laquelle il croit, remettant en cause le scepticisme des historiens. Il est le premier à revenir sur le vocabulaire. Pour lui, la question de la rédaction des coutumes par Godefroy de Bouillon et celle de l'existence des « Lettres du Saint-Sépulcre » n'ont pas su être distinguées par les historiens. Grandclaude croit en leur existence et pour lui les témoignages de Philippe de Novare et de Jean d'Ibelin lui paraissent irrécusables[4]. Selon lui « contester de pareils témoignages, c'est aller contre toutes les règles de la critique historique »[5]. Il établira, dans ce sens, une liste d'Assises qui remonte, selon lui au premier royaume de Jérusalem[6].

Malheureusement, après Grandclaude, dernier historien du droit à avoir étudié les Assises, l'historiographie postérieure continuera à douter fortement de l'existence d'un code. Pour Munro, l'existence des « Lettres du Saint-Sépulcre » n'est qu'une affabulation visant à donner plus de prestige au « code d'Assises »[7]. La Monte en Angleterre[8], Jean Richard en France[9] et Prawer en Israel[10], envisagent plus sérieusement l'existence de ces « Lettres » sans pour

---

[1] H. K. SYBEL (von), *Geschichte des ersten Krcuzzuges*, Leipzig, 1ere édit. 1841, 2ième édit. 1881, p. 517.
[2] H. PRUZ, *Kulturgeschichte der Kreuzzüge*, Ernst Siegfried Mittler und Sohn, Berlin, 1883, Livre III, chap. III, p. 214.
[3] G. DODU, *Histoire des institutions monarchiques dans le royaume latin de Jérusalem 1099-1291* (Thèse présentée à la faculté des lettres de Paris), Paris, Librairie Hachette et Cie, 1894, p. 43.
[4] M. GRANDCLAUDE, *Etude critique des livres des Assises de Jérusalem*, Jouve et Cie, Paris, 1923, p. 102.
[5] *Ibid.*
[6] M. GRANDCLAUDE, *Liste des assises remontant au premier royaume de Jérusalem (1099-1187),* in Mélanges Paul Fournier (Paris, 1929), p. 336-338.
[7] D. MUNRO, *The Kingdom of The Crusaders*, New York London D. Appleton-Century Company Incorporated, Student's Edition, 1935, p. 80.
[8] J. La MONTE, *Feudal Monarchy in the Latin Kingdom of Jerusalem, 1100-1291*, Cambridge, Mediaeval Academy of America, 1932, p. 97 et « Three questions concerning the Assises de Jerusalem », Byzantina- Metabyzantina 1 (1946), p.201-211.
[9] J. RICHARD, *Le Royaume latin de Jérusalem*, PUF, 1953, p. 67-69.
[10] Pour Prawer il est indiscutable que Godefroy de Bouillon a eu une « *activité législatrice* » et « *il est certain que des lois, des assises, portant sur divers points d'administration furent*

autant s'accorder sur la nature de « loi » de ces textes. Les derniers travaux publiés sur la question des « Assises de Jérusalem » sont encore plus circonspects. Les participants au colloque *Autour des Assises de Jérusalem* de 2015[1], doutent tous fortement de l'idée même du principe de la rédaction de ces « Lettres ». Pour Michel Balard en tête, l'existence d'un « Code », il utilise bien le mot, est une invraisemblance et il en réfute l'idée[2]. Il est largement suivi par les participants, notamment par Florian Besson mais aussi tout particulièrement par Peter Edbury. De même, Adam Bishop, qui a également participé à ce colloque, va aussi dans ce sens. Il a écrit une thèse de doctorat 2011[3], thèse anglo-saxonne d'une centaine de pages, où il synthétise les recherches sur les Assises et y relève l'évocation du droit criminel sans analyse propre. Florian Besson, lui, a par ailleurs écrit une thèse, *Les barons de la chrétienté orientale, Pratiques du pouvoir et cultures politiques en Orient latin (1097-1229)*, soutenue en 2017, où il se propose, comme le titre l'indique, d'étudier dans le royaume de Jérusalem les pratiques du pouvoir et les cultures politiques. Et étonnamment, il écarte de ses sources les « Assises de Jérusalem » qui sont pour lui des textes qui jouent comme des « *mirages* »[4]. Il dénie toute valeur historique et juridique à ces textes. Il ajoute même en suivant « j'ai évité le plus possible de me référer aux grands ouvrages juridiques codifiés par Jean d'Ibelin et Philippe de Novare et désignés collectivement comme les « Assises de Jérusalem » : ceux-ci donnent en effet une image trop statique des relations féodales »[5]. Mais il le reconnaît lui-même, il s'appuie sur les derniers travaux du chercheur britannique Peter Edbury. Ce dernier pense que les Lettres du Saint-Sépulcre relèvent de la pure fiction et que les récits de Jean d'Ibelin et de Philippe de Novare sur le sujet relèvent de la plus grande invraisemblance[6]. Les recherches de Peter Edbury font très souvent état de sentiments. Pourtant, les travaux de Peter Edbury ont une certaine autorité et leurs valeurs ne sont pas contestées. Nous pouvons citer comme exemple, la remarquable thèse de Benjamin Bourgeois sur *La royauté : dynamiques et représentations. Royaumes de Jérusalem, Chypre et*

promulguées solennellement » ; CF., « Étude sur le droit des Assises de Jérusalem : droit de confiscation et droit d'exhérédation », *Revue historique de droit français et étranger*, 39 (1961), p. 520-551 (ici p. 520) et Cf., *Histoire du Royaume latin de Jérusalem*, Paris, Éditions du CNRS, 1969 et réédition en 2007, p. 122.

[1] Colloque « *Autour des Assises de Jérusalem* », sous la direction de Jérôme Devard et Bernard Ribémont, Université d'Orléans, Orléans 21-22 mai 2015, Classiques Garnier, Collection / Revue : POLEN, Pouvoirs, lettres, normes, n° 10, 2018.

[2] M. BALARD, *opit.cit.*, 19 : « Cet ensemble constituait une sorte de code législatif … ».

[3] A. BISHOP, *The Criminal Law and the development of the legal system of the crusader Kingdom of Jerusalem in the twelfth century*, Doctor of Philosophy, Centre for Medieval Studies University of Toronto, 2011.

[4] F. BESSON, *Les barons de la chrétienté orientale, Pratiques du pouvoir et cultures politiques en Orient latin (1097-1229)*, Histoire médiévale, Université Paris-Sorbonne, Paris, 2017, p. 33.

[5] *Ibid.*

[6] P. EDBURY, « Law and Custom in the Latin East: Les Letres dou Sepulcre », *Mediterranean Historical Review*, no 10, 1995, p. 72-73.

Arménie cilicienne, XIIe-XIVe siècle, soutenu en 2011, qui reprend l'idée d'une « légendarisation du droit » dans le premier royaume de Jérusalem en citant Edbury, qui ne semble pas connaître le vocabulaire usité dans les sources[1].

II. Les vestiges d'Assises adoptées postérieurement dans les sources

Godefroy de Bouillon meurt un peu plus d'un an après son élection le 18 juillet 1100, probablement de la peste[2]. Si les premiers éléments du droit hiérosolymitain sont l'aboutissement d'une œuvre collective des pèlerins armés, l'établissement du droit dans le royaume de Jérusalem au XIIe siècle est l'entreprise conjointe de tous les hommes du royaume. L'adoption de nouvelles règles de droit, ou la réformation des anciennes, est le résultat d'une acception pas tous les hommes du royaume réunis dans un parlement (A) et il est possible de déterminer un ensemble d'Assises qui ont été établies ainsi au cours de ce siècle (B).

A. L'adoption d'Assises par le « parlement d'Acre »

La première assemblée connue qui a rassemblé tous les hommes qui comptent dans le royaume de Jérusalem pour établir des « lois », dont nous avons la certitude, est le concile de Naplouse. Mais la tradition de réunir une assemblée délibérative et confirmative du droit semble en tout état de cause remonter aux origines et cette pratique a été maintenue tout au long du XIIe siècle avec la réunion d'un parlement à Acre.

Le concile de Naplouse de 1120 n'est pas à proprement parler un concile d'Église mais la réunion des représentants francs du royaume qu'ils soient laïcs ou hommes d'église. Le concile de Naplouse, le *concilium neapolitanum*, est, selon le texte lui-même, un *conventum publicum* et *curiam generalem*

[1] B. BOURGEOIS, *La royauté : dynamiques et représentations. Royaumes de Jérusalem, Chypre et Arménie cilicienne. XIIe-XIVe siècle*, Université Paul Valéry - Montpellier III, 2011, p. 96.

[2] P. AUBE, *Godefroy de Bouillon*, Fayard, Paris, 1985, p. 401.

ordinaverunt[1]. Ce concile a prononcé vingt-cinq *capitula*[2] et le texte débute en évoquant les raisons pour lesquelles il a été réuni. Jérusalem était envahie de sauterelles et de souris depuis quatre ans, et les établissements latins en général souffraient de la famine et connaissaient des défaites militaires répétées. Le texte insiste sur le fait que les péchés du peuple devaient être corrigés et que la morale ainsi que la discipline devaient être restaurées pour apaiser la colère divine dans le royaume de Jérusalem. Bien que présidé par le patriarche ce n'était pas tout à fait un concile d'église, mais plus une réunion d'un parlement général du royaume. Ce concile était présidé par le patriarche latin de Jérusalem Gormond de Picquigny mais aussi par le roi Baudouin II de Jérusalem. Ce concile est donc dans les faits une assemblée mixte, d'église et laïque, qui s'est réunie publiquement et ouverte à tous, qui a eu une action délibérative. Les règles de droit discutées ont été approuvées par tous. Les *capitula* sont de nature en partie ecclésiastiques et en partie laïques. On y trouve la signature de l'archevêque de Césarée, Evremar de Thérouanne, de l'évêque de Nazareth, Bernard, de l'évêque de Liddes, de l'abbé de Sainte-Marie de la vallée de Josaphat, Gildon, de l'abbé du Mont-Thabor, Pierre et du prieur du Mont Sion, Achard. Les barons signataires sont Eustache Grenier, seigneur de Césarée et prince de Sidon, Guillaume Ier de Bures, prince de Galilée et de Tibérias, Batisan, connétable de Jaffa et Payen, chancelier du roi. Si seulement les grands du royaume, ecclésiastiques et barons ont signé ce texte, la proclamation de ce dernier s'est faite au nom de tous. En effet, Baudouin II, dans le *capitule* n° 2 déclare que c'est de l'agrément des personnes de l'assemblée et de ses barons qu'il restitue à l'église de Jérusalem la décime de ses revenus[3].

La convocation d'un concile mixte dans l'objectif de régler des affaires intéressant le pouvoir politique autant que l'Église, dans le monde médiéval,

[1] Le seul manuscrit qui nous soit parvenu est le Biblioteca Apostolica Vaticana, ms Vat. lat. 1345, fols. 1r-3r. Ce manuscrit fut copié au milieu du XIIe siècle à destination de l'église de Sidon. Édité par J. MANSI, *Sacrorum conciliorum, nova et amplissima collectio*, 31 volumes, in-folio, Florence et Venise entre 1759 et 1798, XXI, col. 262, V. 21 ; Une nouvelle édition du texte a été publiée par Benjamin Z. Kedar en 1999 *(On the Origins of the Earliest Laws of Frankish Jerusalem : The Canons of the Council of Nablus, Speculum LXXIV (2) p. 310-335).* Selon Kedar, les canons ont été influencés par un livre de droit byzantin du VIIIe siècle, l'Ecloga, ou un de ses dérivés plus tard, surtout pour les peines de la castration et la mutilation du nez qui se retrouvent partout dans les canons. Il est selon lui possible que les croisés aient connu l'Ecloga des Grecs d'Antioche et de Jérusalem, ou des Arméniens d'Édesse, qui auraient pu utiliser encore le droit romano-byzantin.

[2] Benjamin Kedar, dans son édition, parle de « canons » alors que dans son édition du texte en appendice il transcrit bien le mot *capitulum* (p. 33-334).

[3] *Ibid.*, capitule n°2 : « *Ego vero Balduinus, viris hujus sacri concilii videntibus et faventibus personis, et baronibus meis, itemque prout parochiarum suam ratio exigit, de suis decimis facientibus, ut praedixi, decimas reddo, et superbia, qua ego vel ipsi interim retinuimus, culpam faciens cum ipsis, veniam peto* ».

n'est pas une anomalie historique mais une pratique courante[1]. Le concile de Clermont de 1095, qui a appelé à la première croisade, était un concile mixte. À la même époque Conan III de Bretagne pour introduire certaines réformes procéda non pas par ordonnance mais en s'effaçant derrière un concile qui réalisa ses vœux par des décrets canoniques en 1127[2]. La cour ducale de Normandie utilise aussi le moyen du concile local mixte, comme celui de Rouen de 1162, pour imposer des normes[3]. C'est lors de ce concile de Naplouse que fut entérinée la création de la milice des Pauvres Chevaliers du Christ et du Temple de Salomon, *pauperes commilitones Christi Templique Solomonici*, qui avait pour mission de sécuriser le voyage des pèlerins affluant d'Occident depuis la reconquête de Jérusalem[4]. L'Ordre du Temple fut créé à partir de cette milice, lors du concile de Troyes neuf ans plus tard.

Ce concile n'est pas mentionné dans la chronique de Foucher de Chartres[5], qui a été pourtant au service de Baudoin II et très certainement présent à cette époque. Cet oubli est probablement dû à la nature des canons, traitant à la fois des crimes et à la fois des péchés de la population latine, ce qui contredit la représentation que Foucher de Chartres se fait du royaume comme une utopie chrétienne. En revanche, Guillaume de Tyr, écrivant environ soixante ans plus tard, a inclus un compte rendu détaillé du concile général et dont le texte pouvait, selon lui, être trouvé dans n'importe quelle église locale[6]. Il indique bien que les règles de droit adoptées ont été prises par l'accord de tous, « *de communi statuunt consilio errata corrigere* »[7]. Cependant, il évite de montrer que le premier royaume n'était pas aussi héroïque que sa génération s'en

---

[1] J. GAUDEMET, « Le Gouvernement de l'Eglise à l'époque classique, IIe Partie : Le gouvernement local », in *Archives de sciences sociales des religions*, n°51/2, 1981, p. 234-235 (Ici p. 207) et *Eglise et cité, Histoire du droit canonique*, Montchrestien, Paris, 1994, p. 382.

[2] B. POCQUET DU HAUT-JUSSÉ, « Le fief breton », in *Histoire des institutions françaises au Moyen Age*, publiée sous la direction de Ferdinand Lot et Robert Fawtier, *Institutions seigneuriales*, Tom. I, Presses Universitaires de France, Paris, 1957, p. 271.

[3] G. DAVY, « Les chartes ducales, miroir du droit coutumier normand ? Hypothèses sur les évocations de la coutume dans les actes des ducs de Normandie (fin XIe - fin XIIe siècles) », *Revue historique de droit français et étranger*, n° 2, avril-juin, 2007, p. 197-218 (ici p. 214).

[4] D. SELWOOD, « *Quidem autem dubitaverunt* : Le saint, le pécheur, le temple et une chronologie possible », in *Autour de la Première Croisade*, (publié par M. BALARD), Paris, Sorbonne, 1996, p. 221–230.

[5] FOUCHER DE CHARTRES, *Histoire des croisades, 1095-1127*, éd. par N. Desgrugillers, trad. du latin par F. Guizot, Paleo, Clermont-Ferrand, 2004.

[6] Guillaume de Tyr, RHC, Historiens occidentaux, Tome I, Livre XII, chap. 13, p. 444.

[7] *Ibid.* : « *dominus Gormundus Hierosolymorum patriarcha, vir religiosus ac timens Deum, una cum domino rege Balduino, praelatis quoque ecclesiarum et regni principibus, apud Neapolim urbem Samariae convenientes, conventum publicum et curiam generalem ordinaverunt. Ubi sermone ad populum habito, exhortationis gratia; cum apud omnes constare videretur, quod populi peccata Dominum ad iracundiam provocassent, de communi statuunt consilio errata corrigere, et excessus redigere in modum, ut tandem ad frugem melioris vitae redeuntes, et pro commissis digne satisfacientes, eum sibi redderent placabilem, qui peccatoris non vult mortem, sed magis ut convertatur et vivat* ».

souvenait[1]. Il ne précise pas si ces canons sont encore d'une actualité à la fin du XIIe siècle.

Godefroy de Bouillon pour établir les premières Lettres du Saint-Sépulcre a réuni le patriarche de Jérusalem, les princes et les barons et les sages hommes du royaume et c'est sur leurs conseils et avec leurs approbations qu'il détermina le contenu de ces chartes[2]. Pour Jean d'Ibelin l'adoption définitive des Assises se faisait au cours d'une assemblée tenue à Acre : « *le rei dou roiaume, ce il aveit leisir, assembloit à Acrre* »[3]. Aussi, bien avant le concile, pour nos auteurs du XIIIe, siècle l'établissement du droit ne peut qu'être le fruit de l'accord de tous, de la royauté au sens large, le *regnum*. Le terme *regnum désigne* tant un territoire que le pouvoir qui s'y exerce spécifiquement et cela de manière différenciée ou concourante[4]. Mais cette pratique de réunir une *curia generalis* pour déterminer le droit, au tournant du XIe et du XIIe siècle, est pour le moins interrogative. En effet, une telle pratique n'est reconnue en Occident qu'au tournant du XIIIe-XIVe siècle[5]. Bien que, comme

---

[1] H. E. MAYER, « The Concordat of Nablus », *Journal of Ecclesistical History* n°33, 1982, p. 531-543.

[2] BEUGNOT, vol. 1 : Lois, Livre de Jean d'Ibelin, chap. I, p. 22 : « *sages homes à enquerre et à saveir des genz des diverces terres qui là estoient les usages de leur terres; et tôt quanque ciaus que il ot esleu à ce faire en porent saveir ne aprendre il mirent et firent metre en escrit, et aporterent cel escrit devant le duc Godefroi; et il assembla le patriarche et les autres avant dis, et lor mostra et fist lire devant eaus cel escrit; et après, par leur conseill et par leur acort, il concuilli de ciaus escris ce que bon li sembla, et en fist assises et usages que l'on deust tenir et maintenir et user ou roiaume de Jérusalem, par les quels il et ses genz et son peuple et totes autres manières de genz alanz et venans et demorans en son reiaume fussent gouvernés, gardés, tenus, maintenus et menés et justisés à droit et à raison el dit roiaume* ».

[3] BEUGNOT, vol. 1 : Lois, Jean d'Ibelin, chap. III, p. 24 : « *Après ce que les avant dites assises furent faites et les usages establis, le duc Godefroi et les reis et seignors qui après lui furent el dit roiaume les amendèrent par pluisors fois : car les choses que il veoient et conoissoient qui lor sembloient bones à joindre ou à croistre ou à amermer es assises ou es usages dou dit roiaume, il le faisoient par le conseill dou patriarche de Jérusalem et des barons et des haus homes dou dit roiaume, et des plus sages que il pooient avoir, chevaliers et clers et lais. Et à chascun passage le rei dou roiaume, ce il aveit leisir, assembloit à Acrre le patriarche et les avant dis, et faisoit enquerre à pluisors sages genz qui venoient de diverces parties dou monde, les usages de lor terre; et ciaus que il establissoit à ce faire, les faisoient toz mètre en escrit, et puis portoient ciaus escris au roi; et il les mostroit touz au patriarche et as avant diz, et par leur conseill et par leur acort creissoit ou joingnoit ou amermoit es assises et es usages dou roiaume, et ce que bon lor sembloità amender les par les dis escris ou autrement. Et aucuns des rois dou dit roiaume enveoit pluisors fois mesages en diverces parties dou monde por enquerre et saveir les usages de celles terres, por amender à leur pooir et à leur essient les assises et les usages del dit roiaume; et les amendèrent par le conseill des avant dis en ce qui lor sembloit que bon fust. Et ensi le firent par pluisors fois pluisors anz, tant que il orent faites les assises et les usages les meillors et les plus convenables qu'il porent ne sorent à leur essient au seignor et à ses homes, et as chevaliers et as pèlerins, et à totes autres manières de genz alant et venant et demorant el dit roiaume, gouverner, garder, tenir et maintenir, mener et justisier bien et loiaument et droiturierement, selonc ce que chascun et chascune est* ».

[4] A. RIGAUDIERE, *Histoire du droit et des institutions dans la France médiévale et moderne*, Economica, Collection : Corpus, Sous-collection : Histoire du droit, 5e édition, 2018, p. 247-249.

[5] M. HÉBERT, « Les assemblées représentatives et la genèse de l'État moderne en Provence (XIIIe-XVe siècle) », in *Genèse de l'État moderne en Méditerranée. Approches historique et*

le souligne Gérard Giordanengo, les premières ordonnances générales en France de 1144 et 1155 se sont faites à travers des assemblées « qui donnent au roi leur *consilium* ou qui approuve le texte promulgué par leur consentement (*consensus*) », assemblées qui sont à distinguer des cours « féodales »[1]. De plus ce n'est qu'à la fin du XIIe siècle, selon la formule latine tirée du droit civil romain antique *Quod omnes tangit ab omnibus tractari et approbari debet*, qui signifie « ce qui concerne tout le monde doit être discuté et approuvé par tout le monde », abrégée souvent sous la forme Q. o. t., que l'Église en invoquant le principe a fait la promotion dans la sphère politique laïque d'Occident la convocation d'assemblées de représentants des populations[2]. Dans ce sens, l'organisation interne de certains ordres religieux prévoit également un rôle important du chapitre des moines ou frères en vertu de ce principe.

Toutefois, le terme même de « parlement », appliqué de bonne heure aux réunions des Ordres en Angleterre ou en Espagne, et qui a fini par désigner de nos jours la plupart des assemblées politiques, semble bien avoir été employé dans l'Orient latin, avant d'être d'un usage courant en Europe occidentale[3]. Dans le sens de « conseil, conférence ou réunion », il se trouve déjà dans les « *Annales génoises* » de Caffaro, et précisément à l'occasion de l'expédition des Génois en Terre sainte. C'est en effet à la prise de Césarée en 1101, que le patriarche Daimbert s'adresse aux consuls pour les exhorter à « faire un parlement »[4], dans lequel se rassembleraient les membres armés de cette première « commune ». Le mot parlement, en ancien français du XIIe siècle, désigne bien le fait de tenir une « conversation », de tenir un « conseil réuni pour délibérer » et d'établir une « assemblée délibérante ». Il apparaît donc certain que dans le royaume de Jérusalem, et ceci dès les origines, la *curia generalis* est convoquée par le roi pour des décisions qui impliquent le *regnum* dans son intégralité. Les affaires du royaume relèvant de la *res publica* pour le « comun profit »[5].

Guillaume de Tyr nous confirme bien cette pratique dans sa chronique et nous apprend qu'en 1123, à Acre, pour délivrer des privilèges aux Vénitiens,

---

anthropologique des pratiques et des représentations, Actes des tables rondes internationales tenues à Paris (24-26 septembre 1987 et 18-19 mars 1988) Rome : École Française de Rome, 1993, p. 267-284.

[1] G. GIORDANENGO, « Le pouvoir législatif du roi de France (XI-XIIe siècles) », *Travaux récents et hypothèses de recherche, Bibliothèque de l'école des chartes*, 1989, tome 147, p. 283-310 (ici p. 299).

[2] Y.-M. CONGAR, « *Quod omnes tangit ab omnibus tractari et approbari debet* », *in Revue historique de droit français et étranger*, 81, 1958, p. 210-259.

[3] J. COLSON, « Aux origines des assemblées d'État. L'exemple de l'Orient latin », *Revue des études byzantines*, tome 12, 1954, p. 114-127.

[4] « *Sarracenorum autem superbia Christianis cognita statim patriarcha consulibus dixit : facite parlamentum* » ; *Annali Genovesi di Caffaro, Fonti par la Storia d'Italia*, 11, éd. Belgrano, Gnova 1890, Tome I, p. 10-11.

[5] P-C. TIMBAL, A. CASTALDO, Y. MAUSEN, *opit. cit.*, p. 210.

il faut réunir une *curia generalis* composée de « *dominus patriarcha, et inclyti regionis illius, simul cum populo universo in civitatem conveniunt Acconensem* »[1]. Dans le « Livre des Bourgeois » on trouve, au chapitre CCCIII[2], que même une simple ordonnance de police, sur le nettoyage des rues de Jérusalem, rendue par le roi Baudoin Ier sans le concours de ses hommes et des Bourgeois de la cité, n'a aucune valeur légale. Le texte ne laisse aucune place au doute[3]. Guillaume de Tyr, dans sa chronique, nous raconte encore que pour prendre des décisions de nature fiscale en 1167 et 1183, il fut réuni un parlement ; une *curiam generalem*. En 1167, il fut aussi réuni une « *curiam apud Neapolim convocat generalem ; ubi praesentibus domino patriarcha, archiepiscopis, episcopis et aliis ecclesiarum praelatis, pincipibus et populo* »[4]. En 1183, le roi Amaury, préparant une contre-attaque de Saladin, décide avec ses barons de recueillir une grande somme d'argent dans tout le pays. Pour mettre en œuvre le prélèvement de cet impôt exceptionnel, le roi réunit prélats, barons, les Bourgeois et autres représentants ; « *Haec est forma colligendi census, qui de commuai omnium principum, tam ecclesiasticorum, quam secularium, et de assensu universae plebis regni Hierosolymorum, colligi débet* » à Jérusalem[5], soit un véritable parlement. Guy de Lusignan, pour se faire accepter comme roi, réunit un « *parlement »* à Acre en 1186[6].

Il semble donc bien exister une certaine variété des décisions prises par ces *curiae generales* ou « parlements ». Pour autant, il ne s'agit pas d'une institution dont la composition et les modalités de réunion seraient fixes et établies. Mais on peut dire et affirmer que la capacité de légiférer et d'amender ses propres institutions appartient bien à la *curia generalis* du royaume de Jérusalem qui détient de fait un des attributs essentiels de la souveraineté, selon notre conception moderne du pouvoir. Grousset, dans ce sens, bien que plus limitatif, exprimait déjà cette idée en 1949. Pour lui : « Le royaume de Jérusalem, quelle qu'ait pu être, dans la pratique, l'autorité personnelle de tel ou tel roi, resta en droit un État aristocratique dans lequel en dernier ressort la

---

1 RHC, Historiens occidentaux, Tome II, Guillaume de Tyr, Livre XII, chap. 25, p. 463.

2 BEUGNOT, vol. 2 : Lois, Livre des Bourgeois, chap. CCCIII, p. 225.

3 *Ibid.* : « *Bien saches que la raison ne prent mie à droit nus de VII. sos et demy d'escouver les rues, por ce que li rois Bauduins y mist ces establissemens sans le conseill de ses homes et de ses borgeis de la cité. Et por ce coumande la raison et l'assise que puis l'on a fait crier le banc par la vile c'on esnete les rues, et aucun home ou aucune feme faut à celuy banc et qui riens ne fasse net devant son hostel, la raison juge que le vesconte det aver de ce mesfait moût grant pitié, si que prendre ne deit que au mains que il pora, et deit souvent pardouner ces VII. sos et demy par pitié* ».

4 RHC, Historiens occidentaux, Tome I, Guillaume de Tyr, Livre XIX, chapitre 13, p. 902.

5 RHC, Historiens occidentaux, Tome I, Guillaume de Tyr, Livre XXII, chapitre 23, p. 1109 ; et Cf. Benjamin Z. KEDAR, *"The general tax of 1183 in the Crusading kingdom of Jerusalem"*, *English historical review*, LXXXIX, 1974, p. 339-345.

6 RHC, Historiens occidentaux, Tome II, Chronique d'Ernoul, chap. XXII, p. 33 : « *Après ce li roi ... por venir tenir .I. parlement a Acre...* ».

véritable souveraineté résidait non dans le roi mais dans le corps de la noblesse réuni en assemblée sous le nom de Cour des Liges ou Haute Cour »[1]. Pour Beugnot[2] et Dodu[3] il ne fait aucun doute que les Assises étaient l'œuvre commune du roi, des barons et des Bourgeois réunis en parlement. Pour Mas-Latrie, les Assises auraient été seulement l'œuvre du roi et des barons[4]. Cet usage de parlements généraux a été soutenu plus récemment par Jean Richard[5].

Il s'agit de remarquer aussi que l'utilisation d'une large assemblée pour adopter une Assise se retrouvera en Bretagne en 1185 avec l'adoption de l'*Assise au comte Godeffroy* sous la présidence du duc Geoffroy Plantagenet[6]. Cette Assise, qui porte sur le droit des successions féodales, peut d'ailleurs offrir l'exemple, que nous n'avons pas pour le royaume de Jérusalem, de la forme et du style de la rédaction. À lire le texte en ancien français[7], qui selon

---

[1] R. GROUSSET, *L'Empire du Levant : Histoire de la Question d'Orient*, Paris, Payot, coll. « Bibliothèque historique », 1949, p. 279.

[2] BEUGNOT, vol. 2 : Lois, Introduction, p. XIII.

[3] G. DODU, *Histoire des institutions monarchiques dans le royaume latin de Jérusalem 1099-1291* (Thèse présentée à la faculté des lettres de Paris), Paris, Librairie Hachette et Cie, 1894, p.164-165.

[4] L. de MAS LATRIE, *Histoire de l'île de Chypre sous le règne des princes de la maison de Lusignan*, Paris, Imprimerie nationale, 1961, T. III, p. 844.

[5] J. RICHARD, « La féodalité de l'Orient latin et le mouvement communal : un état des questions », in *Structures féodales et féodalisme dans l'Occident méditerranéen (Xe-XIIIe siècles). Bilan et perspectives de recherches*. Actes du Colloque de Rome (10-13 octobre 1978) Rome : École Française de Rome, 1980. pp. 651-665 (ici p. 656).

[6] B. POCQUET DU HAUT-JUSSÉ, « Le fief breton », in *Histoire des institutions françaises au Moyen Age*, publiée sous la direction de Ferdinand Lot et Robert Fawtier, *Institutions seigneuriales*, Tom. I, Presses Universitaires de France, Paris, 1957, p. 271.

[7] Texte de Dom Guy-Alexis Lobineau, Histoire de Bretagne T. Ier p. 169 : « *Ce est l'ancien establissement Monseignor le Duc de Bretaigne, qui fut fiz le Rey Henry. Nous faisons assavoir à touz que come en Bretaigne soille avenir plusor detriment sur terres, nos Geffrey, le Rey Henry fiz, Duc de Bertaigne, Comte de Richemont, desirant proveier au profit de la terre, faisanz le gré aus Evesques & aus Barons, o le commun assentement, feismes assise à durier en notre temps & de nos successors, & otresame. Que en Baronie & en fiez des Chevaliers ne fussent fetes parties des ores en avant, mais l'ainzné tenust enterinement la Seignorie & porveist aus joveignors, é lor trovast ce que mestier lor serait selon son poier. A de certes téles choses que les joveigneurs tenoient lors en terres ou en deniers, tendraient à tant come ils vivroient, é les heirs de ceus qui tenaient terres, tenissent celles à tous jors mais ; é les hairs de ceus qui auroient deniers é non pas terres, ne les auroient pas après lor peres.De rechef, si la terre de l'ainzné vient en bail, le frere ainzné après celui aura le bail, é s'il n'a frere, celui des amis ait le bail, à cui celi qui meurt le vodra commandier o l'assentement de sun seignor. En filles, celle qui est ainznée ait la terre, & mariera les juveignors, de icelle terre, au conseil du Seignor & des plus prochiens du lignaige.Si a de certes en la terre de l'ainzné avient aucun mariage qui plaise au joveignor, il l'aura ; ne l'ainzné ne le porra donner à aucun, domantres que le joveignor le veage avoir. E s'il ne veot avoir, & l'ainzné frere le truisse aillors, porchace en li donnant de ses choses & de ses chataux selon son poier o le conseil des plus prouchains amis. De rechef si l'ainzné frere donne à son joveignor une terre de la quelle il le prenge à home, é le joveignor murge sans heir, il donra celle terre à aucun de ses prochiens, ainsi qu'elle ne retorge pas au principal. Mais si l'ainzné ne reçoit son joveignor à home de celle terre, ale*

Marcel Planiol est la version qui courait aux mains des praticiens et non le texte en latin depuis au moins le XIVe siècle[1], on peut se rendre compte que le style rédactionnel est semblable à nos sources, qui datent de la même époque. Pour Planiol, de plus, l'Assise est un « pacte » et il indique que pour l'adoption de celle-ci, l'assentiment général s'est exprimé par le fait qu'elle est jurée par tous et ceci à chaque génération[2].

B. Le souvenir des anciennes Assises dans les Livres

Dans les Livres d'Assises, les auteurs ne songèrent presque jamais à distinguer, dans leurs écrits, les anciennes Assises de l'usage oral ou de la coutume « récente », c'est-à-dire de leur temps, soit le milieu du XIIIe siècle. Pour eux le droit du XIIIe siècle est celui du XIIe siècle. Seul Philippe de Novare fait exception et essaie de restituer, quand cela lui est possible, les Assises dans le temps. Les autres auteurs ne font que nommer, parfois, les parties du droit qui leur semblent être des Assises certaines. Ainsi à travers une lecture attentive de l'ensemble des « Livres » on peut établir un ensemble d'Assises qui, en toute hypothèse, remontent au premier royaume de Jérusalem lorsque ces dernières sont signalées d'une façon explicite. Grandclaude en avait déjà en son temps établi une liste, mais seulement à partir du Livre de Philippe de Novare et ceci de manière non exhaustive[3].

Philippe de Novare, dans la seconde partie de son livre (composé, pour la seconde version connue, postérieurement à 1265), qui commence par le chapitre L de l'édition Beugnot, nous donne une série d'Assises qui remontent selon lui au premier royaume (1099-1187). Ces Assises se retrouvent dans les autres « Livres » mais ne sont pas toujours nommées comme telles et sont rarement situées dans le temps comme le fait Philippe de Novare. Cette approche historique se termine avec le chapitre LXXXVIII ou il affirme l'authenticité de ses propos[4].

---

retournera à l'ainzné.A de certes la presente assise nos G. Duc de Bretaigne é Constance nostre fame, é touz les Barons de Bretaigne jurasmes tenir, é egardasmes que chose necessaire seroit que les ainznés & les joveignors jurassent la tenir, é si les joveignors ne voulsissent jurer, ils n'auroient partie des ores en avant ne en terres ne en deniers. E cet astablissement é assise à Jacques é Alain de Chasteau-giron é lors heirs otreasme à estre par toute lor terre. E que ce soit ferme é estable, nos le confermasme de nostre sceau é du sceau de Constance nostre fame. Et de ce sunt tesmoins, &c... ».

[1] M. PLANIOL, « L'assise au Comte Geffroi, Etude sur les successions féodales en Bretagne », *Nouvelle revue historique de droit français et étranger,* vol. 11 (1887), p. 117-162 (ici p. 128).

[2] *Ibid.*, p. 140.

[3] M. GRANDCLAUDE, « Liste des assises remontant au premier royaume de Jérusalem (1099-1187) », in *Mélanges Paul Fournier,* Paris, 1929, p. 336-338.

[4] BEUGNOT, vol. 1 : Lois, Livre de Philippe de Novare, chap. LXXXVIII, p. 562 : « *Je vois ai ci dit et devisées les assises qui sont plus bezoingables à saver et user en la court, selon ce que je ai entendu de pluisors sages, dont Diex ait les armes, et ce que j'en ai veu et oï en partie, et que je meisme en cuit de ce que les parties en doivent dire et faire, et coument le seignor et la court s'en doivent contenir* ».

La première Assise[1] que Philippe de Novare signale, en tant que telle, comme relevant du premier royaume de Jérusalem est l'Assise du roi Amaury sur la ligesse[2]. Cette Assise fut établie, nous raconte-t-il, à la suite d'une guerre féodale entre le roi Amaury et le sire Girard de Saeste (Sidon)[3], probablement en 1166. Girard de Sidon avait dépouillé de son fief, sans jugement, un de ses vassaux. Le vassal vint se plaindre au roi, qui ayant vainement sollicité Girard de faire justice, lui déclara la guerre. Les barons sentirent qu'il fallait donner à la fois des garanties effectives aux droits des arrière-vassaux, et assez d'étendue à l'autorité royale pour qu'elle fût en mesure de faire respecter ses légitimes prérogatives par les vassaux immédiats, toujours disposés à les contester. L'Assise du roi Amaury décida donc que tous les vassaux du royaume de Jérusalem, quel que fût leur rang, rendraient l'hommage lige au roi et seraient pairs les uns des autres, de telle sorte que si un arrière-vassal se trouvait lésé dans ses droits par son seigneur, il pourrait en appeler directement au roi et à tous les seigneurs du royaume. Les habitants des villes et des châteaux qui appartenaient aux seigneurs devaient également prêter serment de fidélité entre les mains du roi. Chaque seigneur du royaume devenait ainsi un vassal direct du roi et les arrière-vassaux obtenaient un droit de vote identique aux principaux barons. Cette obligation de serment était une mesure qui s'est voulue au profit de l'autorité royale. En effet, il y a l'obligation pour tous, barons, vassaux et arrière-vassaux, bourgeois des villes fortes, de faire hommage lige au roi. Mais il s'agit aussi, *a contrario*, d'un droit de se coaliser pour résister à l'arbitraire de leur seigneur, ou du roi, de façon à pouvoir bénéficier d'un « *esgart de cour* », c'est-à-dire d'un recours à la Haute Cour pour juger leur différend en dehors de la cour seigneuriale. Le roi Amaury entendait donc prévenir le renouvellement des révoltes des grands vassaux qui avaient éclaté dans la première moitié du XIIe siècle. Mais cette Assise a affaibli le pouvoir qu'elle se proposait de fortifier. Toutefois, Riley-Smith en étudiant ces manœuvres a montré que l'arme était difficile à manier[4]. Les barons utilisèrent, contre la royauté, l'Assise de la ligesse, à l'occasion de sanctions prises contre certains de leurs pairs. Les rois Amaury de Lusignan et Jean de Brienne furent souvent menacés du retrait des « hommes liges ».

Ensuite, Philippe de Novare cite l'Assise autorisant le soldat non payé à se plaindre au connétable pour pouvoir contraindre le seigneur à acquitter sa dette ou à se libérer par serment[5]. Les rois et les barons latins recouraient à des chevaliers, écuyers ou sergents qu'ils recrutaient notamment parmi les pèlerins, en leur payant une solde. Ces personnes « *soudoyers* » pouvaient leur

---

[1] Soit la norme adoptée par un parlement à la suite des premières lettres du Saint-Sépulcre.

[2] BEUGNOT, vol. 1 : Lois, Livre de Philippe de Novare, chap. L, LI, LII, LIII, p. 526 et suiv.

[3] J. L. LA MONTE., « The Lords of Sidon in the Twelfth and Thirteenth Centuries », *Byzantion*, Vol. 17 (1944/45), p. 183-211.

[4] J. RILEY-SMITH, *The Feudal Nobility and the Kingdom of Jerusalem, 1174-1277*, Londres, Macmillan, 1973, p. 145-184.

[5] BEUGNOT, vol. 1 : Lois, Livre de Philippe de Novare, chap. LV, p. 529.

permettre de disposer d'autres ressources en hommes que celles du service féodal[1]. Après la description d'usages féodaux, Philippe de Novare cite comme anciennes Assises, l'Assise pour meurtre, qui semble remonter à Godefroy de Bouillon, nous l'avons vu, mais aussi l'Assise sur la vente des fiefs et l'Assises sur les limites des terres et le bornage[2]. Plus loin, Philippe de Novare cite l'Assise du service de corps, qui fut établie après l'Assise sur la ligesse pour les hommes liges en possession d'un fief[3]. Tout possesseur d'un fief devait le service judiciaire en Cour. En suivant, Philippe de Novare cite l'Assise relative à la succession des filles aux fiefs qui semble remonter, à Godefroy de Bouillon et l'Assise qui l'a réformée en autorisant entre sœurs le partage des fiefs de chevaleries. Cette assise fut réformée ici en 1171, nous dit-il, après la mort d'Henri de Milly, dit le Buffle, seigneur champenois, qui a poussé à cette réformation et avec les indications supplémentaires du comte Etienne de Sancerre pour respecter, nous dit-il, les usages de France[4]. Cette pratique, de se conformer aux pratiques juridiques de la France, nous le voyons ici, se retrouve affirmée souvent dans la mise en œuvre des Assises par les jurisconsultes de l'Orient latin[5].

Aux chapitres LXXV et LXXVI, Philippe de Novare s'attarde sur l'Assise du roi Baudoin sur le coup apparent[6]. Cette Assise maintient les dispositions de la vieille Assise remontant à Godefroy de Bouillon, mais supprime la preuve par garants et la remplace par le serment purgatoire de l'accusé[7]. Pour Grandclaude, elle remonte probablement au roi Baudoin Ier, mais lui-même considère cette attribution comme douteuse[8]. Il peut s'agir en toute hypothèse de Baudoin IV, dernier roi du nom, puisque aucune précision n'est apportée à

[1] J. RICHARD, « La féodalité de l'Orient latin et le mouvement communal : un état des questions », *Structures féodales et féodalisme dans l'Occident méditerranéen (Xe-XIIIe siècle)*, Actes du colloque de Rome (10-13 octobre 1978), Rome, École française de Rome, 1980, p. 651.

[2] BEUGNOT, vol. 1 : Lois, Livre de Philippe de Novare, chap. LX, LXI et LXII, p. 532.

[3] BEUGNOT, vol. 1 : Lois, Livre de Philippe de Novare, chap. LXVII, p. 538.

[4] L'invocation des usages de France, ou de la *consuetudo francie*, pour régler les successions notamment, est une pratique régulière dans tout le royaume de France au XIIe siècle. « Cette coutume du royaume s'est en effet trouvée invoquée et imposée » loin de Paris et du cercle d'influence immédiat des Capétiens ; Cf. L. GUERAUD, « L'invocation de la *Consuetudo regni* et de la *Consuetudo Francie* dans les actes de la chancellerie capétienne (XIIe-XIIIe siècles) », *Le juriste et la coutume. Du Moyen Âge au Code civil*, Nancy, 2010, p. 23-44.

[5] BEUGNOT, vol. 1 : Lois, Livre de Jean d'Ibelin, chap. CXLVIII, p. 223 et chap. CL., p. 225 ; Philippe de Novare, chap. XLVII, p. 521 ; Livre au roi, chap. XXXIII à XXXVIII, p. 628 et suivant et BEUGNOT vol. 2 : Lois, Documents relatifs à la succebilité au trône et à la régence, p. 408.

[6] BEUGNOT, vol. 1 : Lois, Livre de Philippe de Novare, chap. LXXV, p. 546.

[7] Le serment purgatoire est le serment par lequel le défendeur jurait qu'il n'était pas coupable ; Cf. A. RIGAUDIERE, *Histoire du droit et des institutions dans la France médiévale et moderne*, Economica, Collection : Corpus, Sous-collection : Histoire du droit, 5e édition, 2018, p. 68.

[8] M. GRANDCLAUDE, « Liste des assises remontant au premier royaume de Jérusalem (1099-1187) », in *Mélanges Paul Fournier*, Paris, 1929, p. 329-345.

l'inverse des autres rois Baudoin cités par Philippe. Au chapitre suivant, Philippe de Novare cite seulement l'Assise sur le viol des femmes, connue surtout par un jugement du Livre des Assises des Bourgeois[1] et développe l'Assise de la force apparente. Toute violence sur les personnes ou les choses dépendant du seigneur doit être un cas de force apparente. Le coupable convaincu était à la merci du seigneur. Au chapitre LXXIX, Philippe de Novare parle de l'Assise de plègerie (caution)[2] et au chapitre LXXX, il développe un point de droit sur la vente des animaux. Il parle ici des usages et des coutumes en la matière, des « *as us et as costumes de la terre* »[3]. Nous pouvons toutefois ici y voir comme Grandclaude une Assise, car Jean de Ibelin considère ces règles comme telles[4]. Ensuite, il présente l'Assise sur le démembrement de fief par part de service, qui remonte en toute hypothèse, nous l'avons vu, à Godefroy de Bouillon. Il développe en suivant, l'Assise prévoyant la transmission à l'héritier direct du fief dont le titulaire entre en religion[5]. Il poursuit par l'Assise du défaut de service[6]. Le vassal qui ne répondait pas à une semonce régulièrement faite et dont l'absence était constatée en Cour perdait son fief pour un an et un jour. Il le perdait même à vie si la semonce avait été faite en cas de péril pressant. Nous trouvons, toujours à la suite, l'Assise du mariage des femmes qui tiennent un fief par héritage ou bailliage devant le service de corps. Le suzerain peut, au bout d'un délai d'un an et un jour, en cas de veuvage, imposer le remariage en proposant trois maris possibles[7]. Philippe de Novare déclare ici que cette Assise comme étant de date tardive. Enfin, dans cette énumération des vieilles « *Lettres du Saint-Sépulcre* » où généralement il suit un ordre chronologique, il place à la fin l'Assise du faussement de cour[8], c'est-à-dire lorsqu'une personne déclare que la Cour a fait un faux jugement et outrage ses membres[9]. Il la déclare de là aussi de date récente.

Dans le Livre de Jean de Ibelin, un certain nombre d'Assises peuvent aussi être déterminées. Au début de l'ouvrage on trouve nommées comme telles l'Assise des ventes[10] et l'on retrouve l'Assise de la tenure d'un an et un jour[11].

---

[1] BEUGNOT, vol. 2 : Lois, Livre de la Cour des Bourgeois, chap. CXXXIV, CXXXV, p. 92.
[2] A. CASTALDO, Y. MAUSEN, *Introduction historique au droit*, Dalloz, Collection : Précis, 5e édition, 2019, p. 220.
[3] BEUGNOT, vol. 1 : Lois, Livre de Philippe de Novare, chap. LXXX, p. 552.
[4] M. GRANDCLAUDE, « Liste des assises remontant au premier royaume de Jérusalem (1099-1187) », in *Mélanges Paul Fournier*, Paris, 1929, p. 336-338.
[5] BEUGNOT, vol. 1 : Lois, Livre de Philippe de Novare, chap LXXXII, p. 554.
[6] *Ibid.*, chap. LXXXIII, LXXXIV et LXXXV, p. 555 et suiv.
[7] *Ibid.*, chap. LXXXVI, p. 558.
[8] *Ibid.*, chap. LXXXVII, p. 560.
[9] Pratique qui se retrouve à la Cour de France à la même époque ; Cf. P.-A. FORCADET, « Origines de l'appel judiciaire et naissance de la souveraineté royale au XIIIe siècle », *in Les cours d'appel. Origines, histoire et enjeux contemporains*, dir. L. Soula, PUR, Rennes, 2016, p. 33-51.
[10] BEUGNOT, vol. 1 : Lois, Livre de Jean d'Ibelin, chap. XXXVIII, p. 63.
[11] *Ibid.*, chap. XL, p. 65.

Un peu plus loin, on trouve une liste de points de droit considérés comme des Assises[1] et qui semblent remonter au premier royaume de Jérusalem.

Ces Assises sont :

- *Le meurtre apparent montré en cour,*
- *L'homicide montré en cour,*
- *Le coup apparent montré en cour,*
- *Le viol des femmes,*
- *La violence montrée en cour,*
- *Le défaut de service,*
- *Le défaut d'hommage*
- *Les amendes pour mensonge entre le seigneur et son homme,*
- *Les dettes,*
- *La solde impayée du soldat*
- *La plegerie (caution),*
- *La plegerie pour dette,*
- *Des choses mal arrangées,*
- *Des choses prêtées,*
- *Des gages perdus,*
- *Des choses vendues sans possession,*
- *Des choses vendues à l'enchantement (dol),*
- *Des bêtes restives,*
- *Des bêtes vendues sans enchantement et non restives,*
- *Des esclaves lépreux.*

Dans la suite de l'œuvre, un certain nombre d'Assises sont mentionnées comme telles au fil du texte. Nous trouvons l'Assise de la chose perdue[2], l'assise sur l'achat d'esclave lépreux[3], l'Assise de la dette connue en Cour[4], l'Assise des vilains[5], l'Assise du roi Amaury ordonnant la vente du fief du vassal sans héritier pour payer la rançon du roi prisonnier[6], l'Assise de plegerie[7], et le chapitre CXV, nous donne l'Assises pour la dette d'un chevalier non contestée[8]. Le chapitre CLXXXVI, nous donne trois Assises sur la question de la dette. L'Assise qui interdit au seigneur d'un chevalier ou d'une Dame de les faire arrêter pour dette, l'Assise qui autorise le seigneur à arrêter un homme, non noble, pour dette, s'il n'est pas lié par la ligesse et l'Assise qui permet au seigneur, dans le cas précédent, à forcer l'homme, qui ne peut payer, à travailler pour lui[9].

Les chapitres CXL et les chapitres CC et suivant, sont un long développement sur l'Assise de la ligesse[10]. Aux yeux de Jean de Ibelin, c'est le texte le plus important. Il nous dit que c'est « *l'assise que les seigneurs et les hommes doivent mettre le plus d'application à connaître* ». Jean de Ibelin

---

[1] BEUGNOT, vol. 1 : Lois, Livre de Jean d'Ibelin, chap. LXXX, p. 128.

[2] *Ibid.*, chap. CXXXI, p. 205.

[3] BEUGNOT, vol. 1 : Lois, Livre de Jean d'Ibelin, chap. CXXXII, p. 207.

[4] *Ibid.*, chap. CLXXXVI, p. 294.

[5] *Ibid.*, chap. I, CCLI, p. 403.

[6] *Ibid.*, chap. CCXLIX, p. 597.

[7] *Ibid.*, chap. CXVII, p. 182.

[8] *Ibid.*, chap. CXV, p. 188.

[9] *Ibid.*, chap. CLXXXVIII, p. 300.

[10] *Ibid.*, chap. CXL, p. 214, chap. CC, p. 321.

en rappelle l'origine, nous l'avons vu, et en détaille longuement l'effet. Nul ne peut priver un vassal de son fief sans l'accord officiel de la Haute Cour, soit par l'*esgart de court*. Pour éviter que cela ne se produise, tous les hommes du royaume sont tenus de faire ligesse au roi. Cela concerne donc surtout les arrière-vassaux, ceux que Jean de Ibelin nomme « *les hommes des hommes du roi* ». Ceux-ci n'étaient auparavant reliés au roi qu'indirectement, à travers leur propre seigneur, se retrouvent directement attachés au roi. En reliant l'ensemble des vassaux du royaume au roi, l'Assise sur la ligesse, établit une pairie générale, ce qui permet la mise en place de liens horizontaux, afin « *que tous ceux qui auront fait ligesse au chef seigneur soient tenus les uns aux autres* ». Il ne s'agit donc pas tant ici de hiérarchiser les hommages que de multiplier à l'infini les liens de fidélité. Par la ligesse, le roi est tenu envers ses hommes, ses hommes envers lui et entre eux. Significativement, le texte n'oublie pas les hommes des cités. Ceux-ci sont tenus également de lui jurer fidélité, ce qui autant que la ligesse tient les vassaux entre eux, les « *tiendra* » entre eux dans une forme de pairie non-féodale. En permettant à l'ensemble des chevaliers et des bourgeois du royaume de se relier les uns aux autres, l'Assise a favorisé le développement d'une forte solidarité de corps institué dans le royaume, ce qui confirme notre approche de la nature du royaume en tant que République aristocratique féodale et bourgeoise. L'hommage des vassaux directs du chef seigneur est un double hommage, à la fois de vassal et de lige.

Dans le Livre de Geoffroy Le Tort, il n'y a aucune Assise citée comme telle, seulement l'expression « *Assise ou usage* ». Dans le Livre de Jacques de Ibelin, on retrouve citées l'Assise d'Amaury sur la Ligesse[1], l'Assise de la vente de fief[2], et successivement les Assises pour violence, l'Assise pour meurtre apparent, l'Assise des bêtes restives[3], et enfin l'Assise du roi Baudoin sur les coups apparents[4]. Dans le Livre de la Clef des Assises on retrouve en tout point les Assises relevées dans le Livre de Jean de Ibelin.

Dans le Livre au roi, il est fait référence, au chapitre XVI, à « *l'établissement dou roi Bauduin segont* », texte connu comme « l'Assise des cas de confiscation de fief sans égard de cour par le roi »[5]. Mais ce texte n'est pas une Assise. Ce texte énumère les douze raisons pour lesquelles les hommes liges pouvaient être déshérités de leur fief par le roi sans le jugement de la Haute Cour. Cette prérogative royale a fait couler beaucoup d'encre sur la manière d'interpréter cette disposition, notamment pour interpréter le caractère et les limites du pouvoir royal. Cet établissement ne se retrouve que

---

[1] BEUGNOT, vol. 1 : Lois, Livre de Jacques d'Ibelin, chap. XLIX, p. 464.
[2] *Ibid.*, chap. VI, p. 456.
[3] *Ibid.*, chap. L, p. 465.
[4] *Ibid.*, chap. LI, p. 465.
[5] BEUGNOT, vol. 1 : Lois, Livre au roi, chap. XVI, p. 616.

dans ce Livre et est totalement ignoré par les autres dans leur exposé des Assises de Jérusalem. Beugnot n'en a pas fait grand cas à raison.

Le premier à s'être penché sur ce texte est Grandclaude. Pour lui, cet « *établissement* » est avant tout une Assise et sa lecture lui fait dire qu'au XIIe siècle le roi avait sur son vassal des pouvoirs absolus, sans contrôle et sans limite, contrairement au XIIIe siècle[1]. Dans le même sens, Prawer voit dans ce texte une ancienne Assise « aux droits déjà périmés quand l'auteur du Livre au Roi écrivait son livre, engloutis silencieusement dans la marée montante du pouvoir seigneurial »[2]. Pour Riley-Smith, et il est suivi par Myriam Greilsammer dans son édition du Livre au roi[3], ce texte donnait la prérogative au roi de décider seul du châtiment infligé au vassal après le verdict de culpabilité de la Haute Cour[4]. Il attribue ce texte, non pas à Baudoin II (1075-1132) mais à Baudoin III (1130-1163)[5], comme Jean Richard[6], et est possible de les suivre sur ce point. Riley-Smith considère que le renouveau de ce texte, dans le Livre au roi, est dû au roi Amaury de Lusignan, roi de Chypre et roi consort de Jérusalem, au début du XIIIe siècle. Avec cette interprétation de l'*Establissement de Baudouin*, Riley-Smith renverse les faits rapportés par Philippe de Novare et Jean d'Ibelin en montrant qu'il s'agirait de la volonté consciente de la part d'Amaury de mettre en pratique le droit de décider seul et sans opposition possible, droit qui lui est conféré par ce même texte. Tibble[7], Loud[8] et Mayer[9] utilisent aussi ce texte pour faire une réévaluation des pouvoirs royaux à la fin du XIIe siècle. Jean Richard a pu écrire que la royauté hiérosolymitaine, dans le premier royaume, n'a pas été tenue en tutelle par ses vassaux et que bien des indices permettent de s'en rendre compte[10]. L'autorité du roi est, ajoute-t-il, sans doute limitée par rapport aux barons et à

[1] M. GRANDCLAUDE Maurice, *Étude critique des livres des Assises de Jérusalem*, Jouve et Cie, Paris, 1923, p. 111 et « Liste des assises remontant au premier royaume de Jérusalem (1099-1187) », in *Mélanges Paul Fournier*, Paris, 1929, p. 336-338.

[2] J. PRAWER, « Étude sur le droit des Assises de Jérusalem : droit de confiscation et droit d'exhérédation », *Revue historique de droit français et étranger*, 39 (1961), p. 520-551 et 40 (1962), p. 29-42., (p. 35).

[3] M. GREILSAMMER, *Le Livre au roi,* Académie des inscriptions et et belles-lettres, Paris, 1995, p. 93-94.

[4] J. RILEY-SMITH, "Further thoughts on Baldwin II's établissement on the confiscation of fiefs", in P. W. Edbury, *Crusade and Settlement* (Cardiff, 1985).

[5] J. RILEY-SMITH, *The Feudal Nobility and the Kingdom of Jerusalem, 1174-1277*, London, 1973, p. 156.

[6] J. RICHARD, *Le Royaume latin de Jérusalem*, PUF,1953, p. 69.

[7] S. TIBBLE, *Monarchy and Lordships in the Latin Kingdom of Jerusalem 1099- 1291*, Oxford,1989.

[8] G. LOUD, « The Assise sur la Ligece and Ralph of Tiberias », *Crusade and settlement. Papers reads at the First Conference of the Society for the Study of the Crusades and the Latin East and presented to R. C. Smail*, Cardiff, University College Cardiff Press, 1985.

[9] H. MAYER, « The Wheel of Fortune : Seignorial Vicissitudes under Kings Fulk and Baldwin III of Jerusalem », *Speculum. A Journal of Medieval Studies n°65*, 1990, p. 860-877.

[10] J. RICHARD, *Le Royaume latin de Jérusalem*, PUF, 1953, p. 168-169.

l'Église, mais ces faits n'empêchent pas le roi de se montrer indépendant. Le grand historien précise son propos en expliquant que l'action des souverains qui régnèrent jusqu'en 1185 suffirait à le montrer. En effet, selon lui, Baudouin III et Amaury Ier ont affirmé leur puissance par des « *établissements* » et des Assises favorables à la couronne. Le roi est selon lui, le souverain justicier comme il est le chef de guerre, dominant encore ses barons par l'étendue de son important domaine.

L'analyse des sources démontre pourtant le contraire. Il semble que l'interprétation courante repose sur le postulat d'une transposition quasiment à l'identique des pratiques occidentales dans la lecture du pouvoir dans l'Orient latin. Sans doute, au cours du XIIe siècle, sous le règne de princes énergiques, l'autorité royale eut à certains moments l'occasion de s'affirmer[1]. Elle réussit, notamment, à enrayer l'action du patriarcat et à restreindre les ambitions des prélats qui en occupaient le siège. Elle eut sur ce point l'appui, dans une certaine mesure, du Saint-Siège lui-même, qui n'entendait pas laisser à l'Église de Terre sainte trop d'indépendance à l'égard de Rome[2]. L'objection formulée ici sur ces interprétations consiste à dire tout simplement que ce texte n'est pas une « Assise », mais selon le texte lui-même un « *establissement* ». Cette distinction a son importance car cette nature juridique n'implique pas du tout la même portée. Une Assise est un texte de nature normative, arrêté par le roi et ses hommes au sens large, alors qu'un établissement est une disposition normative décernée par le prince seul[3]. Un établissement, par définition, dans le premier royaume de Jérusalem, à Acre et à Chypre au XIIIe siècle et à Chypre à partir du XIVe siècle, est un type d'acte juridique qui n'a aucune valeur légale. En effet, comme l'indique le « Livre des Bourgeois », au chapitre CCCIII[4], même une simple ordonnance de police, sur le nettoyage des rues de Jérusalem, rendue par ce roi Baudoin sans le concours de ses hommes et des Bourgeois de la cité n'a eu aucune valeur normative. Le texte ne laisse aucune place au doute.

À la fin du XIIIe siècle, le roi Henri II de Chypre (1270-1324) a lui aussi tenté d'imposer des « *establissements* » mais ils ont tous été rapidement abrogés[5]. Il s'ensuit donc, que Baudoin III a décrété cet établissement, comme l'ordonnancement de police, mais dans les faits il s'est vu opposer une fin de non-recevoir. Si ce texte a une réalité historique certaine, il n'en reste pas moins vrai que ce texte n'en a eu aucune portée en histoire du droit. La

---

[1] J. L. La MONTE, *Feudal Monarchy in the Latin Kingdom of Jerusalem, 1100-1291*, Cambridge, Mediaeval Academy of America, 1932, p. 205.

[2] *Ibid.*

[3] A. CASTALDO, Y. MAUSEN, *Introduction historique au droit*, Dalloz, Collection : Précis, 5e édition, 2019, p. 146.

[4] BEUGNOT, vol. 2 : Lois, Livre des Bourgeois, chap. CCCIII, p. 225 : « *Bien saches que la raison ne prent mie à droit nus de VII. sos et demy d'escouver les rues, por ce que li rois Bauduins y mist ces establissemens sans le conseill de ses homes et de ses borgeis de la cité* ».

[5] « Remède » de 1310 ; Cf. P. II, Chap. I, Section II, §1, I.

distinction de nature de ce texte et son inapplicabilité en fait n'ont pas été perçues par ces historiens. Un fait juridique peut être historiquement vrai mais n'avoir aucune portée juridique. L'inverse est aussi vrai, l'histoire du droit l'a montré. Enfin, l'idée que le roi Amaury de Lusignan (1152-1205), au début du XIIIe siècle, ait réhabilité ce texte est fondée sur une datation du Livre au roi en 1205, en opposition à sa dation traditionnelle beaucoup plus tardive soutenue ici et celle proposée ici aussi au tout début du XIVe siècle de manière nouvelle. Il est en revanche plus certain, que cette insertion dans ce recueil de jurisprudence de la Haute Cour, qu'est le « Livre au roi », est une empreinte de la politique qu'a tentée, par « *establissement* », Henri II de Chypre à Acre et à Chypre à la fin du XIIIe siècle et au début du XIVe siècle pour justifier son action. Le Livre au roi étant avant tout, quelle que soit la datation que l'on veuille retenir, une partie de coutumiers chypriotes du XIVe siècle. En tout état de cause, ce texte n'a sans doute eu aucune résonance ni au XIIe et ni au XIIIe siècle. En effet, peu après la mort de Baudouin III en 1163, son frère Amaury a édicté l'Assise de la ligesse, qui prévoit qu'aucun vassal ne pouvait être privé de son fief par une décision arbitraire. Elle subordonne cette confiscation à un jugement de la cour du seigneur. Si celui-ci se refusait à porter le différend devant la cour, les autres vassaux pouvaient se liguer avec la victime de la confiscation et menacer le seigneur de le priver de leur service. L'« *esgart et connoissance de court* » était ainsi rendu obligatoire, et le roi lui-même était engagé à aider ses arrière-vassaux à obtenir justice de son vassal, leur seigneur. Au siècle suivant, Jean d'Ibelin et Philippe de Novare parlent des cas de trahison pouvant entraîner le retrait du fief, mais insistent sur l'obligation de l'*esgart de cour*[1]. Jacques d'Ibelin, dans son Livre, ne fait que répéter ce principe[2].

Le Livre des Bourgeois expose clairement des textes comme étant la retranscription d'Assises remontant au premier royaume de Jérusalem. Nous avons l'Assise d'Amaury relative aux marins, aux bateaux et à la cour de la mer[3]. Nous avons aussi l'Assise du roi Amaury autorisant le mari trompé à tuer sa femme et son amant, mais il lui est interdit de ne tuer qu'un des deux coupables[4]. Il s'agit ici probablement d'Assises du roi Amaury Ier (1163-1173). Ensuite, on trouve l'Assise sur l'affranchissement des serfs[5] et l'Assise du roi Beaudoin de Borc ou Baudoin II (1118-1131), fixant les cas dans lesquels les

---

[1] BEUGNOT, vol. 1 : Lois, Livre de Jean d'Ibelin, chap XCV et suivant, p. 155 et Livre de Philippe de Novare, chap. XIV, p. 487.

[2] BEUGNOT, vol. 1 : Lois, Livre de Jacques d'Ibelin, IV, p. 456 : « *Et le seignor est tenus de totes les quarelles ou discors, quels que il seient, qui sont ou seront entre lui et son home, ou de l'un home à l'autre de quelque home que ce seit, à son home de faire les déterminer par l'esgartl de sa court, se il ou autre li requièrent esgart. Et il ne deit mètre main sur son cors ne sur son fié ne sur les soes choses, se la court ne conut tôt avant qae il faire le puisse* ».

[3] BEUGNOT, vol. 2 : Lois, Livre des Bourgeois, chap. XLIII à XLIX, p. 42 et suivant.

[4] *Ibid.*, chap. CCLXXXVIII, p. 218.

[5] *Ibid.*, chap. CCVII, p. 140.

parents peuvent déshériter leurs enfants, et les enfants leurs parents[1]. Cette Assise paraît avoir été reproduite textuellement. Enfin nous avons l'Assise du roi Foulques (1131-1142) sur les faucons perdus[2].

Dans le Livre Contrefais seul deux Assises sont évoquées comme telles. La première est l'Assise du chalonge[3], le droit de retrait lignager lorsqu'un héritier vend le bien, et la seconde est celle de la tenure d'an et jour dans trois chapitres[4].

---

[1] *Ibid.*, chap. CCXXXIX et CCXXXL, p. 169.

[2] *Ibid.*, chap. CCLIX, p. 194.

[3] BEUGNOT, vol. 2 : Lois, Livre Contrefais, Partie I, chap. XXXIII, p. 260.

[4] *Ibid.*, Partie II, Chap. XV et XVI, p. 310 et chap. XIX, p. 317.

Chapitre 2

La perpétuation du droit hiérosolymitain dans les nouveaux royaumes latins (1187-1250)

La perte de Jérusalem en 1187 et l'effondrement du royaume qui s'ensuivit fut un véritable cataclysme pour les francs de l'Orient latin mais aussi pour l'Occident. Ce fut un séisme dans les consciences occidentales en canalisant une génération de 1192 à 1217 qu'un historien a appelé « la génération de l'attente »[1]. Cette génération est ainsi dénommée en raison de l'attente d'une remobilisation occidentale pour libérer la Terre sainte et surtout Jérusalem. Le royaume de Jérusalem était rendu très proche à chacun par l'enseignement biblique. Comme l'a aussi écrit avec justesse Joshua Prawer, « le jeune écolier apprenait l'alphabet avec les Psaumes et l'Écriture servait à l'enseignement des humanités »[2]. Pour ceux qui n'avaient pas appris à lire, les cathédrales furent « la Bible de pierre » ont ajouté Pierre Riché et Gérard Lobrichon[3]. Créé pour sécuriser un pèlerinage pratiqué depuis les temps les plus reculés, le royaume de Jérusalem devint alors le centre des préoccupations politiques.

Avec la troisième croisade de 1192, puis la quatrième croisade au début du XIIIe siècle, le royaume de Jérusalem va peu à peu se reconstituer territorialement. Le droit hiérosolymitain est réaffirmé dès la fin du XIIe siècle dans le nouveau royaume de Jérusalem rétabli à Saint-Jean d'Acre. Dans le même mouvement, de nouvelles principautés franques vont se constituer en Orient dont notamment le royaume de Chypre. Ce dernier va lui se construire dans une parfaite gémellité avec le royaume de Jérusalem. Le droit et les institutions seront identiques. Rois, chefs seigneurs, aristocraties féodales et Bourgeoises auront des intérêts dans les deux royaumes et conduiront conjointement et parfois en même temps les deux entités politiques. Mais cette perpétuation du droit ne se fera pas non sans difficultés du fait de nombreuses ingérences occidentales jusqu'en 1250.

Le droit hiérosolymitain du premier royaume de Jérusalem va dans les faits être perpétué dans le rétablissement du royaume de Jérusalem à Saint-Jean d'Acre et repris comme modèle dans l'établissement du royaume de Chypre (I). Cependant, à partir de 1228, l'indépendance de ces principautés sera fortement contestée par l'empereur germanique qui tentera d'affirmer sa souveraineté, ce qui entraînera une guerre civile jusqu'en 1250 (II).

---

[1] Titre d'un chapitre de l'ouvrage de Joshua PRAWER, *Histoire du Royaume latin de Jérusalem*, CNRS, 2007, t. II, p.101-124.

[2] *Ibid.*, t. I, p. 124-125.

[3] P. RICHE et G. LOBRICHON (dir.), *Le Moyen Age et la Bible*, Paris, 1984, p. 301.

I. La réitération des Assises comme fondement de la continuité (1187-1228)

Après l'anéantissement de l'ost royal à Hattin en juillet 1187, Jérusalem tombe aux mains des musulmans en octobre de cette année. Cet évènement retentissant poussa l'Occident à organiser une troisième « croisade » l'année suivante. Les Francs de l'Orient latin replié purent alors reconstituer le royaume de Jérusalem à Saint-Jean d'Acre (A). Le droit hiérosolymitain exprima alors, à partir de 1192, pour le royaume et pour le nouveau royaume latin sur l'île de Chypre, le fondement de leur unité politique (B).

A. L'effondrement et la renaissance du « royaume de Jérusalem » (1187-1192)

Le roi de Jérusalem Baudouin IV meurt le 16 mars 1185. Son neveu qui lui succède, meurt à son tour à Saint-Jean d'Acre en septembre 1186[1]. Deux candidats à la succession se présentent, d'une part Guy de Lusignan, en vertu des droits héréditaires de son épouse Sibylle, sœur aînée de Baudouin IV, et d'autre part Raymond III de Tripoli, comme chef seigneur du royaume élu du fait de la maladie du roi, la lèpre, a qui a été promis la couronne[2], et comme plus proche parent mâle du roi Amaury, père du roi Baudoin IV.

Guy de Lusignan (1159-1194), est le sixième fils d'Hugues VIII le Vieux, seigneur de Lusignan et comte de la Marche, de Bourgogne et de Rançon, qui meure en Terre sainte en 1173[3]. La maison de Lusignan est une antique dynastie poitevine, attestée depuis le Xe siècle[4]. Fils cadet sans fortune, Guy de Lusignan est arrivé peu avant, à la suite de tractations politiques de son frère aîné Amaury, qui lui succédera à Chypre et qui deviendra roi de Chypre puis roi de Jérusalem. Ce dernier a suivi l'appel des croisades dès 1174, et s'est installé dans le royaume de Jérusalem. Proche de la « reine mère », Agnès de Courtenay, il est le connétable du royaume de Jérusalem[5]. Guy de Lusignan est investi à son arrivée par le roi des comtés de Jaffa et d'Ascalon. Baudoin IV le maria ensuite à sa sœur Sybille, veuve, vers la pâque de 1180. Il devint proche de Renaud de Châtillon et de Gérard de Ridefort, Maître de l'Ordre du Temple. Baudoin IV le fait ensuite élire par l'assemblée des barons

---

[1] R. GROUSSET, *Histoire des croisades et du royaume franc de Jérusalem, II. 1131-1187, L'équilibre*, Paris, Perrin, 1935, p. 722.

[2] RHC, Historiens occidentaux, Tome II, Chronique d'Ernoul, Livre XXIII, chap. XVII, p. 25.

[3] P. W. EDBURY, *The Kingdom of Cyprus and the Crusades, 1191-1324*, Cambridge, CUP, 1991, p. 13.

[4] Actes du colloque « Les Lusignans et l'outre-mer », Poitiers-Lusignan, 20-24 octobre 1993, Poitiers, 1996.

[5] P. AUBE, *Baudouin IV de Jérusalem, le roi lépreux*, Hachette, coll. « Pluriel », 1981 (réimpr. 1996), p. 250.

et par le patriarche chef seigneur du royaume « *regni procuratorem constituit* »[1]. Mais Guy se rend rapidement impopulaire auprès des barons et des sujets du royaume. Le roi lui retire sa fonction et, pour être sûr qu'il ne lui succédera pas, associe par une élection au trône son neveu Baudoin, dit « Baudouinet », âgé de cinq ans, le fils de Guillaume de Montferrat et de Sibylle[2]. Baudouin V, bien qu'enfant fût sacré « co-roi » le 20 novembre 1183. Raymond III de Tripoli est désigné dans le même temps chef seigneur du royaume et héritier putatif. [3].

Aussi, à la mort de Baudoin V, Guy n'a que peu de partisans, mais Sibylle, profitant de l'absence de Raymond de Tripoli de Jérusalem, qui a été éloigné par Josselin III de Courtenay, et l'aide du maître de l'ordre du temple, se fait reconnaître, en septembre 1186, comme légitime héritière. Renaud de Chatillon la fait alors acclamer avec son époux par la population de Jérusalem comme telle. Elle force alors le patriarche à la couronner et dépose elle-même une deuxième couronne sur la tête de son époux Guy de Lusignan[4]. Ils ne sont toutefois pas sacrés. Sybille renforçait ainsi les chances de son mari, qui ne sont toutefois pas acquises, sans l'assentiment de l'assemblée des barons. Raymond de Tripoli, désirant éviter une guerre civile entre les partisans de Guy et les siens, propose pour le remplacer Onfroy IV de Toron, marié à Isabelle la demi-sœur cadette de Baudouin et de Sybille. Mais ce dernier, effrayé à l'idée des responsabilités royales, s'y refuse et prêta allégeance à Guy et Sibylle[5]. Guy de Lusignan finit par s'imposer comme chef seigneur et roi au cours d'un « *parlement* » à Acre[6].

Le nouveau roi de Jérusalem n'allait pas tarder à confirmer sa personnalité influençable et velléitaire dénoncée par le roi lépreux Baudoin IV. Son incapacité à gouverner les hommes va conduire à un désastre pour les francs. Tous les efforts pour maintenir la paix avec le sultan d'Égypte Salāh al-Dīn (Saladin) furent anéantis par le pillage d'une caravane qui transportait sa sœur par Renaud de Châtillon[7]. Saladin, prince kurde, venait de libérer l'Égypte de l'emprise fatimide et d'unifier la Syrie ainsi que la haute Mésopotamie. Devant le refus de Renaud de Chatillon de lui rendre sa sœur, et malgré l'insistance sans autorité du roi Guy, Saladin lança une offensive. Le 1er mai 1187, Gérard de Ridefort, maître de l'Ordre du Temple lance inconsidérément, en dépit des avis contraires du maître de l'Hôpital et du maréchal du Temple, contre sept

[1] RHC, Historiens occidentaux, Tome I, Guillaume de Tyr, Livre XXII, chap. 25, p. 1116 et Cf. Jacques de Vitry, chap. XCIII : « *Convocatis ad se principibus, proesente matre et domino patriarcha* ».
[2] *Ibid.*, Livre XXII, chap. 27, p. 1121.
[3] R. GROUSSET, *Histoire des croisades et du royaume franc de Jérusalem, II. 1131-1187, L'équilibre*, Paris, Perrin, 1935, p. 722.
[4] *Ibid.*, p. 29.
[5] *Ibid.*, chap. XIX p. 31.
[6] *Ibid.*, chap. XXII, p. 33.
[7] RHC, Historiens occidentaux, Tome II, Chronique d'Ernoul, Livre XXIII, chap. XVIII, p. 34.

mille Mamelouks, cent quarante chevaliers qui furent immédiatement massacrés. Les survivants furent décapités, excepté Gérard de Ridefort qui a réussi à s'échapper[1]. Guy de Lusignan réunit alors l'ost royal fin juin et se porta au-devant de Saladin à Hattin. Le 4 juillet, c'est l'affrontement, l'armée des francs est anéantie et la sainte croix fut perdue[2].

Guy de Lusignan, ses frères Geoffroy et Amaury, connétable du royaume de Jérusalem, Renaud de Châtillon, Gérard de Ridefort, Guillaume de Montferrat furent faits prisonniers[3]. Raymond de Tripoli réussit lui à se replier. Saladin coupa personnellement la tête de Renaud de Châtillon et envoya les autres prisonniers à Damas[4]. Saladin s'empare ensuite de la citadelle de Tibériade, des cités de Saint-Jean d'Acre, de Césarée de Sidon et de Jaffa. En août, il s'empare de Beyrouth, puis d'Ascalon et de Gaza en septembre. Il ne réussit pas à prendre la ville de Tyr défendue par Conrad de Montferrat, frère de Guillaume de Montferrat, père de Baudoin V et premier époux de Sybille de Jérusalem[5]. Le 20 septembre, Saladin commence le siège de Jérusalem, alors défendue par seulement 6 000 hommes conduits par Balian d'Ibelin, seigneur de Naplouse.

Balian d'Ibelin est le troisième fils de Balian le François, frère d'un comte Guilin de Chartres[6]. Ce dernier fut seigneur d'Ibelin en 1141 par volonté du roi Foulques et seigneur de Rama par mariage. Son frère aîné, Hugues d'Ibelin, seigneur de Rama, mort en 1170, épousa Agnès de Courtenay, mère de Baudoin IV et de Sybille, après que le mariage de cette dernière fut dissous avec le roi Amaury Ier[7]. Son autre frère aîné, Baudoin de Rama, refusa de prêter allégeance au roi Guy de Lusignan et lui laissa son fief pendant la minorité de son fils Tomassin et quitta alors le royaume[8]. Balian lui épousa, après la mort du roi Amaury, Marie Comnène reine douairière de Jérusalem. Proche du roi Baudoin IV il a porté l'enfant-roi Baudouin V à son couronnement[9].

En arrière-garde de l'ost royal, Balian d'Ibelin s'empressa d'aller à Jérusalem protéger son épouse, ses enfants, Jean, Philippe, ses deux filles et Isabelle, fille d'Isabelle de Jérusalem. À la demande du patriarche, des Bourgeois, et des commandeurs de l'ordre des Templiers et de l'Hospital il accepta de devenir le chef seigneur du royaume, ou de ce qu'il en reste[10]. En suivant, n'ayant que deux chevaliers avec lui, il fit chevaliers tous les fils de

---

[1] *Ibid.*, Livre XXIII, chap. XVI, p. 40.
[2] *Ibid.*, Livre XXIII, chap. XLI, p. 63.
[3] *Ibid.*, Livre XXIII, chap. XLIV, p. 66.
[4] *Ibid.*, Livre XXIII, chap. XLV, p. 67.
[5] *Ibid.*, Livre XXIII, chap. XLIX, p. 74.
[6] BEUGNOT, vol. 2 : Lois, Livre des Lignages d'Outremer, chap. VIII, p. 448.
[7] RHC, Historiens occidentaux, Tome II, Chronique d'Ernoul, Livre XXIII, chap. III, p. 5.
[8] *Ibid.*, Livre XXIII, chap. XXII, p. 33.
[9] *Ibid.*, Livre XXIII, chap. V, p. 8.
[10] *Ibid.*, Livre XXIII, chap. XLVI, p. 68.

chevaliers de quinze ans et plus ainsi que les fils les plus méritants des Bourgeois[1]. Après une défense vigoureuse Balian négocie la reddition de la ville le 2 octobre contre la vie sauve des habitants et la sauvegarde des Lieux saints. Les chevaliers francs, les templiers et les hospitaliers restants se replient à Tyr alors dernier bastion chrétien[2]. Car seul Conrad de Montferrat, qui a mis Tyr en état de défense, tient en échec Saladin. Il réussit à incendier une partie de la flotte musulmane, obligeant Saladin à abandonner le siège de la ville le 2 janvier 1188[3].

Saladin libère Guy de Lusignan au cours de l'été, espérant que sa nature porte atteinte à l'efficacité de Conrad de Montferrat[4], mais ce dernier ne tombe pas dans le piège et refuse à Guy l'accès à la ville de Tyr[5]. Devenu roi sans royaume, rejeté par l'ensemble des barons qui lui reprochent le désastre de Hattin, Guy de Lusignan décide avec ses frères et quelques chevaliers de reprendre la ville de Saint-Jean d'Acre et l'assiège le 29 août 1188[6]. Sibylle de Jérusalem, son épouse, meurt pendant le siège au cours de l'été 1190, avec ses filles[7]. Guy de Lusignan perd alors toute sa légitimité. Conrad de Montferrat va alors de son côté épouser Isabelle de Jérusalem avec l'aide de sa mère Marie Comène et de son beau-père Balian d'Ibelin ainsi que de la volonté des barons[8]. Isabelle va ainsi voir son premier mariage annulé avec Onfroy IV de Toron pour des raisons politiques. Isabelle fut en suivant reconnue héritière du royaume de Jérusalem et Conrad de Montferrat chef seigneur[9].

Pour donner suite à l'appel du pape Grégoire VIII, la troisième « croisade » est lancée, dirigée par l'empereur germanique Frédéric Ier Barberousse et les rois Philippe Auguste (de France) et Richard Cœur de Lion (d'Angleterre). L'empereur germanique meurt en chemin en Cilicie en juin 1190[10]. Le roi de France et le roi d'Angleterre partent eux de Vézelay le 4 juillet 1190[11]. Philippe Auguste arrive en Terre sainte en avril 1191[12]. Richard Cœur de Lion lui est détourné par une tempête sur l'île de Chypre.

---

[1] *Ibid.* et Cf. Dom Edmond MARTENE et Dom DURAND, *Veterum scriptorum et monumentorum moralium, historicorum, dogmaticorum, moralium, amplissima collectio*, 8 vol., [2e édition], Paris, 1724, V. V, p. 609.

[2] RHC, Historiens occidentaux, Tome II, Chronique d'Ernoul, Livre XXIII, chap. LXI, p. 93.

[3] *Ibid.*, Livre XXIV, chap. III, p. 107.

[4] *Ibid.*, Livre XXIV, chap. XII, p. 121.

[5] *Ibid.*, Livre XXIV, chap. XIII, p. 123.

[6] *Ibid.*, Livre XXIV, chap. XVIII, p. 128.

[7] *Ibid.*, Livre XXV, chap. X, p. 151.

[8] *Ibid.*, Livre XXV, chap. XI, p. 151.

[9] *Ibid.*, Livre XXV, chap. XII, p. 154.

[10] *Ibid.*, Livre XXIV, chap. XXVI, p. 138.

[11] *Ibid.*, Livre XXV, chap. VII, p. 145.

[12] *Ibid.*, Livre XXV, chap. XIII, p. 155.

L'île de Chypre, constituait au XIIe siècle une dépendance de l'Empire romain d'Orient, dit empire byzantin[1]. Les grandes familles de l'aristocratie de Constantinople et ses monastères y avaient de nombreux domaines[2]. L'île fournissait une partie du ravitaillement des Francs de Syrie et des escales commodes pour les armées croisées et les marchands. Mais à la suite de la prise de pouvoir d'Andronic Comnène à Constantinople en 1183[3], le duc de Cilicie, Isaac Doukas Comnène, s'est rendu maître de l'île et autoproclamé empereur en 1184[4]. À l'arrivée des gens de Richard Cœur de Lion, il se serait prévalu du droit d'épave pour dépouiller les croisés de l'entourage de Richard Cœur de Lion, que la tempête avait jeté sur ses côtes, et chercha, semble-t-il, à s'emparer de la sœur et de la fiancée du roi, Bérengère de Navarre[5]. En réaction, Richard Cœur de Lion saisit ce prétexte pour la conquérir[6]. Le roi Richard arriva seulement ensuite devant Saint-Jean d'Acre en juin 1191[7]. La ville capitule le 12 juillet 1191[8].

Le roi Philippe Auguste fit rendre aux Bourgeois Francs et à chacun leurs biens selon le « droit de la terre », après avoir avec le roi d'Angleterre réunis les barons et tous les anciens habitants francs d'Acre en assemblée[9]. Chacun devant prouver son droit par « *privelige ou par garantie* ». C'est la première grande réaffirmation de la continuité de l'application du droit hiérosolymitain. À Saint-Jean d'Acre est donc rétablie la Haute Cour et maintenue une Cour des Bourgeois reconnues comme cours royales. Dans le chapitre XIV du Livre des Bourgeois la cour du vicomte est appelée *Cort Reau*, cour royale, comme au chapitre CLXXXI[10]. Philippe de Novare dans son Livre voit lui aussi dans ces cours des cours royales. Il indique cette perception au sujet du faussement de cour pour « *la court du seignor la Grant ou la petite* »[11]. Ainsi, les cours de justice et de gouvernement sont, par le fait même de reconnaître ce qui est Assises ou usages, gardiennes et créatrices du droit qu'elles ont la charge d'appliquer. Ce moyen de preuve de la coutume, sans avoir à établir un usage antérieur, est un principe admis par les canonistes et les légistes du XIIIe siècle[12]. Le droit hiérosolymitain devient donc à la fin du XIIe siècle le

---

[1] J-C CHEYNET, *Le monde byzantin (604-1204),* vol 2, PUF, 2006.
[2] L. BRÉHIER, *Vie et Mort de Byzance*, Albin Michel, mai 2006, p. 632.
[3] J-C CHEYNET, *Pouvoir et contestations à Byzance (963-1210),* Paris, Publications de la Sorbonne, 1990.
[4] P. EDBURY, *The Kingdom of Cyprus and the Crusades, 1191-1324*, Cambridge, CUP, 1991.
[5] RHC, Historiens occidentaux, Tome II, Chronique d'Ernoul, Livre XXV, chap. XVIII, p. 160.
[6] *Ibid.*, Livre XXV, chap. XIX, p. 161.
[7] *Ibid.*, Livre XXV, chap. XXVI, p. 169.
[8] *Ibid.*, Livre XXV, chap. XXXI, p. 173.
[9] *Ibid.*, Livre XXVI, chap. I, p. 175.
[10] BEUGNOT, vol. 2 : Lois, Livre des Assises de la Cour de Bourgeois, chap. XIV, p. 27 et chap. CLXXXI, p. 121.
[11] BEUGNOT, vol. 1 : Lois, Philippe de Novare, chap. LXXXVII, p. 560.
[12] J-F POUDRET, « Réflexions sur la preuve de la coutume devant les juridictions royales françaises aux XIIIe et XIVe siècles, notamment le rôle de l'enquête par turbe », in *Poudret, Coutumes et libertés : recueil d'articles, Lausanne*, 2009, p. 72-89 (ici p. 78).

fruit d'un consensus social sur ce qu'était l'ancien droit, le droit juré, et d'un agrément juridictionnel, la reconnaissance en cour des souvenirs. Comme il n'y avait plus aucun intérêt pratique à distinguer l'ancienne Assise du simple usage, le droit d'origine ancienne du droit de date récente, ils nommèrent alors Assise tout point de droit bien établi. Les Assises sont donc, après la perte de Jérusalem, des « usages » prouvés en cour à Acre et puis à Chypre, soit la coutume, où comme le dit Philippe de Novare, de manière indistincte, « *les assises et les bons us et les bones costumes dou royaume de Jérusalem* »[1]. Jean d'Ibelin, dit bien dans son dernier chapitre, que son travail repose sur ce qu'il a vu utiliser comme usages et Assises[2]. Il ajoute que son livre est le fruit de ce qu'il a pu entendre par témoignage et qu'il a reproduit selon son propre entendement et surtout selon l'enseignement des « anciens ». Selon lui, les Assises ont été établies tout au long du XIIe siècle, de Godefroy de Bouillon jusqu'à la perte de Jérusalem en 1187, et que la pratique de son temps n'est plus que de l'« *usage* ».

En août, le roi de France décide de rentrer en France après avoir laissé ses troupes aux mains du duc de Bourgogne[3]. Richard Cœur de Lion reste et est vainqueur de Saladin à Arsouf en septembre 1191 et à Jaffa en août 1192[4]. Il reconquiert la totalité du littoral depuis Acre jusqu'à Ascalon, mais ne peut s'écarter pour reprendre Jérusalem, en raison des menaces qui pèsent sur ses communications. Conrad de Montferrat, chef seigneur des Francs du royaume de Jérusalem perdu, continue de gouverner dans la tradition du droit hiérosolymitain ; ses actes font bien état de la coopération des chevaliers, des bourgeois, des clercs et de *totum commune civitatis*[5]. Mais Conrad de

---

[1] BEUGNOT, vol. 1 : Lois, Livre de Philippe de Novare, chap. XLVII, p. 521 : « *Je vous ais fait mencion des assises en plusors leus, si com il se contient dessus, et aucunes vous en ai retraites entérinement, selon mon entendement; après voz en deviserai plusors à bone fei ; et à grant doute le fai, car le seignor et nos avons jurées les assises et les bons us et les bones costumes dou royaume de Jérusalem, et nous les savons asseis povrement ; car les assises ne seit om mais que par oïr dire et par usage ; et tenons pour assise ce que nous avons veu user com assise, disant que l'on entent que teil est teil assise; et aucunes feis, à la vente des fiés ou en aucun autre endreit, dit on que l'assise est fornie, que nous ne le savons mie bien ; mais qui le dit à nete consience, selon son entendement, il ne peut autre faire. Moult en pevent meaus user et ouvrer plus seurement au royaume de Jérusalem, ains que la terre fust perdue...* ».

[2] BEUGNOT, vol. 1 : Lois, Livre de Jean d'Ibelin, chap. CCLXXIII, p. 428 : « *Et avant que la terre fust perdue en usoit l'on miaus que l'on ne peut orres faire : car noz les savons assés povrement; et ce que noz en savons, noz ne le savons que par oyr dire et par usage. Et nos tenons por assise ce que noz avons veu user come assise, disant que l'on entent que tel est celle assise, et que l'on ne set ce elle est fornie ou non ; mais l'on le dit à nete conscience, selonc son entendement. Moult en pooient miaus user et ouvrer seurement ou reiaume de Jérusalem, ainz que la terre fust perdue, là où les assises estoient, si come il devise ou prelogue de cest livre : et après la terre perdue, fu tôt perdu. Et veirs est que les anciens noz en laissierent assés de leur science* ».

[3] RHC, Historiens occidentaux, Tome II, Chronique d'Ernoul, Livre XXVI, chap. VI, p. 181.

[4] *Ibid.*, Livre XXVI, chap. X, p. 188.

[5] J. RICHARD, *Histoire des croisades*, Fayard, Paris, 1996.

Montferrat est assassiné par deux musulmans chiites le 28 avril 1192[1]. Il laisse une fille posthume, Marie de Montferrat, née au cours de l'été 1192. Pour ne pas laisser le royaume sans chef, sa veuve Isabelle, enceinte, est remariée à Henri II de Champagne.

Henri de Champagne (1166-1197), comte palatin de Champagne, est un fils d'Henri Ier, comte de Champagne et de Marie de France. Il est le neveu de Philippe Auguste et de Richard Cœur de Lion[2]. Sa mère est en effet la fille de Louis VII de France et d'Aliénor d'Aquitaine, donc sœur de Philippe par son père et de Richard par sa mère. Ayant participé à l'assemblée de Vézelay en juillet 1190 en faveur de la troisième croisade, il décide de se croiser. Dans son testament, il déclare que s'il ne revient pas de Terre sainte, le comté de Champagne reviendra à son frère Thibaut III. Il débarque en avant-garde devant Saint-Jean d'Acre le 27 juillet 1190 et rejoint les forces qui assiègent la ville. Après l'assassinat de Conrad de Montferrat, Richard Cœur de Lion lui fit épouser la reine Isabelle de Jérusalem le jeudi 30 avril 1191, soit deux jours après la mort de Conrad de Montferrat et il est reconnu en suivant chef seigneur[3]. Il ne semble pas qu'il fut couronné. Henri de Champagne, signe avec Saladin, le 3 septembre 1192, une trêve de trois ans qui assure aux chrétiens la possession de la côte de Tyr à Jaffa ainsi que la liberté pour le pèlerinage à Jérusalem, en échange de facilités analogues reconnues par les chrétiens aux musulmans se rendant à la Mecque[4]. Ensuite, Richard Cœur de Lion s'en retourna en occident[5].

B. La continuité du droit à Saint-Jean d'Acre et sur l'île de Chypre (1192-1228)

Le roi Richard Cœur de Lion, n'avait aucun intérêt à gouverner l'île de Chypre. Il vendit d'abord l'île aux Templiers, qui gouvernèrent le pays en essayant d'exploiter ses richesses naturelles et ses produits, mais après la révolte des habitants de Nicosie, à la Pâques de 1192, les Templiers restituèrent l'île au roi Richard[6]. Le roi d'Angleterre revendit immédiatement l'île à Guy de Lusignan. En effet, face à l'animosité des barons latins d'Acre envers le roi Guy, le roi Richard Cœur de Lion le poussa à se retirer et le fit seigneur de Chypre pour 60 000 Besants, comme son propre vassal[7]. Le roi Guy de Lusignan s'installa sur l'île de Chypre dès l'été 1192 avec tous ceux qui souhaitent le suivre. Il s'y installa avec trois cents chevaliers et deux cents

---

[1] RHC, Historiens occidentaux, Tome II, Chronique d'Ernoul, Livre XXVI, chap. XIII, p. 193.
[2] *Ibid.*, chap. XIV, p. 194.
[3] *Ibid.*
[4] *Ibid.*, Livre XXVI, chap. XVII, p. 198.
[5] *Ibid.*, Livre XXVI, chap. XVIII, p. 200.
[6] *Ibid.*, Livre XXVI, chap. XI, p. 190.
[7] R. GROUSSET, *Histoire des croisades et du royaume franc de Jérusalem*, 1936 (réimpr. 1999), p. 97-99.

écuyers qui venaient d'être dépossédés de leurs biens par les conquêtes de Saladin[1]. Il établit Bourgeois dans les cités et vilains dans les terres. Les Lusignans prennent possession d'une île presque dépourvue d'élite et y installent une aristocratie de tradition française[2]. L'île devint le point d'arrivé de l'immigration des Francs venus d'Occident. Barons, chevaliers Bourgeois s'établissent dans les villes tandis que dans les campagnes le peuplement franc reste très sporadique. Guy de Lusignan, entreprit de donner à Chypre une armature féodale, en distribuant fiefs et tenures, ceci à la faveur de confiscations, dont furent en particulier victimes les Vénitiens[3]. Mas Latrie, dans son histoire de l'île de Chypre relève la mise en place de la Haute Cour[4], de la Cour du vicomte[5] et de l'introduction de la coutume des « Assises de Jérusalem »[6]. Le droit hiérosolymitain, précise Jean d'Ibelin dans son Livre, est la loi, la *lei*, qui doit être respectée au royaume de Jérusalem et au royaume de Chypre, mieux que *leis* (droit romain), décrets et décrétale (droit canon). Le seigneur du royaume jure et doit jurer, rappelle-t-il, de garder et maintenir les Assises, les bons usages et les bonnes coutumes du royaume de Jérusalem et de conduire chacun selon ce droit. De même, tous les hommes du royaume doivent jurer de respecter ce droit. Philippe de Novare, au chapitre XLVIII de son Livre, confirme là aussi cette approche et retient l'application du droit hiérosolymitain au royaume de Chypre et de Jérusalem[7].

---

[1] RHC, Historiens occidentaux, Tome II, Chronique d'Ernoul, Livre XXVI, chap. XII, p. 191 et Cf. L. de Mas Latrie, *Histoire de l'île de Chypre sous le règne des princes de la maison de Lusignan*, Paris, Imprimerie nationale, 1961, V. III, p. 591.

[2] J. RICHARD, *Le peuplement latin syrien en Chypre au XIIIe siècle*, Byzforsch VII, 1979, p. 157-173.

[3] F. BUSTRON, *Chronique de l'Ile de Chypre*, éd. René DE MAS LATRIE, Mélanges historiques, Choix de documents, t. 5, Paris, 1886.

[4] L. MAS LATRIE (de), *Histoire de l'île de Chypre sous le règne des princes de la maison de Lusignan*, Paris, Imprimerie nationale, 1961, V. I, p. 56.

[5] *Ibid.*

[6] *Ibid.*, p. 55.

[7] BEUGNOT, vol. 1 : Lois, Livre de Philippe de Novare, chap. XLVIII, p. 523 : « *Quant aucun dit que aucune choze est assise et l'autre la desoit, coment celui le deit prover et quels est la preve. Je enten que celui qui dit que ce est assise, doit dire que les assises sont seues et provées par usage : car ce que est usé en la court, disant que ce est assise, et ce que l'on en a oï et entendu des sages homes qui jadis furent et qui asseis sorent dou fait de la court, ce tient l'on por assise. Ne autrement ne peut l'on saver ne prover les assises, car elles furent en escrit ne en garde puis que Saladins prist Jérusalem. Et celui qui dit que ce est assise ou auteil fait ou semblant d'auteil est usé com assise au reame de Jérusalem et de Chipre où l'en tient les us et les assises dou reame de Jérusalem, d'où il requiert au seignor et à tous ces de la court, qui là sont, s'il ont veu auteil cas, com celui est, délivrer et user come assise, que il li délivrent cestui si com il en sont tenu ; et se cil de la court qui là sunt ne sunt remembrant que il aient ce veu, il est prest de prover tout aussi come la court esgardera que prover le doit; que ensi est usé et fait en la court dou reame de Jérusalem et en la court de Chipre : et provant ce, il veaut et requiert que enssi soit fait, seit assise ou usage, car aussi bien a l'on juré les us come les assises. Ores vous ai dit ce que le requérant peut dire, après voz dirai ce que à moi en semble, sauf ce que se oye meaus dire et je le coneusse, volentiers m'i acorderoie.Se la court entent que ce seit usé, si com le requérant dit, elle doit dire au seignor : « Sire, nous et voz avons juré de tenir*

Cette transposition du droit hiérosolymitain est aussi racontée par les historiens de Chypre du XVIe siècle, Etienne de Lusignan[1], Loredano[2] et Jauna[3]. Sur l'île de Chypre, il semble que la Haute Cour fut la seule cour de justice seigneuriale. Nous n'avons pas de trace de cours de justice et de coins à cette époque. Dans le royaume de Chypre, il semble que ce soient uniquement des baillis royaux qui assuraient le gouvernement et la justice du peuple dans la ruralité, nous y reviendrons, mais nous avons en revanche des traces de cours seigneuriales après le XIIIe siècle. À proprement parler, il n'y eut pas en Chypre de grands vassaux, comme en France et en Syrie. Il n'y eut que des vassaux et des arrière-vassaux, tous directement hommes liges de la couronne, et participant ou pouvant participer aux réunions de la Haute Cour. Nul des seigneurs chypriotes n'eut droit de battre monnaie, ni le droit de justice sur les Bourgeois[4].

Guy de Lusignan ayant été roi de Jérusalem, avant d'être seigneur de Chypre, apporte dans son nouveau domaine les usages de chancellerie des rois de Jérusalem. Il s'intitule « *in sancta civitate Jherusalem Latinorum rex octavus et Cipri dominus* ». Ses actes s'achèvent par une liste de barons servant de témoins et sont scellés par une bulle de plomb. Le type d'acte le plus caractéristique qui émane de la chancellerie des Lusignan de Chypre porte, comme dans le royaume de Jérusalem, le nom de privilège[5]. Guy de Lusignan meurt en avril 1194.

Pendant ce temps, Henri de Champagne, jugeant le connétable Amaury de Lusignan trop lié à son frère Guy, le comte Henri de Champagne lui ordonna de résigner sa charge de connétable, de renoncer à son fief de Jaffa et de rejoindre Chypre. Après l'avoir emprisonné mais à la suite de l'intervention

---

les bons us et les assises dou reame de Jérusalem ; et nous entendons que ce que le requérant dit est usé : dont noz dizons que enssi le devons faire fornir. » Et se la court qui là est n'est clere que enssi seit, toutes voies, pour ce que le requérant a dit que il est prest de prover par l'une court ou par l'autre tout aussi com la court esgardera, la court doit dire au requérant : « Vous aveis offert de prover ou par l'une court ou par l'autre : couneue choze est que voz ne poés amener la court dou reame de Jérusalem en nostre court et prover vostre dit, se elle n'i vausist venir de son gré ; ne la vostre meisme ne poeis voz assembler por prover ; dont nous requérons au seignor que il esforce sa court au plus que il porra à teil jour; et quant nous serons ensemble, se nous poons le fait délivrer, nous le délivrerons ; et se nos n'en somes cler et noz l'entendons que noz le puissons estre par la court dou reame de Jérusalem, nous y manderons. Ne autrement ne noz semble que nostre preuve puisse aleir avant ne cheir en autre dreit ».

[1] E. de LUSIGNAN, *Chorografia et breve historia universale dell' isola de Cipro principiando al tempo di Noè per in sino al 1572*, Bologna, A. Benaccio, 1573, p. 42.

[2] G. LOREDANO, *Historie de' re Lusignani, Publicate da Henrico Giblet*, Venise, 1667, in-18, p. 19.

[3] D. JAUNA, *Histoire générale des royaumes de Chypre, de Jérusalem, d'Arménie et d'Egypte*, Leyde, Jean Luzac, 1747, 2 vol. in-4°, p. 371.

[4] L. de MAS-LATRIE, « Fragment d'histoire de Chypre. Premiers temps du règne d'Amaury de Lusignan », in *Bibliothèque de l'école des chartes*, 1860, tome 21, p. 339-369.

[5] J. RICHARD, « La diplomatique royale dans les royaumes d'Arménie et de Chypre (XIIe-XVe siècles) », in *Bibliothèque de l'école des chartes*,1986, tome 144, livraison 1, p. 69-86.

coalisée des liges, dans la tradition du droit hiérosolymitain, il le libère. Mais après des débats devant la Haute Cour en bonne et due forme il obtient finalement satisfaction[1]. En 1195, il intervient avec succès dans les affaires de la principauté d'Antioche. Le prince d'Arménie Léon II avait capturé le prince Bohémond III d'Antioche et ne voulait le relâcher que contre la cession d'Antioche. Henri parvient à réconcilier les deux ennemis et à négocier le mariage de Raymond IV d'Antioche et d'Alix d'Arménie[2]. Il fait ensuite alliance avec les Ismaéliens nizârites contre les Ayyoubides, puis se réconcilie avec le royaume de Chypre, dont le roi est maintenant Amaury II de Lusignan.

Le roi Guy de Lusignan avait, en mourant en 1194, choisi son frère aîné Geoffroy pour lui succéder dans la seigneurie de Chypre[3]. Geoffroy, désireux de revenir en Poitou, n'accepta pas l'héritage fraternel. Selon les lois de la successibilité hiérosolymitaine et le vœu des chevaliers chypriotes qui le désignèrent pour prendre sa place Amaury le connétable lui succéda en 1194 et se met à organiser sa nouvelle seigneurie, chose que son frère avait négligée[4].

Guy de Lusignan avait conservé son titre royal de « roi de Jérusalem », et l'on peut affirmer qu'il est roi à Chypre. Amaury, en lui succédant ne pouvait pas prétendre au titre royal et se contente du titre de seigneur de Chypre. Il se tourna alors, sur l'avis de ses chevaliers feudataires formant sa Haute Cour[5], vers le pape et l'empereur germanique. L'empereur germanique Henri VI le fait alors roi de Chypre en octobre 1195. Konrad de Querfurt, évêque d'Hildesheim et vicaire impérial vient alors le couronner, mais ne le sacre pas, en janvier 1197 à Nicosie, sous le nom d'Amaury Ier de Chypre[6]. Il transforma le statut de l'île et son occupation, en constituant un domaine royal, la « régale », qu'administrait une « secrète »[7], à l'image du royaume de Jérusalem. Parallèlement, le roi prend le conseil de grands officiers, dont titulatures et charges sont calquées sur celles du royaume de Jérusalem. Avant même de demander le titre royal, et à l'exemple des princes d'Antioche et de Tripoli, grands feudataires du royaume de Jérusalem, il avait auprès de lui, à Chypre, un connétable, un maréchal et un chancelier. Le roi Amaury, dans ses actes de chancellerie, est désigné tour à tour comme *Aymericus de Liziniaco, regni Jerosolimitani conestabulus, Dei gracia dominus Cipri, Aymericus Dei gracia rex Cipri*, et enfin « *Dei gracia Latinorum Jerusalem rex nonus et rex*

---

[1] *Ibid.*, chap. XXI, p. 208.
[2] *Ibid.*, chap. XXVI, p. 214.
[3] RHC, Historiens occidentaux, Tome II, Chronique d'Ernoul, Livre XXVI, chap. XII, p. 191 et Cf. L. de MAS-LATRIE, « Fragment d'histoire de Chypre. Premiers temps du règne d'Amaury de Lusignan », in *Bibliothèque de l'école des chartes,* 1860, tome 21, p. 339-369.
[4] RHC, Historiens occidentaux, Tome II, Chronique d'Ernoul, Livre XXVI, chap. XXI, p. 209.
[5] *Ibid.*, Livre XXVI, chap. XII, p. 191 et Cf. L. de Mas Latrie, *Histoire de l'île de Chypre sous le règne des princes de la maison de Lusignan*, Paris, Imprimerie nationale, 1961, V. I, p. 127.
[6] *Ibid.*, V. III, p. 596.
[7] *Ibid.*, V. I, p. 122.

Cipri »[1]. Le roi Amaury, établit aussi à Chypre un clergé latin. Il obtient du pape Célestin III l'élection d'un archevêque métropolite à Nicosie, et de trois évêques suffragants, à Paphos, Limassol et Famagouste. Il obligea alors l'Église Orthodoxe grecque à déclarer allégeance et à céder bon nombre de leurs droits, mais aussi des terres, à en juger par les décisions prises à diverses reprises, des décrets et des lettres qui circulaient depuis le siège de la Papauté[2]. Amaury de Lusignan a été marié une première fois avec Échive d'Ibelin, fille du seigneur de Rama et d'Ibelin et sœur de Balian d'Ibelin, le défenseur de Jérusalem. Veuf en 1196, il a eu six enfants de ce mariage[3]. Sa fille Bourgogne épousa Gautier de Montbéliard et sa fille Helvis épousa le prince d'Antioche, neveu du roi d'Arménie. Son fils Hugues qui lui succédera, épousa Alice de Champagne, la fille d'Henri de Champagne, chef seigneur du royaume de Jérusalem en 1210.

En 1197, l'empereur germanique Henri VI décide de combattre en Terre sainte, espérant reprendre Jérusalem à la faveur des luttes de succession qui déchirent l'empire ayyoubide après la mort de Saladin en 1193. Des premiers contingents allemands débarquent à Acre au mois d'août 1197, mais sans encadrement ils sèment le trouble dans la ville[4]. Ces derniers se lancent en Galilée mais, mal préparés, échappent de peu au désastre. Pendant ce temps le sultan d'Égypte, Malik Al-Adel, assiège et prend Jaffa. Le 10 septembre 1197, Henri de Champagne organise l'envoi d'une armée de secours, lorsqu'il tombe accidentellement d'une fenêtre de son palais à Saint-Jean d'Acre et meurt sur le coup[5].

À la suite du décès d'Henri de Champagne le 10 septembre 1197 les barons hésitent à élire Hugues de Tibériade, époux de Marguerite d'Ibelin, fille de Balian d'Ibelin et de Marie Comnène. Beau-fils de Raymond III de Tripoli mort en 1187, il est le célèbre auteur de l'*Ordene de chevalerie*[6]. Mais à l'époque trop pauvre, à la suite de la perte de ses fiefs, les barons vont élire le roi de Chypre Amaury de Lusignan. Il est ensuite couronné et épousa Isabelle de Jérusalem en janvier 1198[7]. Le cartulaire du chapitre du Saint-Sépulcre de Jérusalem, nous donne le serment prêté par le roi Amaury et la formule du couronnement assurée par le Patriarche Monachus, où il jure de conserver l'ancien droit de Jérusalem[8].

---

[1] J. RICHARD, « La diplomatique royale dans les royaumes d'Arménie et de Chypre (XIIe-XVe siècles) », in *Bibliothèque de l'école des chartes*, 1986, tome 144, livraison 1, p. 69-86.

[2] MAS LATRIE, *opit cit.,* V. III, p. 599 et suivant.

[3] RHC, Historiens occidentaux, Tome II, Chronique d'Ernoul, Livre XXVI, chap. XXI, p. 208.

[4] *Ibid.*, Livre XXVII, chap. III, p. 219.

[5] *Ibid.*, chap. III, p. 209.

[6] *Ibid.*, Livre XXVII, chap. V, p. 222.

[7] *Ibid.*, Livre XXVII, chap. V, p. 223.

[8] G. BRESC-BAUTIER, *Le cartulaire du chapitre du Saint-Sépulcre de Jérusalem*, Documents relatifs à l'histoire des Croisades publiés par l'Académie des inscriptions et belles-lettres, 15., P. Geuthner, Paris, 1984, Acte 172 : « *Ego Aimericus, divina permissione rex Jherusalem coronandus, promitto tibi, domino patriarche Monacho, tuisque successoribus sub testimonio*

Dès son accession au trône de Jérusalem, Amaury de Lusignan déclare qu'il n'opérera pas à une union des deux royaumes et que chacun restera autonome. Le roi Amaury II de Lusignan va gouverner le royaume de Jérusalem, exercer les prérogatives de chef seigneur mais toujours avec le consentement de sa femme Isabelle[1]. Dès sa prise de pouvoir il va libérer Beyrouth[2]. En mars 1198, quatre chevaliers allemands l'agressent et le blessent grièvement. Les chevaliers sont maîtrisés, jugés et décapités[3]. Le roi Amaury accuse ensuite Raoul de Tibériade d'être l'instigateur du meurtre, mais les barons le soutiennent devant la Haute Cour et Raoul finit par être exilé[4]. Ce dernier ne revint qu'après le règne d'Amaury[5]. De Raoul de Tibériade, nous ne savons pas grand-chose sinon que comme Jurisconsulte, sa renommée était immense.

En août 1198, le pape Innocent III appelle à délivrer Jérusalem pour une quatrième croisade[6]. De grands barons de France partirent de Venise en 1202. Sous l'influence des Vénitiens les « croisés » prennent la direction de l'Empire romain byzantin. La prise et le pillage de Constantinople par les « croisés » marquèrent la fin de la croisade en juillet 1203[7]. Sur les dépouilles de l'Empire byzantin naissent de nouveaux « États » latins. Le premier est l'empire latin de Constantinople fondé en 1204[8]. Contestés par l'empire grec

---

omnipotentis Dei et totius Ecclesie, quod ab hac die in antea ero fidelis adjutor vester et defensor et omnium personarum regni Jherosolimitani. Possessiones Jherosolomitane ecclesie omniumque ecclesiarum ad eam principaliter respectum habentium, quas olim habere consueverunt et in futuro nostris temporibus juste sunt adepture, eisdem manutenebo et defendam. Canonica privilegia debitasque leges atque justicias earumdem et pristinas libertatum consuetudines et usus tam earum quam universi populi terre, sicut rex Amalricus et rex Balduinus, filius ejus, tenuerunt, conservabo, et defensionem, quamtum potero, adjuvante Domino, exhibebo, novasque superinductas maxime post excidium terre exterminabo, prout rex christianus et fidelis in suo regno unicuique episcopo et eccelse sibi commisse atque populo per rectum exhibere debet. Sic me Deus adjuvet et hec sacrosancta Evangelia. Deinde imposita capiti regis corona, accipiat patriarcha manum ejus dexteram et promittat in hunc modum : « Et ego te juvabo coronam tuo capiti a nobis impositam juste manutenere atque defectere, salvo meo ordine ».Dato ei osculo. Cetere vero persone eodem ei modo promittant et dent ei osculum ».

1 STREHLKE, *Tabulée ordinis Tkeutonici*, p. 27, année 1198, février : « *Notum sit omnibus presenlibus et futuris, quod ego Aymericus per Dei graciam rex Ierusalem nonus et rex Cipri assensu et voluntate domine Ysabellis uxoris mee, illustris quondam régis Amalrici filie, dono et concedo* » ; p. 28, année 1198, août : « *Voluntate et assensu domine Ysabellis, uxoris mee* » ; p. 29, année 1200, mêmes expressions ; p. 31, année 1200, octobre : « *concessione et voluntate domine Ysabellis uxoris mee* ».

2 RHC, Historiens occidentaux, Tome II, Chronique d'Ernoul, Livre XXVII, chap. VIII, p. 226.

3 *Ibid.*, chap. X, p. 230.

4 BEUGNOT, vol. 1 : Lois, Livre de Jean d'Ibelin, chap. CCIV, p. 327.

5 RHC, Historiens occidentaux, Tome II, Chronique d'Ernoul, Livre XXVII, chap. X, p. 229.

6 *Ibid.*, Livre XXVII, chap. XV, p. 235.

7 RHC, Historiens occidentaux, Tome II, Chronique d'Ernoul, Livre XXVIII, chap. XVI, p. 270.

8 J. LONGNON, *L'empire Latin de Constantinople et la Principauté de Morée*, Paris, Payot, 1949, p. 50.

de Nicée et l'empire grec de Trébizonde, les Français se maintiennent jusqu'à la reconquête de la ville par l'empereur Michel Paléologue, restaurateur de l'Empire byzantin, en 1261. Venise va fonder les seigneuries d'Eubée (1204-1470) et le duché de Candie (1204 à 1646)[1]. En suivant, est constitué le marquisat de Bodonitza (1204-1414), le duché de Philippopolis (1204-1230), le comté de Salone (1204-1394), le royaume de Thessalonique (1205-1222), la principauté d'Achaïe (1205-1428), le duché d'Athènes (1205-1458) et le duché de Naxos (1210-1566)[2]. Ces nouveaux « États » s'inspirèrent largement du droit et des institutions du droit hiérosolymitain, cela a été abordé dans le chapitre préliminaire sur l'historiographie.

Dans le même mouvement, le roi Amaury tente aussi de s'imposer par une autorité forte dans ses royaumes. Il avait la pensée de procéder à une nouvelle rédaction des « Assises », dont les textes avaient été perdus lors de la prise de Jérusalem[3]. En effet Philippe de Novare, nous dit à ce propos que, le roi Amaury était réputé comme un des meilleurs jurisconsultes de son temps : « *l'on dizoit que le rei Ameri savet et avoit plus en mémoire les us et les assises que nul home* »[4]. Jean d'Ibelin évoquait lui « *qu'il sot miaus les uz et les assises dou reaume de Jerusalem que nul autre, se tesmoingnent ciaus qui le virent, et moult les avoit en memoire* »[5]. Le roi Amaury ne croyait pas cependant pouvoir accomplir seul une aussi grande tâche. Il aurait désiré que Raoul de Tibériade, dont il appréciait l'expérience sans aimer le caractère, eût consenti à la partager avec lui, sachant l'ancien droit mieux que lui. La réponse fut un non sans appel, ce qui a bloqué les ambitions du roi dans la remise par écrit du droit hiérosolymitain[6]. De plus, les conflits du roi avec les barons, remontés par l'exil de Raoul de Tibériade, font échouer définitivement ce projet[7]. Nous savons toutefois que Raoul de Tibériade a participé à la mise en place des « Assises » dans la principauté de Morée[8].

Le roi Amaury meurt peu après la quatrième croisade, dans la force de l'âge, le 1er avril 1205[9]. Les barons et les chevaliers s'assemblèrent et avec l'accord de la reine Isabelle de Jérusalem élisent chef seigneur et bailli du royaume, Jean d'Ibelin, connétable du royaume et seigneur de Beyrouth. Il est le fils de Balian d'Ibelin, mort en 1193, et de Marie Commène. Il est donc le demi-frère de la reine Isabelle et le cousin du roi Amaury. Marie de Montferrat est reconnue héritière mais elle est encore mineure, elle n'a que treize ans, et

---

[1] R-J LOENERTZ, « Les seigneurs tierciers de Négrepont », in *Byzantina et Franco-Graeca* : series altera, p. 143.
[2] Cf. J. LONGNON, *opit. cit.*, p. 50.
[3] BEUGNOT, vol. 1 : Lois, Livre de Jean d'Ibelin, chap. CCLXXIII, p. 428.
[4] BEUGNOT, vol. 1 : Lois, Livre de Philippe de Novare, chap. XLVII, p. 523.
[5] BEUGNOT, vol. 1 : Lois, Livre de Jean d'Ibelin, chap. CCLXXIII, p. 430.
[6] BEUGNOT, vol. 1 : Lois, Livre de Philippe de Novare, chap. XLVII, p. 523.
[7] *Ibid.*, chap. XLVII, p. 523.
[8] G. RECOURA, *Les Assises de Romanie*, Honoré Champion, Paris, 1930.
[9] RHC, Historiens occidentaux, Tome II, Chronique d'Ernoul, Livre XXX, chap. XI, p. 305.

sa mère décède peu après. Ce Jean d'Ibelin, dit le vieux seigneur de Beyrouth, est celui qui a défendu Raoul de Tibériade contre le roi Amaury, en montant une coalition pour défendre le jugement par les pairs, conformément au droit du royaume, les « Assises »[1]. Jean d'Ibelin devient alors le chef de file de l'aristocratie et le défenseur du droit du royaume de Jérusalem. Il gouverne le royaume jusqu'en 1210[2]. Dans le royaume de Chypre, le fils héritier d'Amaury, Hugues est lui aussi mineur en 1205. C'est Gautier de Montbéliard son beau-frère, époux de sa sœur ainée Bourgogne de Lusignan et cousin de Jean d'Ibelin qui est élu chef seigneur et bailli du royaume de Chypre[3]. Il gouverne le royaume de Jérusalem jusqu'en 1210.

En 1210, Jean d'Ibelin et Gautier de Montbéliard marient le roi Hugues de Lusignan avec Alice de Champagne, fille d'Isabelle de Jérusalem[4]. Après avoir demandé conseil au roi de France, Jean d'Ibelin et les barons du royaume vont choisir pour mari à Marie de Montferrat, héritière du royaume de Jérusalem, Jean de Brienne en 1210[5]. Ils sont mariés le 14 septembre 1210 à Acre et couronnés ensemble le dimanche 3 octobre[6]. Il ne semble pas qu'ils furent sacrés. Jean d'Ibelin rentre dans sa seigneurie à Beyrouth. En 1211, Hugues est reconnu majeur et chef seigneur du royaume et Gautier de Montbéliard rejoint Acre et son neveu le roi Jean de Brienne qui le fit connétable du royaume de Jérusalem[7].

Jean de Brienne, en 1211, réussit à refréner les Templiers et négocie une trêve avec les musulmans pour une durée de six ans[8]. Son épouse Marie de Montferrat meurt peu après en lui laissant une fille Isabelle[9]. Il est reconnu alors par les barons chef seigneur et bailli du royaume au nom de sa fille Isabelle et épousa une fille du roi d'Arménie[10]. Jean de Brienne gouvernera toujours le royaume avec le consentement de sa femme Marie de Montferrat puis de sa fille Isabelle[11].

En Occident, le pape Innocent III commence à prêcher une cinquième croisade, dès le IVe concile de Latran en 1215[12]. Le roi de Hongrie, le duc d'Autriche et de nombreux barons français arrivèrent en Terre sainte. Il fut

---

[1] BEUGNOT, vol. 1 : Lois, Livre de Jean d'Ibelin, chap. CCIV, p. 327.
[2] J. L. LA MONTE, « John d'Ibelin : The Lord of Beirut, 1177-1236 », *Byzantion*, Vol. 12, No. 1/2 (1937), Peeters Publishers, p. 417-448.
[3] RHC, Historiens occidentaux, Tome II, Chronique d'Ernoul, Livre XXX, chap. XII, p. 305.
[4] *Ibid.*, Livre XXX, chap. XV, p. 309.
[5] *Ibid.*, Livre XXX, chap. XIII, p. 306.
[6] *Ibid.*, Livre XXX, chap. I, p. 311.
[7] *Ibid.*, Livre XXX, chap. V, p. 315.
[8] RHC, Historiens occidentaux, Tome II, Chronique d'Ernoul, Livre XXX, chap. VI, p. 316.
[9] *Ibid.*, Livre XXX, chap. VIII, p. 320.
[10] *Ibid.*, Livre XXX, chap. IX, p. 320.
[11] Cart. du S. Sep., n° 145, p. 268 ; Diplôme de Jean de Brienne et de la reine Marie sa femme en faveur du Saint-Sépulcre (1 er juillet 1211) : « *Ego Johannes, per Dei gratiam Latinorum Ierusalem rex decimus et cornes Brene, et domina Maria, uxor mea, illustris regina, concedimus et confirmamus* ».
[12] RHC, Historiens occidentaux, Tome II, Chronique d'Ernoul, Livre XXXII, chap. X, p. 321.

réuni en suivant un parlement à Acre avec toute l'aristocratie des croisés, celle des deux royaumes et en présence des ordres militaires. Ils décidèrent ensemble de faire le siège de Damiette. Le sultan Al-Malik Al-Kamil tenta de le faire lever en proposant de restituer aux Latins des territoires de l'ancien royaume de Jérusalem, à l'exclusion de la Transjordanie. Préférant occuper l'Égypte, le légat Pélage finit par s'emparer du port de Damiette en novembre 1219 et entraîna alors le roi Jean de Brienne dans une expédition en direction du Caire. Cette expédition fut un désastre et obligea les « croisés » à restituer le port égyptien en 1221. Une grande partie du royaume fut toutefois reconquise mais pas Jérusalem. Jean de Brienne conclut alors une trêve de sept ans. Le roi Hugues de Chypre lui meurt à Tripoli en 1218 durant la cinquième « croisade ». Son épouse Alice de Champagne est reconnue bailli légitime du royaume au nom de son fils Hugues de neuf mois et le pouvoir réel est confié à son oncle Philippe d'Ibelin comme chef seigneur élu[1]. Philippe d'Ibelin est le frère de Jean d'Ibelin, seigneur de Beyrouth.

En 1222, Jean de Brienne va chercher des secours en Europe et laisse chef seigneur Eudes de Montbéliard, son cousin le fils de Gautier de Montbéliard, lui-même cousin des Ibelin[2]. Il promit sa fille Isabelle à l'empereur germanique Frédéric II en mariage contre des secours. Le mariage d'Isabelle est célébré par procuration en août 1225 à Acre, sans la présence de son père toujours en Europe et le couronnement à lieu en suivant à Tyr[3]. Isabelle est amenée en Italie où l'attendent son père et l'empereur à Brindisi, en Italie, où une bénédiction est célébrée le 9 novembre 1225. Le lendemain, Frédéric II exige de Jean de Brienne qu'il lui cède le royaume de Jérusalem au nom des droits de sa nouvelle épouse, malgré les promesses qui stipulaient que Jean de Brienne resterait le chef seigneur effectif jusqu'à sa mort[4]. Ce dernier deviendra par la suite le VIème empereur latin de Constantinople de 1229 à sa mort en 1237. Hugues de Lusignan est couronné à huit ans en 1225[5]. Philippe d'Ibelin meurt en 1228[6]. Son frère Jean d'Ibelin lui succède alors comme chef seigneur de Chypre.

L'empereur Frédéric envoya ensuite des troupes et l'évêque de Melfe recevoir l'hommage des barons du royaume de Jérusalem et maintient Eudes de Montbéliard chef seigneur en son nom et connétable du royaume de Jérusalem. Frédéric II malgré son dédain des coutumes d'outre-mer, gouverne à ce moment au nom sa femme. Dans un acte, sa femme, Isabelle de Brienne, déclare que c'est de son consentement que l'empereur-roi a concédé et

[1] *Ibid.*, Livre XXXII, chap. XXI, p. 361.
[2] *Ibid.*, Livre XXX, chap. XIX, p. 355.
[3] *Ibid.*, Livre XXX, chap. XX, p. 358.
[4] *Ibid.*
[5] *Ibid.*, Livre XXXIII, chap. I, p. 367.
[6] *Ibid.*, Livre XXXII, chap. XXV, p. 365.

confirmé certains privilèges[1]. En 1227, Frédéric II, n'a pas encore mis les pieds en Terre sainte et il nomme Thomas d'Aquin, comte de la Cerne, chef seigneur du royaume de Jérusalem[2]. Cette année-là, il est aussi excommunié pour donner suite au non-respect de ses promesses de « croisade » et l'année suivante son épouse Isabelle de Jérusalem meurt après avoir donné naissance à un fils Conrad[3]. Il embarque alors en Italie et part en croisade.

II. La réaffirmation des « Assises » face aux immixtions impériales germaniques (1228-1250)

Après le décès de son épouse Isabelle II de Jérusalem en 1228 mais aussi avec le couronnement non consenti de son vassal Henri Ier roi de Chypre en 1225, l'empereur germanique Frédérique II, se décide à partir en « croisade » en 1228 et il va en profiter pour affirmer sa souveraineté et son protectorat dans les deux royaumes de Jérusalem et de Chypre entraînant par ses pratiques une guerre civile (A). À partir de 1244, le protectorat impérial fut enfin écarté et l'indépendance des deux royaumes est retrouvée (B).

A. Frédéric II et ses revendications de souveraineté dans l'Orient latin (1228-1243)

Le 21 juillet 1228, l'empereur Frédéric II, débarque à Limassol à la tête de la sixième croisade. À son arrivée il réclame le baillage du royaume au nom de la suzeraineté de l'empire sur le royaume de Chypre[4]. Amaury de Lusignan, premier roi de Chypre, a été couronné au nom de l'empereur germanique Henri VI, qui avait obtenu la suzeraineté sur l'île au terme du traité passé. Il l'obtient et se disputa en suivant avec Jean d'Ibelin, qui avait été élu chef seigneur après le décès de son frère pour deux raisons.

Premièrement, le sacre d'Henri Ier, roi de Chypre, par les Ibelin est un affront envers l'Empire au vu de l'engagement d'Amaury : le futur roi, né en 1218, n'avait que huit ans. Comme Philippe de Novare le rapporte dans ses mémoires[5], les lois de l'Empire fixaient l'âge de 25 ans et, en vertu de la suzeraineté reconnue de l'empereur par Amaury, le roi ne pouvait être couronné sans son autorisation, voire sa participation ou celle de l'un de ses représentants au couronnement. La décision des Ibelin de couronner Henri à l'âge de huit ans constituait ainsi clairement un acte d'insoumission, bien que

[1] IUILLARD-BREHOLLES, hist. diplom. de Fréd. II. t. II, p. 536 : « *Isabella Dei gratia Romanorum imperatrix... per presens scriptum notum facimus omnibus... quod dominus vir noster Fridericus .. una cum âssensu et gratuita vol un ta te nostra concessil el confirmavit* ».

[2] RHC, Historiens occidentaux, Tome II, Chronique d'Ernoul, Livre XXXII, chap. XXIV, p. 364.

[3] *Ibid.*, Livre XXXIII, chap. I, p. 366.

[4] RHC, Historiens occidentaux, Tome II, Chronique d'Ernoul, Livre XXXIII, chap. II, p. 367.

[5] P. de NOVARE, *Mémoires*, Paris, Éd. Ch. Kohler, 1913, chap. IV, p. 6.

conforme au droit hiérosolymitain. Il laissait présager que Jean d'Ibelin ne se reconnaîtrait pas vassal de l'empereur pour son fief du royaume de Jérusalem, d'autant que l'excommunication de Frédéric II et l'hostilité qu'il suscitait de toutes parts pouvaient conforter le grand seigneur dans son opposition.

Deuxièmement, l'empereur Frédéric II, une fois le bailliage du royaume obtenu, somma Jean d'Ibelin de rendre des comptes sur la manière dont il a tenu le royaume de Chypre comme chef seigneur mais aussi des comptes sur le bailliage de son frère décédé[1]. Dans le même temps il le condamne à rendre sa seigneurie de Beyrouth. Jean d'Ibelin répond alors vivement à l'empereur et lui répond qu'il n'a pas le pouvoir de le condamner sans décision de justice[2]. Il en appelle à la tenue de deux audiences, l'une à la Haute Cour de Chypre pour les finances du royaume, l'autre à la Haute Cour de Jérusalem à Acre pour le fief de Beyrouth pour régler ce différend selon les « *usages* ». Jean d'Ibelin dénonce ainsi comme arbitraire et illégale la première exigence de l'empereur : la confiscation abusive du fief « *sans esgart de court* ». En renvoyant Frédéric II à la tenue de la Haute Cour, il conteste la volonté souveraine de l'empereur et lui rappelle qu'en Orient le chef seigneur est soumis au droit. Jean d'Ibelin, l'auteur du Livre des Assises du même nom, neveu de Jean d'Ibelin seigneur de Beyrouth, fils de Philippe d'Ibelin, réaffirme le bon droit de son père et de son oncle, dans un long plaidoyer, en annexe de son Livre, au nom des « *Assises, les bons uz et les bones costumes dou reiaume de Jérusalem* »[3]. Son plaidoyer justifie juridiquement, en s'appuyant sur des précédents historiques et sur les décisions prises par la Haute Cour dans les deux royaumes, du bon droit de sa famille. Il insiste sur les atteintes graves commises par l'empereur, et la suprématie des Cours. En Syrie et sur l'île de Chypre, pour Ibelin, le roi ou le suzerain ne peut s'absoudre de passer par les Cours pour faire valoir ses droits et ses volontés. Frédéric II renonce alors au procès car il n'a pas le droit pour lui et préfère un compromis avant son départ en Syrie. Il fait la paix avec Jean d'Ibelin qui lui rend hommage et place ses propres hommes à la tête de l'île[4]. Frédéric II s'embarque alors en juin 1228 avec Jean d'Ibelin pour la Syrie et se fait reconnaitre bailli-chef seigneur du royaume au nom de son fils Conrad[5]. Après

---

[1] RHC, Historiens occidentaux, Tome II, Chronique d'Ernoul, Livre XXXIII, chap. II, p. 368.

[2] PHILIPPE DE NOVARE, *Guerra di Federico II in Oriente (1223-1242)*, éd. et trad. S. Melani, Naples, Liguori Editore, 1994, (§ 31) : « *J'ay et tien Baruth come mon droit fié [...]. Et se vous entendés que je la tiens a tort, je vous en forniray raison et droit en la court dou reyaume de Jerusalem. Et de ce que vous me requerés les rentes dou baillage de Chipre et dou regal, je n'en eü onques nule, et mon frere n'en fu baill que de la noise et dou travaill et de governer le royaume ; mais la reyne Alis, ma niece, ot les rentes et en fist son gré, come cele quy avoit droit au baillage selonc nostre usage ; et se vous de ce me requerés, dont je vous en forniray raison par les us et par la court dou royaume de Chipre* ».

[3] BEUGNOT, vol. 2 : Lois, Livre des documents relatifs à la successibilité au trône et à la régence, chap. II, p. 397.

[4] RHC, Historiens occidentaux, Tome II, Chronique d'Ernoul, Livre XXXIII, chap. III, p. 369.

[5] P. de NOVARE, Mémoires, Paris, Éd. Ch. Kohler, 1913, chap. XL, p. 23.

un séjour à Acre, il prend la route de Jaffa et, avec une habileté extrême, se fait céder, par le sultan d'Égypte Al-Malik Al-Kamil, Jérusalem, Bethléem, Nazareth, la terre du Toron, la cité de Saete[1]. Par ce traité de Jaffa du 11 février 1229, est aussi instituée une trêve de dix ans. Le royaume de Jérusalem retrouve une surface importante.

Une fois à Jérusalem, Frédéric II alla au Saint-Sépulcre et fit déposer une couronne sur le maître-autel du cœur central. Il prit alors lui-même la couronne et se couronna lui-même sans aucune cérémonie religieuse[2]. Il rentre ensuite à Acre en laissant à Eudes de Montbéliard, connétable du royaume, la garde de la cité sainte. Devant le mécontentement général qu'il a suscité par ses maladresses et ses brutalités, Frédéric II s'embarque pour l'Italie le 1er mai[3]. Frédéric II vend, avant de partir, le baillage du royaume de Chypre à cinq seigneurs, pour les trois ans qui restent jusqu'à la majorité du roi, pour dix mille marcs d'argent[4]. Ces derniers sont : Aymeric Barlais, Amaury de Bessan, Hugues de Guybelet, Guillaume de Rivet et Gauvain de Chenichi. Il marie aussi le roi Henri de Lusignan avec Alice de Montferrat[5]. Il laisse aussi chef seigneur du royaume de Jérusalem en son nom Balian de Sidon, cousin des Ibelin, et Garnier l'Allemant[6]. Ce dernier quitta rapidement sa charge pour se faire templier[7]. Il est clair que pour Frédéric II l'Orient latin est un satellite de l'Empire romain d'Occident et qu'il est de droit le maître au-dessus de tous, de par son autorité. Cette affirmation impériale, est le dernier soubresaut de la lente agonie de l'Empire romain d'Occident, rétabli par Charlemagne, dans sa volonté hégémonique de domination au Moyen Âge. L'empire prétendait alors à sa supériorité sur tous les autres rois au nom de la fiction de l'unité impériale qui faisait de l'empereur le seul titulaire de l'*imperium mundi*[8]. C'est la reprise de l'idée d'un peuple d'Occident soumis à la seule *potestas* de l'empereur et à l'unique *auctoritas* du pape. Idée défendue en 494 par le pape Gélase Ier dans une lettre adressée à l'empereur romain d'Orient Anastase, où il est entendu que la direction du monde est assurée de concert par l'*auctoritas sacrata pontificum* et par la *regalis potestas* de l'empereur[9]. C'est la

---

1 RHC, Historiens occidentaux, Tome II, Chronique d'Ernoul, Livre XXXIII, chap. VIII, p. 374.
2 *Ibid.*, chap. VIII, p. 374.
3 *Ibid.*, chap. IX, p. 375.
4 *Ibid.*
5 *Ibid.*
6 *Ibid.*
7 BEUGNOT, vol. 2 : Lois, Livre des documents relatifs à la successibilité au trône et à la régence, chap. II, p. 399.
8 A. RIGAUDIERE, « L'invention de la souveraineté », Pouvoirs n°67, novembre 1993, *La souveraineté*, p. 5-21 (p.6) et M. BOULET-SAUTEL, *Vivre au royaume de France*, PUF, Paris, 2010, p. 63.
9 *Epistolae Romanorum Pontificum genuinae*, éd. A. Thiel, Braunsberg, 1867, p. 350-351 (lettre 12), et dans Publizistische Sammlungen zum Acacianischen Schisma, éd. E. Schwartz, ABAW Munich, 1934, p. 20.

formulation classique de la vision médiévale des relations entre dirigeants ecclésiastiques et pouvoir laïque. L'autorité du pape étant limitée au spirituel et à l'activité pastorale. Avec Frédéric II, dernier empereur capable d'affirmer de telles prétentions, il y a la volonté de ce prince à cumuler officiellement entre ses mains l'*auctoritas* et la *potestas* dans toute sa plénitude, cet *imperium majorus* qu'il détiendrait désormais sur toute l'étendue de l'Empire. Après lui, sera soutenue partout en occident au XIIIe siècle la maxime que « Le roi est empereur en son royaume ». Le modèle de l'empire germanique servira aux rois d'Occident à affirmer la souveraineté royale, la monarchie, puis la souveraineté de l'État[1]. L'attitude autoritaire de l'empereur Frédéric II vient en partie de sa propre conception du principe de l'*auctoritas* ; principe pouvant prendre deux significations en apparence contradictoires. D'une part cela renvoie à une signification qui ramène l'autorité à un principe d'obéissance, voire de soumission ; ce que recherche Frédéric II. D'autre part cela renvoie à une signification qui rapproche d'un principe de libération et de re-fondation, lorsqu'elle s'applique à un auteur (*auctor*), quand elle « s'incarne » en lui ; c'est ce que défendent en revanche dans l'Orient latin les Ibelin. Il y avait d'un côté selon eux l'*auctoritas* du chef seigneur, et en parallèle la *potestas*, la capacité de transformer les actes en actes juridiquement obligatoires, qui était partagée avec les hommes du royaume.

Les cinq seigneurs baillis de Chypre, pour payer la somme due pour le bailliage du royaume, vont immédiatement saisir le bétail, terres et fiefs des amis de Jean d'Ibelin sans leur accord ou passer par un jugement de la Haute Cour. Appelé par le jurisconsulte-chevalier Philippe de Novare, Jean d'Ibelin débarque à Chypre à la tête d'une armée et défait les cinq baillis le 28 juin 1229 devant Nicosie[2]. Les régents se retranchent dans le château de Dieu d'Amour en retenant prisonnier le roi Henri. À la suite d'un siège de dix mois, et sans secours de l'empereur, ils finirent par demander la paix[3].

Philippe de Novare, auteur d'un Livre d'Assises, est au service de Jean d'Ibelin, le « vieux seigneur de Beyrouth » (et également oncle de Jean d'Ibelin, l'auteur) participa à la guerre entre les Ibelin et l'empereur du Saint-Empire germanique Frédéric II[4]. Il n'est pas né dans l'Orient latin mais probablement en Lombardie à Novare[5]. Il passa jeune en Terre sainte et il était un jeune écuyer pendant le siège de Damiette au cours de la cinquième croisade en 1218, ce qui signifie vraisemblablement qu'il est né entre 1195 et 1200. Il meurt entre 1269 et 1277. On est relativement bien informé sur la

[1] A. RIGAUDIERE, « L'invention de la souveraineté », Pouvoirs n°67, novembre 1993, *La souveraineté*, p. 5-21 (p. 15)
[2] RHC, Historiens occidentaux, Tome II, Chronique d'Ernoul, Livre XXXIII, chap. X, p. 376.
[3] *Ibid.*, Livre XXXIII, chap. XI, p. 377.
[4] A. A. BEUGNOT, « Notice sur la vie et sur les écrits de Philippe de Navarre », in *Bibliothèque de l'école des chartes*, 1841, tome 2, p. 1-31.
[5] P. W. EDBURY, *Philip of Novara, Le Livre de Forme de Plait*, Nicosia, 2009, introduction p.15-19.

vie de ce personnage, en bonne partie par ses écrits qui sont une des sources principales de la période. De ses œuvres, avec son Livre sur les Assises, on a ses *Mémoires*[1], un récit de la guerre entre l'empereur Frédéric II et les seigneurs de Beyrouth[2] et un traité moral, les *Quatre temps d'âge d'homme*[3]. L'auteur retrace les événements historiques de son temps au travers de sa propre autobiographie. Son écriture de l'histoire prend ainsi la forme d'une plaidoirie et vise à défendre les Ibelin « devant le tribunal de l'opinion publique européenne de son temps », selon une formule d'Alfred Foulet[4]. Philippe de Novare acquit la réputation d'être l'un de ses plaideurs les plus subtils[5]. Il dit même dans son Livre de droit : « *Je sui envieilli en plaidant por autrui* »[6]. Au chapitre XLIX[7], de son Livre, au titre évocateur *« Des grans plaideurs de qui fui moult acointé »*, il nous donne les noms de ses premiers maîtres en droit, à Acre et à Chypre. Il commence par Pierre Chape et Raoul de Tibériade. Il poursuit avec le nom de Jean d'Ibelin, le vieux seigneur de Beyrouth, qu'il a accompagné jusqu'à la mort de ce dernier. Il ajoute les noms de monseigneur de Sidon, de Guillaume le vicomte, de Messire Harneis, et de Guillaume de Rivet « le jeune ». C'est à la fin qu'il précise qu'au royaume de Jérusalem, il fut particulièrement instruit au contact des Bourgeois Nicolas Antiaume et de Philippe de Baisdon mais aussi de bien d'autres. Ce sont donc ces doctes personnages qui lui confièrent le dépôt du vieux droit du royaume de Jérusalem qu'ils ont tous connu de leur vivant. À ses yeux, l'autorité en droit la plus vénérable est l'opinion des anciens jurisconsultes.

Peu après que les « régents » furent chassés, l'empereur Frédéric II envoya des troupes et son maréchal Riccardo Filangieri qui débarquèrent sur l'île de Chypre. Jean d'Ibelin rassembla ses troupes à Chypre, prit en charge le roi toujours mineur, et fit élire son fils Balian chef seigneur du royaume de Chypre[8]. Jean d'Ibelin rappelle alors aux hommes de l'empereur que les décisions doivent être prises en droit et devant la Haute Cour[9]. Devant cette résistance organisée au nom du respect du droit, les hommes de l'empereur

---

[1] NOVARE (de) Philippe, *Mémoires*, Paris, Éd. Ch. Kohler, 1913.

[2] PHILIPPE DE NOVARE, *Guerra di Federico II in Oriente (1223-1242)*, éd. et trad. S. Melani, Naples, Liguori Editore, 1994.

[3] NOVARE (de) Philippe, *Les Quatre Âges de l'Homme*, M. de Fréville éd., Paris, 1888.

[4] A. FOULET, « Les Mémoires de Philippe de Novare sont-ils un plaidoyer ? », *Romania*, 56, 1930, p. 419-427 (p. 421).

[5] BEUGNOT, vol. 2 : Lois, Livre des documents relatifs à la successibilité au trône et à la régence, chap. IV, p. 404.

[6] BEUGNOT, vol. 1 : Lois, Livre de Philippe de Novare, chap. XVII, p. 492.

[7] *Ibid.*, chap. XLIX, p. 525 : « *messire Rau (...) il meismes me conteit moult de chozes dou royaume de Jérusalem et des us et des assises, et disoit que je les retenisse. Et je, qui moult doutai sa manière, otreai tout. Après usai entour monseignor de Baruth le vieil jusqu'à sa mort, qui moult de chozes m'aprist la soie merci, à ma requeste: car de se ne diseit il mie si volontiers corne messire Rau faisoit. Après fui moult acointé de monseignor de Saeste à Baruth et à Acre et en Chypre ; et moult de chozes m'aprist la soie merci volentiers* ».

[8] RHC, Historiens occidentaux, Tome II, Chronique d'Ernoul, Livre XXXIII, chap. XX, p. 386.

[9] *Ibid.*, Livre XXXIII, chap. XXI, p. 387.

partent en Syrie et vont saisir le fief de Jean d'Ibelin, la seigneurie de Beyrouth[1]. Le différend entre l'empereur, ses partisans et les Ibelins débouche très vite sur un affrontement, puis une guerre, qui va durer de 1228 à 1243.

Avec le départ de l'empereur Frédéric II, la reine douairière Alice de Chypre, mère du roi Henri et fille d'Isabelle Ière de Jérusalem, se rendit elle à Acre pour réclamer le bailliage du royaume de Jérusalem comme *dreit heir* apparent[2]. Les hommes du royaume répondirent qu'ils ne pouvaient pas le faire car il y a déjà un homme chef seigneur, Balian de Sidon, représentant de l'empereur comme chef seigneur, au nom de l'empereur bailli du royaume au nom de son fils Conrad, légitime héritier. Mais comme aucun des hommes du royaume ne connaissait Conrad, ils décidèrent alors d'envoyer Geoffroy Le Tort et Jean de Bailleul pour demander à l'empereur que son fils héritier du royaume vienne en Syrie avant un an pour le reconnaître comme seigneur. Frédéric II nomma en contestation, en donnant des instructions par lettre, Philippe de Montgastiau pour être chef seigneur en son nom dans le royaume de Jérusalem pour remplacer Balian de Sidon[3]. Les barons se réunirent et au nom de leur serment « *de tenir les assises et les bons uz et les bones costumes dou reiaume de Jérusalem* » relevèrent que la demande de l'empereur était contraire au droit car sa demande par lettre ne peut défaire ce qui a été décidé en Cour.

Après que le maréchal Riccardo Filangieri eut confisqué le fief de Beyrouth, et pris possession de Tyr, les hommes du royaume, chevaliers et Bourgeois se réunirent à Acre[4]. Riccardo Filangieri affirma en premier son autorité en présentant une lettre de l'empereur qui disait «*je vos envoie le maréchal del empire Richart Filanger, legat de ma cost por entre bail dou royaume et por maintenir dreit et justice et garder en lor raison les granz et les petiz et les riches et les povres* ». Mais devant son attitude orgueilleuse, son goût pour la bombance, son manque de bon sens, et sa volonté de tout détruire, les hommes du royaume le rejetèrent au nom du droit. En effet, Balian de Sidon, chef seigneur, lui fit un cours de droit hiérosolymitain pour appuyer ce rejet[5]. Il lui rappelle que depuis la fondation du royaume le droit

---

[1] *Ibid.*, Livre XXXIII, chap. XXI, p. 388.

[2] RHC, Historiens occidentaux, Tome II, Chronique d'Ernoul, Livre XXXIII, chap. XIII, p. 380.

[3] BEUGNOT, vol. 2 : Lois, Livre des documents relatifs à la successibilité au trône et à la régence, chap. II, p. 397.

[4] RHC, Historiens occidentaux, Tome II, Chronique d'Ernoul, Livre XXXIII, chap. XXIII, p. 388.

[5] RHC, Historiens occidentaux, Tome II, Chronique d'Ernoul, Livre XXXIII, chap. XXIV, p. 389 : « *ils m'ont enchargé que je vos die por eauz et por moi une parole, il vos font assaver que quant ceste terre fu conquise elle ne fu par nul chef seigneur, ainsi fu conquise par croisée et par esmuete de pelerins et de gent assembleisse. Et quant il l'orent conquise ils firent seigneur par accort et par election et il donnèrent la seigneurie dou roiaume et apres firent par acorе et la connaissance des preudes homes établissements et assises, les quels il vostrent que il fussent tenus et uses ou royaume por le sauvement du seignor et des autres gens et por maintenir et*

est supérieur au chef seigneur qui est élu. Il ajoute que le chef seigneur a juré de respecter le droit, comme l'empereur l'a fait, et qu'il doit agir en fonction. Il insiste alors sur le fait que la confiscation sans jugement de la seigneurie de Beyrouth est inacceptable et que s'il veut faire droit à sa prétention de devenir chef seigneur, au nom de l'empereur et de son fils le légitime héritier, il doit en premier lieu respecter les décisions de la Haute Cour. Devant cette contestation Riccardo Filangieri s'en retourna à Beyrouth et fit savoir que ces paroles étaient un affront à la volonté supérieure de l'empereur[1]. Balian de Sidon meurt peu après et Eudes de Monbéliard, le connétable, redevient chef seigneur par la volonté des barons[2]. Le refus du représentant impérial d'obtempérer à cette semonce fut considéré comme une violation flagrante du droit hiérosolymitain. La *res publica* franque et ses libertés ne peuvent accepter ce que peut appeler le césarisme frédéricien. C'est à cette occasion que les chevaliers et les bourgeois de Saint-Jean d'Acre, réunis dans la Frairie de Saint André, fondée par le roi Baudoin IV, constituèrent une commune indépendante jurée par tous et même par le peuple[3]. Jean d'Ibelin fut choisi comme chef. Cette commune est fondée sur le modèle des communes lombardes et toscanes, dans la situation plus large du « mouvement communal » dans l'Orient latin[4].

Avec l'aide du roi de Chypre, bien que toujours mineur, Jean d'Ibelin parti en guerre pour récupérer sa seigneurie de Beyrouth[5]. Tout l'ost royal de Jérusalem se joignit à l'ost royal de Chypre[6]. Jean d'Ibelin récupéra ses terres mais pas la cité car il ne voulut pas faire couler le sang de ses gens. Il maintient le siège et se rend à Acre ou il prêta serment à la commune d'Acre où il est

---

raison, et puis le jurerent a tenir et le firent jurer au seignor, et dès lors en ca toz les seignors qui ont esté dou roiaume l'ont juré tres que a ores et tout aussi l'a juré l'empereur. De quoi entre les autres establissement et les assises, y est ceste assise que seigneur ne puet ne ne doit dessaisir son home sans esgart de cort, et il est bien seul que li sires de Baruth Jean d'Ibelin est home de l'empreor. Et sur ce vos, qui estes en lue de l'empereur pour la terre garder et por droit hoir maintenir avez mis main en ses teneures et l'avez dessaisi de la cité de Baruth et des terres entor et assiégé son chastel sans esgart de cort et sanz jugement ; por quoi nos vos requérons por dreit et por raison et por sauver le sairement et la foi de notre seigneur l'empereor que vos et vos gens vos partez de Baruth par quoi li sires de Baruth resoit mis en saisine. Et si vos li volez rien demander ne mètre sus si le faire semondre par l'usage dou roiaume et le menez par l'esgart de la cort. Et se il par esgart de la cort enchet nos sommes prest de vos aider et de metre nos poeirs en ce qu'il soit demandé ».

[1] *Ibid.*, Livre XXXIII, chap. XXV, p. 390.

[2] BEUGNOT, vol. 2 : Lois, Livre des documents relatifs à la successibilité au trône et à la régence, chap. II, p. 397.

[3] RHC, Historiens occidentaux, Tome II, Chronique d'Ernoul, Livre XXXIII, chap. XXVI, p. 391.

[4] J. LA MONTE., "The communal movement in Syria in the thirteenth century", in *C. H. Haskins anniversary essays*, Boston et New York, 1929.

[5] RHC, Historiens occidentaux, Tome II, Chronique d'Ernoul, Livre XXXIII, chap. XXVII, p. 392

[6] *Ibid.*, Livre XXXIII, chap. XXVIII, p. 393.

reconnu comme « *maire* »[1], institution des villes franches du nord de la France[2]. Pendant ce temps, Filangieri abandonna Beyrouth pour assurer sa domination sur Tyr et Jean d'Ibelin put récupérer sa cité[3]. Jean d'Ibelin est cependant battu par Filangeri à Casal-Imbert le 3 mai 1232[4]. Profitant de cette victoire et de l'affaiblissement de ses adversaires, Filangeri part occuper le royaume de Chypre. Le roi Henri Ier de Lusignan est reconnu dans le même temps majeur, il a quinze ans. Jean d'Ibelin ne désarme pas, débarque alors avec le roi Henri à Famagouste le 10 juin 1232. Ils battent les impériaux à Agridi le 15 juin[5]. Les quelques rescapés impériaux se retranchent dans le château de Cérines qui se rend en juin 1233. En apprenant, au cours du siège, que ses trois fils, venaient d'être blessés, Jean d'Ibelin laisse sortir de sa poitrine une exclamation de douleur, mais aussi de jurisconsulte : « Que ne me suis-je souvenu de l'assise rendue à Belfeis par le roi Amaury ! »[6]. Cette Assise déclarait qu'un chevalier n'était pas tenu de suivre son seigneur au siège d'un château situé à plus d'une journée de cheval. L'Assise de Belbès, qui n'est évoquée que dans la chronique, aurait été prise en 1168, par le roi Amaury et ses hommes, après le siège de Bilbais, en Égypte alors que les chevaliers, mal employés, y avaient subi de lourdes pertes. C'est une information supplémentaire sur la manière dont fut élaboré l'ancien droit hiérosolymitain et en particulier les Assises. À la suite de cette guerre, un procès contre Henri Ier est intenté par ses hommes pour le paiement des dettes engendrées par les événements. La raison et le droit qui obligent le roi de Chypre, selon le droit hiérosolymitain, sont racontés par Jean d'Ibelin, l'auteur d'un Livre d'Assises, dans son chapitre CCXXXIX[7]. Richard Filangieri contrôlait toujours Jérusalem et Tyr, et avait le soutien de Bohémond IV d'Antioche, des chevaliers teutoniques, des chevaliers de l'Hôpital et des marchands pisans. Jean d'Ibelin était soutenu par les établissements de Beyrouth, Césarée et Arsouf, les chevaliers du Temple et la communauté marchande génoise. Aucune des deux factions ne prit l'avantage, et en 1234 le pape Grégoire IX excommunia Jean et ses partisans, décision annulée peu après grâce à l'ambassade de Geoffroy Le Tort, auteur d'un Livre d'Assise[8].

---

[1] *Ibid.*, Livre XXXIII, chap. XXIX, p. 395 et Cf. P. de NOVARE, *Mémoires*, Paris, Éd. Ch. Kohler, 1913, chap. CXIV, p. 69.

[2] J-L. HAROUEL, J. BARBEY, E. BOURNAZEL, J. THIBAUT-PAYEN, *Histoire des institutions de l'époque franque à la Révolution*, Puf, Droit Fondamental, Sciences humaines & sociales, (11e édition), 2005, p. 192.

[3] RHC, Historiens occidentaux, Tome II, Chronique d'Ernoul, Livre XXXIII, chap. XXX, p. 397.

[4] *Ibid.*, Livre XXXIII, chap. XXXI, p. 398.

[5] *Ibid.*, Livre XXXIII, chap. XXXV, p. 401.

[6] F. BUSTRON, *Chronique de l'Ile de Chypre*, éd. René DE MAS LATRIE, Mélanges historiques, Choix de documents, t. 5, Paris, 1886, p. 167 et Cf. P. de NOVARE, *Mémoires*, Paris, Éd. Ch. Kohler, 1913, chap. CXLIV, p. 83.

[7] BEUGNOT, vol. 1 : Lois, Livre de Jean d'Ibelin, chap. CCXXXIX, p. 383-384.

[8] RHC, Historiens occidentaux, Tome II, Chronique d'Ernoul, Livre XXXIII, chap. XLI, p. 407.

En 1236, Jean d'Ibelin, le vieux seigneur de Beyrouth, fait une chute de cheval qui le blesse gravement. Il régla alors sa succession, se fait Templier et meurt peu de temps après dans les bras de Philippe de Novare à Saint-Jean d'Acre[1]. Chef de l'opposition à Frédéric II, empereur germanique, il aura dominé politiquement toute la première moitié du XIIIe dans l'Orient latin. Jean d'Ibelin aura été successivement, connétable (1298-1208), bailli du royaume de Jérusalem (1208-1210) et connétable et bailli du royaume de Chypre à partir de 1227, à la suite de son frère Philippe, et enfin Maire et chef du gouvernement à Acre (1232-1236). Après la mort de Jean d'Ibelin, c'est son fils Balian qui continue la lutte contre les partisans de l'empereur Frédéric II. Il devient maire de Saint-Jean d'Acre à la suite de son père avec Eudes de Montbéliard comme bailli du royaume[2]. En 1237, l'empereur rappelle Richard Filangieri son bailli à Tyr. Ce dernier rentre en Italie laissant son frère Lotier chef seigneur de la cité[3]. Les Bourgeois, en suivant, voulurent négocier de rendre la ville à Balian d'Ibelin mais le projet n'aboutit pas. En 1241, Balian d'Ibelin fait la paix, au nom des « *barons et chevalers et citeens del reaume de Jerusalem* »[4], avec l'empereur et reconnaît comme Bailli du royaume, Simon de Monfort, au nom de Conrad, roi légitime en titre de Jérusalem. La paix est retrouvée pour un temps et le droit des Assises est reconnu comme fondement du droit et des institutions du royaume de Jérusalem par l'empereur

[1] P. de NOVARE, *Mémoires*, Paris, Éd. Ch. Kohler, 1913, chap. CLVIII et CLIX, p. 89.

[2] P. de NOVARE, *Mémoires*, Paris, Éd. Ch. Kohler, 1913, chap. CLXIV, p. 91.

[3] *Ibid.*, chap. CLXVIII, p. 93.

[4] R. ROHRICHT, Acte de soumission des barons du Royaume de Jérusalem à Frédéric II, Archives de l'Orient Latin 1, 1881, p 402-403 : « *Ceste est la forme de la pais que nos, barons et chevalers et citeens del reaume de Jerusalem, et nos, Balien d'Ybelin, seignor de Baruth, et nos freres, et ie, Iohan d'Ybelin, demandons et requerons de nostre seignor l'emperor. Primerement qu'il nos rende sa grace et nos pardoinst toz les mesfaiz des contens par achaison de la descorde qui a esté en la terre jusque au ior de oui; et qu'il nos baut à bail mon sire Simon de Montfort, conte de Leicestre, jusque à l'age de nostre seignor le rei Conrard, et oncore jusque à tant que nostre seignor le rei vengne en la terre, ou qu'il i enueit aucun autre de par lui qui seit au louc del deuandit Simon; et qu'il seit bail de tot le reaume de Jerusalem, ausi come nostre seignor l'emperor i fuist en sa propre persone; et que le deuandit mon sire Simon de Monfort jurra à garder sauuer ler dreiz de l'emperere et de son fiz le rei Conrard, et toz ceaux qui en la terre sont, et les alans et les uenans et les estaians, par terre et par mer, chacun à sa reisun et en son dreit, et mener les par les ous et les costumes et par les assis del reaume de Jerusalem. Et nos gens de la terre, si come il est desuz motiz, lui jurrons à garder et sauuer en son bailie et obeir comme au cors de l'emperor, et osterons la campane et les conseles et les cheuetaines de la commune, sauf ceaux qui esteient auant que l'emperere fuist seignor des païs. Et ceste forme de pais et ceste grace nos prions et requerons à nostre seignor l'emperor qu'il les seele de son seele d'or. Et nos, Balien d'Ybelin, seignor de Baruth, et nos, Ph[ilippe] de Montfort, seignor de Toron et nos Iohan d'Ybelin, sire d'Arsur, et nos Jaufrei d'Estreing, sire de Caïphas, auons juré et promis sor la sainte euuangile à tenir ceste pais, et fere tenir à nos poiers, et non estre à l'encontre, si tost come ele verra. Et por ce que ces choses si come ales sont desuz escrites soient fermes et estables, nos i auons penduz nos seaus. Ce fui fait en l'an de l'incarnacion Nostre Seignor Ihu Crist, .MCCXLI. an, au .VII. ior des meis de jun, en Acre* ».

dans l'Acte de soumission. Toutefois Simon de Montfort ne vint jamais en Terre sainte.

B. L'indépendance retrouvée des royaumes latins et la fiction royale (1243-1250)

En 1243, Conrad le fils l'empereur Frédéric II et d'Isabelle de Jérusalem a quinze ans ; il est donc majeur. L'empereur Frédéric II, n'était pas reconnu comme roi titulaire de Jérusalem par les barons latins, mais seulement comme bailli au nom de son fils Conrad mineur. Philippe de Novare, fin juriste, souligna ce point de droit à Balian d'Ibelin, seigneur de Beyrouth, alors chef seigneur. Il souligne aussi subtilement que les barons latins ne sont donc plus soumis par serment à l'empereur ni ne doivent donc plus respecter son bailli à Tyr[1]. Il lui rappelle que selon la « *coustume* » du royaume de Jérusalem le « *dreit heir* » doit venir en personne réclamer son héritage. À défaut le « *dreit heir* » présent peut prétendre à l'héritage. Ainsi, il souligne que « *madame la reine Alis* » mère du roi Henri de Chypre, sa cousine germaine, fille de la reine Isabelle Iere, présente à Acre est la plus légitime héritière et doit avoir l'héritage jusqu'à la venue de Conrad. La reine Alice avait déjà réclamé ce droit mais cela lui avait été refusé du fait que Conrad était mineur.

Balian d'Ibelin prit alors conseil des autres barons du royaume et ensemble ils s'accordèrent sur la méthode[2]. Philippe de Novare fut chargé d'en avertir la reine et son nouveau mari Raoul de Soissons, un haut seigneur français. Il fut conclu que Balian d'Ibelin et le seigneur du Toron, partageraient le pouvoir, sauf les droits de Conrad s'il finissait par venir en Orient. L'accord fut mis par écrit par Philippe de Novare et un Bourgeois Philippe de Baudoin[3]. Balian d'Ibelin était aussi un jurisconsulte renommé. Il donnait des consultations juridiques aussi pour la Cour des Bourgeois comme le prouve le titre du chapitre XXVI de l'Abrégé du Livre des Assises de la Cour des Bourgeois, où est approfondie la matière du meurtre selon le droit des Bourgeois[4].

Pour valider le projet furent réunis à Acre, sous la présidence de Balian d'Ibelin et Raoul de Soissons, tous les hommes liges du royaume chez le patriarche de Jérusalem[5]. Furent présents aussi les Génevois, les Vénitiens et les Pisans et tous les membres de la *Frairie* de la ville. La reine Alice est aussi accompagnée du grand maître de l'Ordre du Temple, le frère Armant du

---

[1] P. de NOVARE, *Mémoires*, Paris, Éd. Ch. Kohler, 1913, chap. CLXIX et CLXX, p. 93.
[2] *Ibid.*, p. 94.
[3] *Ibid.*, p. 95.
[4] BEUGNOT, vol. 2 : Lois, Livre Contrefais, Partie I, chap. XXVI, p. 337 : « *Et ce que l'on a trové que monseignor dizoit que il avoit oy dire à son père, le seignor de Baruth le Veill* ».
[5] P. de NOVARE, *Mémoires*, Paris, Éd. Ch. Kohler, 1913, chap. CLXXIV, p. 95.

Périgord[1]. Philippe de Novare fut le conseil des parties devant la *curia generalis*. C'est lui qui prit la parole et qui expliqua le droit du royaume. Il expliqua que pour respecter « *les bons usages et les bons costumes dou royaume* » il fallait donner à la reine Alice la saisine de la seigneurie du royaume de Jérusalem[2]. Tous furent en accord avec la démonstration de Philippe de Novare et tous firent l'hommage à la reine[3]. La « régence » ainsi organisée dans le royaume de Jérusalem est essentiellement fictive et donne une apparence de légitimité car c'est Balian d'Ibelin et ses amis qui exercent réellement le pouvoir selon les accords passés. La Haute Cour utilise en effet un truchement juridique, que nous indique le chapitre II des Documents relatifs à la successibilité, en reconnaissant d'abord le régent-bailli légitime qui va transférer ensuite « *en son leu* » son droit au chef seigneur véritablement désigné et élu mis « *sur le fait de la seignorie* »[4]. C'est ce que fait la reine de Chypre, nous dit l'auteur, en confiant ensuite le « *fait de la seigneurie* » à Balian d'Ibelin, soit l'exercice de la qualité de chef seigneur et la gestion du domaine royal. Dans le royaume de Chypre, ce système avait été aussi utilisé pour écarter de la régence Alice de Champagne et désigner Philippe d'Ibelin puis Jean d'Ibelin, le vieux seigneur de Beyrouth, son frère pour être chef seigneur. La reine Alice de Champagne est donc bailli légitime du royaume jusqu'à son décès à Acre en 1246.

Pour ces raisons et avec la majorité de Conrad les hostilités reprennent mais Balian d'Ibelin arrive cette fois à enlever aux impériaux, leurs possessions et notamment la ville de Tyr le 12 juin 1243[5]. Balian peut alors récupérer la ville de Tyr après que la reine douairière de Chypre, la reine Alice, fut reconnue bailli légitime du royaume de Jérusalem et qu'il ait disposé de l'intégralité de l'ost royal[6] et le soutien des Bourgeois[7]. Cette conquête marque la fin de la représentation impériale en Orient. Ces troubles ne permirent pas de sauver Jérusalem et elle fut reprise par les musulmans en 1244[8]. En effet, à la suite de l'intervention des Latins dans la querelle qui opposait les héritiers du sultan Al-Malik Al-Kamil, les forces musulmanes reprennent Jérusalem. L'Occident appelle une fois encore à la croisade. Décidée en 1245 par le concile de Lyon[9], elle est lancée par le pape Innocent IV et elle sera conduite

---

[1] BEUGNOT, vol. 2 : Lois, Livre des documents relatifs à la successibilité au trône et à la régence, chap. II, p. 400.
[2] P. de NOVARE, *Mémoires*, Paris, Éd. Ch. Kohler, 1913, chap. CLXXV, p. 95.
[3] *Ibid.*, chap. CLXXVI, p. 96.
[4] BEUGNOT, vol. 2 : Lois, Livre des documents relatifs à la successibilité au trône et à la régence, chap. II, p. 400.
[5] RHC, Historiens occidentaux, Tome II, Chronique d'Ernoul, Livre XXXIII, chap. LII, p. 422.
[6] BEUGNOT, vol. 2 : Lois, Livre des documents relatifs à la successibilité au trône et à la régence, chap. II, p. 400.
[7] P. de NOVARE, *Mémoires*, Paris, Éd. Ch. Kohler, 1913, chap. CLXXVIII, p. 97.
[8] RHC, Historiens occidentaux, Tome II, Chronique d'Ernoul, Livre XXXIII, chap. LVI, p. 427.
[9] *Ibid.*, Livre XXXIII, chap. LVIII, p. 431.

par le roi Saint Louis[1]. En 1247, le pape Innocent IV, tira toutes les conséquences de la situation politique de l'Orient latin et releva le royaume de Chypre de tout hommage vis-à-vis du Saint Empire[2]. En 1146, le roi de Chypre, Henri Ier, succéda à sa mère dans la fonction symbolique de bailli du royaume de Jérusalem[3]. À la mort de Balian d'Ibelin en 1147, c'est son frère Jean d'Ibelin d'Arsouf qui devient le chef seigneur du royaume de Jérusalem[4]. C'est Jean d'Ibelin d'Arsouf, qui par la volonté des barons est le véritable chef seigneur et le connétable du royaume. C'est lui qui organisa la défense du royaume en attendant la venue de Saint-Louis qui a fait le vœu de partir en croisade en 1244 par suite d'une grave maladie[5]. Le roi de Chypre gouverne son royaume et ne viendra en Syrie qu'avec la venue de Saint Louis. Face à l'avancée des musulmans le roi de Chypre, Henri Ier, envoya son sénéchal, Baudoin d'Ibelin, frère de Jean d'Ibelin, avec des troupes[6]. Ensemble ils réussirent à contenir les invasions égyptiennes et turques, avec les « croisés » français et anglais arrivés récemment. Ils repoussèrent l'invasion mais ne purent récupérer Jérusalem.

En 1248, à l'arrivée de Saint Louis sur l'île de Chypre, Jean d'Ibelin d'Arsouf quitte sa charge de chef seigneur pour Jean Fuinon alors élu, dont nous ne savons rien[7]. L'année suivante eut lieu une guerre à Acre entre les Pisans et les génois qui dura 28 jours. Jean d'Ibelin d'Arsouf est alors rappelé comme chef seigneur. Ce Jean d'Ibelin est lui aussi un jurisconsulte renommé et il donne lui aussi des consultations pour la Haute Cour et la Cour des Bourgeois. C'est ce que nous apprennent, là aussi, les articles XXV et XXVI, sur la bataille pour meurtre, de l'Abrégé du Livre des Assises de la Cour des Bourgeois[8]. Au Chapitre XXV, on peut lire que « *Monseignor d'Arsur, qui avoit non messire Johan de Yblin, dizoit que il avoit veu et oy dire dou fait des apeaus dou murtre et des gagemens des batailles qui se doivent faire en la Haute Court et en la basse, celonc l'usage dou royaume de Jérusalem* ».

[1] Cf. J. RICHARD, *Saint Louis, roi d'une France féodale, soutient de la Terre sainte*, Paris, Fayard, 1983.
[2] R. GROUSSET, *L'Empire du Levant : Histoire de la Question d'Orient*, Paris, Payot, coll. « Bibliothèque historique », 1949 (réimpr. 1979), p. 465.
[3] Ibid., chap. II, p. 401.
[4] BEUGNOT, vol. 2 : Lois, Livre des documents relatifs à la successibilité au trône et à la régence, chap. II, p. 401.
[5] RHC, Historiens occidentaux, Tome II, Chronique d'Ernoul, Livre XXXIII, chap. LVIII, p. 431.
[6] *Ibid.*, chap. LX, p. 433.
[7] *Ibid.*, Livre XXXIV, chap. I, p. 436.
[8] BEUGNOT, vol. 2 : Lois, Livre Contrefais, Partie I, chap. XXV et XXVI, p. 326-337.

Chapitre 3

La première consignation du droit hiérosolymitain dans des Livres (1250-1291)

Le droit hiérosolymitain constitué tout au long du XIIe siècle ne va pas disparaître avec la première disparition du royaume de Jérusalem après la conquête de Saladin. Il va bien au contraire survivre et se réaffirmer au XIIIe siècle dans le nouveau royaume de Jérusalem qui s'est reconstitué à Saint-Jean d'Acre et dans le nouveau royaume de Chypre. Dans la deuxième moitié du siècle, ce droit hiérosolymitain va être mis par écrit par des jurisconsultes à partir de la pratique de leur temps et du témoignage de leurs pères qui ont vécu à cheval sur les siècles ; ce sont les Livres d'Assises qui nous sont parvenus, mais dont la transcription ne nous est connue qu'à partir du XIVe siècle.

La connaissance de la pratique juridique et institutionnelle du droit hiérosolymitain de cette période est alors moins incertaine car c'est la période qui s'est attachée à conserver l'ancien droit, avec malgré et toujours de fortes contestations. Il faut toutefois garder à l'esprit que les textes juridiques qui décrivent le droit en vigueur au XIIIe siècle ont été repris, corrigés et complétés après ces évènements pour les besoins du royaume de Chypre qui a perduré les trois siècles suivants. Toute transposition trop rigoureuse peut amener à des anachronismes de temps et d'espace ; la prudence doit rester la règle. Le droit hiérosolymitain tel qu'il nous est parvenu, n'est que l'avatar du droit chypriote du XIVe au XVIe siècle.

C'est pendant et après la septième croisade que matériellement les premiers Livres d'Assises furent rédigés. La venue de Saint Louis, roi de France, en Terre sainte en ce milieu du XIIIe siècle, va soutenir et reconnaître, directement et indirectement, les particularismes du droit hiérosolymitain en application dans les deux royaumes de Jérusalem et de Chypre (I). À partir de 1267, des crises politiques internes, ayant pour cause le respect de la *res publica* des Francs, vont entrainer des successions royales discutées dans le royaume de Jérusalem et Chypre. La réconciliation avec la royauté retrouvée ne durera pas et ne permit pas de préserver le royaume de Jérusalem ; Saint-Jean d'Acre tombe en 1291 (II).

I. L'écriture des premiers Livres d'Assises à partir de 1250

En 1250, après un débarquement sur l'île de Chypre et une guerre en Égypte, Saint Louis devient co-administrateur du royaume de Jérusalem et jusqu'en 1268 la présence française participa activement au gouvernement des deux royaumes. Durant cette période les premiers Livres d'Assises en droit féodal furent écrits ; d'abord le Livre de la Cour des Bourgeois (A) puis deux Livres majeurs sur le droit de la Haute Cour (B).

A. Le commencement de la rédaction du Livre de la Cour des Bourgeois

C'est à la suite de l'appel du pape Innocent IV à une septième croisade en 1245 au concile de Lyon, que Saint Louis[1] après une grave maladie répond de sa volonté de prendre la croix[2]. Il envoya immédiatement des lettres pour réconforter et assurer de sa venue les Latins d'Orient.

Le roi Louis IX quitte Paris en juin 1248 et arrive le 28 septembre sur l'île de Chypre[3]. L'arrêt à Chypre fut considéré comme important pour le roi de France[4]. Sa sécurité y était totalement assurée. Le roi de Chypre et les feudataires étaient en majorité de ses parents et de ses amis, non seulement les Lusignan, mais aussi d'autres membres de l'aristocratie franque. La présence du roi fut importante également pour le développement des relations commerciales et économiques entre Chypre et la France. Le 29 mai 1249 il quitte Chypre pour Damiette en Égypte et délivra la terre et la cité[5]. Le rejoignent alors les templiers en novembre. Le 8 janvier 1250 Jean d'Ibelin d'Arsouf le retrouve avec l'ost royal de Jérusalem[6]. Après un revers militaire à Baybars, Saint Louis reprend son avancée mais doit battre en retraite le 5 avril et il est fait prisonnier avec son armée[7].

Saint Louis échange sa libération et celle de l'armée croisée contre Damiette défendue par son épouse, la reine Marguerite de Provence, et une rançon de 500 000 livres tournois[8]. Il est libéré le 8 mai et rejoint Saint-Jean

[1] J. RICHARD, *Saint Louis, roi d'une France féodale, soutient de la Terre sainte*, Paris, Fayard, 1983 ; J. LE GOFF, *Saint Louis*, Gallimard, Paris, 1996 ; G. SIVERY Gérard, *Saint-Louis : le roi Louis IX*, Tallandier, 2007.

[2] RHC, Historiens occidentaux, Tome II, Chronique d'Ernoul, Livre XXXIII, chap. LVIII, p. 431.

[3] *Ibid.*, Livre XXXIV, chap. I, p. 436.

[4] J. RICHARD, « Le royaume de Chypre face aux projets de croisade », in Comptes rendus des séances de l'Académie des Inscriptions et Belles-Lettres, 153e année, N. 2, 2009, p. 857-863.

[5] RHC, Historiens occidentaux, Tome II, Chronique d'Ernoul, Livre XXXIV, chap. I, p. 436.

[6] *Ibid.*

[7] *Ibid.*

[8] *Ibid.*

d'Acre. Dès son arrivée Saint Louis, co-administre le royaume de Jérusalem avec Jean d'Ibelin d'Arsouf, à la demande de Jean d'Ibelin, comte de Jaffa (l'auteur) et le réorganisa avec tous les Ibelin[1]. Il décide de renforcer les défenses de ce qui reste du royaume de Jérusalem. Il renforce en supervisant lui-même les travaux les fortifications de Jaffa, de Saint-Jean d'Acre, de Césarée et de Sidon[2]. Le roi Henri de Chypre, lui, épouse Plaisance d'Antioche et l'empereur germanique Frédéric II meurt le jour de la Sainte-Lucie le 13 décembre de cette année[3].

En 1252, la mère de Saint Louis, Blanche de Castille, régente du royaume de France, décède mais il décide de rester en Orient ; le royaume de France en paix n'imposant pas sa présence immédiate[4]. Louis IX doit cependant renforcer l'autorité dans un royaume qui a appris à se passer d'un roi depuis vingt ans et tente de mettre au pas les ordres militaires du Temple et Saint-Jean de l'Hospital qui ne relèvent que du pape mais ont tendance à se considérer comme quasiment indépendants. Il intervient également dans les affaires de la principauté d'Antioche et écarte Lucienne de Segni, bailli de la principauté, qui ne veut pas mettre fin à sa « régence »[5]. Il confirme alors Bohémond VI comme prince, et négocie un traité qui met fin entre l'antagonisme entre la Petite-Arménie et Antioche[6]. Le roi de France est aussi un amateur d'art qui entend encourager la production artistique locale à son propre compte. À côté des forteresses qu'il relève au gré de ses passages, sa contribution la plus importante est sans aucun doute tournée vers les livres, inaugurant un nouveau dynamisme dans les ateliers de Terre-Sainte. Le manuscrit qui lui est associé est la Bible de Saint Jean d'Acre en français, ouvrage richement décoré qu'il aurait ramené d'Orient et qui est aujourd'hui conservé à la Bibliothèque nationale de France[7]. La Bible de Saint-Jean d'Acre, est le témoignage de l'impulsion donnée par Louis IX à la production de manuscrits[8].

Un événement, raconté par le sire Jean de Joinville, sénéchal de Champagne et historien du règne, prouve sans contestation possible que le roi Louis IX rendait la justice en appliquant le droit hiérosolymitain. Un sergent ayant frappé un de ses chevaliers, Joinville est allé demander justice au roi qui lui a rendu « *selon les droiz & usaiges de la Sainte Terre* » nous précise-t-il[9]. Joinville ajoute que c'est ainsi que le roi rendait alors toujours la justice à

[1] JEAN de JOINVILLE, *Vie de Saint Louis*, éd. Jacques Monfrin. Paris,Dunod, 1995, p.104.
[2] RHC, Historiens occidentaux, Tome II, Chronique d'Ernoul, Livre XXXIV, chap. I, p. 436.
[3] JEAN de JOINVILLE, *Vie de Saint Louis*, éd. Jacques Monfrin. Paris,Dunod, 1995, p.104.
[4] RHC, Historiens occidentaux, Tome II, Chronique d'Ernoul, Livre XXXIV, chap. I, p. 436.
[5] *Ibid.*
[6] *Ibid.*
[7] Bible de Saint Jean d'Acre, Paris, BNF, Bibliothèque de l'Arsenal, ms. 5211, Acre, 1250-1254.
[8] M. MARASZAK, « Entre Orient et Occident, les manuscrits enluminés de Terre sainte. L'exemple des manuscrits de l'Histoire Ancienne jusqu'à César, Saint Jean d'Acre, 1260-1291 », in Mélanges de l'École française de Rome - Moyen Âge, 2014.
[9] JEAN de JOINVILLE, *Vie de Saint Louis*, ed. Jacques Monfrin. Paris : Dunod, 1995, p. 96.

Acre. Il semble que selon ce récit Saint Louis présidait au moins sa propre cour de justice et peut-être même la Haute Cour. Cet évènement a été développé au XVIIIe siècle par Ravalière dans sa biographie du sire de Joinville[1]. Il faut noter ici que Ravalière affirme que l'auteur des « Assises de Jérusalem » est uniquement Philippe de Novare. Il se veut corriger Labbé, Ducange et La Thaumassière, mais il ne connaît pas la diversité des « Livres » à l'époque.

C'est en 1250, sous l'impulsion de Jean d'Ibelin, seigneur d'Arsouf et bailli du royaume Jérusalem, que s'est fait sentir le besoin de mettre par écrit l'activité judiciaire des Cours avec la mise en place d'écrivains. C'est le Livre Contrefais, qui nous raconte dans sept chapitres, avec une très grande précision, comment furent réalisés les livres-recueils de l'activité de la Haute Cour et de la Cour des Bourgeois[2]. Ce Livre a été écrit au XIVe siècle mais l'auteur a très bien connu Jean d'Ibelin d'Arsouf[3]. Ces chapitres ont été rarement évoqués dans toutes les précédentes études et aucune conséquence pratique sur la naissance et la généalogie des sources manuscrites n'en a été tirée. Pourtant, leurs lectures nous montrent une autre réalité et approche.

Le premier de ces chapitres s'intitule : « *Corment furent establis les livres de la Haute Court et de la Court des Bourgois* ». Dans ce chapitre au titre si évocateur, il nous est appris qu'un lundi de février 1250, c'est extrêmement précis, Jean d'Ibelin, seigneur d'Arsouf, alors bailli du royaume de Jérusalem, réunit, dans l'hôtel des seigneurs de Beyrouth à Acre, soit celui de son neveu, tous les hommes liges présents à Acre[4] et tous les jurés de la Cour des Bourgeois[5] pour réfléchir à une mise par écrit, en français, de tout ce qui se fait en Cour, plaintes, arguments des parties et les jugements de la cour[6]. Le

[1] LEVESQUE de la RAVALIERE, *Vie du sire de Joinville*, 2 juin 1744, insérée aux Mémoires de l'Académie des inscriptions et belles-lettres, t.XX, p. 310 et suivant, p. 329.

[2] BEUGNOT, vol. 2 : Lois, Livre contrefais, Partie I, chap. XIII à XX, p. 246-251.

[3] Ibid, chap. XXV et XXVI, p. 326 et p. 337.

[4] BEUGNOT, vol. 2 : Lois, Livre Contrefais, Partie I, chap. XIII, p. 246 : « *messire Phelippe de Monfort, qui au jor estoit seignor de Sur et du Toron, et messire Johan l'Aleman, seignour de Cesaire, et le sire de Scandillion, et messire Tibaut de Bessan, et messire Phelippe le Chambrelain, mareschau dou royaume, et messire Raoul de Baruth, et messire Heude de la Fierté, visconte au jour d'Acre, et messire Gautier l'Aleman, et messire Heimé son frère, et messire Baillian Antheaume, et sire Raymon son frère, et sire Estiene de Sauveny, et sire Jaques Vidal, et sire Symon de Malenbec, et sire Johan son fis, et sire Gautier de Saint Bertin, et sire Johan de Crées, et sire Johan Pellevillain, et sire Heude son fis, et sire Aubert Embriac, et sire Johan de Floury, et sire Gerartde Pinquegny, et sireJohan Grif, et sire Thomas Guale, et sire Raoul l'Aleman, et sire Gerart Mainebeuf, et sire Thomas Coste, et sire Johan Martin, et sire Hue Hernaut* ».

[5] *Ibid.*, chap. XIV, p. 246 : « *sire. Alart, sire Heude de Conches, sire Nicole de la Mounée, sire Gui l'Orfievre, sire Johan Pheiippe, sire Piere Carcadel, sire Piere Michel, sire JofiFroi de Thabarie, sire Henri de Conches, sire Johan Jordain, sire Raymon, fis de sire Heude de la Tour, sire Piere le Petit, sire Johan de Nefin, sire Beneit dou Puy* ».

[6] *Ibid.*, chap. XIII, p. 246 : « *pour avoir conseill à eaus d'aucunes chozes que il s'estoit apencés, c'est assavoir cornent on deust faire mètre en escrit en francés les clains et les respons et tout quanqui ce faizoit as dites cours* ».

texte précise que l'hôtel des seigneurs de Beyrouth est le lieu habituel ou le bailli conduit les affaires du royaume selon le partage des missions qu'il a avec le roi de France, Louis IX, qui lui conduit les affaires du royaume depuis le château d'Acre[1]. Devant cette assemblée des hommes du royaume, Jean d'Ibelin d'Arsouf tient un discours qui nous est intégralement retranscrit[2]. Il constate que tous ici présents sont chargés de la lourde tâche de rendre la justice mais qu'ils ne sont pas bien sachant pour répondre le plus sagement possible. Il souligne que lorsqu'il se déroule un temps important entre le début du procès, le dépôt de plainte, et l'écoute des parties, il est très difficile de retenir les avis et les propos des parties. Il lui semble donc bien que soit accordé aux Cours un écrivain franc, qui mettrait par écrit tout ce qui se dirait en Cour. Le livre devrait être gardé dans une huche dans l'hôtel du seigneur et trois clés permettraient de l'ouvrir, une pour le seigneur et deux aux deux

---

[1] *Ibid.*, chap. XIII, p. 246.

[2] *Ibid.*, chap. XV, p. 247 : « *Beaus seignours, l'achaizon por coi je vous ais fait yci assembler tous encemble, c'est assavoir, la Haute Court et la Basse, si est pour ce que il est bien voir que nous soumes tout le plus de nous aucune fois moult enserrés de mains plais qui sont devant nous, et coume ceaus qui ne les avons pas aucuns de nous moult uzés; pour coi il n'est pas merveille ce nous aucune fois soumes enserrés et ne soumes pas sachans si come mestier nous seroit. Por laquel choze il avient aucune fois que quant un plait est pozés sur la court, et la court sur aucunes chozes en prent respit, et quant vient au jor que la court a doné as parties, elle n'est mie bien avertie, ne menbrant de tels pozemens que l'om a fait : si couvient à faire venir aucunes fois les avanparliers devant la court et dire derechief lor plait, por coi il y a moût grant perill en ce, car il dient aucune fois plus ou moins que il ne dient au premier pozement que il firent sur la court ; et dire de rechief lor plait, por ce que la court n'est pas bien menbrant aucune fois des premières parolles qui ont esté dites; si covient que la court en face son esgart; pour quoi il est damage et perill grant à aucune des parties; et n'est pas merveille por la raizon devant dite; et d'autre part, quant les esgars sont fais et après une sposse de tens en a mestier de recort avoir, por ce que nous n'avons mie bien l'entente ne le cuer aucune fois de retenir les ; si ne les porrons mie dire ne retraire ensi come nous avons fait et retrait, por quoi maintes gens en ont aucune fois damage grant. Pour laquel choze à moût de nous cembleroit bien, ce vous, seignors, qui ci estes acemblés, vous acordés, que on deust avoir un escrivain franc, qui deust avoir un livre, auquel livre deust hom faire inscrire tous leurs dis et les posemens que om feroit sur la court et en prezence de la court, et tous les coumandemens des fiés , et tous les ajornemens auci que la court feroit ou donroit des plus qui seroient, et de toutes autres choses qui montent dou fait de la court; et en teille manière que tout prestant que les plais seroient pozés sur la court selonc les raizons etles dis des deux parties, que on deust prestant faire mètre en escrit et pardevant la court, celonc les raizons et les dis des deux parties, et surce faire l'esgart ou la counoissance; et il seroient retrais; que la court ne se deust partir de là jusques à ce que tout fusse rais en escrit en cel meisme livre : et de tous les autres fais qui monteroient au fait de la court, meismes fuce mis en cest livre. Et que le dit livre fuce mis en huche, qui seroit mize en garde en l'ostel dou seignor ou de celuy qui seroit en leuc de luy. Et que celle huche heust trois clés : l'une heust le seignor en sa garde, ou celui qui seroit en leuc de lui ; et les autres deux clés heussent en garde deux homes liges ; et que ces deux homes liges fussent ehleus par la court ou par la greignor partie de la court, et fussent tenus estroitement de garder bien et loyaument ceaus livres. Et quant mestier seroit, ci poroit on estre aveés et adreciés par celuy livre de moult de chozes, quant il lor seroit mestier. Por laquel choze je vodroye volontiers oïr vos avis, de vous, seignours, qui ci estes acemblés, et tout avant de ciaus de la Haute Court* ».

hommes liges élus. Ce livre pouvant alors servir, en plus de consigner les affaires, servir de mémoire du droit pour les Cours. Il termine son discours en demandant humblement l'avis de l'assemblée. Le seigneur de Sur (de Tyr) et du Toron prit alors la parole, nous est-il dit[1]. Là nous n'avons pas son discours, mais il nous est rapporté qu'il s'accorde, en tous points, à ce qui a été dit, mais précise que le jugement doit toujours en revanche être rendu selon « *le dit et le recort* » de la Cour. Pour lui, l'écrit ne peut l'emporter sur l'oralité du débat judiciaire. Il est rapporté ici que tous furent d'accord avec cette précision. Il nous est dit ensuite que la décision fut prise alors de faire ainsi, soit de prendre un écrivain franc pour chacune des Cours, « *par l'assent et comune volonté de tous* ». La réunion en *curia generalis*, la mise par écrit du droit et la conservation dans une huche est un véritable retour à la tradition du droit hiérosolymitain originaire.

Au chapitre suivant, il nous est raconté qu'à la suite de cette décision, mais indépendamment de cela, le roi de France partit d'Acre pour la ville de Césarée et *fermoit* la cité[2]. Saint Louis décida cependant, avant de partir, que la mise en place de cette décision, « *le devant noumé establissement doudit Livre faire* », devra se faire à leur retour. Ici Saint Louis agit en véritable chef seigneur du royaume, il n'intervient pas dans les délibérés de la cour mais garantit la décision. Mais, nous dit le texte, il se passa plus d'une saison avant que l'on ne s'y réfère, par « *nonchaloir* », et que, finalement, seule la Cour des Bourgeois mit en place un écrivain et un Livre à cette époque. Il est bon de remarquer ici, comme Beugnot, que la composition des *Olim* en France, les registres du parlement de Paris, sous le règne de Louis IX, s'est faite à son retour de Terre-Sainte en 1254[3]. La question se pose donc de savoir si c'est la présence française qui offre des conditions favorables au commencement de la mise par écrit du droit ou si c'est l'inverse : la situation de l'Orient latin a-t-elle influencé la pratique ultérieure en France ? Il n'y a malheureusement aucun élément pour porter une opinion. Franco Alessio avait pu analyser qu'à partir des XIIe-XIIIe siècles il y a eu un moment de basculement, dans les sociétés occidentales, dans les rapports entre écriture et lecture avec l'émergence d'une familiarité de lecture avec ce qui est copié, tant du point de vue des méthodes d'enseignement de la lecture, des lieux de production, que de la morphologie du livre[4]. Les travaux de Michael Clanchy, sur la culture de l'écrit au Moyen Âge, qui tout en décrivant un monde de l'oralité, montre eux la pratiquent grandissante de l'intervention de l'inscription écrite à la fin des

---

[1] BEUGNOT, vol. 2 : Lois, Livre Contrefais, Partie I, chap. XVI, p. 247.

[2] *Ibid.*, chap. XVII, p. 249.

[3] *Ibid.*, p. 249, note c.

[4] F. ALESSIO, "Conservazione e modelli di sapere nel Medioevo, La memoria del sapere", in *Forme di conservazione e strutture organizzative dall'Antichità a oggi*, P. Rossi éd., Rome-Bari, 1988, p. 99-133.

pratiques judiciaires, qu'il nomme « written records »[1]. C'est toute la problématique qui se retrouve à partir de 1250 à Acre avec le débat sur la mise en place d'un écrivain de cour, débat que nous étudierons dans ce chapitre. Il s'agissait alors de s'interroger sur le rapport entretenu avec la parole vive, soit l'authenticité donnée au témoignage oral par rapport à l'enregistrement écrit et, plus généralement, l'importance donnée à la place de l'écriture dans le monde de la justice par rapport à la force de la parole. Puisqu'il y a des témoins et des étapes dans le temps dans le processus judiciaire, se pose alors bien la question de la transcription de la parole, de ce qui a été dit, et des médiations à l'œuvre dans ce processus de justice.

Le Livre Contrefais nous rapporte aussi le serment de l'écrivain avant son entrée en fonction[2]. Il jure de garder et sauver les droits et les raisons du roi, de tenir secret les secrets et les conseils de la cour, de bien servir et ceci loyalement comme écrivain. Ce Livre développe aussi longuement sur son office[3]. L'écrivain se doit d'accompagner le vicomte dans son office et être présent tous les jours ou la cour se tient. Il doit apporter par le commandement du vicomte les huches où il y a les livres et les écrits de la cour. Il se doit d'écrire tout ce qui se dit en cour, toutes les décisions, les ajournements et faire répéter si besoin pour qu'il n'y ait aucune erreur. Il doit aussi enregistrer les revenus du roi perçus par le vicomte, comme ceux qui reviennent au roi à travers les amandes de cour, ou bien encore les *encensives* (fermage) et les louages que la couronne possède. Tous les trois mois il doit rendre compte des comptes et bilans à la cour et au vicomte, puis enfin à la secrète du roi. Il est payé XII besants par mois. Il se doit aussi d'écrire les chartes faites en cour, que ce soit sur des achats, des dons, des héritages, des franchises et autres. C'est lui qui appose le sceau du vicomte et il touche un besant par charte. Pour les actes de vente d'héritage il touche XII deniers, pour les dons VI deniers et pour les gages VI deniers et autres actes du même genre.

Le Livre des Bourgeois, semble donc bien être le résultat de compilations judiciaires postérieures à 1250, mais qui ont pu s'appuyer sur des écrits et des

---

[1] Cf. M. CLANCHY, *From Memory to Written Record, England 1066-1307*, Oxford-Cambridge, 1993.

[2] BEUGNOT, vol. 2 : Lois, Livre Contrefais, Partie I, chap. IV, p. 238 : « *Il doit jurer de garder et sauver les drois et les raizons dou roy, et de tenir secré les secrés et les conseills de la court, et de uzer et faire le servize bien et loyaument comme escrivain* ».

[3] Ibid, chap. IX, p. 242 « *Et lorsque la court sera assize pour oïr la gent, il doit coumencier à escrire lor dit, par le coumandement dou visconte et de la court, ententivement,,et doit mètre sa cure de bien entendre et non estre négligent, et garde se de non faillir ne oblier ce que il couvient atacher. Et doit diligaument enquerre et demander ce que il non a entendu, à ce que par lui n'ait achaizon que nulle faute soit. Et après que la court aura tout fait ce qui apartient à la jornée, il doit mètre par escrit celés chozes que le visconte a à faire, c'est assavoir des esgars et conoissances et conseills qui auront esté fais et les semonces que le visconte doit faire à la gent, par court et sans court, et les ajornemens et les justizes de ciaus qui sont jugiés, les uns de perdre vie ou membre, ou d'autre paine de leur cors ou de lor biens, coume des bans qui seront encheus, et especiaument des drois et des raizons dou roy* ».

traditions bien antérieures. Ce Livre n'est pas un traité de droit, mais a la forme et la présentation d'un recueil de décisions et de consultations, rendues sur les matières de droit qui se présentaient le plus souvent devant la Cour des Bourgeois d'Acre et de Nicosie. Ce Livre est l'expression du droit en vigueur au temps de sa composition. C'est une œuvre de compilation juridique de la jurisprudence de la Cour des Bourgeois. Ce Livre rappelle les comptes rendus judiciaires en forme de « notice de plaid » que l'on connaît pour l'Italie lombarde à partir du VIIIe siècle et pour le monde mérovingien par le biais des formules[1]. Les chapitres commencent quasiment tous par « *Ici ores...* » et finissent par « *par lei et par l'assise* » ou par « *droit et par raison et par l'assise* ». Il ne contient aucune discussion, aucun développement, et appartient à cette classe d'ouvrages qui, à cause de leur ressemblance avec de véritables codes de lois, reçut des commissaires vénitiens la qualification de « *testi expressi* »[2]. Raison pour laquelle, on peut trouver des incohérences et même les contradictions, un défaut d'ordre, de méthode et de toute déduction logique. Il faut aussi ajouter que ce Livre a été écrit, ou du moins a eu une première version, avant 1266. En effet, Jean d'Ibelin, au chapitre II de son Livre, cite ce Livre explicitement, en particulier, au sujet de l'endroit où est référencé le serment des jurés[3], sachant que son Livre date, au plus tard de 1266, année de sa mort. Personne ne nous semble avoir remarqué ce fait. Le Livre des Assises de la Cour des Bourgeois a été écrit de plus, pour le royaume de Jérusalem et pour le royaume de Chypre comme en atteste le titre des rubriques dans les manuscrits. Nous avons « *ci coumencent les rebriches dou livre des assises et des usages de la baisse court, c'est de la court dou vicomte dou royaume de Chypre, des raisons après dite* » dans le manuscrit de Munich du XIVe siècle (ms. français, Codex Gallus 51) et « *Ci coumence le livre, le livre des rebriches des Assises et des usages dou royaume de Jérusalem, de la Court des Bourgois* » dans le manuscrit de Venise du XVe siècle (ms. fr., App. COD. VI).

Des chapitres dans le manuscrit de Munich, disposent de préambules en latin, qui insistent sur la relation qu'il existe entre les Assises de la Cour des Bourgeois et les lois romaines. Ces chapitres, qui forment avec le reste du livre un contraste tranché semblent être l'œuvre de quelque glossateur. L'auteur de la composition de Munich a reproduit dans la première rubrique le préambule des Institutes de Justinien. Ce livre présente également un grand nombre de

---

[1] F. BOUGARD, « Écrire le procès : le compte rendu judiciaire entre VIIIe et XIe siècle », Médiévales 56, printemps 2009.

[2] Procès-verbal vénitien de 1531 ; P. CANCIANI, *Barbarorum leges antiquae, « et Assisiae regni hierosolymitani ad superi curia pertinentes continentur »*, Volume V, Venise, 1781, p. 130.

[3] BEUGNOT, vol. 1 : Lois, Livre de Jean d'Ibelin, chap. II, p. 23 : « *Et lor fist jurer le seirement que les jurés de la Court de la Borgesie jurent, le quel est devizé el livre des Assises de la Court de la Borgesie* ».

citations latines. Il faut penser comme Grandclaude[1] que c'est uniquement le fruit du travail du copiste du XIVe siècle qui a romanisé son œuvre sans que pour autant cela montre une quelconque romanisation en profondeur du droit des Latins d'Orient. D'autant plus, que les chartes ne font jamais allusion au droit romain, ni les livres sur le droit féodal et encore moins le livre abrégé sur le droit des Bourgeois du XIVe siècle.

Concernant la portée de ce Livre, nous pouvons souligner le fait qu'il a été repris au XIVe siècle et complété par un autre ouvrage, le Livre Contrefais. Sa traduction grecque pour la population hellénisante de Chypre au XVe siècle et la traduction officielle en italien au XVIe siècle, montrent l'actualité du droit exposé dans le temps. Ce recueil de jurisprudence a eu, dans la pratique, une portée juridique sur plus de trois siècles et a pénétré les usages des populations autochtones, et nouvelles, sur l'île de Chypre du XIIIe siècle au XVIe siècle.

Nous ne connaissons pas l'auteur mais Prawer a émis l'hypothèse que c'est un membre de la famille Antiaume qui en est l'auteur[2]. Cette hypothèse semble tout à fait probable. En effet, les jurisconsultes, auteurs de Livres, nous ont conservé les noms de quelques bourgeois jurisconsultes et le principal nom qui revient est celui de la famille Antiaume. Cette famille se retrouve, de plus, dans les lignages d'Outremer, comme chevaliers à la fin du XIIIe siècle[3]. Cette famille s'est rendue célèbre dans le royaume de Jérusalem et de Chypre par sa connaissance approfondie du droit. De plus, le personnage de cette famille qui revient le plus et qui est vivant au moment où le Livre de la Cour des Bourgeois a été écrit est celui de Nicolas Antiaume. Il semble donc plus que probable que ce soit lui l'auteur. Au soutien de cette hypothèse ici formulée, nous pouvons remarquer que Jean d'Ibelin l'auteur, au sujet des jurisconsultes qui l'ont formé et permis la réalisation de son Livre, évoque le nom de Nicolas Antiaume dans son chapitre CXVL[4]. De même, Philippe de Novare évoque aussi la famille Antiaume dans son Livre et lui-même dans le chapitre de son Livre, au titre évocateur « *Des grans plaideurs de qui fui moult acointé* », chapitre XLIX[5], nous donne aussi le nom de Nicolas Antiaume. Enfin, l'auteur du Livre Contrefais évoque lui aussi, au chapitre XXVIII de son Livre[6], sa conversation avec Nicolas Antiaume sur la question du meurtre.

Cette approche sur ce Livre d'Assises est en partie nouvelle. Pour Beugnot, ce Livre de la Cour des Bourgeois a été écrit entre 1173 et 1180[7] du temps du premier royaume de Jérusalem. Il fonde sa datation sur le fait que le roi

---

[1] M. GRANDCLAUDE, *Étude critique des livres des Assises de Jérusalem*, Jouve et Cie, Paris, 1923, p. 124.
[2] J. PRAWER, *Crusader Institutions* (Oxford, 1980), p. 336
[3] BEUGNOT, vol. 2 : Lois, Livre des Lignages d'Outremer, chap. XXXI, p. 466.
[4] BEUGNOT, vol. 1 : Lois, Livre de Jean d'Ibelin, chapitre CXVL, p. 220.
[5] BEUGNOT, vol. 1 : Lois, Livre de Philippe de Novare, chapitre XLIX, p. 525.
[6] BEUGNOT vol. 2 : Lois, Livre Abrégé, Partie II, chap. XXXVIII, p. 339.
[7] BEUGNOT, vol. 2 : Lois, Introduction p. XXXVII.

Amaury Ier est le dernier roi cité[1]. Pour lui cette rédaction se place naturellement dans la première moitié du règne de Baudouin IV, entre les années 1173 et 1180. Pour autant le texte ne précise pas de quel roi Amaury il s'agit, si c'est du roi Amaury Ier ou du roi Amaury II de Lusignan. À sa suite Monnier[2], Prutz[3], Viollet[4] et Dodu[5] ont accepté cette datation. Dodu y voit même la préservation des Lettres du Saint-Sépulcre. Christin dans sa thèse accepte aussi cette datation[6]. Grandclaude, lui conteste totalement cette datation et la place entre 1229 et 1244[7]. Il rappelle que Jérusalem a été possession chrétienne encore de 1229 à 1244. Il ajoute que le chapitre CXLIII de ce Livre[8], précise qu'Acre dispose d'un vicomte et Jérusalem d'un simple bailli, ce qui correspond selon lui à la situation de la deuxième période. Il faut remarquer ici toutefois que ce chapitre fait une hypothèse juridique sur une situation de compétence territoriale et que les titres et les offices ont perduré bien après la perte de tel ou tel lieu. Grandclaude continue sa démonstration en remarquant que les dispositions quant à la rupture du mariage sont en conformité avec le concile du Latran de 1215[9]. Il poursuit en remarquant que le texte faisant référence au Livre de Guillaume de Tyr, le *Livre dou conquest*, du début du XIIIe siècle confirme cette datation. Il ajoute, pour finir, que la référence à un bailli et la formulation « *dame de la ville* » au chapitre CCLXXIV[10] confirme encore cette datation. Pour lui « *la dame de la ville* » ne peut être que la reine Alice de Champagne, la « régente ». Donc, selon lui, la datation se situe entre 1243 et 1244. Toutefois, il y a eu des « régentes » jusqu'en 1264. À la suite de Grandclaude il n'y a pas eu de discussion majeure sur la datation. La Monte est d'accord avec cette analyse[11] et Riley-Smith

[1] BEUGNOT, vol. 2 : Lois, Livre des Bourgeois, chap. CCLXXXVIII, p. 218.

[2] F. MONNIER, *Godefroi de Bouillon et les Assises de Jérusalem*, avec des documents inédits, Librairie académique Didier et Cie, Editeurs, Paris 1874, p. 5.

[3] H. PRUZ, *Kulturgeschichte der Kreuzzüge*, Ernst Siegfried Mittler und Sohn, Berlin, 1883.

[4] P. VIOLLET, *Histoire du droit civil français accompagnée de notions de droit canonique et d'indications bibliographiques, librairie du recueil général des lois et des arrêts et du journal du Palais*, L. Larose et Forcel éditeurs, Paris, 1893, p. 169-176.

[5] G. DODU, *Histoire des institutions monarchiques dans le royaume latin de Jérusalem 1099-1291* (Thèse présentée à la faculté des lettres de Paris), Paris, Librairie Hachette et Cie, 1894, p. 54.

[6] P. CHRISTIN, *Les classes inférieures d'après les Assises de Jérusalem*, Thèse pour le doctorat, Université de Poitiers, Faculté de droit, 1912, p. 22.

[7] M. GRANDCLAUDE, *Étude critique des livres des Assises de Jérusalem*, Jouve et Cie, Paris, 1923, p. 66-70.

[8] BEUGNOT, vol. 2 : Lois, Livre des Bourgeois, chap. CXLIII, p. 98.

[9] GRANCLAUDE, *opit. cit.*, p. 67, « *prohibitio quoque copulae conjugalis quartum consanguinitatis et affinatis gradum de coterez non excédât ; quoniam in ulterioribus gradibus non jam potest absque gravi dispendio humus modo prohibitio generaliter observari* ».

[10] BEUGNOT, vol. 2 : Lois, Livre des Bourgeois, chap. CCLXXIV, p. 207.

[11] J. LA MONTE, *Feudal Monarchy in the Latin Kingdom of Jerusalem, 1100-1291*, Cambridge, Mediaeval Academy of America, 1932, p. 30.

pousse la datation aux années 1260[1], car il remarque lui aussi le fait qu'il y a eu des « régentes » jusqu'en 1264. Prawer, retient lui, la datation de Grandclaude aux années 1240-1244[2]. Nader est aussi d'accord avec la datation de Granclaude mais il pense aussi que la rédaction s'est poursuivie après 1251[3].

Ce livre présente le caractère d'un recueil de jurisprudence et il ne semble donc pas probable qu'un tel recueil ait pu voir le jour avant cette année de 1250. En effet, les arguments pour instaurer un écrivain devant la Cour sont marqués par l'expression du manque de toutes traces écrites. Il est bien possible que sous la commune d'Acre, sous la direction du vieux seigneur de Beyrouth, Jean d'Ibelin, il y ait eu des prémices probables de mises par écrit du droit par des jurisconsultes Bourgeois. L'argumentation de Grandclaude et des historiens postérieurs semble valable mais trop évasive. Ils n'inscrivent pas leurs études dans une lecture globale des textes et des sources.

Tous les Livres d'Assises, en tant que Livre, n'ont pu être écrits qu'après 1250. Cela laisse donc bien à penser que c'est sous l'impulsion des Ibelin que la mise par écrit du droit des « Assises de Jérusalem » s'est construites. Le caractère de ces jurisconsultes et leurs combats politiques ont conduit à la nécessité d'une mise par écrit du droit, de ses principes institutionnels et procéduraux. À ce combat juridique, s'ajoute par ailleurs la volonté d'affirmer la domination culturelle des Francs, au milieu d'un multiculturalisme menaçant pour l'unité des royaumes, et la volonté d'affirmer une indépendance face à l'autorité de l'Église et de l'Empire romain d'Occident. Frédéric II meurt à la fin de l'année et l'héritier du trône de Jérusalem est aussi l'héritier de l'empire. Et en effet, tous les écrits des jurisconsultes nous sont parvenus en français. Ce n'est donc pas un hasard ou le fruit de traductions, mais plutôt le résultat d'un mouvement lent et certain dans l'affirmation d'une culture, celle des Francs.

Si à partir du XIIe siècle, toute une population d'origine européenne se répand dans la Méditerranée orientale et surtout dans les principautés latines, ce mouvement de populations hétéroclites est largement dominé par une aristocratie, celle des Francs. L'emploi du français comme langue commune des Francs du Levant est attesté dès le XIIe siècle[4]. Dès la première croisade, l'Orient latin exerce une attraction forte et durable sur les couches supérieures

[1] J. RILEY-SMITH, *The Feudal Nobility and the Kingdom of Jerusalem, 1174-1277*, Londres, Macmillan, 1973, p. 69.

[2] J. PRAWER, *Crusader Institutions* (Oxford, 1980), p. 336 ; et Cf. « L'établissement des coutumes du marché à Saint-Jean-d'Acre », Revue historique de droit français et étranger, Vol. 28, 1951, p. 329-35.

[3] M. NADER, *Burgesses and Burgess Law in the Latin Kingdoms of Jerusalem and Cyprus (1099-1325),* Aldershot : Ashgate, 2006, p. 54.

[4] Le français est pratiqué par la noblesse du Levant dès le XIIe siècle et au siècle suivant par celles de Chypre, de Morée et du duché d'Athènes, voir D. JACOBY, « Knightly Values and Class Consciousness in the Crusader States of the Eastern Mediterranean *», Mediterranean Historical Review 1*, 1986, p. 158-186, (ici p. 619).

de la société française du Nord et du Sud. Dans les premières décennies du XIIe siècle, on observe, au sein de l'aristocratie militaire, une majorité de Normands, de Normandie et d'Italie du Sud, dans la Principauté d'Antioche, de Provençaux et de Languedociens dans le Comté de Tripoli, de Français du Nord et de Lorrains dans le royaume de Jérusalem[1]. Cette concentration géographique va permettre l'élaboration d'une identité ethnoculturelle commune des Francs (ou Latins). Ainsi, pendant tout le XIIe siècle, on observe un renforcement de ce phénomène par la migration de l'aristocratie militaire française en raison des besoins politiques particuliers du royaume de Jérusalem. Les premiers rois et chef seigneurs du royaume sont des Francs du nord et leurs successeurs sont souvent des seigneurs français qui épousent les héritières légitimes au trône. Il y a eu Foulque d'Anjou, Guy de Lusignan, Henri de Champagne, Amaury II de Lusignan et même Jean de Brienne au début du XIIIe siècle. De plus, à la suite d'un roi ou d'un baron parti en « croisade » de nombreux membres de leur suite décident d'y rester grâce à un mariage arrangé avantageux ou à une charge importante. D'où le caractère nettement français et occitan de l'aristocratie de l'Orient latin, parmi laquelle figurent des noms tels que Courtenay, Montlhery, Plancy, Mazoir, Fresnel, Chevereul, Porcellet, Brisebarre, Grenier[2]... En effet, chacun de ces grands aristocrates français se déplace d'Europe avec une suite plus ou moins importante de chevaliers, aumôniers et serviteurs. Et de fait, dans les années qui suivent, ces familles et leurs suites, deviennent des points de repère pour leurs propres familles, nobles ou non, issues de la même région et désireux de faire fortune Outremer[3].

Nous pouvons observer aussi que les officiers des chancelleries du royaume de Jérusalem, dont on peut reconstruire l'identité[4], sont en majorité francophone, y compris les Lorrains et les Flamands. D'autre part, comme il n'existait pas Outremer de *« studium generale »* ou d'autres centres de formation juridique pour le personnel administratif, il est naturel que ce dernier provienne, du moins dans ses rangs supérieurs, d'Europe occidentale[5], à l'exception notable de Guillaume de Tyr qui a été formé à Bologne. Il en va sensiblement de même du clergé, notamment du clergé séculier et des hautes charges. Presque tous les membres de l'épiscopat proviennent d'Europe, avec une nette prédominance française au XIIe siècle et une plus grande

---

[1] Cf. J. RICHARD, *Histoire des croisades*, Paris, Fayard, 1996.

[2] Cf. M. BALARD, *Les Latins en Orient, XIe-XVe siècle*, Paris, PUF, 2006.

[3] B. HAMILTON, "Kings Consorts of Jerusalem and their Entourages from the West from 1186 to 1250", in : Mayer / Müller-Luckner 1997, p 13-24.

[4] DUCANGE, *Les Familles d'Outremer par de Ducange*, continué par M. E. G-Rey, Documents inédits sur l'Histoire de France, Imprimerie Impériale, Paris, 1869.

[5] J. BRUNDAGE, « Latin Jurists in the Levant, The Legal Elite of the Crusader States », in : Shatzmiller, 1993, p.18-42.

internationalisation au siècle suivant[1]. En effet, aucun représentant masculin des grandes familles locales n'entreprend la carrière ecclésiastique. Nous pouvons supposer qu'en raison des guerres et de l'importante mortalité masculine qu'elles entraînent, là-bas, les fils cadets ont davantage de possibilités d'avenir qu'en Europe. La situation de Chypre est identique. La population franque provient, dans ce cas, aussi bien d'Europe que des seigneuries latines de Syrie qui s'étaient dépeuplées au cours du XIIIe siècle à cause de l'aggravation de la situation militaire. À la suite des Lusignans, débarquèrent en Chypre quelques centaines de familles françaises ou latines issues de France ou du royaume Latin de Jérusalem[2]. La population autochtone est constituée essentiellement de Grecs, avec des noyaux non négligeables de Syriens et d'Arméniens[3]. L'emploi du français comme langue commune des francs du Levant est repérable en Morée et dans le duché d'Athènes[4].

Au tournant des XIe-XIIe siècles, on a la naissance, en France, d'une littérature en langue vernaculaire[5]. L'affirmation du vulgaire dans des secteurs d'écriture dominés traditionnellement par le latin est un phénomène précoce de grande importance, qui trouve un parallèle dans la situation du français européen, devenu au cours des XIIIe et XIVe siècles la langue de l'administration et du droit[6]. La plupart des documents des chancelleries et de la Secrète de Chypre sont en français[7]. Le français, en outre, peut accompagner et quelquefois même remplacer le latin comme langue des échanges diplomatiques internationaux : l'acte de soumission des barons du royaume à l'empereur Frédéric II (1241) est en français[8].

Dans ses recherches aux archives des Hospitaliers à Malte, Delaville le Roulx avait remarqué l'apparition du français à partir des années trente du XIIIe siècle dans les chancelleries de l'ordre de l'Hôpital, des Teutoniques et

[1] B. HAMILTON, *The Latin Church in the Crusader States, The Secular Church*, London, Variorum, 1980.

[2] J. RICHARD, *Les Français hors de France aux XIIe et XIVe siècles, Histoire de la France. La France et la guerre de cent ans, 1300-1400*, Paris, 1971, p. 177-182.

[3] Cf. H. MAYER, "Latins, Muslims and Greeks in the Latin Kingdom of Jerusalem", History 63, 1978.

[4] D. JACOBY, « La littérature française dans les états latins de la Méditerranée orientale à l'époque des croisades », *Essor et fortune de la chanson de geste dans l'Europe et l'Orient latin*, Actes du IXe Congrès International de la Société Rencesvals pour l'étude des épopées romanes (Padoue-Venise, 1982), t. II, Modène, p. 617-646.

[5] A. WINKLER, « La littérature des croisades » existe-t-elle ? », Le Moyen Age 2008/3 (Tome CXIV), p. 603-618.

[6] Cf. S. LUSIGNAN, *La langue des rois au Moyen Âge, Le français en France et en Angleterre*, PUF, Paris, 2004.

[7] Cf. J. RICHARD, « Le plurilinguisme dans les actes de l'Orient latin », in Guyotjeannin, 2005.

[8] R. ROHRICHT, *Acte de soumission des barons du Royaume de Jérusalem à Frédéric II*, Archives de l'Orient Latin 1, 1881, p 402-403.

du prince d'Antioche[1]. Il souligne qu'à partir de 1250, l'utilisation du français est généralisée, sauf dans les chancelleries ecclésiastiques qui restent fidèles au Latin. Il remarque aussi que la compétence, au moins passive, que les chevaliers du Temple et de l'Hôpital ont du français est suggérée par les traductions précoces de leurs règles respectives datées des années 1135-1140 pour le Temple et 1130-1153 pour l'Hôpital. Les statuts des deux ordres sont directement rédigés en français et successivement traduits en Latin, Occitan, Catalan, Allemand. La prière des malades, récitée tous les jours au siège de l'Hôpital à Acre après l'abandon de Jérusalem par l'Ordre est en français[2]. Les formules récitées par les aspirants Templiers au moment de l'entrée dans l'ordre sont en français, comme le rappelle le chapelain Giovanni da Todi, interrogé au procès célébré à Césène en 1310[3].

Les Chevaliers et Bourgeois jurisconsultes de l'Orient latin ne connaissent pas le latin et affirment, par leurs écrits en français, une domination culturelle, celle des francs, et une indépendance juridique à l'égard de l'autorité religieuse. Mais écrire des traités de droit en français n'est pas le propre de l'Orient latin. Dans les années 1250 en France, le bailli royal du Vermandois, Pierre de Fontaine, rédige, lui aussi, un ouvrage qui décrit les coutumes du Vermandois qui s'intitule « *Conseil à un ami* »[4]. Dans l'Orléanais à la même époque, un auteur anonyme a rédigé un ouvrage intitulé « *livre de Justice et de Plaid* » ou « *Livres de jostice et de plet* » qui décrit les coutumes de l'Orléanais[5]. Il est a noté ici que Carolus-Barre, dans une étude sur ce Livre, décrit un gouvernement communal que nous notons extrêmement comparable au gouvernement du vicomte dans l'Orient latin[6]. De même en Anjou, un peu plus tard, est rédigée une compilation juridique intitulée « *Établissement de saint louis* » qui décrit pour le premier Livre les coutumes d'Anjou et de la Touraine et pour le second les usages de l'Orléanais[7]. L'écriture de Livres de droit en français a été un mouvement concomitant en Orient et en Occident.

---

[1] J. DELAVILLE LE ROULX, *Les archives, la bibliothèque et le trésor de l'ordre de Saint-Jean de Jérusalem à Malte*, « Bibliothèques des Écoles françaises d'Athènes et de Rome », 32, Thorin, Paris, 1883.

[2] L. LE GRAND, « La prière des malades dans les hôpitaux de l'Ordre de Saint- Jean de Jérusalem », in Bibliothèque de l'École des Chartes, 1896, p. 325-338.

[3] F. TOMMASI, *Interrogatorio di Templari a Cesena 1310, in : Acri 1291 : la fine della presenza degli ordini militari in Terra Santa e i nuovi ordinamenti nel XIV secolo*, ed. Francesco Tommasi, Perugia, Quattroemme, 1996, p. 265-300.

[4] A-I. MARNIER (éd.), *Le Conseil de Pierre de Fontaines, ou traité de l'ancienne jurisprudence française*, Paris, Durand et Joubert, 1846.

[5] P-N. RAPETTI (éd.), *Li Livres de Jostice et de Plet* (avec glossaire de Polycarpe Chabaille), Paris, Firmin-Didot, 1850.

[6] L. CAROLUS-BARRE, « Le gouvernement communal d'après le « livre de jostice et de plet » », *Revue historique de droit français et étranger* (1922), Quatrième série, Vol. 19 (1940-1941), p. 136-156.

[7] P. VIOLLET (éd.), *Les Établissements de saint Louis, accompagnés des textes primitifs et de textes dérivés, avec une introduction et des notes*, 4 tomes, Société de l'histoire de France, librairie Renouard, Paris, 1881.

En 1253 meurt Henri Ier roi de Chypre et son fils est encore mineur. Pour pallier ce besoin politique, Saint Louis après avoir lui-même adoubé chevalier Balian d'Ibelin en 1254, fils de Jean d'Ibelin d'Arsouf, lui fait épouser en suivant la veuve du roi Henri de Chypre, Plaisance d'Antioche[1]. À ce titre, Balian d'Ibelin devient le chef seigneur du royaume de Chypre. Et après plus de quatre années dans d'implication dans les affaires des deux royaumes, Saint Louis embarque à Saint-Jean d'Acre pour la France le 24 avril 1254. Il laisse derrière lui Geoffroy de Sargines, pour le représenter, nommé sénéchal du royaume, assisté d'une centaine de chevaliers[2], avec pour mission de contribuer à la défense de ce qui restait du royaume latin de Jérusalem. Ces chevaliers basés à Jaffa, dont la présence devait être permanente, étaient entièrement à la solde du roi de France. Tel est le « régiment français » dont Christopher Marshall a brièvement retracé l'histoire jusqu'à la chute de Saint-Jean d'Acre en 1291[3].

B. L'écriture plus tardive des deux principaux Livres d'Assises de la Haute Cour

Après le départ de Saint Louis, Jean d'Ibelin d'Arsouf laisse la fonction de chef seigneur à son cousin Jean d'Ibelin, comte de Jaffa en juin 1254[4]. Ce dernier est le fils de Philippe d'Ibelin qui fut bailli de Chypre. Il est donc le petit-fils de Balian d'Ibelin de Naplouse, défenseur de Jérusalem. Il est l'auteur d'un Livre d'Assises, qui sera le plus important « traité » de droit du royaume de Jérusalem.

Jean d'Ibelin, comte de Jaffa est né en 1215[5]. Vers 1240, Jean se maria à Marie d'Arménie, la sœur du roi Héthoum d'Arménie. Il fit ses premières armes dans la guerre contre les Lombards, et y donna des preuves éclatantes de bravoure, d'après Philippe de Novare qui a écrit l'histoire de cette guerre[6]. Ce Jean d'Ibelin devint ensuite comte de Jaffa, d'Ascalon et de Rames, et en cette qualité il réunit ses forces à l'armée de Saint Louis, lors de la septième Croisade. Joinville le représente comme un seigneur puissant, courageux et habile dans le conseil[7]. Il réunit ses forces à l'armée de Saint Louis sous les murs de Damiette. Fait prisonnier à La Massoure, Jean d'Ibelin fut libéré avec Saint Louis, il opina dans le conseil pour que les Français n'abandonnent point

---

1 *Ibid.*
2 RHC, Historiens occidentaux, Tome II, Chronique d'Ernoul, Livre XXXIV, chap. II, p. 441.
3 C. MARSHALL, "The French regiment in the Latin East, 1254-1291", in *Journal of Medieval History*, 15, 1989, p. 301-307.
4 *Ibid.*, Livre XXXIV, chap. II, p. 441.
5 EDBURY Peter W., *John of Ibelin and the Kingdom of Jerusalem*, Woodbridge, Suffolk, The Boydell Press, 1997.
6 NOVARE (de) Philippe, *Mémoires*, Paris, Éd. Ch. Kohler, 1913.
7 JEAN de JOINVILLE, *Vie de Saint Louis*, ed. Jacques Monfrin. Paris : Dunod, 1995.

la Terre-Sainte. En 1253, il reçut Saint Louis à Jaffa qui fit réparer son château et les murs de sa ville. Il ne gouverna qu'un an. Il récupéra Ascalon et rétablit une frontière avec les musulmans d'Arsouf à Beyrouth[1]. En suivant, il fit la paix avec le sultan de Damas et utilisa les forces de Jérusalem pour attaquer Ascalon. Les Égyptiens assiégèrent Jaffa en retour. Jean d'Ibelin les attaqua et les défit, et redonna le bailliage à son cousin Jean d'Ibelin d'Arsouf après sa victoire en 1256[2]. Il se retira des affaires à partir de 1258 et meurt en 1266. C'est durant cette période qu'il semble avoir écrit son Livre d'Assises. Jaffa tomba aux mains des Mamelouks en 1268.

Jurisconsulte reconnu, il nous indique dans son chapitre CCXXXIX de son Livre les jurisconsultes qui l'ont formé et permis la réalisation de son ouvrage[3]. Il nous donne en premier les noms de son oncle le seigneur de Beyrouth et Messire Raoul de Tibériade. Il cite ensuite les illustres jurisconsultes qui l'ont précédé comme Guillaume Visconte, Messire Arneis de Gilbert, Messire Renaut Forson, Messire Pol de Naples, Messire Philippe de Beau et le sire Raimont de Conches, Bourgeois et plaideurs devant la Haute Cour. Il ajoute aussi le sire Guillaume Reimont, chevalier. Jean d'Ibelin, avait atteint, dans cette science, une si grande renommée qu'on venait le consulter d'Arménie. En effet, dans son chapitre CXVL, il nous parle d'une consultation juridique qu'il a donnée au bailli d'Arménie sur un fief qu'il a conquis[4]. Dans ce chapitre, il indique aussi, comme ses maîtres en droit, le seigneur de Sidon, son cousin Mesire Bellian et le sire Nicolas Antiaume, Bourgeois. Nous pouvons être certains qu'il est l'auteur de son Livre homonyme car il est signé « *Jean d'Ibelin, comte de Jaffe et d'Ascalon et signeur de Rame* ». De plus, il nous parle souvent dans son ouvrage des membres de sa famille, ce qui confirme l'identité de l'auteur. En effet, au chapitre LXV[5], il se dit petit-fils de Balian d'Ibelin et le neveu de Marguerite de Césaré. Il indique aussi comme son oncle, le vieux seigneur de Beyrouth, et comme son cousin Balian le fils.

Le Livre de Jean d'Ibelin est sûrement le Livre le plus important de droit concernant le droit défendu devant la Haute Cour et les institutions du royaume latin de Jérusalem et de Chypre écrit par un jurisconsulte de l'Orient latin. Il semble que ce Livre date, dans sa dernière touche, de 1266 et c'est ce Livre qui a eu la portée dans le temps la plus grande. Le Livre de Jean d'Ibelin semble en effet bien avoir été écrit entre 1265 et 1266. Granclaude[6] et comme

---

[1] RHC, Historiens occidentaux, Tome II, Chronique d'Ernoul, Livre XXXIV, chap. II, p. 441.
[2] *Ibid.*
[3] BEUGNOT, vol. 1 : Lois, Livre de Jean d'Ibelin, chap. CCXXXIX, p. 384.
[4] BEUGNOT, vol. 1 : Lois, Livre de Jean d'Ibelin, chapitre CXVL, p. 220.
[5] *Ibid.*, chapitre LXV, p. 108-109.
[6] M. GRANDCLAUDE, *Étude critique des livres des Assises de Jérusalem*, Jouve et Cie, Paris, 1923, p. 88.

Marie-Adélaïde Nielen[1] relèvent qu'au chapitre CXLV du Livre[2], est écrit que l'auteur a donné un conseil au feu baron Constantin Oissin, bailli d'Arménie, mort entre janvier 1265 et janvier 1266, et que Jean d'Ibelin décède lui-même le 7 décembre 1266[3]. Ce qui place la touche finale de ce texte en 1266. Il faut relever comme élément de confirmation, le fait que Jean d'Ibelin ne donne pas à la fin de son Livre le service militaire de six seigneuries qui tombent aux mains des musulmans entre 1244 et 1266[4]. Ce qui confirme bien la date finale pour l'année 1266[5]. Toutefois, dans le manuscrit de Venise on trouve aussi des consultations juridiques de l'auteur qui sont ajoutées[6]. Cela invite donc à penser que l'ouvrage ne s'est pas composé en une fois mais dans un temps plus long, complété par les copistes qui ont réuni d'autres textes de l'auteur. Dater l'œuvre « originaire », à partir d'éléments de chapitres, n'est que supposition, car il est impossible de connaître les adjonctions et corrections apportées au texte par les copistes. Cela permet seulement d'avoir une estimation de la période d'écriture initiale, ou du moins ici la période de la touche finale de l'auteur initial. Nous n'avons aucun élément sur la période du commencement de l'écriture, sauf la date de 1250, qui est celle ou Jean d'Ibelin d'Arsouf inaugure une demande de mise par écrit du droit.

Le texte de Jean d'Ibelin est le plus long des ouvrages de droit contenu dans l'ensemble des textes connus et réunis sous l'appellation « Assises de Jérusalem ». Ce texte de Jean d'Ibelin est, à l'origine, véritablement un manuel juridique de droit. C'est Jean d'Ibelin, lui-même qui le dit, et exprime

---

[1] M-A. NIELEN-VANDEVOORDE, « Un livre méconnu des Assises de Jérusalem : les Lignages d'outremer.. », in Bibliothèque de l'école des chartes. 1995, tome 153, livraison 1, p. 103-130.

[2] BEUGNOT, vol. 1 : Lois, Livre de Jean d'Ibelin, chapitre CXVL, p. 220.

[3] RHC, Historiens occidentaux, Tome II, Chronique d'Ernoul, Livre XXXIV, chap. IX, p. 455.

[4] Les seigneuries suivantes ont disparu au moment où écrit Jean d'Ibelin, et il ne donne pas ensuite leurs obligations de services militaires. On dénombre ainsi huit cours seigneuriales de justice supplémentaires avec privilège de coins, qui ont été bien effectives au XIIe siècle et dans la première moitié du XIIIe siècle, après la reconquête des territoires :

- *La seigneurie de Blanche Garde a cour de justice seigneuriale, perte définitive en 1244.*
- *La seigneurie d'Asur a cour de justice seigneuriale, perte définitive en 1265.*
- La seigneurie de Cayphas (Césarée) a cour de justice seigneuriale, perte définitive en 1266.
- *La seigneurie de Caymont a cour de justice seigneuriale.*
- *La seigneurie d'Escandelion a cour de justice seigneuriale.*
- La seigneurie de Thoron, de Belinas, de l'Assebebe et de Château neuf, a cour de justice seigneuriale, perte définitive en 1266.
    - *La seigneurie de Thoron a cour de justice seigneuriale.*
    - *La seigneurie de Belinas a cour de justice seigneuriale.*
    - *La seigneurie de l'Assebebe a cour de justice seigneuriale.*

[5] Annexe V.

[6] Venise, Biblioteca Nazionale Marciana, ms. fr., Str. App. 20 (265), folio 174 au folio 177.

cette intention au chapitre V de son Livre[1]. Il souhaite faire connaître le droit et son application, à ceux dont la fonction est de juger et de préserver ce droit. Mais surtout, il le fait pour que le roi et les hommes liges, qui prêtent serment de défendre et de protéger les Assises, les usages et les coutumes de Jérusalem, connaissent précisément ce à quoi ils s'engagent. Il prolonge l'invitation de son cousin qui soulignait en 1250 leur faible connaissance du droit hiérosolymitain.

Concernant la portée initiale de son texte, Jean d'Ibelin, au chapitre XXII et suivant[2], nous dit avoir écrit son Livre pour le royaume de Jérusalem à Acre et pour le royaume de Chypre et il ne fait pas de différence particulière sur le champ d'application de son exposé juridique. Ce Livre forme un ensemble très complet de la législation concernant le gouvernement de l'aristocratie chevaleresque d'Outremer. De fait, Jean d'Ibelin plaide pour la cause familiale et met par écrit tous les arguments pour soutenir et justifier la politique familiale dans la défense des deux royaumes. Concernant sa portée historique, le Livre de Jean d'Ibelin va exercer pendant près de trois siècles une influence incontestée devant la Haute Cour de Chypre, comme référence du droit féodal. C'est le texte qui a le plus été copié. À partir de 1369, le texte revu de Jean d'Ibelin est adopté comme Livre officiel de référence du droit féodal à Chypre, puis comme coutumier officiel de droit féodal, en italien, au XVIe siècle.

Le Livre des lignages d'Outremer, est un Livre qui est presque toujours attaché au manuel de droit de Jean d'Ibelin ; il en est quelque part indissociable. La datation de ce Livre est quasi identique de celle du Livre de Jean d'Ibelin et bien que ce Livre ne comporte que des généalogies, il a un caractère et une portée juridique certaine. Le nom de l'auteur de ce Livre ne figure pas dans les manuscrits. Cependant, certains indices autorisent une hypothèse sérieuse. Tous les manuscrits qui contiennent le Livre des Lignages d'Outremer contiennent aussi le Livre de Jean d'Ibelin. Ce Livre prend la suite, comme si ces deux textes avaient toujours paru indissociables aux copistes. Le style des deux textes est parfois très proche, ce qui renforcerait l'hypothèse d'un auteur commun[3]. La logique veut donc que l'auteur soit Jean d'Ibelin lui-même. Mais Jean d'Ibelin ne peut être l'auteur des Lignages, ou du moins de la plus ancienne version qui nous est parvenue. En effet, il y est cité au passé ;

---

[1] BEUGNOT, vol. 1 : Lois, Livre de Jean d'Ibelin, chap. V, p. 27 : « *Por ce que il me semble droit et raison que le chef seignor dou roiaume de Jérusalem et les barons et les autres riches homes qui ont court et coins et justice sachent les assises et usages dou dit reaume que le chief seignor jure, ains qu'il soit receu à seignor ne oint ne sacré à roi, de tenir les à son pooir, et faire les tenir en son roiaume, et que tous ses homes et les homes de ses homes le doivent ausi jurer. Et por ce que les homes qui doivent estre juges de leur cours sachent bien droiturierement jugier les jugemenz qu'il doivent faire, selonc celles assises et ciaus usages, ai ge cest livre comensié à faire* ».

[2] *Ibid.*, chap. XXII et suiv. p. 46.

[3] M-A NIELEN-VANDEVOORDE, « Un livre méconnu des Assises de Jérusalem : les Lignages d'outremer », in Bibliothèque de l'école des chartes, 1995, tome 153, livraison 1., p. 103-130.

il est donc mort à l'époque de la première version connue qui se termine en 1270. Cette version commence par la famille Ibelin et non par la famille royale. Il n'en reste donc pas moins que les liens entre le texte et la famille d'Ibelin sont plus qu'étroits.

Le Livre des Lignages d'Outremer, texte souvent accolé au texte de Jean d'Ibelin, pose d'emblée un problème, celui de sa nature. En effet, si les autres livres des « Assises de Jérusalem » sont tous des ouvrages à caractère juridique, les Lignages d'Outremer ne sont nullement a priori un texte juridique. Il semble s'agir a priori que d'un texte généalogique. La présentation des familles se divise en plusieurs chapitres et en nombre variable selon les manuscrits. En effet, des mises à jour sont effectuées à travers le temps de l'élaboration des manuscrits que nous qualifions « d'authentiques ». Chaque chapitre a pour objet une famille seigneuriale de l'Orient latin, ou la succession dans un fief depuis les rois de Jérusalem ou d'Arménie jusqu'aux petits nobles vassaux des grands barons. Tout au long, l'auteur expose l'ascendance et la parenté de chacune de ces familles, donnant, à chaque fois que cela lui est possible, le nom des conjoints et des enfants des seigneurs qu'il cite. De plus, il émaille son récit de quelques anecdotes concernant tel ou tel personnage ; la seigneurie qu'il possédait, les circonstances de sa mort, son surnom. Plus encore que de donner des informations sur la généalogie des familles, le propos est d'établir la tradition des familles qui participèrent à l'expérience de l'Orient latin et qui furent à l'origine du droit hiérosolymitain. Le prologue rédigé pour la version la plus ancienne du texte[1] est sur ce point très clair[2]. Si l'on en croit ce passage, le texte servirait uniquement à faire connaître l'existence, l'origine et l'ascendance de ceux qui ont fait l'histoire de l'Orient latin, comme une sorte de résumé de l'histoire des familles à l'usage des contemporains. L'intérêt particulier de la première version tient précisément dans l'articulation des Lignages avec le Livre de Jean d'Ibelin. Le prologue cité assure la transition entre les deux textes. C'est la preuve qu'il ne s'agit pas d'un ajout postérieur, mais que le livre a bien sa place à la suite du texte de Jean d'Ibelin. Dans les autres manuscrits les plus anciens, ceux qui contiennent la première version, il prend directement la suite du livre précédent, sur la même page et même parfois la même colonne. De fait, après avoir rédigé son Livre de droit, Jean d'Ibelin, légitimement fier de son ascendance, voulait faire admettre que si des Ibelin étaient si souvent pourvus de charges prestigieuses, c'était en raison de leur ascendance illustre. Aussi illustre que celle des rois eux-mêmes dont il n'indique la généalogie qu'après la sienne. L'analyse montre aussi un caractère de preuve juridique selon les époques. En effet, à côté de son rôle de chronique, d'histoire généalogique des

---

[1] Selon, M-A. NIELEN-VANDEVOORDE, *opit. cit.*

[2] Venise, Biblioteca Nazionale Marciana, ms. fr., Str. App. 20 (265), Fol. 191 : « *Puis que voz avés oy et entendu les assises et les usages dou reiaume de Jerusalem et qui les comensa premièrement, dreit est que nos voz devisons les heirs qui descendirent et vindrent de celle bone gent et de quei le pays est angié* ».

familles, le texte a pu être aussi utilisé à des fins juridiques pour connaître les héritiers des fiefs, en organiser la dévolution, connaître les liens de parenté pour les successions, bailliages ou encore pour juger de la validité des mariages au regard de consanguinité. Ce texte a pu être aussi rédigé dans ce but dès l'origine car la préoccupation généalogique au vu du droit féodale est fondamentale.

Jean d'Ibelin n'est toutefois pas le premier à avoir écrit un Livre d'Assises sur la Haute Cour. C'est très certainement le Livre de Philippe de Novare qui serait le premier Livre de droit hiérosolymitain écrit par un jurisconsulte-chevalier de l'Orient latin. Son Livre semble être le plus ancien, bien que nous n'ayons que la version écrite en 1265 et il ne présente qu'un caractère et une portée limitée. La datation de ce texte est discutable. Granclaude[1] date l'ouvrage entre 1252 et 1257. Les références au deuxième siège de Damiette au cours de la Septième Croisade en 1249, et la référence du roi Henri Ier de Chypre comme étant vivant au moment de l'écriture, indiquent, selon lui, que le traité a été écrit entre ces années. Mais il se trompe sur la date de 1257, qu'il indique comme la date de mort du roi Henri Ier. Edbury, reprend cette analyse et corrige la date de décès à 1254[2]. Il semble toutefois plus que probable que l'écriture de ce Livre ne s'est pas faite en une fois. Dans le manuscrit S*éguier-Coislin*, ce Livre se termine au chapitre LIII avec cette phrase : « *Ci finissent les assises de messire Philippe de Nevaire dou royaume de Jérusalem* »[3]. L'ajout de consultations juridiques, à la fin du texte dans le manuscrit de Venise[4], ajoutées tardivement, repousse la date de la fin de la composition du Livre. De plus, dans son autre Livre *Les quatre âges de l'Homme* écrit après 1265, à plus de 70 ans, Philippe de Novare explique, dans son *post-scriptum* qu'il a d'abord écrit ses mémoires[5] avant son Livre de droit[6]. Il semble donc qu'il y eut une première version autour de 1250, du temps où Saint Louis gouvernait Acre et appliquait le droit hiérosolymitain, et que la version qui nous est parvenue est plus tardive, refondue dans sa vieillesse autour de 1265. Donc la version qui nous est connue est peut-être même postérieure au Livre de Jean d'Ibelin, ce qui n'est jamais dit. Ainsi, comme Grandclaude, nous pouvons retenir que ce Livre n'a jamais eu de version véritablement initiale et n'a jamais été nettement conçu[7]. L'analyse, proposée ici, sur le fait que le Livre de Philippe de Novare que nous connaissons est peut-être postérieur à

[1] M. GRANDCLAUDE, *Étude critique des livres des Assises de Jérusalem*, Jouve et Cie, Paris, 1923, p. 80.

[2] P. W. EDBURY, *Philip of Novara, Le Livre de Forme de Plait*, Nicosia, 2009, p. 557.

[3] Paris, B. N. F., Saint-Germain français, ms. fr. 19026, fol. 214.

[4] Venise, Biblioteca Nazionale Marciana, ms. fr., Str. App. 20 (265), folio 250 au folio 260.

[5] NOVARE (de) Philippe, *Mémoires*, Paris, Éd. Ch. Kohler, 1913.

[6] Philippe de NOVARE, *Les Quatre Âges de l'Homme, traité moral de Philippe de Navarre*, M. de Fréville éd., Paris, 1888, p. 123.

[7] M. GRANDCLAUDE, « Classement sommaire des manuscrits des principaux livres des Assises de Jerusalem », Revue historique de droit français et étranger, 5 (1926), p. 418-475 (ici p. 436).

celui de Jean d'Ibelin, expliquerait différemment le commentaire de Philippe de Novare, dans son propre Livre de droit, lorsqu'il parle de l'existence d'autres Livres[1]. Cette phrase est habituellement analysée comme le fait qu'il y aurait eu des auteurs antérieurs dont nous n'aurions pas gardé la trace[2]. De fait, nous estimons devoir écarter cette lecture. Cela nous semble simplement dire que, dans sa vieillesse, ils étaient plusieurs à avoir écrit des livres de droit, ce qui est le cas, à l'inverse de sa jeunesse ou il était sûrement le premier à s'y être essayé. Il parle d'ailleurs de lui, dans ce chapitre, comme le « *viel Phelippe de Novaire* ».

Le Livre de droit de Philippe est nommé parfois « *Le Livre de forme de plait ou Le Livre a un sien ami* »[3] selon les premières phrases du prologue. Le texte de Philippe a pour titre dans le manuscrit de Venise, « *Ici orrés le livre de forme de plait que sire Felippe de Novaire fist pour un sien ami aprendre et enseigner coument on doit plaidoier en la Haute Court* » et dans le manuscrit de Saint-Germain « *Ci comence le Livre de messire Phelippe de Nevaire, des plaiz de la Haute Cour, selonc les usages dou reaume de Jérusalem* ». Dans son Livre *Les quatre âges de l'Homme* il donne le titre de « *livre de forme de plaît, et des us et des costumes des Assises d'Outremer de Jherusalem et de Cypre* »[4]. Il semble donc bien clair que son Livre fut utilisé comme un guide pour plaider devant la haute Cour de Chypre et d'Acre, à partir de la jurisprudence, des usages et des coutumes de son temps encore en application. C'est ce que confirme l'auteur en son chapitre LXVI en disant que « *nos livres et nos avis, se nous les avons dit devant, ne valent riens, fors que à nos de juger* » [5]. Au vu de son importance textuelle, nous pouvons dire que c'est un abrégé de droit. Il est à remarquer ici que ce texte à la même présentation, de style et de forme, que le Livre de la Cour des Bourgeois et que le Livre au roi.

Philippe de Novare semble donc être le premier, chez les jurisconsultes chevaliers, à avoir suivi l'invitation de Jean d'Ibelin d'Arsouf de faire un Livre de droit pour la Haute Cour ou du moins ici un support pour les aider dans leur mission de rendre la justice. La décision d'un écrivain pour la Haute Cour n'ayant pas été encore suivi d'effet. Philippe de Novare ne pose pas les principes de ce droit pour ensuite en déduire une à une toutes les conséquences, et ne se dirige d'après aucune idée générale. Il traite plus des formules et procédures exactes à respecter pour plaider une cause que des lois du royaume sur le fond. Son plan est simple et il consiste à rapporter, sur les points les plus importants du droit féodal, l'opinion qu'il a vu prédominer dans

[1] BEUGNOT, vol. 1 : Lois, Livre de Philippe de Novare, chapitre LXVI p. 536 : « *Bien est veir que je et autres en avons fait pluisors livres, aussi com en tasche* ».
[2] BEUGNOT, vol. 1 : Lois, Introduction, p. L.
[3] Cet ami semble être Balian d'Ibelin, fils de Jean d'Ibelin, le vieux seigneur de Beyrouth.
[4] Philippe de NOVARE, Les Quatre Âges de l'Homme, traité moral de Philippe de Navarre, M. de Fréville éd., Paris, 1888, p.123.
[5] BEUGNOT, vol. 1 : Lois, Livre de Philippe de Novare, chap. LXVI, p. 536.

les Hautes Cours de Syrie et de Chypre. C'est une sorte de recueil de consultations, sans relation immédiate les unes avec les autres. Philippe de Novare est un homme étranger à toute vue générale, à toute notion de droit romain et de droit canonique. Il relate, à titre d'exemples, quelques procès et démêlés judiciaires de son époque. Des fragments de récit historique viennent se mêler au traité juridique, notamment sur la guerre de Frédéric II et des Ibelins. L'histoire confortant le droit ou l'histoire déterminant l'écriture du droit au profit de la Maison Ibelin. Philippe de Novare convenait, avec une grande modestie, que ses travaux et ceux des autres jurisconsultes, n'exerçaient aucune influence dans les cours féodales, et qu'en définitive seul le jugement rendu par tous était opposable[1].

Son Livre est intégralement repris dans le Livre de Jean d'Ibelin. Bien que ce dernier ne prononce pas une seule fois le nom de ce jurisconsulte, vassal de sa Maison, Novare a certainement écrit son texte en premier et a donné la base de son travail à son suzerain. Mais comme Novare est mort après Jean d'Ibelin, entre 1269 et 1277, nous pouvons légitimement penser aussi qu'il a complété, par ailleurs le texte de son maître et le Livre des lignages d'Outremer, que nous verrons en suivant. Nous n'avons pas de preuve, mais il semble plus que probable qu'il ait été à la fois à l'initiative de la mise par écrit du droit sous forme de manuel, par commande de son suzerain, et aussi le continuateur de Jean d'Ibelin. Ces hommes travaillaient ensemble dans un même but, la défense des royaumes latins et de son droit. Ces œuvres ont une dimension collective, à laquelle a pris part toute la Maison d'Ibelin, parents et alliés. Le nom de Jean d'Ibelin, sûrement comme chef de cette œuvre collective, est resté aux dépens du vassal, mais « *in fine* » c'est ce texte qui a eu la portée juridique la plus grande. Rechercher absolument la part qui reviendrait à Philippe de Novare, dans le texte de Jean d'Ibelin, ne semble pas pertinent juridiquement. À la limite, peut-être, dans un souci de recherche d'histoire littéraire et d'évolution de style. Dans tous les cas, cela a peu d'importance pratique car seule la portée juridique du texte compte, comme référence et comme base du droit exprimé. Savoir et comprendre que son travail a servi de base et de matière à Jean d'Ibelin permet seulement, et c'est beaucoup, de prouver la nature collective de ces œuvres et leurs dimensions politiques. Ce qui importe en droit, et tout particulièrement ici en histoire du droit, ce sont les conséquences pratiques et l'impact juridique d'un texte et moins la qualité de son auteur. La réalité juridique pratique l'emporte sur la vérité historique. Ce qui compte, c'est le contexte d'écriture, les sources d'influences et l'impact pratique. Il peut aussi être remarqué que le texte de Philippe de Novare, en tant que tel, n'a eu que très peu d'influence juridique, puisque très peu repris dans les manuscrits, seulement deux, et son œuvre n'est jamais citée. De plus, ce Livre n'est pas évoqué en 1368 avec la rédaction

---

[1] BEUGNOT, vol. 1 : Lois, Livre de Philippe de Novare, chap. LXVI, p. 536 : « *nos livres et nos avis, se nous les avons dit devant, ne valent riens, fors que à nos de juger* ».

officielle d'un coutumier de droit féodal et n'est pas traduit en italien par les commissaires vénitiens en 1535, qui eux le distinguent, donc toujours « connu » au XVIe siècle[1]. Ce texte n'a donc été, en pratique, qu'une partie de deux coutumiers « privés » au début du XIVe siècle, à Chypre. Même si intrinsèquement c'est le texte de Philippe de Novare qui est la base de tous les travaux ultérieurs en droit féodal, rechercher davantage la part de chacun n'a véritablement que très peu d'intérêt scientifique, en histoire du droit. D'autant plus que son texte a été entièrement repris et que l'on ne trouve aucune contradiction entre son texte et celui de Jean d'Ibelin.

Pendant ce temps d'écriture Jean d'Ibelin d'Arsouf, lui redevient chef seigneur en 1256 et doit faire face à la guerre civile entre les Italiens à Acre[2]. Les génois et les Pisans font la guerre aux Vénitiens au sujet de droits exercés sur la maison de Saint-Sabas. Cette guerre dura un an. Balian d'Ibelin, son fils, est lui le chef seigneur du royaume de Chypre et son frère Baudoin d'Ibelin, en est aussi le sénéchal du royaume de Chypre depuis 1246[3]. Après la guerre civile, la reine Plaisance d'Antioche, reine douairière de Chypre et bailli en titre du royaume de Chypre, se rend à Acre en 1257 avec son fils Hugues et son frère le prince Bohémond VI pour se faire reconnaître légitime héritière du royaume de Jérusalem[4]. Depuis la mort du roi Henri Ier de Chypre en 1253 il n'y avait pas de « régent » légitime du royaume de Jérusalem. Il semble que ce soit Balian d'Ibelin l'époux de la reine qui exerce cette prérogative symbolique, comme il semble l'être pour le royaume de Chypre. Mais c'est son père, Jean d'Ibelin d'Arsouf qui est le chef seigneur reconnu en plein exercice[5]. La reine et son fils Hugues, après avoir obtenu satisfaction de ce titre fictif retournent ensuite vivre à Tripoli. Balian d'Ibelin n'est pas en bons termes avec sa royale épouse et ils vivent séparés. La reine et son fils Hugues vivent la plupart du temps à Antioche chez son frère le prince Bohémond VI ; ils feront annuler leur mariage en 1258[6].

Au décès de la reine douairière de Chypre Plaisance d'Antioche le 17 septembre 1261, son fils le roi Hugues II n'a que 9 ans. C'est son neveu Hugues de Poitiers-Lusignan qui devient chef seigneur et bailli du royaume de Chypre[7]. Il est le fils d'Isabelle de Chypre, fille du roi Hugues Ier de Chypre et de la reine Alice de Champagne, et de Henri, fils cadet du prince d'Antioche. Il est donc le cousin des Ibelin. Il est reconnu bailli et sauve le

---

1 Les vénitiens ne traduisent que les Livres évoqués en cour ; Cf. Procès-verbal vénitien de 1531 ; P. CANCIANI, Barbarorum leges antiquae, « et Assisiae regni hierosolymitani ad superi curia pertinentes continentur », Volume V, Venise, 1781, p. 130.
2 RHC, Historiens occidentaux, Tome II, Chronique d'Ernoul, Livre XXXIV, chap. III, p. 443.
3 *Ibid.*, chap. LX, p. 433.
4 *Ibid.*
5 *Ibid.*
6 *Ibid.*, Livre XXXIV, chap. III, p. 443.
7 *Ibid.*, Livre XXXIV, chap. IV, p. 446.

droit de sa mère qui laisse la régence à son fils[1]. Le roi Hugues II est marié en 1264, à 12 ans, à Isabelle d'Ibelin, héritière de la seigneurie de Beyrouth, la petite fille de Balian d'Ibelin de Beyrouth. À la fin de l'année 1267, il tombe malade et meurt le 5 décembre[2].

La guerre, entre les communes italiennes, repris à Acre en 1258 et les Genevois perdirent cette guerre, leur quartier et leur droit de cour à Acre[3]. Ils se replièrent ensuite à Tyr. Jean d'Ibelin d'Arsouf meurt cette année-là[4]. Il est possible que son fils Balian lui succède dans la fonction de chef seigneur jusqu'en 1259. De même, Conrad, fils de Frédéric II, légitime héritier du royaume de Jérusalem meurt lui aussi en 1258 et laisse un fils Conradin[5]. En 1259, Geoffroy de Sargines, représentant de Saint Louis et sénéchal du royaume de Jérusalem, est alors élu chef seigneur du royaume[6]. Il récupère la ville Sidon en 1259 avec l'aide de Tartares mais le 3 septembre le sultan de Babylone lui fait subir une défaite et il doit rendre la ville[7]. Les Turcs font subir ensuite une lourde défaite aux francs en 1260[8]. Le 25 juin 1261, les Grecs font tomber l'empire latin de Constantinople et les Paléologue redeviennent empereurs romains d'Orient[9]. L'année suivante le sultan de Babylone assiège Antioche mais l'aide du roi d'Arménie permet de repousser l'invasion[10]. En 1263, le sultan d'Égypte assiège Acre, l'attaque est repoussée mais Geoffroy de Sarignes est gravement blessé[11].

En cette année 1263, Isabelle de Chypre, fille du roi Hugues Ier de Chypre et de la reine Alice de Champagne, avec son époux Henri fils du prince d'Antioche, vient à Acre réclamer « *la seigneurie du roiaume* » comme légitime héritière[12]. En effet, depuis 1261, à la suite du décès de Plaisance d'Antioche la « régence » du royaume de Jérusalem n'avait pas été réclamée, le roi Hugues II de Chypre étant alors toujours mineur. Le couple fut reçu mais ne put recevoir l'hommage, ni aucun serment, en raison que le légitime héritier Hugues II, après Conradin de Hohenstaufen, n'était pas présent. Isabelle de Chypre retourna vivre dans le royaume de Chypre avec son fils, le chef seigneur, et son mari resta lui à Acre jusqu'à sa mort en 1264.

À la mort d'Isabelle de Chypre deux prétendants revendiquent cette régence fictive. On a d'une part Hugues de Poitiers-Lusignan son fils, bailli

---

[1] BEUGNOT, vol. 2 : Lois, Livre des documents relatifs à la successibilité au trône et à la régence, chap. V, p. 406.
[2] RHC, Historiens occidentaux, Tome II, Chronique d'Ernoul, Livre XXXIV, chap. X, p. 456.
[3] *Ibid.*
[4] *Ibid.*
[5] *Ibid.*, p. 444.
[6] *Ibid.*
[7] *Ibid.*
[8] *Ibid.*, chap. IV, p. 445.
[9] *Ibid.*, p. 446.
[10] *Ibid.*
[11] *Ibid.*, chap. IV, p. 447.
[12] *Ibid.*

de Chypre, et d'autre part Hugues de Brienne, dont la mère est la sœur aînée d'Isabelle. C'est une cour élargie qui va arbitrer la prétention des deux parties. Elle est présidée par Geoffroy de Sargines, en présence du légat du pape, des maîtres de la ville (des Bourgeois), de la Frairie de Saint-André, des représentants des communes et des liges[1]. Nous avons les huit plaidoiries, prononcées en contradictoire, tenues devant la Haute Cour d'Acre et sa décision d'arbitrage, qui ont été publiées par Beugnot[2].

Hugues de Poitiers-Lusignan défend sa prétention au nom de « *l'usage doudit royaume* »[3]. Il rappelle son ascendance et la fait que c'est sa mère qui fut reconnue comme précédente bailli en titre. Comme « *dreit heir* » de sa mère et plus proche parent du roi Hugues II de Chypre mineur, il revendique donc le baillage du royaume de Jérusalem jusqu'à la majorité de ce dernier selon les « *us ou coustume ou raison en ce royaume* ». Il reconnaît que la mère de Hugues de Brienne est l'aîné de sa mère Isabelle mais il souligne que le droit à succéder se transmet par celui ou celle qui a détenu le droit en dernier et que sa tante n'a jamais prétendu hériter. De plus, il souligne qu'il est plus âgé que son cousin dans les héritiers mâles et donc son aîné.

Hugues de Brienne reprend point à point les arguments de son cousin[4]. Il rappelle qu'il est le fils de la sœur aînée d'Isabelle de Chypre et que si sa mère n'a prétendu au bailliage du royaume de Jérusalem c'est en raison du fait qu'elle était décédée lorsque Isabelle fut reconnue « régente ». Pour lui, le droit au bailliage ne se transmet pas comme le droit au fief par le dernier qui a eu la saisine. Il souligne que dans le royaume de Chypre où on jure de respecter *« us et les costumes »* du royaume de Jérusalem on en a toujours agi ainsi et cite une affaire dans la transmission d'un fief indépendamment du baillage. Il ajoute que les usages du royaume de Jérusalem ne peuvent être contraires aux usages de France comme établi aux origines du royaume par Godefroy de Bouillon. Il affirme ici l'origine française du droit hiérosolymitain comme un fait reconnu ; point qui ne lui est pas contesté.

Hugues de Poitiers-Lusignan reprend lui aussi point par point en suivant l'argumentaire[5]. Il souligne ici que sa tante est décédée avant son frère le roi Henri et que donc son cousin Hugues de Brienne ne peut prétendre hériter d'un droit de leur oncle dont sa propre mère n'a pas hérité. Il dit précisément qu'*« à mort ne à morte ne peut riens escheir »*. Le droit se transmettant que par le dernier détenteur. Sa mère Isabelle l'ayant obtenu de son frère Henri sans contestation puisque sa sœur aînée était décédée. On ne prétend pas d'un droit, nous dit-il, d'un aïeul mais de son lien de parenté avec le dernier détenteur, soit sa mère. Il ajoute que le véritable héritier est le roi Hugues II

---

[1] BEUGNOT, vol. 2 : Lois, Livre des documents relatifs à la successibilité au trône et à la régence, chap. XI, p. 414.

[2] *Ibid.*, chap. III à XI, p. 401-415.

[3] *Ibid.*, chap. III, p. 402.

[4] *Ibid.*, chap. IV, p. 403.

[5] *Ibid.*, chap. V, p. 405.

de Chypre, encore mineur, et qu'il a déjà été reconnu lui comme bailli de son cousin dans le royaume de Chypre et qu'il est donc légitime et normal qu'il le représente aussi dans ses droits dans le royaume de Jérusalem. Il rappelle à son cousin qu'il n'a pas prétendu au bailliage de Chypre alors qu'il en avait la possibilité et qu'il a donc perdu son droit. Il souligne ici encore que l'héritier cadet est légitime devant l'aîné s'il est le seul à réclamer l'héritage et que les enfants de l'aîné ne peuvent ensuite plus prétendre hériter ; il donne en suivant des exemples. Il souligne aussi par ailleurs que l'argument du précédant judiciaire de Chypre, qu'évoque son cousin, ne vaut car *« esgart n'est assise, et ne doit estre tenus com assise »*. La cour, rappelle-t-il, ne peut juger qu'à partir des arguments exposés et que donc le défaut d'arguments des parties à un procès ne peut être retenu comme la règle pour les procès suivants. Enfin il contredit son cousin sur son interprétation du droit français qu'il juge lui conforme à sa propre analyse juridique ; « *il est clere chose que l'usage de ce royaume n'est pas tel com vous dites que celui de France est* ».

Hugues de Brienne reprend ensuite les mêmes arguments et souligne que s'il n'a pas prétendu au bailliage du royaume de Chypre c'est par respect de sa tante Isabelle qui l'a élevé[1]. Il ne remet pas en cause le bailliage de Chypre mais défend l'argument que l'attribution du bailliage du royaume de Jérusalem n'est pas dépendant du bailliage de Chypre selon l'argument de son cousin qu'un jugement de cour ne vaut pas pour un autre procès.

Les arguments s'échangent encore en suivant à travers quatre plaidoiries de manière identique en explicitant les points de droit soulevés au nom des usages du royaume de Jérusalem[2]. La cour après avoir entendu l'échange des arguments s'accorda pour reconnaître le bailliage du royaume de Chypre à Hugues de Poitiers-Lusignan comme aîné de son cousin Hugues des Brienne[3]. Tous en suivant lui firent l'hommage-lige, Bourgeois, frairies et communes. Il faut remarquer ici qu'Hugues de Brienne n'avait que vingt-quatre ans et qu'Hugues de Poitiers-Lusignan était le cousin des Ibelin et qu'il était marié à Isabelle d'Ibelin, une nièce de Jean d'Ibelin d'Arsouf. Hugues de Poitiers-Lusignan, bailli et chef seigneur du royaume de Chypre devient alors aussi bailli symbolique de Jérusalem. Si le titre de régent de Chypre implique d'assumer le gouvernement du royaume insulaire, celui de régent de Jérusalem est alors toujours honorifique.

Ce procès nous communique une information fondamentale dans l'établissement du droit dans le royaume de Jérusalem au XIIIe siècle. Un procès est l'affaire des parties et la cour ne fait que choisir, à travers les plaidoiries, la solution qui lui semble juste. La cour ne rend pas une décision, elle arbitre entre deux options. C'est la plaidoirie retenue qui fait « jurisprudence » et qui *in fine* établie le droit. Le Livre de l'écrivain de cour,

[1] *Ibid.*, chap. VI, p. 408.
[2] *Ibid.*, chap. VII, VIII, IX et X, p. 409 et s.
[3] *Ibid.*, chap. XI, p. 414.

lorsqu'il y en a un, ne fait qu'enregistrer les débats, ce qui est dit en cour. Les juges ne rendent pas de décisions argumentées, d'où l'absence de recueils de jugements *stricto sensu* à cette époque et ultérieurement dans l'Outremer latin.

En 1264, les Vénitiens assiégèrent la cité de Tyr mais l'ost royal de Jérusalem venue d'Acre réussit à les repousser[1]. L'année suivante le sultan de Babylone reprend les hostilités prend la seigneurie d'Arsouf et fait le siège de Saint-Jean d'Acre[2]. Grâce à Hugues de Poitiers-Lusignan, bailli de Chypre, venu au secours du royaume de Jérusalem le siège est levé. Mais le sultan continua à harceler le royaume en 1266[3]. Il s'empare non seulement des ports latins du sud, Jaffa, Arsouf et Césarée mais encore d'Antioche, dont la chute, en 1268, parachève l'encerclement de Saint-Jean d'Acre[4]. Balian d'Ibelin d'Arsouf, devient alors connétable et redevient aussi le bailli du royaume de Jérusalem à l'été 1268[5].

II. La royauté retrouvée et la poursuite de la mise par écrit du droit à partir de 1267

L'élection en 1268 d'Hugues de Poitiers-Lusignan, roi de Chypre depuis 1267, comme roi de Jérusalem est un renouveau pour le royaume de Jérusalem. Mais l'affirmation d'une autorité royale commune dans les deux royaumes, privés de roi pendant une si longue période, poussa d'autres jurisconsultes chevaliers, liés à la famille Ibelin, à écrire d'autres Livres d'Assises pour défendre leurs droits (A). En 1277, le roi Hugues est chassé du royaume de Jérusalem et Charles d'Anjou, frère de Saint Louis, est reconnu comme roi de Jérusalem. En 1285, l'unité est retrouvée mais cela n'empêcha pas la perte de Saint-Jean d'Acre et la perte définitive de la Terre sainte (B).

A. L'écriture de trois Livres d'Assises de la Haute Cour complémentaires

La situation politique et militaire se détériorant à nouveau dans le royaume de Jérusalem, Saint Louis reprend la croix le 24 mars 1267[6] et organise la huitième croisade, avec le roi de Navarre et des barons de France, d'Angleterre et d'Allemagne. Il oriente l'ost croisé vers Tunis, dont on le persuade que le souverain Hafside n'attend que sa venue pour se convertir au christianisme[7].

[1] RHC, Historiens occidentaux, Tome II, Chronique d'Ernoul, Livre XXXIV, chap. IV, p. 447.
[2] *Ibid.*, chap. VI, p. 450.
[3] *Ibid.*, chap. X, p. 455.
[4] *Ibid.*, chap. XI, p. 456.
[5] *Ibid.*, chap. XI, p. 457.
[6] *Ibid.*
[7] Cf. J. LE GOFF, *Saint Louis*, Gallimard, Paris, 1996.

Hugues II, roi de Chypre, meurt le 5 décembre 1267 à l'âge de quinze ans[1]. Marié à une Isabelle d'Ibelin, fille de Jean d'Ibelin, seigneur de Beyrouth, il n'a pas de postérité. Il n'y a ainsi plus de Lusignan dans l'Orient latin. Son oncle Hugues de Poitiers-Lusignan d'Antioche, bailli du royaume de Chypre et du royaume de Jérusalem, n'est Lusignan que par sa mère Isabelle. Hugues de Poitiers-Lusignan, bailli du royaume de Chypre, est alors reconnu légitime héritier du royaume de Chypre et il est couronné roi le jour de noël 1267 par la main de Guillaume, patriarche de Jérusalem[2]. Il est élu par les seigneurs de Chypre[3]. Il relève en suivant le nom des Lusignan en Orient. Rien ne le destinait à la royauté à sa naissance. Son père était un cadet de la maison de Poitiers-Antioche et il n'était pas destiné à hériter d'Antioche.

Une disposition réglementaire nous fait connaitre la volonté du roi de Chypre, Hugues de Poitiers-Lusignan, de garantir une bonne justice dans son royaume devant la Cour des Bourgeois et témoigne directement de son rôle de gouverneur et de justicier du royaume[4]. À cela s'ajoutent trois bancs, dispositions réglementaires de police administrative du vicomte, qui font suite. Ces quatre textes se retrouvent dans le Livre recueil du XIVe siècle des Ordonnements du Vicomte de la Cour des Bourgeois de Nicosie, écrit avant 1324[5]. Ces textes juridiques font état de dispositions prises par le roi Hugues, ce qui laisse penser en tout état de cause qu'il s'agit bien de ce roi. Beugnot pense, lui, qu'il s'agit du roi Hugues IV, roi de Chypre de 1324 à 1359[6], mais ces textes sont contenus dans un manuscrit composé antérieurement à son règne[7]. Le contenu de ces textes nous semble d'autant plus confirmer notre analyse.

Le premier texte est un « ordonement et commandement »[8]. Il est en parfaite conformité avec la décision de 1250 d'établir un écrivain devant la Cour des Bourgeois d'Acre. Il rappelle premièrement que les écrits de la cour doivent être conservés dans une « *huche* », de mois en mois avec le sceau du vicomte apposé dessus et que deux jurés en aient les clés. Le texte rappelle ensuite que la Cour des Bourgeois doit se tenir trois fois par semaine ; le lundi,

---

1 RHC, Historiens occidentaux, Tome II, Chronique d'Ernoul, Livre XXXIV, chap. X, p. 456.

2 RHC, Historiens occidentaux, Tome II, Chronique d'Ernoul, Livre XXXIV, chap. X, p. 456.

3 BEUGNOT, vol. 2 : Lois, Livre des documents relatifs à la successibilité au trône et à la régence, chap. XII, p. 415.

4 BEUGNOT, vol. 2 : Lois, Livre recueil des Ordonnements du Vicomte de la Cour des Bourgeois de Nicosie, chap. XXVIII, p. 371 et XXIX p. 372 ; Cf. KAUSLER, *Les Livres des Assises et des Usages dou Reaume de Jerusalem : sive Leges et Instituta Regni Hierosolymitan*i, Stuttgart, 1839, Ordonnements, chap. CCCLIV, p. 404 et chap. CCCLV, p. 406.

5 Nous étudierons l'écriture de ce Livre dans la seconde partie de cette étude.

6 BEUGNOT, vol. 2 : Lois, Livre recueil des Ordonnements du Vicomte de la Cour des Bourgeois de Nicosie, chap. XXVIII, p. 371, note b.

7 Munich, Bayerische Staatsbibliothek, ms. français, Codex Gallus 51, *Livre des Assises de la baisse Court, c'est de la Court dou Visconte dou Reaume de Chipre* (Beugnot n'a pas connu ce manuscrit mais seulement son édition par Kausler).

8 BEUGNOT, vol. 2 : Lois, Livre recueil des Ordonnements du Vicomte de la Cour des Bourgeois de Nicosie, chap. XXVIII, p. 371.

le mercredi et le vendredi. Les jurés devant tous êtres présents le vendredi mais alternativement par deux ou trois les autres jours. L'écrivain doit avoir le temps insiste l'ordonnement d'écrire les paroles des *avantparliers* entre chaque propos[1]. Ensuite ce texte rappelle les chevaliers et les dames ne doivent acheter et vendre héritages que par l'Assise même si cela est fait par écrit. Il est ajouté ensuite une obligation pour le vicomte et la cour de devoir fournir au roi par écrit chaque mois le nom de toux ceux qui sont en prison avec la cause de l'incarcération et la durée. De même tous les trois mois ils doivent aller à travers la ville constater l'état général des bâtiments. Il est rappelé aussi à la cour qu'elle ne doit entendre le dédit d'accusation d'une personne qui a subi un mauvais traitement tant qu'elle n'est pas guérie et hors de danger. Et aussi rappelé que le nom des jurés doit se retrouver dans les chartes faîte en cour. Le texte indique ensuite qu'un prisonnier ne peut recevoir de visite, sauf décision du vicomte ou du roi et de ses officiers. Un serf ne peut non plus être retenu prisonnier plus de trois jours sans que la cour n'en soit informée. Et ajouté ensuite que des « *rubriches* » doivent être introduites dans le Livre de Cour et que les personnes en prison doivent être nourries même si elles n'ont pas les moyens. Est rappelé alors que les chartes de cour doivent être scellées tous les trois mois. Ensuite est évoquée l'interdiction de porter des armes dans la ville et que les armes confisquées doivent être vendues ; l'argent devant servir à payer les sergents. Ces derniers devant être payé devant la cour. Enfin, le texte se termine en rappelant que le vicomte doit rendre compte de sa gestion financière des taxes prélevées au nom de la couronne à la Sécrète tous les trois mois.

À la suite de ce texte de police administrative du roi dans le gouvernement de la Cour des Bourgeois nous en avons trois bancs de police administrative relevant de la compétence du vicomte[2]. Ces textes sont ici attribués au roi mais reproduit de « mémoire » par le copiste. Le premier de ces bancs interdit de jeter les gravats de maçonnerie dans la rivière ou dans la rue ; le contrevenant à huit jours pour nettoyer à peine d'une amende de *LXVII sos et demy*. De même le second banc dispose qu'il est interdit de jeter ses ordures dans la rue ou dans la rivière à peine d'une amende de *VII sos et demy*. Le troisième banc dispose sur les laissez-passer de libre circulation des Francs et des Grecs, sous forme de « *lettre sellées* » du sceau du vicomte, ne valent que huit jours dans la ville.

Le roi Hugues III de Poitiers-Lusignan était bailli du royaume de Jérusalem, au nom de son neveu le roi de Chypre Hugues II. Une fois, lui-même roi de Chypre, il s'en alla à Acre réclamer le titre de bailli à titre

---

[1] *Ibid.* : « *Et quant aucun avantparlier ou autre aura dit son dit, que l'on ne doie soufrir que l'autre respont en tant que ledit dou premyer soit escrit. Et puis que son dit sera escrit, que l'on oïe le respons de l'averce partie avant que nule autre chose soit mise en son escrit* ».

[2] BEUGNOT, vol. 2 : Lois, Livre recueil des Ordonnements du Vicomte de la Cour des Bourgeois de Nicosie, chap. XXIX p. 372.

personnel de Jérusalem après son couronnement[1]. Le nouveau roi de Chypre se présenta donc à Acre en début d'année 1268 et réunit un parlement pour se faire reconnaître bailli de Jérusalem en titre[2]. Il réunit le légat du pape, les hommes liges, les maîtres des ordres militaires, du temple et teutonique, le représentant des Pisans et celui de Venise, avec la présence des confréries et de tous les hommes d'Acre présents. Devant cette *curia generalis* il demanda que le bailliage qu'il exerçait au nom du roi Hugues décédé lui soit confié comme légitime héritier et roi de Chypre[3]. Après quoi l'assemblée se retira pour en débattre et un certain Jacques Vidan, au nom de tous lui fit savoir que selon cette claire requête ils étaient tous appareillés à lui faire l'hommage, redevances et services comme seigneur du royaume.

Mais en suivant, Marie d'Antioche présente à l'assemblée posa une contre requête par écrit dans une charte pour réclamer le bailliage du royaume qu'elle fit lire par clerc dont nous avons le contenu[4]. Elle est une fille de Bohémond

---

[1] BEUGNOT, vol. 2 : Lois, Livre des documents relatifs à la successibilité au trône et à la régence, chap. XII, p. 415.
[2] *Ibid.*
[3] *Ibid.*, chap. XIII, p.415 : « *Seignors, vous savez bien, si com nous vous le dismes autrefois en la présence dou patriarche qui adonc estoit, si à le plus de vous autres qui estes ci assemblés, que quant vous nous feistes savoir le perillous estât où le royaume estoit, nous en alasmes à plustost que nous poemes, et nostre venue fu pour deus choses : l'une pour le grant besoing de ce royaume, l'autre pour entrer en raison de ce royaume qui escheu nous estoit. Et nous deimes adonc que nous aviens aucunes autres choses à dire et requerre jusques à tant que le leu et point fu ; et or nous semble qu'il soit leu et tens de dire, car le seignor de Sur et du Toron sont ores ci qui n'estoient adônc ; pour qui nous vous faisons assavoir qu'il ne nous convient pas ores à retraire qui nous somes, ne d'où somes venus, ne de quels gens estrais; car nous entendons bien que assez est seu et coneu à entre vous. Et si savez comnent ce royaume, douquel nous tenons le bailliage, nous est escheus par heritage, parla mort de monseignor Hugue mon cousin, que Dieu pardoint, que merme d'aage estoit, auquel royaume puis que nous venismes nous somes entrés, et avons usé et usons com de nostre droit ; porquoi vous nous feistes les homages et les redevances et les services, si com l'on doit faire à seignor de ce royaume, et nous somes prests de faire vers vous ce que nous devons* ».
[4] BEUGNOT, vol. 2 : Lois, Livre des documents relatifs à la successibilité au trône et à la régence, chap. XIV, p.416 : « *Par devant vous, monseignor Hugues de Leseignau, par la grâce de Dieu roy de Chipre, je damoiselle Marie suis venue par devant vous, seignors, par les religions et homes liges de la Haute Court dou royaume de Jérusalem, et vous fais assavoir com se fu chose que la royne Isabeau fu dame et droit heir dou royaume de Jérusalem; si ot plusiors filles : l'une des filles fu la royne Marie qui fut fille dou marquis, et esposa le roy Johan; de ceste Marie fu née Isabel, espose de l'empereor Federic; de ceste Isabel fu né le roy Conras, père de Conradin. L'autre des avant dites filles fut la royne Aalis, fille de la devant dite Isabeau et dou conte Henri de Champagne ; de la devant dite Aalis fu nés li rois Henry de Chipre, et dou roy Henry de Chipre fu né Hugue qui moru avant son aage. L'autre fille de la royne fu madame Melissent, princesse d'Antioche, fille dou roy Heimery de Leseigneau, qui fu ma mère, si com chascun seit. Por laquelle chose je vous prie et requiers et conjur, si com vous estes tenus de garder et sauver et maintenir chascun en son droit, par les us et costumes dou royaume de Jérusalem, com celle qui suis le plus prochain heir du royaume et le plus aparant, et fille de la fille de la royne Isabel, mère dou roy Conras, la deraine saisie dou royaume de Jérusalem, à qui vous estes tenus de sauver ses heirs par vous tant et com celle que madame ma mère survesqui toutes ses seurs, que vous en saisine et teneure meme tés de la seignorie de*

IV, prince d'Antioche et de Mélisende de Lusignan. Ses grands-parents maternels sont Amaury II de Lusignan, roi de Chypre, et Isabelle Iere, reine de Jérusalem. Elle fait partie des rares petits enfants d'Isabelle de Jérusalem encore vivante. C'est à ce titre qu'elle réclame le titre de bailli royaume comme « *dreit heir* » présent dans le royaume.

Quand le clerc a eu fini de lire, le roi Hugues lui demanda de confirmer que ce qui a été lu pour elle était bien l'expression de sa requête. Après la réponse affirmative de Marie d'Antioche, le roi Hugues lui fit réponse devant l'assemblée. Là aussi nous avons l'intégralité de son discours[1]. Après des paroles bien respectueuses envers sa grand-tante, il lui rappelle qu'elle est bien mal conseillée et qu'il a déjà eu l'occasion de lui dire à Tyr, devant le maître du Temple et le seigneur de Tyr et autres. Il lui rappelle alors ses conseils et que tout héritage ne se réclame que par les héritiers du même lignage du dernier détenteur du droit. Il lui redit que les héritiers par ascendance en partant de la souche sont selon les usages du royaume déshérités. Il ajoute encore que c'est lui l'héritier le plus proche du roi Hugues. Il lui rappelle encore qu'elle ne peut prétendre, comme c'est théoriquement possible, hériter au nom de Conradin de Hohenstaufen, légitime héritier du trône, car il n'est pas en âge de réclamer son héritage en personne. Après sa prise de paroles, les autres liges du royaume voulurent prendre la parole mais Marie d'Antioche se leva et quitta l'assemblée.

Par politesse les liges envoyèrent trois hommes pour savoir si Marie d'Antioche voulait poursuivre le débat et entendre leurs arguments[2]. Devant son refus les hommes liges demandèrent, par l'intermédiaire de Jacques Vidan, si le roi persistait toutefois dans sa requête. Le roi Hugues répond qu'il persiste dans sa requête et Jacques Vidan lui présenta alors un écrit qui contient la teneur du serment[3] de chef seigneur et il jura le serment. Ensuite tous les hommes liges lui firent hommage, Geoffroy de Sarignes en premier, encore chef seigneur réel du royaume, suivi de tous. Ensuite, les Bourgeois lui prêtèrent serment, les membres de la Frairie et les communes. Des débats publics qui ont eu lieu avec Marie d'Antioche, il en fut conservé une trace écrite dans une « *lettre ouverte, scellée du sceau* ». Il faut remarquer ici que Marie d'Antioche n'a aucun lien de parenté avec la Maison d'Ibelin à l'inverse de Hugues.

Jérusalem ; et me faites homage et redevance com à dame, et à plus droit heir qui soit ores en ce royaume de Jérusalem. Et je suis apareillée, et bien le vous euffre, de faire tout ce que les seignors et les dames doivent faire à lors homes, selon ce que les autres seignors dou royaume ont fait et usé de faire ».

1 *Ibid.*, chap. XV, p. 417.

2 BEUGNOT, vol. 2 : Lois, Livre des documents relatifs à la successibilité au trône et à la régence, chap. XVI, p. 418.

3 *Ibid.* : « *...un escrit en qui se contenoit la tenour dou serement que il disoient que les seignors doudit royaume* ».

Malgré cette élection et les serments et les hommages, Hugues n'est pas le véritable chef seigneur du royaume de Jérusalem, la fiction de légitimité est seulement maintenue. Depuis 1244, le royaume de Jérusalem reconnaissait les rois, les reines et les baillis de Chypre comme baillis et seigneurs symboliques du royaume de Jérusalem en attendant la venue hypothétique du légitime héritier Conrad IV de Hohenstaufen puis de son fils Conradin. En effet, en suivant, Balian d'Ibelin d'Arsouf est fait connétable et bailli du royaume de Jérusalem[1]. C'est lui qui exerce le véritable pouvoir dans le royaume. Geoffroy de Sarignes très âgé meurt le 11 avril 1269[2]. Mais cette même année de 1268, Conradin, dernier héritier légitime du royaume de Jérusalem, meurt. Il meurt décapité le 29 octobre 1268 à Naples, sur l'ordre de Charles d'Anjou, le petit frère de Louis IX, alors qu'il avait à peine 16 ans[3]. Le roi Hugues de Chypre est alors reconnu roi de Jérusalem et il est couronné à Tyr le 28 septembre 1269[4]. Le fait qu'il soit couronné à Tyr comme le conseille Jean d'Ibelin dans son Livre laisse penser qu'il a été aussi sacré bien qu'aucune source ne le précise. Il s'agit de remarquer ici que le roi Hugues, nouveau roi de Jérusalem est le premier roi depuis Baudouin IV à être roi à titre personnel et à exercer le pouvoir. Baudoin V a été couronné mais n'a jamais gouverné. Tous les rois qui s'étaient succédé depuis dans le royaume de Jérusalem l'étaient par le fait de leur épouse. Conrad et Conradin fils et petit-fils d'Isabelle II de Jérusalem ne sont jamais venus en Terre sainte.

Cette même année le roi d'Aragon vint en « croisade » et arriva à Acre avant l'hiver[5]. Victime d'une épidémie de peste, Louis IX lui meurt aux portes de Tunis le 25 août 1270, et son frère Charles d'Anjou, devenu le chef des croisés, s'empresse de signer la paix de Tunis, avantageuse pour son propre nouveau royaume[6].

C'est à cette époque toute particulière que trois autres Livres d'Assises sont écrits pour affirmer encore les principes du droit hiérosolymitain. Le premier est celui de Geoffroy Le Tort, le second est celui de Jacques d'Ibelin et le troisième le Livre de la Clef des Assises.

Le Livre de Geoffroy Le Tort nous est parvenu de manière fragmentaire. Il semble que ce Livre date de 1265, bien qu'il soit possible une écriture entre 1264 et 1276, et malgré son caractère fragmentaire ce texte a eu une portée juridique importante. Le jurisconsulte Geoffroy Le Tort est le fils de Jean Le Tort, seigneur de Mancet, vicomte de Saint-Jean d'Âcre et d'une fille

---

[1] RHC, Historiens occidentaux, Tome II, Chronique d'Ernoul, Livre XXXIV, chap. XI, p. 457.
[2] *Ibid.*, chap. XII, p. 457.
[3] RHC, Historiens occidentaux, Tome II, Chronique d'Ernoul, Livre XXXIV, chap. XI, p. 456 et Cf. RHC, Documents arméniens, Les gestes de Chiprois, Tome II, chap. 360, p. 770.
[4] *Ibid.*, chap. XII, p. 457.
[5] *Ibid.*
[6] *Ibid.*, chap. XIII, p. 458.

de Jean d'Ibelin, le vieux seigneur de Beyrouth[1]. Geoffroy s'est marié avec Estéphanie d'Amiens[2], fille de Jean d'Amiens et de Marie de Tripoli, elle-même fille de Hugues, vicomte de Tripoli, parent de la famille d'Antioche. Il vient d'une famille de feudataires qui vivaient en Orient depuis le milieu du XIIe siècle[3]. Sa sœur, Alice, a épousé son cousin, Hugues d'Ibelin, fils de Baudoin d'Ibelin, sénéchal de Chypre[4]. Son frère, Balian Le Tor, a épousé la fille de Paul de Naples[5]. Geoffroy Le Tort tenait un grand fief à Chypre que lui avait confié le roi Henri Ier de Chypre[6]. Personnage considérable, il fut ambassadeur du royaume de Jérusalem auprès de l'empereur du Saint Empire, en 1229, pour demander qu'il leur envoie son fils Conrad, à qui appartenait le titre de roi, par sa mère, condition pour qu'il conserve le bailliage du royaume[7]. En 1232 il se joignit au roi de Chypre et à Jean d'Ibelin, contre Richard Filangieri, maréchal des troupes impériales[8]. En 1233 il fut envoyé à Rome par les barons du royaume de Jérusalem, pour faire casser par le pape les articles de la paix de Cérines conclue avec l'empereur, et il réussit dans cette négociation[9]. Il a soutenu les Ibelin qui luttaient contre l'empereur et devint chambellan de Chypre en 1247[10]. C'est un jurisconsulte reconnu comme bon plaideur selon les indications du début de son texte[11]. Son Livre semble bien avoir été écrit après 1265, parce qu'il mentionne la dispute sur la régence qui eut lieu en 1264 au sujet de l'élection d'Hugues de Poitiers-

[1] P. EDBURY, "The 'Livre' of Geoffrey le Tor and the 'Assises' of Jerusalem", in M.J. Peláez, ed. *Historia administrativa y ciencia de la administración comparada. Trabajos en homenaje a Ferran Valls i Taberner*, vol 15 (Barcelona: Promociones Publicaciones Universitarias, 1990), repr. in Kingdoms of the Crusaders: From Jerusalem to Cyprus (Aldershot: Ashgate, Variorum Collected Series Studies, 1999).

[2] J. NOULENS, *Maison d'Amiens*, Histoire généalogique, Picard Libraire-Editeur, Paris, 1888, p. 260.

[3] On trouve un Gaufridus Tortus, qui souscrivit, avec les grands officiers du royaume de Jérusalem, un titre du roi Baudouin II en 1123 ; Cf. E. De ROZIERE, *Cartulaire de l'église du Saint-Sépulcre de Jérusalem, publié d'après les Manuscrits du Vatican (ms.Vatican. latin. 7241)*, Paris, Imprimerie Nationale, 1849, p. 257, n° XXX.

[4] DUCANGE, *Les Familles d'Outremer par de Ducange*, continué par M. E. G-Rey, Documents inédits sur l'Histoire de France, Imprimerie Impériale, Paris, 1869, p. 600.

[5] *Ibid.*

[6] *Ibid.*

[7] S. PAOLI, *Codice Diplomatico del sacro militare ordine Gerosolimitano oggi di Malta raccolto da vari documenti di quell'archivio, per servire alla storia dello stesso Ordine, Lucq*ues, 1733-1737, 2 vol. in-fol., n° 92 p. 97.

[8] RHC, Historiens occidentaux, Tome II, Chronique d'Ernoul, Livre XXXIII, chap. XXIII, p. 394.

[9] *Ibid.*, p. 406.

[10] P. W. EDBURY, "The 'Livre' of Geoffrey le Tor and the 'Assises' of Jerusalem," in M.J. Peláez, ed., *Historia administrativa y ciencia de la administración comparada. Trabajos en homenaje a Ferran Valls i Taberner*, vol 15 (Barcelona: Promociones Publicaciones Universitarias, 1990), repr. in Kingdoms of the Crusaders: From Jerusalem to Cyprus (Aldershot: Ashgate, Variorum Collected Series Studies, 1999), p. 4296-4297.

[11] BEUGNOT, vol. 1 : Lois, Livre de Geoffroy Le Tort, titre, p. 435 : « ... *que messire Jofrei Le Tor, qui esteit tenus a moult bon plaideur...* ».

Lusignan comme bailli du royaume de Jérusalem. Mais le Livre a été écrit avant 1276 parce que Jacques d'Ibelin, mort cette année-là, a copié certains chapitres de son Livre[1]. La famille Le Tort se retrouve à Chypre au XIVe siècle. Un Jean Le Tort, en 1306, est nommé à Chypre comme ayant reçu le serment des Bourgeois jurés au nom d'un seigneur de Sur[2]. La famille est parente des Ibelin et des mariages sont contractés au XIIIe siècle entre les deux familles, nous venons de le voir. Tout l'intérêt d'un tel ouvrage et de voir que toute la famille Ibelin, au sens large œuvre pour promouvoir de droit hiérosolymitain.

Le Livre de Geoffroy Le Tort devait être un court traité de droit ; il ne nous est parvenu que deux fragments. Cet abrégé a été écrit pour le royaume de Chypre, comme le prouve l'article I de la deuxième partie, qui doit se conformer aux « *assises et par les bons usages et les bones costumes dou reaume de Jérusalem, les queles l'on doit tenir ou reaume de Chipre* »[3]. Dans ce deuxième extrait publié par Beugnot, il ajoute qu'il écrit pour enseigner et qu'il écrit ce qu'il a vu user ou ouï-dire : « *je métrai ce que je ai veu user, et que je ai oï retraire et raconter en court et hors court* »[4]. Peter Edbury, lui, croit qu'ils ne sont qu'un recueil de notes[5]. En effet, la première partie ressemble à des réponses à des consultations juridiques. Le livre de Geoffroy Le Tort a été traduit officiellement et publié en italien par les commissaires de Venise en 1532. Ce qui nous indique que ce texte a eu une portée juridique jusqu'au XVIe siècle à Chypre.

Le Livre de Jacques d'Ibelin et sa plaidoirie contre Hugues III, roi de Chypre sont des textes très importants pour l'histoire du droit de l'Orient latin. Il semble que le Livre a été écrit après 1271 et malgré sa faible importance ce texte a eu une portée juridique importante. Jacques d'Ibelin a écrit son traité sur son lit de mort, comme l'indique la rubrique qui annonce ce texte dans le manuscrit de Séguier-Coislin[6]. La plaidoirie de Jacques d'Ibelin contre Hugues III, roi de Chypre, date de 1271. Si ce Jacques d'Ibelin en est aussi l'auteur, alors ce Livre a été écrit postérieurement à cette date. Les premiers chapitres font état des règles de dévolution du royaume de Jérusalem lorsqu'il

---

[1] P. W. EDBURY, "The 'Livre' of Geoffrey le Tor and the 'Assises' of Jerusalem,", *opit. cit.*, p. 4292-4295.

[2] *Chronique d'Amadi*, éd. R. de Mas Latrie, Paris, 1891-1893, vol. 1, p. 250.

[3] BEUGNOT, vol. 1 : Lois, Livre de Geoffroy Le Tort, I, p. 444.

[4] *Ibid.*

[5] P. EDBURY, "The 'Livre' of Geoffrey le Tor and the 'Assises' of Jerusalem", *opit. cit.*, p. 4292.

[6] Paris, B. N. F., Département des manuscrits, Séguier-Coislin, Saint-Germain français ms. fr. 19026, (430 ancienne cote), Assises de Jérusalem, folio 28 : « *Puisque nos avons parlé ci desus des assises et des usages de la Haute Court, lesquel fist le bon Jahan d'Ybelyn, conte de Japhe et d'Escalone, nos vos dirons aucunes assises, lesquex messire Jaque d'lbelyn, à qui Diex pardoint, fist ou lit de la mort* ».

n'y a pas d'héritier direct[1]. Il semble donc, selon la tournure du texte, que le royaume de Saint-Jean d'Acre est toujours d'actualité. Le texte a donc été écrit avant 1291. L'histoire ne nous apprend rien sur le jurisconsulte Jacques d'Ibelin l'auteur de ce Livre, ni sur le Jacques d'Ibelin qui en 1271, s'opposa à la demande du roi de Chypre qui voulait que les barons chypriotes exécutent leur service militaire sur le continent. Discours qu'il prononça dans Acre, en présence du roi d'Angleterre Édouard Ier, en 1271 ou 1272, pour réfuter l'opinion que le roi Hugues III venait d'émettre sur l'étendue du service militaire. Ils sont sûrement une seule et même personne. Ce jurisconsulte serait, selon Edbury[2], le fils de Jean d'Ibelin de Jaffa, l'auteur, et fut comte de Jaffa à la mort de son père en 1266. Après la prise de la ville par les Mamelouks en 1268, il aurait vécu à Chypre où les Ibelin étaient propriétaires de nombreux fiefs. Il serait mort en 1276. Pour cela il s'appuie sur des références tardives données par un manuscrit des Annales de Terre sainte[3] et par un historien arabe du XVe siècle, Ibn 'Abd al-Zãhir, qui affirme que c'est un Jacques d'Ibelin qui succède à son père Jean d'Ibelin comme comte de Jaffa. Edbury souligne aussi qu'un certain Jacques d'Ibelin a été témoin en 1269 d'une charte entre Jean d'Ibelin de Beyrouth et Hugues III de Chypre[4]. Mais dans son livre, ou bien dans la plaidoirie, il n'est jamais intitulé « comte de Jaffa ». De plus, rien ne permet d'affirmer une telle filiation dans les sources anciennes où seul un Guy[5] est connu comme fils de Jean d'Ibelin. Une autre solution est possible. Jacques est un prénom qui n'existe pas, avant le XIVe siècle, dans la famille Ibelin et seulement pour le petit-fils de Philippe d'Ibelin, connétable de Chypre jusqu'en 1291[6]. Ce Jacques d'Ibelin serait né entre 1310 et 1315. Pour Beugnot, c'est lui l'auteur mais sans élément de preuve. Philippe d'Ibelin est le seul qui est légitime, en tant que connétable, pour contredire le roi Hugues III, son gendre, devant le roi d'Angleterre, Edouard Ier. Ce prénom, Jacques, pourrait être un surnom, à la suite d'un pèlerinage à Saint-Jacques de Compostelle, donné à Philippe et transmis à son petit-fils. Mais cela reste une hypothèse. Mais si ce Jacques d'Ibelin est en fait

---

1 BEUGNOT, vol. 1 : Lois, Livre de Jacques d'Ibelin, I, p. 453 : « *Quant le reiaume de Jérusalem escheit à aucun home qui seit dreit heir dou dit reiaume, il deit assembler le plus et les miaus des homes liges doudit reiaume* ».

2 P. W. EDBURY, « The Ibelin Counts of Jaffa : A previously Unknown Passage from the « lignages d'Outremer » », The English Historical Review, Jul. 1974, Vol. 89, No. 352, p. 604- 610.

3 « Annales de Terre sainte », ROHRICHT R. et RAYNAUD G. (éd.), in Archives de l'Orient latin, tome II B, Paris, 1884, p. 427-461 (ici p. 456).

4 R. ROCHRICHT, ed., *Regesta Regni Hierosolymitani (MXCVII-MCCXCII)*, Libraria Academica Wageneriana, Innsbruck, 1904, nos. 1250, 1368.

5 BEUGNOT, vol. 2 : Livre des Lignages d'Outremer, chap. XIII, p. 452 : « *Johan, qui fu conte de Japhe, père de cestui Guiotin* ».

6 DUCANGE, *Les Familles d'Outremer*, Documents inédits sur l'Histoire de France, Imprimerie Impériale, Paris, 1869, p. 369.

Philippe d'Ibelin, connétable de Chypre, alors le Livre a été écrit en 1304, date de la mort de Philippe.

Le Livre de Jacques d'Ibelin est un court traité là aussi concernant le droit défendu devant la Haute Cour. C'est un petit abrégé qui complète le manuel de droit de Jean d'Ibelin et l'abrégé de Philippe de Novare. C'est un petit abrégé ou l'auteur n'entre dans aucun détail, et ne s'occupe ni de procédure ni de plaid. Il complète des points de ses prédécesseurs. Le texte de Jacques d'Ibelin a été traduit et publié en italien par les commissaires de Venise en 1532. Ce texte a donc eu une portée juridique jusqu'au XVIe siècle. Les deux plaidoiries font aussi partie du Livre de Jean d'Ibelin dans le manuscrit du Vatican qui fait état de la version officielle de ce Livre de 1368, comme nous le verrons.

La clef des Assises est un petit Livre de droit qui concerne aussi le droit défendu devant la Haute Cour. Il a été écrit par un jurisconsulte que nous ne connaissons pas de l'Orient latin. Il semble que ce Livre a été écrit entre 1284 et 1291 mais ne présente pas une grande portée. Ce Livre a été écrit lorsque le royaume de Jérusalem et le royaume de Chypre sont réunis au vu des titres des chapitres, soit après 1269. De fait, Granclaude limite arbitrairement la date de composition entre 1286 et 1291[1]. Toutefois, pour aller dans son sens, au chapitre LIII il nous est dit que tous requérants et défendant devant la Haute Cour doivent mettre par écrit tous les éléments du procès[2]. Or la mise par écrit des décisions prises devant la Haute Cour n'existe qu'à partir du règne d'Henri II de Lusignan, soit après 1286. Ce mémento a donc été écrit entre 1284 et 1291. Mais il est bien possible que ce mémento fut écrit bien après, car Henri II continua, après la perte de Saint-Jean d'Acre, de porter la double titulature.

Le Livre « La clef des Assises » est un court texte qui résume les chapitres du manuel de droit de Jean d'Ibelin et offre un prologue historique sur l'origine des Assises de Jérusalem. C'est un véritable petit mémento juridique à l'usage des plaideurs devant la Haute Cour. Au dernier chapitre[3], l'auteur nous dit que c'est la fleur de ce livre que de dire les choses que chacun doit travailler, savoir et retenir pour pouvoir avoir de « *prest repons et parole* » avant de se compromettre dans un procès devant la haute Cour. Ce Livre a été très peu diffusé. Seulement deux manuscrits reprennent le texte, dont un seul du XIVe siècle, et il n'a pas été traduit en italien en 1532.

---

[1] M. GRANDCLAUDE, *Étude critique des livres des Assises de Jérusalem*, Jouve et Cie, Paris, 1923, p. 90.

[2] BEUGNOT, vol. 1 : Lois, Livre dit Clef des Assisses, chap. LIII, p. 583 : « *Tous requerans et defendans en court doivent mètre en escrit le claim, teil coume il a esté, et à quel jor et à quans jors dou quel mois; s'y a le jour de la quinzaine et qu'il soit ajornés, où il sont ajornés, et le nom de ciaus qui estoient en la court, quant il furent ajornés, pour varier l'eschangement ou l'acroissement ou claim, se le seignor est au defendeour* ».

[3] *Ibid.*, chap. CCXC, p. 600.

B. L'autorité royale contestée et la perte de Saint-Jean d'Acre en 1291

Bien qu'Hugues III soit choisi par l'assemblée des barons du royaume de Jérusalem comme véritable chef seigneur et roi, son règne ne s'est pas déroulé sans difficulté. La paix à peine revenue, les Francs du royaume de Jérusalem se livrent à nouveau à leurs querelles internes. Pourtant le royaume de Jérusalem se réduisait alors au domaine royal, soit Saint-Jean d'Acre et ses environs, le comté de Sidon, tenu par les Templiers et la seigneurie de Tyr tenue par Philippe de Montfort, partisan des Génois alors que les Vénitiens dominaient Acre.

Le 9 mai 1271, Édouard Ier, futur roi d'Angleterre débarque à la tête de la neuvième croisade. Il libère le Crac de l'hôpital, le château de Blanchegarde et Gibelet et signe une paix avec le sultan de Babylone[1]. Le roi de Chypre vient le rejoindre à Acre. Malgré l'union des deux royaumes et la pratique d'un droit partagé le roi Hugues va se disputer avec ses liges de Chypre au sujet du service dû en Syrie[2]. Les barons chypriotes ne se sentent pas tenus de rejoindre l'ost royal à la seule volonté du roi pour défendre le royaume de Jérusalem. Un procès va se tenir à Acre que va présider le prince Édouard d'Angleterre en cette année de 1271. Nous avons la plaidoirie du roi Hugues et la plaidoirie de Jacques d'Ibelin, le conseil des liges[3]. Ces deux plaidoiries sont sûrement les plus anciennes et le plus vénérable monument de l'éloquence judiciaire et aristocratique du monde féodal.

Le roi Hugues prétend avoir le droit d'exiger le service de ses hommes hors du royaume et il expose lui-même ses raisons en vingt-deux points[4]. Il soutient d'abord que le service dû n'est pas limité à un territoire et qu'il est dû à la volonté et aux besoins du seigneur (points 2 et 3) Il soutient que c'est l'usage depuis Godefroy de Bouillon, premier « *chevetaine* » (point 4). Il souligne que ceux de l'île de Chypre depuis qu'elle est aux mains des Latins on est tenu « *de tenir et tient les usages dou reiaume de Jérusalem* » (point 5). Il rappelle que les hommes du royaume de Jérusalem n'ont jamais discuté de servir à Antioche, dans le comté de Tripoli, en Égypte, par terre et mer, et même dans l'empire latin de Constantinople (point 6). Il rappelle ensuite que les hommes de Chypre ont toujours servi de même à la demande du seigneur en Syrie, à Rodes, en Arménie (point 7). Il donne en suivant toute une série d'exemples en partant du roi Amaury II (point 8, 9, 10, 11, 12, 13, 14, 15, 16, 17, 18, 19, 20 et 21). Il termine en disant que ses propos prouvent son bon droit dans sa requête et qu'il ne fait qu'appliquer l'usage du service du royaume de Jérusalem et de Chypre (point 22).

---

[1] RHC, Historiens occidentaux, Tome II, Chronique d'Ernoul, Livre XXXIV, chap. XIV, p. 460.

[2] *Ibid.*, chap. XV, p. 462.

[3] BEUGNOT, vol. 2 : Lois, Document relatif au service militaire, I et II, p. 427 à 434.

[4] *Ibid.*, I, p. 427.

Jacques d'Ibelin, pour la communauté des hommes liges de Chypre, va répondre en vingt-six points et affirme en même temps, de sa fidélité et de son dévouement au roi[1]. Il reproche au roi premièrement d'avoir parlé un peu trop longuement (point 1). Il souligne que l'interprétation du roi sur l'étendue du service attaché à un fief et perçue trop largement et que cela nécessite des conditions. La première condition est une atteinte à l'honneur du seigneur. La seconde est l'existence d'un danger pour le royaume lui-même. Le service de mer, ajoute-t-il, n'est pas digne de la chevalerie et un tel service doit être volontaire, pour servir Dieu, en rémission de ses péchés, pour l'honneur ou encore par amour de son seigneur ou de son ami. Il continue en disant que le seigneur ne peut gouverner à volonté comme le roi Hugues le prétend. Il souligne que même un serf ne doit le service à la volonté du roi de Chypre au-delà de deux jours par semaine (point 2 et 3). Jacques d'Ibelin poursuit en disant que les remarques du roi Hugues sur l'application des usages de Jérusalem en Chypre sont exactes et qu'ils s'inspirent bien des usages de France (point 4). Il souligne donc que nulle part les hommes doivent le service à la seule volonté du seigneur (point 5). Il remarque et souligne que le service décrit au-delà du royaume par le roi Hugues s'est toujours fait par l'assentiment des barons et par leur seule volonté propre. Il fait ensuite remarquer que tous les princes de France, d'Angleterre, d'Allemagne, de Hongrie et d'ailleurs sont toujours venus avec des chevaliers volontaires (point 6). Il ajoute que les gens de Chypre ont toujours participé aux besoins militaires au-delà du royaume mais de leur volonté propre (point 7). Ils ont toujours agi sans semonce du seigneur par amitié pour leurs amis (point 8). Il donne ensuite une série d'exemples sur cette pratique (point 9, 10, 11 et 12). Il rappelle ensuite au roi Hugues qu'au temps où il était bailli ils n'ont jamais reçu une semonce mais ont toujours agi par accord et volonté, selon l'amour et l'honneur qu'ils lui ont toujours porté. Il ajoute que la pratique volontaire d'un usage n'en fait pas une obligation juridique et que cela est contraire à la « *costume de notre court* ». Il souligne aussi qu'ils n'ont jamais servi par « *servage* » comme le demande le roi (point 13). En suivant, Jacques d'Ibelin souligne que les secours militaires ont toujours été donnés sans demande formelle sans que le droit des Assises et des usages soit invoqué (point 14). Il explique ensuite au roi la procédure à suivre devant la Haute Cour pour faire appliquer la semonce qui permet au seigneur d'obliger un chevalier à remplir son service et rappelle qu'il n'existe ni Assise, ni usage, qui oblige à faire le service hors du royaume (point 15, 16, 17, 18, 19, 20, 21 et 22). Il redit en suivant qu'ils iront là où ils croiront servir Dieu et leur seigneur librement (point 23) et que le roi de Chypre ne peut les asservir (point 24). Il ajoute très cruellement en rappelant au roi que les hommes du royaume ont plus servi le lignage Ibelin que le sien et que si l'usage les a asservis d'avoir servi volontairement hors du royaume alors cet asservissement relève des Ibelin

[1] BEUGNOT, vol. 2 : Lois, Document relatif au service militaire, II, p. 430.

(point 25). Plus amicalement, il termine en disant au roi que s'il veut leurs cœurs et leurs services il doit le faire d'une manière plus appropriée que par le servage qu'il tente de leur imposer (point 26).

Jacques d'Ibelin, a des paroles magnifiques et d'une fierté tout aristocratique. Il mélange deux sentiments, fidélité et résistance, qui ne sont nullement opposées mais qu'on trouve trop rarement réunies. Il affirme la liberté dans le service et dénonce la volonté d'asservissement des chefs.

À la suite de ce conflit, le 28 novembre 1271 tout l'ost royal de Jérusalem et tout l'ost de Chypre conduite par le prince Édouard vont libérer Césaré[1]. Mais la venue d'Édouard ne débouche sur aucun résultat concret, si ce n'est la négociation d'une paix à Césarée signée entre le sultan de Babylone et Hugues de Chypre le 22 avril 1272[2]. Le 22 septembre 1272 le prince Édouard d'Angleterre s'en retourna en occident[3]. Le fils de l'ancien chef seigneur du royaume, Jean d'Ibelin d'Arsouf, est fait connétable du royaume, ce qui renforce davantage la position des Ibelins[4]. En 1273, un accord entre le roi de Chypre et ses hommes est trouvé ; ils devront le service quatre mois par an hors du royaume de Chypre[5].

En 1273, Marie d'Antioche porte son affaire, dans sa prétention d'être reconnu comme héritière du royaume de Jérusalem, devant le concile de Lyon ouvert par le pape Grégoire X. Le roi Hugues de Chypre et de Jérusalem envoya alors ses propres ambassadeurs comme « *procureor* », soit l'archevêque de Tyr, l'évêque de Jaffa, Jean Le Grely, sénéchal du royaume, le frère de l'ordre l'Hospital Guillaume de Corceles, Jacques Vidal et Enguerrand de Jorni[6]. Il est important de remarquer ici, que Grégoire X était très au fait des affaires de Terre sainte. En effet, Tedaldo Visconti (1210-1276), fut élu 184e pape sous le nom de Grégoire X pendant son séjour Outremer à Acre le 1er septembre 1271[7]. Il apprit la nouvelle de son élection alors qu'il n'était ni cardinal, ni même prêtre. Chanoine de Lyon dans sa jeunesse, il fut archidiacre de Liège et quitta sa charge pour se retirer en Terre sainte, reprochant au prince-évêque de cette ville, Henri de Gueldre, de transformer le palais épiscopal en lieu de débauche[8]. Ami de Saint Thomas d'Aquin et confident des rois de France et d'Angleterre, il accompagna le cardinal Ottobono Fieschi en voyage en Angleterre, puis Édouard d'Angleterre en pèlerinage en Palestine à la tête de la neuvième « croisade ». Pendant son

---

1 RHC, Historiens occidentaux, Tome II, Chronique d'Ernoul, Livre XXXIV, chap. XIV, p. 461.

2 *Ibid.*, chap. XV, p. 462.

3 *Ibid.*

4 *Ibid.*, chap. XVI, p. 463.

5 *Ibid.*, chap. XVII, p. 463 et BEUGNOT, vol. 2 : Lois, Livre des formules, XVIII, p. 385.

6 RHC, Historiens occidentaux, Tome II, Chronique d'Ernoul, Livre XXXIV, chap. XVII, p. 464 et Cf. G. DUMEIGE, S. J. (dir.), Hans Wolter, S. J., Henri Holstein, S. J., *Histoire des conciles œcuméniques*, tome 7 : Lyon I et Lyon II, Paris, Éditions de l'Orante, 1966.

7 RHC, Historiens occidentaux, Tome II, Chronique d'Ernoul, Livre XXXIV, chap. V, p. 449.

8 *Ibid.*, chap. XXV, p. 471.

séjour, il avait réussi à négocier une trêve entre les Génois et les Vénitiens, et c'est lui qui persuada les barons de la ville de coopérer avec le prince Édouard d'Angleterre, mais il ne disposait pas d'une autorité suffisante ni de pouvoir pour mener plus loin la négociation pour sauver le royaume[1]. Il prononce son discours d'adieu dans l'église de Sainte Croix à Acre en latin pour ensuite le traduire en français : « *Filii mei karissimi, quod in latino dixi, exponam vobis in gallico* »[2].

En 1274, le pape Grégoire X, au concile de Lyon, confirme Hugues III comme roi de Jérusalem contre les prétentions de Marie d'Antioche personnellement présente[3]. Au cours de ce concile fut décidé que la dîme de l'Église pour six ans serait versée au secours de la Terre sainte et que chaque chrétien devra verser un denier de sa monnaie par an qui seront versés dans une « *huche* » dans chaque église gardée par trois clercs et trois prud'hommes[4]. En 1276, Marie d'Antioche multiplia les recours mais il est reconnu pour finir l'incompétence de la cour papale pour juger les affaires du royaume de Jérusalem[5]. Elle fit toutefois donation de ses « droits » à Charles d'Anjou, le petit frère de Saint Louis, devant les cardinaux en 1277, qui lui donna en compensation une rente[6].

En 1273, Guillaume de Beaujeu est aussi élu maître du Temple à ce concile de Lyon[7]. Il arrive en Terre sainte en 1275[8]. Il affirme ouvertement son opposition au roi Hugues, refusant même de le consulter et d'obtenir son assentiment pour des actes où le droit hiérosolymitain l'exige. Nous avons l'exemple où le maître de l'Ordre du Temple achète le Casal de la fauconnerie, bourgeoisie franche, c'est-à-dire une bourgeoisie qui ne doit ni hommage ni service, à Thomas de Saint-Bertin, sans l'autorisation du roi[9]. Or la vente d'une telle bourgeoisie doit se faire devant la Haute Cour et nécessite l'autorisation du roi. La chronique raconte ici un point de droit conforme à ce qui est décrit dans les Livres d'Assises. De même, lorsque Haymo Létrange, seigneur de Beyrouth, confie à sa mort son fief et sa veuve, Isabelle d'Ibelin, ancienne reine de Chypre veuve d'Hugues Ier, sous la protection du sultan

---

[1] M.-H. LAURENT o. p., « Grégoire X et Marco Polo (1269-1271) », in *Mélanges d'archéologie et d'histoire*, tome 58, 1941. pp. 132- 144.
[2] J. PAVIOT, *Projets de croisade*, Académie des Inscriptions et Belles-Lettres,Paris, 2008, p. 337.
[3] RHC, Historiens occidentaux, Tome II, Chronique d'Ernoul, Livre XXXIV, chap. XVIX, p. 465.
[4] *Ibid.*, chap. XXVI, p. 472.
[5] *Ibid.*, chap. XXIX, p. 476.
[6] *Ibid.*, chap. XXX, p. 476.
[7] *Ibid.*, chap. XVII, p. 463.
[8] *Ibid.*, chap. XXI, p. 468.
[9] *Ibid.*, chap. XXVIII, p. 474.

Baybars en 1273[1], Guillaume de Beaujeu va agir contre le roi. Hugues réagit en assignant la veuve à résidence à Chypre, mais le sultan Baybars, soutenu par les Templiers prend le contrôle de Beyrouth.

Devant la contestation répétée de son autorité et les attaques des templiers le roi Hugues décide d'abandonner le royaume. Après la mort de son père Henri d'Antioche le 18 juin 1276, lassé, Hugues III quitte Acre, en octobre 1276[2]. Les Acrois, se rendant compte du péril qui les guette viennent supplier Hugues de rester, mais comme les Ordres militaires refusent de faire une telle démarche, le roi persiste dans sa décision[3]. Il accepte cependant de renommer bailli pour le royaume, Balian d'Ibelin d'Arsouf, son beau-frère, redevenu connétable du royaume après son fils[4]. Il nomme aussi Guillaume de Flori vicomte et nomme les autres baillis de la cour de la Fonde, de la cour de la Chaîne ainsi que de nommer des personnes à tous les autres offices. Avant de rejoindre Tyr, puis Chypre le roi Hugues écrit une lettre au pape expliquant que l'insubordination des habitants de Sant-Jean d'Acre et des Ordres militaires rende impossible le gouvernement du royaume et qu'il y renonce à sa mission[5]. Le sultan de Babylone voyant ces divisions rompt la trêve.

Une fois le roi Hugues parti, Guillaume de Beaujeu, favorise les ambitions de Charles d'Anjou, qui a « racheté » en janvier 1277 à Marie d'Antioche ses droits sur le royaume de Jérusalem, moyennant une rente annuelle de quatre mille livres tournois. Charles d'Anjou envoie effectivement son représentant Roger de San-Severino pour gouverner le royaume en 1277[6]. Balian d'Ibelin d'Arsouf, le chef seigneur du royaume de Jérusalem meurt cette année-là[7]. Au nom de leur serment envers le roi Hugues les liges du royaume refusent tout d'abord de reconnaître Roger de San-Severino chef seigneur selon les « *usages dou reaume de Jerusalem* »[8]. Devant le silence du roi Hugues de Chypre appelé par les hommes du royaume, les liges jugèrent qu'ils ne sont plus liés au roi. Le conseil s'est tenu devant le peuple d'Acre présidé par Thomas de Flori le vicomte[9]. Ils reconnurent alors Charles d'Anjou légitime héritier du royaume et roi et firent hommage à son représentant[10]. Ce dernier fait sénéchal du royaume Poilechien, le nouvel

---

[1] *Chroniques arabes*, Paris, Joseph REINAUD Toussaint (traduction), Imprimerie royale, 1829, p. 532 ; MAQRIZI, *Histoire des sultans Mamelouks de l'Egypte*, 1424, Traduction de Quatremère avec notes, 2 volumes, 1837, T. I, p. 51.

[2] RHC, Historiens occidentaux, Tome II, Chronique d'Ernoul, Livre XXXIV, chap. XXVIII, p. 474.

[3] *Ibid.*, chap. XXVIII, p. 474.

[4] *Ibid.*, chap. XXVIII, p. 475.

[5] *Ibid.*, chap. XXIX, p. 475.

[6] *Ibid.*, chap. XXXIII, p. 478.

[7] *Ibid.*

[8] *Ibid.*

[9] *Ibid.*, p. 479.

[10] *Ibid.*

époux de la veuve de Balian d'Ibelin, connétable Richard de Nublans et maréchal Jacques Vidal. Enfin, il nomme vicomte Gérard Le Raschas[1]. Mais Hugues III revient sur sa décision d'abandonner le royaume et débarque à Tyr en 1179, mais n'ayant pas eu le ralliement escompté repart au bout de quatre mois[2].

En 1283, les Vêpres siciliennes mettent fin aux ambitions en méditerranée de Charles d'Anjou, qui doit rappeler ses troupes de Terre sainte[3]. Hugues en profite pour revenir dans le royaume de Jérusalem une nouvelle fois au cours de l'été 1283, mais meurt peu de temps après, à Tyr le 26 mars 1284. Son fils Jean lui succède comme roi de Chypre et est couronné comme tel en mai de cette année[4]. Charles d'Anjou lui meurt le 7 janvier 1285[5].

Le 10 mai 1285 le nouveau roi de Chypre, Jean de Lusignan, meurt. Sans enfant, c'est son frère Henri qui est reconnu comme chef seigneur du royaume de Chypre et il est couronné roi dans l'année[6]. En suivant, il se rendit à Acre le 26 juin 1286[7] après avoir établi un accord de paix avec Guillaume de Beaujeu, le maître du Temple[8]. Il est accompagné de Baudoin d'Ibelin son oncle, connétable de Chypre et d'une suite nombreuse. C'est la réconciliation avec les ordres militaires et les barons du royaume de Jérusalem. Sont exclus en suivant les derniers représentants du roi Charles d'Anjou[9]. Il est alors reconnu chef seigneur et le 15 août il est couronné à Tyr et sûrement sacré[10]. Il fait reconnaître bailli et chef seigneur, en son lieu et place, son oncle Baudoin le connétable et rentre sur l'île de Chypre[11].

Le 27 avril 1286, le comté de Tripoli tombe aux mains de musulmans[12]. Le roi Henri II de Chypre et de Jérusalem vint avec l'ost royal depuis Chypre, referma la frontière, fit la paix avec le sultan de Babylone et retourna à Chypre le 26 septembre après avoir nommé son frère Amaury de Lusignan connétable du royaume de Jérusalem[13] et chef seigneur du royaume de Jérusalem[14] avec son oncle Philippe d'Ibelin[15]. Baudoin d'Ibelin son oncle vient de mourir.

Le roi Henri ne passe que très peu de temps dans le royaume de Jérusalem mais cela ne l'a pas empêché d'introduire une réforme d'importance :

---

1 *Ibid.*

2 RHC, Documents arméniens, Les gestes de Chiprois, Tome II, chap. 419, p. 789.

3 *Ibid.*, chap. 426, p. 791.

4 *Ibid.*, chap. 425, p. 791.

5 *Ibid.*, chap. 427, p. 791.

6 *Ibid.*, chap. 431, p. 792.

7 *Ibid.*, chap. 437, p. 792.

8 *Ibid.*, chap. 335, p. 792.

9 *Ibid.*, chap. 438, p. 793.

10 *Ibid.*, chap. 439, p. 793.

11 *Ibid.*

12 *Ibid.*, chap. 478, p. 804.

13 *Ibid.*, chap. 657, p. 856.

14 *Ibid.*, chap. 479, p. 804.

15 DUCANGE, *Les Familles d'Outremer*, Documents inédits sur l'Histoire de France, Imprimerie Impériale, Paris, 1869, p. 370 et p. 642.

l'établissement d'un écrivain devant la Haute Cour. En effet, l'auteur du Livre Contrefais, qui a vécu pour une bonne partie au XIIIe siècle, écrit, au chapitre XVIII de son Livre, que c'est sous le règne du roi Henri II de Lusignan, roi de Chypre et roi de Jérusalem, que fut alors seulement mis en place un écrivain auprès de la Haute Cour, comme devant la Cour des Bourgeois, suite à la décision de 1250[1]. Il le fit et l'ordonna, *« par l'assent et l'otroi de ces homes liges et le par le conseil des sages »*. La Haute Cour devant donc désormais avoir un écrivain, des Livres de cour où sera retranscrit tout ce qui se dira et se fera devant elle et une « *huche* » pour y déposer les Livres gardés par le roi et ses hommes. Il semble bien selon la logique du texte, et au vu de ce qui est raconté précédemment, soit la mise en place d'un écrivain devant la Cour des Bourgeois de Saint-Jean d'Acre, que l'auteur indique bien la période où le roi Henri II fut roi simultanément des deux royaumes entre 1285 et 1291. L'auteur ne précise pas si le royaume de Jérusalem est encore effectif à ce moment, ce qui peut repousser toutefois la date jusqu'en 1224, année où Henri II décède. Mais on sait qu'au début de son règne dans le royaume de Jérusalem le roi Henri II a pris une disposition réglementaire de sa seule volonté sans le concours des hommes du royaume. Cet acte réglementaire a été publié par Beugnot et il est daté du 24 juin 1286[2]. Cet acte est qualifié de « banc et de commandement » au sujet de la protection juridique dont bénéficient les gens du roi de France vivant au château d'Acre. Dans cette disposition réglementaire le roi Henri est qualifié de « *sereniisimi domini Henrici, Dei gratia illustris regis Jerusalem et Cyp*ri ». Cette titulature royale et le fait que le texte de nature juridique et opposable à tous fut pris sans le concours des hommes, laissent entrevoir que le roi Henri commence à concevoir la fonction royale comme la fonction d'un souverain. C'est la tendance que les rois en occident, à la même époque, commencent eux aussi à affirmer. C'est ce que souligne Beaumanoir, en 1283, dans ses coutumes de Beauvaisis en disant que « chaque baron est souverain en sa baronnie mais le roi est souverain par-dessus tous »[3]. Cet acte souligne aussi que les rois de Chypre, ce qui se confirmera au siècle suivant, commencent à se faire appeler « Majesté », « *sereniisimi* »[4]. La pratique ancienne ne retenait que la qualification de « Sire », « Monseigneur » ou encore de « Seigneurie ». Cette perception souveraine du pouvoir d'Henri II, dans ses royaumes, se confirmera après la perte du royaume de Jérusalem.

Le roi Henri II de Chypre et de Jérusalem ne soutiendra que partiellement le siège de Saint-Jean d'Acre en 1291 et ne sera même pas présent à la chute

---

[1] BEUGNOT, vol. 2 : Lois, Livre Contrefais, Partie I, chap. XVIII, p. 249.

[2] BEUGNOT, vol. 2 : Lois, Livre recueil des Ordonnements du Vicomte de la Cour des Bourgeois de Nicosie, I, p. 357.

[3] Cité in : A. RIGAUDIERE, « L'invention de la souveraineté », Pouvoirs n°67, novembre 1993, *La souveraineté*, p. 5-21 (p. 9).

[4] MAS-LATRIE L. de, « Fragment d'histoire de Chypre. Premiers temps du règne d'Amaury de Lusignan », in Bibliothèque de l'école des chartes. 1860, tome 21. p. 339-369 (p. 352).

de son royaume continental, le royaume de Jérusalem. Au début de l'année de 1291, une foule de pèlerins italiens ayant pris la croix, arrive à Saint-Jean d'Acre[1]. Sans aucune expérience militaire, ces pèlerins imaginent que leur bonne volonté suffira à reprendre Jérusalem. Par volonté de bien faire ils précipitèrent la chute de Saint-Jean d'Acre. En effet, sans connaissance de la situation de la Terre sainte, ils massacrent des paysans musulmans de la terre d'Acre venus en ville vendre leur production et des Syriens qui portent la barbe de la religion orthodoxe les prenant pour des sarrasins[2]. Le sultan de Babylone menace alors de rompre la trêve[3]. Les seigneurs d'Acre et le maître du Temple s'accordèrent pour exécuter les criminels mais il n'y eut pas unanimité car pour eux ces gens ne relèvent pas de leur justice. Le sultan en apprenant cela rompit la trêve[4] mais meurt peu après[5]. À Acre on ne se croit plus menacé.

Le nouveau sultan de Babylone arrive lui devant Saint-Jean d'Acre le 5 avril 1291 et entame immédiatement le siège[6]. Le 4 mai, le roi Henri II débarque à Saint-Jean d'Acre, avec ses chevaliers[7]. Le courage des assiégés remonte et Henri II, en tant que roi de Jérusalem essaye de traiter avec le sultan, mais celui-ci exige la reddition pure et simple par la remise des clefs de la ville, et accorde la vie sauve aux habitants. Le 7 mai, Henri repart seul vers Chypre, en laissant son armée sur place[8]. Le bombardement de la ville par les machines mameloukes s'intensifie, et des esclaves creusent des mines sous les principales tours. Guillaume de Beaujeu, grand maître du Temple, et Jean de Villiers, grand maître de l'ordre des Hospitaliers, longtemps rivaux et réconciliés à l'heure du danger, défendent le point le plus menacé, la Porte Saint-Antoine. Atteint d'une flèche sous l'aisselle, Guillaume se meurt quelques heures plus tard. Jean de Villiers, également grièvement blessé, est transporté sur un navire en direction de Chypre. Les Mamelouks prennent alors la Porte Saint-Antoine et se ruent dans la ville, massacrant les habitants. La citadelle des Templiers, qui tient encore et qui donne sur la mer permet aux rescapés d'embarquer pour se réfugier à Chypre. Le 18 mai 1291 c'est la fin[9]. La ville de Sidon est prise le 14 juillet et la population fuit vers Chypre[10]. La cité de Beyrouth est prise en suivant[11]. En août, les places fortes de Tortose et de Château-Pèlerin sont évacuées sans combat[12]. Seules deux cités en Terre

---

[1] RHC, Documents arméniens, *Les gestes de Chiprois*, Tome II, chap. 480, p. 805.
[2] *Ibid.*
[3] *Ibid.*, chap. 481, p. 805.
[4] *Ibid.*
[5] *Ibid.*, chap. 484, p. 806.
[6] *Ibid.*, chap. 489, p. 808.
[7] *Ibid.*, chap. 493, p. 811.
[8] *Ibid.*, chap. 500, p. 814.
[9] *Ibid.*, chap. 508, p. 817.
[10] *Ibid.*, chap. 509, p. 817.
[11] *Ibid.*, chap. 511, p. 818.
[12] *Ibid.*, chap. 512, p. 818.

sainte restent chrétiennes : l'îlot d'Arouad, au sud de Tortose, tenu par les Templiers, et la ville de Gibelet, confiée au seigneur, Pierre Embriaco, ami du sultan. Celui-ci là lui avait rendu en 1289 après l'avoir prise au comte de Tripoli. Ces deux ports seront abandonnés en 1302.

Chapitre 4

La conservation contestée du droit hiérosolymitain dans le royaume de Chypre (1291-1323)

Les premières transcriptions connues du droit hiérosolymitain se sont faites sous le règne du roi Henri II, roi de Chypre et de Jérusalem, au début du XIVe siècle à sa mort en 1323. C'est aussi sous son règne que deux Livres d'Assises supplémentaires ont vu le jour. Le premier est le Livre au roi, selon l'hypothèse nouvelle avancée ici et le Livre des Ordonnements de la cour du vicomte de Nicosie.

Les quatre plus anciens manuscrits « authentiques » connus ont été élaborés sous son règne et témoignent indéniablement de la diffusion du droit hiérosolymitain dans le royaume de Chypre, en sus des éléments soulignés ici de fait comme preuve. Ces manuscrits ne sont pas l'expression du souvenir de l'ancien droit conservé par d'importantes familles mais la matérialisation d'un droit en débat dans son application. Les corpus juridiques, contenus dans ces plus anciens manuscrits, s'imposent à nous avant tout, comme des recueils de droit privé, en évolution et recomposition, pour des jurisconsultes chypriotes du royaume de Chypre. Les différents Livres et documents juridiques nous sont parvenus à travers des compositions variables et choisies dans les manuscrits selon l'intention du copiste du manuscrit ayant recueilli ces sources du droit. Il apparaît donc clairement que le droit hiérosolymitain, que nous connaissons, est avant tout bien l'avatar du droit chypriote.

Il est donc possible d'une part d'établir que l'écriture du droit à Chypre est avant tout, pour ce que nous connaissons, une réponse à la souveraineté royale affirmée par Henri II (I) et d'autre part que l'écriture et la compilation du droit dans des manuscrits sont une réponse à la correction baronniale faîte au roi Henri II, à la suite de son éviction du trône entre 1306 et 1310 (II).

I. L'écriture du droit face à l'affirmation d'une souveraineté royale (1291-1306)

Henri II, roi de Chypre et de Jérusalem, de 1291 à 1306 dans un premier temps, après la perte de Saint-Jean d'Acre, va tenter d'imposer un régime monarchique dans le royaume de Chypre, ce qui va entraîner une révolution (A), et c'est à cette époque, nous semble-t-il, que fut écrit le Livre au roi comme signe de l'affirmation de la souveraineté royale (B).

A. L'échec d'une prétention à la monarchie

Au lendemain du siège d'Acre, le royaume de Chypre réussit à tenir en échec la flotte du sultan qui voulait attaquer l'île avec l'aide de la flotte envoyée par le pape[1]. Le roi Henri II recueille dans son royaume toute la population de Saint-Jean d'Acre et de Syrie qui réussit à fuir l'hégémonie des forces musulmanes[2]. Toute cette population se retrouva dans une très grande pauvreté et la population locale s'enrichit à leurs dépens en multipliant les prix par dix sur les biens de premières nécessités et les locations. Le roi pour soutenir ces francs donna un traitement à tous les pauvres chevaliers et sergents et fit avec la reine de grandes aumônes[3]. C'est à Famagouste que s'est retrouvé l'essentiel de la population syrienne, les chrétiens d'Orient, qui ont fui le continent à la fin du XIIIe siècle et il y a été établi une cour du *raïs*. Cette cour du *raïs* a été conservée dans cette ville au moins jusqu'au XVe siècle. Longtemps ces Syriens furent seuls juridiquement des hommes libres parmi la population urbaine non franque, alors que les citadins grecs, ceux de Nicosie en particulier, étaient astreints au paiement d'un *chevage* qui leur valait le nom de *perpiriari*[4].

Le roi Henri organisa en suivant les secours et prépara une contre-offensive en Syrie. Une lettre de Boniface VIII, en date du 11 juin 1299, nous fait connaître les efforts du roi Henri II pour constituer une flotte financée par les impositions levées sur ses sujets, mais aussi par des navires fournis par les barons, les prélats, le Temple et l'Hôpital[5]. Le 20 juillet 1300, le roi envoya sa flotte en Égypte et commença une reconquête[6]. D'Alexandrie, l'ost royal alla par bateaux à Saint-Jean d'Acre et connut une rapide victoire, sans toutefois garder la ville[7]. Amaury de Lusignan, frère du roi Henri II et désormais connétable du royaume de Chypre, l'hiver approchant, replia les troupes sur l'îlot d'Arouad au large de Tortose[8]. En l'absence de secours supplémentaire l'ost s'en retourna à Chypre à la fin de l'hiver[9]. L'îlot d'Arouad est alors abandonné en 1302[10]. C'est le moment qui incarne la perte définitive de la Terre sainte.

---

[1] *Ibid.*, chap. 514 et 515, p. 818.
[2] *Ibid.*, chap. 516, p. 818.
[3] *Ibid.*
[4] J. Richard, « La révolution de 1369 dans le royaume de Chypre », in Bibliothèque de l'école des chartes. 1952, tome 110, p. 108-123.
[5] *Bullarium Cyprium*, C. Schabel, J. Richard, and C. Perrat éd., « *Texts and Studies in the History of Cyprus*, 64, 68 », Nicosia, 2010, 2012, vol. 3, n° 38.
[6] RHC, Documents arméniens, *Les gestes de Chiprois*, Tome II, chap. 615, p. 848.
[7] *Ibid.*, chap. 618, p. 849.
[8] *Ibid.*, chap. 621, p. 849.
[9] *Ibid.*, chap. 623, p. 850.
[10] *Ibid.*, chap. 637, p. 852.

Pendant cette période de troubles, le roi Henri II gouverne le royaume de Chypre exclusivement avec son oncle Philippe d'Ibelin, sénéchal du royaume et ancien chef seigneur du royaume de Jérusalem[1]. Il organise un gouvernement monarchique sans le conseil des hommes du royaume. Le roi Henri II va dénaturer les principes fondamentaux de gouvernement selon le droit hiérosolymitain. Après avoir écarté de son gouvernement les hommes liges, il va vouloir contrôler ensuite l'action du vicomte, gouverneur et chef justicier de la cité. De même, il va affirmer sa capacité à amender l'ancien droit et à établir des règlements juridiques sans le concours des hommes du royaume[2].

Le roi Henri II va d'abord imposer au vicomte, avec ses sergents, de venir tous les jours en la cour du roi pour recevoir ses *coumandements* et agir selon les prescriptions données, et ceci contrairement aux pratiques anciennes[3]. Pourtant, dès l'origine du royaume de Chypre, le vicomte de Nicosie avait les mêmes attributions et la même indépendance que ses homologues dans le royaume de Jérusalem. Il y avait aussi un vicomte et un *mathessep* à Famagouste[4]. Ce dernier avait les mêmes attributions mais semblait soumis hiérarchiquement au vicomte de Nicosie[5]. Il se devait de siéger aux mêmes jours accompagnés de jurés. Par ailleurs, le roi va commander, ordonner et établir seul des « *bancs* » que le vicomte sera chargé d'exécuter[6]. C'est une pratique nouvelle que va s'autoriser le roi. Le royaume de Chypre continue d'appliquer le droit hiérosolymitain comme coutume mais le roi va se donner le droit d'établir le droit seul et d'amender les anciennes pratiques.

Nous avons la trace d'un certain nombre de ces bans pris par le roi sans les hommes du royaume. Nous avons un *banc* du 26 novembre 1297 qui interdit le mariage avec un serf du roi sans son consentement[7] ; un *banc* de 1299 qui interdit aux clercs de quelques nations qu'ils soient de faire du commerce et si un clerc loue une maison et qu'il ne paye pas son loyer il relève de fait de la juridiction du vicomte[8] ; un *banc* du 13 mai 1299 qui prévoit les dédommagements pour ceux qui ont subi des dommages des génois par mer

[1] *Ibid.*, chap. 661, p. 857 : « *Le roy Henry en seluy tens nen uzoit ny faisoit nul estroit conseil que par messire Phelippe d'Ybelin son oncle le seneschau et de tous les autres se tenait eschif* ».
[2] Cette attitude est à comparer avec le progrès de l'autorité de législation royale en Occident à la même époque ; Cf. S. PETIT-RENAUD, *Faire loy au royaume de France : de Philippe VI à Charles V (1328-1380)*, De Boccard. Paris, 2001.
[3] BEUGNOT, vol. 2 : Lois, Livre Contrefais, Paritie I, chap.VII, p. 239.
[4] L. MAS LATRIE (de), *Histoire de Chypre*, t. III, p. 206, n. 852 ; BEUGNOT, vol. 2 : Lois, t. II, p. 323.
[5] BEUGNOT, vol. 2 : Lois, Livre Contrefais, Paritie II, chap. XXIII, p. 323.
[6] *Ibid.* : « *Encores doit le visconte faire crier le banc chascun an, c'est assavoir les bans qui sont coumandés, ordenés et establis par le roy et par la court* ».
[7] BEUGNOT, vol. 2 : Lois, Livre recueil des Ordonnements du Vicomte de la Cour des Bourgeois de Nicosie, VII, p. 360.
[8] *Ibid.*, VIII, p. 361.

ou par terre[1] ; un *ordonement* pour le vicomte de tenir un « *cartulaire* » des délits des génois et des clercs latins, grecs ou syriens et y inscrire les amendes que leurs juridictions, cour des génois et officialité, prononceront[2] ; le commandement du roi du 22 février 1300 fait au vicomte Hugues Pistiau et au bailli de la Sécrète Thomas de Pinqueny d'établir Foulques de Tibériade et Daniel d'Antioche contrôleurs de qualité des tissus et draperies dont seules les marchandises estampillées seront vendables sous peine d'amendes[3].

La capacité du roi à prendre des dispositions réglementaires sans le concours des hommes du royaume ne s'est pas faite sans heurt. L'auteur du Livre Contrefais nous raconte une crise majeure qu'il y a eue en 1300 entre le roi d'une part et le vicomte et les bourgeois d'autre part, dans un long chapitre[4]. Le roi Henri II fit un « *ordonnement* », qui modifia les anciennes « *raizons* » établies par « *les anciens sages ordonés* » sur le meurtre, les homicides, les violences et autres sujets qu'il trouvait insuffisantes. Par cet « *ordonnement* » le roi donnait plus de pouvoir et de libertés au vicomte et aux jurés pour atteindre les malfaiteurs. Le vicomte d'alors, le chevalier Hugues Pieteau et les jurés trouvèrent, nous dit l'auteur, ce texte « *mout estrange* » et contraire « *as assizes et as usages* » qu'ils ont juré d'user pour juger les gens. D'un accord unanime les jurés décidèrent de ne pas utiliser « *celuy ordonnement* ». Le vicomte le fit savoir au roi. Pour ne pas froisser le roi le vicomte pensa que la liberté qu'il avait lui permettait d'user de l'ordonnement sans le conseil des jurés. Mais après quelque temps il se rétracta pensant alors que cela était contraire à son serment de vicomte comme le lui avaient rappelé les jurés. Un justiciable, voyant que la Cour des Bourgeois n'appliquait plus l'ordonnement royal, le fit savoir au roi par « *petission* ». Convoqué par le roi le vicomte rappela au roi que ce texte est contraire à son serment et à celui des jurés mais reconnu qu'il aurait dû en avertir le roi lui-même. Le roi en colère, nous précise l'auteur, convoqua alors les jurés. Ces derniers se reconsultèrent avec le vicomte et après débats considérèrent encore que l'ordonnement royal n'était pas applicable. Rendus à la convocation royale, le vicomte et les jurés répétèrent au roi leur décision.

L'auteur nous donne en suivant, dans ce même chapitre, le dialogue qui s'ensuivit. Le roi leur dit : « *Nous vos avoimes doné par un escrit un ordenement par le visconte, et, celonc ce qui nous a esté doné à entendre, vous autres ne l'avés volu uzer ne faire. Por laquel choze à vous, visconte, disons que nous volons saver ce vous volés faire nostre comandement et uzer de nostre ordenement ou non* ». Le vicomte répondit : « *Monseignor, vos coumandemens suys je apparaillié de faire come vostre ; et quant à cestuy ordenement, à moi cemble que je ne le doye uzer ne faire, celon le serement*

[1] *Ibid.*, XII et XIII, p. 363.
[2] *Ibid.*, XIV, p. 364.
[3] *Ibid.*, XV, p. 365.
[4] BEUGNOT, vol. 2 : Lois, Livre Contrefais, Partie II, chap. XXI, p. 320.

que je ais fait come visconte ». Le roi en colère dit alors : « *Alés vous ent, car nous ne volons que vous soyés visconte* ». Puis le roi s'adressa au juré le plus proche, sire Pagan de Saint-Lorens qui devient après sire Pagan Visconte et lui dit : « *Et vos que dites ? volés vous faire nostre coumandement et uzer de nostre ordenement ou non ?* ». Sire Pagan pour contenir la colère du roi s'excusa et dit : « *Monseignor, il est voir que je suys vostre houme et tiens de vous ; et encor soit ce que sa en arieres il m'a cemblé que cestui ordenement est contraire au serement des jurés que je ais fais, je suis apencé que, pour ce que je suis vostre home et croi que vostre seignorie a fait cestui ordenement par boune consience que vostre seignorie a, et pour maintenir justize et abatre les malices, je suys apparaillié de obéir et faire tous vos coumandemens come de mon seignor* ». L'auteur nous dit ensuite que deux autres jurés Guillaume Le Rous et Thibaut de l'Arcevesque, firent en suivant la même réponse de soumission. Mais un autre prudhomme prit alors la parole, du nom de Pierre d'Uschoise, qui soutient le vicomte dans sa position et son argumentaire fit se dédire ses collègues jurés. Le roi en colère dit alors : « *Alés vous ent, et nous ne volons que vous soies jurés ne uzés de la jurerie* ».

L'auteur ajoute que trois jours plus tard le roi fit venir les jurés et leur fit jurer un autre serment. Il nous dit aussi que le roi changea de vicomte, surement Sire Pagan, puisqu'il prit le nom de Pagan Visconte. Le nouveau serment du vicomte nous est parvenu et il est ajouté dans la formule que le vicomte doit respecter et faire respecter les « *especiau coumandement* » du roi[1]. De même, le nouveau serment des jurés nous est aussi parvenu et reprend la même formulation terminale de respecter les « *especiau coumandement* » du roi[2].

Après ces événements, le roi continua à prendre des dispositions réglementaires sans le concours des hommes du royaume. Nous avons la trace

---

[1] BEUGNOT, vol. 2 : Lois, Livre recueil des Ordonnements du Vicomte de la Cour des Bourgeois de Nicosie, XXVI, n°3, p. 370 : « *Vous jurés sur sains que vos sauverés et gârderés les raisons dou roi, come vis- conte, et les raisons de tous ceaus et de toutes celés qui vos requérant et de quei il couvendra faire jugement ou counoissance ou avoir conseill, especiaument de veves et de orfenins, selonc les bons hus et les bones coustumes dou roiaume de Jérusalem, sauve des choses et cas de quei le seignor vos a fait ou fera especiau coumandement ; et que vos tendres cecré les cecrés de la cort et les conceils* ».

[2] *Ibid.*, p. 357 : « *Il doivent jurer sur sains que il sauveront et garderont les raisons dou roi come jurés, et les raisons de tous ceaus et de toutes celés qui au visconte requeront, desquels il leur couvendra faire jugement ou counoissance, ou conceillyer le visconte, especiaument de veves et de orfenins, selonc les bons us et les bones coustumes dou roiaume de Jérusalem, sauve des choses et es cas desquels le roi leur a fait ou fera especiau coumandement; et que il tendront cecré le cecré de la cort et les conseils du viscont* » et Cf. BEUGNOT, vol. 2 : Lois, Livre contrefais, Paritie II, chap. XXII, p. 323 : « *Il doivent jurer sur sains que il sauveront et guarderont les raizons dou roi corne jurés, et les raizons de tous ciaus et de toutes celles qui o visconte requeront, lesquels il leur couvendra à faire jugement ou counoissance ou conseill; le visconte, espessiauraent des veves et des orfenins, selon les bons us et les bounes costumes du royaume de Jérusalem, sauve des chozes que le roi a fait ou fera o spessiau coumandement, et que il tendront secret les secrés de la cour et des conseills dou visconte* ».

d'un commandement du roi du 25 mai 1305 au vicomte Johan de Bay d'interdire la donation, l'héritage ou la location de bien bourgeois sans le congé du roi sauf si la location sert à payer un prêtre pour chanter la messe ou donner des aumônes[1]; un *banc* du roi du 18 août 1305, donné à Johan de Bay, qui condamne tous ceux qui relèvent directement de sa juridiction, soit la Cour des Bourgeois, qui vont devant une autre cour pour une question de dette à la somme de la dette réclamée ou du double de ce qu'il demandera en plus[2]; un *banc* du roi du 21 août 1305 de police administrative sur les tissus[3]; un commandement du 11 février 1305 qui dispose du serment que doivent jurer les génois pour pouvoir rester dans le royaume[4].

Malgré cette nouvelle capacité royale revendiquée d'édicter des dispositions réglementaires le vicomte garde toutefois une capacité personnelle de prendre lui-même des dispositions réglementaires de police administrative dans sa mission de gouverneur et de justicier de la cité avec les jurés. Nous avons là aussi la trace d'un certain nombre de ces bancs pris par le vicomte dans le cadre de sa mission avec les Bourgeois formant sa cour. Nous avons un *ordonnement* de police administrative du vicomte Amaury de la Ramelle sur les orfèvres du 12 septembre 1286[5]; un *bans* d'avril 1295 sur l'interdiction des jeux de hasard[6]; un *banc* de 1296 qui interdit aux Bourgeois et aux Bourgeoises de quelques nations qu'ils soient de marier soeur ou fille ni aucune parente à un chevalier ou à un fils de chevalier[7]; un *ordonement* du 6 octobre 1296 sur le pain et le prix du froment[8]; un *banc* du 1er août 1299 qui oblige les prêtres et les clercs de toutes les nations et les gens de communes, les Italiens, à revendre leur bien bourgeois à Nicosie dans les un an et demi[9]; un *banc* du 10 novembre 1299 qui interdit de vendre du tissu qui n'a pas été estampillé « *bouller* » qui certifie la bonne qualité [10]; un *banc* du 28 novembre 1299 sur les amendes commerciales pour non-respect des règles en matière de tissus, de teinte, d'horaire de vente, de lieu de vente, qui interdit aussi de porter

---

[1] BEUGNOT, vol. 2 : Lois, Livre recueil des Ordonnements du Vicomte de la Cour des Bourgeois de Nicosie, XVIII, p. 366.

[2] *Ibid.*, XIX, p. 366.

[3] *Ibid.*, XX, p. 367.

[4] *Ibid.*, XXIII, p.368 : « *Il doivent premièrement jurer sur la sainte Dieu Evangile de garder et sauver le roi et son roiaume et la gent de son dit roiaume, contre toute manière de gent, tant come il seront au dit roiaume. Encore, à la requeste dou roi, doivent partir des marines et herbergier à Nicosie; et huseront de leur franchises, sauve que se les Genués offendoient le dit roiaume ou la gent dou dit roiaume, que adonc fussent et a sereent au cas des autres, quant à leur franchise* ».

[5] *Ibid.*, II, p. 357.

[6] *Ibid.*, IV, p. 359.

[7] *Ibid.*, V, p. 359 ; Il s'agit de remarquer ici que la notion de bourgeois et de bourgeoise est beaucoup plus étendue qu'aux siècles passés et que l'agrégation à la « noblesse » se referme en cette fin de siècle.

[8] *Ibid.*, VI, p. 359.

[9] *Ibid.*, IX, p. 361.

[10] *Ibid.*, X, p. 361.

des armes dans la ville sauf pour les chevaliers et les hommes d'armes et de religion, les marchands connus pouvant porter un couteau[1]; un *banc* de septembre 1300 sur les débits de boisson[2]; un *banc* du 15 août 1301 qui nomme le prêtre Belmeist Jacobin et Sabe l'épicier contrôleur de qualité des marchandises d'épicerie[3]; un *banc* du vicomte Johan de Bay du 20 novembre 1305 qui rappelle l'interdiction du roi dans le choix de la juridiction compétente[4]; un *ban* du 18 octobre 1305 sur les jours où les bouchers ne peuvent pas vendre[5]; un *banc* de la Cour des Bourgeois du 21 mars 1305 qui interdit aux prêtres et aux clercs de quelques nations qu'ils soient d'exercer un métier ou de vendre de la marchandise à peine d'y répondre devant la Cour[6].

Le Livre Contrefais, écrit peu après 1325, nous indique par ailleurs que le roi Henri II, en 1297, fit établir, pour la première fois, un recensement par écrit de tous les fiefs de son royaume[7]. Il nous parait à la lecture du texte qu'il s'agit ici seulement d'un recensement des fiefs du royaume de Jérusalem perdu[8]. L'espoir, à l'époque, de récupérer la Syrie est encore tenace. Tous les fiefs devant être prouvés soit par privilège ou par la Sécrète. Selon cette source, l'idée défendue par Beugnot et d'autres que les Lettres du Saint-Sépulcre étaient en réalité Livre des fiefs se trouve largement contredite ici[9].

Ce même Livre, nous indique encore que le roi Henri II fit aussi un « *ordonnement* » qui mit en place un « ordre des avocats » devant la « *court de la visconté* » avec un serment sépicifique[10]. Selon le contexte historique, il semble bien que c'est entre 1291 et 1306 que le roi Henri prit cette disposition. Le roi rendit obligatoire « *l'avantparlier* », c'est-à-dire précise l'auteur les « *avocas* ». Il fit ceci afin que tous soient égaux, aussi bien le grand, le riche et le fort que le petit, le pauvre et le faible. Ces derniers, selon le texte, devant parler pour les parties, montrer les raisons et les requêtes et faire les réponses en cour de tous ceux qui auront affaire à la justice. Les avocats sont décrits ici, comme aujourd'hui, comme le complément des officiers de la cour. Ils doivent être choisis pour leur capacité à savoir bien parler et leur qualité d'éloquence précise le texte. Ils doivent aussi être bien sachants « *des assises et usages et bones coustumes* » qui sont usés devant la cour. Lorsque la cour

---

[1] *Ibid.*, XI, p. 361.
[2] *Ibid.*, XVI, p.365.
[3] *Ibid.*, XVII, p.366.
[4] *Ibid.*, XXI, p.367.
[5] *Ibid.*, XXII, p.367.
[6] *Ibid.*, XXIV, p. 368.
[7] BEUGNOT, vol. 2 : Lois, Livre Contrefais, Partie II, chap. XVI, p. 315.
[8] *Ibid.* : « *Et tant plus ce peut dire ce qui a esté avenu. Il avint que le bon roi Henri, fis dou roi Hugue de Leseigniau, roi de Jérusalem et de Ghipre, que Dieus ait l'arme, en l'an de MII. XCVII. de Grist, pour eschiver les dessus dis avenemens, vost et coumanda que tous les héritages qui estoient de fiés fussent especefiés et par preveliges et par Segrete et par toute autre manière, et furent mis par escrit* ».
[9] BEUGNOT, vol. 2 : Lois, Introduction, p. XIV.
[10] BEUGNOT, vol. 2 : Lois, Livre contrefais, Paritie I, chap. XII, p. 245.

les « *ordene* », comprendre les instituts dans l'ordre des avocats, ils doivent prêter serment et jurer devant le vicomte et les jurés de garder les droits et les raisons du roi, l'honneur du vicomte et de la cour, de conseiller bien et loyalement tous ceux qu'ils accompagneront selon leurs connaissances et de garder les secrets de la cour et de ceux qu'ils conseilleront. L'auteur ajoute que les avocats ne peuvent recevoir « *salaire* » pour leur plaidoirie car cela serait empêcher chacun d'avoir une bonne défense. En revanche, ils peuvent et doivent recevoir une gratification selon le service qu'ils rendent aux gens pour les conseils qu'ils donnent en dehors de tous procès et pour l'aide apportée à passer des contrats, des « *convenances* »[1]. En France, les premiers textes qui font état d'une organisation des avocats remontent à 1274[2].

Ainsi, jusqu'en 1306, le roi Henri II gouverne le royaume de Chypre exclusivement avec son oncle Philippe d'Ibelin, sénéchal du royaume et ancien chef seigneur du royaume de Jérusalem[3]. Ce gouvernement de nature monarchique, sans le conseil des hommes du royaume, va entraîner une révolution dans le royaume. En cette année de 1306, le frère du roi, Amaury, seigneur de Tyr et connétable du royaume, répondit à la volonté des liges de se débarrasser du roi[4]. Pour donner suite à l'appel d'un chevalier Hugues de Presteronne les liges s'accordèrent pour faire gouverneur du royaume Amaury de Lusignan[5]. Le roi informé ne voulut pas le croire et considéra qu'ils n'oseraient le faire. Le lendemain, le mardi 26 avril, en l'hôtel d'Amaury se réunirent tous les liges fieffés et simples chevaliers du royaume[6]. Philippe d'Ibelin, le sénéchal en fut prévenu et alla avertir la reine mère, sa sœur, qui s'en alla directement chez son fils Amaury pour tenter d'éviter l'irréparable. Mais la haine de son fils envers son oncle Philippe envenima les choses. Philippe d'Ibelin s'en retourna alors chez le roi mais n'osa l'informer de l'affaire.

L'assemblée des liges réunis va en suivant élire le connétable gouverneur du royaume[7]. Il s'agit de remarquer ici que ce titre de « gouverneur » est le premier titre que donne Jean d'Ibelin dans son Livre au chef seigneur. Ils allèrent ensuite tous à l'hôtel du roi à cheval et par un écrit informèrent le roi de leur décision. La chronique *Les Gestes de Chiprois* nous donne le texte : « *Nous, Sire, sommes venus par devant vos, et vos faysons a saver que pour*

---

[1] *Ibid.* : « *Et pour ce que il n'en a nulle propre deffence, ains est coursable choze que tous avocas ont selaire pour plaideer et servir la gent de leur mestier, les dessus noumés avanparliers pevent et doivent avoir auci leur desserte, selonc les couvenances que il font à la gent* ».

[2] Cf. B. Et P-O. SUR, *Une histoire des avocats en France*, Dalloz, 2e édition, Paris, 2013.

[3] RHC, Documents arméniens, *Les gestes de Chiprois*, Tome II, chap. 661, p. 857 : « *Le roy Henry en seluy tens nen uzoit ny faisoit nul estroit conseil que par messire Phelippe d'Ybelin son oncle le seneschau et de tous les autres se tenait eschif* ».

[4] *Ibid.*

[5] *Ibid.*, chap. 662, p. 857.

[6] *Ibid.*, chap. 663, p. 857.

[7] *Ibid.*, chap. 664, p. 858.

ce que vous estes mezaisé de cors, et ne poiés mye bien entendre a gouverner le royaume si come il covient et mesmes pour mout de riotes quy sont avenus a nostre tens de voz a pluzors gens et espessiaument avec les Jenevés, nos pour ce avons ordonné et par court gouverneur vostre frère monseigneur Amaury seigneur de Sur »[1]. Ils lui reprochent sa maladie, il est épileptique, et que donc cela ne lui permet plus de bien gouverner comme le prouve sa gestion de la crise avec les génois. L'écrit fut lu par Hugues d'Ibelin, frère de feu Philippe d'Ibelin, ancien connétable. Ce dernier est marié à Alice Le Tort de la famille de Geoffroy Le Tort, un des auteurs de Livres d'Assises.

Le roi répondit : « *Que vos voles dire ? Que par ma maladie vos aves fait gouverneour. Il eu a nos ansestres I roy quy fut mezel ni ja pour ce ne fu fait nul governeor a son leuc. Et se vos dites dou contens et la riote des Jeneves, je l'ai fait par le seigneur de Sur, et se vos aves fait le seignor de Sur governeor, tous mes hommes ne li ont pas juré* [2] ». Le roi souligne le fait que Baudoin IV fut lépreux et qu'il ne fut pas remplacé par un gouverneur. Cet argument du roi est faux historiquement, des chefs seigneurs ont été élus pendant le règne du roi Baudoin[3]. Il ajoute que ses décisions concernant les Génois, qu'on lui reproche, ont été prises avec son frère et que l'élection de son frère ne peut lui être opposée car tous les hommes du royaume n'ont pas juré cette décision.

Son frère Amaury lui dit alors : « *Trestous m'ont juré et s'il y ait nul quy ne m'ait juré il me jurera, et celuy ne vorra jurer je li meteray se bordon par my le cors, a ly et toute sa generasion jusqu'au tiers degré* »[4]. Il fit crier ensuite le banc dans tout le royaume de son élection de gouverneur.

La première mesure du gouverneur Amaury fut d'accorder aux Vénitiens une franchise au royaume de Chypre[5]. Des chevaliers du royaume, il ne resta fidèle au roi que Philippe d'Ibelin, le sénéchal, Jean de Gibelet, Louis de Nores, Roland de la Baume et Balian de Mongisard[6]. Par la suite, d'autres chevaliers commencèrent rapidement à regretter la situation et Amaury chercha alors à forcer son frère le roi à le reconnaître officiellement[7]. Devant le refus de son frère il vint en armes à l'hôtel du roi accompagné de ses hommes et du gonfanon royal. Des génois se joignirent à lui menés par un certain Jacques Pansan. Ce dernier veut se venger du traitement que lui avait fait subir le « *visconte de Famagouste* », au nom d'une disposition royale, en le conduisant honteusement à la prison des voleurs[8]; sûrement à la suite de « l'*ordonnement* » royal de 1300 qui modifiait les anciennes Assises et qui

[1] RHC, Documents arméniens, *Les gestes de Chiprois*, Tome II, chap. 666, p. 859.
[2] *Ibid.*, p. 862.
[3] Cf. Annexe I.
[4] RHC, Documents arméniens, *Les gestes de Chiprois*, Tome II, chap. 667, p. 862.
[5] RHC, Documents arméniens, *Les gestes de Chiprois*, Tome II, chap. 668, p. 862.
[6] *Ibid.*, chap. 679, p. 865.
[7] *Ibid.*
[8] *Ibid.*

donnait beaucoup de pouvoir aux vicomtes pour châtier les malfaiteurs, comme vu précédemment.

Le roi, quand il vit la foule, s'arma avec son oncle Philippe et ses gens[1]. La reine sa mère se précipita entre les belligérants avec notamment les frères prêcheurs, les Dominicains, ce qui permit d'éviter un massacre. Se retrouvèrent toutefois en prison les chevaliers Aimery de Milmars, Renaut de Saisson, Jacques de Fleury, Jean Babin, Anciau de Brie, Johan l'Aysé, Hugue d'Agullier, Simon d'Agulier, Hugues Beduyn, Gérard de Brie, Thomas de Bries et deux écuyers Thomas d'Ybelin et Berthelin Maheor[2]. L'année suivante le gouverneur Amaury mit en prison son cousin Baudoin d'Ibelin[3]. En 1307, le roi Henri fut astreint à résidence[4]. Cette année-là, le maître de l'Ordre de l'hôpital, frère Foulques de Villeret conquit l'île de Rhodes[5].

En 1309, le gouverneur Amaury exila en Arménie son oncle Philippe d'Ibelin, sénéchal du royaume et son neveu Amaury de Lusignan, connétable du royaume[6]. Ce dernier est le fils de feu son frère Guy et d'Eschive d'Ibelin de Beyrouth ; futur roi Amaury IV. Philippe d'Ibelin réclama avec succès un jugement devant la Haute Cour qui le condamna toutefois[7]. De même, le gouverneur Amaury exila Baudoin d'Ibelin, Amaury de Mimars, Jacques de Fleury, Hugues Beduyn, Estorgue Pedot, Guillaume Rousel, Nocolas de Saint-Bertin, Philippe de Giblet, Jacques d'Ibelin d'Arsouf, Jacques Coste et Thomas de Beaufort qui furent emprisonnés en Arménie[8]. Là aussi Amaury prononça cette condamnation après la saisine de la Haute Cour[9].

Selon les chroniques, il semble donc bien qu'Amaury rétablit un gouvernement dans la tradition du droit hiérosolymitain. Mais le gouverneur Amaury de Lusignan, seigneur de Tyr, chercha à justifier son action et il envoya une ambassade au pape et auprès du roi de France pour être reconnu par eux dans son bon droit[10]. Ses deux ambassadeurs Johan de Brie et Johan Lombart furent très mal reçus. Johan de Brie est considéré alors comme un jurisconsulte bien sachant des Assises et des usages du royaume de Chypre en 1308[11].

---

[1] *Ibid.*, chap. 680, p. 866.

[2] *Ibid.*, chap. 683, p. 866.

[3] *Ibid.*, chap. 684, p. 867.

[4] *Ibid.*, chap. 685, p. 867.

[5] *Ibid.*, chap. 673, p. 863.

[6] RHC, Documents arméniens, *Les gestes de Chiprois*, Tome II, chap. 699, p. 871.

[7] *Chronique d'Amadi*, éd. R. de Mas Latrie, Chroniques d'Amadi et de Strambaldi, Paris, 1891-1893, vol. 1., p. 273 : « *io son prompt et apparechiato de recever quella pena che li mei pari cognoscerano che io meriti patire* ».

[8] RHC, Documents arméniens, *Les gestes de Chiprois*, Tome II, chap. 699, p. 871.

[9] *Chronique d'Amadi*, éd. R. de Mas Latrie, Paris, 1891-1893, vol. 1, p. 308 : « *ce Noi non semo a qui per litigar, che noi ne vogliate pigliar per ponto del piedezar de corte* ».

[10] RHC, Documents arméniens, *Les gestes de Chiprois*, Tome II, chap. 701, p. 871.

[11] *Chronique d'Amadi*, éd. R. de Mas Latrie, Paris, 1891-1893, vol. 1, p. 268 : « *messer Joan de Bries, signor del casai Paradissi, corne più antiqua cavaglier de loro, il quale sapeva benissimo le assise et usanze del regno de Cypro* ».

Le 4 février 1310, le roi Henri est exilé en Arménie après avoir été amené de force de nuit et nu à la galère qui l'attendait à Famagouste par son frère et ses hommes[1]. Il est accueilli par le roi Oshin d'Arménie qui l'emprisonne au château de Lambron. L'instabilité politique dans le royaume de Chypre et l'exil forcé du roi poussa alors Simon de Montolfi à assassiner le gouverneur Amaury le 5 juin 1310[2].

B. L'écriture du Livre au roi

À partir du moment où un écrivain est mis en place auprès de la Haute Cour, après 1286, il semble plus pertinent d'y voir le commencement de la rédaction du Livre au roi qui compile des décisions prises devant la Haute Cour. Mais cette datation est toutefois extrêmement discutée. Toutefois, de manière totalement nouvelle une autre datation du Livre au roi est affirmée ici et en suivant il est même proposé l'hypothèse sérieuse et là encore nouvelle quant à l'identification de l'auteur.

Pour Beugnot, premier éditeur de ce Livre, ce livre a une origine très ancienne. Il pense, sans le démontrer, qu'il « *fut composé à une époque où les Lettres du Sépulcre fournissaient une base assurée aux méditations des légistes* »[3]. Le Livre au Roi, lui paraît n'être qu'un fragment d'un ouvrage plus complet et plus étendu sur les diverses parties de la législation féodale d'Orient. Pour lui l'auteur était, sans nul doute, un jurisconsulte de la cour d'Acre, car les exposés de droit ne se rapportent qu'à la législation du royaume de Jérusalem sans nommer une seule fois, le royaume de Chypre. Mais il conclut que, malgré tout, il faut croire que la rédaction doit être placée entre les années 1271 et 1291, en raison du chapitre XXIX[4] et XXXVI[5] du Livre au roi. Le chapitre XIX concerne le droit d'exhérédation et le service des vassaux hors des limites du royaume. Beugnot y voit le débat de 1271 entre les barons menés par Jacques d'Ibelin contre le roi de Chypre[6]. Cela semble particulièrement juste au vu de ce qui a été vu précédemment au sujet du procès entre le roi Hugues III de Chypre et de Jérusalem et ses liges en 1271. Le chapitre XXXVI, concerne-lui les mesures à prendre, en cas de reprise de Jérusalem, du Crac, d'Ascalon et des villes côtières, pour la dévolution des fiefs aux filles des anciens possesseurs. Jérusalem tombe définitivement en 1239, Ascalon tombe définitivement en 1247 et le Crac en 1271. Beugnot en déduit que le Livre a été écrit en Syrie à une époque où Jérusalem n'est plus entre les mains des Latins et que l'espoir de reconquérir les territoires s'arrête

---

[1] *Chronique d'Amadi*, éd. R. de Mas Latrie, Paris, 1891-1893, p. 330.
[2] *Ibid.*
[3] BEUGNOT, vol. 1 : Lois, Introduction, p. LXVI.
[4] BEUGNOT, vol. 1 : Lois, Livre au roi, chap. XXIX, p. 626.
[5] *Ibid.*, chap. XXXVI, p. 632.
[6] BEUGNOT, vol. 1 : Lois, p. 626 note « a ».

en 1291 avec la prise d'Acre[1]. Sa conclusion est donc que le Livre a été écrit entre 1271 et 1291. Cette approche semble très pertinente. Mais le fait que le roi Henri II ait établi un Livre des fiefs pour les deux royaumes, entre 1291 et 1306, semble devoir reporter la datation au-delà, comme vu ci-dessus.

À l'inverse pour Paulin Paris, le Livre au roi doit être daté de la fin du XIIe siècle[2]. Il arrive à cette conclusion en comparant le régime successoral entre ce Livre et celui de Jean d'Ibelin. Le Livre au roi pour lui, donne une vision archaïque de la matière. Il ajoute que pour lui ce Livre est le code que l'on nomme les « Lettres du Saint-Sépulcre ». Pour Gustave Léon Schlumberger[3] en revanche, spécialiste de numismatique de la fin du XIXe siècle, le Livre au roi est un traité de droit chypriote. En effet, pour lui le chapitre XVI du Livre au roi[4] qui dispose qu'un seigneur peut se voir confisquer son fief par le roi sans passer par la Haute Cour pour crime de battre monnaie est un crime chypriote. Dans le royaume de Jérusalem nous avons, nous dit-il, et il nous les présente, des monnaies frappées par les grands barons. Nous trouvons-nous l'argument pertinent dans le sens où dans le royaume de Chypre seul le roi a battu monnaies. De plus, « *l'établissement dou roi Bauduin segont* » dont il est question ici n'a jamais été appliqué au XIIe siècle.

Au début du XXe siècle, Grandclaude, lui suppose que le Livre au roi fut composé entre 1197 et 1205[5]. Pour lui l'argumentation de Beugnot n'a aucune espèce de valeur et celle de Schlumberger est inacceptable. L'argumentation de Paris lui semble simplement prouver l'antériorité du Livre. Pour appuyer sa propre datation, Granclaude commence par réaffirmer que le Livre a été écrit en Syrie comme l'a déjà déduit Beugnot. L'énumération, au chapitre XXXIX[6], des principales baronnies, qui ont droit de cour de justice, le prouve, nous dit-il. Pourtant, il n'en est nommé que sept et ce sont les dernières seigneuries à résister dans la seconde moitié du XIIIe siècle et les titres de ces seigneuries ont persisté dans le royaume de Chypre au XIVe siècle. Il poursuit, en ajoutant que comme le Livre au roi, insiste sur les termes « le roi et la reine »[7] et « la reine » utilisée seule, cela présuppose que le Livre a été écrit à une période où la couronne était détenue par une femme. Il en conclut que le Livre a été écrit entre 1187 et 1229. Il finit en s'appuyant sur les chapitres IV, V et VI[8] du Livre au roi qui supposent le cas d'une reine veuve ayant une fille née d'un roi précédent et ayant d'un nouveau roi vivant des fils et des filles.

---

[1] BEUGNOT, vol. 1 : Lois, p. 632, note » e ».

[2] P. PARIS, *Note sur l'édition de Beugnot, dans le Journal des savants*, Imprimerie royale, Paris, juillet, 1841.

[3] G. L. SCHLUMBERGER, *Numismatique de l'Orient Latin*, Archives de l'Orient Latin, Paris, 1878.

[4] BEUGNOT, vol. 1 : Lois, p. 616.

[5] GRANDCLAUDE Maurice, *Étude critique des livres des Assises de Jérusalem*, Jouve et Cie, Paris, 1923, p. 44-50.

[6] BEUGNOT, vol. 1 : Lois, Livre au roi, chap. XXXIX, p. 634.

[7] Livre au roi, chaps., XXVI, XXVII, XXIX, XXX, XXXI, XXXII, XXXIII…

[8] BEUGNOT, vol. 1 : Lois, Livre au roi, p. 609-610.

Cette question ne s'est posée, pour lui, seulement qu'avec Isabelle Ière de Jérusalem qui a eu une fille d'un précédent mariage, Marie de Monferrat, et un fils et des filles de son quatrième mari, épousé en 1197, Amaury de Lusignan, roi de Chypre et roi « consort » de Jérusalem. Isabelle meurt en 1205, ce qui l'invite alors à dater l'élaboration du Livre au roi entre 1197 et 1205. Son analyse du texte lui fait dire que ce texte témoigne de l'ancien droit du XIIe siècle écrit, ou fait écrit, par le roi Amaury de Lusignan, mari de la reine Isabelle[1].

Grandclaude, balaye un peu vite les arguments de Beugnot et de Schlumberger, à première vue extrêmement pertinents. De plus, nous n'avons la trace, ou le témoignage, d'aucun Livre de droit et d'Assises avant 1250, année où Jean d'Ibelin d'Arsouf invite les Cours à une mise par écrit de leurs activités judiciaires. Enfin son analyse des chapitres IV, V et VI du Livre au roi est limitative historiquement et juridiquement.

Le chapitre IV du Livre au roi, s'interroge sur la valeur juridique des actes d'un énième roi par les droits de sa femme. Le texte dit, qu'ils ne doivent être retenus que si la reine, son épouse, par qui il détient ses droits, ne l'a confirmé par la garantie des hommes liges. Le chapitre V, interroge la succession d'une reine qui est l'ayant droit de la seigneurie de la couronne, qui s'est remariée et a eu des enfants, fils ou filles du premier mariage. Le texte parle d'enfants et non pas seulement d'une fille comme le dit Granclaude. Le texte poursuit en disant qu'à la mort de la reine, la royauté revient au fils aîné du premier mari et si ce sont des filles la royauté revient à l'aîné des filles. Le texte se termine sur la question du bailliage[2] de la terre qui doit (le verbe « devoir » est utilisé)[3] être remis au plus proche parent ou parente par la mère ou au plus proche parent par leur père. Le chapitre VI s'interroge sur les droits du second mari ou du second roi et des enfants. Le texte précise que s'ils n'ont pas eu d'enfants ou qu'ils ne vécurent pas longtemps, la couronne revient à l'aîné des enfants du second mariage. Le texte ne précise ici pas le sexe. S'il a douze ans minimums, il devra être couronné à Jérusalem ou à Tyr. Le père doit avoir le baillage jusqu'à la majorité de l'aîné. Le texte discute ensuite de la valeur juridique des dons du père selon qu'ils ont été faits avant ou après le couronnement.

Le texte évoque bien la situation dans lequel s'est retrouvé le royaume de Jérusalem à la mort d'Isabelle. Isabelle a épousé Onfroi IV de Toron en novembre 1183, dont elle n'a pas eu d'enfant. Après l'annulation de leur mariage en 1190, elle s'est mariée à Conrad de Montferrat, choisi comme chef seigneur par les barons du royaume. Il est assassiné le 28 avril 1192 et Isabelle est enceinte de Marie. Par la suite, elle se marie avec Henri de Champagne, le

---

[1] GRANDCLAUDE Maurice, *Étude critique des livres des Assises de Jérusalem*, Jouve et Cie, Paris, 1923, p. 106.

[2] La régence.

[3] BEUGNOT, vol. 1 : Lois, Livre au roi, chap.V, p. 610 : « *et deit remaindre le baillage de la terre en la main dou plus prochein parent* ».

5 mai 1192, qui devient alors le chef seigneur. Elle aura avec lui deux filles, Alice et Philippine. Le chapitre V évoque bien la situation du droit de l'enfant du premier mariage, ici Marie qui deviendra reine et des droits des enfants du second roi. Mais l'histoire se poursuit, nous l'avons déjà vu. À la mort d'Henri de Champagne, le 10 septembre 1197, Isabelle épouse ensuite Amaury de Lusignan, roi de Chypre, avec qui elle aura deux filles et un fils qui ne vécut pas. Le chapitre IV questionne bien la valeur des actes du énième mari. Jusque-là l'hypothèse de Granclaude paraît juste. Mais il oublie de citer d'autres évènements antérieurs et postérieurs.

Antérieurement, à l'issue de la mort de Baudouin V qui meurt en 1185, la question s'est posée de laquelle des filles de Amaury Ier de Jérusalem, de son premier ou de son second mariage auraient la couronne. Bien que Baudoin V ait été roi, les droits de sa mère Sybille, sœur de Baudoin IV, sont contestés. Son époux Guy de Lusignan ne fait pas l'unanimité chez les barons. Profitant de l'absence de Raymond III de Tripoli alors chef seigneur[1], Sibylle se fait couronner reine avec son second mari, Guy de Lusignan. Mais l'assemblée des barons, ne s'est pas prononcée. Comme chef seigneur, bailli du royaume, Raymond III propose la candidature d'Isabelle, demi-sœur de Sibylle, et de son mari Onfroy IV de Toron, mais ce dernier se désiste aussi[2]. La question a donc bien été celle de savoir laquelle des deux sœurs, du premier ou second mariage, doit hériter. Le chapitre VI questionne bien, là aussi, les droits des enfants de Sybille et de Guy de Lusignan après la mort du fils de Sybille, Baudoin V, issu de son premier mariage.

Postérieurement à la mort d'Isabelle Ire de Jérusalem, Marie de Montferrat, sa fille, devient reine de Jérusalem à l'âge de treize ans. Le demi-frère de sa mère, Jean d'Ibelin, le vieux seigneur de Beyrouth, exerce la régence et le bailliage du royaume conformément au chapitre V. En 1209, Marie est âgée de dix-sept ans. La régence doit prendre fin et le conseil de régence considère que la présence d'un roi devient nécessaire. Jean de Brienne est choisi et le mariage est célébré le 14 septembre 1210. Les époux sont couronnés roi et reine de Jérusalem le 3 octobre 1210 dans la cathédrale de Tyr. Marie meurt en 1212 en laissant une fille Isabelle. Ici on se retrouve, encore, dans la situation du chapitre VI, Isabelle n'a que quelques mois et la question se pose de l'héritier et donc des enfants encore vivants d'Isabelle Iere avec Henri de Champagne et avec Amaury de Lusignan. De plus, Jean de Brienne continue de gouverner au nom de sa fille comme bailli du royaume jusqu'en 1225, ce qui correspond aux questionnements de la fin du chapitre VI, sur la valeur juridique des actes passés par le « roi-régent-bailli-père »[3]. La date de 1205 est donc de fait repoussé.

---

[1] Il est le petit fils du roi Baudoin II et le cousin germain du roi Baudoin III et du roi Amaury Ier.

[2] BEUGNOT, vol. 2 : Lois, Livre des Lignage d'Outremer, p. 442.

[3] BEUGNOT, vol. 1 : Lois, Livre au roi, chap. VI, p. 610 : « *si juge la raison que li pères deit aver le baillage dou reaume et de ses anfans, jusque li plus ainsnés soit d'aage de justiser et de*

Isabelle de Brienne, est couronnée à quatorze ans lors de son mariage par procuration avec l'empereur Frédéric II de Hohenstaufen. Elle quitte ensuite définitivement la Syrie. L'empereur devient roi consort puis « roi-régent-bailli » au nom de son fils Conrad à la mort d'Isabelle en 1228. Cette question du bailliage est reposée ainsi que la valeur des actes passés. Il est contesté par les barons, nous l'avons étudiée, et la guerre au nom de la bonne application des « Assises de Jérusalem » va durer une quinzaine d'années. Les barons imposeront, à la majorité de Conrad, le 25 avril 1243, une autre régence en nommant le 5 juin 1243, Alice de Champagne, sa plus proche parente, comme régente symbolique du royaume, en conformité au chapitre VI. La date 1205 est là encore repoussée.

En 1264, la question de la régence et du bailliage du royaume de Jérusalem se repose encore à la mort d'Isabelle de Chypre, fille du roi de Chypre Hugues Ier et d'Alice de Champagne, alors régente. Elle était bien la plus proche parente du roi en titre de Conrade, comme le précise le chapitre IV. Hugues, comte de Brienne (1240-1296), revendique alors la régence du royaume de Jérusalem, comme héritier principal d'Alice de Champagne-Jérusalem et d'Hugues Ier de Chypre, étant le fils de leur fille aînée. Mais la Haute Cour lui préfère son cousin Hugues III de Lusignan.

Le cas s'est aussi posé en 1268 à la mort de Conradin de Hohenstaufen, le roi en titre de Jérusalem. Hugues III, roi de Chypre et bailli du royaume de Jérusalem, revendique aussi la succession du royaume de Jérusalem, en tant qu'aîné des descendants de la reine de Jérusalem Isabelle Ier et arrière-petit-fils. Mais cette succession est contestée par Marie d'Antioche, en tant que plus proche parente du précédent roi Conradin et petite-fille de la reine Isabelle. C'est la Haute Cour d'Acre qui examinera les deux prétentions et qui trancha en faveur d'Hugues III.

Nous voyons donc ici, que la situation décrite par Granclaude peut bien s'appliquer au temps d'Isabelle Ier de Jérusalem mais que la situation juridique s'est retrouvée de 1185 à 1268. Les débats que ces situations ont engendrés montrent qu'il y a eu des questionnements tout au long du XIIIe siècle. Cette forme de datation n'est donc pas suffisante ici, semble-t-il. Les textes n'utilisent pas le temps du présent dans l'exposé des différents cas juridiques. Il n'est donc pas possible d'affirmer que telle situation historique est celle qui est exposée par le texte. Si au minimum on considère ce Livre comme un recueil de pratique du droit, les situations exposées sont toutes, par définition, antérieures à l'écriture des chapitres. La lecture seule du Livre au roi montre, seulement, une écriture possible de la fin du XIIe siècle et tout au long du XIIIe siècle. Les arguments de Beugnot et de Schlumberger méritent ici d'être réhabilités.

---

gouverner son reaume. Et bien saches que tous les dons que li rois ses pères donra come son fils ou sa fille ne sera d'aage, qui est heir dou reaume ».

Plus tard Mayer reprendra l'hypothèse de Granclaude d'une datation entre 1187 et 1205 et verra dans le texte une reconstitution des Assises perdues[1]. Riley-Smith pense lui aussi que le Livre a été écrit juste après 1187, car beaucoup des dispositions relèvent d'un droit féodal archaïque. Il s'agit selon lui du projet du roi Amaury de Chypre de la remise par écrit des « Assises »[2]. Il pense donc que l'écriture de ce Livre se situe entre 1198 et 1205. Toutes les sources semblent bien contredire ce point de vue. L'argument de l'archaïsme paraît bien faible. Ce n'est pas parce que c'est vrai historiquement que ce n'en est pas moins faux en histoire du droit. L'archaïsme juridique est une réalité dans l'Orient latin.

Dans l'introduction de son édition du Livre au roi, Madame Greislammer[3] reprend intégralement la théorie de datation de Granclaude. Pour elle, toute autre proposition peut être rejetée et affirme même que le *« terminus ad que »* du Livre est 1205. En effet, elle présuppose, après avoir repris les arguments de Grandclaude sans discussion, que le chapitre VI ne peut parler que du roi Amaury, le quatrième mari d'Isabelle, reine de Jérusalem. Pour elle ce texte exprime la volonté d'Amaury d'assurer les droits de son fils sur la couronne de Jérusalem et d'assurer pour lui le bailliage du royaume. Comme son fils meurt deux mois avant lui, elle en déduit que la rédaction du Livre s'est terminée en 1205. Pour écarter les enfants d'Isabelle qu'elle a eus avec son troisième mari, Myriam Greislammer, entend que le chapitre V ne dispose que pour les maris qui ont la qualité de roi. Pour elle le texte se trompe et confond mari et roi. Pour elle le premier mari-roi est Conrad de Montferrat et le second mari-roi est Amaury de Chypre. Pourtant Conrad de Montferrat n'a jamais été couronné. L'analyse de Myriam Greislammer peut être contestée, dans la mesure où ces distinctions ne se retrouvent pas véritablement dans le texte, quel que soit le manuscrit. Elle se fonde sur les rubriques du manuscrit de Saint-Germain et non sur le texte qu'elle publie. Les rubriques ici sont des résumés qui annoncent le texte. La comparaison des versions des manuscrits ne permet pas de soutenir une telle affirmation. Pour elle et à raison, Henry de Champagne n'a pas eu la qualité de roi mais seulement de « *seigneur du royaume de Jérusalem* ». Il est vrai par ailleurs, que certains ont pu considérer comme illégitimes ses deux filles, Alice et Philippine, nées de cette union « adultère », avec Isabelle[4]. Son premier mariage ayant été annulé pour des raisons politiques et son premier mari était alors toujours vivant. Mais la papauté a soutenu, ici, ce mariage et la légitimité de Marie de Monferrat n'a

---

[1] H. E. MAYER, *The Crusades*, Oxford, 1972, p. 158.

[2] J. RILEY-SMITH, *The Feudal Nobility and the Kingdom of Jerusalem, 1174-1277*, Londres, Macmillan, 1973, p. 155.

[3] M. GREILSAMMER, *Le Livre au roi,* Académie des inscriptions et belles-lettres, Paris, 1995, p. 83-86.

[4] M-A. NIELEN, « La succession champagne dans les chartes du royaume de Chypre » in *La présence Latine en orient au Moyen âge,* (dir.) Ghislain BRUNEL, Direction des archives de France, C.H.A.N/Champion, Paris, 2000, p. 77-94.

jamais été remise en cause. Les Lignages d'Outremer ne remettent pas en cause, non plus, la légitimité des enfants[1]. Enfin, Amaury est roi par lui-même et non pas seulement par son épouse. Amaury de Lusignan est roi de Chypre depuis 1194, avant d'être roi de Jérusalem. L'expression du texte ne permet donc pas de limiter l'application de ces dispositions aux maris-rois.

L'hypothèse qui est proposée ici sur la datation du Livre au roi est celle d'une écriture entre 1285 et 1306 au cours du premier règne du roi Henri II, roi de Chypre et de Jérusalem. Cette hypothèse est avancée en réaffirmant en premier lieu les argumentations de Beugnot et de Schlumberger qui sont particulièrement pertinentes, bien qu'il faille quelque peu les amender. En second lieu il faut s'appuyer ici principalement sur le fait historique incontestable de la mise en place d'un Livre de Cour et d'un greffier pour la Haute Cour entre ces dates par ce roi. Enfin, en troisième lieu, il n'y a aucun témoignage de recueils de la jurisprudence de la Haute Cour avant 1250 et aucune trace de l'existence de ce Livre, dit Livre au roi, dans aucune source à notre connaissance.

À partir de là, sachant, et personne ne le conteste, que ce Livre au roi est un recueil de jurisprudence, alors il semble plus que probable que ce Livre soit en toute hypothèse la trace du Livre de la Haute Cour établi alors. Grandclaude a pu remarquer ce fait mais n'en a tiré aucune conséquence[2]. Ayant vu, précédemment, que les hypothèses de datation du XXe siècle sont extrêmement discutables, cette hypothèse nouvelle semble plus conforme aux faits historiques, et à l'étude des textes. De fait, le Livre au roi, en tant que compilation et trace d'un Livre de cour, donc écrit postérieurement, a semble-t-il été écrit plutôt logiquement sur l'île de Chypre après la perte de Saint-Jean d'Acre. À cela nous ajoutons l'hypothèse d'une écriture avant que le roi Henri II soit chassé du royaume en 1306. À son retour, en 1310, s'opérera aussi un retour à la tradition dans l'application du droit hiérosolymitain ; le roi retrouvera une place de chef seigneur et il perdra celle de monarque. De plus, très précisément à ce moment, un manuscrit daté de ce début de siècle fait état du Livre[3].

Il faut ajouter en complément que le préambule du chapitre I de ce texte va dans ce sens[4]. La rubrique introductive de ce premier chapitre annonce que l'on doit maintenant commencer à conserver les jugements de la Haute Cour : « *Por ce que la raison coumande que la cort as chevaliers, c'on claime la Haute Cort, ne doit nus com coumencer à retraire les jugemens...* ». Cette nouvelle obligation de « *retraire* »[5] les jugements pour la Haute Cour a été

---

[1] BEUGNOT, vol. 2 : Lois, Livre des Lignages d'Outremer, p. 442.

[2] M. GRANDCLAUDE, « Caractère du Livre au Roi », Revue historique de droit français et étranger, 5 (1926), p. 308-314.

[3] Paris, B. N. F., Département des manuscrits, Séguier-Coislin, Saint-Germain français ms. fr. 19026, (430 ancienne cote), *Assises de Jérusalem.*

[4] BEUGNOT, vol. 1 : Lois, Livre au roi, chap. I, p. 607.

[5] Résumer, mettre à l'abris ...

décidée entre 1285 et 1291. Personne ne paraît avoir soulevé cette corrélation entre cette première phrase et la mise en place d'un Livre des minutes de la Haute Cour. Il faut aussi considérer comme très vraisemblable que cette compilation a été poursuivie tout au long du règne de ce roi à Chypre, d'où, les variations de chapitres entre les manuscrits de différentes dates de cette période[1]. Approche qui n'a jamais non plus été analysée avant cette étude.

Au soutien de cette hypothèse nouvelle de datation il faut aussi souligner le premier chapitre, cette fois dans son contenu, comme le reflet d'un conflit féodal, bien particulier, entre le roi Hugues III et le seigneur de Beyrouth en 1273. Ce chapitre évoque l'interdiction pour le roi, ou la reine, et ses hommes liges de remettre châteaux et forteresses aux mains des sarrasins volontairement. Cette disposition fait référence à Haymo Létrange, seigneur de Beyrouth qui a remis à sa mort, son fief et sa veuve, Isabelle d'Ibelin, ancienne reine de Chypre, veuve d'Hugues Ier, sous la protection du sultan Baybars en 1273[2]. Nous avons déjà rencontré ce point historique et il n'a jamais été rencontré à nouveau. Cette constatation n'invalide pas l'hypothèse mais la confirme. L'inscription de ce « procès » dans ce Livre, qui a avorté en raison de l'intervention du grand maître de l'Ordre du Temple, semble traduire le fait que l'habitude avait déjà été prise devant la Haute Cour de prendre des notes d'audience. D'où le fait que nous ayons la trace des débats entre le roi Hugues et Hugues de Brienne, le débat avec Marie d'Antioche mais aussi les débats entre le roi Hugues III et Jacques d'Ibelin au nom des liges sur l'étendue du service féodal hors du royaume. L'auteur veut, ici, réaffirmer l'autorité royale du roi Henri II et empêcher ses liges d'agir contre lui comme ils ont pu le faire avec son père. La référence au roi ou à la reine n'est que la marque de l'institutionnalisation du fait que la couronne peut être dévolue à un homme ou à une femme. De plus, Henri II n'a pas eu d'enfant et à l'époque il pouvait espérer encore en avoir, sans présupposer du sexe de son enfant.

Il faut aussi remarquer encore que le chapitre XXXI[3] de ce Livre nous révèle que le roi peut déshériter une femme de son fief si elle prend comme époux, un « *baron* », sans son autorisation. Cette capacité royale, dans ce cas, de priver une femme lige de son fief n'était pas possible, ou du moins

---

[1] Paris, B. N. F., Département des manuscrits, Séguier-Coislin, Saint-Germain français ms. fr. 19026, (430 ancienne cote), *Assises de Jérusalem* : Livre au roi en 31 chapitres, du folio 264 au folio 276, avec les rubriques aux folios 31 et 32, et Munich, Bayerische Staatsbibliothek, ms. français, Codex Gallus 51, *Livre des Assises de la baisse Court, c'est de la Court dou Visconte dou Reaume de Chipre* : Livre au roi en 52 chapitres, du folio 188 au folio 242.

[2] J. T. REINAUD (traduction), *Chroniques arabes*, Paris, Imprimerie royale, 1829, p. 532 et cf. MAQRIZI, *Histoire des sultans Mamelouks de l'Egypte*, 1424, Traduction de Quatremère avec notes, 2 volumes, 1837, T. I, p. 51.

[3] BEUGNOT, vol. 1 : Lois, Livre au roi, chap. XXXI, p. 627 : « *Bien saches que cil avient que aucune feme lige prent baron, sans le congé de son seignor ou de sa dame desous cui elle est, soit celuy qu'elle a pris ou chevaler ou sergent, la raison juge et comande à juger tel mesfait que, se li rois veut, par dreit cele dame doit estre deseritée à tosjors de celuy fié qu'elle tenet, par raison et par l'asise* ».

fortement discutée, au début du XIIIe siècle, selon Philippe de Novare[1]. Ce qui confirme là encore une impossible datation au début de ce siècle.

Enfin, il faut se pencher sur un point jamais relevé qui semble de nature à invalider toutes datations antérieures aux années 1230. Le chapitre XLII, nous indique que si un chevalier devient lépreux, ce dernier est invité à rejoindre l'Ordre de Saint-Lazare, dit ici « *ordre de saint Lasre* »[2]. Or, jusqu'à 1248, dans le cartulaire de l'ordre, il est question de « *Fraternité des lépreux de la maison de Saint-Lazare de Jérusalem* »[3]. L'Ordre de Saint-Lazare n'est évoqué comme Ordre qu'à partir du pape Grégoire IX (1227-1241) dans deux actes pontificaux[4]. L'un concerne les dettes de l'Ordre et date de 1234 et l'autre réduit les privilèges des Ordres religieux-militaires engagés en Terre sainte. De plus, ce n'est que le 11 avril 1255 que le pape Alexandre IV confirmera l'Ordre de Saint-Lazare, dans une décrétale intitulée « *Confirmatio regulae S. Augustini pro ordine fratrum et militium hospitalis leprosorum Sancti Lazari Hierosolymitani* » lorsque celui-ci adoptera la règle de saint Augustin[5]. Cette évocation de l'Ordre militaire de Saint-lazare comme « Ordre » impose de regarder la datation de ce Livre comme beaucoup plus tardive que le laisse entendre les études récentes précitées.

Concernant le caractère et la portée du Livre au roi, il s'agit de remarquer en premier lieu que ce Livre est intitulé ainsi en raison de la transition que l'on trouve dans un manuscrit. En effet, Beugnot explique dans son édition[6] qu'il a opéré ce choix de titre, c'est le sien à l'origine, à partir de la fin du Livre sur les Assises de la Cour des Bourgeois du manuscrit de Munich, qui marque la transition avec le Livre suivant : « *Ici est feny cestui livre et couamence après au roi* »[7]. Pour autant il faut savoir que la Haute Cour, dont ce Livre rapporte la jurisprudence, s'intitule aussi la « *Curia regis* », la cour du roi. Ce n'est pas le Livre au roi ou du roi mais la compilation de textes provenant de l'activité politique, judiciaire et administrative de la Haute Cour, ou dit différemment de la cour du roi. Cette appellation est donc doublement malheureuse puisqu'elle est à la fois non conforme aux manuscrits et n'est pas en accord

---

[1] BEUGNOT, vol. 1 : Lois, Philippe de Novare, chap LXXXVI, p. 558.

[2] BEUGNOT, vol. 1 : Lois, Livre au roi, chap. XLII, p. 636 : « *S'il avient que par la volenté de nostre Seignor un home lige devient mesel, si que mais ne puisse garir de sele meselerie qui fort s'est prise sur luy, le dreit juge et coumande que il deit estre rendue en l'ordre de saint Lasre, là où est estably que les gens de tel maladie deivent estre* ».

[3] A. MARSY (de), *Fragment d'un Cartulaire de l'Ordre de S.Lazare en Terre Sainte*, Gênes, Imprimerie de l'Institut royal des sourds-muets, 1883, n° 30.

[4] A. DEMURGER, *Les chevaliers du Christ : les ordres religieux militaires au Moyen Age (XIe-XVIe siècle)*, Seuil, 2002, p. 43-44.

[5] Bulle *Cum a Nobis Petitur*, 11 avril 1255, Cf. *Bullarum Diplomatum et Privilegiorum*, Taurinensis Edito, Tom. III, p. 602.

[6] BEUGNOT, vol. 1 : Lois, p. 607.

[7] Munich, Bayerische Staatsbibliothek, ms. français, Codex Gallus 51, folio 157, (photo. Annexe IX. III.)

avec l'objet du texte lui-même, contrairement à ce qu'a pu écrire Grandclaude[1] et Myriam Greislsammer[2]. Le Livre au roi, selon l'hypothèse nouvelle avancée ici, dans la continuité des savants du XIXe siècle, a été dans premier temps composé à la fin du XIIIe siècle, entre 1285 et 1291, est un recueil de l'activité judiciaire et politique de la Haute Cour à Acre et mais surtout à Chypre, sous le règne d'Henri II. Ce corpus juridique semble être le reflet de la politique de reprise en main du pouvoir royal par ce même roi aux ambitions monarchiques, c'est le premier véritablement. Politique qui lui a valu de connaître une révolution et une exclusion du pouvoir par son frère et ses barons.

Le caractère intrinsèque de ce Livre a été peu discuté. Pour Beugnot[3], ce Livre est une sorte de Code qui annonce des règles de droit précises et moins un recueil de jurisprudence. En effet, les règles sont annoncées avec autorité. Pour Grandclaude, le Livre au roi est dans un premier temps, un traité de droit féodal du royaume de Jérusalem, assez favorable à l'autorité royale[4]. Il ajoute que, selon lui, ce Livre ne répète que de vielles Assises qui allaient tomber en désuétude et présente un droit bien différent que les autres Livres, témoignant ainsi du droit ancien[5]. C'est en réalité plutôt l'inverse, cela témoigne du droit nouveau, ou ancien réactivé, par le roi Henri II qui manifeste son autorité royale. D'où la référence, au chapitre XVI de ce Livre de « *l'établissement dou roi Bauduin segont* », texte connu comme l'Assise des cas de confiscation de fiefs sans égard de cour par le roi. Texte favorable à la conception monarchique du pouvoir d'Henri II[6]. Plus tard, en 1926, Grandclaude réduit le caractère de ce Livre à un recueil de bans et de records de la Haute Cour[7]. Pour Prawer, il s'agirait d'une collection privée et sans caractère officiel de textes juridiques[8]. Sur ce point, il faut le suivre en accord avec Grandclaude et Prawer. En effet, la plupart des chapitres semblent être des résumés de jugements ou de consultations[9]. Chaque rubrique de chapitre débute toujours

---

[1] M. GRANDCLAUDE, *Étude critique des livres des Assises de Jérusalem*, Jouve et Cie, Paris, 1923, p. 41.

[2] M. GREILSAMMER, *Le Livre au roi,* Académie des inscriptions et et belles-lettres, Paris, 1995.

[3] BEUGNOT, vol. 1 : Lois, Introduction, p. LXVI.

[4] M. GRANDCLAUDE, *Étude critique des livres des Assises de Jérusalem*, Jouve et Cie, Paris, 1923, p. 41.

[5] *Ibid.*, p. 118-123.

[6] BEUGNOT, vol. 1 : Lois, Livre au roi, chap. XVI, p. 616.

[7] M. GRANDCLAUDE, « Caractère du Livre au Roi », Revue historique de droit français et étranger, 5, 1926, p. 308-314 et voir « Classement sommaire des manuscrits des principaux livres des Assises de Jérusalem », Revue historique de droit français et étranger, 5, 1926, p. 418-475.

[8] J. PRAWER, « Étude sur le droit des Assises de Jérusalem : droit de confiscation et droit d'exhérédation », Revue historique de droit français et étranger, 39 (1961), p. 520-551 et 40 (1962), p. 29-42.

[9] Les trois premiers concernent les obligations du roi envers son royaume et ses vassaux. Les trois suivants concernent les droits sur la succession au trône et les chapitres 7 et 8 portent sur

par les mots « *Ici Orres de…* » et le texte commence quasiment toujours par la formule « *s'il avient* » et finit par « *et ce est droit par raison par l'assise* ». Formules qui semblent plus faire état d'un recueil que d'un ouvrage personnel d'un jurisconsulte. Bien que cela soit conforme à la présentation du Livre de Philippe de Novare, sans toutefois présenter ici de dimensions personnelles. Certains chapitres semblent être la transcription de bans, soit des décisions royales ou des Assises anciennes ou renouvelées[1]. En effet, et en accord avec l'hypothèse de datation avancée ici, ce recueil a été composé à la toute fin du XIIIe siècle, alors, il est plus que probable que ces quelques chapitres soient le résultat de décisions prises par le roi Henri II, avec ou sans ses hommes, mais aussi le rappel de dispositions favorables à la supériorité de l'autorité royale. Dans ce sens, les *explicit*s de ce Livre, dans deux des manuscrits qui les contiennent, confirment cette approche. Ils définissent ce Livre comme un livre de jugements et comme le recueil d'établissements de la Haute Cour. L'*explicit* du manuscrit de Munich, Codex Gallus 51[2], dit : « *Ici finit le livre de tous les iugements qui establirent les anciens rois et de chevaliers et syriens et de toutes autres leus dou mais nus home après ce n'en orra austre dire qui tout faus ne soit amen, amen, amen* ». L'*explicit* du manuscrit de Munich Codex Gallus 771[3], lui dit : « *Cy fenist cest livre de tous jugemens et establissmens de la haute court* ».

Ainsi, ce Livre ne peut donc qu'être le fruit de l'activité politique et judiciaire de la Haute Cour sous la conduite du roi Henri II, roi de Chypre et de Jérusalem. Ce Livre fait état d'une réaffirmation du pouvoir royal qui correspond au contexte historique du règne de ce roi, à la fin du XIIIe siècle et au début du XIVe siècle. Toujours dans ce sens, les Livres de Jean d'Ibelin et de Philippe de Novare envisagent un royaume aux mains d'un roi sans réel pouvoir, car de fait il n'y en a pas eu pendant longtemps et le pouvoir appartenait alors à l'aristocratie. Ce n'est plus véritablement le cas à la fin du XIIIe siècle où Henri II affirme son autorité et a cherché alors à transformer le rapport vassal-seigneur dans le sens de la prééminence du roi.

Établir maintenant la portée juridique du Livre au roi semble très difficile. Ce Livre a été peu diffusé et n'a pas été traduit par les commissaires vénitiens en 1532. Si ce recueil a été composé sous le règne d'Henri II de Chypre, alors ce corpus n'a eu qu'une portée très limitée dans le temps. L'abondante activité législative de ce roi et ses réformes ont été très contestées et pour la plupart

les privilèges régaliens. Les douze chapitres suivants portent sur les grands officiers et la Haute Cour. Les vingt-et-un chapitre suivant portent sur les hommes liges. Les onze derniers chapitres portent sur le droit et le service féodal.

1 Chap. : 1, 2, 3, 9, 10, 14, 15, 16, 39.

2 Munich, Bayerische Staatsbibliothek, ms. français, Codex Gallus 51, *Livre des Assises de la baisse Court, c'est de la Court dou Visconte dou Reaume de Chipre,* Fol. 193.

3 Munich, Bayerische Staatsbibliothek, ms. français, Codex Gallus 771, *Assises de Lorraine (Jérusalem),* Fol. 242.

abolies par la suite[1]. Quoi qu'il en soit, le « Livre au roi » est une source fondamentale de l'histoire de la monarchie des royaumes latins et un témoin unique de son histoire juridique.

Nous ne connaissons pas l'auteur de la compilation juridique qu'est le Livre au roi. Mais il est là aussi possible d'émettre une hypothèse. La proposition que développé ici est que le Livre au roi est la compilation établie par le jurisconsulte Gérard de Montréal. Gérard de Montréal n'est cité comme jurisconsulte et auteur d'un Livre d'Assises, que par les commissaires chargés par le gouvernement vénitien d'établir une version actualisée du droit des Assises de Jérusalem pour en faire la traduction en italien et l'appliquer à Chypre en 1531[2]. Ils décrivent le Livre de Gérard de Montréal comme un recueil des décisions rendues par la Haute Cour, avec la description de cas conformes aux Assises. Ils ajoutent la présence d'un autre Livre, qui est aussi un registre de jurisprudence mais de la Basse Cour, qui porte le titre, donné en italien, « *De' cash seguiti et sentence faite in Acre et in Cypro* ». Ils ont précisé, à leurs sujets, qu'ils ne jugèrent pas utile de les traduire. De ces recueils, jugés comme conformes aux autres « Livres », nous n'en savons, a priori, rien de plus que ce qui est décrit par les Vénitiens dans le procès-verbal. Mais il y a cette hypothèse sérieuse, avancée ici pour la première fois, qui est de dire que ces « Livres » sont en fait ceux du manuscrit de Munich Gallus 51[3] et que le « Livre au roi » est le Livre de Gérard de Montréal. Beugnot en avait déjà fait l'hypothèse mais seulement au détour d'une phrase[4].

Le seul Gérard de Montréal que nous connaissons, par ailleurs, c'est l'hypothétique auteur d'une partie de la « *Gestes des Chiprois* », datant du début du XIVe siècle ; chronique qui a été abondamment suivie ici. La chronique se termine en 1321, et l'auteur se situe dans les continuateurs de Philippe de Novare. Sa qualité d'auteur de cette « Geste » nous est donnée par Florio Bustron, qui utilise cette chronique comme source pour sa propre chronique de l'île de Chypre[5]. Ce même Florio Bustron est aussi le commissaire-traducteur officiel des « Assises » en italien, pour le compte de Venise. Même si la qualité de Gérard de Montréal comme auteur de la *Geste* est discutée, le fait qu'il soit nommé expressément par les commissaires et par Bustron, à la fois comme auteur de « la Geste » et à la fois comme jurisconsulte est marquant. Et cette simultanéité de référence n'a jamais été relevée là aussi, avant cette étude.

---

[1] Nous aborderons ce point en suivant.

[2] Procès-verbal vénitien de 1531 ; P. CANCIANI, *Barbarorum leges antiquae, « et Assisiae regni hierosolymitani ad superi curia pertinentes continentur »*, Volume V, Venise, 1781, p. 130.

[3] Bayerische Staatsbibliothek, ms. français, Codex Gallus 51.

[4] BEUGNOT, vol. 1 : Lois, Introduction, p. LXVI : « *Peut-être cet ouvrage était-il celui de Montréal, dont il nous reste à parler* ».

[5] F. BUSTRON, *Chronique de l'Ile de Chypre*, éd. René DE MAS LATRIE, Mélanges historiques, Choix de documents, t. 5, Paris, 1886.

Plus précisément le raisonnement est le suivant. Dans le manuscrit de Munich Gallus 51, on trouve un Livre de la Basse-Cour qui s'intitule en français « *Livre des Assises de la baisse Court, c'est de la Court dou Visconte dou Reaume de Chipre* », le Livre au roi et des Ordonnements du Vicomte et des Assises de 1286 à 1216. Comme le Livre au roi n'est rien d'autre qu'un recueil de jurisprudence de la Haute Cour de la fin du XIIIe siècle et du début du XIVe siècle qui décrit des cas conformes aux Assises, on peut donc percevoir que la « description » de ces « Livres », qui en est faite par les commissaires, correspond très bien au manuscrit de Munich Gallus 53. De plus, dans ce manuscrit, on ne trouve pas la signature des quatre députés envoyés par la Sérénissime République de Venise comme dans bien d'autres. Ce qui peut laisser penser, même si ce n'est qu'une hypothèse, que ce manuscrit est un de ceux qui n'ont pas été retenus par les commissaires-députés. À cela s'ajoute le fait que l'écriture dans le manuscrit est spécifiquement chypriote[1], et implique donc que ce manuscrit, étant donné son origine, a certainement été vu par les commissaires. Enfin, la comparaison de ces « Livres » contenus dans le manuscrit, avec les variations de style et parfois de fond, permet de dire, comme les commissaires vénitiens, que ces textes sont conformes, mais plus d'actualité, aux autres « Livres ». Autrement dit, il semble hautement probable que les « Livres » décrits par les commissaires, celui de Gérard de Montréal et celui des sentences d'Acre et de Chypre, sont ceux regroupés dans le manuscrit de Munich Gallus 51 et donc que le Livre au roi est en fait celui de Gérard de Montréal. Pour étayer cette hypothèse, il faut aussi bien retenir que le « Livre au roi », qui ne nous est parvenu que dans deux autres manuscrits « authentiques », n'a pas été traduit en italien, comme les commissaires vénitiens l'ont bien écrit. De plus, les sujets abordés dans le Livre au roi n'ont aussi plus de raison d'être à cette époque, la royauté n'étant plus. Enfin, le Livre au roi est toujours placé comme un texte d'ajout dans les manuscrits. Dans le manuscrit Séguier-Coislin[2], le Livre au roi se retrouve à la toute fin et dans le manuscrit de Munich Gallus 771[3] du XVIIIe siècle, il fait suite au Livre de Jean d'Ibelin, après le texte sur la bataille pour meurtre, comme dans le manuscrit de Munich Gallus 51. Cette hypothèse, qui identifie Gérard de Montréal à l'auteur du Livre au roi, permet de résoudre l'énigme de Beugnot, sur la non-postérité de cet auteur.

Un autre point est à souligner sur ce Gérard de Montréal auteur et peut être aussi comme jurisconsulte. Il est le continuateur de l'œuvre historique du jurisconsulte Philippe de Novare et sa vie et ses fonctions prouvent qu'il se situe dans la même tradition et dans la capacité de compiler une telle œuvre

---

[1] M. GREILSAMMER Myriam, *Le Livre au roi,* Académie des inscriptions et et belles-lettres, Paris, 1995, p. 35.

[2] Paris, B. N. F., Département des manuscrits, Séguier-Coislin, Saint-Germain français ms. fr. 19026, (430 ancienne cote), *Assises de Jérusalem.*

[3] Munich, Bayerische Staatsbibliothek, ms. français, Codex Gallus 771, *Assises de Lorraine (Jérusalem).*

juridique. En dépit de l'appellation de « Templier de Tyr », sous laquelle il est connu dès l'édition de « *la Geste* » sous la direction de Raynaud[1], il n'est pas certain qu'il ait été effectivement membre de l'ordre. Il serait né vers 1255, dans une famille de la petite noblesse de la ville de Tyr, ou tout au moins dans une famille liée aux seigneurs de Tyr. Il est l'un des quatre jeunes gens au service de Marguerite d'Antioche, sœur du roi Hugues III de Lusignan, qui épousa Jean de Montfort, seigneur de Tyr, en 1269. Il s'installa à Acre, capitale du royaume de Jérusalem, où il travailla à la chancellerie du Temple, dirigée à cette époque par le grand maître Guillaume de Beaujeu (1273-1291), jusqu'à la chute de la ville en 1291. Ses fonctions incluaient la rédaction et la copie de documents ayant parfois d'importantes implications politiques et stratégiques, ainsi que leur traduction de l'arabe. Il assiste au siège et à la chute de la ville, suivie du massacre de tous ceux qui ne réussirent pas à se mettre à l'abri. Réfugié à Chypre, probablement au départ à Famagouste, il fait partie durant quelque temps de l'entourage du roi Henri II, occupant toujours des fonctions de secrétaire et de copiste. Dans les dernières pages de son récit, au moment de l'usurpation du régent Amaury, soutenu par une partie de la noblesse chypriote hostile au « souverain » son frère, on note une certaine réticence et il semble pencher sensiblement pour la légitimité dynastique, comme l'esprit du Livre au roi. Ses fonctions permettent donc de voir, aussi en lui, un jurisconsulte-conseiller de la chancellerie, apte à écrire un Livre de compilation jurisprudentielle de la Haute Cour favorable au pouvoir royal, tel que le Livre au roi l'est en tout état de cause. Enfin, il faut remarquer qu'aux chapitres XII et XIII[2] du Livre au roi, qui portent sur les droits de l'homme lige soldé vis-à-vis de l'entretien de ses chevaux, l'auteur-compilateur emploie la forme personnelle. Il utilise le pronom « Je » et les possessifs « Mon » et « Ma ». Il semble donc que le copiste, ou celui qui dicte, soit un homme lige, ce qu'en toutes hypothèses est Gérard de Montréal. En effet, il n'emploie nulle part ailleurs dans ce Livre ces possessifs. Après la chute de Saint-Jean d'Acre Henri II a fait beaucoup de chevaliers soldés, ce qui va aussi dans le sens de ce qui est souligné ici.

Si on admet cette hypothèse, que l'auteur du Livre au roi est Gérard de Montréal, alors on peut aussi avancer l'idée qu'il est aussi l'auteur-copiste de la totalité de la compilation du manuscrit de Munich. Ce corpus en trois parties, correspond à la description des commissaires vénitiens et Gérard de Montréal a la capacité de le faire.

---

[1] PHILIPPE DE NOVARE, *Geste des Chiprois*, éd. G. Raynaud, Genève, Imprimerie Flick, 1887.

[2] BEUGNOT, vol. 1 : Lois, Livre au roi, chap. XII et XIII, p. 614.

II. L'écriture et la compilation du droit en réponse à la correction baronniale de 1310

Après l'assassinat de son frère en 1310, Henri II revient au pouvoir après avoir reconnu la collégialité de gouvernement avec la Haute Cour et la Cour des Bourgeois (A) et c'est durant cette période « révolutionnaire » que furent composés les premiers manuscrits des Assises que nous possédons (B).

A. Le respect des Assises comme fondement de toute légitimité politique

À la suite de l'assassinat d'Amaury de Lusignan les liges partisans de sa politique vont élire le connétable Camérin chef seigneur et gouverneur du royaume[1]. Il chercha alors à avoir l'assentiment des bourgeois de Nicosie en recueillant leurs serments et ceux de toutes les cités de l'île[2]. À Famagouste de nombreux chevaliers partisans du roi refusèrent et organisèrent une résistance. Ague de Bessan est élu pour représenter les droits du roi et envoya une ambassade en Arménie chercher Henri II[3]. La ville de Paphos et Limassol le rejoignent[4]. Le représentant du roi arrive peu à peu à soumettre l'île et le connétable et ses partisans finissent par reconnaître leur défaite et jurent fidélité au roi, à son représentant[5]. Aygue de Bethsan fit citer à comparaître devant la Haute Cour, les chevaliers de Limassol, de Paphos et de Nicosie, avec des templiers qui refusent de reconnaître son autorité[6].

Le roi Henri II est finalement libéré, grâce à l'intervention des Hospitaliers, par le roi Oshin d'Arménie et il arrive à Famagouste le 27 août 1310[7]. La veuve d'Amaury lui remet la couronne, le sceptre, son anneau et son sceau. À Nicosie est réuni un parlement général, « *uno convito general* », réunissant les chevaliers, les bourgeois et les clercs du royaume[8]. Tous firent allégeance au roi. Pour assurer un gouvernement du royaume dans le respect du droit hiérosolymitain un « remède » fut adopté entre le roi et ses hommes pour éviter de nouveau une crise qui a conduit à la révolution. Nous avons ce texte qui fut pris au retour du roi en 1310[9]. Le but était aussi d'assurer la légalité des actes pris pendant l'exil du roi. En effet, est reconnue la validité des dettes et contrats qui ont été faits par Amaury de Lusignan et que la Haute Cour aura

[1] *Chronique d'Amadi*, éd. R. de Mas Latrie, Paris, 1891-1893, p. 331.
[2] *Ibid.*, p. 333.
[3] *Ibid.*, p. 334.
[4] *Ibid.*, p. 335.
[5] *Ibid.*, p. 347.
[6] *Ibid.*, p. 360.
[7] *Ibid.*, p. 379.
[8] *Ibid.*, p. 379.
[9] BEUGNOT, vol. 2 : Lois, Livre recueil des Ordonnements du Vicomte de la Cour des Bourgeois de Nicosie, XV, p. 368.

compétence pour juger du contentieux selon l'usage. Il en est de même pour les actes passés devant la Sécrète royale. Est retenu que la paye de ceux qui ont servi Amaury devra être payée. De plus, dons, héritages, vente, fiefs et rentes octroyés ne pourront être remis en cause. Le remède fut mis par écrit dans deux chartes l'une pour le roi, l'autre pour les hommes du royaume. Le roi fit juger ses opposants par la connaissance de la Haute Cour, « *per cognicion de corte* »[1], et reprit un gouvernement collégial dans la tradition du royaume.

Au chapitre II du Livre au roi, il est dit aussi que le roi est tenu, obligation qui est comprise dans le serment royal, de maintenir et garder tous les dons et privilèges des rois et reines ses prédécesseurs, et des barons fait en leur droit lorsque ceux-ci ont été scellés de plomb ou de cire et garantis par les hommes liges[2]. Cette disposition est là conforme à la pratique observable depuis le XIIe siècle. Il semble bien que là ce chapitre rappelle le remède de 1310. De plus, au chapitre IV de ce même Livre, le roi consort ne peut faire des dons et privilèges sans l'assentiment des hommes liges et après sa mort il faut que cela soit confirmé par la reine héritière du titre à peine de nullité, ou par son fils devenu roi ou sa fille devenue reine[3]. Le chapitre VI précise bien que ces règles valent pour un bailli du royaume[4]. C'est ce qui là encore semble rappeler la situation politique qui s'est déroulé entre 1306 et 1310, mais en pratique tout le XIIIe siècle.

Une des premières mesures qui fut prise pour rétablir aussi la tradition du droit hiérosolymitain dans le gouvernement du royaume fut de rétablir l'ancien serment du vicomte dans une forme ancienne[5]. Ce fut fait le 10 juin 1311[6]. Le nouveau serment obligeait le vicomte à respecter les dispositions royales, qualifiées de « *espéciaux comendements* ». Le roi ne peut plus à nouveau intervenir dans les questions relevant de la compétence du vicomte et de sa cour.

---

[1] *Chronique d'Amadi*, éd. R. de Mas Latrie, Paris, 1891-1893, p. 391.

[2] BEUGNOT, vol. 1 : Lois, Livre au roi, chap. II, p. 608 : « *car don de roi ni de roine ... qui don fassent par prevelige, ne deit valer sans la garentie des homes liges dou reaume... Et encores fust ce que le prevelige fust ceelé et n'i eust tel garentie com est dite desus ... et ce est droit et raison par l'assise* ».

[3] *Ibid.*, chap. IV, p. 609.

[4] *Ibid.*, chap. VI, p. 610.

[5] BEUGNOT, vol. 2 : Lois, Livre recueil des Ordonnements du Vicomte de la Cour des Bourgeois de Nicosie, XXVI, p.370 : « *Il doit jurer sur saintes Evangiles de Dieu que il à son poier sauvera et gar- dera l'enor et la raison dou roi, come vesconte, et la raison de tous ceaus et de toutes celés qui à luy et devant luy averont à faire, et especiaument de veves et de orfenins et de orfenines; et que il fera droiture et justise à chascune persoune à qui il la devra faire, par les bons us et coustumesde cest roiaume, seloncse que il en porra estre sertefié; et que il gardera l'enor de la cort et toutes choses ensemble et chascune par soi, que il les fera à bone foi, tant come il sera ves- conte , se Dieu li ait et les sains* ».

[6] KAUSLER, *Les Livres des Assises et des Usages dou Reaume de Jerusalem : sive Leges et Instituta Regni Hierosolymitani,* Stuttgart, 1839, Ordonnements, chap. CCCLI, p. 403.

Le seul commandement que le roi fit sans ses hommes que l'on connaisse est un acte réglementaire d'administration concernant ses serfs, ce qui est son droit[1]. Ce « *coumandement* » du roi date du 15 mai 1315 et il interdisait à ses serfs de vendre, donner, engager ou aliéner leur héritage à quiconque sans son autorisation à peine de perdre le bien sans compensation. Selon le texte qui suit dans le manuscrit de Munich, cette disposition est seulement valable pour 4 ans, jusqu'en 1316[2].

Le roi de Jérusalem et de Chypre n'est pas (plus) un monarque, il n'est pas le souverain. En effet, est souverain celui qui, en toutes circonstances, a le dernier mot, dont les décisions ne peuvent être cassées ou réformées par une autorité supérieure. De même, en langage judiciaire est qualifiée de souveraine une juridiction dont les jugements ne sont pas susceptibles d'appel[3]. La souveraineté induit l'exercice exclusif, à ce degré supérieur, de droits de puissances publiques, de prérogatives qui, par nature, ne peuvent appartenir qu'au seul souverain. La souveraineté possède deux principaux attributs que sont le pouvoir de légiférer, soit édicter des règles présentant un certain caractère de généralité, et la capacité de rendre souverainement la justice, que ce soit de manière retenue (rendue par le souverain), de manière déléguée (au nom du souverain), ou encore de manière concédée (selon une compétence propre mais soumise au souverain). Attributions et compétences que ne possède pas le chef seigneur du royaume de Jérusalem et de Chypre. Ni le pouvoir législatif ni la justice ne relèvent en dernier ressort de la personne du roi. L'action royale, en dehors de l'autorité personnelle du roi et de la dimension sacrée de sa personne, porte sur l'action gouvernementale. Cette action gouvernementale étant elle-même l'aboutissement d'un engagement collectif entre le roi, ses hommes et les grands officiers de la couronne. Nous pouvons donc écarter ici le concept, défendu par certains, de « monarchie forte » qui n'a par définition aucun sens dans le royaume de Jérusalem et de Chypre mais aussi dans l'Orient latin en général. La capacité personnelle, les actions remarquables et le rayonnement de certains rois ont fait parfois oublier les principes juridiques qui définissent le royaume de Jérusalem et son régime politique. La réalité *constitutionnelle* décrite par Jean d'Ibelin et Philippe de Novare n'est pas une construction politique en soi, ni l'image d'une société politique fictive, fantasmée, et idéalisée mais la réalité de beaucoup « d'États » au Moyen Âge. De plus, les auteurs de Livres d'Assises font parfaitement la distinction entre la fonction de chef seigneur qui incarne la couronne appartenant à la communauté politique dans son ensemble de celui

---

[1] BEUGNOT, vol. 2 : Lois, Livre recueil des Ordonnements du Vicomte de la Cour des Bourgeois de Nicosie, XXVII, p. 371.

[2] KAUSLER, *Les Livres des Assises et des Usages dou Reaume de Jerusalem : sive Leges et Instituta Regni Hierosolymitani,* Stuttgart, 1839, Ordonnements, chap. CCCLXXXII, p. 420.

[3] Dans le langage judiciaire est qualifié de souveraine une juridiction dont les jugements ne sont pas susceptibles d'appel. Avec ce sens l'expression est apparue dès le XIIIe siècle chez Pierre Fontaine, Conseil à un ami, 21-22.

à qui elle est confiée, le roi. Ils distinguent parfaitement les questions juridiques qui relèvent de la dévolution de la couronne et de sa disponibilité, de celles qui touchent la continuité de la fonction royale et celles de la permanence du royaume. C'est la maîtrise parfaite de ces nuances juridiques qui a permis à la Maison d'Ibelin dans son ensemble de gouverner les royaumes de Jérusalem et de Chypre tout au long du XIIIe siècle. C'est la défense de ces principes originaires et fondateurs du royaume, contre toutes dominations extérieures et atteintes internes, qui a animé en grande partie les révolutions féodales du XIIIe et au XIVe siècle.

En 1311, le roi de Chypre envoya des ambassadeurs au pape Clément V, au cours du concile de Vienne, qui lui remirent un mémoire sur les moyens à mettre en œuvre pour reconquérir la Terre sainte et contenir la puissance des sultans d'Égypte[1]. Dans ce mémoire, on insiste avant tout sur la nécessité d'empêcher les « faux chrétiens », soit les Vénitiens, les Pisans ou les Génois, de transporter, comme ils le font, des armes, des munitions de guerre et des esclaves en Égypte. L'esprit des « croisades » est toujours très présent ; entretenu principalement par les hospitaliers conciliateurs dans la politique et entreprenant militairement par la prise de Rhodes notamment. Les templiers à l'inverse participent à toutes les déstabilisations politiques, ce qui a entraîné la perte du royaume de Jérusalem, de Saint-Jean d'Acre un siècle plus tard et en partie la révolution à Chypre en 1306. Henri II eut à s'occuper, en effet, principalement dans les années suivantes de la piraterie génoise au large de ses côtes[2]. Les Génois font de la contrebande avec les musulmans. Une véritable guerre de course s'est livrée dans les parages de Chypre, au risque de provoquer une guerre avec les Génois. Le pape a dû reconnaître le droit des cités marchandes, ces « mauvais chrétiens » à commercer avec les sujets du sultan tout en maintenant les interdits visant les matières stratégiques et à fixer le montant des indemnités à verser aux victimes de prises abusives. Un « compromis » sera élaboré à l'instigation de Jean XXII entre 1329 et 1331 en vue d'indemniser les victimes de ces agissements, tant de la part des agents du roi que des corsaires génois[3].

En 1313, le roi de Chypre supervisa la dissolution de l'Ordre du Temple à Chypre et le transfert de leurs propriétés aux Chevaliers de l'Hôpital à la demande du pape Clément V[4]. Cet état de fait historique semble là aussi confirmer la datation au début du XIVe siècle du Livre au roi. En effet, au

[1] MAS-LATRIE, *Histoire de l'île de Chypre sous le règne des princes de la maison de Lusignan, d'après un mémoire couronné par l'Académie des inscriptions et belles-lettres*, Paris, Imprimerie impériale, 1852, t. II, p. 118.

[2] *Chronique d'Amadi*, éd. R. de Mas Latrie, 1891-1893, p. 393.

[3] Reg. Vat. 116, fol. 85v°-89v°, cité par J. RICHARD, « Le royaume de Chypre face aux projets de croisade », in Comptes rendus des séances de l'Académie des Inscriptions et Belles-Lettres, 153e année, N. 2, 2009, p. 857-863.

[4] *Chronique d'Amadi*, éd. R. de Mas Latrie, Paris, 1891-1893, vol. 1, p. 395.

chapitre Ier[1], il est dit que le roi est tenu d'accroître les droits de la couronne et il est ajouté qu'il ne peut vendre ni donner les forteresses du royaume à l'Église ni à gens de religion, comprendre les ordres militaires, contrairement ici à ce que dit Jean d'Ibelin[2]. Il semble bien qu'ici il y a eu une correction pour tenir compte de la situation des templiers dans le royaume de Chypre. Il s'agit aussi de remarquer ici que lorsque Jean d'Ibelin écrit soin Livre, en 1266, il n'y a pas eu de roi en exercice dans le royaume de Jérusalem depuis 1212. Le chapitre III du Livre au roi nous dit aussi que le roi peut donner de ses bien propres, fiefs, terres, vignes et casaus (village), à personne du siècle, avec service ou non et que le roi peut faire autant d'hommes liges qu'il le souhaite et octroyer des privilèges, soit des droits particuliers, scellés de son propre sceau au plomb ou à la cire[3]. Les gens d'Église, les templiers sont donc, là encore, exclus de ces libéralités pour ce qui relève de la couronne, contrairement à la pratique du XIIe et du XIIIe siècle.

On peut aussi signaler ici que la chronique d'Amadi raconte qu'en 1314 dans le royaume de Chypre eu lieu un duel judiciaire pour meurtre sous le regard du roi[4], et que ce duel est décrit conformément aux textes des « Assises ». C'est un élément de plus qui montre l'actualité du droit hiérosolymitain dans le royaume de Chypre et le respect renouvelé de l'ancien droit. Ici une dame fut tuée chez elle et sa mère accusa son gendre, un certain Jacques Artude, d'avoir tué sa fille. Elle s'engage alors devant la cour de le prouver par champion. Le roi tenu de garder les veuves et les orphelins, et voulant savoir la vérité, lui accorda comme champion son écuyer Jovanin Pansan. Au champ, son écuyer remporta le duel en repoussant son adversaire hors du champ. La cour reconnut Jovanin Pansan vainqueur. Jacques Artude confessa qu'il n'avait pas tué sa femme mais qu'il l'avait fait faire par un autre. Il fut ensuite pendu.

Durant son « second » règne, entre 1310 et 1323, Henri II prit des « Assises » avec les hommes du royaume et c'est aussi durant cette période que furent compilés dans un Livre les Ordonnements du vicomte de la Cour

[1] BEUGNOT, vol. 1 : Lois, Livre au roi, chap. I, p. 607.

[2] BEUGNOT, vol. 1 : Lois, Livre de Jean d'Ibelin, chap. CXLI, p. 215 : « *Le chief seignor dou reiaume de Jérusalem peut fié doner dou demaine de sa seignorie, fié et fiés tels come il viaut, à servise et sans servisee. Et ciaus que il done à servise, il les peut doner por tel servise come il viaut. Et ciaus que il done sans servise, il les peut doner si franchement come il viaut. Et peut doner de son demaine ce que il viaut, et à qui que il viaut, et si franchement come il viaut, à yglise et à religion et à comune et à gent laie. Et peut quiter tôt le servise que l'on li deit, ou partie, dou fié que Ton tient de luic. Et ce que le chief seignor fait des choses avant dites, doivent estre et sont fermes et estables : car il est de sa seignorie soûl seignor et chief, ne ne la tient d'aucun seignor que de Dieu. Ne il ne deit à home ne à feme homage ne servise, ne aucune autre redevance, por quei il ne puisse faire totes les choses avant dites et chascune d'elles : et chose que il en face, ces heirs ne pevent ni ne deivent rapeler ni desfaire, par raison ne par l'assise ne l'usage dou dit reiaume* ».

[3] BEUGNOT, vol. 1 : Lois, Livre au roi, chap. III, p. 608.

[4] *Chronique d'Amadi*, éd. R. de Mas Latrie, Paris, 1891-1893, vol. 1, p. 396.

des Bourgeois de Nicosie. Le roi Henri II fit principalement quatre Assises avec ses hommes entre 1310 et 1323. Le texte introductif de la première Assise rappelle que le roi Henri ne peut amender le droit qu'avec l'accord de ses hommes[1]; contrairement à ce qu'il avait pu faire auparavant et notamment en 1300. C'est la première fois depuis la perte du premier royaume de Jérusalem que de nouvelles Assises sont établies. Ces Assises se retrouvent dans le manuscrit de Munich du XIVe siècle[2], dans le livre des *ordonements de la cour du vesconte*, dans le manuscrit de Venise du XIVe siècle[3] et dans le manuscrit du vatican du XVe siècle comme suite du Livre de Jean d'Ibelin[4].

La première Assise s'intitule « l'*asize des oziaus et des chiens et des chevachehures perdues* »[5]. Elle dispose des dédommagements que devront toucher ceux qui trouveront ces animaux de chasses ; un besant pour l'épervier, un besant pour le lévrier, cinq besants pour un cheval, trois besants pour une mule et un besant pour un âne. La deuxième Assise s'intitule « *L'asise des esclas et des esclaves et des batiés et des batiées* »[6]. Elle dispose de ce que doit faire celui qui trouve un esclave en fuite et des compensations qu'il doit toucher ; quatre besants pour un homme, deux pour un garçon, trois pour une femme et deux pour une fille. La troisième Assise s'intitule « *L'asise des vileins et des vileines fuitices* »[7]. Cette assise concerne les vilains errants et la peine que devra payer leur maître ; deux cents besants pour un homme, cent pour une femme et cinquante pour une fille ou un garçon. Nous apprenons ici que les vilains ne sont pas considérés comme des personnes libres mais peut-être qu'ici il est question de serfs. Enfin, la quatrième Assise s'intitule « *L'asise des larrons dou bestiaill* »[8]. C'est la mise place dans cinq lieux du royaume de deux agents royaux spécialistes dans la poursuite des voleurs de bétail.

Deux phrases concluent l'exposition de ces quatre Assises. La première dit que ces quatre Assises ont été faites pour ceux qui ont terres et pour ceux qui n'en ont pas[9]. Cette phrase est énigmatique. Il faut avancer l'hypothèse que

---

[1] KAUSLER, *Les Livres des Assises et des Usages dou Reaume de Jerusalem : sive Leges et Instituta Regni Hierosolymitani,* Stuttgart, 1839, Ordonnements, chap. CCCLXXXII, p. 420 : « *Ce est lasise que mon seignor le roi Henry fist et par ces homes, et cil y a riens que amender quil se puisse faire par le roi et par ses homes* ».

[2] Munich, Bayerische Staatsbibliothek, ms. français, Codex Gallus 51, *Livre des Assises de la baisse Court, c'est de la Court dou Visconte dou Reaume de Chipre*, Fol. 196 à 206.

[3] Venise, Biblioteca Nazionale Marciana, ms. fr., Str. App. 20 (265), *Assise di Gerusalemme*, Fol. 339 à 375.

[4] Vatican, Biblioteca Apostolica Vaticana, ms. français, codex vaticanus latinus 4789, *Livre de Jean d'Ibelin*, chap. CCCIX à CCCXII, Fol. 266 et 267.

[5] BEUGNOT, vol. 2 : Lois, Livre recueil des Ordonnements du Vicomte de la Cour des Bourgeois de Nicosie, XXXI, p. 373.

[6] *Ibid.*, XXXI, p. 374.

[7] *Ibid.*, XXXI, p. 375.

[8] *Ibid.*, XXXI, p. 376.

[9] *Ibid.* : « *Et tout cest ordenement de vileins et de vileines, et d'esclas et d'esclaves, et de bestes et de chiens et d'oiseaus et autres, est por ceaus qui ont terres et por ceaus qui n'en ont terres* ».

cela signifie que les barons qui ont cour de justice et tous les chevaliers sont chargés particulièrement de les faire appliquer. Nous n'avons pas la liste des cours de justice seigneuriales dans le royaume de Chypre mais nous savons qu'elles existent comme le signifie le chapitre XXXIX du Livre au roi[1]. Les mots incidents « *si com* » qui annoncent la comparaison avec les anciennes seigneuries de Syrie prouvent leur existence, mais ce n'est pas certain car aucune autre source ne les mentionne avec certitude. La deuxième phrase conclusive rappelle que rien ne peut se faire sans le roi et ses hommes[2]. C'est un rappel, qui fait écho à la phrase introductive, à la nécessité d'un gouvernement collégial au roi Henri II.

Le Livre des « *Ordonnements* » du Vicomte de Cour des Bourgeois de Nicosie n'est pas à proprement parler un Livre de droit mais la compilation de dispositions réglementaires prises dans le royaume de Chypre par le roi Hugues III, son fils le roi Henri II et le vicomte de Nicosie. Chacune de ces dispositions a été vue au cours de notre étude. Sous le vocable de *bans* et *ordonnements*, il faut entendre une série d'actes de nature réglementaire prise par le roi ou le vicomte. Ce sont des dispositions réglementaires écrites, à portée générale, qui s'adressent aux habitants et marchands des cités, publiées par *ban*, soit par l'intervention d'un crieur public. Cet ensemble s'étend de 1267 à 1323. La disposition la plus récente est datée de 1316 mais elle est suivie des quatre Assises du roi Henri II, prises avec ses hommes, ce qui pousse la date de rédaction du Livre au plus tard à la fin du règne de celui-ci en 1323, il meurt en mars de cette année. Il faut faire attention ici, Beugnot a publié en ajout, sous ce même titre, des textes insérés dans la version officielle du Livre de Jean d'Ibelin de 1368, pris sous le règne du roi Hugues IV, successeur d'Henri II.

Il semble que ce Livre soit celui désigné par les commissaires chargés par le gouvernement vénitien d'établir une version actualisée en italien du droit des Assises en 1531 comme « *De' cash seguiti et sentence faite in Acre et in Cypro* »[3]. Ils décrivent un Livre comme un registre de la Basse Cour qui semble correspondre à ce Livre recueil des Ordonnements du Vicomte de la Cour des Bourgeois de Nicosie et qu'ils ne vont pas traduire. En tout état de cause ce recueil n'a pas été non plus traduit en italien en 1532. Il n'a donc pas eu une portée importante dans le temps et il ne nous est connu sous cette forme

[1] BEUGNOT, vol. 1 : Lois, Livre au roi, chap. XXXIX, p. 634 : « *Ici orrés la raison des barons dou reaume ; coument et de quel chose il ont cort par iaus en leur teneures et en lor viles qu'il tienent el reaume. Bien saches que tous les barons dou reaume et tous les terriers pucent douner et fiés et terres à leur home, et jà nel l'arront por nulluy, si com est le seignor dou Crac, et le conte de Jaffe et d'Escalone, et le sire d'Arsur et de Cesaire et de Caïfas et de Thabarie et de Bessant, et le sire de Belinas et dou Touron, et le sire d'Escandelion, et le sire de Saïete et de Baruth, et de ces autres villes entor* ».

[2] *Ibid.* : « *Et il y a riens que il se peusse faire par le roy et par ses homes* ».

[3] Procès-verbal vénitien de 1531 ; P. CANCIANI, *Barbarorum leges antiquae, « et Assisiae regni hierosolymitani ad superi curia pertinentes continentur »*, Volume V, Venise, 1781, p. 130.

que dans un seul manuscrit. Les Assises de ce Livre ont été elles insérées ensuite dans le Livre de Jean d'Ibelin dans les copies ultérieures[1].

Nous n'avons pas le nom de l'auteur mais seulement des indications sur ce jurisconsulte. En effet, nous pouvons déduire de certains passages qu'il est vivant au moment où il compile les textes juridiques. La rubrique du chapitre CCCLXXVI laisse à penser qu'il a vu le vicomte lui-même apporter *l'ordonement* de 1305[2]. De plus les deux rubriques suivantes utilisent la forme personnelle « *me donna* », ce qui laisse à penser ici qu'il est un des officiers du vicomte, ou un juré de la Cour, puisqu'il est chargé de faire « *crier* » par « *banc* » les *ordonements* confiés[3]. Grandclaude émet l'hypothèse que le compilateur de ce Livre est le greffier de la Cour des Bourgeois de l'époque, « *Maistre André l'escrivain* »[4]. Pour cela, il interprète la rubrique du chapitre CCCLII qui dit : « *Ce est la maniere dou sairement que le vesconte doit faire quant il entre en l'ofice dou visconte, selonc se que maistre Andre l'escrivain le porta dou livre de la cort* »[5]. Il est vrai que les auteurs de Livre parle souvent d'eux à la troisième personne du singulier. Mais la rubrique du chapitre CCCLXIX nous dit : « *Le verredy a XV iors dou mois d'Aoust, l'an de CCCI de Crist, visconte sire Hue Pistiau, I'on fist atachier a ce livre aucuns autres ordenemens que la cort a fait et que lon a trove as livres de la cort* »[6]. Or nous le voyons ici, la rubrique distingue bien ici « *ce livre* », qui est une compilation, de celui de la Cour, « *as livres de la cort* ». De fait, Maître André est l'auteur, en tant que greffier du Livre de la Cour, mais pas forcément l'auteur de cette compilation qui est un autre Livre. Il semble plus pertinent de suivre l'hypothèse qu'en a l'auteur du Livre au roi et y voir ici l'auteur compilateur Gérard de Montréal.

En avril 1322, le sultan de Babylone envahit le royaume d'Arménie et le roi Henri II envoya sa flotte à son secours[7]. Ils réussirent à repousser l'invasion. L'année suivante, le 30 mars 1323, il décède[8].

---

[1] Vatican, Biblioteca Apostolica Vaticana, ms. français, codex vaticanus latinus 4789, *Livre de Jean d'Ibelin*, chap. CCCIX à CCCXII, Fol. 266 à 268.

[2] KAUSLER, *Les Livres des Assises et des Usages dou Reaume de Jerusalem : sive Leges et Instituta Regni Hierosolymitani,* Stuttgart, 1839, chap. CCCLXXVI, p. 417 : « *Vendredi à XVIII Lors de Juin l'an CCCV de Crist Visconte Sire Johan de Bay aporta cest esprit dessus devise de par le roi et commanda de faire crier le banc et fu de par le coumandement du roi* » et Cf; BEUGNOT, vol. 2 : Lois, Chap. XIX, p. 366.

[3] *Ibid.*, chap. CCCLXXVII, p. 417 : « *Samedy a XXI For d'Aoust l'an CCCV de Crist Visconte Johan de Bai me donna l'esprit de ce banc dessous devise par le roi qui comanda de faire le crier et fut crié a XVIII jors dou dit mois* » et Chap. CCCLXXVIII, p. 418 : « *Le samedy a XX jors dou mois de novembre l'an CCCV de Christ me donna le Visconte le banc dessous esprit a faire le crier et fut crier le dimanche a XXI jors* », et Cf. BEUGNOT, vol. 2 : Lois, Chap XX, XXI, p. 367.

[4] GRANDCLAUDE, *opit. cit.*, p. 37.

[5] *Ibid.*, KAUSLER, p.403 et Cf. BEUGNOT, vol. 2 : Lois, Chap. XXVI, p. 370.

[6] *Ibid.* KAUSLER, p. 413 et Cf. BEUGNOT, vol. 2 : Lois, Chap. XVII, p. 366.

[7] *Chronique d'Amadi*, éd. R. de Mas Latrie, Paris, 1891-1893, vol. 1, p. 400.

[8] *Ibid.*, p. 401.

B. Les premières copies manuscrites des Livres des Assises

Les quatre manuscrits les plus anciens en notre possession datent du début du XIVe siècle. Ils semblent bien témoigner tout particulièrement du droit hiérosolymitain appliqué dans le royaume de Chypre sous le règne du roi Henri II. Le premier est le manuscrit Saint-Germain (ms. fr. 19025), le deuxième est le manuscrit d'Oxford (ms. Selden, ms. fr. no. 3457), le troisième est le manuscrit Séguier-Coislin (ms. fr. 19026) et le quatrième est le manuscrit de Munich (ms. fr., Codex Gallus 51). Les deux premiers sont des copies exclusives du Livre de Jean d'Ibelin et les deux autres sont des compilations de certains Livres.

S'il est habituellement retenu l'idée d'un écrit rare dans le haut Moyen Âge, il est acquis qu'à partir du XIIIe siècle, et surtout au début du XIVe siècle, on vit apparaître une « révolution documentaire »[1]. En effet, à partir de là, on observe une croissance de l'alphabétisation et un accès de plus en plus large de laïcs à l'écriture avec aussi le passage usuel des langues vernaculaires à l'écrit. Les écrits sont alors et d'autant plus sans cesse compilés, transformés, recopiés et complétés. Dans ce sens, Ian Short souligne la nécessité à envisager les textes médiévaux dans leur contexte codicologique, de distinguer aussi par ailleurs les recueils cumulatifs des recueils intégraux confectionnés par le scribe lui-même avec les recueils factices des collectionneurs modernes[2]. Cet état de fait a permis à Paul Bertrand d'accorder à ces textes en perpétuelle recomposition le qualificatif de texte « vivant »[3], comme il faut le remarquer au sujet des manuscrits contenant les « Assises de Jérusalem ». De plus, Paul Bertrand pour la période entre 1250 et 1350 détermine quatre fonctions principales à l'écrit. La première fonction de l'écriture est selon lui la communication ; l'écrit étant alors vu comme un support de transmission et d'enregistrement, qui structure, classe et conserve les informations. Le deuxième rôle assigné à l'écrit est la croyance ; pour « valider » l'écrit, il est nécessaire que le destinataire comme l'émetteur accordent confiance et foi au document. Si l'écrit fait preuve, il doit se placer sous une autorité qui met en place tout un appareil de validation et d'authentification de l'écriture, ce qui conduit ainsi à une certaine standardisation et uniformisation des documents. La troisième fonction est celle du souvenir ; selon lui, au XIIIe siècle, la mémoire repose sur une volonté

[1] J.-C. MAIRE-VIGUEUR, « Révolution documentaire et révolution scripturaire : le cas de l'Italie médiévale », *Bibliothèque de l'École des chartes*, t. 153, 1995, p. 177-185.

[2] I. SHORT, « L'avènement du texte vernaculaire : la mise en recueil », in E. BAUMGARTNER et C. MARCHELLO-NIZIA (dir.), *Théories et pratiques de l'écriture au Moyen Âge*, *Littérales*, 4,1988, p. 11-24.

[3] Cf. P. BERTRAND, *Les écritures ordinaires. Sociologie d'un temps de révolution documentaire (entre royaume de France et Empire, 1250-1350)*, Paris, Publications de la Sorbonne, 2015.

de construire le présent à l'aide de vérités passées restituées par l'écrit. Enfin la dernière fonction de l'écrit définie par Paul Bertrand est celle de comprendre, de contrôler et de prévoir ; l'écrit est ainsi vu comme un moyen de comprendre le monde mais aussi de l'organiser, de le gérer. Les fonctions principales de l'écrit analysé ici au regard de la mise par écrit du droit hiérosolymitain et de sa pratique concordent parfaitement avec l'observation de l'ensemble des sources et surtout des évènements politiques décrits ici.

Le manuscrit de Saint-Germain est du tout début du XIVe siècle[1]. Ce volume est en parchemin et compte 221 folios (300/220 mm). La reliure est ancienne, en bois, recouverte en veau gaufré. L'écriture en français est sur deux colonnes, en gothique. La décoration est composée de neuf miniatures et les initiales sont ornées. Dans la première miniature se trouve la devise « *De grande chose peu de reste* ». Ici, ne se retrouve que le Livre de Jean d'Ibelin en 235 chapitres, avec un prologue. Au folio 1, on trouve, d'une autre écriture, le titre *Les Coustumes du royaulme de Jherusalem* et la date de 1400[2]. Indication qui tend bien à prouver une fois de plus l'usage des Livres et du droit hiérosolymitain comme droit coutumier à Chypre.

Le manuscrit d'Oxford est lui aussi du début du XIVe siècle. Ce volume, très semblable au précédent, est en parchemin et compte 313 folios. Sur la couverture a été ajouté le titre en anglais *The Assizes of Jerusalem, John of Ibelin and others, 14th century, first half, adopted in 1369 as Code of Laws for the Kingdom of Cyprus*. L'écriture est en français sur deux colonnes avec les capitales enluminées. Ici aussi, ne se retrouve que le Livre de Jean d'Ibelin en 272 chapitres et trois chapitres du Livre de Philippe de Novare, indiqués comme « *Ex opere Philippi de Nauara* » aux folios 30, 281 et 289. Les treize premiers folios sont consacrés à la table des rubriques et les trois derniers sont l'ajout au texte de Jean d'Ibelin de douze chapitres[3]. Il peut être ainsi distingué deux écritures. Se trouve en plus des notes en français et en italien dans différentes parties. Au folio 3, on trouve le titre *Le bon Iohan de Yebelin conte Iaphe, de Scalone, seignor de Rames*. Ce manuscrit a appartenu à Francesco Attar[4]. Le fol 3 garde un ex-libris d'une écriture du XVIe siècle qui dit : « *Francisci Attaris Cyprici et amicorum* ». Ce qui prouve indiscutablement l'usage de ce manuscrit, comme source du droit hiérosolymitain, jusqu'au

[1] Ce manuscrit a appartenu selon les notes sur les feuillets de garde à Monsieur de Hornes, avec la date du 17 septembre 1599 et la devise « *J'attens l'heur* ». Il a ensuite appartenu successivement au chancelier Pierre Séguier (1588-1672), à Jean Leschassier, à Henri du Cambout, duc de Coislin et évêque de Metz (1664-1732) et enfin à l'Abbaye de Saint-Germain-des-Prés.

[2] Le folio 1 et le folio 2 sont reproduit en annexe. Ici Annexe IX.

[3] Au folio 14, on peut lire aussi une nouvelle Assise de Jacques I de Lusignan du premier janvier 1395.

[4] Francesco Attar est un des quatre commissaires chargés en 1531 par le gouvernement vénitien de présider à la traduction officielle des Assises en italien.

XVIe siècle[1]. Au folio 10, se trouve le nom d'un certain Carlo di Mazi, personnage du XVIIe siècle.

Armando Petrucci et certains de ses élèves[2], ont montré qu'à la charnière du XIIIe et du XIVe siècle, se constitue aussi le moment où, pour des auteurs écrivant en vulgaire ou en latin, se crée un concept nouveau, celui du *libro unitario*, objet qui renferme dans sa reliure des textes ou un texte qui ont un seul auteur, ce qui est une césure par rapport à la tradition du livre en miscellanées dominante entre le VIIe et le XIIIe siècles. L'émergence du nom propre qui procède de ce nouveau concept de livre, soit l'œuvre-livre, joue sur l'identité entre l'objet-livre et une œuvre isolée ou bien un corpus de textes qui font œuvre. L'identité entre texte et objet est liée ainsi en pratique au geste matériel et intellectuel de la reliure, qui peut dépendre du possesseur du livre comme du copiste. Les auteurs n'écrivant pas alors un livre, pas même le leur ; ils écrivent en fait des textes que de multiples opérations transforment en livre. C'est, comme le souligne Roger Chartier, la volonté d'affirmer le texte en termes de volonté auctoriale ou comme l'expression d'une catégorie juridique[3]. Les deux manuscrits suivants sont eux en revanche des miscellanées, dans la tradition courante médiévale.

Le premier est le manuscrit Séguier-Coislin (ms. fr. 19026) et le second est le manuscrit de Munich (ms. fr., Codex Gallus 51). Le manuscrit Séguier-Coislin date du début du XIVe siècle[4]. Ce volume est un manuscrit en parchemin de 277 folios (350/240 mm). L'écriture est en français sur deux colonnes, et semble due à plusieurs mains. Manuscrit de belle qualité et d'exécution soignée, mais non terminé. Les lettrines sont peintes en rouge et bleu et les rubriques sont en rouge[5]. Ce manuscrit est très complet. Il donne le Livre de la Cour des Bourgeois, le Livre de Jean d'Ibelin, le Livre des lignages d'Outremer, le Livre de Jacques d'Ibelin, le Livre de Geoffroy Le Tort, la Clef des Assises, le Livre de Philippe de Novare et le Livre au roi[6]. Il ne contient

---

[1] Les commissaires vénitiens n'ont collecté que les manuscrits encore en usage à Chypre au XVIe siècle.

[2] A. PETRUCCI, « Writers and Readers in Medieval Italy », Studies in the History of Written Culture, New Haven-Londres, 1995 ; *Alfabetismo, escritura, sociedad*, Barcelone, 1999 ; *Jeux de lettres, Formes et usages de l'inscription en Italie (XIe-XXe siècles)*, Paris, 1993 et Cf. N. Cannata, *Il canzoniere a stampa (1470-1530). Tradizione e fortuna di un genere fra storia del libro e letteratura*, Rome, 2000.

[3] R. CHARTIER, Entretien avec Étienne ANHEIM et Pierre CHASTANG, « Les usages de l'écrit du Moyen Âge aux Temps modernes », Médiévales, 56, printemps 2009, p. 93-114.

[4] Ce manuscrit a appartenu au chancelier Pierre Séguier. Il passa ensuite dans la bibliothèque du duc de Coislin, ainsi que le prouve un ex-libris « *Ex bibliotheca Mss Coisliniana, par Franciae, episcopus Metensis, etc. monasterio S. Germani de Pratis legavit. An. .M.DCC.XXXII.* », et de là, il passa dans celle de Saint-Germain des Prés.

[5] Le folio 17, qui introduit les rubriques du Livre de Jean d'Ibelin, est reproduit en annexe.

[6] *Fol. 1 à 16 : Assises de la Cour des Bourgeois en 78 chapitres, dont le dernier correspond au chapitre LXXXIII de l'édition Beugnot (t. II, pp. 19-65).*
Fol. 17 à 28 : Rubriques du livre de Jean d'Ibelin. La rubrique CCLXXXIIII correspond à la rubrique CCLXXII de l'édition Beugnot (t. I, pp. 9-19).

pas le Livre recueil des Ordonnements du Vicomte de la Cour des Bourgeois de Nicosie, ni le Livre abrégé écrit après 1323, ce qui montre bien une rédaction au tout début du XIVe siècle. C'est le premier manuscrit « authentique » du XIVe siècle qui contient le Livre des Assises de la Cour des Bourgeois, le Livre des lignages d'Outremer, le Livre de Jacques d'Ibelin, le Livre de Geoffroy Le Tort, le Livre de Philippe de Novare et le Livre au roi.

Le Livre des Assises de La Cour des Bourgeois se situe dans ce manuscrit du folio 1 à 16 et porte le titre de *Assises de la Cour des Bourgeois*. Il comporte ici seulement 78 chapitres. Le Livre de Jean d'Ibelin se situe dans ce manuscrit du folio 33 au folio 214, en 284 chapitres et la table des rubriques se retrouve du folio 17 au folio 32. Le texte est ici rajeuni par rapport au deux premiers manuscrits et le prologue est réparti en cinq chapitres. Il comporte, en plus des 225 chapitres des manuscrits précédents, dix-huit chapitres supplémentaires et des additions propres. Le texte semble bien, en tout état de cause bien « vivant ». Le Livre des lignages d'Outremer se situe dans ce manuscrit comme la suite du Livre de Jean d'Ibelin. Les rubriques du Livre sont au folio 28 et le texte du folio 214 au folio 221, chapitres CCLXXXV à CCCI, soit en 17 chapitres. Le Livre de Jacques d'Ibelin se situe dans ce manuscrit du folio 221 au folio 230, donné en 69 chapitres et les rubriques se trouvent-elles au folio 28. Le Livre de Geoffroy Le Tort se situe dans ce manuscrit du folio 230 au folio 235, en 19 chapitres et les rubriques se trouvent-elles aux folios 28 et 29. Le Livre de Philippe de Novare se situe dans ce manuscrit aux folios 29 et 30, cotées I-LIII, pour les rubriques, et le texte du folio 235 au folio 264 en 53 chapitres, dont cinq sont propres. Le Livre au roi se situe dans ce manuscrit du folio 264 au folio 276, en 31 chapitres, avec les rubriques aux folios 31 et 32.

Fol. 28 : Rubriques des Lignages d'Outremer, cotés CCLXXXVCCCI et édité par Beugnot (t. II, p. 437).
Fol. 28 : Annonce du livre de Jacques d'Ibelin, coté CCCII et édité par Beugnot (t. I, p. 453).
Fol. 28 à 29 : Rubriques du livre de Geoffroy Le Tort, cotées I-IX et édité par Beugnot (t. I, pp. 444-450).
Fol. 29 à 30 : Rubriques du livre de Philippe de Navarre, cotées I-LIII, et correspondant aux 58 premiers chapitres de l'édition Beugnot (t. I, pp. 477-531).
Fol. 31 à 32 : Rubriques du Livre au Roi, cotées I-XXXI. La dernière correspondant au chapitre LI de l'édition Beugnot (t. I, pp. 607-643).
Fol. 33 à 214 : Texte du livre de Jean d'Ibelin. Il n'y a pas le dernier chapitre de l'édition Beugnot (t. l, pp. 21-427).
Fol. 214 à 221 : Texte partiel des Lignages d'Outremer. Les chapitres sont cotés CCLXXXV-CCCI. Le premier correspond au chapitre XIV de l'édition Beugnot (t. II, p. 452).
Fol. 221 à 230 : Texte du livre de Jacques d'Ibelin (Beugnot, t. I, pp. 453-468).
Fol. 230 à 235 : Texte du livre de Geoffroy Le Tort(Beugnot, t. I, pp. 444-450).
Fol. 235 à 264 : Texte du livre de Philippe de Navarre. Edité jusqu'au chapitre LVIII par Beugnot (t. I, pp. 475-531).
Fol. 264 à 276 : Texte du Livre au Roi. Édité jusqu'au chapitre LI par Beugnot (t. I, p. 607- 643).

Enfin, le manuscrit de Munich est lui aussi du début du XIVe siècle[1]. Ce volume est un manuscrit en parchemin de 206 folios (270/185 mm). Le texte, en français, se présente sur deux colonnes, distinguant en rouge les rubriques et en vert la majuscule de chaque chapitre[2]. Il s'y trouve aussi, un très grand nombre de passages en latin dans le corps ou la fin des chapitres, des rubriques latines et même quelques chapitres en latin. Ces passages sont des citations du droit romain ou des écritures saintes et indiquent la matière qui va être traitée ensuite et l'explique. Ces textes ne se retrouvent que dans ce manuscrit. L'écriture est, semble-t-il, caractéristique de la chancellerie de l'île de Chypre de l'époque[3]. L'écriture est différente entre la table des matières et le corpus lui-même. Ce manuscrit porte le titre de *Livre des Assises de la baisse Court, c'est de la Court dou Visconte dou Reaume de Chipre*. Titre qui indique bien, là encore, l'usage du droit hiérosolymitain comme source du droit dans le royaume de Chypre. Il nous donne le Livre des Assises des Bourgeois en 297 chapitres, le Livre au roi en 52 chapitres et le Livre des Ordonnements du Vicomte[4].

Le Livre des Assises des Bourgeois nous est donné ici du folio 16 à 156 en 297 chapitres. On retrouve la table et titres des matières du du Livre du folio 1 à 15. Il contient en plus de la précédente version 30 chapitres propres, 18 en latin et 12 en français. Ce Livre porte ici le titre de *Assises de la Baisse Court*. Le Livre au roi nous est donné ici en 52 chapitres du folio 157 au folio 192, soit 21 chapitres supplémentaires que la version précédente. La seconde version du Livre au roi, que l'on trouve ici, est la dernière que l'on peut trouver comme authentique ; ce qui montre bien que très tôt ce Livre n'a pas eu une très grande portée. Là aussi on peut se rendre compte que ces textes sont « vivants ». Le Recueil des Ordonnements du Vicomte de la Cour des Bourgeois de Nicosie, comme tel, ne se retrouve qu'ici du folio 196 au folio 206, en 34 chapitres. Dans la version publiée par Beugnot de ce Livre, sont ajoutés cinq chapitres supplémentaires issus du manuscrit « authentique » du Vatican du XVe siècle (ms. français, codex *vaticanus latinus* 4789) inséré dans le Livre de Jean d'Ibelin du chapitre 309 au chapitre 313.

Les Ordonnements du Vicomte à la fin du manuscrit permettent de dater précisément le manuscrit. En effet, le texte le plus ancien est daté de

---

[1] Le manuscrit, en 1618, appartenait aux Ducs de Bavière comme l'indique une marque de leur sceau au dernier folio, « *Ex Bibliotheca serenissorum utriusque Bavariae ducum* » et l'impression du tampon de la bibliothèque « *Bibliotheca Regia Monacensis* ».

[2] Le folio 16, qui débute le Livre de la Cour des Bourgeois, est reproduit en annexe (VII).

[3] M. GREILSAMMER Myriam, *Le Livre au roi,* Académie des inscriptions et et belles-lettres, Paris, 1995, p. 35.

[4] Fol. 1 à 15 : tables et titres des matières.
Fol. 16 à 156 : Livre de la Cour des Bourgeois.
Fol. 157 à 192 : Livre au roi.
Fol. 192 à 195 : Les règles de la bataille pour meurtre (publiées par Beugnot dans le Livre des Bourgeois).
Fol. 196 à 206 : Ordonnements du Vicomte et des Assises de 1286 à 1216.

mars 1316 et il est suivi de quatre Assises prises sous le roi Henri II[1]. De plus l'auteur et copiste de ce recueil de droit, utilise l'expression « (le vicomte) *me donna* », au présent, aux chapitres CCCLXXVII et CCCLXXVIII au sujet des ordonnements de 1305. L'auteur est donc vivant au moment de la compilation. Ce manuscrit semble donc daté de la période comprise entre 1316 et 1323, date de la mort du roi Henri II. Un autre élément permet de souligner l'exactitude de cette datation. Il est dit au sujet du vicomte que c'est selon la loi, la *lei*, qu'il doit agir, car selon l'auteur, c'est la *lei* qui les a délivré et tous veulent vivre par la *lei*[2]. La *loi*, dans son usage médiéval n'a pas la signification de règle générale, permanente et impersonnelle de la culture juridique contemporaine mais est plutôt l'équivalent de *justice* ou encore de *tribunal*[3]. De plus, pour Jean-Luc Lefebvre le mot loi, à partir du XIVe siècle, ne peut prendre que trois sens ; la règle générale, l'amende ou encore le serment[4]. Il s'agit donc de voir ici dans cette formule, dans ce manuscrit uniquement, comme un rappel au « remède » de 1310, approuvé par le roi Henri II et juré par tous, qui a rappelé le souci des hommes du royaume que le retour du roi soit conditionné par le respect de l'ancien droit.

---

1 Contrairement à ce que dit Granclaude qui n'a pas eu le manuscrit entre ses mains. Erreurs que ne corrige pas Greilsammer dans son introduction à son édition (p. 35).
2 BEUGNOT, vol. 2 : Lois, Livre des Bourgeois, chap. III, p. 21, « *Le bailly de la vile, sur qui est la cure de garder la gent, il tout premièrement doit avoir en sei raison et justise ; et que il droit maintiegne et face maintenir à tous ceaus et à toutes celés qui devant luy venront. Et au sire meismes estuet il, encores soit la vile soue, qu'il vive par lei et par raison tous tens. (...) ce est, ce nous soumes délivrés de lei, tous tens volons vivre par lei. Et ce doit faire le bailly de la terre por l'ennor de sei et por le sauvement de s'arme, si que sa bone renoumée seit essample de tous biens faire à tous ceaus qui desous luy sont* ».
3 J-L. LEFEBVRE, *Prud'hommes, serment curial et record de cour. La gestion locale des actes publics de Liège à l'Artois au Bas Moyen Age*, Préface d'Elisabeth Nortier, Paris (De Boccard), 2006, p. 71-72.
4 *Idem.*, p. 242-243.

Chapitre 5

Le droit hiérosolymitain retrouvé dans le royaume de Chypre (1323-1370)

Les secondes transcriptions connues du droit hiérosolymitain se sont faites sous le règne du roi Hugues de Lusignan, roi de Chypre et de Jérusalem, entre 1323, année de son avènement à 1359, année de sa mort. C'est aussi sous son règne que deux Livres d'Assises supplémentaires ont vu le jour. Le premier est le Livre Contrefais et le second le Livre des Formules. Un manuscrit témoigne tout particulièrement de la diffusion du droit hiérosolymitain sous son règne, c'est le manuscrit de Venise du XIVe siècle (ms. fr., Str. App. 20).

De 1323 aux années 1370, le royaume de Chypre et de Jérusalem, est régi de manière visible et certaine par le droit, dit des « Assises de Jérusalem », comme droit positif, comme le montrent l'étude des sources manuscrites et les sources indirectes. Le royaume de Chypre appliquera le droit hiérosolymitain comme coutume, et même, pour le Livre de Jean d'Ibelin comme coutume officielle de référence, à partir de 1269, sans que toutefois ce texte s'impose à la Haute Cour. S'il est très difficile de connaître l'état des « Livres » au XIIIe siècle, dans une version plus « originelle », l'analyse des textes dans les différents manuscrits montre une appropriation de ces textes par les copistes qui les ont, dans le temps, enrichis de chapitres. Ces Livres sont avant tout des œuvres vivantes au service des Jurisconsultes de Chypre au XIVe siècle.

Mais si l'esprit de la *res publica* des Francs, développé dans les Livres d'Assises à travers les sources manuscrites, est bien préservé, sous le règne de Pierre Ier, fils du roi Hugues, on peut observer dans les chroniques une nouvelle crise institutionnelle majeure, que l'on retrouve inscrite dans les sources manuscrites plus tardives. Le roi Pierre Ier, comme son grand-oncle, souhaite imposer un régime monarchique, ce qui entraînera son assassinat par les barons du royaume. Il s'est ensuivi une réformation du droit dont le but est le retour à une pratique plus authentique du droit hiérosolymitain. La Maison d'Ibelin sera, là encore, au cœur de la révolution chypriote de 1368, pour défendre les « Assises de Jérusalem » et imposer le Livre de Jean d'Ibelin comme Livre de référence devant la Haute Cour.

L'écriture du droit, après 1323, se fera avant tout comme une continuité dans l'écriture de Livres d'Assises et mais aussi dans leurs compilations dans jusqu'en 1359 (I). Après la révolution de 1368, il sera établi une réformation du droit en général et surtout établi un Livre « authentique » de référence du Livre de Jean d'Ibelin à travers l'action des Ibelin (II).

I. La compilation d'écrits et l'écriture de nouveaux Livres (1323-1359)

Hugues IV de Lusignan est élu chef seigneur et roi en 1323. Il va perpétuer la tradition du droit hiérosolymitain (A) et deux autres Livres de droit, dans la continuité des anciens Livres, ainsi que des manuscrits, vont être écrits et composés, témoignant encore de la pratique continue des Assises dans le royaume (B).

A. La transmission des « Assises » dans un royaume apaisé

Le roi Henri II meurt le 30 mars 1324[1], sans enfant, un samedi[2]. Le 11 avril suivant Hugues de Lusignan, neveu du roi, fils de Guy de Lusignan, le dernier des fils du roi Hugues III, saisit les liges du royaume de Chypre pour se faire reconnaître légitime héritier par l'intermédiaire de son conseil-lige Bartolomé de Montolif[3]. Il entend prouver son bon droit d'héritier du royaume selon « *les usages dou royaume de Jérusalem et de ceaus de Chipre* » et demande donc que soit formée la Cour « *en tel estat* » pour « *requerre le droit et la raison que il entendoit avoir* ».

Amaury de Lusignan est alors le connétable du royaume. Sa mère est Echive d'Ibelin et il est marié depuis le 17 septembre 1318 avec Alice d'Ibelin[4]. Henri II avait encore deux sœurs vivantes ; Marguerite (1276-1296), reine douairière d'Arménie et Alice (1279-1324), veuve de Balian d'Ibelin. Amaury de Lusignan, frère d'Henri II, gouverneur du royaume de 1306 à 1310, a eu au moins cinq fils, exilés en Arménie et toujours vivants en 1323. Il n'est alors pas a priori l'héritier le plus direct.

Pour entendre la requête du connétable Hugues de Lusignan, les liges vont d'abord élire Guy d'Ibelin, son beau-père, pour tenir lieu de sénéchal du royaume pour présider la Cour « *selon l'usage* »[5]. Il semble qu'il n'y en avait plus à ce moment. Le sénéchal est celui qui préside la Haute Cour en l'absence du roi. Guy d'Ibelin, nouveau sénéchal, réunit alors la « *court pleignere* »[6]. C'est une véritable *curia generalis* du royaume qui fut assemblée, une « *corte generalmente* »[7], avec en plus tous les prélats du royaume et les gens de religion, soit les ordres militaires, principalement les Hospitaliers. Devant cette assemblée du royaume, Hugues de Lusignan, par l'intermédiaire de son

---

[1] *Chronique d'Amadi*, éd. R. de Mas Latrie, Paris, 1891-1893, vol. 1, p. 401.

[2] BEUGNOT, vol. 2 : Lois, Livre des documents relatifs à la successibilité au trône et à la régence, XVIII, p. 419.

[3] *Ibid.*

[4] *Chronique d'Amadi*, éd. R. de Mas Latrie, Paris, 1891-1893, p. 399.

[5] BEUGNOT, vol. 2 : Lois, Livre des documents relatifs à la successibilité au trône et à la régence, XVIII, p. 419.

[6] *Ibid.*, p. 420.

[7] *Chronique d'Amadi*, éd. R. de Mas Latrie, Paris, 1891-1893, p. 402.

conseil-lige, développe en premier l'argument que les sœurs du roi ne sont pas les héritières les plus directes mais que c'est lui le neveu l'héritier, selon l'usage qui a toujours été usé dans le royaume de Jérusalem et de Chypre[1]. Il est redit que ces usages sont « *comun* » aux cours et que l'on doit juger selon le droit hiérosolymitain. Il fait aussi référence aux « *ancienes escriture* », sans préciser lesquelles. Il est développé en suivant le fait historique de la succession du roi de Jérusalem Baudoin IV. Ce dernier, à la fin de sa vie, avait trois sœurs et un neveu comme héritier. Il fut alors choisi comme héritier et comme co-roi son neveu Baudoin, âgé de cinq ans. Il est donc clair, pour le conseil de Hugues, que le neveu passe devant ses tantes, dans le rang des héritiers et qu'il est le « *droit heir* ». Et depuis, selon lui, les neveux mâles héritent avant les tantes qui sont « *femelles* ». Il est ajouté ensuite l'exemple historique de la succession du roi de Chypre Henri Ier. Ce dernier laissa un fils enfant, une sœur Isabelle de Lusignan, deux neveux Hugues de Lusignan et Hugues comte de Brienne. Son épouse, la reine Plaisance eut le bailliage au nom du fils selon l'usage. Après la mort de cette dernière, le bailliage par raison peut échoir aux trois autres parents, Isabelle, son fils et le cousin. Il fut choisi, constate le conseil, Hugues de Poitiers-Lusignan car homme et sa mère femme. Le conseil constate aussi qu'il en fut de même dans le royaume de Jérusalem, Hugues de Poitiers-Lusignan étant l'aîné de son cousin Hugues de Brienne. Le conseil conclut donc que la couronne se transmet d'abord aux héritiers mâles avant les femelles par le dernier saisi. Pour le conseil d'Hugues de Lusignan, le connétable, la succession du roi Henri II est comparable. Il est souligné ensuite le procès entre le roi Hugues III de Lusignan et Marie d'Antioche, ou bien que cette dernière fut la plus proche parente, fut choisi l'homme devant la femme. Le conseil souligne donc que c'est bien l'usage de Jérusalem et de Chypre que le neveu hérite devant ses tantes. Il est dit ensuite qu'Hugues le connétable prouva son lien de parenté selon l'usage.

Après cette démonstration juridique, il fit ce que toute personne doit faire pour entrer en la seigneurie nous dit le texte[2]. Ce n'est pas dit ici, mais en tout état de cause il offre à tous ses services et promet de jurer et de respecter le droit de chacun ainsi que le droit hiérosolymitain. L'assemblée le reconnut alors comme légitime héritier. Il n'est fait nulle part référence à ses cousins, fils d'Amaury de Lusignan l'ancien gouverneur, autres neveux d'Henri II. Nous savons cependant par ailleurs qu'un héritage se réclame personnellement en cour et que l'absence écarte de fait de la succession.

Une fois reconnu légitime héritier, Hugues d'Ibelin à genoux prêta le serment de chef seigneur sur les « *saintes Evangiles* » entre les mains de l'archevêque de Nicosie[3]. Puis, le sénéchal Guy d'Ibelin le saisit de « *la*

[1] BEUGNOT, vol. 2 : Lois, Livre des documents relatifs à la successibilité au trône et à la régence, XVIII, p. 420.
[2] BEUGNOT, vol. 2 : Lois, Livre des documents relatifs à la successibilité au trône et à la régence, XVIII, p. 421.
[3] *Ibid.*, p. 422.

seignorie du royaume » de Chypre par une verge et demanda à tous les hommes du royaume de lui prêter serment ; l'hommage-lige, le serment-lige ou le serment de *féauté* selon. Nous avons la teneur exacte de ce dernier serment des non-chevaliers qui a été fait à Hugues IV[1]. Il s'agit de remarquer ici que ce serment de féauté fait jurer, en plus du serment de tenir et maintenir les « *bons us et coustumes dou royaume de Jerusalem et de Chipre* », les « *assizes qui furent ordonées par le roy Henri et ses hommes* ».

Le nouveau chef seigneur du royaume de Chypre va être couronné deux fois. Une fois comme roi de Chypre et une fois comme roi de Jérusalem. Le 15 avril 1323, Hugues IV de Lusignan fut couronné roi de Chypre avec son épouse Alice d'Ibelin en la cathédrale Sainte-Sophie de Nicosie[2]. Il est couronné par l'archevêque Joan Del Conte. Le 13 mai suivant, le roi et la reine sont couronnés roi et reine de Jérusalem à Famagouste[3]. Ils sont couronnés par le dominicain Mathéo, évêque de Beyrouth. Les sources ne précisent pas s'ils furent sacrés.

C'est à Famagouste que s'est retrouvé, en effet, l'essentiel de la population syrienne, les chrétiens d'Orient, qui ont fui le continent à la fin du XIIIe siècle et a été établi une cour du *raïs*, nous l'avons vu. Jean Richard avance l'hypothèse que c'est peut-être en raison de ce peuplement syrien que Famagouste était considérée comme partie du royaume de Jérusalem, unie personnellement à celui de Chypre, et non comme partie de celui de Chypre[4]. En effet, le sceau du bailli du *comerc* (la douane) et la monnaie de Famagouste portaient les armes de Jérusalem et non celles de Chypre. De plus, c'est dans cette ville que les rois de Chypre recevront à partir de là et ce jusqu'en 1373 la couronne de Jérusalem et qu'ils pourvoiront symboliquement aux grands offices du royaume de Jérusalem[5].

Le roi Hugues IV de Lusignan va gouverner dans le respect du droit hiérosolymitain et maintenir l'esprit des croisades. En 1329, pour renforcer ses alliances, le roi Hugues IV mari son fils aîné Guy, connétable du royaume,

---

[1] BEUGNOT, vol. 2 : Lois, Livre des formules, XVII, p. 385 : « *Ce est la manière de la feauté. Vous jurés sur saintes Evangilles de Dieu de guarder et sauver monseignor le roy et madame la royne Aalis s'espouze, et leur enfans que il ont ou auront, et ses villes et ses chastiaus et ses forteresses, et l'ennour de sa couroune. Encores jurés vous, par vostre dit seirement, de tenir en secré le secré de la court. Encores jurés vous, par vostre dit seirement, de faire le servize trois mois en la Surie. Encores jurés vous, par vostre dit seirement, de tenir et maintenir les bons us et coustumes dou royaume de Jérusalem et de Chipre et les assizes qui furent ordenées par le roy Henrib et ses houmes* ».

[2] *Chronique d'Amadi*, éd. R. de Mas Latrie, Paris, 1891-1893, p. 402.

[3] *Ibid.*

[4] *Ibid.*

[5] J. RICHARD, *Pairie d'Orient latin, Les quatre baronnies des royaumes de Jérusalem et de Chypre*, dans Revue historique de droit français et étranger, 1950, p. 67-80.

avec Marie de Bourbon, fille du Capétien le duc Louis de Bourbon, petit-fils de Saint Louis[1]. Ils auront un fils Hugues.

Le roi Hugues IV de Chypre, fit construire en 1325 une « *maison à vote* » dans l'enceinte de la Cour des Bourgeois pour garder toutes les « *huches* » qui contiennent les « *escris et les Livres* » des deux cours ; la Haute Cour et la Cour des Bourgeois de Nicosie[2]. Le souci ici, du roi Hugues, est de préserver et de conserver les pratiques de l'écrit juridique, soit l'écrit dans sa dimension et sa fonction pratique. Ces écrits sont à entendre comme ce que les historiens appellent traditionnellement les « sources de la pratique »[3], catégorie typologique qui trace une ligne de partage entre les diverses productions écrites de la société médiévale. Cette désignation de « sources de la pratique » semble ici trouver son origine dans la pratique juridique qui oppose doctrine, soit les Livres d'Assises, et la pratique, soit les Livres de cours des écrivains. La laïcisation de l'écriture au Bas Moyen Âge, par exemple, n'est pas un phénomène anodin. Car l'autorité de l'auteur n'est plus alors liée à une fonction ecclésiastique ou à un titre universitaire, mais à ses seules qualités[4].

Les « sources de la pratique »[5] sont généralement perçues comme les sources produites dans un régime juridique particulier, sous l'autorité d'une institution, et qui s'opposeraient de fait aux sources de la doctrine ou de la théorie. C'est par exemple le cas des actes notariés, sources de la pratique par excellence pour les historiens. Cette distinction recoupe en partie la division entre archives et manuscrits et a l'intérêt de souligner la dimension institutionnelle et juridique de la production écrite médiévale. Mais l'unique critère de l'autorité qui authentifie la distinction qu'elle opère entre les textes est, là aussi, à nuancer. Ainsi les chroniques officielles, qui relèvent d'un genre narratif, peuvent bénéficier dans l'esprit de tous d'un statut d'écriture authentique et nos Livres d'Assises sont aussi le témoignage « authentique » de la pratique. En effet, l'écrit constitue un élément d'enregistrement de l'action, de la pérennisation de sa mémoire et de sa possible manifestation en situation de conflit. Armando Petrucci a déjà pu attirer l'attention sur les parentés morphologiques entre les écritures documentaires et les formes de l'écriture poétique ou de fiction, notamment en comparant les formules de l'écriture notariée et les manuscrits autographes d'auteurs dont on dispose

---

[1] *Chronique d'Amadi*, éd. R. de Mas Latrie, Chroniques d'Amadi et de Strambaldi, Paris, 1891-1893, p. 404

[2] BEUGNOT, vol. 2 : Lois, Livre contrefais, Partie I, chap. XIX, p. 250.

[3] E. ANHEIM, P. CHASTANG, « Les pratiques de l'écrit dans les sociétés médiévales (VIe-XIIIe siècle) », Médiévales, 56, printemps 2009, p. 5-10 et Cf. B. GRÉVIN, *Rhétorique du pouvoir médiéval. Les Lettres de Pierre de la Vigne et la formation du langage politique européen (XIIIe-XVe siècle)*, Rome, École française de Rome (Bibliothèque des Écoles françaises d'Athènes et de Rome, 339), 2008, (1023 p.).

[4] J.-P. Genet, « L'auteur politique : le cas anglais », in ZIMMERMANN Michel, éd. *Auctor et auctoritas. Invention et conformisme dans l'écriture médiévale*, Actes du colloque tenu à l'Université de Versailles-Saint-Quentin-en-Yvelines du 14-16 juin 1999, p. 553-567.

[5] Cf. J. HILAIRE, *La vie du droit*, Paris, PUF, coll. « Droit, éthique, société », 1994.

pour les XIVe-XVe siècles[1]. C'est ce qui incite à envisager la culture écrite médiévale dans un continuum qui permet de saisir, dans une même visée, des écritures à fin esthétique, que l'on va appeler littéraires, et des écritures dites ordinaires, pratiques ou documentaires. Enfin, Armando Petrucci a pu inventer des thèmes de recherche, qui se sont imposés comme importants dans le monde des modernistes, comme le *scrivere per gli altri*, ou les délégations d'écriture, qui invitent à comprendre qui écrit et pour qui dans une relation hiérarchique, professionnelle ou dans une relation d'homogénéité sociale. C'est ce que nous faisons ici dans cette étude. Dans tous les cas, il y a vraie écriture ou réécriture qui permet à l'auteur d'avoir conscience de son travail[2].

Le 16 mai 1340, le roi Hugues et ses hommes vont prendre une nouvelle Assise qui définit le ressort des juridictions bourgeoises du royaume par diocèse[3]. Ceux qui relèvent du diocèse de Nicosie dépendent de Thomas de Montholif l'auditeur et de Jean de Monzezart l'Ahne. Ceux qui relèvent du diocèse « *dou Chief* » dépendant du bailli « *dou Chief* » et de Simon d'Atrolyssa. Ceux qui dépendent du diocèse de Famagouste relèvent du bailly et du raïs de Famagouste. Ceux qui dépendent du diocèse de Limassol relèvent du bailli de Limassol et de Beaumon de Nazareth. Ceux qui dépendent du diocèse de Baffe relèvent du bailli de Baffe et de Hemery d'Ysafran. Les termes bailli et vicomte étaient similaires. Nous avons donc ici la liste des Cours des Bourgeois et des vicomtes en fonction pour l'année 1340. Nous observons bien ici que dans le royaume de Chypre il n'y a eu qu'une Cour du raïs à Famagouste. À Nicosie est ajouté l'office de l'auditeur. Nous ne savons rien de sa fonction sauf qu'il est attaché à la Sécrète royale et qu'il est incontournable[4]. Cette dernière semble au XIVe siècle s'être développée en véritable Cour des comptes avec un rôle de juridiction gracieuse accru[5]. Nous savons, par exemple, qu'elle établissait les arrêts de compte des intendants seigneuriaux en 1356[6].

---

[1] A. PETRUCCI, *Minuta, autografo, libro d'autore, Il libro e il testo,* C. Questa et R. Raffaeli éd., Urbino, 1984, p. 339-414.

[2] M.-A. Polo de Beaulieu, « L'émergence de l'auteur et son rapport à l'autorité dans les recueils d'exempla (XIIe-XIVe siècle) », in ZIMMERMANN Michel, éd. *Auctor et auctoritas. Invention et conformisme dans l'écriture médiévale*, Actes du colloque tenu à l'Université de Versailles-Saint-Quentin-en-Yvelines du 14-16 juin 1999, p. 175-200.

[3] BEUGNOT, vol. 2 : Lois, Livre recueil des Ordonnements du Vicomte de la Cour des Bourgeois de Nicosie, XXXII, p. 378.

[4] BEUGNOT, vol. 1 : Lois, Préface du Livre de Jean d'Ibelin de 1368, p. 5-6 et vol. 2 : Lois, Bans et ordonnances des rois de Chypre, p. 369.

[5] J. RICHARD, T. PAPADOPOULOS, « Le « Livre des remembrances » de la Secrète du royaume de Chypre (1468-1469) », Nicosie : Centre de recherches scientifiques (Sources et études de l'histoire de Chypre), 1983.

[6] E. PONCELET, « Compte du domaine de Gautier de Brienne au royaume de Chypre », in Bulletin de la Commission royale d'histoire, XCVIII (1934), p. 1-28 : Le bailli de Gautier de Brienne avait « *pris sur li devant la secrète roial de Gipre à rendre le compte boin et raisonable à cheaus qui l'auront à oïr et à rechevoir, car autrement Gorge Mosconne ne li voloit ni rechevoir ni aquellir* ».

Concernent les actes de chancellerie, l'étude de la diplomatique montre que la rédaction des privilèges reste fidèle à la règle énoncée dans les Livres d'Assises à savoir que les actes du chef seigneur doivent être garantis par ses hommes, du moins lorsqu'il s'agit des « *chozes qui se font par la haute cour* »[1]. Dans la réalité, seulement deux « *chevaliers courch* », c'est-à-dire formant la cour, dont les noms sont mentionnés suffisent[2].

Il ne semble donc n'y avoir aucun doute sur le fait que les « Assises de Jérusalem » sont encore bien appliquées comme coutume à Chypre au XIVe siècle. Le livre d'Assises écrit sous le règne du roi Hugues IV et le Livre des Formules qui fait état de textes types en usage à la chancellerie de ce roi, qui seront aborés en suivant, ne fait que conforter cette analyse. Dans ce sens, nous avons encore, la formule du serment de vassalité que Saint-Pierre de Vile prêta, à Hugues IV, au nom et comme procureur de Gauthier VI, duc d'Athènes. Nous trouvons ce texte dans les Assises de Romanie, et nous pouvons y lire la mention suivante : « *Encore vous jurez, pour le dit duc, que il tenra et maintendra les bons us et coustumes dou royaume de Jérusalem et de Chipre et les assizes qui furent ordenées par le roy Hemry et par ses hommes* »[3]. Ce même serment qui jure « l*es bons us et coustumes dou royaume de Jérusalem et de Chipre et les assizes qui furent ordenées par le roy Hemry* » se retrouve dans le Livre des Formules cité ci-dessous[4].

Sur le plan des croisades, le royaume de Chypre a réalisé en partie les espoirs de projets de reconquête de la Terre sainte, comme ceux des papes du début du XIVe siècle[5]. Le pape Jean XXII considérait, en avril 1323, le royaume de Chypre comme « *si utile à la chrétienté* »[6]. Des projets de reconquête de la Terre sainte rédigés au XIVe siècle, le plus célèbre est celui de Marino Sanudo l'Ancien[7], qui est, par ailleurs une véritable chronique

---

[1] J. RICHARD, « La diplomatique royale dans les royaumes d'Arménie et de Chypre (XIIe-XVe siècles) », in Bibliothèque de l'école des chartes. 1986, tome 144, livraison 1, p. 69-86.

[2] *Ibid.* : « *Et de ces choses dessus dites garder et tenir et accomplir selonc la forme dessus devisee, nous vous avons doné cestui nostre previlege bolé de plomb, empreint en noz droiz coins de nostre reaime de Gipre, o la garentie de partie de nos homes qui y furent presenz, dont s'ensievent les noms* ». Lorsque l'usage de la bulle de plomb s'effaça, la formule devient : « *Et ad ce que la présente... soit et parmaigne ferme et valable perdurablement... nous avons fait faire cestuy present previlege et garni de nostre grant seel pendant en cire vermeuille, o la garentie...* ».

[3] J. BUCHON, *Recherches et matériaux pour servir à une histoire de la domination française aux XIIIe, XIVe et XVe siècles dans les provinces démembrées de l'Empire grec à la suite de la quatrième croisade*, Auguste Desrez, Libraire éditeur, Paris 1840, p. 110-111 ; Cf. G. RECOURA, *Les Assises de Romanie,* Edition Critique avec une Introduction et des Notes, Édité par Honoré Champion, Paris, 1930.

[4] BEUGNOT, vol. 2 : Lois, Livre des formules, XVIII, p. 386.

[5] N. COUREAS, « *Cyprus and the Naval Leagues, 1333-1358* », p. 107-124

[6] G. MOLLAT, *Jean XXII (1316-1322), Lettres communes*, Albert Fontemoing éditeur, Paris, 1904, n° 18106.

[7] M. T. SANUDO, *The Book of the Secrets of the Faithful of the Cross (Liber Secretorum Fidelium Crucis)*, tr. Peter Lock, Farnham, Ashgate, 2011

d'Orient. En 1337, le roi Hugues conduit les forces « croisées » de son royaume à une grande victoire sur les Turcs[1]. Mais ses forces sont insuffisantes. Une ligue est formée avec les Hospitaliers par l'intermédiaire du patriarche de Constantinople[2]. Le 8 mars 1344 est formé à Avignon par le pape la « *Sainte Union* », entre lui, le royaume de Chypre, les chevaliers de Rhodes et Venise, pour mener une « croisade » en Syrie[3]. Le pape Clément VI prêche et ordonne aux prélats d'Occident de prêcher aussi « la croix » dans les églises et de la distribuer[4]. Le pape accorde à ceux qui prendront la croix les privilèges des pèlerins en Terre sainte. Cependant, la « *Sainte Union* » ne s'attaqua pas à la Terre sainte mais à l'Asie Mineure. Hugues IV présida la gestion des forces militaires et il permit de prendre la ville de Smyrne aux Turcs le 28 octobre 1244[5]. Mais les forces en présence n'allèrent pas plus loin.

C'est à cette époque, semble-t-il que fut pris l'habitude pour certains d'aller à Jérusalem se faire adouber à Jérusalem au Saint-Sépulcre à l'image d'un certain Albert Pachost et son compagnon adoubé par Philippe de Mézières, futur chancelier du royaume de Chypre[6].

Le fils aîné du roi, Guy, meurt en 1346[7]. En avril 1348, le roi Hugues empêcha ses deux autres fils Pierre et Jean d'aller en Europe pour obtenir de l'aide afin de reconquérir le royaume de Jérusalem[8]. Toutefois le roi Hugues participa à la constitution d'une nouvelle *ligue* en 1357 mais cette dernière ne dura pas[9]. Le 24 novembre 1358, le roi Hugues vieillissant associe au trône son second fils Pierre, comte de Tripoli, et le fait couronner roi de Chypre[10]. Le roi choisit ce fils comme héritier aux dépens de son petit-fils Hugues fils de son fils aîné décédé. Mais il s'agit de remarquer ici que la règle de primogéniture appliquée en Occident n'a jamais été respectée dans l'Orient latin. Cette pratique d'associer le fils à la couronne du vivant du père est une pratique archaïque qui ne se fait plus en France depuis le début du XIIIe siècle. Philippe II Auguste (1165-1223), roi de France, sacré le 1er novembre 1179 à Reims, fut le dernier prince capétien à l'être du vivant de son père. Ce même jour, le roi Hugues IV fit aussi de son troisième fils Jean, le connétable de

---

1 *Chronique d'Amadi*, éd. R. de Mas Latrie, Chroniques d'Amadi et de Strambaldi, Paris, 1891-1893, p.39

2 *Idem*. p. 41

3 N. IORGA, *Philippe de Mésières, 1327-1405, et La croisade au XIVe siècle*, Librairie Emile Bouillon, Paris 1886, p.38 et Cf. M. AVEROFF, *Récits de l'histoire franque en Chypre*, In : Bulletin de l'Association Guillaume Budé, n°2, juin 1969. p. 229-255

4 *Ibid*, p. 43

5 R. GROUSSET, *Les Croisades*, Presses Universitaires de France, Paris, 1964, p. 116

6 N. IORGA, *Philippe de Mésières, 1327-1405, et La croisade au XIVe siècle*, Librairie Emile Bouillon, Paris 1886, p. 76.

7 *Ibi.d*, p. 83.

8 *Chronique d'Amadi*, éd. R. de Mas Latrie, Paris, 1891-1893, p. 408.

9 N. IORGA, *Philippe de Mésières, 1327-1405, et La croisade au XIVe siècle*, Librairie Emile Bouillon, Paris 1886, p.101.

10 *Chronique d'Amadi*, éd. R. de Mas Latrie, Paris, 1891-1893, p. 408.

Chypre et le titra par la même occasion prince d'Antioche. Le roi Hugues IV meurt le 10 octobre 1359[1].

B. Les Livres et les manuscrits témoins d'une pratique en évolution constante

Sous le règne d'Hugues IV deux Livres complémentaires d'Assises vont être écrits et deux des manuscrits connus témoignent de la diffusion du droit hiérosolymitain à cette époque.

Le Livre Contrefais est très certainement le dernier Livre de droit sur les « Assises » écrit par un jurisconsulte de l'Orient latin. Il semble avoir été écrit un peu après 1325 et il présente un caractère et une portée limitée. Le Livre Contrefais est un abrégé juridique de la pratique coutumière devant la Cour des Bourgeois. Ce livre juridique du droit pratiqué devant la Cour des Bourgeois se situe dans la continuité du Livre sur les Assises de la Cour des Bourgeois. Il le prolonge et le complète parfois. Il indique de manière certaine quelle est la pratique réelle du droit hiérosolymitain au XIVe siècle à Chypre devant la Cour des Bourgeois.

Ce texte est un véritable enseignement du droit bourgeois et éclaire, par ailleurs, bien des points sur la Haute Cour, comme nous avons pu nous en rendre compte. On y trouve aussi des reproductions de formules, des textes d'ordonnements du Vicomte, des extraits d'œuvres de divers jurisconsultes qui se trouvent par ailleurs dans d'autres Livres d'Assises. L'auteur nous dit bien, au chapitre XX, que son propre Livre n'a pour fonction que de « *parfaire et accomplir* » les Livres de Cours[2]. Son objectif, donné en son chapitre Ier, a été de consigner les produits de son expérience dans un Livre destiné à combler les lacunes et à fournir un guide plus sûr conforme aux pratiques qui ont eu lieu à Chypre, dans l'application des Assises[3]. On sait aussi que l'auteur, à travers la lecture du Livre, a connu Nicolas Antiaume, Balian et Jean d'Ibelin, fils du vieux seigneur de Beyrouth[4]. Il nous dit aussi avoir travaillé à partir du Livre de Philippe de Novare. Son témoignage du droit n'en a que plus de valeur. L'ouvrage est divisé en deux parties. Dans la première partie, nous avons le Livre du Pledeant et dans la seconde le Livre du

---

[1] *Ibid.*

[2] BEUGNOT, vol. 2 : Lois, Livre contrefais, Partie I, chap. XX, p. 251.

[3] BEUGNOT, vol. 2 : Lois, Livre Abrégé, Partie I, chap. XX, p. 251 : « *Encores soit ce que cestuy livre a esté fait par petite persoune et de petit entendement, et non voillant faillir et esforsant ce de faire aucune boune choze, pour le compliment de son dezir, vost et deviza les choses devant dites. Et pour ce que les chozes qui sont à faire sont de plus grant et de plus forte manière, se est il pensé de ayder ce de toutes celles chozes par cuy il puisse meaus estre avées. Et pour ce vost, avant que il restraist l'estoire et la manière des plais qui avienent et pevent avenir entre la gent, faire mencion briefment et grocement, celonc luy, des chozes qui ont esté et sont et doivent estre uzées et faites en ladite court, par lesquels il en puisse avoir aye et aveement de son livre parfaire et acomplir* ».

[4] BEUGNOT, vol. 2 : Lois, Livre Contrefais, Partie II, chap. XXVII, p. 337.

Plaidoyer. Dans la première partie l'auteur traite du droit privé et du droit pénal des bourgeois, et dans la seconde partie de la procédure qui est une simple reprise du Livre de La Cour des Bourgeois sous forme de résumés.

Le cadre contextuel d'écriture de ce Livre d'Assises, dans la première moitié du XIVe siècle s'inscrit comme une véritable spécificité juridique. En effet, durant cette période on assiste en Europe occidentale à des transformations procédurales majeures notamment en matière pénale. Or ici ce Livre, comme la diffusion des autres Livres témoigne d'une imperméabilité aux évolutions occidentales. La réception croissante du droit romain et de la progression de la culture écrite dans la procédure d'enquête est inconnue dans l'Orient latin. La procédure romano-canonique qui s'est imposée au sein du for ecclésiastique depuis la fin du XIIe siècle est en passe de s'imposer à la fin du XIIIe siècle, notamment en France dans les juridictions royales comme l'attestent les réformes initiées par Louis IX. On assiste en Europe à une mutation du système judiciaire, où l'inquisitoire acquière la primauté sur l'accusatoire comme une traduction juridictionnelle de l'affirmation de la souveraineté royale[1]. Mais dans l'Orient latin le droit hiérosolymitain, dans ce qu'il a d'archaïque et mais aussi d'innovant, perdure et s'affirme avec le temps.

L'abrégé juridique du droit des bourgeois a été écrit à Chypre comme l'indique le Chapitre Ier[2]. Ce Livre ne se retrouve dans sa forme complète que dans un manuscrit composé avant 1250[3]. La première partie, le Livre du Pledeant, de l'Abrégé de la Cour des Bourgeois a été traduite et publiée en italien par les commissaires de Venise en 1535. Ce texte a donc pour sa première partie eu une portée juridique et pratique jusqu'au XVIe siècle.

On ignore précisément le nom du jurisconsulte qui le composa mais on sait seulement que ce jurisconsulte vivait au milieu du XIVe siècle, sous le règne de Hugues IV, après 1325[4]. Il nous dit seulement au chapitre XX[5], de la deuxième partie de son Livre, avoir plus de soixante-dix ans et avoir rempli diverses fonctions auprès de la Cour des Bourgeois de Nicosie pendant quarante ans. Il nous dit y avoir été juré pendant onze ans, greffier pendant aussi onze ans et *avanparlier*, soit avocat, pendant dix-huit ans. Mais au chapitre XXI, au sujet d'un « ordonnement », déjà abordé, du roi Henri II de 1300 qui modifie les Assises, une hypothèse sérieuse sur son identité

[1] J. HILAIRE, *La construction de l'État de droit dans les archives judiciaires de la Cour de France au XIIIe siècle*, Paris, Dalloz, 2011 (Collection L'esprit du droit).

[2] BEUGNOT, vol. 2 : Lois, Livre Contrefais, Partie I, chap. I, p. 235 : « *selonc les bons us et les bounes costumes que l'om a usé au royaume de Chipre et lesqués us et coustumes y a assises et usages de celles qui furent faites et ordenées et uzées et sentencées au royaume de Chipre* ».

[3] Venise, Biblioteca Nazionale Marciana, ms. fr., Str. App. 20 (265), *Assise di Gerusalemme.*

[4] BEUGNOT, vol. 2 : Lois, Livre Contrefais, Partie I, chap. XIX, p. 250.

[5] *Ibid.*, Partie II, chap. XX, p 319 ; « *et saches que quant je os compli soixante dix ans d'aage, et avoye uzé en la court de la visconte quarante ans, c'est assaver onze ans juré de la court et onze ans escrivain et le remanant de son aage estoit avanparlier* ».

apparaît[1]. Il semble qu'à l'époque il fut lui-même juré au vu de ce qu'il a pu dire au chapitre XX de cette deuxième partie de son Livre. Il semble donc que c'est la raison qui lui permet de témoigner avec autant de précision du dialogue qu'il y a eu entre le roi Henri II, le vicomte et les jurés, lorsqu'ils refusèrent d'appliquer la disposition royale. Et après ce conflit il n'est plus juré selon ses propres déclarations. Il devient avocat selon son propre résumé de sa carrière de jurisconsulte. Il semble donc qu'il est celui dans le texte qui fit changer d'avis les autres jurés qui voulaient obéir au roi, soit Pierre d'Uschoise, ce qui entraîna leur renvoi à tous. Le fait qu'il parle de lui à la troisième personne n'est pas un contre indicateur car l'exemple du chapitre XX nous montre qu'il passe régulièrement de la première personne à la seconde du singulier.

Le Livre des Formules lui n'est pas à proprement parler un Livre de droit mais une compilation de formules de chancellerie. Il semble avoir été écrit après peu après 1325 et il présente un caractère éclairant avec une portée toutefois limitée. La datation du Livre n'est pas difficile. Les Formules, furent rédigées, comme l'indiquent la plupart des items, « *Hugue, par la grâce de Dieu roi de Jérusalem et de Chipre* », sous le règne d'Hugues IV, roi de Chypre et de Jérusalem, soit entre 1324 et 1359. Mais ce Livre ne se retrouve que dans un manuscrit composé avant 1250[2]. Ce qui réduit la période d'écriture.

Ce Livre des Formules est la compilation d'un ensemble de dispositions officielles de la chancellerie chypriote au XIVe siècle. Elles apportent un éclairage intéressant sur les usages et pratiques de l'époque mais aussi sur quelques points historiques dans l'application des Assises de Jérusalem. C'est une véritable source d'information sur la pratique concrète de l'action royale au quotidien sous le règne du roi Hugues IV et montre que les Assises de Jérusalem, comme coutume, sont le fondement du droit chypriote à cette époque. De fait ce Livre des Formules n'a pas été traduit en italien en 1532. Les seize premiers items des « Formules » concernent les formules introductives des lettres officielles aux membres de la famille royale et aux officiels du royaume. Aux points dix-sept et dix-huit, nous avons le serment de *féauté* et le serment féodal. Ensuite sur le ton impersonnel sont abordées les manières dont le roi doit s'adresser aux Cours et doit agir dans différentes situations qui relèvent de sa compétence avec ses hommes liges. Les derniers items concernent la manière de convoquer les hommes devant la Haute Cour, cour de gouvernement et de justice.

Des manuscrits les plus anciens du XIVe siècle, en notre possession, deux semblent témoigner tout particulièrement du droit hiérosolymitain appliqué dans le royaume de Chypre sous le règne du roi Hugues IV. Le premier, le

---

[1] *Ibid.*, chap. XXI, p 320.
[2] Venise, Biblioteca Nazionale Marciana, ms. fr., Str. App. 20 (265), *Assise di Gerusalemme.*

plus important, est le manuscrit de Venise (ms. fr., Str. App. 20) et le second, dans une moindre mesure, le manuscrit d'Erevan (ms. 1898).

Le manuscrit de Venise date du XIVe siècle[1]. C'est peut-être le manuscrit le plus ancien en raison de sa première partie[2] mais la seconde date du milieu du siècle. En effet, à la fin du manuscrit se trouvent le Livre Contrefais et le Livre des Formules qui ont été composés, bien après 1323. Ce volume en parchemin est composé de 364 folios (310/220 mm). L'écriture est en français sur deux colonnes de trente-quatre lignes chacune. Ce manuscrit est très complet. On y trouve le Livre de Jean d'Ibelin, le Livre de Geoffroy Le Tort, le Livre de Jacques d'Ibelin, le Livre des lignages d'Outremer, le Livre de Philippe de Novare, la clef des Assises, les deux parties du Livre abrégé, et les formules[3]. Les deux derniers Livres ici cités, et au vu de ce qui a été dit précédemment, sont peut-être même ici dans leur version originale, ce que personne n'a jamais remarqué.

Dans ce manuscrit, se trouvent de nombreuses mentions marginales, de petits textes et des signatures. Au folio 1, se trouve la signature des quatre députés envoyés par la République de Venise, en 1531, pour faire traduire les Assises de Jérusalem en italien. Ces envoyés étaient Jean de Nores, comte de

[1] Il est à remarquer que ce manuscrit a fait un temps partie des collections de la Bibliothèque nationale de Paris, dont il porte le cachet.

[2] La note de présentation de la bibliothèque propose aussi la date de 1290 pour la première partie du manuscrit et une rédaction à Saint-Jean d'Acre pour la seule raison d'une enluminure. En effet, au folio 1 se trouve une belle miniature dans les tons bleu et lie de vin. Le décor représente les murailles d'une cité avec, dans le lointain, des coupoles qui semble figurer le Saint-Sépulcre. Sur le sommet d'une église, une croix d'or pattée, et au sommet d'un donjon, un gonfanon portant une croix rouge sur fond blanc. À gauche, il y a quatre personnages, dont un est en toute vraisemblance Godefroy de Bouillon. Il tient dans sa main droite un sceptre en forme de trèfle à trois feuilles et de la main gauche un codex qui ne peuvent être que les Assises de Jérusalem. Des quatre personnages situés à droite de l'image, on observe un évêque portant la mitre. Cette miniature serai, selon le catalogue de la bibliothèque, le fruit du travail d'un maître hospitalier d'origine française actif à Paris entre 1276 et 1280 et à Acre entre 1280 et 1291.

[3] Fol. 3 à 11 : Table des rubriques du Livre de Jean d'Ibelin,
Fol. 11 à 174 : Le livre de Jean d'Ibelin en 263 chapitres,
Fol. 174 à 177 : Un texte d'une consultation juridique donnée par Jean d'Ibelin,
Fol. 178 à 182 : Un extrait du livre de Geoffroy Le Tort,
Fol. 183 à 190 : Le livre de Jacques d'Ibelin,
Fol. 191 à 197 : Les Lignages d'Outremer,
Fol. 197 à 200 : Un texte relatif au duel judiciaire (publié par Beugnot avec le Livre des Bourgeois),
Fol. 200 à 204 : La plaidoirie de Jacques d'Ibelin sur le service d'ost,
Fol. 205 à 260 : Le livre de Philippe de Novare,
Fol. 261 à 278 : La Clef des Assises,
Fol. 279 à 315 : Le livre du Pledeant,
Fol. 315 à 339 : Le livre du Plaidoyer,
Fol. 339 à 375 : Les formules.

Tripoli et propriétaire de ce volume[1], Francesco Attar, Aloisius Cornelius et Florio Bustron, celui-là même qui réalisa la traduction. Tous les quatre signent de leur nom à la suite de cette phrase : « *Questo volume de Assise in Pledeante et subsequenter di testi espressi de l'alta corte del regno de Hierusalem et de Cypro, è uno de li quatro eletti per noi acio deputati, scontrato et trovato conforme agli altri tre. Sottoscritto etiam da noi in fine. Die 17 junii 1531* ». Sur la page de garde, on trouve encore cette mention : « *1535, die XXI octob. Nota corne il présente libro esta lassato qui per il magnifico messer Zuan de Nores azo il remangi per permanente qui, et alinostro li esta consegnato uno volume de l'alta et bassa corte traducto in lingua italiana et stampato per deliberation de lo Illustrissimo Consiglio dei X in carta vitellina ligato et coperto di cuoio rosso, et la présente nota esta de mandamento delli Illustrissimi Signori Capi del presento Consiglio. Per li Illustrissimi Con. Nota. Caroldus* ». Là aussi, cela prouve indiscutablement l'usage de ce manuscrit, comme source du droit hiérosolymitain, jusqu'au XVIe siècle[2].

Le Livre de Jean d'Ibelin se situe dans le manuscrit du folio 11 au folio 174 en 263 chapitres, ainsi que des « chapitres » supplémentaire du folio 174 au folio 177. La table des rubriques se retrouve du folio 3 à 11. Le texte est rajeuni par rapport aux deux plus anciens manuscrits vus et le texte est semblable au manuscrit Séguier-Coislin (ms. fr. 19026). Le prologue est lui aussi réparti en cinq chapitres. Il comporte, en plus des 225 chapitres communs aux deux plus anciens manuscrits, dix-huit chapitres supplémentaires communs au manuscrit Séguier-Coislin et des additions propres. Le texte est donc toujours et différemment bien « vivant ».

Le Livre de Geoffroy Le Tort se situe dans le manuscrit du folio 178 au folio 182. Ici ce manuscrit ne nous donne que quelques extraits de ce Livre. C'est la seconde et dernière version « authentique » de ce Livre en français. Cette version amoindrie montre un usage atténué de ce Livre à cette époque.

Le Livre de Jacques d'Ibelin se situe dans le manuscrit du folio 183 au folio 190. Cette « version » en 69 chapitres est identique à la version précédente et c'est aussi la seconde est dernière version « authentique » de ce Livre en français. Les deux plaidoiries relatives au service militaire entre le roi Henri et Jacques d'Ibelin nous sont parvenues de manière « authentique » et en français qu'à travers ce manuscrit du folio 200 au folio 204.

Le Livre des lignages d'Outremer se situe dans le manuscrit du folio 191 au folio 197 et toujours par rapport à la première version vue, ce Livre est donné en 17 chapitres. Le Livre de Philippe de Novare se situe dans le manuscrit du folio 205 au folio 260 en 89 chapitres ou 79 chapitres et 10 annexes ayant la forme de consultations juridiques. Au dernier folio de ce

[1] Il est indiqué au folio 364 que « *Sest livre est de Jehan de Nores, fils Badyn le marsal de Jerusalem* ».

[2] Les commissaires vénitiens n'ont collecté que les manuscrits encore en usage à Chypre au XVIe siècle.

Livre est indiqué le nom du copiste ou de l'écrivain qui a servi de plume à Philippe de Novare, « *Jehan le Petevin* ». Cette « version » augmentée montre le caractère « vivant » de ce texte au XIVe siècle. C'est cependant l'unique seconde version « authentique » de ce Livre, il n'y en a pas d'autre. Les autres versions que nous possédons sont des copies. L'ordre des chapitres et la disposition des matières entre les deux « versions » sont extrêmement variables mais le texte reste très semblable.

Le Livre de la clef des Assises se situe dans ce manuscrit du folio 261 au folio 278. Il nous donne ce Livre en 240 chapitres avec un prologue. Ce Livre ne nous est parvenu de manière « authentique » et en français qu'à travers ce manuscrit.

Le Livre Contrefais se situe dans ce manuscrit du folio 279 au folio 339. La première partie, le livre du Plédeant se retrouve en 72 chapitres du folio 279 au folio 315 et la seconde partie le livre du Plaidoyer en 40 chapitres du folio 315 au folio 339. Ce Livre ne nous est parvenu de manière « authentique » et en français qu'à travers ce manuscrit. C'est aussi la seule version complète que nous ayons.

Le Livre des Formules se situe dans ce manuscrit du folio 339 au folio 375, en 24 chapitres. Ce Livre ne nous est parvenu uniquement et de manière « authentique » en français qu'à travers ce manuscrit.

Le manuscrit Erevan date du début du XIVe siècle. C'est un manuscrit en arménien qui compile des œuvres et des épisodes de l'histoire arménienne, ainsi que le Livre des Lignages d'Outremer. Le manuscrit d'Erevan donne en arménien ce Livre dans une version identique, en 17 chapitres, que celle fournit par le manuscrit de Venise vu juste précédemment[1]. Ici, le Livre des lignages d'Outremer[2] fait partie d'une œuvre plus vaste d'Héthoum de Korykos[3], *Chronique historique que l'humble serviteur du Christ Héthoum seigneur de Korykos a traduite du français en l'an 745 de l'ère arménienne*[4]. L'idée semble-t-il est d'inscrire la famille royale arménienne dans la continuité des grandes familles des Francs.

[1] M-A. NIELEN-VANDEVOORDE, *Un livre méconnu des Assises de Jérusalem : les Lignages d'outremer..*, In: Bibliothèque de l'école des chartes. 1995, tome 153, livraison 1. p. 103-130.

[2] *Hét'oum l'Historien, Travaux généalogiques*, pp. 94-114, trad. par Hasmig Mrkrtchian dans Marie-Adélaïde Nielen, *Les lignages d'Outremer* (Documents pour servir à l'histoire des croisades), Paris, 2003, pp. 131-147.

[3] Il est le neveu de Jean d'Ibelin.

[4] Vigen A. Hakobyan, *Chroniques mineures* (XIIIe-XVIIIe siècle) (en arm.), 2 vol., Erevan, 1956, t. II.

II. L'établissement d'un Livre de Jean d'Ibelin de référence en 1368

Pierre Ier, à la mort de son père en 1359, devient un roi autocrate très contesté dans son royaume. Pierre Ier est à l'international un prince flamboyant mais il est rejeté dans son royaume en raison de son despotisme et de ses exactions malgré les tentatives de conciliation des barons (A). Cette situation va entraîner une nouvelle révolution des barons en 1368 et après son assassinat le droit hiérosolymitain est véritablement rétabli (B).

A. Pierre Ier, un autocrate contesté

Le co-roi de Chypre Pierre Ier succède à son père, le roi Hugues IV, au décès de ce dernier le 10 octobre 1359. Bien que déjà roi à la mort de son père et reconnu par tous comme le légitime héritier Pierre est contesté comme roi légitime par son neveu Hugues, prince de Galilée, fils de feu son frère aîné Guy[1]. De plus le contrat de mariage qui avait été passé entre Guy et Marie de Bourbon stipulait que leurs enfants hériteraient du royaume[2].

Le prince Hugues est toutefois inconnu dans le royaume de Chypre. Il est parti très jeune avec sa mère à la mort de son père. En 1359, il vit en France et apprenant la nouvelle de la mort de son grand-père, il se rend à Avignon réclamer ses droits à la couronne[3]. Le pape Innocent VI convoqua alors le roi Pierre Ier pour répondre devant sa cour. Le roi envoya Joan de Morpho, comte de Rochas et maréchal du royaume, et Thomas de Montolipho l'auditeur, pour le représenter. Après négociations, Pierre Ier est confirmé comme roi par le pape et le prince Hugues devra recevoir une rente annuelle 150 000 besants[4]. Ce dernier épouse la fille de l'ambassadeur Joan de Morpho et se rend à Chypre auprès de son oncle le roi à qui il rend hommage[5].

Le 8 décembre 1359 arrive aussi sur l'île de Chypre le bienheureux périgourdin Pierre Thomas de l'Ordre du Carmel, légat du pape, à la suite d'un pèlerinage à Jérusalem[6]. Il essaie une nouvelle fois de convaincre les Grecs de revenir dans la communion de l'Église catholique et de jurer fidélité au pape. C'est lui qui va couronner en 1360 le roi Pierre et son épouse, Alice de Catalogne, roi de Jérusalem à Famagouste[7],[8].

---

1 *Chronique d'Amadi*, éd. R. de Mas Latrie, Paris, 1891-1893, p. 410.
2 *Ibid.*
3 *Ibid.*
4 *Ibid.*
5 *Ibid.*
6 *Chronique d'Amadi*, éd. R. de Mas Latrie, Paris, 1891-1893, p. 409.
7 N. IORGA, *Philippe de Mésières, 1327-1405, et La croisade au XIVe siècle*, Librairie Emile Bouillon, éditeur, Paris 1886, p. 105.
8 *Chronique d'Amadi*, éd. R. de Mas Latrie, Paris, 1891-1893, p. 408.

Pierre Ier est un prince brillant et d'envergure et il est résolu à lancer une nouvelle « croisade ». En 1360, une partie de la côte arménienne, dépendante du château de Gorhigos, se donne et rend hommage au roi Pierre Ier face à la menace turque[1]. En suivant le roi va mener ses forces militaires à une grande victoire en enlevant la place forte de Satalie, en Asie Mineure aux Turcs[2]. Les émirs de Candelore et de Manavgat font acte de soumission au roi de Chypre[3].

Sur le plan intérieur, le roi Pierre Ier fonda l'Ordre du Silence et de l'Épée[4]. C'est l'unique Ordre de Chevalerie qui eut été créé à Chypre. Les Chevaliers de l'Ordre recevaient des mains du roi l'insigne ; une épée d'argent à la poignée en forme de croix en or avec sur champ d'azur tout autour la devise : « *c'est pour loyauté maintenir* ». Le roi grand maître de l'Ordre remettait aussi une chaîne d'or en forme d'S qui signifiait « silence ». Le serment avait pour titre : « *Pour maintenir la fidélité au ro*i ». Les jeunes nobles européens recherchèrent cette distinction en prenant la croix dans l'Orient latin par leur soutien au roi de Chypre.

Auréolé de la gloire de ses victoires, le roi Pierre se rend en Europe en 1361 et commence une longue tournée de trois ans avec le légat Pierre Thomas, adressant un appel à l'aide à des grands souverains. Il se rend d'abord à Avignon[5]. Le pape, reconnaît officiellement la croisade et remet la croix au roi Pierre Ier, au roi de France Jean Ier et au cardinal Hélie de Talleyrand de Périgord, patriarche latin de Constantinople[6]. Pierre Ier se rend ensuite en Angleterre et en Allemagne chez l'empereur romain germanique[7]. On lui réserva partout un accueil plein d'honneurs, cependant l'aide qui lui fut accordée se révéla minime. Il parvint toutefois à mettre sur pied une flotte et une armée qu'organisèrent, en attendant son retour, ses deux frères cadets Jean et Jacques[8]. Pierre Ier pour étoffer son armée va affranchir les Grecs de son royaume et réquisitionner les Bourgeois[9]. En 1364, le roi Pierre Ier, à la suite du décès du roi de France est nommé chef de la croisade et Pierre Thomas à la suite du décès du cardinal Hélie de Talleyrand de Périgord, est nommé patriarche latin de Constantinople[10].

---

[1] *Ibid*, p. 411.

[2] *Ibid.*

[3] *Ibid.*

[4] N. IORGA, *Philippe de Mésières, 1327-1405, et La croisade au XIVe siècle*, Librairie Emile Bouillon, Paris 1886, p. 83.

[5] *Ibid.*, p. 412.

[6] N. IORGA, *Philippe de Mésières, 1327-1405, et La croisade au XIVe siècle*, Librairie Emile Bouillon, Paris 1886, p. 104.

[7] *Chronique d'Amadi*, éd. R. de Mas Latrie, Paris, 1891-1893, p. 413.

[8] *Ibid.*

[9] *Ibid.*

[10] N. IORGA, *Philippe de Mésières, 1327-1405, et La croisade au XIVe siècle*, Librairie Emile Bouillon, Paris 1886, p. 204.

De retour dans son royaume en 1365, Pierre Ier prit la tête de son armada et la dirige contre Alexandrie[1]. C'était là une excellente opération stratégique, parce que d'une part, les richesses de la ville attireraient la participation de nombreux « croisés », comme Venise, et que d'autre part la force des musulmans, même à Jérusalem, dépendait essentiellement du sultan d'Égypte. Le débarquement à Alexandrie le 10 octobre 1365 fut largement couronné de succès. Le patriarche Pierre Thomas chanta une messe solennelle et le roi fit chevalier son frère Jacques avec de nombreux autres jeunes gens[2]. Mais cette victoire est éphémère car les « croisés », sont saisis de crainte à l'idée que les sarrasins ne viennent à la rescousse de la ville assiégée. Après concertation et contre l'avis de Pierre Ier et de Pierre Thomas qui les exhortent à tenir, les « croisés » avec leur riche butin, rembarquent pour Chypre le 16 octobre 1365[3].

Cette « croisade » provoqua le mécontentement des mamelouks d'Égypte, mais aussi des républiques maritimes italiennes qui n'appréciaient pas que quelqu'un trouble leur commerce avec les musulmans[4]. Le bienheureux Pierre Thomas meurt au retour de la « croisade » à Chypre à Famagouste dans la nuit du 6 au 7 janvier 1366[5]. Le connétable de France, Bertrand du Guesclin se proposa pour soutenir la croisade mais préféra finalement orienter sa « croisade » en Espagne avec les grandes compagnies[6].

Peu de temps après Pierre Ier retourna à Alexandrie avec une armada mais la tempête l'empêcha d'aborder et il dut retourner dans son royaume[7]. Pendant ce temps une autre partie de l'armada alla à la conquête de Tripoli. En 1367, le roi Pierre envoie sa flotte au secours de l'Arménie avec à sa tête Philippe d'Ibelin, comte d'Arsouf et Jean d'Ibelin sénéchal de Jérusalem pour repousser les Turcs[8]. Ils prendront en suivant Tripoli. Dans l'intervalle, les habitants de la petite Arménie, se voyant en danger, offrirent la couronne de leur pays à Pierre, dans l'espoir qu'il leur prêterait assistance. Depuis le roi de Chypre possède également le titre de roi de Jérusalem et d'Arménie. Guy de Lusignan, fils d'Amaury de Lusignan, gouverneur de Chypre et frère du roi Henri II avait été roi d'Arménie jusqu'à sa mort en 1344[9].

Cette année-là, Pierre Ier décide de se rendre une nouvelle fois en Europe pour demander de l'aide. Il confie le royaume à son frère Jean, prince

---

[1] *Chronique d'Amadi*, éd. R. de Mas Latrie, Paris, 1891-1893, p. 413.

[2] *Ibid.*, p. 415.

[3] *Ibid.*

[4] M. BALARD, Chypre, *Les républiques maritimes italiennes et les plans de croisade (1274-1370)*, Cyprus and the crusades, Nicosia, 1994, p. 104.

[5] N. IORGA, *Philippe de Mésières, 1327-1405, et La croisade au XIVe siècle*, Librairie Emile Bouillon, Paris 1886, p. 315.

[6] *Ibid.*, p. 306.

[7] *Chronique d'Amadi*, éd. R. de Mas Latrie, Paris, 1891-1893, p. 416.

[8] *Ibid.*

[9] R. GROUSSET, *L'Empire du Levant : Histoire de la Question d'Orient*, Paris, Payot, coll. « Bibliothèque historique », 1949 (réimpr. 1979), p. 402.

d'Antioche comme gouverneur, « *governador in Cypro* »[1]. Il se rend à Rome avec son fils Pierre, comte de Tripoli et son neveu Hugues, prince de Galilée. Mais son entreprise se révéla un échec.

Pierre Ier n'est pas dans son gouvernement un roi respectueux du droit hiérosolymitain. Pierre Ier, contrairement à la tradition et aux usages pratiqués dans les royaumes de Chypre et de Jérusalem a imposé petit à petit la pratique d'une souveraineté royale et gouverne de manière autocratique sans consulter ses barons. Toutes les grandes décisions de croisade sont prises sans le conseil des hommes du royaume. Il mécontenta sa noblesse par des actes arbitraires, mais surtout par ses exigences financières, en dépit du recours à des expédients parmi lesquels figurait un affranchissement massif des Grecs qui purent dès lors accéder au même statut que la bourgeoisie franque ou syrienne[2].

Un manuscrit semble témoigner de cette époque ; c'est le manuscrit de Munich[3] du XVIIIe siècle[4], qui est une copie d'un manuscrit du XVe siècle, copie lui-même d'un manuscrit du XIVe siècle. C'est un manuscrit papier de 263 folios (150/200 mm). La reliure est en veau brun aux armes de Lorraine et porte le titre *Assises de Lorraine*[5]. Ce manuscrit est une copie d'un manuscrit rédigé, entre 1458 et 1460, qui reproduit lui-même, avec des additions, un manuscrit daté du 4 août 1344, rédigé ou copié par un certain Pol Castrossio[6]. Ce manuscrit nous donnerait donc la version d'un texte copié en 1344, antérieur par conséquent à la révision de 1369. Il s'agit donc bien d'un manuscrit qui fait état du droit hiérosolymitain ayant cours à Chypre du XIVe au XVe siècle. Ce manuscrit nous donne le Livre de la Clef des Assises, le

---

1 *Chronique d'Amadi*, éd. R. de Mas Latrie, Paris, 1891-1893, p. 418.

2 *Ibid.*, p. 422.

3 Ce manuscrit eu différents propriétaires, pour la plupart lorrains. Sur la feuille de garde il y a un ex-libris avec l'inscription : « *Bibliothèque de Mr Si.s P.re du Pont de Romemont* ». Sur la première page, en marge on peut lire « *comte de Savigny 1641* ». Il fut acheté, en 1857, par les rois de Bavière à l'orientaliste Quatremère, l'un des éditeurs des Recueils des historiens des Croisades.

4 La datation de ce manuscrit, comme du début du XVIIIe siècle, est de la chartiste Marie-Adélaïde NIELEN (*Lignages d'outremer*, Académie des inscriptions et belles-lettres, Paris, 2003).

5 Ce tire *Assises de Lorraine* est impropre. Mais c'est ce titre qui nous a mis sur la voie des origines lorraine de la Haute Cour. De plus, on peut remarquer ici, que le Maison de Lorraine revendique le titre de roi de Jérusalem (Cf. Article de la gazette de la cour de Vienne du 9 août 1806, qui règle les armes et les titres de S.M. impériale, royale et apostolique, in *Recueil des principaux traités d'alliance, de paix, de trève, de neutralité... depuis 1761*, éd. Charles de Martens, Volume 8, 1835).

6 Le Livre au roi est suivi d'un explicit de grande importance évidemment tiré de l'original copié par le scribe du XVIe siècle : « *Cy fenist cest livre de tous les jugemens et establissemens de la haute cour de la main de moy Pol Castrossio, le IIII jour d'aoust de 1344 de Christ* » (Fol. 242).

livre de Jean d'Ibelin, le Livre de Philippe de Novare, le livre au roi, le livre des lignages d'Outremer et le Livre de Geoffroy Le Tort[1].

Le Livre de la Clef des Assises qui est donné ici, du folio 1 au folio 30, est la parfaite copie de la première version « authentique » vue. Toutefois, le Livre ne fournit pas ici le prologue. Du livre de Jean d'Ibelin il n'est donné ici que 11 chapitres[2] du folio 31 au folio 49. Ce sont les dix premiers chapitres du Livre et un chapitre résume les fonctions des grands officiers de la couronne. Le Livre de Philippe de Novare, lui est copié ici en seulement 83 chapitres, du folio 49 au folio 183. Un chapitre est propre, relatif aux héritages des vilains (Fol. 162, chapitre 76). Le livre au roi est la parfaite copie du manuscrit de Munich du XIVe siècle (Codex Gallus 51), en 52 chapitres du folio 188 au folio 242. Les chapitres communs, 31 chapitres, et les 21 chapitres supplémentaires propres aux deux manuscrits de Munich ont tous le même style, les mêmes formules initiales et finales. Toutefois, les deux manuscrits de Munich abrègent assez souvent les formules. La disposition des matières est la même, à une divergence près, le chapitre XVI des deux manuscrits et de l'édition de Beugnot forme le XXVIIe chapitre du manuscrit de Saint-Germain. Le livre des lignages d'Outremer est ici une version « nouvelle » ou une copie en un seul chapitre de la première version du folio 245 au folio 248. Toutefois le Livre des Lignages d'Outremer, qui est donné ici, se poursuit jusqu'en 1458, mentionnant le couronnement de la reine Charlotte le 15 octobre 1458 mais ne dit pas qu'elle a été détrônée en 1460. Le Livre de Geoffroy Le Tort est ici une copie de la version fournit par le manuscrit de Venise (ms. fr., Str. App. 20) du folio 250 au folio 263.

Une question se pose ici qui est celle de savoir si ce manuscrit n'est pas celui cité par Beugnot, comme étant celui de la bibliothèque de Nancy. En effet, Beugnot à la fin de son introduction consacrée à l'édition des « Assises de Jérusalem » de son deuxième tome, évoque un manuscrit, qu'il n'a pas consulté selon ses dires mais seulement la copie, appartenant à la bibliothèque

---

[1] Fol. 1 à 30 : La Clef des Assises.
Fol. 31 : Texte relatif au congédiement des domestiques.
Fol. 32 : Prologue composé des premières rubriques misent bout à bout du livre de Jean d'Ibelin et du Livre au roi.
Fol. 33 à 49 : Le livre de Jean d'Ibelin en dix chapitres, les premiers, et un chapitre qui résume les fonctions des grands officiers de la couronne.
Fol. 50 à 183 : Le livre de Jean d'Ibelin, ou le Livre de Philippe de Novare selon l'interprétation que l'on donne à la composition du premier texte, en 83 chapitres.
Fol. 183 à 188 : Assise sur la bataille pour meurtre.
Fol. 188 à 242 : Le livre au roi.
Fol. 242.243 : L'Etat des chevaliers chypriotes emmenés comme prisonniers par les Génois (1374) qu'à publié Louis de Mas-Latrie.
Fol. 245 à 250 : « *Les lignyages des Rois de Jherusalem. Accedunt memorabilia quaedam de officiis regum et alia* ».
Fol 250 à 263 : Le livre de Geoffroy le Tort.

[2] Les dix premiers chapitres du Livre (conforme au manuscrit de Venise et au manuscrit 19026) et un chapitre qui résume les fonctions des grands officiers de la couronne.

de la ville de Nancy[1]. Ce manuscrit serait une transcription faite au XVe siècle, d'un manuscrit du XIVe siècle. Ce manuscrit ne respecterait pas le style, ni l'orthographe, de cette dernière époque. La description qu'il en fait montre qu'il peut s'agir du manuscrit de Munich Codex Gallus 771. Il reproduit deux notes qui correspondent à « l'historique »[2] et l'autre à l'*explicit*[3] du manuscrit de Munich. Le fait qu'un manuscrit sur les Assises à Nancy n'a jamais été retrouvé et vu que le manuscrit de Munich s'intitule « Assises de Lorraine », il semble plus que probable que ce soit le même manuscrit.

B. Le rétablissement des « Assises » outragées

Sur le plan personnel, les agissements du roi et de son épouse trahissent quelques déséquilibres. Pierre Ier éprouvait un amour extrême pour son épouse, à tel point même qu'il emportait toujours dans ses voyages une de ses chemises de soie[4]. Son épouse en retour, la reine Éléonore d'Aragon, pour exprimer sa passion, fit emprisonner la maîtresse de son époux, Jeanne l'Aleman, après l'avoir soumise à la torture pour tuer l'enfant qu'elle attendait de Pierre, pendant son second séjour en Europe en 1367[5]. Elle l'emprisonna ensuite dans la forteresse de Kérynia. Paradoxalement, la reine avait elle-même des amants, dont le comte d'Édesse tout en étant d'une jalousie maladive[6]. À son retour, le roi devient « mélancolique » et chercha à se venger de ses vassaux en séduisant leurs femmes et leurs filles. Il fit bâtir une tour pour enfermer sa femme, ses frères et les barons mécontents dont il imagine qu'ils veulent sa mort[7]. Mais il ne le fit finalement pas.

Le vicomte de Nicosie, Henri de Gibelet, dit Menichioti, sire de Meniko, ayant refusé de lui céder une paire de lévriers, fut jeté en prison avec son fils et sa fille[8]. Cette dernière est sommée d'épouser un tailleur nommé Caras. Devant son refus, elle est mise à la torture, puis jetée en prison. De même, il fit jeter en prison Joan Gorapo, son chambellan, pour avoir laissé la table royale sans huile, sans connaissance de la Haute Cour, et le condamna à mort[9]. Face à l'attitude de roi Pierre Ier dans cette affaire, le mécontentement des

[1] BEUGNOT, vol. 2 : Lois, Introduction, p. LXXIII.

[2] *Ibid.* : « *Les ditz statutz furent augmentés et ratifiez tant de luy (Godefroy de Bouillon), que des roys ses successeurs, entre autres le roy Hemejry les fist renouveller et rescrire par les sieurs Raoul de Tabare et Philippe de Navaire* ».

[3] *Ibid.* : « *Ci finit le livre de tous les jugemens et establissemens de la Haute Cour de Iherusalem. Escrit par la main de moy Pol Casterssion, le IV jour d'aoust MCCCXLIV* ».

[4] Cf. G. HILL, *A History of Cyprus*, vol. 2, Cambridge, CUP, 1940-1952.

[5] *Chronique d'Amadi*, éd. R. de Mas Latrie, Paris, 1891-1893, p. 420.

[6] *Ibid.*, p. 420.

[7] *Ibid.*, p. 422.

[8] *Ibid..*, p. 423.

[9] *Ibid..*, p. 425.

barons, des chevaliers et des jurés, « *altri homini ligii* » atteint son paroxysme[1].

Ces condamnations ayant été prononcées par le roi seul, sans la Haute Cour, les liges du royaume décidèrent alors de réagir en opposant au roi un *remède* comme leurs parents l'avaient fait avec le roi Henri II en 1310.

Le mardi 16 janvier 1368, les frères du roi et les hommes du royaume se réunirent et vinrent rappeler à Pierre Ier son devoir[2]. Ils lui dirent d'abord, selon la chronique d'Amadi, que son action n'était pas digne d'un homme[3]. Ils lui rappelèrent ensuite que le roi ne peut mettre la main sur un homme sans l'autorisation de la cour, dont seule la décision leur est opposable. Pour finir, ils lui dirent que ses agissements sont contraires au serment qu'il a prononcé lors de son couronnement et aux prescriptions des « *Assises* ». Le roi en réponse accabla d'injures ses deux frères, le prince d'Antioche et le connétable, qui avaient pris la tête des protestataires.

Une réunion se tint alors dans la maison du prince d'Antioche jusqu'à la nuit. Les barons proposèrent que le lendemain ils devront tous ensemble faire une remontrance au roi car il avait gravement porté atteinte aux « *Assise et boni costumi et usanze de lors franchisie et antiqui privilegii* »[4]. Ils se jurèrent tous de rétablir « *de tegnir tractar et mantenirli secondo le Assise et les bone usanze del regno* » et de libérer les prisonniers injustement incarcérés[5]. Ce soir-là, les hommes du royaume établirent une charte de remontrances pour la remettre au roi pour réordonner le gouvernement du royaume et remédier aux difficultés. Cette « *ordenance* » ou « *remède* » nous est parvenue dans un seul manuscrit « authentique » et elle est bien datée du mardi 16 janvier 1368[6]. Il y est établi treize points de re-médiation.

La première demande concerne la suppression des « *enquestes* » et que les nouveaux usages et les nouveaux offices ne peuvent être établis par le roi sans l'assentiment et la volonté des hommes du royaume. De même est ajouté, qu'aucun impôt, « *nul cabeele* », ni aucune condamnation ne puissent être

---

[1] *Chronique d'Amadi*, éd. R. de Mas Latrie, Paris, 1891-1893, p. 424 : « *Et il principe, li comminciô a dire, che non li pareva de rason quel che fece verso li soi homini et metter man sopra di ioro, senza termination o cognocion di corte, ricordandoli el sacramento che fece nel suo coronamento, secondo l'ordine de le Assise* ».

[2] *Chronique d'Amadi*, éd. R. de Mas Latrie, Paris, 1891-1893, vol. 1, p. 424 et Cf. L. MARCHERAS, *Chronique de Chypre*, texte grec et traduction française par E. Miller et C. Sathas, Publications de l'Ecole française des langues orientales vivantes (IIe série, volume III), Ernest Leroux Editeur, Paris, 1882, p. 144.

[3] *Chronique d'Amadi*, éd. R. de Mas Latrie, Chroniques d'Amadi et de Strambaldi, Paris, 1891-1893, p.424

[4] *Ibid.*

[5] *Ibid.*

[6] BEUGNOT, vol. 2 : Lois, Livre recueil des Ordonnements du Vicomte de la Cour des Bourgeois de Nicosie, XXXIII, p. 378 ; Vatican, Biblioteca Apostolica Vaticana, ms. français, *codex vaticanus latinus* 4789, *Livre de Jean d'Ibelin*, chap. 313, Fol. 269. Beugnot reproduit la date du 16 janvier 1363 car il publie ce texte en fonction de l'édition de La Thaumassière. Or le manuscrit de Venise indique la date du 16 janvier 1368.

prononcés sans l'assentiment des hommes ou du moins d'une grande partie. Il est demandé aussi dans ce premier point que les actes, « *les droictures et apaus* », des maîtres des enquêtes et autres nouveaux offices soient supprimés, « *faire abatre* »[1].

La seconde demande porte sur les sommes engagées pour les « croisades » du roi. Il est demandé que ces engagements soient retirés pour l'avenir. De plus l'impôt de la « *taille* », prélevé au marché de Famagouste, doit être réservé aux gens d'armes et à la flotte de cette ville. Cet impôt est-il ajouté ne peut être prélevé dans d'autres villes. Il doit y avoir un écrivain de la Taille qui rend compte chaque année de son office à deux chevaliers. Il est dit aussi que la Taille ne peut être prélevée que pour un temps déterminé.

La troisième demande porte sur l'argent affecté à des travaux de consolidation des murs et des fossés des défenses du royaume. Cet argent ne peut être affecté ailleurs avant la fin des travaux, « *en tant qu'il soit parfait* ».

La quatrième demande porte sur le fait que les hommes du royaume soient tenus et maintenus dans leurs « *franchises et drois et privileges selon l'assise* » et que nul ne doit être contraint à suivre un commandement, sauf de ce qui est prévu par « *l'assise* ».

La cinquième demande est un rappel au seigneur-roi qu'il ne peut emprisonner ou faire emprisonner ses hommes, leurs femmes où leurs enfants, ni saisir leurs biens sans qu'ils ne soient jugés par la cour, « *se n'en est par esgart ou par conoissance de court* ». Une exception pour les enfants des hommes liges que lui feront outrage ou injure ; le roi selon leur état pourra leur mettre la main dessus. C'est une référence à l'emprisonnement d'Henri de Gibelet et de sa famille. C'est un rappel à l'*habeas corpus* hiérosolymitain affirmé dès le début du XIIe siècle et inscrit dans l'Assise du roi Amaury Ier de 1166.

La sixième demande porte sur le fait que le roi ne tient pas régulièrement la Haute Cour. Il est demandé que le roi tienne sa cour au moins une fois par mois et plus s'il lui plaît. S'il ne le peut il doit demander à un autre de la tenir en son « *leuc* » pour écouter « *la gent* ».

La septième demande est un rappel au seigneur qu'il ne peut forcer aucune femme lige à se marier s'il ne peut lui présenter un de ses pairs et qu'il n'a l'assentiment de sa famille. Ces conditions remplies, si la femme lige refuse le mariage, seule la cour est compétente pour juger l'affaire. Le roi doit dans tous les cas respecter une année de veuvage selon l'Assise est-il répété. C'est là aussi une référence directe à la fille d'Henri de Gibelet que le roi a voulu forcer à épouser un tailleur de pierre.

La huitième demande porte sur la connaissance des Assises. Il est demandé que l'on trouve « *le plus vrai Livre des Assises ce est assavoir dou conte de Jaffe* », soit le Livre d'Assises de Jean d'Ibelin. Ils veulent que soit déterminé un Livre authentique de Jean d'Ibelin par le roi et ses hommes. Ils

[1] Nous ne savons rien de cet office. Il a été institué par Pierre Ier et supprimé à sa mort.

veulent qu'il soit corrigé et mis au trésor de l'église dans une « *huche* », à la garde de quatre hommes de la cour. Ce Livre devant servir pour « *esclercir* » la cour selon ce qui « *estoit usé au royaume de Jérusalem* ». Nous le voyons ici les Livre d'Assises et le Livre de Jean d'Ibelin en particulier, servaient à éclaircir la cour sur le droit en application. Ces Livres étaient bien perçus au XIVe siècle comme des coutumiers privés sans aucune force légale en cour. Ces Livres éclairaient mais n'imposaient rien. La demande ici n'est pas d'écrire un Livre ayant force de loi mais de déterminer un livre éclairant pour la cour. La cour devant rester souveraine dans ses décisions. Les hommes de cour jurent d'appliquer les usages et les Assises de Jérusalem qu'ils connaissent et pratiquent mais pas d'appliquer l'œuvre d'un jurisconsulte ou sa doctrine aussi éminent soit-il. La question reste d'ailleurs d'une profonde actualité pour nos magistrats d'aujourd'hui.

La neuvième demande porte sur les salines. Il est demandé leur remise en état comme au temps du roi Hugues sauf pour celles qui ont été échangées et vendues en cour.

La dixième demande concerne l'action militaire du roi. Il est demandé au roi qu'il n'engage plus le royaume dans une « *guerre* » ou dans la « *pais* », ni ne demande une aide militaire de « *gent d'armes de cent homes en amont* » si ce n'est avec l'assentiment de tous les hommes du royaume ou du moins de la plus grande partie.

La onzième demande concerne l'office du connétable. Si un soldat ayant reçu congé ne réclame un défaut de salaire dans les trois mois, s'il est dans le royaume ou dans les un an s'il est hors du royaume, il ne doit plus être entendu par le connétable.

La douzième demande concerne les changements qui ont été faits récemment dans l'usage d'une terre, d'un ruisseau ou autre dans le royaume. Si un dommage en a résulté alors celui qui a fait la « *la noveleté* » devra rembourser le dommage. Le droit de propriété n'est pas absolu dans la pensée classique et médiévale. Le patrimoine immobilier est un patrimoine d'affectation à l'usage défini. Il s'y attache une dimension de service public. Le propriétaire ne peut modifier la nature du fond. Le propriétaire d'un bien immobilier est un gestionnaire pour le bénéfice de la communauté dont il est récompensé par la perception des fruits du fait de sa bonne gestion. C'est l'application stricte du principe de la *res publica*. On ne peut s'enrichir aux dépens de la communauté avec le patrimoine immobilier. C'est la raison pour laquelle le commerce, seule possibilité de s'enrichir sans limite, est si mal vu par les hommes attachés aux valeurs de service. *Res publica* et société mercantile sont antinomiques. C'est pourquoi dans la tradition les commerçants ne peuvent se voir normalement reconnaître des positions de pouvoir car ils sont de fait en perpétuel conflit d'intérêts ; ils ne sont par essence qu'au service d'eux-mêmes.

La treizième et dernière demande concerne le rétablissement dans sa forme ancienne du serment lige et de féauté. Il est demandé que soit rétabli le principe de la pairie où chacun est tenu les uns avec les autres, par l'aide et le conseil en leurs raisons « *quant aucun sera outragé hors de l'assise et de l'usage* », sauf les droits et raisons du seigneur. C'est ici un rappel à l'unité et à l'égalité de tous dans la collégialité du gouvernement.

Après la mise par écrit du « remède », dans la nuit, certains chevaliers objectèrent entre eux que le roi ne les écouterait pas de toute façon au vu de sa facilité avec laquelle il avait violé son serment de chef seigneur. Ils projetèrent alors d'assassiner le roi, mais n'en informèrent pas les frères du roi[1]. Le lendemain matin, le 17 janvier 1368, les frères du roi et les chevaliers se rendirent à l'hôtel du roi pour lui remettre le remède rédigé dans la soirée et entrèrent dans sa chambre. Ils libérèrent en chemin Henri de Gibelet et Joan Gorap. Le roi était alors avec sa maîtresse d'alors Echive de Scandelion. Le roi et sa dame étant nus, ses frères sortir pour les laisser s'habiller. C'est alors que se précipitèrent Philippe d'Ibelin d'Arsouf, Henri de Giblet et Jean de Gavrelle qui poignardèrent le roi et Joan Gorab lui trancha la tête. Les autres chevaliers retenaient alors les frères du roi pour qu'ils ne fussent pas accusés du crime ni qu'ils puissent porter secours à leur frère, le roi.

Après l'assassinat du roi Pierre Ier les barons vont rétablir les principes de gouvernement selon le droit hiérosolymitain, la *res publica* des Francs de l'Orient latin. Dès le 17 janvier 1368 est reconnu comme roi le fils de Pierre Ier, Pierre, comte de Tripoli[2]. Les barons saisir le gonfanon royal et crièrent au balcon de l'hôtel du roi « vive le roi Pierre ! ». Tous les hommes du royaume lui firent leur serment et hommage. Son oncle le connétable Jacques de Lusignan alla à Famagouste le faire reconnaître comme roi. Pierre II, né vers 1357, n'a alors qu'une dizaine d'années. C'est son oncle Jean de Lusignan qui va devenir le chef seigneur du royaume[3]. En l'absence de sénéchal du royaume de Chypre est élu par les liges le sénéchal du royaume de Jérusalem Philippe d'Ibelin en son lieu et place pour présider la Haute Cour à l'hôtel du roi à Nicosie[4]. La Cour réunie, en présence de l'archevêque de Nicosie, de plusieurs prélats et autres hommes du royaume, débattit en premier de qui aurait le bailliage du royaume pendant la minorité de Pierre II[5]. C'est là qu'il fut décidé que ce serait bien Jean de Lusignan, son oncle, plus proche héritier après son neveu, qui serait chef seigneur jusqu'à la majorité du roi[6].

Jacques de Hores pour la communauté des hommes liges s'adressa à Jean de Lusignan pour lui demander d'accepter. Ce dernier refusa en disant qu'il ne se sentait pas assez de vertus pour régir le royaume comme il convient. Devant l'insistance des liges, il finit par requérir le bailliage par l'intermédiaire de son conseil en cour Thomas de Montolif. Il l'obtient et il

---

[1] *Chronique d'Amadi*, éd. R. de Mas Latrie, Paris, 1891-1893, p. 425.
[2] *Ibid.*, p. 426.
[3] *Ibid.*, p. 427.
[4] BEUGNOT, vol. 1 : Lois, Livre de Jean d'Ibelin, Préface, p. 3.
[5] *Ibid.*, p. 4.
[6] *Ibid.*

prêta le serment de chef seigneur bailli selon l'Assise, nous dit le texte ; « *et fit le serement usé que baill doit faire, selon que à l'assise contient* »[1]. Pierre II étant présent, il reçut la seigneurie du royaume et les hommes liges lui firent hommage et ligesse et les autres hommes du royaume le serment de féauté.

Dans un second temps, la cour débattit du remède qui devait être présenté au roi Pierre I pour rétablir les « *assises et usages dou royaume* » tel qu' « *elles furent ordenées et establies par Godefroy de Builion premier roy de Jérusalem, et les homes liges et jurés, et les autres roys et homes liges que aprez li ont esté les uns aprez les autres* »[2]. Il fut ensuite ordonné que plusieurs s'entremissent pour faire un « *Livre des assises* ». Pour cela la Cour ordonna que tous les « *enciens livres des assises que le viel conte de Jaffe l'a fait* » soient portés en cour pour déterminer « *le plus vray de tous* » et qu'ensuite il soit recopié avec l'ajout au dit Livre des « *ordenances* » qui ont été faits depuis, avec aussi la « *conoissance* » qui fut faite par les hommes liges pour le roi Hugues et avec enfin les autres Assises et ordonnances qui furent faites par les seigneurs rois et hommes liges au temps passé. Le Livre devant alors être mis au trésor de « *la mère yglise* » de Nicosie dans une « *huche* » en la garde de quatre hommes liges et scellé de leur sceau. L'un d'eux devant représenter le roi et les trois autres la cour. Le livre devant servir seulement pour « *esclercir* » la cour selon ce qu'il « *estoit usé au royaume de Jérusalem* »[3].

La mise en œuvre de cette décision d'établir un Livre de référence du Livre de Jean d'Ibelin ne fut pas immédiate. Il fallut attendre le 16 novembre 1369 pour que la Haute Cour nomme une commission de seize hommes liges pour faire établir le Livre de Jean d'Ibelin corrigé et augmenté[4]. Le Livre fut alors par la suite « *contre escrit* » avec les ajouts des ordonnements et Assises pris dans le temps par les rois et ses hommes[5]. Il fut déposé au trésor de l'Église dans une « *huche* » scellé de deux autres sceaux.

La qualité et le caractère du manuscrit du Vatican (ms. fr, codex vaticanus latinus 4789) font avancer l'hypothèse que ce manuscrit est la matérialisation du Livre de référence du Livre de Jean d'Ibelin, commandé en 1368. Ce manuscrit du Vatican est daté au tout début du XVe car les généalogies, à la toute fin, s'arrêtent en 1309. Elles ont pu être complétées en tout état de cause ultérieurement.

---

1 *Ibid.*, p. 5.

2 *Ibid.*

3 *Ibid.*, p. 6.

4 BEUGNOT, vol. 1 : Lois, Livre de Jean d'Ibelin, Préface, p. 5 : « *messire Jacque de Leseignan seneschau de Chiprea, messire Phelippe de Ibelin sire d'Arsur, sire Johan dou Morf conte de Rohais, sire Thomas de Montolif l'auditor, sire Simon Tenouris mareschau de Jérusalem, sire Mathe de Plessie bouteiller de Jérusalem, sire Reimon Babin bouteiller de Chipre, sire Thomas d'Antioche, sire Johan de Montolif, sire Jacques Beduin l'ainsné, sire Johan de Giblet fis de sire Guillaume, sire Thomas de Montolif l'ainsné, sire Henry de Giblet, sire Johan de Saurel, sire Jacques de Bon, sire Reinier le Petit* ».

5 *Ibid.*, p. 6.

Ce volume est en parchemin de 325 folios (355/250 mm). La reliure en peau rouge aux armes de Pie IX. L'écriture, en français, se distribue sur deux colonnes de vingt-huit lignes chacune. Se trouvent des lettres rouges ou bleues, et surtout de grandes lettrines filigranées, de belle exécution, à l'encre bleue, rouge et or. De même, les premières lignes du manuscrit sont écrites entièrement à l'encre d'or. Il s'agit d'un volume extrêmement soigné et de très belle qualité. Ce volume somptueux a donc très certainement une origine princière chypriote. Fulvio Orsini, qui en fut propriétaire, le légua à la Bibliothèque vaticane en 1600. Il porte également le cachet de la Bibliothèque nationale, et l'inventaire des manuscrits de la Bibliothèque vaticane porte en marge « *dato ai Francesi* ».

Conformément à la préface de ce manuscrit, le contenu du Livre est en tout point conforme à la décision des liges qui y est indiquée, telle qu'étudiée. Le Livre est en 361 chapitres. Du chapitre I au chapitre 299, puis du chapitre 314 au chapitre 330 nous avons à peu près le Livre de Jean d'Ibelin tel qu'il a été publié par Beugnot. Du chapitre 300 au chapitre 306, plus le chapitre 308, nous avons les plaidoiries publiées par Beugnot sous le titre de *documents relatifs à la successibilité au trône et à la régence*. Au chapitre 307 nous avons le remède que les liges opposèrent au roi Henri II pour accepter son retour en 1310. Du chapitre 309 à 312 nous avons les Assises prises par le roi Henri II et ses hommes. Le chapitre 313 donne le remède écrit par les liges le 16 janvier 1368, la veille de l'assassinat de Pierre Ier. Enfin, du chapitre 331 au chapitre 361 nous avons le Livre des Lignages d'Outremer.

Ce manuscrit ne nous donne que le Livre de Jean d'Ibelin et le Livre des lignages d'outremer comme suite logique du premier[1]. Ici le Livre est composé de 30 chapitres qui sont disposés du folio 276 au folio 296. L'introduction ici des Lignages d'Outremer met l'accent sur la nécessité de laisser une trace écrite, et donc définitive, de faits qui avaient longtemps été transmis de façon orale, et étaient donc sujets à déformation ou à l'oubli : « *Pour ce que mémoire d'ome est défaillant, car l'orne faut que a morir li convient, pour ce convient a metre en escrit pour savoir les choses passées, car se escriture n'en fust, nous ne savons riens les fais ne les dis des anciens*

---

[1] Fol. 1 à 3 : texte en grec mais transcrit en alphabet latin d'Hugues Busac. Il s'agit de la liste des biens possédés à Chypre par le comte de Jaffa et par une branche de sa famille exilée en Italie, les Busac ou Boussat.
Fol. 3 à 18 : rubriques du Livre de Jean d'Ibelin.
Fol. 19 à 22 : La préface.
Fol. 22 à 24 : quatre blasons. Le premier est celui d'Hugues Busac. Le second est celui de son épouse, Charlotte de Fleury-Cantacuzène. Le troisième porte les armes des royaumes d'Orient, celle de Jérusalem, celle d'Arménie, celle de Chypre et et celle des Lusignan. Le quatrième est celui d'Ascanio Maria Sforza (1455-1505).
Fol. 25 à 275 : le Livre de Jean d'Ibelin.
Fol. 276 à 296 : les Lignages d'Outremer.
Fol. 321 à 325 : texte en grec mais transcrit en alphabet latin d'Hugues Busac. Il s'agit du récit de l'ascendance impériale de cette famille, alliée aux Cantacuzène.

qui sont trespasses, grant tans a de ce siècle. Et pour ce avons volu faire ceste remembrance de partie de la gent desa mer, c'est assavoir dou royaume de Jerusalem et de Chipre, d'Antioche, de Ermenie et de Triple, pour savoir dont il sont estrait et venu »[1]. La raison avancée ici, serait donc bien d'insérer au manuel de Jean d'Ibelin, une manière d'éclaircir le droit dans ses conséquences familiales. Ici les généalogies sont remaniées et réorganisées et elles respectent un ordre plus attendu. De la première version connue dans les plus anciens manuscrits, elle reprend des passages entiers, mais les recompose en empruntant ailleurs, y compris pour les Ibelin. Les auteurs ont complètement remanié la disposition, pour ranger les familles par ordre d'importance. En tête, viennent les familles royales de Jérusalem, de Chypre, d'Arménie, puis juste après les autres familles dirigeantes : les princes d'Antioche, les comtes de Tripoli et d'Édesse. Suit, alors et seulement ici, la famille d'Ibelin, suivie par celles des hauts barons de Terre sainte (familles de Sidon, de Césarée...) et ainsi de suite jusqu'aux plus modestes vassaux. C'est ici, un vrai dictionnaire généalogique, une « *remembrance de la gent desa mer* ». Mais cette généalogie ne garde que le souvenir des familles encore existantes au début du XIVe siècle et présente depuis le milieu, voire le début du XIIe siècle, sur le littoral proche-oriental. Les généalogies s'arrêtant en 1309.

Ce manuscrit est bien un *libro unitario* dans la nouvelle tradition du Livre médiéval tel que Armando Petrucci et certains de ses élèves[2], ont montré l'apparition à la charnière du XIIIe et du XIVe siècle. L'émergence du nom propre qui procède de ce nouveau concept de livre, soit l'œuvre-livre, joue sur l'identité entre l'objet-livre et une œuvre isolée ou bien un corpus de textes qui font œuvre, comme ici, dans le but d'affirmer le texte en termes de volonté auctoriale ou comme l'expression d'une catégorie juridique[3].

Ainsi, au vu de la qualité du manuscrit il semble plus que possible d'envisager très sérieusement, que c'est la version originale voulue en 1369. La préface indique bien qu'il n'en fut établi qu'un seul exemplaire et que ce dernier fut ensuite écarté de toutes consultations en dehors de la cour. La réalisation concrète de la copie corrigée n'est pas indiquée et cela a pris très certainement du temps ; au moins plusieurs années. La datation officielle de ce manuscrit, de la bibliothèque du Vatican, et du tout début du XVe siècle, pour la seule raison que les généalogies s'arrêtent en 1309, mais rien ne

[1] Vatican, Biblioteca Apostolica Vaticana, ms. français, codex vaticanus latinus 4789, Fol. 301.

[2] A. PETRUCCI, *Writers and Readers in Medieval Italy*, Studies in the History of Written Culture, New Haven-Londres, 1995; *Alfabetismo, escritura, sociedad*, Barcelone, 1999; *Jeux de lettres, Formes et usages de l'inscription en Italie (XIe-XXe siècles)*, Paris, 1993 et Cf. N. Cannata, *Il canzoniere a stampa (1470-1530). Tradizione e fortuna di un genere fra storia del libro e letteratura*, Rome, 2000.

[3] R. CHARTIER, Entretien avec Étienne ANHEIM et Pierre CHASTANG, « Les usages de l'écrit du Moyen Âge aux Temps modernes », Médiévales [En ligne], 56, printemps 2009, p. 93-114.

s'oppose au commencement de l'écriture dans la fin du XIVe siècle. La partie généalogie ne se trouvant qu'à la fin du manuscrit en continuant la numérotation des chapitres.

Ce manuscrit témoigne, en toute hypothèse, de la rédaction officielle du Livre de Jean d'Ibelin, corrigé et augmenté tel que décidé en 1369. C'est d'ailleurs la préface de ce manuscrit, qui nous a indiquées, conformément aux chroniques, l'élection de Philippe de Lusignan comme chef seigneur en 1368, mais aussi la décision qui fut prise d'établir un livre de référence du Livre de Jean d'Ibelin ainsi que la nomination d'une commission de liges pour son élaboration en 1369. C'est le seul manuscrit « authentique » qui fait état de cette histoire.

Il faut remarquer aussi ici que ce manuscrit du Vatican n'a jamais été publié, en tant que tel, à ce jour sauf pour la partie des lignages d'Outremer[1]. La Thaumassière n'en a publié lui qu'une mauvaise copie[2]. Les manuscrits alors en circulation des « Assises de Jérusalem » entre le XVIe et le XVIIIe siècle sont tous des copies de ce manuscrit. La connaissance, en France, du droit du royaume de Jérusalem pour les jurisconsultes d'alors, qu'ils ont utilisé comme source du droit français, n'est en fait que l'avatar de la réalité du droit féodal chypriote postérieure à 1369.

L'appréhension de la culture de l'écrit des textes médiévaux n'est pas simple. Dans son ouvrage consacré à l'histoire de la philologie, Bernard Cerquiglini montre bien que sa discipline véhicule souvent une conception ordinaire du texte qui repose sur « une pensée de la conformité close et de la stabilité autorisée »[3]. Il confronte ici la notion moderne de texte, à partir de laquelle la philologie a déterminé ses objectifs heuristiques aux pratiques médiévales d'écriture. Par le travail philologique, les manuscrits sont devenus le réceptacle d'une seule œuvre et ont été convertis dommageablement en source unique de la connaissance historique du moment supposé de l'écriture du texte originaire. Il retient aussi que le texte médiéval n'est pas fondé en réalité sur une création continue mais qu'il est souvent l'objet de remaniements, de reprises et de recompositions, s'accompagnant d'une dissémination du sens. En privilégiant l'unité du fragment inséré par rapport à celle du codex qui l'a recueilli, en conjecturant, par-delà la tradition manuscrite, une unité de l'ensemble signifiant qu'elle s'efforce de rétablir, l'édition fabrique, selon lui, un texte qui recouvre la logique de production continuée et la dissémination du sens attachées à la civilisation médiévale du

---

[1] M-A. NIELEN, *Lignages d'outremer*, Académie des inscriptions et belles-lettres, Paris, 2003.

[2] THAUMASSIERE (de la) Gaspard Thaumas, ed., *Coustumes de Beauvoisis par messire Philippes de Beaumanoir, Assises et bons usages du royaume de Jerusalem, par messire Jean d'Ibelin, et autres anciennes coutumes* (Bourges, 1690).

[3] B. CERQUIGLINI, *Éloge de la variante, Histoire critique de la philologie*, Paris, Éd. du Seuil, 1989, p. 12.

manuscrit[1]. Par ailleurs, il désigne les formes de récurrence textuelle médiévales par le terme « variance ». Pour autant, le philologue, en poursuivant son objectif de reconstitution de l'archétype du texte originaire, écarte la variance au statut de simple indice dans le classement des manuscrits et la reporte ensuite dans les notes de bas de page, aux marges de l'édition scientifique.

Il s'agit pourtant de retenir ici, avec ce chercheur, que la seule altération, propre à l'activité de copiste, n'interdit pas d'envisager le foisonnement de la tradition manuscrite comme une succession de versions produites dans des contextes sociaux spécifiques. À « l'im-matérialisation » qui accompagne le travail d'établissement d'une édition scientifique, s'oppose une prise en compte des effets de sens induits par les différentes variations de forme comme une série d'indices qui permet de reconstruire les modalités de réception et les usages du texte[2]. Les différents manuscrits ne peuvent être réduits, pour le Moyen Âge, à la question du lectorat et, en ce sens, le texte médiéval doit être envisagé comme un texte-objet. De fait, le texte médiéval possède une histoire propre faite de discontinuités, de réceptions contradictoires, de changements de statut, toutes choses que la démarche philologico-combinatoire conduit à réduire, en nivelant les niveaux stratifiés de signification. Cette approche archéologique renouvelée du manuscrit médiéval redéfinit ainsi le rapport entre exercice critique et usage des données positives d'un document. Le texte utilisé comme source de la connaissance du passé étant en pratique le résultat d'une élaboration.

Aussi, l'historien, et plus spécifiquement l'historien du droit, se doit, devant un manuscrit le restituer en précisant la place spécifique des instances de production, l'*auctor*, le *compilator* et le *scriptor*, dans le monde social mais aussi déterminer les ressources culturelles que son élaboration a mobilisées. Tout texte se construisant dans un rapport inter-textuel qui place l'œuvre présente dans le réseau des écrits antérieurs. Cette démarche rompt avec la croyance en une inhérence du sens, en une vérité affranchie de tout régime d'historicité, qui légitimait jadis les lectures historiques surplombantes. La démarche archéologique permet d'envisager le texte dans son épaisseur historique et sociale, comme formé de strates qui sont autant de versions inscrites dans un contexte singulier.

Pendant ce temps de réécriture, Jean de Lusignan alors chef seigneur du royaume, veut conclure la paix avec l'Égypte. Il envoya en juin 1368 Jean de Morf à Alexandrie avec quatre galères pour accomplir la mission[3]. L'entrée

---

1 « *Qu'une main fut première, parfois, sans doute, importe moins que cette incessante récriture d'une œuvre qui appartient à celui qui, de nouveau, en dispose et lui donne forme. Cette activité perpétuelle et multiple fait de la littérature médiévale un atelier d'écriture. Le sens y est partout, l'origine nulle part* » ; B. CERQUIGLINI, *Éloge de la variante...*, *op. cit.*, p. 57.

2 Sur ces notions, voir Carlo GINZBURG, « *Signes, traces, pistes. Racines d'un paradigme de l'indice* », *Le Débat*, 6,1980, p. 3-44 (ici p. 19).

3 *Chronique d'Amadi*, éd. R. de Mas Latrie, Paris, 1891-1893, p. 427.

du port lui fut refusée. Pour montrer leur capacité militaire les Chypriotes attaquèrent Sidon, Beyrouth, Giblet, Tortose, Laodicée, Lajazzo et Batroum. Jean de Morf rentra ensuite le 22 juillet. À la suite de cela le sultan accepta de faire la paix. Un envoyé du pape, Pierre Malosello, représentant aussi Gènes et Venise et deux ambassadeurs chypriotes, Pierre de Cassin et Joan Corapo partirent pour Rhodes chercher le soutien des Hospitaliers pour conclure la paix[1]. Mais au dernier moment le sultan refusa de négocier. Il fallut attendre 1370 pour qu'une paix fut signée et jurée permettant notamment les pèlerinages pour les chrétiens[2].

[1] *Ibid.*, p. 428.
[2] *Ibid.*, p. 429.

Chapitre 6

La survie du droit hiérosolymitain dans une île de Chypre sous domination (1371-1571)

Avec la révolution de 1368 et l'assassinat de Pierre Ier par les barons du royaume, l'essence du droit hiérosolymitain a été une nouvelle fois réaffirmée. De 1371 à 1489, sur un peu plus d'un siècle le droit hiérosolymitain continuera à s'appliquer et à se diffuser dans le royaume de Chypre. Cela n'empêcha pas le lent déclin du royaume au XVe siècle et la mise en place de protectorats variés puis de la part de la République de Venise en 1474. Toutefois, Venise continua à faire appliquer le droit hiérosolymitain, et ce jusqu'en 1571.

La République de Venise est la maîtresse officieuse de facto de l'île de Chypre depuis 1474. À partir de 1489, cette dernière va prendre officiellement le contrôle du royaume. S'ouvre alors une nouvelle ère dans l'histoire de cette dernière possession latine en Orient. La domination de la République de Venise à partir de la fin du XVe siècle ne va pas modifier fondamentalement les institutions. La Haute Cour va « seulement » se transformer pour intégrer le gouvernement souverain de la République italienne. Le droit hiérosolymitain reste le droit territorial de tous les Chypriotes. Il sera même officialisé en 1531 dans sa pratique par une traduction officielle en italien et une publication ordonnée par le Conseil des dix en 1535. Les Livres d'Assises, jusqu'alors simples références du droit pour éclaircir les cours, vont devenir, pour certains, les Livres officiels du droit applicable et opposable à tous dans l'île de Chypre jusqu'à sa perte en 1571. Les manuscrits du XIVe, XVe, et du XVIe siècle en français, en grec et en italien en circulation prouvent la diffusion du droit hiérosolymitain auprès de toutes les couches de la population. L'évolution, ou non, des contenus des manuscrits et le choix des Livres recopiés et publiés montrent la continuité et l'adaptation du droit hiérosolymitain dans le temps. C'est là le point qui nous semble le plus incontestable de cette étude.

Il sera ainsi abordé tout d'abord, la diffusion du droit dans un royaume de Chypre finissant, de 1371 à 1474 (I), et dans second temps l'édification vénitienne d'un droit officiel en italien de 1489 à 1571, année où l'empire ottoman prit le contrôle de l'île (II).

I. La diffusion du droit dans un royaume latin de Chypre finissant (1371-1489)

La période qui se déroule de 1371 à 1458, est la période des derniers rois légitimes où le droit hiérosolymitain va continuer à se transmettre traditionnellement (A). La période suivante, celle qui se déroule de 1458 à 1489, est une période de révolution et de tensions politiques sous des dominations étrangères variées, mais le droit hiérosolymitain restera au cœur de la vie institutionnelle de l'île (B).

A. La transmission des « Assises » dans un royaume en déclin (1371-1458)

En 1371, le roi de Chypre Pierre II a quinze ans. Désormais majeur, il demanda à son oncle, le chef seigneur en exercice, la remise de la seigneurie du royaume, le mercredi 18 décembre[1]. Son oncle, Jean de Lusignan réunit alors la Haute Cour, le dimanche suivant, en présence des prélats du royaume. Pierre a pour conseil Thomas de Montolipho[2]. Il est alors prouvé son droit, son âge et il est promis que Pierre ferait tous les serments nécessaires selon l'usage. Pierre est alors reconnu légitime héritier du royaume de Pierre Ier, son père, roi de Jérusalem et de Chypre. Tous les hommes liges lui firent l'hommage et la ligesse ainsi que les autres hommes du royaume selon l'usage. Il fut décidé dans le même temps par la Haute Cour, pour annihiler les conseils de la reine mère Éléonore, que le roi ne pourrait faire des concessions de fiefs et autres actes domaniaux avant ses 25 ans[3]. Pierre II est couronné roi de Chypre le 13 janvier 1372 dans la cathédrale Sainte-Sophie de Nicosie. Le 2 octobre 1372 il est ensuite couronné roi de Jérusalem à Famagouste dans la cathédrale Saint-Nicolas[4].

Ce second couronnement a été l'occasion d'une violente guerre de rues entre Génois et Vénitiens pour des questions de privilèges au sujet de la place des communes dans la cérémonie[5]. À la suite de ces luttes d'influences et à ces évènements une partie des Génois quittèrent l'île de Chypre avec leurs familles et leurs biens[6]. À partir de 1373, une autre guerre éclate avec les Génois qui ravagent les côtes de l'île[7]. Les Génois font en suivant le siège de Famagouste. Le roi réunit l'ost royal composé des barons, des seigneurs, des chevaliers, des bourgeois et autres[8]. Les Génois vont faire croire à la paix et

---

[1] *Chronique d'Amadi*, éd. R. de Mas Latrie, Paris, 1891-1893, p. 431.
[2] *Ibid.*
[3] *Ibid.*, p. 432.
[4] *Ibid.*
[5] *Ibid.*
[6] *Ibid.*, p. 435.
[7] *Ibid.*, p. 439-446.
[8] *Ibid.*, p. 446 : « *con tutti li baroni, signori. cavalieri, borghesi et altri di sua compagnia* ».

profitant de la fin des hostilités, ils vont s'emparer de Famagouste[1] et piller Nicosie[2]. Le roi et son entourage tombèrent entre les mains des Génois qui entreprirent d'occuper l'île[3]. La paix est finalement signée le 8 avril 1374 contre un lourd tribut à verser aux Génois et l'abandon de Famagouste[4]. Le connétable Jacques de Lusignan, oncle du roi qui a organisé la défense du royaume est l'otage des Génois pour assurer la paix[5]; il est en suivant emprisonné à Gènes[6].

En 1375, la reine douairière fit assassiner Jean de Lusignan, sénéchal du royaume son beau-frère, ancien chef seigneur[7]. Sûrement pour se venger de la mort de Pierre Ier. En 1378, le roi Pierre II épouse Valentine Visconti, fille du duc de Milan[8]. La même année il reprit Famagouste, profitant de la guerre entre Gène et Venise[9]. Il renforce en suivant les défenses du royaume et notamment la citadelle de Nicosie. Pierre II meurt quatre ans plus tard, à 25 ans, le 13 octobre 1382, sans enfant[10].

À la mort du roi, Jacques de Lusignan, toujours en prison est élu légitime héritier du royaume, devant son neveu Jacques, comte de Tripoli, fils de son frère aîné Jean et de son autre neveu Hugues de Lusignan, fils de Guy[11]. La primogéniture en ligne masculine n'est définitivement pas la règle dans le royaume de Chypre. Les droits se transmettent entre vivants et au plus proche héritier. Jean de Lusignan étant mort il ne peut donc hériter en personne de son frère et donc son fils Jacques non plus. Hugues n'est qu'un cousin éloigné et déjà écarté comme héritier du temps de Pierre Ier.

Jean de Brie avec un conseil de douze chevaliers est chargé de diriger le royaume. Le roi Jacques est libéré contre la remise de Famagouste, 100 000 ducats, les impôts liés au commerce maritime et les places fortes latines en Turquie[12]. Il arrive dans son royaume le 23 avril 1385 avec son épouse et laisse son fils Janus né en prison à Gêne en otage. Il est couronné roi de Chypre en arrivant. Il sera couronné roi de Jérusalem en 1389.

À la libération de son fils Janus, le roi Jacques fit par une grande fête et pourvut aux grands offices vacants du royaume de Chypre et du royaume de

---

[1] *Ibid.*, p. 453.
[2] *Ibid.*, p. 454.
[3] *Ibid.*, p. 460.
[4] *Ibid.*, p. 473.
[5] La littérature historique sur les différents traités passés entre Gênes et les Lusignan est abondante ; nous renvoyons à l'étude récente de C. OTTEN-FROUX qui fait un point définitif sur la question : « Les relations politico-financières de Gênes avec le Royaume des Lusignan (1374-1460) », in M. Balard, A. Ducellier (éds), *Coloniser au Moyen Âge* (1995), p. 61-75.
[6] *Chronique d'Amadi*, éd. R. de Mas Latrie, Paris, 1891-1893, p. 473.
[7] *Ibid.*, p. 478.
[8] *Ibid.*, p. 437.
[9] *Ibid.*, p. 488.
[10] *Ibid.*, p. 490.
[11] *Ibid.*
[12] *Ibid.*, p. 492.

Jérusalem[1]. Jean de Brie, chef seigneur pendant sa captivité est nommé prince de Galilée ; Pierre Cafran est nommé amiral de Chypre ; Hugues de Baume est nommé connétable de Chypre ; Guy de Baume est nommé maréchal de Jérusalem ; Rinaldo de Milmarz maréchal de Chypre ; Jean de Nevilles, seigneur de Césaré ; Jean Corapho, auditeur de Chypre ; Jean de Lusignan, batard de Jean de Lusignan prince d'Antioche, est nommé seigneur de Beyrouth. Le roi donna à chacun un ou deux villages en fief. En suivant, il fit fortifier le royaume et réparer les châteaux abîmés par les guerres avec les Génois mais l'élan est arrêté car le royaume est décimé par la peste en 1392[2].

À la mort de Léon VI de Lusignan roi d'Arménie en 1393 à Paris, neveu du roi Guy de Lusignan d'Arménie, fils d'Amaury de Lusignan frère d'Henri II de Lusignan, le roi Jacques est couronné aussi symboliquement roi d'Arménie en 1396[3] (ou le 29 novembre 1394[4]). Le royaume d'Arménie de Cilicie n'existe plus depuis 1375 après la conquête du royaume par les mamelouks. Il s'agit d'affirmer ici pour les Latins la réalité chrétienne des territoires conquis par les musulmans et d'entretenir la volonté de libérer ces terres de l'occupation musulmane. Le roi Jacques Ier, meurt le 20 septembre 1396[5]. Il aura gouverné le royaume dans l'esprit de la *res publica* des Francs et dans la tradition du droit hiérosolymitain dont il a participé au rétablissement avec son frère Jean en 1368.

Son fils Janus est reconnu comme légitime héritier à sa mort mais il est couronné seulement le 11 novembre 1399 et seulement comme roi de Chypre[6]. Le conflit avec Gênes a plongé Chypre dans une crise financière sans précédent. Le 26 mars 1402, Janus tente de renverser le rapport de force avec Gênes en attaquant Famagouste mais la tentative est un échec, en raison de l'intervention de Jean II Le Meingren, surnommé Boucicaut, maréchal de France, et se solde par de nouvelles exigences financières. En 1404, les hostilités reprennent et le roi Janus demande l'aide de la République de Venise[7]. Quatre ans plus tard, en 1408, les Génois sont battus, la ville de Limassol est récupérée et une paix est encore signée[8].

Le 25 août 1411, le roi Janus épouse Charlotte de Bourbon, filleule du roi de France Charles VI[9]. Jusqu'au décès de la reine, en 1422, le couple entretient une vie de cour brillante. Le récit laissé par le chancelier Luchino dal Campo sur la visite à Nicosie du marquis Nicole III d'Esté, illustre l'éclat que la cour

---

[1] *Ibid.*, p. 494.
[2] *Ibid.*, p. 495.
[3] *Ibid.*
[4] DUCANGE, *Les Familles d'Outremer par de Ducange, continué par M. E. G-Rey*, Documents inédits sur l'Histoire de France, Imprimerie Impériale, Paris, 1869, p. 86.
[5] *Chronique d'Amadi*, éd. R. de Mas Latrie, Paris, 1891-1893, p. 496.
[6] *Chronique d'Amadi*, éd. R. de Mas Latrie, Paris, 1891-1893, p. 496.
[7] *Ibid.*, p. 497.
[8] *Ibid.*, p. 498.
[9] *Ibid.*

chypriote conservait aux yeux du prince ferrarais[1]. Janus est selon les témoignages un roi raffiné et tous les chroniqueurs rejoignent Florio Bustron pour assimiler les onze années de mariage de Janus et Charlotte à une période heureuse pour l'ensemble du royaume[2]. Le couple aura son premier enfant le 16 mars 1416, prénommé Jean[3].

En 1424, le sultan d'Égypte envoie une flotte qui ravage les côtes de l'île[4]. Elle s'empare d'une partie de l'île, de Limassol en 1425. Avec l'aide des Génois le sultan envoie une nouvelle armada[5]. Le 6 juillet 1426, Janus est vaincu à la bataille de Choirokitia et subit l'humiliation des geôles cairotes[6]. Le frère du roi, le cardinal Hugues de Lusignan est élu gouverneur du royaume par tous les chevaliers et les bourgeois[7]. Les principes du gouvernement selon les principes du droit hiérosolymitain sont ici respectés. Le cardinal organise la défense de l'île mais ne peut empêcher que celle-ci soit ravagée par les mamelouks.

En 1427, le roi Janus est libéré contre 200 000 ducas et un tribut annuel de 5000 ducas[8]. Il a dû aussi accepter la suzeraineté du sultan. La crise financière qui en résulte ruine l'aristocratie et le royaume ce qui déclenche une révolte paysanne qui secoue l'île pendant dix mois. La fiscalisation des obligations féodales change alors mais Peter Edbury a pu étudier que jusqu'à la fin du XIVe siècle les obligations liées au service de *cors* étaient respectées, c'est-à-dire assurées en personne[9]. À l'époque de Janus, le besoin d'argent entraîne une fiscalisation des défauts de service ce qui fournit plus de 12 % des recettes du trésor (134 104 besants)[10]. La couronne est aussi dans un endettement permanent[11]. Janus, lui-même, est contraint de liquider ses joyaux à Gênes. Les chroniqueurs affirment que de 1426 à sa mort, le 28 juin 1432, Janus ne sourit plus jamais[12].

---

[1] La visite à Chypre de Nicole d'Esté se déroule du 26 mai au 3 juin 1412 : G. Grivaud, *Excerpta Cypria Nova, Voyageurs occidentaux à Chypre au XVe siècle* (1990), I, p. 41-49.

[2] « *In tempo délia quai regina era pacifico el paese tutto, et era anco abbondantia d'ogni cose* », F. Bustron, p. 356 ; et Cf. Machairas, § 638 ; *Amadi*, p. 498.

[3] *Chronique d'Amadi*, éd. R. de Mas Latrie, Paris, 1891-1893, p. 498.

[4] *Ibid.*, p. 500.

[5] *Ibid.*, p. 504.

[6] *Ibid.*, p. 507.

[7] *Ibid.*, p. 513 : « *fu fatto governator del regno per comun acordio et consentimento de tutti li cavlieri et borghesi* ».

[8] *Ibid.*, p. 514.

[9] P. W. EDBURY, « Feudal obligations in Latin East », Byzantion XLVII (1977), p. 335-337.

[10] G. GRIVAUD, « Un état des comptes du royaume de Chypre en 1412-*1413* », in Bulletin de correspondance hellénique. Volume 122, livraison 1, 1998, p. 377-401.

[11] M. OUERFELLI Mohamed, *« Les relations entre le royaume de Chypre et le sultanat mamelouk au XVe siècle »*, Le Moyen Age, 2004/2 (Tome CX), p. 327-344.

[12] Sur Janus et son règne : *Machairas*, § 628-702 ; *Strambaldi*, p. 262-287 ; F. BUSTRON, p. 354- 371 ; E.-G. Rey, *Les familles d'Outremer de Du Cange* (1849), p. 88-92 ; P. W. Edbury, art. cit. (supra), p. 145-154. La mention sur la vente des joyaux de Janus figure chez L. Balletto, « Les Génois dans l'île de Chypre au bas Moyen Âge », in C. Mutafian (éd.), *op. cit.* p.33.

À la mort du roi Janus, c'est son fils Jean qui est élu roi par les seigneurs et les hommes liges du royaume « *dretto herede del reame* »[1]. Il est couronné le 24 août 1432 dans la cathédrale Sainte-Sophie et là encore seulement roi de Chypre. En 1438 l'île de Chypre est ravagée par la peste[2]. Le roi épouse Hélène Paleologue de la Morée le 3 février 1441[3]. Le roi Jean va alors abandonner peu à peu le gouvernement du royaume à son épouse grecque et ne s'occuper simplement que de signer les documents publics devant la Haute Cour[4]. Le règne de Jean II fut ainsi marqué par une progression de l'influence grecque qui était éclipsée par l'élément latin depuis près de deux siècles et demi. Sous la pression de sa femme, Hélène Paléologue, est favorisé l'élément grec, auquel l'union des Églises proclamée au concile de Florence donnait une nouvelle place[5]. Il est accordé de nouveaux privilèges et droits à l'Église orthodoxe de Chypre. Avec la chute de Constantinople en 1453, prise par les ottomans, de nombreux Grecs se réfugièrent dans le royaume de Chypre. La situation financière du royaume est encore de plus en plus désastreuse et le royaume dépend alors de plus en plus de ses créanciers, surtout vénitiens. L'influence italienne commença, elle aussi, alors à être en conséquence de plus en plus présente.

Avant son mariage le roi entretenait une relation avec une dame Marietta da Patras dal Arcipelago. De cette relation il a eu un fils Jacques. La reine jalouse fit couper le nez de sa rivale et voulut chasser le fils bâtard[6]. Là-dessus le roi qui aimait son fils ne céda pas et le garda auprès de lui. Pour l'écarter du pouvoir la reine le fait nommer à 15 ans archevêque de Nicosie en 1456. L'archevêque Jacques de Lusignan, le bâtard, pour se venger de la reine, sa belle-mère, fit assassiner des partisans de la reine, son chambellan Thomas de Morée et Jacques Urri, vicomte de Nicosie en 1457[7]. Après cela il s'enfuit à Rhodes. La reine Hélène meurt le 11 avril 1458 et le roi souhaite alors faire accepter son fils Jacques comme héritier par la Haute Cour mais avant de

---

1 *Chronique d'Amadi*, éd. R. de Mas Latrie, Paris, 1891-1893, p. 515.

2 *Ibid.*, p. 516.

3 *Ibid.*, p. 517.

4 BUSTRON, *Chronique de l'Ile de Chypre*, éd. René DE MAS LATRIE, Mélanges historiques, Choix de documents, t. 5, Paris, 1886, p. 372 : « *Detto re Giovanni era huomo. piuttosto semplice che d' ingegno ellevato, di modo che la regina Helena, sua consorte, l'haveva sottomesso tanto che lei faceva e governava il regno come voleva, e lui sottoscriveva ciô che lui comandava; et senza suo rossore, per documento publico in alta corté registrata la constitui governatrice del reguo, stando lui sano e nel regno* ».

5 M-H. CONGOURDEAUK, « Pourquoi les Grecs ont rejeté l'Union de Florence (1438-1439) », B. Béthouart, M. Fourcade, C. Sorrel. *Identités religieuses. Dialogues et confrontations, construction et déconstruction,* Université du Littoral Côte d'Opale, p. 35-46, 2008, Les Cahiers du Littoral, 2, n° 9.

6 BUSTRON, *Chronique de l'Ile de Chypre*, éd. René DE MAS LATRIE, Mélanges historiques, Choix de documents, t. 5, Paris, 1886, p. 372.

7 *Ibid.*, p. 374.

pouvoir faire aboutir son projet, il meurt le 26 juillet 1458[1]. Il s'ensuivit une guerre de succession entre Jacques et la fille légitime du roi.

Des manuscrits, en notre possession, deux semblent témoigner tout particulièrement du droit hiérosolymitain appliqué dans le royaume de Chypre au XVe siècle devant la Cour des Bourgeois. Le premier est le manuscrit de Venise du XVe siècle (ms. fr., App. COD. VI) et le second est, de manière indirecte, le manuscrit du Vatican du XVIIIe siècle (ms. italien, 7806 A).

Le manuscrit de Venise est bien du XVe siècle. C'est un volume en parchemin de 99 folios (280/180 mm). Le texte est en français et il porte le titre *Assizes de la Court des Bourgeois du royaume de Jérusalem*. La table des rubriques donne le titre de *Livre des assises et des usages dou royaume Jérusalem de la court des bourgeois*. Ce manuscrit est signé et daté par son copiste, Pierre Hémy, du 12 mai 1436. Ce manuscrit ne contient que le Livre de la Cour des Bourgeois en 265 chapitres[2]. Ce manuscrit est très proche du manuscrit de Munich (ms. français, Codex Gallus 51) qui nous donne ce Livre en 297 chapitres. Ici on trouve 6 chapitres propres et tous les chapitres en latin qui se situent dans le manuscrit de Munich sont ici traduits. Ce Livre est la dernière « version authentique » en français du Livre de la Cour des Bourgeois et sa composition montre bien sa nature « vivante » au XVe siècle. Au dernier folio, se trouve la signature des quatre députés envoyés par la Sérénissime République de Venise, en 1531, pour choisir, afin de la traduire en italien, la meilleure version des Assises de Jérusalem[3]. Ce qui prouve indiscutablement l'usage de ce manuscrit, comme une des sources de référence du droit hiérosolymitain, jusqu'au XVIe siècle[4].

Le manuscrit du Vatican du XVIIIe siècle témoigne indirectement de la pratique des Assises au XVe siècle. Ce manuscrit est un recueil de copies de textes de diverses natures, d'Albert le Grand à Machiavel, et d'époques différente, du IXe au XVIIIe siècle. On y trouve un fragment du livre des Lignages d'Outremer en italien, mais seulement des familles royales, du folio 241 au folio 252, jusqu'en 1460 en 9 chapitres[5]. On y trouve aussi en suivant du folio 253 au folio 262, et c'est cette partie qui nous semble témoigner de la pratique des Assises au XVe siècle, le rite d'adoubement de la

---

[1] *Ibid*., p. 384.

[2] Fol. 1 à 10 : rubriques.
Fol. 13 à 99 : le Livre de La Cour des Bourgeois en 265 chapitres.

[3] Ces envoyés étaient Jean de Nores, comte de Tripoli et propriétaire de ce volume, Francesco Attar, Aloisius Cornelius et Florio Bustron, celui-là même qui réalisa la traduction.

[4] Les commissaires vénitiens n'ont collecté que les manuscrits encore en usage à Chypre au XVIe siècle.

[5] Le texte dit : *« Questo e il nobil libro di lignagi sive parentela de qua del mar que furono dal tempo di Godefroy'i de Bollione Duca del Loregne il qual venne et conquisto el reame de Hierusalem. El qual libro fu copiato da un libre del nobile cavaliere Piero de Fiorin, tratto dali antiqui libri con le casade del Reame de Cypro et fu seguita per Simon de Hierosolima principiando l'anno del 1398 in qua. »*. Simon de Jérusalem, le continuateur termine la généalogie royale et princière en 1460.

chevalerie chypriote dans un premier texte et l'exposé des règles de l'ordre de la chevalerie dans un second texte qui sont en tout état de cause une reprise des « Assises ». Ces règles devant être observées par les chevaliers de Jérusalem, telle que l'indique la notice de la bibliothèque du Vatican[1]. L'inventaire des manuscrits de la Bibliothèque vaticane donne comme référence à ces deux textes : « *Pétri de Fiorin et Simonis de Hierusalem : Notizie sopra i re de Gerusalemme et di Cipro (usque ad medio circiter saeculum XV) e loro parentela sequitur descriptio rituum in ordinatione equitum Cypri, et régula ab equitibus Hierusalem servanda* ». Il semble donc que ce texte, au vu de la datation du premier texte sur les lignages, est une copie au minimum d'un texte du XVe siècle, écrit par Simon de Jérusalem. Il est possible aussi que ce texte remonte aux premiers écrits de Pierre de Fleury, vicomte de Nicosie[2], dans la deuxième moitié du XIVe siècle. Ce qui est certain c'est que le texte d'origine pour cette deuxième partie fait référence à la fin du XVe siècle.

Le rite d'adoubement (fol. 253-256) n'a pas de titre et commence par ces mots : « *Erano in Cipro, in tempo di serenissimi Regali, tre sorte de cavalieri...* ». Il comprend huit paragraphes, de longueurs variables. Pour le rédacteur, les chevaliers du royaume étaient divisés en trois catégories : les feudati (feudataires), les stipendiati (bénéficiaires d'un fief de soudé), et les compagnoni, dépendant d'un feudataire ou d'un stipendié. Cette division est celle que nous avons décrite dans la première partie sur les fiefs et les chevaliers dans les Assises. Il est ensuite donné le serment que doit prêter le chevalier compagnon à son seigneur, puis celui énoncé par les chevaliers feudataires ou stipendiés au *capo signor* (chef seigneur) selon les Assises[3]. C'est le serment que nous avons là aussi déjà donné sur l'hommage et l'hommage-lige. Et en effet, il est fait référence ici à la coutume, *consuetudo*. Vient alors la description de l'adoubement. Le rite d'adoubement développé en suivant dans le texte est ici une recomposition de l'*Ordene de Chevalerie*.

La règle de l'ordre (Fol. 256v-261) porte, lui, un titre *Questa è la Regola, ordine, obligation et preminentie di nobilissimi cavalieri de Gerusalem et Cipro*. Texte un peu plus long de 52 paragraphes, dont certains sont très courts. Dans ce texte, il est encore fait référence à l'*Ordene*, en ce qui concerne les obligations morales du chevalier. Les règles concernant les obligations

---

[1] Marie-Adélaïde Nielen, qui a édité ce texte, y voit plutôt un fragment de la règle de l'Ordre de l'épée, en se basant sur une seule indication non significative. En effet, un passage indique que le chevalier, en mission pour le roi, doit porter un insigne composé de deux épées nues en croix avec la devise « *Pour maintenir loyauté* ». Cf. « Un fragment de la règle de l'Ordre de l'épée ? », In *Dei gesta per Francos : études sur les croisades dédiées à Jean Richard*, édition Michel Balard, Benjamin Z. Kedar et Jonathan Riley-Smith, Aldershot, Ashgate, 2001, p. 145- 155.

[2] J. RICHARD, *Chypres sous les Lusignans,* Documents chypriotes des Archives du Vatican (XIVe et XVe siècles), Geuthner, Paris,1962, p. 117.

[3] « *Signor, io vi fazzo la liggessa per l'assisa del tal feudo ch'io tengo dal Tale, et prometto de guardar et deffendervi da tutte le cose mortale* »

féodales sont une reprise intégrale des Assises. Là aussi se trouvent certaines fois des références à une coutume, *consuetudo*, de toute évidence les Assises. Par exemple, les chevaliers sont tenus de rendre hommage à chaque changement de roi ou de bailli avant un an et un jour sous peine de perdre leur fief. De même, si le roi est fait prisonnier, le chevalier doit vendre son fief pour participer au paiement de la rançon, sous peine de se voir confisquer son fief. Enfin, on peut aussi donner l'exemple du service du chevalier qui est dû jusqu'à l'âge de soixante ans. Tout ici est une reprise des Livres d'Assises.

B. La transmission des « Assises » dans un royaume en révolution (1458-1489)

À la mort du roi Jean, Charlotte, l'unique fille légitime du roi est reconnue légitime héritière par la Haute Cour, saisie par le connétable du royaume Calceran Suares. Tous les hommes du royaume lui firent l'hommage[1]. En amitié avec son demi-frère l'archevêque elle se fit couronner par lui. Mais en raison des intrigues de cour l'entente ne dura pas et Jacques le Bâtard dut quitter Nicosie. Il se rendit en Égypte en 1459. La reine Charlotte épouse à Nicosie Louis de Savoie, second fils du duc de Savoie, et de Anne de Lusignan, fille du roi Janus, le 7 octobre 1459[2].

En Égypte, le sultan qui se considère comme le suzerain du royaume de Chypre, depuis le roi Janus, reconnaît Jacques de Lusignan, le bâtard, comme roi et lui fournit une flotte[3]. Jacques arrive dans le royaume de Chypre en 1460[4]. Il s'empare d'une partie de l'île et de Nicosie. La reine Charlotte et son époux se réfugient alors à Cérines[5]. Jacques le bâtard, commence en 1461, le siège de Cérines où se trouve le couple royal. Il réprime ensuite les attaques des Génois de Famagouste[6]. Il s'attaque ensuite à cette cité[7]. La reine Charlotte quitte l'île pour Rhodes pour chercher des secours, puis alla à Rome[8]. Ce départ fut sans retour pour la reine. Le 26 février 1485, la reine cède tous ses droits sur le royaume de Chypre et de Jérusalem à son neveu Charles Ier de Savoie et elle meurt à Rome le 16 juillet 1487[9].

---

1 BUSTRON, *Chronique de l'Ile de Chypre*, éd. René DE MAS LATRIE, Mélanges historiques, Choix de documents, t. 5, Paris, 1886, p. 384.
2 *Ibid.*, p. 392.
3 *Ibid.*, p. 393.
4 *Ibid.* p. 394.
5 *Ibid.* p. 396.
6 *Ibid.*, p. 400.
7 *Ibid.*, p. 403.
8 *Ibid.*, p. 409.
9 MAS-LATRIE, *Histoire de l'île de Chypre sous le règne des princes de la maison de Lusignan, d'après un mémoire couronné par l'Académie des inscriptions et belles-lettres*, Paris, Imprimerie impériale, 1855, t. III, p. 185.

En octobre 1463, Jacques le bâtard s'empare de Cérines et de Famagouste le 6 janvier 1464[1]. Il devient le maître de l'île. En suivant, il fait massacrer ses auxiliaires mamelouks sous prétexte d'une volonté d'assassinat pour le compte du sultan d'Égypte, sans toutefois rompre ses liens avec ce dernier[2]. À la suite de ses victoires les chevaliers chypriotes reconnaissent Jacques le bâtard comme roi de Chypre[3]. Il distribua ensuite des fiefs à ses amis italiens, contribuant ainsi à transformer une aristocratie dont le caractère français s'effaçait[4]. Par sa fragilité militaire et financière, le royaume glisse lentement de la sphère égyptienne à la sphère d'influence vénitienne[5].

Le roi Jacques II, gouverne le royaume en respectant les institutions traditionnelles. Il gouverne avec la Haute Cour comme en témoigne le Livre des remembrances de la Secrète du royaume de Chypre pour l'année 1468-1469[6]. C'est la seule source à notre connaissance de la Cour des comptes du royaume. Ce Livre a été re-publié par Jean Richard, avec la collaboration de Théodore Papadopoullos[7]. Il nous permet d'avoir une idée de l'état du royaume et de la continuité dans l'application du droit hiérosolymitain et de ses institutions. Dans le premier chapitre de l'Introduction, Jean Richard énumère les six livres avec leurs titres. Le premier, le plus complet (cent quarante-quatre actes), sert à l'enregistrement des mandements royaux. Le deuxième (quarante-deux actes) contient les aliénations du domaine royal qui entraînent l'intervention de la Haute Cour, toujours en place, réduite ici à l'intervention de deux membres. Le troisième ne se compose que de huit actes relatifs à la donation ferme de revenus royaux. Le quatrième, en neuf articles, concerne les détenteurs de fiefs astreints à payer des rentes. Le cinquième, incomplet, comprend dix-neuf actes qui sont des contrats passés entre particuliers, c'est-à-dire ceux qui devaient l'être devant la Secrète, non par les soins des notaires. Le sixième, tronqué au début et à la fin, est sans titre, et est composé des menues remembrances (affaires diverses).

En matière d'administration locale, la principale différence avec celle des XIIIe et XIVe siècles, est une division des terres en douze contrées avec à leur tête des hommes du roi nommés « chevetains » qui déterminent l'assiette de la dîme royale.

---

[1] BUSTRON, *Chronique de l'Ile de Chypre*, éd. René DE MAS LATRIE, Mélanges historiques, Choix de documents, t. 5, Paris, 1886, p. 411.

[2] *Ibid.*, p. 416.

[3] *Ibid.*, p. 417.

[4] *Ibid.*, p. 417-424.

[5] G. GRIVAUD, « Un état des comptes du royaume de Chypre en 1412-1413 », in Bulletin de correspondance hellénique, Volume 122, livraison 1, 1998. pp. 377-401.

[6] MAS-LATRIE, *Histoire de l'île de Chypre sous le règne des princes de la maison de Lusignan, d'après un mémoire couronné par l'Académie des inscriptions et belles-lettres*, Paris, Imprimerie impériale, 1855 t. III, p. 184-304.

[7] J. RICHARD, T. PAPADOPOULOS, *Le « Livre des remembrances » de la Secrète du royaume de Chypre (1468-1469)*, Nicosie : Centre de recherches scientifiques (Sources et études de l'histoire de Chypre), 1983.

Pour s'assurer le soutien de Venise, Jacques II se fiance à Catherine Cornaro, fille d'une des plus nobles et des plus puissantes maisons de Venise en 1468. Quatre, ans après, en 1472, Catherine Cornaro arrive enfin en Chypre et épouse le roi Jacques[1]. Mais le roi Jacques meurt peu après, le 6 juillet 1473[2]. Profitant de la mort du roi Jacques II, la République de Venise va imposer son protectorat pour un siècle à partir de 1474. Toutefois les Vénitiens vont préserver dans un premier temps une apparence de légitimité. En effet, le roi Jacques meurt peu après, le 6 juillet 1473[3]. Il laisse son épouse Catherine enceinte. Un conseil de régence est organisé. Il est composé du comte de Tripoli Gioan Tafure, capitaine di Famagouste, de Gioan Peres Fabrices, comte de Carpasso et capitaine des galères, de Morpho de Grinier, comte de Rochas, d'Andrea Cornaro, auditeur de Chypre et oncle de la reine, de Gioan d'Aragona, de Rizzo Marin di Napoli, chambellan, et de Pietro Davilla, connétable. De plus, il fut aussi reconnu le représentant de Venise, l'amiral Mutio de Costanzo, comme vice-roi pour agir au nom de la reine Catherine[4]. Il reçut en suivant l'hommage de tous. Le sultan d'Égypte va lui reconnaître la reine Catherine comme sa vassale[5]. La reine met au monde un fils, Jacques III, le 8 août 1473.

En novembre 1473, des partisans de la reine Charlotte s'emparent de Famagouste et tentent un coup d'État afin d'écarter Jacques III et Catherine du trône[6]. Est assassiné le conseiller de la régence Paolo Zappa, le médecin de la reine Catherine, Gabriele Gentile et son oncle Andrea Cornaro. Les conjurés pillent ensuite le trésor royal des Lusignans. Un gouvernement est mis en place, écartant Catherine de toutes les responsabilités du pouvoir. À la suite de ces évènements, Venise envoya Victor Soranzo avec de lourds moyens militaires au secours de la reine Catherine[7]. Il réussit à chasser les insurgés l'année suivante en 1474. Le vicomte de Nicosie lui réussit à pacifier les relations avec le peuple[8]. Catherine Corano est rétablie comme « régente ».

Le 26 août 1474, Jacques III, le roi posthume meurt[9]. Le sénat vénitien décide alors de considérer le royaume de Chypre comme un protectorat de la République de Venise et établit des instructions confirmant la reine dans ses titres mais confiant la réalité du pouvoir politique à des conseillers, « *consiliarii in regno Cypri* » nommés directement par le Sénat vénitien le

[1] BUSTRON, *Chronique de l'Ile de Chypre*, éd. René DE MAS LATRIE, Mélanges historiques, Choix de documents, t. 5, Paris, 1886, p. 433.
[2] *Ibid.*
[3] *Ibid.*
[4] *Ibid*, p. 433.
[5] *Ibid.*, p. 434.
[6] *Ibid.*, p. 439.
[7] *Ibid.*, p. 442.
[8] *Ibid.*, p. 449.
[9] *Ibid.*, p. 454

4 juin 1474[1]. Toutefois l'apparence des institutions politiques et administratives du royaume devant être maintenue dans l'état où elles étaient avant leur arrivée. La Haute Cour, les Cours des Bourgeois et le vicomte ainsi que l'application des Assises devant être maintenus[2]. La justice devait toujours se dispenser, au nom de la reine, par les mêmes magistrats, sous les lois et les formes accoutumées, afin que la noblesse crût toujours participer elle-même au gouvernement du pays et que, assurée d'être ainsi protégée dans ses privilèges et dans ses biens, elle se rattachât sincèrement aux intérêts de la seigneurie[3]. Durant cette période, Venise considérait encore l'île de Chypre comme indépendante quoique protégé, et la reine comme une puissance amie, mais non sujette. Toutefois, la République de Venise ne cessa pas d'envoyer dans le royaume un consul qu'elle avait toujours envoyé auprès des anciens rois. Le consul, représentant la majesté même de la République et avait la préséance sur tous les autres magistrats vénitiens, les conseillers.

Selon leurs instructions de la part de la République de Venise, les conseillers de la reine devaient suivre la reine dans tous ses déplacements et lui laisser la plus grande liberté personnelle[4]. Ils ne devaient toutefois pas permettre qu'elle ne prît aucun acte de souveraineté ou d'administration publique sans leur assentiment préalable. Ils devaient en plus s'occuper particulièrement des intérêts du trésor royal[5]. Il leur était expressément commandé de faire rentrer au domaine public toutes les terres indûment concédées, de réduire les pensions trop facilement accordées, et de recouvrer exactement le produit des gabelles, soit en les affermant, soit en les faisant percevoir au nom de l'État. Il leur était recommandé de satisfaire avec la plus stricte économie aux dépenses générales, sans négliger de payer la solde des troupes envoyées dans l'île pour la garde des châteaux et des places fortes. Dans toutes les occasions ou ils auraient à agir, les conseillers devaient parler au nom du service dû à la reine, de manière que le peuple ne remarquât aucun changement extérieur dans le gouvernement et se considérât toujours comme soumis au pouvoir et à la volonté de la reine elle-même[6]. Les conseillers étaient renouvelés tous les deux ans mais leur nomination ne coïncidait pas

---

[1] MAS-LATRIE, *Histoire de l'île de Chypre sous le règne des princes de la maison de Lusignan, d'après un mémoire couronné par l'Académie des inscriptions et belles-lettres*, Paris, Imprimerie impériale, 1855, t. III, Instruction du doge et du Sénat du 4 juin 1474 à François Minio et Louis Gabriel, Nomination, p. 372.

[2] *Ibid.* : Art. 14 « *Preter hec duo principaliora negotia, custodie scilicet et conservationis regni et status et pecuniarum administrationis, connexa et copulata inter se ut alter sine altère stare non possit, multa alia sunt et occurrunt, sicut in principio diximus, et consultanda et deliberanda agendaque, pertinentia ad civilem vivendi modum, et ad particularitatemtam regine tam etiam nobilium et principalium hominum. In his omnibus, sinite ut serventur mores et consuetudines regni* ».

[3] *Ibid.*, Instructions, art. 4 et 14, p. 382.

[4] *Ibid.*, Instructions art. 18, p. 382 et Instructions supplémentaires art. 7, p. 386.

[5] *Ibid.*, Instructions art. 6 et suiv. p. 382 et Instructions supplémentaires, art. 4, p. 386.

[6] *Ibid.*, Instructions art. 5, 8 et 12, p. 382.

car il fallait qu'un ancien restât toujours en fonction avec un nouveau. Ils avaient sous leurs ordres un secrétaire de Chancellerie ducale. Pour les aider dans la gestion des recettes et des dépenses, Venise décida la mise en place de trésoriers puis de Camériers tenir les comptes des revenus du royaume et que ces fonctionnaires seraient renouvelés tous les deux ans.

À côté des conseillers qui dirigeaient officieusement le gouvernement du royaume, le Sénat vénitien mit en place un *provéditeur* chargé spécialement du commandement des troupes, de la garde des villes et châteaux forts et de toutes les affaires militaires. Le *provéditeur* avait expressément le droit de prendre part aux délibérations des conseillers dans les questions qui se rattachaient à son service. Les conseillers devaient l'appeler dans leurs réunions pour arrêter une résolution quand ils ne se trouvaient pas d'accord sur des affaires d'intérêt général. Dans le détail des prescriptions concernant sa charge, on lui recommandait de veiller surtout à ce que la citadelle de Famagouste fût toujours munie de troupes et commandée par un officier dévoué à la République de Venise. Deux gentilshommes vénitiens, avec le titre de châtelains, et un corps de fantassins, sous les ordres du *provéditeur* de Chypre avaient la charge particulière de Famagouste. En 1480, on nomma au-dessus des châtelains un capitaine. Il ne pouvait être nommé à ce poste et en général investir du commandement de l'un des châteaux de l'île personne qui ne fût sujet vénitien et qui ne s'engageât à obéir aux seules autorités de la république[1]. Cependant on lui enjoignait de rendre la justice militaire au nom de la reine. Il devait aussi faire appeler ou relever les gardes au nom de la reine et laisser la bannière royale, portant la croix de Jérusalem et le lion de la Maison royale des Lusignans, sur toutes les places fortes. Il était nommé, comme les conseillers de la reine, pour deux ans.

Le 30 octobre 1476 Venise ordonne que les enfants naturels du roi Jacques II soient amenés à Venise ainsi que les familles chypriotes accusées de rébellion pour éviter tout troubles à venir[2]. Puis la Sérénissime République, après avoir soutenu la reine, se décida à prendre officiellement le contrôle du royaume. Par une lettre du conseil des dix du 3 novembre 1488 il est ordonné à la reine Catherine d'abandonner son trône et de venir à Venise où il lui est garanti la préservation de son rang[3]. Le 26 février 1489, la reine Catherine abdique après l'arrivée de son frère Giorgio Cornaro envoyé par Venise[4]. Elle quitte son royaume pour Venise le 14 mars suivant après avoir entendu une messe solennelle[5]. Ce jour-là pour la première fois l'étendard de la République de Venise remplaça l'antique bannière des Lusignan.

---

[1] *Ibid.*, Instructions au provéditeur, art. 3 p. 382.
[2] *Ibid.*, Acte p. 408.
[3] *Ibid.* : Lettre p. 428.
[4] BUSTRON, *Chronique de l'Ile de Chypre*, éd. René DE MAS LATRIE, Mélanges historiques, Choix de documents, t. 5, Paris, 1886, p. 457.
[5] *Ibid.*, p. 458.

II. L'homologation du droit par la République de Venise (1489-1571)

La République de Venise, à partir de 1489, va instaurer un nouveau type de gouvernement de l'île mais le droit hiérosolymitain restera le droit en application. Le protectorat de Venise de l'île de Chypre va bien garantir le respect des « Assises » (A) et il va même être ordonné une traduction officielle en italien des « Assises », pour une juste application (B).

A. Le protectorat de Venise de l'île de Chypre et le respect des « Assises »

Le nouveau gouvernement civil du royaume de Chypre fut institué à Nicosie peu de temps après l'arrivée de Catherine Cornaro à Venise et l'abdication de la reine. On le composa d'un lieutenant et de deux conseillers du lieutenant[1]. Le lieutenant était le vice-roi de Chypre et les deux conseillers formaient son conseil privé[2]. Ils portaient le nom de recteur, « *rettori* » et ils représentaient la République de Venise[3].

Le lieutenant et ses conseillers réunissaient tous les pouvoirs qu'exerçaient autrefois dans l'île le roi et la haute cour, sauf le pouvoir législatif et le recours en appel réservés à Venise. Les trois recteurs avaient aussi la juridiction de la Secrète ou chambre royale des comptes chargée du domaine public[4]. Ils présidaient au gouvernement général de l'île, à la direction des finances et des troupes, à l'administration de la justice. La juridiction des recteurs s'étendait sur tous les gentilshommes de l'île et sur tous les possesseurs de fiefs ou de

---

[1] BUSTRON, *Chronique de l'Ile de Chypre*, éd. René DE MAS LATRIE, Mélanges historiques, Choix de documents, t. 5, Paris, 1886, p. 458.

[2] Malipiero (Annale veneti, pub. par M. le comte Sagredo, t. II, p. 611) et Saduno en rappellent la création (Cité par Mas-Latrie, *Histoire de l'île de Chypre sous le règne des princes de la maison de Lusignan*, d'après un mémoire couronné par l'Académie des inscriptions et belles-lettres, Paris, Imprimerie impériale, 1855, t. III, p. 844) : « *E da saper il luogotenente de Cypri fo electo (1489) con ducati 3,500 a l'anno, a raxon de bisanti [8] per ducato, con la condition de la parte de la metà. Siano senza contumacia, et possino esser electi procuratori ; tegni 8 cavali et 8 famegii, chei siano da ducati 30 a pezo habbi per pasajo ducati 90 et compido el rezimeato, habbi la mita da salario per mezi do. E stagino a Nicosia, dove li si fazi la real. Li consieri habino ducati 2,400 a l'anno per uno, con la condition de la metà ut supra ; tigni 4 cavalli et 4 famegii, et habino ducati 6o per uno per pasazo. ...* ».

[3] BUSTRON, *Istoria di Cipro*, Ms. de Londres, n°8630, Fol. 216V, (Cité par Mas-Latrie, , Histoire de l'île de Chypre sous le règne des princes de la maison de Lusignan, d'après un mémoire couronné par l'Académie des inscriptions et belles-lettres, Paris, Imprimerie impériale, 1855, t. III, p. 844) : « *In Cipro ait' hora fu comminciato andare in Nicosia un locotenente et doi consiglieri, che rappresentano l'alta corte, et giudicano Ii feudati et gentiihuornini ; et duoi camarienghi, che ricevano et dispenzano tutte l'intrade del regno, con bollette sottoscritte dalli predetti locotenenti et consiglieri* ».

[4] MAS-LATRIE, *Histoire de l'île de Chypre sous le règne des princes de la maison de Lusignan*, d'après un mémoire couronné par l'Académie des inscriptions et belles-lettres, Paris, Imprimerie impériale, 1855, t. III, p. 846.

pensions féodales, que l'on appelait *provisionati*[1]. Les matières de fiefs venaient toutes à leur connaissance et ils recevaient l'hommage de ces feudataires au nom de la république. Les recteurs jugeaient, de concert avec la cour du vicomte de Nicosie, les procès criminels pouvant emporter peine de mort des bourgeois de Nicosie, du centre et de l'ouest de l'île, ainsi que les affaires criminelles concernant les serfs ou *pariques* de l'île entière[2]. Les seigneurs, n'avaient droit de juger leurs serfs que dans les affaires civiles, ou au criminel, quand la pénalité n'allait pas jusqu'à effusion de sang. Les recteurs connaissaient des appels au civil et au criminel du vicomte, des *civitains*, des capitaines et des autres chefs de districts du centre et de l'ouest de l'île. On appelait de leurs sentences aux tribunaux de Venise, soit à la Quarantie criminelle, soit à la nouvelle Quarantie civile, ou aux auditeurs nouveaux pour les affaires de plus de cent ducats[3].

Le lieutenant et les conseillers de Chypre étaient élus au scrutin par le grand conseil de Venise, sur la présentation du Sénat[4]. Ils étaient toujours choisis parmi les patriciens et nommés pour deux ans. Leur renouvellement était successif et effectué de manière qu'il se trouvât toujours auprès d'un nouveau gouverneur un ou deux conseillers mis en charge avant lui. Ils étaient vêtus de robes longues. Le lieutenant, à son retour à Venise, comme le capitaine de Chypre, venait faire un rapport sur son gouvernement dans le sein du Sénat et faisait examiner sa comptabilité à l'office des Raisons nouvelles.

Le gouvernement militaire de l'île dépendait lui d'un capitaine à Famagouste qui avait pour charge d'organiser la défense de l'île[5]. Trois autres capitaines furent mis en place à Bafo, à Cérines et à Saline[6]. Le capitaine de Famagouste avait dans la partie orientale du pays, depuis la ville de Famagouste et la Messorée jusqu'à l'extrémité du Karpas, les mêmes compétences judiciaires que les recteurs dans ce ressort.

---

[1] *Ibid.*
[2] *Ibid.* p. 844.
[3] *Ibid.* p. 846.
[4] *Ibid.*
[5] BUSTRON, *Chronique de l'Ile de Chypre*, éd. René DE MAS LATRIE, Mélanges historiques, Choix de documents, t. 5, Paris, 1886, p. 458.
[6] Malipiero (*Annale veneti*, pub. par M. le comte Sagredo, t. II, p. 611) et Saduno en rappellent la création (Cité par Mas-Latrie, *Histoire de l'île de Chypre sous le règne des princes de la maison de Lusignan*, d'après un mémoire couronné par l'Académie des inscriptions et belles-lettres, Paris, Imprimerie impériale, 1855, t. III, p. 844) : « *A 28 de lugio 1489 é stà délibéra de far un luogotenente in Cipro, e un capitanio, per scortimo e 4 man d'elettion, con 3,500 ducati all anno per un de salario, lassando in caméra la mita ; e siano per 2 anni, et no habbino contumaccia, e possino esser eletti procuratori de san Marco. Tegnino otto famegi e otto cavalli de 30 ducati l'un ; e habbiano per le spese de tutto 'l viazo 80 ducati. E sia eletto do consegieri con 2,400 ducati all' anno, e con le condition ditte de sopra, con cargho de 4 famegi e 4 cavalli ; et habbino 60 ducati per le spese de tutto 'l viazo. E stia el luogotenente, e consegi in Nicossia, e 'l capitan in Fmagosta.* ».

Dans l'exercice de ses fonctions ordinaires, le capitaine gouvernait avec une autorité analogue à celle des recteurs, toute la partie orientale de l'île[1]. Comme le lieutenant, il jugeait, assisté de deux conseillers vénitiens, qui participaient avec lui aux autres actes de son administration. Il avait le droit de condamner à mort et il jugeait en première instance les causes de la ville de Famagouste et des deux lieues de territoire environnant considérées comme la banlieue de la cité. Les appels formés sur ses jugements allaient directement à Venise. L'appel devant son propre tribunal se faisait contre les sentences du capitaine de Sivouri et du bailli du Karpas. Toutefois, une partie considérable du pouvoir judiciaire échappait à sa compétence, dans l'intérieur même de son gouvernement, les nobles, les possesseurs de fiefs et les pariques n'étaient justiciables que des recteurs de Nicosie. Il lui était seulement recommandé de veiller à ce qu'on n'emmenât pas les serfs hors de l'île. Il n'avait point de trésor ou chambre des revenus publics ; le produit des impôts et des gabelles perçus dans les limites de ses districts devait être envoyé directement aux camériers de Nicosie. Le capitaine de Chypre, à son retour à Venise, comme le lieutenant, venait faire un rapport sur son gouvernement dans le sein du Sénat et faisait examiner sa comptabilité à l'office des Raisons nouvelles.

Un patricien, dans une chronique signalée par Mas-Latrie, fait observer que les propositions pour confier l'administration de l'île de Chypre à un lieutenant, deux conseillers et un capitaine, furent apportées dans le sein des Prégadi par les seize sages du conseil de terre ferme et des ordres[2]. Un membre émit l'avis, nous dit-il, de transférer le siège du gouvernement de Nicosie à Famagouste, mesure que les habitants de cette dernière ville sollicitaient depuis longtemps de la République. Mais le Sénat ne crut pas devoir changer ce qui existait à cet égard. Nicosie resta la capitale administrative de l'île et Famagouste le siège principal de sa défense militaire.

Indépendamment du capitaine du royaume, Famagouste avait un gouverneur de la ville, deux châtelains, un vicomte comme à Nicosie, et quatre capitaines d'hommes d'armes, avec une garnison de 500 hommes en temps de paix[3]. Les deux châtelains, nommés pour trente-deux mois, se relevaient dans leur garde de mois en mois ; celui qui était de service ne pouvait sortir de la forteresse ni de nuit ni de Jour.

[1] MAS-LATRIE, *Histoire de l'île de Chypre sous le règne des princes de la maison de Lusignan*, d'après un mémoire couronné par l'Académie des inscriptions et belles-lettres, Paris, Imprimerie impériale, 1855, t. III, p. 849.

[2] *Inscrizioni Veneziane*, T. V., p. 229 (Cité par Mas-Latrie, *Histoire de l'île de Chypre sous le règne des princes de la maison de Lusignan*, d'après un mémoire couronné par l'Académie des inscriptions et belles-lettres, Paris, Imprimerie impériale, 1855, t. III, p. 845).

[3] L. MAS-LATRIE (de), *Histoire de l'île de Chypre sous le règne des princes de la maison de Lusignan*, d'après un mémoire couronné par l'Académie des inscriptions et belles-lettres, Paris, Imprimerie impériale, 1855, t. III, p. 850.

La Haute Cour perdit ses attributions judiciaires au profit des recteurs et se transforma en grand conseil de Nicosie, regroupant la noblesse chypriote[1]. Tous les nobles de plus de 25 ans, résidants depuis plus de cinq ans, sont membre de droit de ce conseil[2]. Seuls les délégués de ce conseil participaient à la justice les concernant avec les recteurs[3]. Les Vénitiens, en supprimant la royauté dans l'île de Chypre, ne pouvaient conserver une Cour qui avait participé et permis de garder à travers les siècles l'indépendance du royaume et à la *res publica*. Toutes les attributions politiques et judiciaires de la haute cour passèrent donc aux recteurs. Le grand conseil de Nicosie est formé à l'image du grand conseil de Venise, mais ayant une participation moindre dans le gouvernement.

Le nombre des vieilles maisons françaises ayant beaucoup diminué depuis l'usurpation de Jacques le Bâtard, le sénat de Venise avait décidé que tous les patriciens de Venise qui viendraient se fixer dans l'île, entreraient de droit au conseil, et, en outre, que tout sujet de la république, de quelque état et condition qu'il fût, originaire soit de Venise, soit de ses possessions de terre ferme ou du Levant, pourvu qu'il passât cinq ans en Chypre, sans exercer de profession mécanique, serait déclaré noble et membre du Grand conseil[4]. Diverses familles de Brescia, de Vérone et de Bergame s'établirent en Chypre, et acquirent ainsi la noblesse. L'historien Lusignan estime qu'entre les familles anciennes et nouvelles de l'île, il pouvait y avoir ainsi, à la fin de la domination vénitienne, cent quarante-cinq personnes inscrites comme appartenant au grand conseil. L'anoblissement et le droit d'être nommé aux fonctions réservées pour les gentilshommes étaient presque le seul avantage de cette position. Le Grand conseil n'avait aucune action ni sur le gouvernement ni sur l'administration. On laissa cependant à l'assemblée le droit d'envoyer quelques-uns de ses membres siéger comme délégués de la noblesse auprès des recteurs dans leurs jugements, et le soin d'élire à certains offices, réservés aux Chypriotes, ceux d'entre eux qui deviendront les civitanéats et capitanéats de Limasol, Masoto, Avdimo et Pendaïa[5].

---

[1] BUSTRON, *Chronique de l'Ile de Chypre*, éd. René DE MAS LATRIE, Mélanges historiques, Choix de documents, t. 5, Paris, 1886, p. 458.

[2] MAS-LATRIE, *Histoire de l'île de Chypre sous le règne des princes de la maison de Lusignan*, d'après un mémoire couronné par l'Académie des inscriptions et belles-lettres, Paris, Imprimerie impériale, 1855, t. III, p. 845.

[3] *Ibid..*, p. 846.

[4] E. LUSIGNAN (de), *Histoire générale des royaumes de Hierusalem, Cypre, Arménie et lieux circonvoisins, contenant l'entière description et situation d'iceux, de l'origine des roys, princes et grands seigneurs, qui ont commandé, dont la pluspart estoient françois, de leurs moeurs, religion et déportemens et généralement de tout ce qui y est advenu et passé depuis le déluge universel jusques en l'an... 1572...*, Paris, R. Foüet, 1604.

[5] MAS-LATRIE, *Histoire de l'île de Chypre sous le règne des princes de la maison de Lusignan*, d'après un mémoire couronné par l'Académie des inscriptions et belles-lettres, Paris, Imprimerie impériale, 1855, t. III, p. 846.

La Cour du vicomte de Nicosie et la Cour du vicomte de Famagouste vont perdurer jusqu'en 1571 et les anciennes cours des baillis des territoires, renommées ici juridictions de districts, vont aussi se maintenir jusqu'à la fin. Les recteurs participant à ces cours pour les procès criminels ou la peine de mort pouvaient être prononcée sinon ils connaissaient des appels au civil et au criminel[1]. Le vicomte de Nicosie au lieu d'être nommé par le roi, est nommé au choix des recteurs[2]. Il devait toujours être choisi parmi les chevaliers feudataires de l'île, conformément aux prescriptions des assises, conservées comme lois du pays. Il restait deux ans en fonction. Le vicomte était toujours le président de la cour et avec deux des assesseurs ou jurés, élus par le peuple et choisis parmi les bourgeois notables de Nicosie, grecs ou latins, formait ce tribunal dès qu'ils étaient réunis sous sa présidence ou de son délégué. La cour connaissait en première instance des procès de Nicosie et du territoire de trois lieues de rayon autour de la ville qu'on appelait le Vicomté[3]. La cour du vicomte étendait sa juridiction sur tous les Bourgeois de Nicosie et de la vicomté qu'ils fussent Latins ou Grecs. La cour ne pouvait, au criminel, condamner qu'à la perte du nez ou des oreilles ; pour les crimes emportant la peine de mort ou la peine des galères, la sentence devait se rendre avec la participation des recteurs. Bien que les causes des gentilshommes et des feudataires fussent en dehors de sa compétence et appartinssent aux recteurs, la Cour des Bourgeois, par une exception fondée sur les assises, connaissait de toutes les questions relatives aux dots et aux douaires tant des bourgeois que des nobles. L'appel de ses jugements, en toutes matières, était porté à la cour des recteurs ou devant le Grand conseil de Nicosie. Le vicomte était, en outre, le lieutenant de police de la capitale et toujours le « seigneur de nuit »[4]. Il avait juridiction sur tous ceux qui étaient trouvés dans les rues contrairement aux ordonnances deux heures après le coucher du soleil, nobles ou bourgeois. Il pouvait les punir de la prison ou du supplice qu'on appelait l'estrapade. Le vicomte devait veiller à tenir la ville toujours approvisionnée de blé et des vivres nécessaires à la population. Quand il sortait à cheval dans les rues, il portait un bâton doré terminé par deux boules, signe de son office, et vingt archers l'accompagnait.

L'office du *Mathessep* était toujours en vigueur. Sa nomination se faisait alors suite à une élection du peuple[5]. Il surveillait toujours dans les marchés les poids, les mesures et le prix des denrées. Il présidait aussi au placement des bornes entre les héritages ou des biens fonciers. Au civil, le *Mathessep* ne pouvait condamner à une amende dépassant un ducat. En police correctionnelle, il pouvait faire appliquer le fouet, les verges, ou faire suspendre à l'estrapade. La marque distincte de son office était un bâton

[1] *Ibid.*, p. 846.
[2] *Ibid.*, p. 853.
[3] *Ibid.*
[4] *Ibid.*
[5] *Ibid.*

argenté. La plupart des offices locaux furent conservés dans les douze districts de l'île à peu près tels qu'ils étaient sous le régime antérieur et sous les rois Lusignans[1].

Famagouste avait, comme Nicosie, un vicomte et un *mathessep*. La juridiction du vicomte ici était toutefois un peu moins étendue que celle du vicomte de Nicosie, et ne comprenait que la ville de Famagouste avec les deux lieues de territoire environnant. La cour du raïs fut elle aussi maintenue[2]. Mais le chef de cette cour était désormais nommé par les recteurs. On appelait de ses sentences devant le vicomte, puis aux recteurs.

Les chefs des districts étaient, en général, nommés pour deux ans. Les titres sous lesquels ils exerçaient leurs fonctions étaient assez divers[3]. Le Karpas avait un bailli, nommé aussi civitain ; et la Messorée, où se trouvait le château fort de Sivouri, un capitaine, que l'on désignait plus souvent sous le nom de capitaine de Sivouri. Ces deux magistrats, choisis ordinairement parmi les notables de Famagouste étaient à la nomination du capitaine de Famagouste, au tribunal duquel revenaient les appels formés sur leurs jugements. Les districts de Papbos, de Cérines et des Salines avaient des capitaines, tous nobles vénitiens, à la nomination des recteurs. On appelait de leurs décisions comme du jugement des officiers suivants à la cour de Nicosie. Le Limassol était administré par un capitaine, la plupart du temps noble chypriote, élu par le grand conseil de Nicosie, et confirmé par les recteurs. L'Avdimo, le Chrusocho, le Pendaïa et le Masoto avaient des civitains chypriotes, désignés comme le capitaine de Limassol, par le grand conseil, et institués par les recteurs. Au-dessous de ces magistrats se trouvaient, dans la plupart des villages, d'autres civitains, paracivitains ou sous-civitains et des châtelains chargés de suppléer le chef de district et d'assurer l'ordre public. Le civitain de village ou paracivitain avait surtout des fonctions de police et d'administration. Il avait le droit de faire mettre les délinquants en prison ou d'exiger une garantie pour leur mise en liberté. Le châtelain, veillait aux droits et aux revenus particuliers du domaine public ou du seigneur à qui le village appartenait. Ces châtelains étaient de simples régisseurs pris partis les bourgeois, et le plus souvent parmi les affranchis du pays.

Le vieux droit hiérosolymitain va lui se maintenir comme « loi » du pays bien que la pratique judiciaire soit de plus en plus rendue en italien ou parfois même en grec, comme en témoignent trois manuscrits. Le premier des manuscrits grecs, en notre possession est du XVe siècle (ms. grec 1390). Ce

---

[1] BUSTRON, *Chronique de l'Ile de Chypre*, éd. René DE MAS LATRIE, Mélanges historiques, Choix de documents, t. 5, Paris, 1886, p. 458 ; Cf. Bustron, p. 458 : Nicosie, Famagouste, Bafo, Cérines, Saline, Messaria, Cipriotti, Limassol, Pendaïa, Avdimo, Masoto, Crusocho et Carpasso.

[2] MAS-LATRIE, Histoire de l'île de Chypre sous le règne des princes de la maison de Lusignan, d'après un mémoire couronné par l'Académie des inscriptions et belles-lettres, Paris, Imprimerie impériale, 1855, t. III, p. 853.

[3] *Ibid.*, p. 854.

volume est en parchemin de 210 folios, dans un petit format (205/140 mm). L'écriture est en langue grecque ou plutôt en dialecte chypriote. La reliure est en maroquin rouge. Il porte le titre Assisiarum regni Hierosolymitani pars alter, lingua græca vulgari. Ce manuscrit nous donne le Livre des Assises des Bourgeois en 298 chapitres. Le codex se termine par une souscription du copiste Antoine Syacriticos, qui date son oeuvre du dernier jour d'octobre de 1469. La version du manuscrit grec est elle très proche du manuscrit de Munich (ms. français, Codex Gallus 51).

Les deux manuscrits en grec suivants en sont des copies du début du XVIe siècle. Le premier (ms. grec suppl. 465)[1] est un manuscrit en parchemin de 244 folios, dans un petit format (213/160 mm). L'écriture est en grec et la reliure est en demi-parchemin marbré. Il porte le titre Assisiæ regni Hierosolymitani. Le copiste a daté ce volume du 11 février 1512. On ne trouve aussi ici que le Livre des Assises des Bourgeois mais en 297 chapitres, avec seulement un chapitre original[2]. Le second est un manuscrit aujourd'hui disparu, qui proviendrait du Saint Monastère de la Grande Laure de l'Athos. Donné par Zachariae de Liegenthal[3], la question se pose s'il n'est pas en réalité celui décrit précédemment. En effet, il est décrit comme un manuscrit de 244 folios en petit format (213/160 mm), daté du 11 février 1512 donnant le Livre des Assises des Bourgeois en 297 chapitres.

Ces versions sont assez proches l'une de l'autre et transcrivent très fidèlement les versions françaises[4]. Nicholas Coureas nous invite à voir dans cette traduction du texte français en grec la conséquence des affranchissements massifs qui, sous Pierre Ier, ont donné aux citadins grecs le statut des Francs, les rendant ainsi justiciables des mêmes tribunaux et assujettis au même droit. On ne peut qu'adhérer à cette analyse. Le royaume de Chypre s'est bien hellénisé avec le mariage du roi Jean II avec Hélène Paléologue mais aussi avec le repli des Grecs après la prise de Constantinople en 1453. Ces manuscrits témoignent donc bien de la diffusion du droit hiérosolymitain auprès de la nouvelle population grecque. Le mémoire de François Attar de 1540 ne laisse pas la place au doute[5]. Se pose, en effet, le

---

[1] Il provient du Mont-Athos.

[2] L'assise numérotée 180, qui rend le mari responsable des dettes de sa femme, n'existe pas dans le manuscrit de Munich édité par Eduard H. von Kausler.

[3] Z. LINGENTHAL (von), K. EDUARD, 1812-1894 : Historiae Juris Graeco-Romani delineatio ; *Heidelbergae*, p. 138 et information reprise par M. GRANDCLAUDE, « Classement sommaire des manuscrits des principaux livres des Assises de Jerusalem », Revue historique de droit français et étranger, 5 (1926), p. 418-475 (ici p. 464).

[4] Cf. L'édition de Nicholas COUREAS, *The Assizes of the Lusignan Kingdom of Cyprus*, (traduction anglaise du grec), Nicosia : Cyprus Research Centre, 2002.

[5] Extraits du mémoire sur l'île de Chypre, par François Attar de 1540, publié par MAS-LATRIE, *Histoire de l'île de Chypre sous le règne des princes de la maison de Lusignan*, d'après un mémoire couronné par l'Académie des inscriptions et belles-lettres, Paris, Imprimerie impériale, 1855, t. III, p. 519-536.

problème de la langue car l'usage du français devient de plus en plus rare[1]. Le maintien, dans la traduction grecque, de l'utilisation du duel judiciaire comme preuve judiciaire montre son actualité tardive, d'autant plus que l'on n'a que très peu d'exemples de sa réelle utilisation dans le royaume de Chypre, et même en Europe après sa condamnation par le pape Innocent III en 1215.

B. L'établissement d'une traduction officielle en italien des « Assises »

La pratique de gouvernement dans l'île de Chypre se fait officiellement en italien et la pratique judiciaire l'est aussi de plus en plus. La République de Venise dans le souci d'une bonne application du droit va ordonner une traduction officielle du droit hiérosolymitain en 1531 et le résultat de ces travaux va se diffuser largement.

Le 2 mars 1531, le doge André Gritti, écrit à François Bragadino, lieutenant de Chypre et à ses deux conseillers, pour lui rappeler qu'en vertu d'une délibération antérieure, les livres et les comptes de la chambre royale doivent être écrits en italien[2]. Il lui commande par ailleurs, selon une décision du conseil des dix, de faire traduire fidèlement les « lois » du royaume de Chypre en italien à partir de textes authentiques en français[3]. En suivant, il devra lui envoyer les textes authentiques et la traduction pour faire imprimer la traduction de la loi.

Ici se trouve intégralement cet ordre :

« *Andreas Griti, Dei gratia dux Venetiarum, et caetera, nobilibus et sapientibus viris Francisco Bragadeno, locumtenenti, et conslllarlis Cypri, et successoribus suis, fidelibus, dilectis, salutem et dilectionis affectum. Cosi come prudentemente fu deliberà del mille quatro cento ottanta che li libri et conti di quella real camera non si havesseno a tenir in lingua francese, ma in*

[1] MAS-LATRIE, *Histoire de l'île de Chypre sous le règne des princes de la maison de Lusignan*, d'après un mémoire couronné par l'Académie des inscriptions et belles-lettres, Paris, Imprimerie impériale, 1855, t. III, p. 846.

[2] P. CANCIANI, Barbarorum leges antiquae, « et Assisiae regni hierosolymitani ad superi curia pertinentes continentur », Volume V, Venise, 1781, p.129 et DA GIOVANNI D'IBELIN, L'Alta corte. Le assise et bone usanze del reame de Hyerusalem, La Bassa corte, Le Assise et bone usanze del reame de Hyerusalem, 2 parties en 1 vol. in-fol, stamp. di A. Pincio, Venetia, 1535, chap. I, p. 1.

[3] *Ibid.* : « *Per tanto vi cmettemo con il conseglio nostro di X et zonta che debiate poner ogni acurata diligentia in far tradur le leze di quel Regno fidel et rectamente in lingua et littera Italiana, tenendo in la Real lo archetypo et original autentico in lingua francese, insieme cum la traduction in lingua Italiana acio et de li et de qui se possisempre scontrar il francese con la traduction Italiana, et ditte due copie in lingua francese et Italiana drizzarete alli Capi dil cóseglio nostro didiece, accio se possi far imprimer latraduétione de le leze di quel Regno in lingua Italiana per satisfaction di quel li fidelissimi nostri* ».

italiana, cusi ne par conveniente si debba far delle leze di quel regno, lequal intendemo esser scritte in littera et lengua francese, con gran disturbo de l'animo vostro, perciochè accadendo adoperarle nelli juditii vostri, convenite riportarvi ad alcuni pochi che le sanno interpretare. Per tanto, vi commettemo cum il conseglio nostro di X et zonta, che debiate poner ogni accurata diligentia in far tradur le leze di quel regno, fidel et rectamente, in lingua et littera italiana, tenendo in la real lo archetypo et original autentico in lingua francese, insieme cum la traductione in lingua italiana, accio et de li et de qui sè possi sempre scontrar il francese con la traduction italiana. Et ditte due copie in lingua francese e italiana drizzarete alli capi dil conseglio nostro di Diece, accio sè possi far imprimer la tradutione dele leze di quel regno in lingua italiana, per satisfaction di quelli fidelissimi nostri. Datœ in nostro ducali palatio, die ii Martii, indictione quarta, M. D XXXI. »

Le 20 mai 1531, le nouveau lieutenant Marcus Antonius Trivisanus et les deux conseillers répondirent au doge que pour recueillir les textes authentiques « *de la leze, ouer assise del regno* » et les faire traduire, ils ont nommé Jean de Nores, comte de Tripoli, Francesco Attar et Aloysuis Cornelius, spécialiste des dites Assises, « *che mediante la doctrina et cognitio vostra de ditte leze* »[1]. Ils annoncent aussi avoir ordonné que tous les livres et volumes contenants des Assises, dans quelques lieux que ce soit, soient amenés en personne en leur cour pour être examinés et comparés afin de déterminer les plus authentiques. Nous avons l'ordre qui fut proclamé dans toute l'île le 12 mai 1531 pour que soient amenés les Livres d'Assises « de l'alta come de la bassa corte » en la cour de Nicosie[2].

Granclaude, dans son analyse de cette période, le droit alors en application est très difficile à connaître[3] et il trouve « surprenant que le gouvernement de Venise ait fait traduire en italien des livres aussi vieillis et désuets »[4]. Les traductions en italien de certains Livres d'Assises sont à prendre pour lui comme de simples documents historiques qui ne peuvent servir que de manière subsidiaire. Son avis, ne semble pas du tout acceptable et même contradictoire avec l'analyse des sources chypriotes.

Les trois commissaires attachés à l'exécution de la mission firent leur rapport au lieutenant le 21 juin 1531[5]. Ils disent avoir examiné avec soin les nombreux volumes « *de lege ouer assise* ». Concernant la Haute Cour ils firent le choix de retenir quatre volumes ; celui du commissaire Jean de Nores, comte de Tripoli, un de Thomas Palol, vicomte de Nicosie, un de Calceran Requesens sénéchal de Chypre et celui du commissaire Francesco Attar.

---

[1] *Ibid.*, p.129 et chap I, p. 1.

[2] *Ibid.*, p. 130 et chap. I, p. 2.

[3] M. GRANDCLAUDE, *Étude critique des livres des Assises de Jérusalem*, Jouve et Cie, Paris, 1923, p. 173.

[4] *Ibid.*, p. 174.

[5] *Ibid.*, p. 130-131 et chap. I p. 3.

Concernant la Cour des Bourgeois, sur les nombreux volumes en leur possession, ils ont retenu là aussi quatre volumes, les meilleurs nous est-il dit ; un du commissaire Jean de Nores, un du vicomte, un de Piero Antonio Attar et un du commissaire Francesco Attar. Ils choisirent aussi quatre volumes du Livre d'Assise « le pladeante del Viscontado » (Livre Contrefais), un autre du commissaire Jean de Nores, un autre encore du vicomte, un de Francesco Attar et un de Florio Bustron, le traducteur en italien. Ils disent ensuite avoir trouvé un Livre d'Assises concernant la Haute Cour de Gérard de Montréal mais ils ne le gardèrent pas. Ils donnent aussi l'indication d'un autre Livre qu'ils nomment « *de casi seguiti et sententie fatte in Acre* » sans apport supplémentaire vis-à-vis des autres Livres. Ils signalent le Livre de Philippe de Novare mais pour eux il est sans valeur car contenu dans le Livre de Jean d'Ibelin. Ils disent aussi avoir reçu de nombreux Livres en français, traduction de la loi civile, le droit romain, sans valeur. Pour finir ils remarquent que bien des choses se trouvant dans les Livres ne sont plus observées par la longue observation d'une autre pratique comme loi ordinaire et que les rudes pratiques comme le duel judiciaire n'est plus pratiqué[1]. Il faut selon eux le signaler dans la traduction. Ce qui ne sera pas le cas. Le 8 juillet 1531, le lieutenant Trivisanus et les conseillers du royaume déclarent que les commissaires leur ont présenté douze volumes, quatre de la Haute Cour et huit de la Basse[2].

De la traduction ordonnée en 1531 des « Assises », deux manuscrits nous sont parvenus. Ce sont d'ailleurs les manuscrits « authentiques » de la traduction officielle. En effet, ces deux manuscrits de Venise du XVIe siècle, sont les manuscrits qui ont servi à l'édition officielle des Assises en italien. Ils sont datés de 1534, consignés par le Conseil des dix pour servir à l'édition imprimée de 1535. Ils semblent être de la main même de Florio Bustron qui en a été le traducteur officiel. L'un est celui qui traduit les Livres d'Assises choisis concernant le droit défendu devant la Haute Cour (ms. it. II 46) et l'autre est celui des Livres d'Assises choisis concernant le droit défendu devant la Cour des Bourgeois (ms. it. II 47).

Le premier manuscrit comporte 202 folios (273/420 mm). L'écriture, en italien, est en italique, avec trente-deux lignes à la page. On y trouve le livre de Jean d'Ibelin, le livre de Jacques d'Ibelin et le Livre de Geoffroy Le Tort[3].

---

[1] *Ibid.* : « *Resta dire a le S. V. Excellentissime come in li preditti libri de asise del Regno, sono alcuni testi che non se osseruano, dil che ne sono due le cause l'una che si vede per longa consuetudine observarsi ad ogni hora in alcune cose il cotrario di quels lo ordina la lege, l'altra che per la rigorosita de alcune lege, com e del combatter et altre cose simile, o piu rigorose, gia molto tempo non sono in uso...* ».

[2] *Ibid.*, p.132.

[3] Fol. 1 à 7 : des indications sur l'établissement de la traduction italienne.
Fol. 7 à 21 : une table des rubriques.
Fol. 22 à 186 : le livre de Jean d'Ibelin en 273 chapitres.
Fol. 187 à 190 : le livre de Jacques d'Ibelin en 92 chapitres.
Fol. 191 à 195 : le livre de Godefroy Le Tort (pas de chapitres).

L'ordre des chapitres n'est pas tout à fait le même que dans l'édition. Pour Granclaude, la traduction en italien du Livre de Geoffroy Le Tort et Jacques d'Ibelin ne semble pas avoir eu le même caractère officiel, mais ne donne aucune explication[1]. Le second manuscrit compte 100 folios (271/410 mm). L'écriture, en italien, est en italique, avec aussi trente-deux lignes à la page. On y trouve le livre des Assises des Bourgeois et le livre du plédant, pour sa première partie[2]. L'ordre des chapitres est le même dans l'imprimé et dans le manuscrit.

Pour donner suite à la traduction officielle des « Assises » en 1531, les « Assises » en italien vont se diffuser. D'une part, par une édition officielle en 1535 et d'autre part, par la diffusion de manuscrits en italien, copies des manuscrits en italien issus de la traduction officielle. Le conseil des dix ordonne le 10 avril 1535 de publier l'ensemble de la traduction[3]. L'édition officielle des Assises par le gouvernement de Venise nous est parvenue[4]. Les Assises des deux cours sont publiées dans un seul volume, ou du moins dans deux tomes, réunis en un seul volume. Cette édition n'a pas dû être très importante car elle est très difficile à trouver[5] et il semble qu'aucun chercheur depuis le XVIe siècle, jusqu'à Grandclaude, n'en a jamais fait référence. Il en a pourtant été établi une réédition en 1783[6].

La première partie de l'édition officielle est intitulée *L'Alta Corte ; le Assise et bone usanze del reame de Hierusalem*. Ce volume contient seulement, dans la première partie, les livres de Jean d'Ibelin en 273 chapitres mais aussi de Jacques d'Ibelin en 92 chapitres et de Geoffroy Le Tort en 63 paragraphes. Comme les commissaires vénitiens l'ont suggéré ils ont traduit seulement les livres encore en usage dans le royaume de Chypre. Dans leur rapport il n'était pas fait référence au Livre de Jacques d'Ibelin et de Geoffroy Le Tort. Ils ont donc continué leurs recherches après leurs premières déclarations. L'impression de ces trois Livres montre donc bien l'actualité du droit décrit dans ces derniers devant la juridiction des recteurs au XVIe siècle et le caractère devenu plutôt historique des autres livres qui concernent la Haute Cour. Dans cette partie se trouve aussi, sur les dix premières feuilles, une grande estampe servant de frontispice, qui représente la Justice assise sur

---

Fol. 196 à 202 : le texte de la plaidoirie sur le service militaire de Jacques d'Ibelin, qui eut lieu eu 1271 entre le roi Henri III de Chypre et ses vassaux.

[1] M. GRANDCLAUDE, *Étude critique des livres des Assises de Jérusalem*, Jouve et Cie, Paris, 1923, p. 94, (note 1).

[2] Fol. 1 à 8 : des indications sur l'établissement de la traduction italienne.

Fol. 8 à 171 : le livre des Assises des Bourgeois en 265 chapitres.

Fol. 72 à 100 : le livre du plédeant en 40 chapitres.

[3] *Ibid.*

[4] DA GIOVANNI D'IBELIN, *L'Alta corte. Le assise et bone usanze del reame de Hyerusalem, La Bassa corte, Le Assise et bone usanze del reame de Hyerusalem*, 2 parties en 1 vol. in-fol, stamp. di A. Pincio, Venetia, 1535.

[5] Un exemplaire se trouve à la B.N.F..

[6] *Ibid.*, ... ristampato, similmente, nella casa delli fratelli Coleti, 1783.

deux livres, avec cette inscription : *Justiliam diligite o vos quijudicatis terram.* On y trouve aussi un décret moderne, des lieutenants et conseillers du royaume de Chypre, contre les jureurs et blasphémateurs. En tête on lit cette sentence : *Initium sapientiœ et timor Domini in cantate fundatus.* Sont adjoints à cette édition le décret du doge de Venise et les autres actes, que nous avons vus, en vertu desquels la traduction a été faite, et étonnement la décision des hommes liges de Chypre de 1368, relative à l'élaboration d'un Livre de référence du Livre de Jean d'Ibelin. Toutefois, il n'est fait nulle part référence à la découverte de ce Livre élaboré en 1369. La note suivante termine ce tome : « *Le Assise de l'Alta Corte del regno de Hierusalem et Cypro, tradutte de francese in lingua italiana, d'ordine de la serenissima ducal signoria de Venetia, per me Florio Bustron, cosi commandato da li clarissimi signori rectori di questo regno de Cypro, como nodaro de li magnifici deputati a la ditta traductione* ».

La seconde partie de l'édition officielle est intitulée *La Bassa Corte, Le Assise et bone usanze del reame de Hyerusalem.* Cette partie contient les Assises de la Cour des Bourgeois en 265 chapitres et le livre du Plédeant en quarante chapitres. Ceci comme l'ont suggéré les commissaires. Dans cette partie se trouve aussi une grande estampe servant de frontispice, qui représente la Justice assise sur deux livres, avec cette inscription « *Justiliam diligite o vos quijudicatis terram* ». Ce volume se termine ainsi : « *A laude et honor del omnipotente Iddio, finisce il présente libro, quai è de le Assise et bone Usanze del reame de Hierusalem, stampato in Venetia, régnante l'inclito meser Andréa Gritti, doxe di Venetia, nelli anni de la Nativitá del Signor nostro MDXXIV. del mese di marzo, in la stamparia di Aurelio Pincio Venetiano* ».

Ainsi en 1535, les Assises connaissent une édition officielle faisant des Livres publiés non plus une référence pour les cours, comme cela avait été le cas jusque-là depuis 1369, mais deviennent « la » source du droit opposable en cour. Les Livres d'Assises publiés deviennent la « loi » du royaume Chypre, la « *leze* » officielle. L'édition donne donc une autre nature au droit hiérosolymitain jusque-là admise. Mais la pratique de cette coutume officialisée par le gouvernement vénitien ne durera pas dans la pratique, l'île tombe aux mains des Ottomans en 1571. Cette rédaction officielle de la coutume du royaume de Chypre est à mettre en parallèle avec ce qui se passe en occident et tout particulièrement en France. Ce mouvement a été déclenché dans le royaume de France par l'ordonnance de Montils-Les-Tours de 1453[1]. La découverte de l'imprimerie sera le support des coutumes rédigées. Ce mouvement sera effectif véritablement en France au XVIe siècle, au moment où des pans entiers de la civilisation médiévale s'effondrent et parmi eux celle de la pratique orale qui cède le pas à l'écrit. Moment où apparaissent aussi les exigences d'une politique royale de reprise en main des sources du droit dans

[1] *Ordonnances des anciens Roys de France, de la troisième race, recueillies par ordre chronologique*, Paris, 1790, Vol. XIV, p. 312-313.

la formation contemporaine des États souverains. C'est exactement la réalité chypriote d'alors. La coutume et les usages anciens deviennent une coutume rédigée, un droit écrit, accepté par le souverain, ayant force de loi[1].

La traduction officielle en italien s'est aussi diffusée à travers des manuscrits. La première série comprend des manuscrits qui ne reprennent que partiellement la version italienne et la seconde sont des manuscrits copies parfaites des manuscrits traductions officielles. Les trois manuscrits suivants sont des copies imparfaites des manuscrits versions officielles en italien de 1535. Le premier est le manuscrit de Gloucester (ms. italien, n° 5684) ayant pour titre *Assise osia altissima Corte de Hierusaleme Cipro.* Il a aujourd'hui disparu[2]. Le deuxième manuscrit est celui de Vienne (ms. it. italien n° 6256). Dans ce manuscrit papier, qui regroupe un ensemble de textes juridiques variés, on trouve le Livre des Bourgeois du folio 393 à 497 avec le titre *Assise di Cipri tradotte da Florio Bustron.* Puis du folio 498 au 538, quatorze chapitres du Livre du Plédant avec le titre *Dell 'Ufficio del Viscontado in Cipri libro tolto dalle Assise.* Le troisième et dernier manuscrit est celui de Bologne (Cod. ital. n° 1076)[3]. Il n'y a ici que 10 feuillets de papier (267/200 mm). C'est l'adaptation et le remaniement sous une forme quelque peu résumée de divers chapitres tirés du début du livre de Jean d'Ibelin, des Assises des Bourgeois et du Plaidéant. Sorte de traité qui tend à vouloir donner une idée de la royauté de Jérusalem, des Grands Officiers et du fonctionnement des deux cours. Il a pour titre *Alta Corte le Assise buone usanze del reame di Hierusalem.* Les deux manuscrits suivants sont des copies parfaites des manuscrits versions officielles en italien de 1535. Ils se trouvent à Paris à la B.N.F. (ms. italien 28 et 29). L'un est composé de 169 feuillets (365/265 mm). L'autre est composé de 82 feuillets (400/260 mm). La reliure des deux volumes est en veau fauve, avec au dos le chiffre de Gaston d'Orléans.

---

[1] Cl. de FERRIÈRE, *Introduction à la pratique contenant les principaux termes de pratique et de coutume. Avec les juridictions de France par ordre alphabétique*, seconde édition revue et augmentée, Paris, Jean Cochart, 1684, *verbo Coutume*.

[2] Ce manuscrit venait de la riche bibliothèque lord North comte de Guilford. Disparition après des ventes publiques de la collection entre 1885 et 1977. Il contenait : le Livre de Jean d'Ibelin, le livre de Jacques d'Ibelin, le livre de Geoffroy le Tor, le procès-verbal de la discussion qui eut lieu eu 1271 entre le roi Henri III de Chypre et ses vassaux et enfin le fragment inédit des Remembrances de la Haute Cour de Nicosie publié par Paul Viollet in *Les Remembrances de la Haute Cour de Nicosie*, dans les Archives de Orient latin, T. I, 1881 p. 610.

[3] Il provient de la collection Biancani.

Conclusion

Ouverte à l'instigation du pape français et clunisien Urbain II au lendemain du concile de Clermont en 1095, l'ère des « croisades » et de l'Orient latin ne se referma qu'au XVIe siècle. L'île de Rhodes siège de l'Ordre militaire des Hospitaliers tombe aux mains des ottomans le 18 décembre 1522[1]. En suivant, l'Empire ottoman déclare la guerre à Venise en 1470. À Chypre, les Ottomans prennent rapidement Nicosie et Famagouste, mieux fortifiée, résiste. Le siège s'achève par une capitulation en août 1571[2]. C'est la fin des « Assises » comme droit positif. Malgré leur défaite à la bataille de Lépante le 7 octobre 1571[3], les Ottomans conservent l'île lors du traité de paix avec Venise en 1573. C'est alors la véritable fin de la présence des Latins dans cette partie de la Méditerranée et commence le lent déclin des chrétiens orientaux submergés par l'islam et la politique ottomane.

Largement majoritaires pendant près de sept siècles, les Chrétiens d'Orient n'ont pas pu résister à la pression islamique. Avec la défaite des Francs, ils ne seront plus que 10 % des populations soumises au début du XVIe siècle[4]. C'est un déchirement pour l'occident. La *Jérusalem délivrée*, du poète italien Le Tasse[5] le montre. Son œuvre, monument de la littérature de la Renaissance, est un véritable poème national à l'image de l'Énéide, qui se veut être un hymne en l'honneur du christianisme. Le drame commence au moment où les croisés sont arrivés sous les murs de Jérusalem avec Godefroy de Bouillon comme personnage central. Ce pur roman de chevalerie est à la gloire de ceux qui partirent les premiers de l'Europe occidentale pour aller en Orient délivrer, des mains de l'Infidèle, le tombeau vide du Christ. Il faudra attendre 1856 pour que la présence souveraine française reprenne pied en Terre sainte et tout particulièrement à Jérusalem avec l'église Sainte-Anne, enclave du domaine national d'outremer.

Ce travail sur le droit hiérosolymitain n'a pas eu la prétention d'être une œuvre harmonieusement développée dans toutes ses parties. Mais ce travail a tenté de dresser une sorte d'histoire totale de la source du droit connue sous l'expression commune « Assises de Jérusalem ». En pratique, cette étude sur les « Assises de Jérusalem » est une étude que l'on peut rapprocher de celle de Grandclaude mais cette étude est plus vaste par son ampleur et par les conséquences juridiques et historiques dans ses constats.

---

[1] Cf. N. VATIN, *L'ordre de Saint-Jean-de-Jérusalem, l'Empire ottoman et la Méditerranée orientale entre les deux sièges de Rhodes : (1480 - 1522)*, Éditions Peeters, 1994.

[2] Cf. A. BARBERO, *La bataille des trois empires, Lépante 1571*, Éd. Flammarion, coll. « Champs histoire », 2012.

[3] C'est d'ailleurs en souvenir de cette victoire que fut instituée la fête de Notre-Dame de la Victoire, puis fête du Saint-Rosaire à partir de 1573 ; Dom Gaspard Lefebvre, Missel vespéral quotidien, 1947, p. 1327.

[4] A. DUCELLIER, Chrétiens d'Orient et Islam au Moyen Age, VIIe-XVe siècle, Paris, 1996.

[5] *Jérusalem libérée*, trad. et prés. par Michel Orcel, Folio classique, Gallimard, 2002.

Cette étude établie en pratique un usage des sources du droit hiérosolymitain plus approprié à la vérité juridique et historique exprimée au temps de l'Orient latin, soit du XIe au XVIe siècle. La méthode de travail dans ces travaux d'histoire du droit a été de s'appuyer sur une étude d'ensemble des sources dans le temps et l'espace. Les sources ont été replacées dans le contexte de leur composition comme corpus de droit « positif » d'une époque donnée. Il existe une véritable évolution des livres dans le temps, résultat d'une adaptation de ces livres au temps juridique de l'époque où ils sont transcrits dans les manuscrits en notre possession et éditions officielles. Les textes paraissent clairement comme l'expression de multiples leçons de droit. C'est tout l'esprit de cette recherche et de ces travaux que de véritablement replacer les « Assise de Jérusalem » dans un contexte beaucoup plus vaste que ce qui a été jusqu'à présent retenu. Il a semblé essentiel ici de relier l'histoire du droit à l'histoire politique comme l'on fait quelques juristes médiévistes[1]. Le respect du vieux droit hiérosolymitain a été la source de toute l'argumentation politique à travers les siècles.

C'est dans les faits eux-mêmes qu'il faut retrouver d'abord le jeu des institutions et le fonctionnement de leurs rouages. En latin, le verbe *instituere*, d'où notre terme « institutions », connote toujours l'idée d'établir, de fonder, de mettre sur pied ou d'organiser. On entendra plus précisément par institutions les formes d'organisation collective établies et pérennes, fondées sur des règles explicites, qu'elles soient juridiques ou coutumières, donnant aux individus des places et des fonctions distinctes, articulées les unes aux autres et ordonnées à la bonne marche de la société. Quoique créées par les hommes, les institutions préexistent en quelque sorte aux individus et forment une sphère autonome s'imposant plus ou moins aux volontés de chacun. La coutume écrite ne fait qu'enregistrer les usages et l'expérience, qui découlent nécessairement de l'action des hommes et de la marche des événements. Si l'on adopte ce point de vue, où la méthode du juriste, historien du droit, l'emporte sur celle de l'historien des Lettres, la date exacte de la rédaction des Assises importe moins que l'application des usages dont elles confirment la règle.

Le droit hiérosolymitain originaire, celui du premier royaume de Jérusalem, ne nous est connu qu'à travers ces sources tardives mais les sources annexes comme les cartulaires et les chroniques confirment et soulignent les points institutionnels les plus importants. Le souci répété de chaque génération de jurisconsultes de promouvoir et de conserver l'ancien droit laisse à croire que dans les grandes lignes nous avons bien la véritable consistance des « Assises et des usages » du royaume fondé par Godefroy de Bouillon. Le droit hiérosolymitain, qui est issu de ce mouvement, va être le réceptacle de

---

[1] *Droits savants et pratiques françaises du pouvoir (XIe-XVe siècle)*, sous la dir. de J. Krynen et A. Rigaudière, presses universitaires de Bordeaux, 1992.

conceptions novatrices et originales dans la conception du droit et des modes de gouvernement des hommes.

Les Livres d'Assises, dans la perspective nouvelle étudiée ici, ont été écrits, non pas comme « souvenir » d'un droit, mais bien pour défendre une cause politique et une réalité juridique. Il a été question surtout en effet de défendre un droit et des institutions qui prônent une organisation politique et juridique allant à l'encontre du mouvement inverse qui se développait en Occident. Le droit hiérosolymitain rejette fondamentalement l'affirmation de la souveraineté des rois et de la souveraineté de l'État.

Il est incontestable que l'Assise sur la ligesse d'Amaury Ier de 1162 est une assise re-fondatrice du régime politique du royaume[1] ; le royaume étant la chose de tous. Ainsi, la réalité du pouvoir dans le royaume de Jérusalem est conforme à l'enseignement juridique de cette époque, notamment à Paris. En effet, cette réalité institutionnelle correspond à ce que Jean de Salysbury appelle au XIIe siècle le *corpus reipublicae*[2]; il compare le gouvernement à l'organisme humain avec les diverses parties qui le constituent. C'est dans le corps de cette « République » que fut instaurée la véritable « souveraineté » au sens moderne du terme, dans son acception juridique. Les choix opérés, constitutifs du droit, les « Lettres du Saint-Sépulcre » et les Assises, vont donner de véritables lois constitutives de cet « État », soit des libertés inscrites dans la *res publica* incarnée dans la royauté. Il y a là autant d'indices qui plaident pour considérer le royaume de Jérusalem comme une *res publica*. Il semble donc bien possible d'affirmer, comme Jean Richard, qu'il est possible de parler d'une « *République féodale présidée par le roi* »[3]. Nous dirions plutôt une République féodale présidée par le chef seigneur. La dignité royale n'est pas automatique ou nécessaire et s'ajoute, ou se distingue, de la qualité effective de chef seigneur dans le royaume de Jérusalem. Les chroniqueurs de la « croisade » au XIIe siècle d'ailleurs l'envisagent. Raoul de Caen[4], au début de ce siècle, le considérait au sujet de l'action de ces hommes, chevaliers et bourgeois, en disant qu'ils agissaient au nom de la *reipublicae utilitatem*[5]. Guillaume de Tyr[6], à la fin de ce siècle, va également utiliser ce concept de

---

[1] J. PRAWER, « La noblesse et le régime féodal du royaume latin de Jérusalem », in *Le Moyen Âge*, 1959, p. 41-74.

[2] *SALYSBURY (de)* Jean, *Polycratius*, (1156), éd. K. S. Keats-Rohan, Turnhout, Brepols, 1993, Prol. Lib IV. et Lib VI.

[3] J. RICHARD, *Le royaume latin de Jérusalem*, PUF, 1953, p. 64.

[4] Raoul de Caen, né vers 1080, est un chevalier qui a gagné la Syrie en 1108. Il est l'auteur de la « *Gesta Tancredi* », écrite à Jérusalem, avant 1118.

[5] *Documents relatifs à l'histoire des croisades*, 22 vol., Académie des inscriptions et belles-lettres, parus, Librairie Orientaliste Paul Geuthner, Paris, à partir de 1946-... Vol. III, 1866, Raoul de Caen, chap. 107, p. 681.

[6] Guillaume de Tyr est né en Syrie vers 1130. Il y revint, après des études faites en Occident, notamment à Bologne, vers 1162. Chancelier du royaume, archevêque de Tyr en 1175, il est le précepteur du roi Baudouin IV. Son œuvre, est une des œuvres les plus remarquables du moyen-

res publica[1] et utiliser par ailleurs les expressions « *d'utilitas publicae* »[2] et « *d'utilitas commune* »[3]. Le royaume de Jérusalem est, selon eux, une *res publica* telle que la conçoivent les hommes du IXe et du Xe siècles[4], soit comme une entité supérieure à la personne du gouvernant[5] ou « une sorte de corpus qui regroupe tout à la fois l'ensemble des interêts collectifs qui le composent et la structure politique qui les prend en charge »[6]. Le chef seigneur doit œuvrer à la prospérité du royaume à qui Dieu en a confié la garde. Ceci renvoyant au concept de la *res publica* antique, issue de la redécouverte de la philosophie platonicienne au début du XIIe siècle, et qui va être revivifiée par les traductions d'Aristote au XIIIe siècle[7]. De fait, le royaume de Jérusalem est en droit et dans son essence une véritable République aristocratique féodale et bourgeoise. Cette nature du royaume de Jérusalem va devenir le modèle pour toutes les principautés territoriales autonomes fondées dans l'Orient latin. La souveraineté personnelle affirmée un temps de l'empereur romain germanique s'est confrontée à la souveraineté du royaume en tant que *res publica.* René Grousset a pu ainsi écrire, pour conclure les événements de la période étudiée, qu'en fait le royaume de Jérusalem est une « république féodale » qui défend ses libertés et privilèges contre les empiétements d'une puissance monarchique d'outre-mer, soit « les libertés franques contre le césarisme frédéricien » [8].

La société féodale en général et la *res publica* aristocratique féodale et Bourgeoise des Francs de l'Orient latin apparaissent, dans la pensée politique dominante de notre temps, comme ce qui ne doit pas être, servant à la fois de repoussoir avantageux au culte étatique et de rappel opportun d'une régression toujours menaçante. La féodalité est un ordre social en soi ou un désordre

---

âge. Son *Historia rerum in partibus transmarinis gestarum* compose exclusivement l'historiographie franque de Syrie, dans la seconde moitié du XIIe siècle.

[1] RHC, Historiens occidentaux, Tome I, Guillaume de Tyr, livre IV, chap. 23, p. 189 ; livre XVII, chap. 10, p. 775.

[2] *Ibid.*, chap. 21, p. 186 ; livre V, chap. 7, p. 205 ; livre V, chap. 12, p. 214 ; livre XIX, chap. 30, p. 936.

[3] *Ibid.*, livre VI, chap. 22, p. 273 ; livre XVI, chap. 5, p. 710.

[4] Y. SASSIER, « L'utilisation d'un concept romain aux temps carolingiens La res publica aux IXe et Xe siècles », in *Médiévales*, n°15, 1988, Le premier Moyen-âge, p. 17-29.

[5] Celui-ci en est le *princeps*, le *principalis potestas*, le *praesidens*, Patrologia Latina 126, col 311 (Richer, t. II, p. 162), le *rector* (Sedulius, P. L., 126, col. 308), le *gubernator* (Sedulius, *ibid.*, col. 314). La *res publica* lui a été confiée : *Nam sic Humana rei publicae commissa secundum legem Dei gubernacula moderaris, ut divina quaeque non deseras* (lettre du bibliothécaire apostolique Anastase à Charles le Chauve, 876, R.H.F. III, p. 565).

[6] A. RIGAUDIERE, « L'invention de la souveraineté », *Pouvoirs n°67*, novembre 1993, *La souveraineté*, p. 5-21.

[7] Y. SASSIER, « Structures du pouvoir, royauté et Res publica, France, IXe-XIIe siècle », Mont-Saint-Aignan, Publications de l'Université de Rouen, 2004 et « Bien commun et utilitas communis au XIIe siècle, un nouvel essor ? », *Revue française d'histoire des idées politiques*, n° 32, 2010, p. 245-258.

[8] R. GROUSSET, *Histoire des croisades et du royaume franc de Jérusalem,1188-1291, L'anarchie franque,* Paris, Perrin, 1936 (réimpr. 2006), Tome III, p. 333.

établi[1]. Ces Livres d'Assises ne sont pas la description d'un droit et d'institutions archaïques mais celle d'un droit qui ne veut pas mourir et qui va gagner sa survie pour trois siècles supplémentaires. Ainsi, bien des réalités juridiques dans l'Orient latin ont été novatrices au vu de l'histoire du droit en Occident et paradoxalement plus conservatrice dans le temps long. La manière de comprendre et d'analyser ces textes, dans cette perspective nouvelle, change le regard et l'approche juridique qui a pu, jusque-là, en être faits.

Le royaume de Jérusalem de 1099 à 1187 est une véritable République féodale et bourgeoise. C'est la *res publica* des Francs en Terre sainte. Le droit hiérosolymitain par ses origines et sa reconnaissance est un véritable bien commun. La « souveraineté » y est perpétuelle, sans durée limitée, absolue, sans puissance supérieure, et indivisible, un seul corps, le royaume de Jérusalem. C'est ce qui est défendu par les Francs jusqu'au XVe siècle. Les francs ont construit le royaume de Jérusalem autour de principes fondamentaux. Le droit est un droit juré, reconnu par tous, où du roi au plus petit chacun se doit, à hauteur de sa charge, le respecter et le faire respecter à peine d'être parjure. Tous sont soumis au droit. Par le service particulier dont chacun est tenu, chevalier et bourgeois, découle des droits particuliers. Les chartes, le droit, les fonctions de gouvernement et de justice sont jurées à travers des serments publics et formels. Les cours de justice sont des formations collégiales ou siègent les pairs des justiciables francs et elles garantissent les libertés et les statuts de chacun. A été affirmé, bien avant la *Magna Carta* de 1215 un véritable *habeas corpus* et ceci de manière même beaucoup plus élaborée dans son contenu. Si l'autorité qui préside, chef seigneur, seigneur ou vicomte, outrepasse ses prérogatives ou refuse d'agir, un véritable droit de résistance est offert par l'obligation des pairs à se coaliser. Les affaires entre le gouvernement du royaume et le gouvernement de l'Église sont strictement séparées. La collaboration du temporel et du spirituel se retrouve pour défendre les intérêts du bien commun sans qu'il y ait une domination d'une autorité sur l'autre. L'interdépendance et la collégialité dans tous les domaines de gouvernement, l'élection du chef seigneur, qui préside les institutions du royaume, ont offert une organisation politique originale et un modèle pour toutes les principautés dans l'Orient latin. Les chefs président mais ne rendent pas de décision. De la Haute Cour en passant par la Cour des Bourgeois, jusqu'à la cour des Syriens ou celles des communes, chaque strate de la société est conduite à travers sa propre élite. Le parlement des Francs, la *cuira generalis*, étant la cour où se retrouve l'élite des francs pour traiter des affaires touchant à la *res publica*, la chose de tous qu'est le royaume de Jérusalem. Le roi, n'est que le chef seigneur du royaume *primus inter pares*, élu et accepté de tous. La dignité royale obligeant plus qu'elle ne donne de prérogative. La fonction de chef étant pour les francs indissociable des

[1] E. BOURNAZEL, J.-P. POLY, *La mutation féodale (X[e]-XIIe siècles)*, 3e éd., Paris, PUF, 2004, Avertissement, p. XX.

exigences morales les plus rigoureuses. L'idée d'un régime parlementaire et démocratique, dans une forme embryonnaire, et ceci dans la forme la plus ancienne connue dans le monde médiéval, peut même être soutenue sans crainte. C'est un régime politique aristocratique. Ce qui est vrai pour le royaume de Jérusalem, l'est d'ailleurs pour les autres grands fiefs de l'Orient latin, qui lui étaient plus ou moins subordonnés, comme la principauté d'Antioche[1].

Les premiers croisés transportèrent en Orient leurs mœurs, leurs usages, leurs coutumes et leurs institutions. Cette assertion, prise dans un sens général, est incontestable. Il est aussi vrai que si l'on descend dans les détails de l'application, on observe qu'il était impossible aux francs de ne pas introduire, en faveur de la situation particulière où ils se trouvaient, des modifications aux usages et des novations qui ont été annonciatrices des pratiques adoptées bien après en occident. A été en effet montré, dans cette étude, que Godefroy de Bouillon a cherché à donner des bases juridiques et institutionnelles destinées à gouverner au mieux toute la population du royaume de Jérusalem et ceux sans aucune distinction d'origine. Le droit hiérosolymitain originaire semble, en tout état de cause, s'inspirer des pratiques du duché de Godefroy de Bouillon et du droit franc. Bien des règles de droit adoptées, mais aussi les institutions judiciaires et de gouvernement, sont antérieures dans leur pratique à la délivrance de Jérusalem. Les premières Lettres du Saint-Sépulcre, chartes écrites, ne peuvent être dans les faits qu'une reprise dans leur contenu. De plus, d'après Jean d'Ibelin et Philippe de Novare, les successeurs de Godefroy de Bouillon feront amender les premières Lettres du Saint-Sépulcre, dans le souci d'être plus en conformité avec les pratiques juridiques de France, et ceci régulièrement pour s'adapter au mieux aux demandes des populations locales et latines. Le corpus normatif du droit hiérosolymitain originaire, qui se retrouve dans les Livres d'Assises, semble donc bien, contrairement à ce qui a pu être affirmé par ailleurs[2], puiser ses sources dans les usages et les coutumes du nord de la France. Accepter ce postulat, c'est reconnaître alors que les sources du droit hiérosolymitain font état des plus anciennes pratiques du droit médiéval de France. Retenir l'antériorité de bien des pratiques juridiques décrites dans le corpus de Livres d'Assises à notre disposition, c'est aussi admettre l'originalité de ce droit comme source d'inspiration pour le droit occidental médiéval.

---

[1] Dans son grand ouvrage, Claude Cahen définit ainsi les positions respectives : « *Le prince est le suzerain suprême et le chef de l'État. Son rôle est surtout d'être le chef de l'armée et de l'administration. Mais pour l'exercice de ce dernier pouvoir, il doit respecter la coutume, ce qui signifie, du point de vue législatif et judiciaire, qu'il n'est pas le maître. Ces fonctions constituent pour le gouvernement central l'élément propre de la Cour, qu'il convoque et dont il demande l'avis dans la politique générale. En somme, on peut dire que le principat est exercé en commun par le prince et la Cour...* », (*La Syrie du Nord à l'époque des croisades et la principauté franque d'Antioche*, Paris 1940, p. 440-441).

[2] DEVARD et RIBEMONT, « Autour des Assises de Jérusalem », *Opit. Cit.*, Préface, p. 7-16.

Les différents premiers Livres originaires qui furent écrits ont tous été très certainement composés entre 1250 et 1291. Ces Livres ne sont pas écrits comme le « souvenir » d'un ancien droit, mais avant tout pour une cause politique. Ils attestent, et en attestant ils le réalisent sur un mode « performatif », la continuité dans l'espace et le temps des institutions du royaume latin de Jérusalem. Il se forma ainsi tout au long du XIIIe siècle, dans les royaumes de Jérusalem et de Chypre, une école de jurisconsultes de chevaliers et de Bourgeois qui se sont proposé de déterminer et de retrouver les principes et les règles de l'ancien droit hiérosolymitain tel qu'il existait. L'Orient latin vit ainsi se former et grandir dans son sein une classe de jurisconsultes dont le but était d'éclaircir et de fixer les usages féodaux et bourgeois, pour défendre leurs institutions si particulières. Ces jurisconsultes sont soit de la famille Ibelin, soit des parents ou encore des alliés politiques. Ce système politico-judiciaire qu'est la *res publica* des francs était et restera le fondement même de la légitimité institutionnelle.

La coutume décrite ici, source et base du droit et des institutions de l'Orient latin, est le résultat de pratiques formalisées avec le temps, comme il est enseigné dans les facultés de droit, et non comme une construction *ex nihilo* à un moment donné[1]. Il s'ensuit donc que le droit issu des « Assises » et les généalogies, exposés dans tous les Livres, reflètent avant tout des règles de vie et non une conception abstraite d'un droit inventé selon les circonstances. Cette approche, des historiens du droit, modifie en profondeur les perspectives de l'analyse et les conclusions que l'on peut tirer de telles sources juridiques. Dans ce sens, selon les principes de la méthode analytique de sources juridiques, une vérité historique n'implique pas nécessairement une vérité juridique. Ce n'est pas parce qu'un fait est historiquement établi, qu'il engendre nécessairement une réalité juridique dans le temps. À l'inverse un acte juridique peut avoir une réelle consistance historique sans que pour autant il ait une portée juridique authentique. L'acte peut être réel mais nul dans les effets de son application. À l'inverse, un fait peut être historiquement faux mais engendrer toutefois, dans la mémoire commune des personnes concernées, des conséquences et des pratiques juridiques. C'est ce qui

[1] Cf. sur le débat de la formation de la coutume, tantôt vue comme d'origine populaire conformément à sa définition classique, tantôt présentée comme davantage façonnée par les élites A. CASTALDO, « Pouvoir royal, droit savant et droit commun coutumier dans la France du Moyen Âge : à propos de vues nouvelles. I », in *Droits, Revue française de théorie, de philosophie et de culture juridique*, 2007, n° 46, 2008, p. 117-158 et « Pouvoir royal, droit savant et droit commun coutumier dans la France du Moyen Âge : à propos de vues nouvelles. II - Le droit romain est-il de droit commun ? », in *Droits, Revue française de théorie, de philosophie et de culture juridique*, 2008, n° 47, p. 173-248 ; et Cf. J. KRYNEN, « Dix ans de travaux français d'histoire du droit intéressant la coutume. Bref commentaire en quatre points », in G. CAZALS, F. GARNIER Florent (dir.), *Les décisionnaires et la coutume : contribution à la fabrique de la norme. Études d'histoire du droit et des idées politiques*, Presse Universitaire de Toulouse 1 Capitole, 2017, n° 23, p. 19-43.

caractérise la nature des Livres d'Assises, sans toujours pouvoir déterminer le faux historique du vrai juridique.

Il est clair que ces Livres d'Assises, s'appuient plus sur une tradition orale que sur de réels documents existants. Ces Livres, manuels de droit du XIIIe siècle ne sont pas le résultat d'une stricte étude historique des lois des siècles antérieurs, mais la description de lois contemporaines à l'écriture de ces ouvrages. C'est ainsi que les différents recueils se contredisent parfois entre eux, l'un omet parfois un point figurant dans un autre, mais constituent ensemble la plus grande collection de « lois » écrites dans un « État » de caractère européen de cette période d'origine franque. Les rédacteurs de ces Livres mettent en valeur le droit et la réalité des familles en fonction de leur objectif politique mais pour autant, cela ne veut pas dire que le regard « historique » des auteurs est totalement biaisé. Enfin, les manuscrits qui nous ont révélé les « Assises de Jérusalem » sont avant tout l'expression du droit applicable dans le royaume latin de Chypre du début du XIVe siècle jusqu'au milieu du XVIe siècle. L'évolution de ces manuscrits, leurs compositions, permet d'appréhender avant tout l'évolution du droit positif coutumier dans ce royaume latin. Ce n'est donc que dans un deuxième temps qu'il est alors possible, et sous cet angle-là seulement, que l'on peut alors rechercher l'origine des textes qui composent ces « coutumiers » privés.

Annexes

Annexe I : L'élection du chef seigneur ; un principe fondateur et perpétué

L'élection de l'homme à la tête du royaume comme chef seigneur est un principe fondateur dans le royaume de Jérusalem depuis l'élection de Godefroy de Bouillon. Ce principe a été perpétué tout au long du XIIe siècle et ce jusqu'au XVe siècle dans le royaume de Chypre. Est établie ici la liste des chefs seigneurs jusqu'en 1187.

Au chapitre CCLX de son Livre, Jean d'Ibelin précise bien qu'au royaume de Jérusalem il y a deux chefs seigneurs ; l'un spirituel et l'autre temporel. Le patriarche de Jérusalem est le seigneur spirituel et le roi du royaume de Jérusalem est le seigneur du temporel du royaume[1]. Comme l'autorité du patriarche vient avant tout de sa qualité d'évêque, de même l'autorité du roi lui vient avant tout de sa qualité de chef seigneur du royaume, soit de suzerain de tous les barons. Il y a une stricte séparation entre les pouvoirs de l'Église et les pouvoirs de gouvernement laïc dans le royaume de Jérusalem, mais cette séparation de « l'Église et de l'État » ne veut pas dire que l'Église n'est partie pas intégrante du royaume. C'est une collaboration dans des domaines et des espaces distincts au sein d'un même royaume. Il ne faut pas confondre, non plus, la dignité de patriarche ou de roi avec l'exercice du pouvoir réel. Il ne faut pas confondre l'autorité du sacerdoce de l'ordre, ou royal, avec la *potestas*. De plus la vacance ou l'impossibilité d'exercice de l'une ou l'autre de ces dignités n'interdisait pas en pratique l'exercice du pouvoir de chef seigneur du spirituel ou du temporel par un autre.

À la mort de Godefroy de Bouillon, le 18 juillet 1100, mort sans enfants, les barons de Jérusalem choisirent après trois mois de vacances, son frère cadet Baudouin, comte d'Édesse, fondateur du premier « État » latin, pour prendre possession de ses droits héréditaires et succéder à son frère aîné dans le gouvernement[2]. Le frère aîné Eustache, comte de Boulogne était alors retourné en France. On peut remarquer ici que le cadet passe avant l'aîné et que la Haute Cour s'est sentie libre de son choix, en élisant le frère présent. S'est institutionnalisée ici une règle, qui se retrouve dans le droit de la succession féodale hiérosolymitaine, l'héritier doit être présent en Terre-Sainte et défendre son droit en personne pour être désigné[3].

Les barons, par cette élection, rejetèrent le testament de Godefroy de Bouillon qui disposait de la remise du gouvernement au patriarche de Jérusalem[4]. Ils affirment ici, sous la conduite du comte Garnier, cousin de Godefroy et de Baudoin, la supériorité de l'assemblée des barons dans la désignation du chef seigneur et surtout l'indisponibilité[5] de la seigneurie du royaume. La seigneurie de la couronne est seulement en partie patrimoniale.

---

[1] BEUGNOT vol. 1 : Lois, Livre de Jean d'Ibelin, chap. CCLX, p. 415 : *« Il y a ou reiaume de Jérusalem deus chiefs seignors, l'un esperituel, et l'autre temporel : le patriarche de Jérusalem est le seignor esperituel, et le rei dou reiaume de Jérusalem le seignor temporel dou dit reiaume »*.

[2] RHC, Historiens occidentaux, Tome I, Guillaume de Tyr, Livre X, chap. 1, p. 401.

[3] BEUGNOT, vol. 1 : Lois, Livre de Jean d'Ibelin, chap. CLXII, p. 250.

[4] RHC, Historiens occidentaux, Tome I, Guillaume de Tyr, Livre X, chap. 3, p. 403.

[5] La règle de l'indisponibilité de la couronne ne s'est imposée en France qu'au milieu du XVe siècle à la suite de la thèse de Jean de Terrevermeille pour défendre les droits du dauphin Charles déshérité par son père le roi de France Charles VI.

Le comte Baudoin fut simplement chef seigneur du royaume jusqu'à Noël 1101. Ce jour-là à Bethléem, en présence et avec l'assentiment du clergé et le peuple, mais aussi des prélats des Églises et des barons du royaume, il fut sacré roi, comme l'oint du Seigneur, et couronné solennellement du diadème royal par les mains du patriarche Daimbert[1]. Joshua Prawer a pu à juste titre remarquer que « les fluctuations et les divergences politiques et religieuses qui accompagnèrent l'élection de Godefroy à la fonction d'avoué du Saint Sépulcre disparurent avec l'élection du couronnement de Baudouin comme roi de Jérusalem »[2]. Il ajoute que les « prétentions théocratiques ne furent plus évoquées après l'époque de Baudouin Ier, quoique au début de son règne, il y eût encore des tentatives pour contraindre le roi à reconnaître les droits de l'Église, sinon dans tout le royaume, du moins à Jérusalem »[3]. La tentative ultime de la mise en place d'une théocratie a été un échec et dès lors le partage des attributions entre l'Église et le gouvernement laïc fut acquis. Des espérances qu'avaient certains prélats, il ne resta pas un vestige. Joshua Prawer toujours dans ce même chapitre analyse que lors de l'élection du roi, et même au moment de son couronnement, il a été proclamé que « le royaume latin aurai – comme tout autre royaume – une dynastie régnante et une couronne héréditaire bien que les nobles conservent le privilège « d'élire » le roi, c'est-à-dire de confirmer dans ce titre le parent le plus proche du roi précédent »[4]. Pour autant, la réalité successorale au titre de roi de Jérusalem n'a pas été, dans les faits, aussi simple, que le laisse entendre ce chercheur.

À la mort de Baudouin le 2 avril 1118, quelques seigneurs de Terre sainte s'embarquèrent alors vers la France pour offrir à Eustache, le frère aîné, désigné comme héritier par son frère, la succession du royaume[5]. Il l'accepta et entreprit de traverser l'Italie pour prendre possession de son héritage. Arrivé dans les Pouilles, il apprit que les barons d'Outremer avaient déjà élevé son cousin Baudouin du Bourg sur le trône sous l'influence de Josselin de Courtenay, propre cousin de son cousin. L'objectif, semble-t-il, était d'éviter un interrègne trop long qui aurait pu mettre le royaume à la merci des incursions musulmanes[6]. La Haute Cour a encore élu ici un membre de la famille présent et n'a pas là aussi respecté le testament du roi défunt.

Baudouin de Bourg est un cousin de la famille de Boulogne par sa mère. Il est le fils cadet de Hugues, comte de Rethel et de Mélisande de Montlhéry. Avant la Première croisade, il possédait la seigneurie de Bourcq, dans les Ardennes, d'où lui vient son nom, nous informe Guillaume de Tyr. Il fut ensuite comte d'Édesse en première succession à Baudouin Ier, lors de son avènement comme premier roi de

---

[1] RHC, Historiens occidentaux, Tome I, Guillaume de Tyr, Livre X, chap. 3, p. 403 : « *Anno igitur ab Incarnatione Domini 1101, reconciliatis ad invicem domino Daimberto patriarcha et domino comite Balduino, per quorumdam prudentum commendabilem interventum, in die sancto Nativitatis Dominicae, in ecclesia Bethlehemitica, astantibus clero et populo, Ecclesiarum quoque praelatis et regni principibus, consecratus est, et in regem inunctus, per manum domini Daimberti memorati patriarchae, dominus Balduinus et regio diademate solemniter laureatus* ».

[2] J. PRAWER Joshua, Histoire du Royaume latin de Jérusalem, Paris, Éditions du CNRS, 1969 et réédition en 2007, p. 350.

[3] *Ibid.*, p. 350.

[4] *Ibid.*

[5] R. GROUSSET, *Histoire des croisades et du royaume franc de Jérusalem,1188-1291, L'anarchie franque*, Paris, Perrin, 1936 (réimpr. 2006), p. 833.

[6] RHC, Historiens occidentaux, Tome I, Guillaume de Tyr, Livre XII, chap. 3, p. 513.

Jérusalem. Baudouin de Bourg est couronné et sacré le 14 avril 1118, un dimanche de Pâques, sous le nom de Baudouin II[1]. Comme le souligne Jean Richard, il fut alors bien introduit et réaffirmé, dans le droit hiérosolymitain, la notion de « *droit hier* » présent en personne, reprise au XIIIe siècle par Jean d'Ibelin et Philippe de Novare[2]. La seigneurie de la couronne doit revenir à l'héritier le plus proche du roi défunt qui est présent en Orient. C'est le régime général des fiefs dans l'Orient latin. L'hérédité, le lien familial, s'affirme donc comme la base de la royauté. Ce lien est contrôlé par les barons et le choix est influencé par l'opportunité, la présence ou l'absence de l'héritier possible. La primogéniture n'est donc pas absolue dans le choix de l'héritier, encore faut-il que le plus proche héritier soit présent en Terre sainte et en capacité.

Durant la captivité du roi Baudouin II de 1123 à 1124, par Balak un prince turc, l'assemblée des barons et le patriarche vont élire, dans la ville d'Accon en lieu et place un nouveau chef seigneur du royaume. Ils vont choisir le connétable du royaume Eustache Granier, seigneur de Césarée et de Sidon, comme gouverneur du royaume et administrateur général, jusqu'à la libération du roi[3]. Mais il meurt rapidement. Ils vont ensuite élire Guillaume de Bures (?-1142), Prince de Galilée et seigneur de Tibériade, connétable et bailli du royaume, « *regni constabularius et procuratore* »[4]. Ces chefs seigneurs successifs, sont élus à terme, en attendant le retour du roi, mais agissent en véritable chef seigneur et leurs actes ne peuvent pas être remis en cause au retour du roi. C'est ce dont témoigne le *Pactum Warmundi*, concédé aux Vénitiens en 1123 par le patriarche de Jérusalem et Guillaume de Bures pendant la captivité du roi, qui reconnaît, entre autres le droit pour les Vénitiens d'être jugés devant la « cour des Vénitiens » en cas de litige entre eux[5]. Ce document a été adopté, selon Guillaume de Tyr, dans la ville d'Accon, par une assemblée composée du patriarche, du clergé, des barons et du peuple[6]. Cette charte a été établie par le chancelier du royaume, le « *regis Hierusalem cancellarii* »[7]. Ainsi, comme nous le dit La Monte, « nous voyons comment les barons contrôlaient le roi »[8]. Le roi Baudoin fut libéré le 29 août 1124, après plus de 18 mois de captivité et il va s'inquiéter alors de sa succession.

De son mariage avec Morfia de Malatya, le roi Baudouin II a eu quatre filles Mélisende l'ainée, Alix, Hordienne et Ivète[9]. En droit hiérosolymitain, selon une Assise qui remonterait aux origines du royaume de Jérusalem[10], la fille aînée, en l'absence de frère hérite de la seigneurie de son père[11], mais n'en assure pas elle-même le service[12]. C'est l'époux, au nom de son épouse, qui en assure les obligations

[1] *Ibid.*

[2] J. RICHARD, *Le Royaume latin de Jérusalem*, PUF, 1953, p. 64.

[3] RHC, Historiens occidentaux, Tome I, Guillaume de Tyr, Livre XII, chap.17, p. 536 : « *Tradunt ergo ei regni curam, et administrationem generalem* ».

[4] *Ibid.*, Livre XII, chap. 24, p. 548.

[5] *Ibid.*, Livre XII, chap. 25, p. 550.

[6] *Ibid.*, Livre XII, chap. 25, p. 550 : « *Gormundus Hierusalem patriarcha, cum nostris episcopis, clero, baronibus populoque Hierusalem* ».

[7] *Ibid.*, Livre XII, chap. 25, p. 553.

[8] J. La MONTE, *Feudal Monarchy in the Latin Kingdom of Jerusalem*, 1100-1291, Cambridge, Mediaeval Academy of America, 1932, p. 10 et p. 95.

[9] RHC, Historiens occidentaux, Tome I, Guillaume de Tyr, Livre XII, chapitre 4, p. 516.

[10] BEUGNOT, vol. 1 : Lois, Livre de Philippe de Novare, chapitre LXXI, p. 542.

[11] *Ibid.*

[12] *Ibid.*, chapitre LXXXVI, p. 558

féodales. La fille héritière est détentrice du droit mais n'exerce pas le service de cour et militaire qui y est attaché. Tout acte et toute action devant être faits cependant en son nom. La femme garde *a contrario* la gestion purement privative du fief, c'est elle qui gouverne sa seigneurie. La question, pour le roi Baudoin II, est donc celle du choix de l'époux de sa fille aînée. À cela s'ajoute le fait que le choix du chef seigneur du royaume résulte avant tout du choix des barons et des ecclésiastiques. Le choix de l'époux de Mélisande doit donc être approuvé par tous. Le roi Baudoin II va donc consulter largement ses barons et les évêques, à sa sortie de captivité, pour choisir un époux à sa fille aînée Mélisende qui à sa mort deviendra le chef seigneur militaire du royaume[1].

Le choix va porter sur Foulques V (1071-1143), comte d'Anjou, du Maine et de la Touraine ; un homme de plus de cinquante ans[2]. Foulques était connu dans l'Orient latin depuis qu'il était allé à Jérusalem en 1120 après la mort de sa femme par sentiment de dévotion[3]. Il y était resté plus d'un an et il y avait entretenu à ses frais une centaine de chevaliers avant de rentrer en France. Il est l'arrière-grand-père de Richard Cœur de Lion. Après délibération et après s'être assuré du consentement de tous les princes et de la faveur du peuple le roi va envoyer une ambassade en France proposer à l'élu le mariage et la garantie de la conduite du royaume après sa mort[4]. L'ambassade était composée du connétable Guillaume de Bures et de Gautier de Brisebarre, seigneur de Beyrouth.

Selon certaines sources Mélisande est la cadette d'Alix[5]. Nous pouvons donc remarquer ici, que le roi et la Haute Cour vont chercher un héritier en dehors du royaume et écarter le premier gendre, le prince d'Antioche. À cette double nature de la succession royale, élective et héréditaire, va s'ajouter en l'absence d'héritier mâle direct une hérédité féminine. La tradition héréditaire va passer ainsi, après la mort de Baudouin II, par les femmes. Elles vont transmettre les droits à la couronne à leurs maris ou leurs enfants sans pouvoir en principe exercer la charge de chef seigneur en personne.

Le comte Foulques d'Anjou arrive à Saint-Jean d'Acre au milieu du printemps et épouse Mélisende de Jérusalem le 2 juin 1129. Le roi Baudouin II tombe malade en 1131 et décède le 21 août. Le 21 août 1131, le roi Baudoin II meurt après avoir confié le soin du royaume et transmit ses pouvoirs (« *curam regni et plenam eis tradidit potestatem* ») à sa fille Mélisende, mais aussi à son gendre et son petit-fils Baudoin, âgé de deux ans, qui sont présents et ceci devant les barons du royaume[6]. Mélisende l'héritière va alors devenir reine du royaume de Jérusalem et son mari roi de Jérusalem par mariage. Foulques d'Anjou est donc devenu chef seigneur du royaume par choix du précédent roi, confirmé par les barons par une élection et élevé à la dignité royale permise par son mariage avec la fille du roi. Le roi Foulques, peu après, est appelé par les grands seigneurs de la principauté d'Antioche pour en assurer le gouvernement[7]. La reine Mélisende, elle, semble selon les sources, ou du moins en l'absence de toute

---

[1] Guillaume de Tyr, RHC, Livre XIII, chapitre XXIV, p. 593

[2] *Ibid.*, Livre XIV, chapitre II, p. 608

[3] *Ibid.*

[4] *Ibid.*, Livre XIV, chapitre II, p. 608

[5] DUCANGE, *Les Familles d'Outremer par Ducange,* continué par M-E. G-Rey, *Documents inédits sur l'Histoire de France*, Imprimerie Impériale, Paris, 1869.

[6] RHC, Historiens occidentaux, Tome I, Guillaume de Tyr, Livre XIII, chapitre 28, p. 601.

[7] *Ibid.*, Livre XIV, chapitre VI, p. 611.

autre indication, assurer le gouvernement seule à Jérusalem, mais ce rôle est contesté par son mari. Mais près 1136, le roi Foulques ne fit plus rien dans la conduite des affaires du royaume, même pour les moins importantes, sans avoir d'abord obtenu l'assentiment de son épouse (« *Rex autem ab ea die ita factus est uxorius, ut ejus quam prius exacerbaverat, mitigaret indignationem quod nec in causis levibus, absque ejus conscientia attentaret aliquatenus procedere* »)[1]. La tentation du roi Foulques d'ignorer la reine du haut de ses soixante ans va totalement disparaître et la reine Mélisende va devenir véritablement la femme de pouvoir incontournable et incontestée du royaume.

Le roi Foulques meurt à Acre le 10 novembre 1143 d'une chute de cheval. Ses deux fils, Baudoin et Amaury, ont respectivement treize et sept ans. Il est alors bien explicité, dans la chronique du chancelier, que la reine est bien la femme de pouvoir dans le royaume du fait de son droit héréditaire ; « *Reseditque regni potestas penes dominam Milisendem, Deo amabilem reginam, cui jure haereditario competebat* »[2]. Mais selon le droit, la reine ne peut seul assurer le gouvernement du royaume ne pouvant conduire les barons à la guerre. Ces derniers pouvant exiger le remariage de la reine voir lui imposer un époux. La reine, pour garantir son indépendance, va contourner savamment les règles féodales et va réussir à imposer un gouvernement personnel de son royaume sans avoir à se remarier. La reine Mélisende va très intelligemment, en lieu et place d'un mari, faire reconnaître comme roi son fils aîné. Aussi, dès le 25 décembre 1142, la reine, elle-même couronnée et en majesté, fit solennellement oindre, consacrer et couronner Baudoin dit le troisième du nom[3]. Ainsi, en pratique Baudoin III est indiscutablement et par avance reconnu comme héritier du royaume et prochain chef seigneur à la mort de sa mère. Il est de fait aussi l'homme qui remplira les obligations militaires de sa mère sous sa direction. Sa mère pouvant ainsi librement choisir un tiers à sa main en attendant la majorité de son fils qui est fixé en droit dans l'Orient latin à quinze ans[4], et non à vingt et un ans comme on peut le lire parfois. Il n'est nulle part ici question de régence. Il s'agit là d'une pratique reconnue en Occident à cette époque que de faire couronner son fils héritier de son vivant sans que pour autant cela signifie un transfert de pouvoir. La reine Mélisande est considérée par les barons comme au-dessus de la condition ordinaire de son sexe[5]. En effet, comme nous l'avons souligné précédemment, les femmes en droit féodal transmettent les droits mais n'exercent pas directement en leur nom l'exercice de la charge publique afférente au fief.

En 1152, Baudoin III a 21 ans et des jeunes seigneurs du royaume souhaitent ardemment que Baudoin III prenne en main le gouvernement du royaume (« *regnum ipse moderaretur avitum* »)[6]. Ces hommes vont pousser le jeune roi à se débarrasser de la tutelle de sa mère en lui soutenant que c'était indigne d'un roi de demeurer toujours suspendu au sein de sa mère[7]. Guillaume de Tyr, le chancelier du royaume de Jérusalem, laisse transparaître son indignation dans son récit sur le comportement

[1] *Ibid.*
[2] *Ibid.*, Livre XV, chapitre XXVII, p. 700.
[3] *Ibid.*, Livre XVI, chapitre III, p. 707.
[4] BEUGNOT, vol. 1 : Lois, Livre de Jean d'Ibelin, chap CLXIX, p. 259.
[5] RHC, Historiens occidentaux, Tome I, Guillaume de Tyr, Livre XVI, chapitre 3, p. 707 : « *sexus feminei plane vincens conditionem* ».
[6] *Ibid.*, Livre XVI, chapitre III, p. 707.
[7] *Ibid.*, Livre XVI, chapitre III, p. 707.

du fils et rappelle bien à ses contemporains que la reine Mélisende n'est pas en droit une simple reine honoraire qui a la régence du royaume au nom de son fils à la suite du roi Foulques. Il dit bien, et c'est ce qui est conforme au droit hiérosolymitain latin, que la reine gouverne le royaume en vertu de ses droits propres héréditaires : « *regni tanquam jure haereditario sibi debiti curam et administrationem sortita est* »[1]. Le roi Baudoin a été élevé à la dignité royale, insiste-t-il, pour soutenir sa mère dans l'exercice de son pouvoir à elle : *« filio primogenito, domino Balduino, cujus in praesenti gesta conscribimus, etiam postquam in regni sublimatus est solium, ejus multum favente et merito subjacente imperiis* »[2].

Le roi Baudoin III, toutefois, séduit par les conseils de ses amis, résolut d'affirmer son indépendance vis-à-vis de sa mère la reine en se faisant re-couronner solennellement le jour de la fête de Pâques 1152[3]. Le patriarche de Jérusalem, et de nombreux barons, le supplia de renoncer ou du moins de faire participer sa mère au même honneur. Le roi renonça mais apparu toutefois en public couronné de lauriers le lundi matin. Il convoqua peu après une assemblée de grands barons et avec leur soutien il alla trouver sa mère pour lui demander impérieusement de partager le royaume et de lui assigner une part dans l'héritage de ses aïeux[4]. Après de lourdes discussions, la reine consentit au souhait de son fils et lui laissa choisir la partie du royaume qu'il désirerait administrer personnellement. Le roi choisit la région maritime du nord du royaume avec la ville de Tyr et d'Acre et il laissa à sa mère Jérusalem, Naplouse et toute la région qui en dépendait. Le peuple consentit pour la paix à cette division précise notre unique chroniqueur.

Rapidement, le roi Baudoin III, ne se satisfaisant pas de la situation, va vouloir avec son armée expulser sa mère la reine[5]. Il va d'abord chasser le connétable du royaume de Jérusalem Manassé, le cousin et ami intime de la reine, de ses terres. Puis il alla prendre procession de Naplouse avant de s'attaquer à Jérusalem où s'étaient repliés sa mère et son jeune frère Amaury qui ne le soutenait pas. La cité sainte ouvrit ses portes au roi ne voulant pas s'impliquer dans ce conflit. Le roi alla ensuite jusqu'à prendre d'assaut la Tour de David, dans laquelle sa mère s'était retranchée. La reine Mélisende dut finalement capituler et se résigner à donner la ville à son fils. Ce dernier lui laissa comme domaine propre seulement la ville de Naplouse après avoir juré par serment et par corps de ne plus la troubler dans ses possessions. Le roi Baudoin, roi de Jérusalem, va donc paradoxalement, à partir de 1152, gouverner le royaume de Jérusalem comme royaume conquis et non pas comme un royaume hérité. Les barons de Naplouse au service de la reine refusèrent eux de servir le roi[6]. Une charte du 23 septembre de cette année indique bien alors que le roi disposait sans le consentement de la reine sa mère et qu'il n'associait à sa décision que son frère Amaury cité alors comme témoin[7]. De même dans une charte de la fin de l'année de 1152 de donation au Saint-Sépulcre, la reine Mélisande n'indique plus le nom de son fils le roi Baudoin[8].

---

[1] *Ibid.*, Livre XVII, chapitre XIII, p. 779.
[2] *Ibid.*
[3] *Ibid.*
[4] *Ibid.*, Livre XVII, chapitre XIV, p. 781.
[5] *Ibid.*
[6] *Ibid.*, Livre XVII, chapitre XV, p. 783.
[7] RRH, n° 276, p. 70.
[8] RRH, n° 278, p. 70.

Guillaume de Tyr nous dit toutefois que très rapidement la reine Mélisende et son fils le roi Baudoin III se sont pleinement réconciliés[1]. En effet, le roi ne peut se passer de sa mère pour défendre et gouverner efficacement le royaume. Aussi, c'est la reine Mélisende qui va conduire les relations diplomatiques avec sa sœur Hordiene, comtesse de Tripoli, mariée en 1131 à Raymond II de Toulouse (v.1120-1152), et avec sa nièce Constance, princesse d'Antioche, dans l'organisation de la défense de la Terre sainte en 1153[2]. C'est aussi la reine Mélisende qui va prendre soin du patriarche d'Antioche à la suite de ses déboires avec Renaud de Châtillon en 1154[3]. À partir de 1154, le roi Baudoin ne re-décide plus, comme en témoignent certaines chartes, sans le consentement de sa mère (« *consensu Milisendis matris* ») ou encore à partir de 1156 sans le consentement de son frère[4], et ce jusqu'à ce que sa mère décède en 1161. La reine Mélisende meurt en effet le 11 septembre 1161[5] et Guillaume de Tyr ne manque pas de rappeler ici que c'est bien la reine Mélisende qui a gouverné le royaume de Jérusalem pendant les trente dernières années[6]. Le roi Baudouin III lui meurt six mois plus tard à l'âge de 33 ans, probablement empoisonné, le 10 février 1162[7]. Sans enfant c'est son frère Amaury qui est reconnu comme héritier du royaume et qui deviendra le nouveau roi de Jérusalem.

L'élection d'Amaury n'a pas été évidente et les barons se sont divisés. Le sujet de discorde était l'épouse d'Amaury, Agnès de Courtenay jugée indigne de devenir leur reine. Ils somment Amaury de choisir entre sa femme et le trône, ce qu'il fait en choisissant le trône. Le divorce fut prononcé et le mariage dissout après que l'on s'est soudainement souvenu d'un cousinage au quatrième degré[8]. Il fut ajouté toutefois la réserve, que les enfants qui étaient issus de ce mariage, Baudoin et Sybille, seraient tenus pour légitimes, et jouiraient de la plénitude de leurs droits pour recueillir la succession paternelle. Amaury est finalement élu chef seigneur et il est sacré et couronné roi le 18 février 1162[9]. Les barons par cette action confirment leurs prérogatives autonomes dans le choix du successeur et leur capacité à contraindre l'héritier dans sa propre vie matrimoniale. Il meurt douze ans plus tard à 38 ans, le 11 juillet 1178[10]. De son second mariage avec Marie Comène il aura une fille Isabelle.

Le fils d'Amaury, Baudouin, après consultation et approbation de l'assemblée des barons et des prélats de l'Église est élu roi du royaume[11]. Il est sacré et couronné roi de Jérusalem (« *inunctus est et coronatus* ») à l'âge de 13 ans, le 15 juillet, trois jours après la mort de son père. En parallèle est élu le sénéchal du royaume Miles de Plancy,

---

[1] RHC, Historiens occidentaux, Tome I, Guillaume de Tyr, Livre XVII, chapitre XIV, p. 781.

[2] *Ibid.*, Livre XVII, chapitre XIX, p. 791

[3] *Ibid.*, Livre XVIII, chapitre I, p. 816

[4] RRH, n° 293, p. 74, n° 306, p. 78, n°307 et 309, p. 79, n° 321 et 322, p. 82, n° 325, p. 83, n° 336, p. 87, n° 353, p. 92

[5] RHC, Historiens occidentaux, Tome I, Guillaume de Tyr, Livre XVIII, chapitre XXXII, p. 877

[6] *Ibid.*, Livre XVIII, chapitre XXVII, p. 866

[7] *Ibid.*, Livre XVIII, chapitre XXXIV, p. 879

[8] *Ibid.*, Livre XIX, chap. 4, p. 888 : « *interveniente divortio, solutum est matrimonium* ».

[9] *Ibid.*, Livre XIX, chap. 1, p. 883.

[10] *Ibid.*, Livre XX, chap. 23, p. 983.

[11] *Ibid.*, Livre XXI, chap. 2, p. 1006 : « *Defuncto igitur patre, convenientibus in unum universis regni principibus, tam ecclesiasticis quam saecularibus, consonante omnium desiderio* ».

seigneur de Montréal et d'Outre-Jourdain, comme chef seigneur[1]. Mécontent de son gouvernement les barons envisagèrent de le remplacer par Raymond III de Tripoli, cousin du roi Amaury et plus proche parent mâle de Baudouin IV mais il fut assassiné entre-temps. Raymond III de Tripoli fut alors élu chef seigneur du royaume après des délibérations qui ont duré deux jours. Il fut investi de sa charge à la suite d'une cérémonie au Saint-Sépulcre et après l'acclamation du peuple[2]. Baudouin IV exercera ensuite lui-même la mission de chef seigneur à partir de 15 ans en 1179[3].

Baudouin IV connaît des périodes de faiblesse en raison de sa maladie, la lèpre. Il fit élire, trois ans après son avènement, par l'assemblée des barons, Guillaume marquis de Montferrat, dit longue épée, cousin du roi de France Philippe Auguste et l'empereur Frédéric Barberousse, comme successeur et chef seigneur et le maria à sa sœur Sybille[4]. Ce dernier meurt moins de six mois plus tard en laissant un fils posthume Baudoin. Le roi fit élire ensuite Renaud de Châtillon (1120-1187), prince d'Antioche de 1153 à 1160 puis seigneur d'Hébron et seigneur d'Outre-Jourdain[5], importante seigneurie du royaume[6], comme co-chef seigneur. Mais leur entente ne dura pas.

Baudoin IV remaria sa sœur Sybille avec Guy de Lusignan vers la pâque de 1180[7]. Guy de Lusignan (1159-1194), est le sixième fils d'Hugues VIII le Vieux, seigneur de Lusignan et comte de la Marche, de Bourgogne et de Rançon, qui meure en Terre sainte en 1173[8]. La maison de Lusignan est une antique dynastie poitevine, attestée depuis le Xe siècle[9]. Fils cadet sans fortune, Guy de Lusignan est arrivé peu avant, à la suite de tractations politiques de son frère aîné Amaury, qui lui succédera à Chypre et qui deviendra roi de Chypre puis roi de Jérusalem. Ce dernier a suivi l'appel des croisades dès 1174, et s'est installé dans le royaume de Jérusalem. Proche de la « reine mère », Agnès de Courtenay, il est le connétable du royaume de Jérusalem[10].

Guy de Lusignan est investi par le roi des comtés de Jaffa et d'Ascalon. Il devint proche de Renaud de Châtillon et de Gérard de Ridefort, Maître de l'Ordre du Temple. Baudoin IV le fait ensuite élire par l'assemblée des barons et par le patriarche chef seigneur du royaume « *regni procuratorem constituit* »[11]. Mais Guy se rend rapidement impopulaire auprès des barons et des sujets du royaume. Le roi lui retire

---

[1] *Ibid.*, Livre XXI, chap. 4, p. 1008.

[2] *Ibid.*, Livre XXI, chap. 5, p. 1010 : « *in capitulo Dominici Sepulcri tradita est ei universa regni, post dominum regem, populo acclamante, procuratio et potestas* ».

[3] *Ibid.*, Livre XXI, chap. 11, p. 1021.

[4] *Ibid.*, Livre XXI, chap. 13, p. 1025.

[5] *Ibid.*, Livre XXI, chap. 15, p. 1029.

[6] C. DEVAIS, « L'expression du pouvoir aux frontières du royaume de Jérusalem : terre de Suète et Outre-Jourdain au XIIème siècle », Bulletin d'études orientales, Supplément LVII, 2008, p. 19-30.

[7] RHC, Historiens occidentaux, Tome I, Guillaume de Tyr, Livre XXII, chap. 1, p. 1062.

[8] P. W. EDBURY, *The Kingdom of Cyprus and the Crusades, 1191-1324*, Cambridge, CUP, 1991, p. 13.

[9] Actes du colloque « Les Lusignans et l'outre-mer », Poitiers-Lusignan, 20-24 octobre 1993, Poitiers, 1996.

[10] P. AUBE, *Baudouin IV de Jérusalem, le roi lépreux*, Hachette, coll. « Pluriel », 1981 (réimpr. 1996), p. 250.

[11] RHC, Historiens occidentaux, Tome I, Guillaume de Tyr, Livre XXII, chap. 25, p. 1116 et Cf. Jacques de Vitry, chap. XCIII : « *Convocatis ad se principibus, proesente matre et domino patriarcha* ».

sa fonction et, pour être sûr qu'il ne lui succédera pas, associe par une élection au trône son neveu Baudoin, dit « Baudouinet », âgé de cinq ans, le fils de Guillaume de Montferrat et de Sibylle[1]. Baudouin V, bien qu'enfant fût sacré « co-roi » le 20 novembre 1183. Raymond III de Tripoli est désigné aussi dans le même temps chef seigneur du royaume et héritier putatif. Baudouin IV meurt le 16 mars 1185, son neveu lui succède, mais meurt à son tour à Saint-Jean d'Acre en septembre 1186[2].

Deux candidats à la succession se présentent, d'une part Guy de Lusignan, en vertu des droits héréditaires de son épouse Sibylle, sœur aînée de Baudouin IV, et d'autre part Raymond III de Tripoli, comme chef seigneur élu et plus proche parent mâle du roi Amaury et du roi Baudoin IV, chef seigneur du royaume a qui a été promis la couronne[3]. Guy n'a que peu de partisans, mais Sibylle, profitant de l'absence de Raymond de Tripoli de Jérusalem, qui a été éloigné par Josselin III de Courtenay, et l'aide du maître de l'ordre du temple se fait reconnaître, en septembre 1186, comme légitime héritière. Renaud de Chatillon la fait alors acclamer avec son époux par la population de Jérusalem comme telle. Elle force alors le patriarche à la couronner et dépose elle-même une deuxième couronne sur la tête de son époux Guy de Lusignan[4]. Ils ne sont toutefois pas sacrés.

---

[1] *Ibid.*, Livre XXII, chap. 27, p. 1121.

[2] R. GROUSSET, *Histoire des croisades et du royaume franc de Jérusalem, II. 1131-1187, L'équilibre*, Paris, Perrin, 1935, p. 722.

[3] RHC, Historiens occidentaux, Tome II, Chronique d'Ernoul, Livre XXIII, chap. XVII, p. 25.

[4] *Ibid.*, p. 29.

Annexe II : Le chef seigneur et l'élévation à la dignité royale

Le chef seigneur du royaume de Jérusalem n'est pas obligatoirement roi. L'élévation à la dignité royale répond avant tout à des critères particuliers (1). Une fois les critères remplis cela nécessite ensuite de prononcer une promesse supplémentaire associée à une confirmation populaire (2) comme préalable au sacre et au couronnement.

L'élévation à la dignité royale

Une fois élu, le chef seigneur, qui le peu, va alors être sacré et couronné. En effet, seules deux catégories de chefs seigneurs peuvent l'être, ou l'ont été. Seuls les chefs seigneurs qui sont légitimes héritiers et ceux qui sont mariés avec la fille héritière du précédent roi le peuvent. Les chefs seigneurs élus pendant l'indisponibilité du roi[1], pendant la minorité du roi élu[2] ou encore pour l'accompagner durant une maladie[3] ne peuvent l'être.

Le principe est, depuis Baudouin Ier, l'élection d'un chef seigneur-roi. La première règle qui apparaît est celle du lien familial avec le précédent chef seigneur. Mais sans obligation de respecter la primogéniture. En effet, Baudouin Ier est le cadet et le frère aîné, Eustache, comte de Boulogne, a été écarté bien que sa candidature eût été évoquée. Cette prescription s'est retrouvée après la mort de Baudouin lorsqu'a été désigné son cousin Baudouin II comme « légitime héritier » devant toujours le frère aîné de Godefroy de Bouillon et de Baudoin.

Sans fils héritier du précédent roi et en présence de filles héritières est élu le futur époux, d'une des filles pour devenir chef seigneur et roi[4]. Les filles héritières transmettent les droits à la couronne, en principe par primogéniture à leur époux qui est alors le véritable roi en exercice, choisi par l'assemblée des barons, du clergé et du peuple. Mais ils agissent toujours avec l'assentiment de leur épouse ou de leur fils. Foulque d'Anjou, mari de Mélisande, déclare qu'il agit du consentement de sa femme[5] et même de son fils Baudouin[6]. Guy ne signe aucune charte sans la volonté de Sibylle[7]. Le mandat de ces chefs seigneurs tombe à la mort de leur épouse.

---

[1] Eustache Granier ou Guillaume de Bures.
[2] Miles de Plancy ou Raymond III de Tripoli.
[3] Renaud de Châtillon ou Guy de Lusigan du vivant de Baudoin IV.
[4] Foulques d'Anjou, Guillaume marquis de Montferrat (il meurt avant) et Guy de Lusignan.
[5] Cod. Dipl., t. I, n° 17, p. 18. Diplôme du roi Foulque de 1136 : « *Ego Fulco Dei gratia rex Hierusalem Latinorum tertius assensu et consilio uxoris mese Melisendis regine* ».
[6] Cart. du S. Sep., n° 31, p. 57 : « *Cum consensu regine Milesensis et Balduini lilii* mei » ; n° 32, p. 58 : « *Una cum assensu Milissendis regine uxoris mec et Balduini filii mei* » ; n° 33, p. 60, 61 : « *Tarn egoquam pre- fala uxor mea* » ; et quelques lignes plus loin : « *Ego Fulco rex Ierusalem et ego Milesendis regina, annuente lilio nostro Balduino* ».
[7] E. STREHLKE, *Tabulae ordinis Teutonici*, p. 18, année 1186 : « *Ego Guido de Lysanan rex nobilis Ierosolimis et Sibjlla nobilis regina, uxor mea legittima, notum facimus omnibus » et* p. 19 : « *Ego Guido... assensu et voluntate domine Sibille uxoris mee, ejusdem regni venerabilis regine, dono, concedo et confirmo* ».

La seigneurie de la couronne a une dimension patrimoniale. Elle doit revenir au « *dreit heir* ». Cette seigneurie est soumise au régime général des fiefs du droit hiérosolymitain, sans être en soi un fief. En effet, ce n'est pas une concession d'un supérieur. Mais, la seigneurie de la couronne a aussi un caractère propre. Elle incarne le pouvoir de la couronne en la personne du chef seigneur qui au-delà représente le *regnum* dans son ensemble, et ceci de manière distincte du titulaire du droit de l'héritier, le « *dreit heir* ».

Ces considérations s'inscrivent parfaitement dans la conception classique du droit, issu du droit romain et de la pratique médiévale[1]. En effet, le droit, le *jus*, désigne un statut, la réglementation qui gouverne une communauté, une personne ou une chose[2]. Le *jus* ne signifie pas comme dans la conception moderne du droit, des droits individuels ou subjectifs, c'est un régime juridique. La propriété, le *dominium*, n'est pas considérée, en droit classique, comme un droit individuel, un droit absolu et exclusif de disposer, à l'inverse de notre droit moderne. La puissance sur la chose est analysée dans une perspective économique comme un droit d'exploitation. Le titulaire du *dominium* a un ensemble de pouvoirs qui sont à titre principal, la maîtrise et la jouissance de la chose et, à titre subsidiaire, la faculté d'en disposer (aliéner à titre onéreux ou gratuit). Le *dominus*, le maître de la chose est seulement détenteur temporaire et précaire de la chose ; à proprement parler, elle appartient à Dieu seul, créateur de toutes choses. Le *dominus* est un usager et doit respecter la destination de la chose. Il doit user de la chose conformément à son statut personnel, son *jus*, et au statut de la chose. Il doit aussi user de la chose conformément à l'utilité et à la nécessité du lignage ou de la communauté et ne pas mettre en péril la subsistance de la communauté, ni ses intérêts économiques ni sa puissance politique. Les patrimoines sont des patrimoines d'affectation, ce sont des ensembles de biens affectés à une finalité. Le *dominus* peut être vu comme un gérant. L'action du *dominus* peut être contrôlée et sanctionné, s'il utilise mal le bien. L'ensemble des Livres des Assises développent ainsi ces considérations sur l'usage, les modes d'exploitation et la circulation des biens. Les actions du *dominus* sur les choses doivent s'inscrire dans l'ordre providentiel du monde et de la société. Ainsi le *dominus*, le *dreit heir*, peut disposer de la chose, tout en gardant son droit sur la chose, et la confier à un autre pour un temps. C'est le *jus disponendi*, du *dominium* et des acteurs qui en contrôlent l'usage. Ainsi, la seigneurie de la couronne connaît un *dominium* naturel, selon le *jus*, le *dreit heir*. Et pour respecter le jus de la chose, la vocation de la seigneurie royale, dans l'incapacité du titulaire du droit d'exercer lui-même la vocation du bien, il est nommé un *dominus* temporaire qui conduira l'entreprise du *dominium*. Cet état de fait, de la seigneurie royale se retrouve dans tout le régime général des fiefs du droit hiérosolymitain et européen.

La seigneurie, le fief, les tenures paysannes correspondent à cette conception classique du droit du patrimoine qui a vocation au service commun et qui représente une utilité publique nécessaire et vitale (sécurité militaire, sécurité juridique, sécurité alimentaire). La profession véritablement noble est celle qui participe au bien

---

[1] Sur la doctrine patristique sur la propriété Cf. J. GAUDEMET, *L'Église dans l'Empire romain (IVe-Ve siècles), Histoire du Droit et des Institutions de l'Église d'Occident*, tome III, Paris, 1965, p. 569-573.

[2] Sur tous ces points de vocabulaire du droit romain Cf. M. VILLEY, *La formation de la pensée juridique moderne*, PUF, 2013, p. 226-236 et A.-J. ARNAUD, *Les originales doctrinales du Code civil*, Paris, 1969, p. 181-183.

commun. Ce qui n'est pas le cas pour les possessions bourgeoises, qui n'ont aucune utilité pratique pour le bien de tous. Les titulaires de ces bourgeoisies n'exercent pas non plus des missions de services publics, à ce titre. Ils pratiquent le commerce et l'artisanat et enrichissent la cité mais leur activité n'est pas vitale, pour le bien commun. Notre droit moderne n'a gardé que la conception bourgeoise du droit de propriété et a élevé les professions d'enrichissement comme modèle. C'est une inversion totale des valeurs d'alors. L'action publique aujourd'hui, dans nos démocraties occidentales, est jugée à l'aune de la puissance commerciale et seule la liberté de commerce est défendue avec acharnement, aux dépens des libertés individuelles.

Il faut aussi remarquer ici que l'élévation à la dignité royale prend deux expressions. En effet, les sources distinguent bien, en suivant Guillaume de Tyr dans l'annexe I, que le sacre a pu être distingué de la remise de la couronne. Sybille de Jérusalem a reçu la couronne et couronna elle-même son époux Guy de Lusignan sans qu'ils soient tout deux sacrés. La dignité royale hiérosolymitaine se divise donc en deux éléments qui s'ajoutent ou se distinguent. On a le sacre d'une part qui sacralise le roi élu et on a d'autre part la remise de la couronne qui affirme la reconnaissance de la transmission du pouvoir au roi ou à la reine désignée. La distinction des deux rituels est conforme à ce qui se fait en occident à la même époque, notamment en France, mais la cérémonie d'investiture y est toujours concomitante[1].

1. La promesse royale du sacre et l'élection populaire de confirmation

Au chapitre VII[2] de son Livre, Jean d'Ibelin nous expose avec force détails la cérémonie du sacre et du couronnement. Il commence par évoquer la promesse[3] royale du sacre préalable qui doit être prononcé devant le Saint-Sépulcre avant la cérémonie elle-même.

Le jour du couronnement le roi vient en procession au Saint-Sépulcre, entouré des grands officiers de la couronne. En arrivant devant le patriarche, sur le parvis du sanctuaire, le roi se met à genoux. Le patriarche récite alors plusieurs oraisons en imposant ses mains au-dessus de la tête du roi. Ensuite, le roi se relève et promet solennellement sur les Évangiles comme roi chrétien, au patriarche et à tous ses successeurs canoniques, sous le regard de Dieu, et devant toute l'Église, les prélats et les barons, de l'aider et de le défendre contre tout homme vivant dans le royaume. Il jure aussi de défendre les possessions et les franchises de l'Église patrimoniale et personnelle. Il jure ensuite de défendre la veuve et l'orphelin et de leur garantir la justice. Il jure enfin de préserver les anciens privilèges, les Assises du royaume, les anciennes coutumes approuvées et de conduire, selon ce droit, tout le peuple chrétien du royaume[4]. Le contenu du serment ici donné par Jean d'Ibelin, qui vécut au

[1] Cf. P. DEMOUY, *Le Sacre du Roi*, Éditions La Nuée Bleue, Strasbourg, 2016.

[2] BEUGNOT, vol. 1 : Lois, Livre de Jean d'Ibelin, chap. VII, p. 29.

[3] A cette époque, comme en France, la promesse du sacre n'est pas encore ce qui sera plus tard le serment du sacre. Cf. J-F. LEMARIGNIER, « Autour de la royauté française du IXe au XIIIe siècle », Bibliothèque de l'École des chartes, 1955, tome 113, p. 5-36 : Le serment du sacre « se muant, par l'objet même de ce que jurait le roi, en lois fondamentales du royaume » (ici p. 16).

[4] BEUGNOT, vol. 1 : Lois, Livre de Jean d'Ibelin, chap. VII, p. 29 : « *Je tel, par divine souffrance à coroner rei de Jérusalem, promet à tei mon seignor tel, patriarche de Jérusalem, et à tes successors canoniaument entrant, desus le tesmoin de Dieu le tot puissant et de tote*

XIIIe siècle, est identique à celui qu'a prononcé Amaury de Lusignan, lorsqu'il fut couronné roi de Jérusalem en 1197[1].

En suivant, le patriarche le prend par la main droite et lui promet à son tour de l'aider à maintenir justement le royaume et à le défendre sauf ordre contraire de l'église de Rome[2]. Puis le patriarche embrasse le roi et doit demander à l'assemblée par trois fois si le candidat est le « *dreit heir dou roiaume* »[3]. L'assemblée devant répondre « oui » à chaque fois.

L'assemblée est composée des prélats de l'Église, des barons du royaume, des chevaliers, des maîtres du peuple, des Bourgeois et de tout le peuple rassemblé. Nous le voyons, le roi est réélu ici par un vote confirmatif de tout le peuple. C'est particulièrement significatif, car si l'élection du chef seigneur appartient principalement aux barons et aux prélats, l'élection royale nécessite l'approbation de tout le peuple rassemblé. Étienne Langton, professeur réputé de l'université de Paris, au XIIe siècle, développait en particulier l'idée que si le temporel était transmis au roi

---

l'Iglise, et des prelaz et de mes barons qui environ moi sont, que je, de cest jor en avant, serai ton feel aideor et defendeor de ta persone contre toz homes vivant el reiaume de Jérusalem. Les possessions et les franchises de la sainte yglise de Jérusalem ma mère, et de totes les yglises apartenant à li principaument, les queles possessions et franchises elles ont acostumé à avoir jadis, el tens des beneurés reis mes devanciers, et quelles aquerront justement çà en avant, en mon tens maintendrai à elles; et défendrai les canoniques et les anciens previleges et les deues leis et les justises de ciaus et les ancienes costumes et franchises garderai, et maintendrai les persones eclesiastes en leur franchises, as veves et as orfenins justise ferai; les previleges des beneurés reis mes devanciers et les assises dou royaume et dou rei Amauri et dou rei Baudoyn son fiz, et les ancienes costumes et assises dou roiaume de Jérusalem garderai ; et tôt le peuple crestien dou dit roiaume, selonc les costumes ancienes et aprovéez de ce meisme roiaume, et selonc les assises des devant dis rois en lor dreis et en lor justises garderai, si come roi crestien et feil de Dieu le doit faire en son roiaume; et totes les autres choses dessus dites garderai feaument. Ensi m'ait Dieu et ces saintes Evangiles de Dieu ».

[1] G. BRESC-BAUTIER, *Le cartulaire du chapitre du Saint-Sépulcre de J*érusalem, Documents relatifs à l'histoire des Croisades publiés par l'Académie des inscriptions et belles-lettres, n° 15., P. Geuthner, Paris, 1984, acte 172, p. 267 : « *Ego Aimericus, divina permissione rex Jherusalem coronandus, promitto tibi, domino patriarche Monacho, tuisque successoribus sub testimonio omnipotentis Dei et totius Ecclesie, quod ab hac die in antea ero fidelis adjutor vester et defensor et omnium personarum regni Jherosolimitani. Possessiones Jherosolomitane ecclesie omniumque ecclesiarum ad eam principaliter respectum habentium, quas olim habere consueverunt et in futuro nostris temporibus juste sunt adepture, eisdem manutenebo et defendam. Canonica privilegia debitasque leges atque justicias earumdem et pristinas libertatum consuetudines et usus tam earum quam universi populi terre, sicut rex Amalricus et rex Balduinus, filius ejus, tenuerunt, conservabo, et defensionem, quamtum potero, adjuvante Domino, exhibebo, novasque superinductas maxime post excidium terre exterminabo, prout rex christianus et fidelis in suo regno unicuique episcopo et eccelse sibi commisse atque populo per rectum exhibere debet. Sic me Deus adjuvet et hec sacrosancta Evangelia* ».

[2] BEUGNOT, vol. 1 : Lois, Livre de Jean d'Ibelin, chap. VII, p. 29 : « *Je t'aiderai la corone mise en ton chief justement à maintenir et à défendre, sauf m'ordre, se il est d'ordre, et c'il est autre, la sainte yglise de Rome* ».

[3] *Ibid.* : « *Entre voz qui estes assemblés, seignors prelaz et maistres barons, chevaliers et homes liges, borgeis et tote autre manière de peuple, qui ci estes assemblés ; nos somes si por coroner tel à rei de Jérusalem, et volons que voz nos dites se il est dreit heir dou roiaume de Jérusalem* ».

par l'Église au moment du couronnement, ce transfert était opéré au nom des fidèles[1]. La question des relations entre le *regnum* et le *sacerdotium* était alors au centre des discussions. Le roi devant se placer sous la Loi et le regard de Dieu. Mais on enseignait aussi que c'était le consentement des croyants qui était la source de l'autorité royale.

L'élection du roi est un principe réaffirmé en France depuis le IXe siècle. Adalbéron de Reims[2] soutient la candidature d'Hugues Capet en affirmant que « le royaume ne s'acquiert pas par droit héréditaire, et l'on ne doit élever à la royauté que celui qui s'illustre non seulement par la noblesse de son corps, mais aussi par la sagesse de son esprit, celui que sa loyauté protège et que sa magnanimité fortifie »[3]. Le principe de l'élection du prince, au sens du premier, dans un royaume est un principe acquis en occident et qui a été transposé et préservé dans l'Orient latin.

2. Le rituel du sacre et du couronnement

C'est à partir de Baudouin Ier que les rois de Terre sainte vont être oints, en principe, et couronnés, ce qui caractérise la nature particulièrement sacrée de la royauté hiérosolymitaine. Le sacre élève le roi au-dessus des laïcs et c'est par cette étape qu'il devient sacré. Il approche l'ordre sacerdotal, c'est-à-dire des prêtres.

L'*ordo* donné par Jean d'Ibelin est, semble-t-il, la plus complète et la plus ancienne description qui nous soit parvenue en français. Elle est de plus conforme aux éléments rapportés par les chroniqueurs du XIIe siècle. Albert d'Aix, Foucher de Chartres et Guillaume de Tyr décrivent tous le couronnement de Baudouin Ier dans les mêmes termes. Le saint jour de Noël, le clergé et le peuple, les prélats des églises et les princes du royaume se réunirent dans l'église de Bethléem, et Baudouin y fut consacré roi, comme l'oint du Seigneur, et couronné solennellement du diadème royal par les mains du patriarche Daimbert[4], nous l'avons vu. Par la suite, nous l'avons vu aussi, ce double rituel est mentionné pour chaque nouveau roi par Guillaume de Tyr.

---

[1] J. BARBEY, *La fonction royale : essence et légitimité*, Nouvelles Editions Latines, Paris, 1983, p. 157.

[2] Adalbéron de Reims (925-989), est le trente-neuvième archevêque de Reims de 969 à 989. Homme de lettres et de sciences, Adalbéron est nommé archevêque de Reims par le roi Lothaire. Cf. Michel BUR, « Adalbéron, archevêque de Reims, reconsidéré », *in. Le roi de France et son royaume autour de l'an mil*, Actes du colloque : *Hugues Capet 987-1987, La France de l'an Mil, Paris - Senlis*, 22-25 juin 1987, Picard, Paris, 1992, p. 55-63.

[3] Richer de Reims, *Histoire*, Traduction par A. M. Poinsignon, Académie impériale de Reims, Reims, 1855, livre IV, 991-998, XI-XII, p. 371 ; Cf. Y. SASSIER, « L'élection royale au temps de Hugues Capet et des premiers Capétiens », *in. L'élection du chef de l'Etat en France de Hugues Capet à nos jours*, Paris, Beauchesne, 1988, p. 25-34 (p. 27) et Cf. *Royauté et idéologie au Moyen Âge*, Colin, Paris, 2000, p. 206.

[4] RHC, Historiens occidentaux, Tome I, Guillaume de Tyr, Livre X, chap. 9, p. 413 : « *in die sancto Nativitatis Dominicae, in ecclesia Bethlehemitica, astantibus clero et populo, Ecclesiarum quoque praelatis et regni principibus, consecratus est, et in regem inunctus, per manum domini Daimberti memorati patriarchae, dominus Balduinus et regio diademate solemniter laureatus* » ; RHC, Foucher de Chartres, livre II, chap. 6 : « *Anno ab Incarnatione Domini 1101, in basilica beatae Mariae apud Bethlehem die Nativitatis Domini a patriarcha memorato, una cum episcopis, cleroque ac populo assistentibus, in regem honorifice sub sacra unctione sublimatus et coronatus est rex Balduinus* » ; RHC, Albert d'Aix, livre VII, chap. 43 : « *Ubi eadem die sancta et solemni consecratus et in regem Jerusalem unctus, in glorie magna coronatus est* ».

L'onction des rois de Jérusalem n'est pas anodine et on ne saurait trop insister sur le capital de prestige que ce rite leur apporte, en particulier à une époque où il est très peu répandu en Occident. Le roi d'Aragon n'est sacré qu'en 1209, celui de Navarre en 1257, celui d'Écosse en 1329[1]. Au contraire, la monarchie latine naquit comme monarchie sacrale, donc sacrée. Guillaume de Tyr désigne cette onction par l'expression : « *consecrationis munus* »[2]; consécration par imposition des mains. Le patriarche de Jérusalem avait la prérogative de conduire la cérémonie et de couronner le roi.

Le sacre, on le sait, est un rite emprunté à l'Ancien Testament. Il évoque également les Carolingiens, première dynastie à en avoir fait un usage systématique et à l'avoir mis en scène. La Maison de Boulogne dont fait partie Godefroy de Bouillon et Baudoin Ier descend en partie par leur mère à cette dynastie. Le sacre contribue dès lors à faire des rois de Jérusalem les héritiers à la fois de David et de Charlemagne. C'est à partir de cette cérémonie que se met en place une mystique royale, qui pousse notamment Guillaume de Tyr, comme l'a bien montré Élisabeth Crouzet-Pavan, à réécrire la vie de Godefroy de Bouillon ou de Baudouin Ier sous la forme d'une Christo mimésis[3]. Le royaume de Jérusalem avait ainsi un caractère sacré, qui se manifestait dans la vie même du roi.

Jean d'Ibelin, au chapitre VI de son Livre, nous donne l'intégralité de la cérémonie du sacre et du couronnement[4]. Il précise en préalable que le roi doit être couronné à Jérusalem si la ville est aux mains des chrétiens. Dans le cas contraire il doit être couronné à Tyr. Jean d'Ibelin nous dit qu'il appartient au patriarche de Jérusalem de couronner le roi. S'il n'y a pas de patriarche, c'est à l'archevêque de Tyr, comme primat des archevêques du royaume, que revient cet honneur. S'il n'y a pas d'archevêque de Tyr non plus, l'honneur revient à l'archevêque de Césaré et en suivant à celui de Nazareth. Jean d'Ibelin écrit au XIIIe siècle où il a vu la reconquête de Jérusalem et sa perte pour la seconde fois.

Pour donner suite à la promesse royale prononcée devant le Saint-Sépulcre et l'approbation de tout le peuple, il est chanté le « *Te Deum Laudamus* ». Le roi est alors lui vêtu comme un diacre, tête découverte. Il entre dans le sanctuaire et va se placer devant l'autel sur un « *faudestueill* », un prie-Dieu, en position d'affliction jusqu'à la fin du *Te Deum*. En procession sont amenés les *regalia* ; les insignes royaux. Les barons portent la couronne et la pome (Orbe crucifère), le sénéchal le sceptre et le connétable le gonfanon. Une fois les prières introductives du patriarche achevées le roi va se placer à son siège. La messe débute alors.

Après l'épistile et la séquence, deux prélats viennent chercher le roi et le replacent devant l'autel au *faudestueill*. Le patriarche va alors sacrer le roi. Il dit « bénissons ! », et oint le roi de saint-chrême. Il est procédé ensuite au couronnement. Le patriarche remet d'abord un anneau au doigt du roi qui signifie la royauté. Puis il lui ceint l'épée, qui signifie justice à défendre la foi et la sainte Église. Il dépose ensuite la couronne sur la tête du roi qui signifie la dignité. Enfin, il remet le sceptre, pour châtier et défendre, et la pome, l'orbe, qui signifie la terre du royaume.

---

[1] M. BLOCH, *Les Rois thaumaturges. Étude sur le caractère surnaturel attribué à la puissance royale particulièrement en France et en Angleterre*, Armand Colin, Paris, 1961, p. 195.

[2] RHC, Historiens occidentaux, Tome I, Guillaume de Tyr, Livre XX, chap. 1, p. 943.

[3] E. CROUZET-PAVAN, *Le Mystère des rois de Jé*rusalem, *op. cit.*, p. 212 et p. 241.

[4] BEUGNOT, vol. 1 : Lois, Livre de Jean d'Ibelin, chap. VI, p. 29.

Une fois le rituel terminé, le patriarche proclame en latin avec tous les autres prélats « *Vive le roi en bone prospérité !* ». Le roi embrasse alors tous les prélats et retourne à son siège. La messe se poursuit alors. Il est chanté l'Évangile et le Parfait de la messe. Au moment de la consécration le roi hôte sa couronne. Après la messe le roi communie et le patriarche béni à l'eau bénite le gonfanon royal.

Il s'ensuit un repas. Soit à la maison des Templiers si le couronnement se passe à Jérusalem, soit au château de Tyr. Le sénéchal sert le roi à table et le maréchal doit tenir le gonfanon. Les Bourgeois eux servent les autres tables au nom du service dû au roi.

Guillaume de Tyr ou Jean d'Ibelin restent très vagues sur les ornements de la royauté. On ne sait pas, de fait, quelle forme avait le sceptre ou la couronne, le diadème des rois de Jérusalem. On sait seulement que sur leurs sceaux, les rois de Jérusalem se font représenter en tunique byzantine, tenant un globe crucifère dans la main gauche, une croix au long manche dans la main droite, et portant une couronne trilobée[1]. Le modèle est repris de Baudouin Ier à Hugues de Chypre, roi de Chypre et de Jérusalem au XIVe siècle. Jean de Brienne, roi de Jérusalem au début du XIIIe siècle, adopte, par ailleurs, le modèle du trône dit « *en X aux têtes de lions* », copié sur le sceau du roi de France.

---

[1] G. SCHLUMBERGER, « Quelques sceaux du royaume de Terre Sainte », Comptes rendus des séances de l'Académie des Inscriptions et Belles-Lettres, 49e année, N. 2, 1905, p. 204-209.

Annexe III : Les grands officiers de la couronne

Dans l'exercice de son ministère, le chef seigneur est accompagné de grands officiers qui prennent une grande part à l'administration générale du royaume. C'est le chef seigneur qui nomme ses officiers. Ces charges n'étaient pas héréditaires ni même viagères. Ces officiers sont le fruit de l'héritage carolingien. On peut distinguer les grands officiers chargés de la seigneurie de la couronne et de la maison du roi, que sont le sénéchal (1), le chambellan (2), Le bouteiller (3) et le chancelier (4), des grands officiers chargés de l'ost royal que sont le connétable (5) et le maréchal (6).

1. Le sénéchal, l'officier de la seigneurie de la couronne

À la lecture du Livre de Jean d'Ibelin[1], il apparaît que le sénéchal est le premier officier du royaume. Il a des prérogatives au moment du sacre, il a la charge de la gestion administrative de la seigneurie de la couronne avec des attributions militaires, il a la charge d'administrer les finances royales à travers la secrète et il a aussi des attributions judiciaires. Jean d'Ibelin précise ici que les grands offices du royaume débutent au jour du couronnement.

Le sénéchal est l'officier qui organise le sacre et il joue un rôle important le jour du couronnement. C'est lui qui tient le sceptre durant la procession jusqu'à ce qu'il soit remis au roi. Lors du repas qui suit le couronnement c'est lui qui s'occupe de servir le roi à table et d'organiser le service des autres tables. Il tient le sceptre pendant que le roi mange. Ce service particulier du corps du roi est dû par le sénéchal en plus lors de quatre fêtes annuelles et lors de solennités où le roi porte couronne. Ce rôle est conforme à la pratique occidentale où le sénéchal est à l'origine une sorte de maître d'hôtel du roi. Souvent âgé, d'où son titre issu de *senescallus*, ou en occident de dapifer, c'est-à-dire de porte aliment. Il remplit le rôle des anciens maires du palais sous les Mérovingiens et exerce les mêmes fonctions militaires, de finances et de justice que sous les Capétiens jusqu'au XIIIe siècle[2].

Le sénéchal, par son office a la charge administrative de la seigneurie de la couronne mais pas de l'hôtel du roi. Il a la responsabilité de la direction des agents royaux, baillis et écrivains[3]. Il assure aussi la gestion du domaine de la couronne avec des attributions militaires. Le sénéchal avait au nom du roi l'inspection des châteaux et des forteresses. Il veillait à leur entretien et à leur approvisionnement. Il commande les châtelains et les troupes de sergents. Un châtelain étant, en droit hiérosolymitain, un officier seigneurial subalterne, chevalier, qui a la garde d'un château d'un seigneur[4]. Les châtelains du roi étaient responsables d'une fortification faisant partie

---

[1] BEUGNOT, vol. 1 : Lois, Livre de Jean d'Ibelin, chap. CCLVI, p. 407.

[2] J-P. LEVY, A. CASTALDO, *Histoire du droit civil*, 2e éd., Précis Dalloz, 2010, p. 214.

[3] BEUGNOT, vol. 1 : Lois, Livre de Jean d'Ibelin, chap. CCLVI, p. 407 : « *Toz les baillis et les escrivains dou rei dou reiaume de Jé*rusalem, sauf ciaus de *l'ostel le rei, deivent estre au comandement dou seneschau et respondre à lui por lui de ces baillies et de ces acontes qu'il tendront, et lor peut comander et receveir leur aconte et mestre les et osterles, el user ent des choses dessus dites au miaus que li semblera au proufit dou rei, sauve le comandement dou rei ou de ciaus qui tendront son leuc, ce il li font aucun especiau comandement* ».

[4] *Ibid.* : « *Les chastiaus et les fortereces dou rei ou reiaume, le seneschau les peut et deit revisiter et faire leur aveir ce que mestier lor y ert, et changier et remuer sergenz et totes*

du domaine royal. Cet office subalterne est attesté à Jérusalem, souvent désigné expressément comme le « gardien de la Tour de David »[1], mais on en trouve également dans de nombreuses villes, notamment Ramlah[2], Saint-Abraham[3], Blanchegarde[4] Ascalon[5] ou Mirabel[6]. Le sénéchal pouvait changer les sergents de garnisons, mais non les châtelains eux-mêmes, que le roi se réservait de choisir personnellement, mais recevait leurs serments du fait de leur service. En campagne, s'il ne commandait pas une division de l'armée, il se tenait dans le corps de bataille du prince.

Le sénéchal a la charge des finances de la couronne. Il assure la collecte des revenus et la gestion des finances royales[7] en administrant la Secrète. La Secrète, est une chambre qui s'occupe de l'administration financière du domaine royal, avec ses « *secrétains* », présidé par un bailli, dont le sénéchal reçoit le serment de service. C'est une très ancienne institution qui remonte au premier royaume de Jérusalem et que l'on retrouve dans les cartulaires[8]. Elle tient la place d'une chambre des comptes qui perçoit les revenus de la couronne et établit des mandats de paiement servant de décharge aux receveurs des diverses caisses. Elle répartit recettes et dépenses en divers « états ». C'est, semble-t-il, une Institution empruntée à l'Orient musulman ou grec. Pour Jean Richard, la Sécrète « assurait au royaume une administration assez développée, vraisemblablement d'un « rendement » supérieur à celui qu'offrait l'administration de la plupart des États occidentaux à la même époque »[9]. Dans les livres des Assises il nous est dit aussi que cette chambre des comptes est seule susceptible d'apporter la preuve de certains faits et peut servir d'instrument à la juridiction gracieuse. Jean d'Ibelin mentionne qu'en cas de partage de fiefs les copartageants demanderont au roi « *que il face escrire en la secrete les parties si corne elles sont escrites en leurs*

---

manières d'offices qui dedenz les chastiaus ou les fortereces seront, sauf les cors des chestelains ou sauf le comandement dou rei ou de celui qui tendra son leuc, ce il aucun preupre comandement en faiseit. Et les devans dis chastiaus et chastelains deivent estre obéissant à lui et à son comandement, sauf le comandement dou rei ou de celui qui tendra son leuc. Et le seirement de ces baillis et de ces escrivains le seneschau peut et deit receveir por lui ; et au seneschau deivent estre tenu de ce qui montera à son office, tant come ils seront es baillées et es escrivainnages ».

[1] RHC, Historiens occidentaux, Tome I, Guillaume de Tyr, Livre XXI, chap. 4, p. 1009 : « *arcis Hierosolymitanae custodem* ».

[2] PAOLI, n° 68, p. 68 (RRR 1055).

[3] KOHLER, « Chartes de l'abbaye de Notre-Dame de la vallée de Josaphat en Terre Sainte », n° 45, p. 153 (RRR 1115)

[4] PAOLI, n° 197, p. 241 (RRR 746).

[5] DELAVILLE, Archives, n° 41, p. 129 (RRR 991).

[6] D. PRINGLE, « The Castle and Lordship of Mirabel », in Benjamin Z. KEDAR, Jonathan RILEY-SMITH, Rudolph HIESTAND (dir.), Montjoie, *op. cit.*, p. 91-112.

[7] BEUGNOT, vol. 1 : Lois, Livre de Jean d'Ibelin, chap. CCLVI, p. 407 : « *Les rentes dou roy quels que elles seient, defors ou dedenz, quant il ou celui qui tendra son leuc vodra que elles seient apautées, il li deit comander; et le seneschau les deit faire crier et monteplier au miaus que il porra... Les assenemenz qui se feront en la secrète le rei et les paies se deivent faire par le seneschau ou par son comandement* ».

[8] E. ROZIERE (de), *Cartulaire de l'église du Saint-Sépulcre de Jé*rusalem, ms. Vatican latin 7241, Paris, Imprimerie Nationale, 1849, n° 74 et n° 77 : « *magister secrete* ».

[9] J. RICHARD et T. PAPADOPOULOS, *Le « Livre des remembrances »* de la Secrète *du royaume de Chypre (1468-1469)*, Nicosie : Centre de recherches scientifiques (Sources et études de l'histoire de Chypre), 1983, p. 80.

chartes »[1]. Philippe de Novare précise que toute reconnaissance d'assignation sur un fief de soudé doit être établie en la Sécrète du seigneur[2]. Le Livre la clef des Assises indique, lui, que « *la saisine dou fié qui est en assenement de besanz* (hypothèque) *convient-il prouver par la segrete dou seignour* »[3]. Le Livre au roi prévoit l'inscription sur ces registres des bêtes dont la perte entraîne le versement d'un « *restor* », un remplacement, et l'*assenement* sur fief[4]. Le roi n'a pas le monopole de cette institution et de nombreuses seigneuries en possèdent une[5]. Nous savons, par exemple, qu'elle établissait les arrêts de comptes des intendants seigneuriaux. La Secrète jouait un rôle pour fournir la preuve de certains usages. La valeur de la charruée, mesure agraire, est évaluée à 24 cordes sur 15 « *et ainsi le trove en la secrete du reame de Jerusalem devant dit* »[6]. Un acte de 1243, portant sur la délimitation de deux charruées, relate l'élection de deux arbitres qui doivent, si les chartes ne permettent pas de trancher le différend, avoir recours « *ad secretam Tyri* »[7]. Les ressources financières du roi sont de provenances très variées. Il y a les redevances dues par les hommes libres, tiers de la récolte des grains et dîme sur les troupeaux des serfs. Il y a les taxes sur le vin, sur l'huile, sur la boucherie, sur le poisson, sur la teinturerie des étoffes… Enfin il y a les gains faits en ost ou en chevauchée… La Sécrète répartit recettes et dépenses en divers « états ». Le relevé des transactions diverses, généralement liées à des propriétés terriennes y est noté dans ses livres de comptes. On y conserve la mesure de la superficie officielle du royaume, mais aussi un état général des fiefs du royaume.

Le sénéchal a des attributions judiciaires, il assure la continuité du devoir de chef justicier du roi, ou du bailli du royaume. Le sénéchal préside ainsi, en cas d'absence du roi, ou du bailli du royaume, la Haute Cour. Toutefois, dans ce dernier cas, il ne le peut durant un ost ou une chevauchée royale et ceci pour trois causes : La saisine du corps des hommes liges chevaliers, les questions relevant de leurs honneurs et les questions relevant de leurs fiefs[8].

2. Le chambellan, l'officier de la Maison du roi

Si le sénéchal est chargé de la conduite de la seigneurie de la couronne, la conduite de l'hôtel particulier du roi relève de l'office du chambellan. C'est au chapitre CCLIX[9] que Jean d'Ibelin développe sur son rôle. Le chambellan a des prérogatives au moment

[1] BEUGNOT, vol. 1 : Lois, Livre de Jean d'Ibelin, p. 227.
[2] BEUGNOT, vol. 1 : Lois, Livre de Philippe de Novare, p. 550.
[3] BEUGNOT, vol. 1 : Lois, Livre dit Clef des Assisses, p. 595.
[4] BEUGNOT, vol. 1 : Lois, Livre au roi, p. 613 et p. 642.
[5] J. PRAWER, *The Latin Kingdom of Jerusalem, European Colonialism in the Middle-East*, London, Weidenfeld and Nicholson, 1972, p.144.
[6] E. STREHLKE, *Tabulae Ordinis Teutonici*, Berlin, 1869, p. 26-27.
[7] C. KOHLER, « *Chartes de l'abbaye de Notre-Dame de la Vallée de Josapahat en Terre-Sainte (1108-1291). Analyses et extraits* », Revue de l'Orient latin n° 7, 1899, p. 179-180.
[8] BEUGNOT, vol. 1 : Lois, Livre de Jean d'Ibelin, chap. CCLVI, p. 407 : « *Se le rei ou celui qui tendra son leuc ne viaut entendre ou ne peut les plais, il les peut cometre au seneschau ; et le seneschau i deit entendre et faire les délivrer par l'usage de la court. Se il avient que le rei ne seit ou reiaume, ne home qui teigne son leuc, le seneschau deit et peut par son office, sauf ost ou chevauchiés estre en son leuc, c'est assaveir de ce qui apartient as rentes et as plais et à la justise, et user ent par le cours dou reiaume selonc l'usage, sauf treis choses : les cors des homes liges chevaliers, et leur honors, et leur fiés* ».
[9] BEUGNOT, vol. 1 : Lois, Livre de Jean d'Ibelin, chap. CCLIX, p. 414.

du sacre, la charge de l'intendance de la Maison du roi et il a la charge de la préparation et la tenue de la cérémonie de l'hommage.

Le chambellan, le jour du couronnement, doit habiller le roi des vêtements royaux. Il tient ensuite l'épée du couronnement devant le sénéchal et doit la tenir durant la procession et dans le chœur jusqu'à ce qu'elle soit remise au roi. Le chambellan, pendant le dîner qui suit le couronnement, aide le sénéchal dans le service du roi. Ce service particulier du corps du roi est dû par le chambellan en plus lors de quatre fêtes annuelles et lors de solennités où le roi porte couronne.

Le chambellan administre la maison du roi et ses serviteurs, baillis et écrivains royaux. Le chambellan pourvoit à la dépense particulière du roi pour sa maison, sa table et sa garde-robe. Il dispose d'un fief duquel il perçoit ses rentes. Il semble aussi, a contrario de la mission du sénéchal, qu'il a la charge particulière des chevaliers et des sergents de la Maison du roi. Le chambellan a dans son service la charge de la conduite de l'acquittement des prestations d'hommages dus par les feudataires. Il tenait les vêtements de ceux qui venaient prêter serment et il prononçait dans la cérémonie la formule de fidélité que le vassal répétait à haute voix, agenouillé devant le roi. Il a aussi, en particulier, la « *garde de la parole dou rei* »[1], soit peut directement recevoir un hommage.

3. Le bouteiller, un officier attaché à la Maison du roi

Dans son office, le chambellan était accompagné du bouteiller. Cet officier était apparemment l'intendant chargé du vin à la cour du roi. Cet office se retrouve dans les sources narratives[2] pour le premier royaume de Jérusalem et dans la préface du manuscrit du Vatican qui est le prologue au code officiel du Livre de Jean d'Ibelin de 1368[3]. Mais on ne trouve nulle part une explication complète sur son rôle.

4. Le chancelier, un officier attaché à la Maison du roi

Le dernier office de la couronne est celui de chancelier. Il consistait uniquement à un rôle de secrétaire et de scribe, et ne devint jamais un administrateur de la bureaucratie telle qu'elle se développa en Europe. Les Chanceliers furent souvent des religieux séculiers qui furent archevêques ou évêques, parfois en restant chanceliers. Le chancelier apposait simplement sa signature au bas des actes royaux. La faible importance du chancelier dans le royaume confirme et reflète la décentralisation de l'autorité royale, contrairement à la France et à l'Angleterre où celle-ci devint plus importante.

5. Le connétable, l'officier responsable de l'ost royal

Les grands officiers chargés de l'ost royal sont au nombre de deux : le connétable et le maréchal. Le maréchal étant le second du connétable. Tous deux ont

---

[1] *Ibid.*, chap. CCL, p. 400.

[2] ALBERT D'AIX, *Histoire des croisades, 1095-1120*, trad. du latin par F. Guizot, Paleo, Clermont-Ferrand, 2004, Livre VII, chap. XXIV et cf. RHC, Historiens occidentaux, Tome I, Guillaume de Tyr, Livre XV, chap. 21, p. 691.

[3] BEUGNOT, vol. 1 : Lois, Préface, p. 6.

des fonctions militaires et judiciaires. Ces charges se retrouvent dans les quatre grandes baronnies du royaume. L'administration des grandes seigneuries représentant une réplique fidèle de l'administration militaire de la seigneurie royale. L'officier seigneurial est ainsi le pendant du titulaire de l'office royal correspondant. Seule la grandeur de la seigneurie limite le nombre des principales charges. Jean d'Ibelin développe l'office du connétable, au chapitre CCLVII de son Livre[1]. Cet office est un héritage du *comes stabuli* carolingien, le chef des écuries du roi. Le connétable a des prérogatives au moment du sacre, des attributions militaires importantes et des attributions judiciaires.

Le jour du couronnement, le connétable fait porter le gonfanon royal en compagnie du maréchal à l'hôtel du roi et il le porte ensuite lui-même jusqu'au Saint-Sépulcre devant le roi. Il s'occupe après le sacre du cheval du roi et de le faire monter. Il doit ensuite le conduire aux festivités et après le reconduire à sa chambre. Il se place alors devant le roi et derrière le gonfanon porté par le maréchal.

Le connétable dans ses fonctions militaires est, après le roi, le commandant immédiat de tout l'ost du royaume. Il est secondé par le maréchal dont il reçoit l'hommage de l'office. Cet hommage est distinct de celui que ce dernier doit au roi et à un seigneur pour son propre fief. Si le roi, ou le bailli du royaume, n'est pas présent durant un ost ou une chevauchée, il prend la place du roi et devient de fait le commandant en chef. Durant un ost ou une chevauchée, il commande les batailles et tous les gens d'armes selon les directives du roi ou du bailli du royaume. Sans directive particulière alors « *il en fera a son sens* ». Il dispose de sa propre troupe de dix chevaliers choisis librement dans tout l'ost ou la chevauchée, sauf ceux relevant de la maison du roi. Le livre au roi, au chapitre XIV[2], indique qu'il nomme les chefs de chaque « *eschielles* », les compagnies de sergents. Au moment de l'action, il est le gardien de l'étendard royal et ordonne la charge, la « *pointe* », au commandement du roi. Dans tous les cas, nous dit Ibelin, il doit éviter, sauf besoin, de s'engager lui-même dans la bataille. À l'inverse, le Livre au roi indique que la première pointe lui est de droit par l'Assise, après les turcopoles, les troupes légères à cheval. Le maréchal, lui, a droit à la dernière charge devant le roi. Le connétable commande au maréchal à l'issue de la confrontation de procéder au partage des gains. Il commande aussi au repos et aux étapes durant la manœuvre. Enfin, il a la charge pour le roi, de « *receveir en sa main* », soit d'acter, ou le faire recevoir par le maréchal, les défauts de services dus en chevaliers et sergents qui sont certifiés. Il doit alors à la demande du roi, ou par lui-même sans directive contraire, les « *semondres* » de leurs services. En cas de refus de service réitéré, l'affaire sera alors portée devant la Haute Cour.

Le connétable par son office a aussi des attributions judiciaires. En l'absence du roi ou du bailli du royaume, il peut mettre en suspend une affaire devant la Haute Cour : « *Et quant cort est ensemble por jugement ou por recort faire ou por conseill ou por avoiement, sanz le rei ou sanz celui qui est en son leuc... peut comander à retraire l'esgart ou la conoissance ou le recort ou l'aveement que la court a fait* ». Si le chef seigneur n'est pas présent durant l'ost ou une chevauchée, il a la charge de la justice militaire qu'il doit rendre avec le conseil des hommes du roi, sauf en ce qui concerne le corps des hommes liges, compétence de la Haute Cour. Il peut ordonner des châtiments corporels et ainsi faire frapper et écorcher par des coups de masse ou de

[1] BEUGNOT, vol. 1 : Lois, Livre de Jean d'Ibelin, chap. CCLVII, p. 409.

[2] BEUGNOT, vol. 1 : Lois, Livre au roi, chap. XIV, p. 616.

bâtons le coupable : « *peut ferir et poncer de mace ou de baston toz eiaus qui sont souz sa chevetainerie* ». En ce qui concerne les chevaliers liges, il ne peut les sanctionner directement qu'à travers leur cheval en le faisant battre ou tuer. Il doit par l'usage du royaume faire droit du payement des chevaliers, sergents et écuyers de l'ost[1]. Après avoir entendu les parties, il peut imposer le paiement sous sept jours. Il est aussi en charge des conflits sur la mise à terme du service militaire des chevaliers et des sergents avec leur commanditaire[2]. En effet, si le commanditaire donne congé après le troisième jour du mois, il lui doit tout le mois et inversement le chevalier ou le sergent qui part après le troisième jour du mois perd le payement de son service pour les jours du mois. Partir avant le terme convenu n'est possible que si le chevalier ou le sergent est pèlerin et souhaite rentrer dans son pays, s'il souhaite partir en pèlerinage, s'il hérite d'un fief, s'il se marie, s'il entre en religion, s'il prend la croix au service de l'église. Dans tout autre cas, il ment à sa foi, il manque à sa parole, et il perd son harnais et ses armes et il doit être banni. Les sergents ont les paumes des mains passées au fer rouge.

Le Livre au roi précise, au chapitre XIV[3], qu'il est juge de tous les chevaliers non liges et bourgeois de l'ost, pour les meurtres et les larcins. Nous pouvons donc voir ici, qu'il y a une perte du privilège de cour durant un ost pour certains. Ce chapitre ajoute qu'il a aussi la charge de l'arbitrage de la réattribution et de la redistribution des terres conquises et reconquises, entre les seigneurs et autres barons, soit directement ou à bail selon le droit et les Assises.

6. Le maréchal, l'officier en second de l'ost royal

Au chapitre CCLVII suivant, Jean d'Ibelin développe sur le rôle du maréchall[4]. Cet office est un héritage du *mariscalci* carolingien, ceux qui soignent les chevaux, adjoints du *comes stabuli*. Le maréchal a aussi des prérogatives au moment du sacre, des attributions militaires importantes et des attributions judiciaires particulières.

Le jour du couronnement, le maréchal assiste le connétable et conduit à pieds le cheval du roi. Après le sacre, il tient le gonfanon royal et dirige la procession jusqu'aux festivités. Durant le repas, il tient aussi le gonfanon royal. Il reconduit ensuite, avec le gonfanon, le roi puis le connétable en leur hôtel.

Le maréchal dans ses fonctions militaires a la charge de seconder le connétable. En l'absence du connétable, durant un ost ou une chevauchée, il le remplace en lieu et place et garde le gonfanon royal. En particulier, il a la charge du commandement des chevaliers et sergents, sauf ceux de l'hôtel du roi, que le roi souhaite entretenir de manière permanente au sein de la seigneurie royale et pour les besoins du royaume. Le Livre au roi précise, au chapitre IX[5], qu'il commande les « *eschielles* » du roi, compagnies de sergents, ses chevaliers et ses turcopoles, troupes de cavaliers légers. Lui seul pouvant leur donner congé. Il doit contrôler l'état de leur monture et de leur équipement ainsi que recevoir leur serment, ce dont il est responsable devant le roi, ou le bailli du royaume, et le connétable. De plus, il a la charge de verser la solde à

---

[1] BEUGNOT, vol. 1 : Lois, Livre de Jean d'Ibelin, chap. CXXXIV, p. 209.
[2] *Ibid.*, chap. CXXXV, CXXXVI, CXXXVII, p. 210.
[3] BEUGNOT, vol. 1 : Lois, Livre au roi, chap. XIV, p. 615.
[4] BEUGNOT, vol. 1 : Lois, Livre de Jean d'Ibelin, chap. CCLVIII, p. 412.
[5] BEUGNOT, vol. 1 : Lois, Livre au roi, chap. IX, p. 612.

ces chevaliers du roi, sauf pour ceux de la maison du roi, qui est de quatre besans sarrasins par an. De manière générale, le maréchal à la charge du contrôle des chevaux, de l'ost royal, des chevaliers hommes liges et des soldats cavaliers, selon l'usage. Il doit, après en avoir vérifié leur compatibilité avec la guerre, les enregistrer dans un Livre par un écrivain, gardé ensuite par la Secrète royale. Cet état des lieux permet au roi, ou au bailli du royaume, et au connétable de pouvoir contrôler l'état de leurs forces militaires. Il a aussi la charge de vérifier l'armement des chevaliers liges et des soldats et il peut les contraindre à remplacer chevaux et équipements hors d'usage. Pour ce faire, il peut poser des amendes sur son fief ou retenir sa solde entre les mains du seigneur dont il dépend, si le cheval ou la mule n'est pas remplacé dans les quinze jours[1]. C'est lui qui certifie par écrit le défaut de service en chevaliers et sergents.

Le maréchal durant l'ost, ou la chevauchée, a la charge d'organiser l'hébergement. Après la bataille il doit répartir le butin et confier la part du roi au sénéchal. Il a la garde du bétail et des chevaux gagnés, ce que confirme le Livre au roi[2]. Il doit alors procéder au remplacement des chevaux, et autres montures perdues et malades, et consigner le tout dans le livre dédié de la Secrète par écrivain. Le bétail et les montures restants semblent donc être conservés pour le service et l'entretien de l'ost. Le Livre au roi précise, au chapitre IX, XI, XII et XIII, que le cheval qui a été perdu à la suite d'une désobéissance à un commandement durant la bataille, ou mauvais traitement, ou en dehors du service par négligence, est à la charge de celui qui l'a perdu ou du seigneur dont il dépend.

Le maréchal dans ses attributions judiciaires a aussi la charge de régler les petits conflits entre écuyers et seigneurs, selon les usages militaires, sauf s'il s'agit de questions relatives à la solde ou de crimes pouvant entraîner la mort. En l'absence du connétable, il a le pouvoir de rendre la justice militaire. Comme le connétable, et en son absence, ainsi que celle du roi ou du bailli du royaume, il peut mettre en suspend une affaire devant la Haute Cour. Durant l'ost, ou une chevauchée, il a la charge particulière de rendre la justice du peuple, nous devons comprendre les serviteurs accompagnateurs et les artisans, et des écuyers, selon les conseils du roi ou du connétable.

[1] *Ibid.*, chap. XI, p. 613.
[2] *Ibid.*, chap. XV, p. 616.

Annexe IV : La Bataille judiciaire ou le duel judiciaire

La bataille judiciaire[1] devant la Haute Cour et devant la Cour des Bourgeois est semblable avec toutefois quelques différences. Il faut souligner ici, dans le sens de l'origine française du droit hiérosolymitain, que la bataille judiciaire, dans l'Orient latin, est au XIIe siècle considéré comme relevant de la coutume de France (« *de consuetudine Francorum* ») selon Guillaume de Tyr, chancelier du royaume de Jérusalem[2].

1. La Bataille judiciaire devant la Haute Cour

Au chapitre LXXXI de son Livre, Jean d'Ibelin nous donne tous les sujets de droit ou la bataille judiciaire est obligatoire, lorsqu'il n'y a pas de reconnaissance de culpabilité[3]. Ces sujets sont le meurtre apparent, l'homicide apparent, la trahison apparente, les contestations d'une valeur supérieure à un marc d'argent[4], les détournements d'usage de son fief à l'encontre de son seigneur et toutes les choses qui ont entraîné la mort, une amputation ou une atteinte à l'honneur.

Si l'accusé nie le crime alors seulement il y a bataille judiciaire. Si le meurtrier reconnaît son crime devant témoins, ou s'il n'y a aucun doute, le seigneur doit le pendre et il n'y a pas bataille. En cas de doute, et en l'absence de réclamation de justice, le seigneur, après en avoir informé la cour, garde en prison l'accusé jusqu'à un an et un jour maximum[5]. Si après ce temps personne ne réclame la bataille judiciaire l'accusé doit ressortir libre et blanchi. Le seigneur ne peut pas pendre l'accusé s'il entre en religion ou en maison de religion, soit s'il devient templier par exemple. Le seigneur ne peut faire arrêter un homme pour crime que s'il ne s'est pas présenté en cour après semonce. L'accusé a le droit de se défendre en cour sans être attaché, chacun a le droit de se défendre en homme libre[6].

Du chapitre CI au chapitre CX[7], Jean d'Ibelin nous explique les règles de la bataille judiciaire. Lorsque deux chevaliers se combattent pour meurtre ou pour homicide ils se doivent de se combattre à pied après trois jours de répit. Ils doivent venir sans coiffe, cheveux coupés, vêtus de cotte ou de chemise vermeille, les manches coupées au-dessus des coudes, les bottes aux genoux. Ils sont armés d'un bouclier une lance et

---

[1] Pratique conforme à l'Occident médiéval ; Cf. M. CHABAS, *Le duel judiciaire en France (XIIIe-XVIe siècle)*, Saint-Sulpice-de-Favière, J. Favard, 1978, (294 p.)
[2] Guillaume de Tyr, RHC, Livre XIV, chapitre XV, p. 627.
[3] BEUGNOT, vol. 1 : Lois, Livre de Jean d'Ibelin, chap. LXXXI, p. 129 : « *De murtre aparant mostré en court, D'omicide aparant mostré en court, De trayson aparant, De carelle de un marc d'argent ou de plus, De traire contre son seignor chose qui à son fié ne seit, Et de totes autres choses que on perdreit vie ou membre ou son honor qui en sereit ataint ou prové en la Haute Court* ». Et Cf. Livre de Geoffroy Le Tort, chap. XXII, p. 441.
[4] 1 marc d'argent = 8 besants or et 80 sols en argent : Cf. JEAN de JOINVILLE, *Vie de Saint Louis*, éd. Du CANGE, Mabre-Cramoisy, 1668, p. 259.
[5] BEUGNOT, vol. 1 : Lois, Livre de Jean d'Ibelin, chap. LXXXV, p. 135.
[6] *Ibid.*, LXXXIX, p. 140.
[7] BEUGNOT, vol. 1 : Lois, Livre de Jacques d'Ibelin, chap. CI, CII, CIII, CIV, CV, CVI, CVII, CVIII, CIX, CX p. 165 et suivant.

deux épées. Ils doivent présenter leur équipement entre prime et tierce à l'hôtel du seigneur avant d'aller aux champs. Ils doivent alors jurer ne pas avoir usé ou d'user de charmes ou sorcellerie, ni lui, ni autre. Ils jurent ensuite la main droite sur l'Évangile leur innocence et accusation. Tous les présents doivent alors garder le silence et la victime, si présente vivante ou morte, doit être à la vue de tous. Celui qui triche est pendu comme meurtrier comme celui qui perd. Si les champions ne sont pas chevaliers, ils se combattent en armure.

Pour tous les autres cas, il y a quarante jours de répit avant le duel judiciaire. Là, les chevaliers se battent à cheval couvert de fer et eux en armure avec un heaume à visière, toujours avec un bouclier, une lance et deux épées. Les armes doivent être de telle sorte que les blessures graves doivent être évitées. Celui qui a perdu, s'il n'est déjà mort, est pendu. Les personnes qui ne sont pas chevaliers se combattent à pied, habillées de rouge, avec une masse. Un chevalier qui accepte d'être garant contre un non-chevalier, ne peut refuser une bataille judiciaire et il devra se battre comme sergent. Mais seul un chevalier peut appeler à une bataille judiciaire un chevalier pour meurtre, trahison et là où il y a obligatoirement bataille. De manière générale aucun avantage juridique n'est accordé aux chevaliers au-delà de la défense de leur dignité, sinon ils auraient trop d'avantages sur tous les autres gens, nous dit Jan d'Ibelin[1]. Philippe de Novare tient le même discours[2].

Si c'est un garant qui perd, il est pendu ainsi que celui pour qui il porte la garantie. Si le garant est représenté par un champion pour le duel et que ce dernier perd, les trois sont pendus. La femme elle est *arse*, soit brûlée. Mais si c'est une querelle ou l'on ne doit mourir, seul le champion est pendu, et la partie au procès perd la querelle ainsi que sa voix et ses droits de cour.

L'usage d'un champion est obligatoire pour les femmes, possible pour les hommes malades ou qui ont plus de soixante ans. Mais si leur champion perd il n'échappe pas à la peine. Les gages de batailles entre père et fils et entre frères doivent être refus. Le texte ne le dit pas mais il semble alors qu'ils doivent faire usage eux aussi alors de champions.

Jean d'Ibelin termine sur les batailles judiciaires par le chapitre CX ou il parle de l'accusation de « court fausser ». C'est lorsqu'une personne accuse la cour d'avoir fait un faux ou un déloyal jugement. L'accusateur doit alors combattre tous les hommes juges de la cour qui ont rendu la décision contestée, l'un après l'autre, dans la journée à peine d'être pendu. Si c'est le juge qui perd, il est pendu. Philippe de Novare en parle au chapitre LXXXVII de son Livre[3].

Jean d'Ibelin, au chapitre CLXI de son Livre, prévient incidemment du danger pour toute personne de s'engager dans la bataille judiciaire et de croire que leur champion par sa force apparente gagnera à coup sûr[4].

---

[1] BEUGNOT, vol. 1 : Lois, Livre de Jean d'Ibelin, chap. LXXV, p. 121.

[2] BEUGNOT, vol. 1 : Lois, Livre de Philippe de Novare, chap. IX, X, XII, XIII, XIV, XV, XVI p. 482 et suivant.

[3] BEUGNOT, vol. 1 : Lois, Livre de Philippe de Novare, chap. LXXXVII, p. 560.

[4] BEUGNOT, vol. 1 : Lois, Livre de Jean d'Ibelin, chap. CLXI, p. 250 : « *que chascun grant home et fort et chascum champion afaitié qui gage bataille n'est mie seur de vencre son aversaire ; que mainte fois a l'on veu avenir à un petit home et feible vencre un grant et fort, et que aucun qui n'est mie champion afaitié vencre un autre qui est champion afaitié; et Dieu est droiturier, si ne devroit soufrir que celui qui si desleaument, come est avant dit, tornast le garent, en venist au dessus par bataille; et chascun home doute la mort ou la deit douter, et*

Jacques d'Ibelin et Geoffroy Le Tort indiquent les mêmes cas de batailles judiciaires dans leur Livre et les mêmes indications de déroulement[1].

2. La Bataille judiciaire devant la Cour des Bourgeois

La description du duel judiciaire dans le Livre des Bourgeois est peu développée mais conforme à celle vue dans les Livres sur le droit féodal. Elle est en tout point conforme et quelques précisions sont seulement apportées.

Le roi ou le seigneur de la terre doit, pour les orphelins, orphelines et femmes veuves qui n'ont rien, fournir un champion son armement, vêtements et chausses vermeilles et sa nourriture pour quarante jours maximum[2]. Si un homme est tué et que personne ne réclame bataille, aucun parent ou ami, contre l'accusé pour venger le mort, le roi ou la dame de la ville ou le seigneur de la terre, doit aussi fournir un champion[3]. Ceci seulement si de fait le seigneur est alors son dreit heir. Il se doit alors de venger le sanc dou povre car « *Ce est le dreit et raison par l'us et par lei de Jérusalem* ».

Concernant l'organisation de la bataille judiciaire, ce point est rapidement abordé au chapitre CCLXXV[4]. Le vicomte ou les jurés doivent être présents jusqu'à la fin du combat. Le champion qui appelle du meurtre doit en premier jurer sur l'évangile : « *Tu jures que, enci t'ait Dés et ces saintes Evangiles hui en ce jour, que celuy contre qui tu dés combatre a fait celuy murtre que tu li met sus* ». Puis le champion qui défend son innocence ou celui qui proclame son innocence doit lui jurer sur l'Évangile : « *Tu jures ci sur ces saintes Evangiles que enci t'ait Dieus et ces sains Evangilles hui en ce jour, com tu ne fis onque celuy murtre que l'on te met sus* ». Puis les jurés, deux et deux, doivent donner le bouclier, le tanevas, et le bâton aux parties et les disposer l'un contre l'autre de sorte qu'ils soient disposés avec le soleil sur le côté pour ne privilégier personne. Le combat commence alors à tierce après que le crieur est crié le banc par trois fois au nom du seigneur le début du combat. Les jurés doivent se positionner hors du champ mais de sorte qu'ils puissent entendre les mots de celui qui se reconnaît comme vaincu. Le perdant doit alors être pendu. Le chapitre CCLXXVI, précise que les Syriens, les Grecs et les sarrasins ne peuvent être champions contre un chrétien franc sauf si eux-mêmes sont accusés de meurtre ou de trahison ou d'hérésie par un Franc[5].

L'auteur du Livre Contrefais consacre, lui, un long chapitre à la bataille pour meurtre et apporte des précisions d'importance[6]. Il fait directement référence au livre de Jean d'Ibelin et pour lui ces dispositions sont identiques dans les deux cours. Ce chapitre XXV de la seconde partie dispose que premièrement en cas de meurtre le corps de la victime doit être présenté au vicomte et aux jurés, soit à la cour soit sur

---

deit douter d'entrer en champ à tort et en faus gages, que il li covendroit combatre à tort et parjur; et moult de feis a l'on veu mesavenir à ciaus qui le faisoient ».

[1] BEUGNOT, vol. 1 : Lois, Livre de Jacques d'Ibelin, chap. XV, XVI, XVII, XVIII, XIX, XX, XXI, XXII et XXIII ; et Livre de Geffroy Le Tort, chap. XXII, XXIII, XXIV, XXV, XXVI, XXVII et XXIX.

[2] BEUGNOT, vol. 2 : Lois, Livre des Assises de la Cour de Bourgeois, chap. CCLXXIII, p. 206.

[3] *Ibid.*, chap. CCLXXIV, p. 207.

[4] *Ibid.*, chap. CCLXXV, p. 207.

[5] BEUGNOT, vol. 2 : Lois, Livre des Assises de la Cour de Bourgeois, chap. CCLXXVI, p. 209.

[6] BEUGNOT, vol. 2 : Lois, Livre Contrefais, Partie II, chap. XXV, p. 326.

place. Si l'accusateur ne le fait pas il perd son droit de bataille et devra « *VII. sous et demi* » à la cour ; l'accusé sera lui quitte du crime. Puis celui qui se clame doit faire appeler celui qu'il pense être le coupable et dire : « *Sire visconte, à vous et à la court me clains de Renaut, qui là est, que il a doné les cos ou le cop, ce il n'en a que un cop, que vous et la court avés vehu à tel home, qui là est prezent, de coi il est murtri ... Et ce il veaut dire que ce ne fuce voir, je de mon cors contre le sien li proverai, et le rendrai mort ou recréant en une houre dou jor* ». Et doit tendre ensuite son gage au seigneur. S'il ne le fait pas il perd là aussi son droit de bataille, devra 7 sous et demi à la cour et l'accusé sera quitte du crime. L'accusé doit alors dire : « *Seignors, je noyé le murtre et les cos que l'on me met sus, et sui prest de moi deffendre contre teil, et le doit noumer, de mon cors contre le sien ; et le rendrai mort ou recréant en une houre dou jou* ». Et doit tendre ensuite son gage au seigneur. La cour doit dire ensuite : « *Soyés appareilliés de huy en trois jours, o toutes vos armes que à champion couvient, pour maintenir ce que chascun a dit et enpris à faire* ». Les jurés doivent ensuite dire au vicomte de mettre le clamant et le défendant dans des lieux distincts sous bonne garde mais confortablement. Ils pourront, précise l'auteur recevoir un maître d'armes ou autre pour leur apprendre des techniques de combat. Le vicomte doit ensuite prévenir le chef seigneur de la bataille pour meurtre et du jour.

Au jour de la bataille le clamant doit dire au seigneur devant sa porte, en présence du vicomte et de la cour, tout habillé de rouge, bâton et bouclier à la main : « *Sire, vostre court et vostre visconte m'ont ajorné au jour de huy de venir armé de mes armes come champion ; et voi me ici appareillié, si come je dois, o toutes mes armes, contre Renaut, qui là est, de cui je me suis clamés de cos et de murtre que il a fait* ». L'accusé doit dire ensuite : « *Sire, je viens à vos come devant seignor au jor que vostre court et vostre visconte m'ont ajourné, armé de mes armes come champion, pour moi deffendre contre teil dou murtre et des cos que je ais neé, pour rendre le mort et recréant en une houre dou jor* ». Le seigneur doit commander ensuite que les parties soient conduites au champ, hors de la ville, avec égard. Le chef seigneur doit venir accompagner d'hommes liges chevaliers ou sergents qui défendront le champ avec le vicomte et la cour.

Une fois au champ, le vicomte et la cour contrôlent les armes. Puis les champions doivent jurer sur l'Évangile le serment prononcé par un des jurés : « *Tu jureras sur cestes saintes Evangilles par ton poin déstre, come loyau Crestien, que tu n'en as sur toi nulles armeures dont tu pences greger ne damager Renaut, qui là est, qui o toi ce doit conbatre ; et que tu les heusses sur toi, que tu les métras jus ains que tu ne conbates o lui* ».

Après le seigneur doit dire : « *Laissés les aler encemble* ». Le vaincu doit dire : « *Je suis vencu* ». Si l'un meurt parce qu'il ne veut se reconnaitre vaincu, le champion n'est pas coupable de meurtre. Dans tous les cas le vaincu mort ou vif est pendu. Le champion est « *quites et délivres* ». Il faut remarquer ici que le duel judiciaire ne différait guère entre la Haute Cour et la Cour des Bourgeois que par l'armement des combattants.

Le chapitre XXVI de ce Livre rappelle quatre points de procédure obligatoires à respecter pour le clamant[1] : présenter le corps de la victime, faire mention des coups ayant entraîné la mort, bien présenté son gage et offrir de prouver la culpabilité de l'accusé par bataille. Si l'accusé relève le manquement d'un de ces points de droit il

---

[1] BEUGNOT, vol. 2 : Lois, Livre Contrefais, Partie II, chap. XXVI, p. 336.

doit être reconnu « *quites et délivres* ». L'accusateur est alors condamné à payer « *VII. sous et demi* » à la cour. Si l'accusateur ne relève pas ces points de droit l'action se poursuit. Le chapitre XXVII s'attache à préciser qui peut appeler à une bataille de meurtre au nom de la victime[1] mais c'est une simple reprise des chapitres XV et XVI du Livre de Philippe de Novare[2]. Le chapitre XXIX confirme la possibilité de duels judiciaires entre un chevalier et un sergent[3]. Le chapitre XXX confirme sur l'usage d'un champion pour une femme, un homme âgé de plus de soixante ans ou malade et les cas de bataille judiciaire déjà vus[4].

Il s'agit de remarquer ici qu'il n'y a pas de bataille judiciaire devant la Cour des Bourgeois lorsqu'un justiciable dit que le jugement a été mal rendu, faussement fait, contrairement à la haute Cour. Le coupable est seulement condamné à payer LXVII livres et demi aux jurés et deux Itans au seigneur par juré présent[5]. S'il ne peut payer il doit avoir la langue tranchée au tiers. Philippe de Novare dispose, lui, que dans ce cas, le coupable doit avoir la tête tranchée et si le chef seigneur est magnanime il lui coupera seulement la langue au tiers après avoir entendu le vicomte et les jurés[6]. Toutefois, Novare ajoute que si le coupable se repend par trois fois il doit être pardonné.

---

[1] *Ibid.*, chapXXVII, p. 337.

[2] BEUGNOT, vol. 1 : Lois, Livre de Philippe de Novare, chap. XV et XVI, p. 489.

[3] BEUGNOT, vol. 2 : Lois, Livre Contrefais, Partie II, chap. XXIX, p. 341.

[4] *Ibid.*, XXX, p. 342.

[5] BEUGNOT, vol. 2 : Lois, Livre des Assises de la Cour de Bourgeois, chap. CCLXVIII, p. 203.

[6] BEUGNOT, vol. 1 : Lois, Livre de Philippe de Novare, chap. LXXXVII, p. 561

Annexe V : L'Ost du royaume de Jérusalem en 1266

Les chapitres CCLXXI et CCLXXII[1] du Livre de Jean d'Ibelin nous donnent une idée, plutôt précise, des moyens militaires à la disposition du chef seigneur du royaume de Jérusalem au XIIIe siècle, au moment ou Jean d'Ibelin termine d'écrire son Livre en 1266. Ces chiffres sont conformes à tous les manuscrits jusqu'au XVe siècle, contrairement à ce que soutient Beugnot.

Jean d'Ibelin nous indique en premier, dans ces chapitres, le service des cités royales en chevaliers, qu'il distingue du service des cités du royaume dû par les Bourgeois.

Ainsi, au titre du service militaire féodal des cités du royaume nous avons :

- La sainte cité de Jérusalem doit 41 chevaliers.
  - Lorens de Francleuc : 4 chevaliers.
  - Ancel Babin : 5 chevaliers.
  - La feme Johan Comain : 4 chevaliers.
  - Reimont le Bufle : 3 chevaliers.
  - Henri des Mons : 1 chevalier.
  - Nicolie d'Arrais : 1 chevalier.
  - Simon fils de Pierre l'Ermin : 2 chevaliers.
  - André du Temple : 2 chevaliers.
  - Pierre d'Antill : 1 chevalier.
  - Amauri le fils Arnal : 3 chevaliers.
  - Baudoyn de saint Gille : 3 chevaliers.
  - Simon de Bellem : 1 chevalier.
  - Engcram Pinquegni : 2 chevaliers.
  - Dame Gille, la femme de Johan de Valence : 1 chevalier.
  - Pierre le Noir : 2 chevaliers.
  - Fouque le Noir : 1 chevalier.
  - Ancel le Borgne : 1 chevalier.
  - Hue le Petit : 1 chevalier.
  - Les enfants de Robert de Pinquegni : 2 chevaliers.
  - Estace Patric : 1 chevalier.
- La cité de Naplouse doit 85 chevaliers.
  - Le vicomte : 10 chevaliers.
  - Reniers Rohart et sa mère : 8 chevaliers.
  - Johan Belarnier : 5 chevaliers.
  - Eude de Merle : 4 chevaliers.
  - La femme de Hue de Mimars : 4 chevaliers.
  - La femme de Baudoyn le Prince : 3 chevaliers.
  - La femme de Reimont : 1 chevalier.
  - Johan de Saint Bertin : 1 chevalier.

[1] BEUGNOT, vol. 1 : Lois, Livre de Jean d'Ibelin, chap. CCLXXI et CCLXXII, p. 422-427.

- Constantin le frère de Raimont : 1 chevalier.
- Guillaume le Queu : 1 chevalier.
- Henri le fils de Gui Rays : 1 chevalier.
- La femme de Baudoyn de Paris : 1 chevalier.
- Ysaac de la Pessine : 1 chevalier.
- Rogier l'Ahne : 1 chevalier.
- Ayberi de Roi : 2 chevaliers.
- Bernart Fouchier : 1 chevalier.
- Richart de Nazareth : 1 chevalier.
- Reymont Bahin : 1 chevalier.
- Baudoyn de Rotrines : 1 chevalier.
- La femme de Robert Salibe : 1 chevalier.
- La femme de Michel le Grantu : 1 chevalier.
- Berrart Passerel : 1 chevalier.
- Baudoyn de Ibelin : 4 chevaliers.
- La dame de Cesaire : 2 chevaliers.
- Henri l'Aubalestrier : 1 chevalier.
- Gui de Naples : 1 chevalier.
- Arnaut de Triple : 1 chevalier.
- Renaut de Saisson : 1 chevalier.
- Amauri de Landre : 1 chevalier.
- Phelippe de Nazeret : 1 chevalier.
- Jorge l'Escrivain : 1 chevalier.
- Sire Belleem de Ybelin, pour la terre qu'il tient à Naples :15 chevaliers.
- Simon de Darrian : 2 chevaliers.

\- La cité d'Acre doit 80 chevaliers.

- Le conestable : 10 chevaliers.
- Belleem le Chamberlain : 7 chevaliers.
- Païen, le sire de Kayphas : 7 chevaliers.
- Reymont d'Escandelion : 7 chevaliers.
- Phelippe le Rous : 1 chevalier.
- La femme de Hubbe : 2 chevaliers.
- Girart Espinal : 1 chevalier.
- Dame Gile : 3 chevaliers.
- Guillaume de Mallenbec : 2 chevaliers.
- La femme de Guillaume d'Antioche : 1 chevalier.
- Gautier de saint Denis : 2 chevaliers.
- Rohart Thabor : 1 chevalier.
- Raou de Nazereth : 1 chevalier.
- Simon des Molins : 1 chevalier.
- Jocelin dou Conte : 1 chevalier.
- Jordan de Terremonde : 1 chevalier.
- Michel de Sinay : 1 chevalier.
- Dreue le frère de Gillebert de Fiorri : 1 chevalier.
- Gautier de la Blanche Garde : 9 chevaliers.
  - au titre du fief de Blanche Garde : 8 chevaliers.
  - Arnaut de Brie pour son fief vassal : 1 chevalier.
- La femme de Adam Coste : 1 chevalier.

- Gautier le Bel : 1 chevalier.
- Eudde de la Midde : 1 chevalier.
- Gace le fils de Robert : 1 chevalier.
- Gille de Collavardi : 4 chevaliers.
- Le seneschal : 3 chevaliers.
- Gozertin Bonet : 2 chevaliers.
- Arnaut de Difolle : 1 chevalier.
- Le visconte : 1 chevalier.
- Jodan Harenc : 1 chevalier.
- Johan de Rains : 1 chevalier « pèlerin ».

- La cité de Tyr doit 28 chevaliers.
  - Les Veniciens : 3 chevaliers.
  - Simon de Marrini : 3 chevaliers.
  - La femme de Guillaume le Grant : 2 chevaliers.
  - La femme de Gobert Vernier : 1 chevalier.
  - Fouque de la Falaise : 2 chevaliers.
  - Ancel le fils de Charle : 1 chevalier.
  - Girart Gazel : 2 chevaliers.
  - Henri de Machelin : 1 chevalier.
  - Adam d'Arsur : 1 chevalier.
  - Denis le fils de Jofrei : 1 chevalier.
  - Raoul le Boutillier : 2 chevaliers.
  - Rogier Sauveri : 7 chevaliers.
  - Simon du Molin : 1 chevalier.
  - Rogier le Gast botilier : 1 chevalier.

Il nous semble qu'ici Jean d'Ibelin fait état du service militaire attaché à la seigneurie de la couronne. En effet, Jean d'Ibelin cite le service de la ville de Jérusalem, de la ville de Naplouse, de la ville d'Acre et de la ville de Tyr, en chevaliers et sergents. Or la ville de Jérusalem et de Naplouse ne sont plus respectivement aux mains des Latins respectivement depuis 1244 et 1187. Soit Ibelin fait état ici du service qui devait être dû, soit il fait état ici d'un service réel au nom d'une fiction juridique entretenue par l'existence de familles vassales de la couronne organisées ainsi après les replis des populations. Nous avançons plutôt la deuxième hypothèse. Jean d'Ibelin recense par-là les personnes directement rattachées par leur fief à besant à la seigneurie royale. La cité de rattachement fixant et soulignant alors, selon nous, la dignité du fief et la qualité de la personne. Un fief à besant, dit aussi fief rente ou fief soudé est une pratique courante dans l'Orient latin où il y a peu de terres, nous l'avons vu dans la première partie de notre étude. Cette hypothèse, n'a jamais été jusque-là avancée. Pour la plupart des historiens le Livre de Jean d'Ibelin comme les autres Livres décrivent un droit du passé et non le droit positif du temps de l'écriture, nous l'avons vu.

Nous soulignons ici, dans le sens de notre hypothèse, que le décompte des personnes devant un service en chevaliers, au titre de leur fief attaché à une cité royale, est nominatif dans les quatre villes. Ils sont donc bien vivants au moment où Jean d'Ibelin écrit son Livre. Ce n'est pas un dénombrement impersonnel. Partout ailleurs dans son manuel, il précise quand une personne indiquée est décédée. Ainsi, le découpage en quatre villes du service dû par les vassaux directs de la couronne, très certainement au titre de fiefs à besant, sans réalité territoriale relevant des revenus de la couronne, nous semble donc une hypothèse plus que probable. Nous soulignons aussi, au soutien de notre théorie, que deux fiefs à besant, décrits ici, compensent un fief terrien perdu. On a celui de Belleem de Ybelin, pour la terre qu'il tenait à Naplouse et il est rattaché à la ville de Naplouse. On a aussi celui de Gautier de la Blanche Garde pour son fief perdu en 1244 et il est rattaché à la ville d'Acre. Nous soulignons aussi, toujours dans le sens de notre hypothèse, qu'il est indiqué dans la répartition des services militaires, les fiefs à besant des grands officiers de la couronne. Le connétable, le sénéchal, le chambellan et un vicomte sont fieffés dans la ville d'Acre. Le bouteiller est fieffé dans la ville de Tyr. Un autre vicomte et un écrivain Jorge, sûrement attaché au vicomte, sont fieffés dans la ville de Naplouse. Il nous semble logique que l'office du maréchal n'est pas cité ici car son office est un office vassal de l'office du connétable. Nous savons par ailleurs que, dans le même esprit, les titres des dignités religieuses, même bien après la perte effective du siège, ont perduré. Le patriarche de Jérusalem siégeait à Acre ainsi que le chapitre du Saint-Sépulcre et il nous est donné ici leurs obligations militaires en sergents. De plus, Jean d'Ibelin omet et le précise toujours le service des seigneuries perdues récemment comme celui des évêchés disparus. Il ne serait donc pas étonnant que des personnes au titre d'un fief à besant, dont le revenu est versé par la couronne, soient rattachées fictivement à la ville de Jérusalem, titre originaire et fondateur de la seigneurie de la couronne du royaume de Jérusalem, ou de Naplouse aussi seigneurie royale.

Après la description, selon nous, des effectifs militaires de la couronne, Jean d'Ibelin nous donne le service des « *barons et autre gens* » en chevaliers. Il nous indique ici, le nombre de chevaliers que doivent chaque baronnie ou seigneurie, ainsi que le décompte par vassaux. Jean d'Ibelin précise bien ici dans ces chapitres, qu'il n'indique pas ce que doit fournir la seigneurie de Thoron, de Belinas, de l'Assebebe et de Château neuf, en raison de leur perte. Cette perte a eu lieu en 1266, la même année où Jean d'Ibelin décède. Il n'indique pas non plus, par ailleurs le service des autres seigneuries, dont on a la trace, qui sont tombées au cours du siècle. Ce qui indique véritablement le caractère présent de ce décompte de 1266.

Au titre du service militaire féodal des « *barons et autres gens* », nous avons :

- La première baronnie du royaume, qu'est le comté de Jaffe, doit 100 chevaliers.
    - La terre de Jaffe : 25 chevaliers.
    - La terre d'Escalone : 25 chevaliers.
    - La seigneurie de Rames et de Mirabel : 40 chevaliers.
    - La seigneurie d'Ibelin : 10 chevaliers.

- La deuxième baronnie du royaume, qu'est la principauté de Galilée, doit 100 chevaliers.
    - La terre de « *flum Jordain* » : 60 chevaliers.
    - La terre de « *flum* » : 40 chevaliers.

- La troisième baronnie du royaume, qui est la seigneurie de Sidon, doit 100 chevaliers.
    - La seigneurie de Sidon et de Biaufort : 60 chevaliers.
    - La seigneurie de Cesaire : 25 chevaliers.
    - La seigneurie de Bessan : 15 chevaliers.

- La quatrième baronnie du royaume, qui est le comté de Tripoli, doit 100 ou 200 chevaliers[1].
- La seigneurie du Crac et de Mont Real doit 60 chevaliers.
  - La seigneurie du Crac et de Montréal : 40 chevaliers.
  - La seigneurie de saint Abraham : 20 chevaliers.
- La seigneurie du comte Josselin à Acre doit 24 chevaliers.
  - Le château du roi : 4 chevaliers.
  - Le fief de Saint-Gorges : 10 chevaliers.
  - La terre de sire Geoffroy le Tor : 6 chevaliers.
  - La terre de sire Philippe le Rous : 2 chevaliers.
  - Le fief du Chambellan : 2 chevaliers.
- La seigneurie du Thoron et de Marron doit 18 chevaliers.
  - La terre du Thoron : 15 chevaliers.
  - La terre du Maron : 3 chevaliers.
- La seigneurie du Daron doit 2 chevaliers.
  - Le fief de Gerart de Doai : 1 chevalier.
  - Le fief de Renaut de Mongisart : 1 chevalier.
- La seigneurie de Bayrouth doit 21 chevaliers.

Deux évêques du royaume de Jérusalem doivent au titre de leur seigneurie des chevaliers :

- L'evêque de Saint-George de Lidde : 10 chevaliers.
- L'archevêque de Nazareth : 6 chevaliers.

Jean d'Ibelin, dans un troisième temps et précisément, nous donne les aides militaires en sergents par villes, par évêchés et par abbayse que doivent financer les cités, prélats et religieux latins pour la sauvegarde du royaume.

Au titre du service militaire, les cités du royaume doivent 2425 sergents :

- La sainte cité de Jérusalem doit 500 sergents.
- La cité de Naplouse doit 300 sergents.
- La cité d'Acre doit 500 sergents.
- La cité de Tyr doit 100 sergents.
- La cité de Césaré doit 50 sergents.
- Les cités de Rames de Ibelin et de Mirabel doivent 150 sergents.
- La cité d'Arsur doit 50 sergents.
- La cité d'Escalone doit 150 sergents.
- La cité de Jaffe doit 100 sergents.

[1] BEUGNOT, vol. 1 : Lois, Livre de Jean d'Ibelin, chap. CCLXIX, p. 418 : Le comté est au XIIIe siècle une baronnie du royaume de Jérusalem selon Ibelin et le manuscrit du Vatican indique 200 chevaliers.

- La cité de Lyon doit 100 sergents.
- La cité de Gerin doit 25 sergents.
- La cité de Kayphas doit 50 sergents.
- La cité de Thabarie doit 200 sergents.

Au titre du service militaire, les évêchés du royaume doivent 2600 sergents :

- Le patriarche de Jérusalem doit 500 sergents.
  - L'archevêque de Tyr doit 150 sergents.
  - L'évêque de Sidon doit 50 sergents.
  - L'évêché d'Acre doit 150 sergents.
  - L'archevêque de Cesaire doit 50 sergents.
  - L'évêché du Sabast doit 100 sergents.
  - L'archevêque de Nazareth doit 150 sergents.
  - L'évêché de Thabarie doit 50 sergents.
  - L'abbaye du Mont Tabor doit 50 sergents.
  - L'évêché de Saint-George de Lidde doit 200 sergents.
  - L'évêché de Bethléem doit 200 sergents
  - L'évêché de saint Abraham doit 50 sergents.
  - L'abbaye du Mont de Sion doit 150 sergents.
  - L'abbaye du Temple Domini doit 50 sergents.
  - L'abbaye de la Latine doit 50 sergents
  - L'abbaye de Josaphas doit 150 sergents.
  - L'abbaye du Mont des Oliviers doit 50 sergents.
  - Le chapitre du Sépulcre doit 500 sergents.

Il faut ajouter à ce décompte de l'ost royal, du milieu du XIIIe siècle, composée de 775 chevaliers et de 5025 sergents, le contingent en chevaliers et sergents, non quantifiables, propres aux ordres militaires. Nous ne savons rien sur les contingents de l'ordre du Temple, des teutoniques, des hospitaliers et de Saint-Lazare et de la confrérie des chevaliers du Saint-Sépulcre[1]. Enfin, il faut ajouter les contingents militaires des seigneurs et princes de passage, comme ceux d'Edouard d'Angleterre en 1271, mais aussi les contingents envoyés par les royaumes alliés, comme ceux du royaume de Chypre ou du royaume d'Arménie.

---

[1] Cf. A. DEMURGER, *Les chevaliers du Christ : les ordres religieux militaires au Moyen Age (XIe-XVIe siècle)*, Seuil, 2002 et *Les Templiers : une chevalerie chrétienne au Moyen Age*, Points Seuil, 2008.

Sources

I. Les sources manuscrites des « Assises de Jérusalem »

Les manuscrits du XIVe siècle

1. Paris, B. N. F., Département des manuscrits, Saint-Germain, ms. fr. 19025 (Harlay 426, ancienne cote), *Les Coustumes du royaulme de Jherusalem*, (Livre de Jean d'Ibelin)
2. Oxford, Bodleian, ms. Selden Supra 69, (Summary Catalogue, ms. fr. no. 3457), *The Assizes of Jerusalem, John of Ibelin and others, 14th century, first half, adopted in 1369 as Code of Laws for the Kingdom of Cyprus*
3. Paris, B. N. F., Département des manuscrits, Séguier-Coislin, Saint-Germain français ms. fr. 19026, (430 ancienne cote), *Assises de Jérusalem*
4. Munich, Bayerische Staatsbibliothek, ms. français, Codex Gallus 51, *Livre des Assises de la baisse Court, c'est de la Court dou Visconte dou Reaume de Chipre*
5. Venise, Biblioteca Nazionale Marciana, ms. fr., Str. App. 20 (265), *Assise di Gerusalemme*
6. Erevan, Matenadaran Machtots, ms. 1898

Les manuscrits du XVe siècle

7. Vatican, Biblioteca Apostolica Vaticana, ms. français, codex vaticanus latinus 4789, *Livre de Jean d'Ibelin*
8. Venise, Biblioteca Nazionale Marciana, ms. fr., App. COD. VI., (Chypre, 1436), *Assizes de la Court des Bourgeois du royaume de Jérusalem*
9. Paris, B. N. F., ms. grec 1390, (anciennement coté Colbert 4723), *Assisiarum regni Hierosolymitani pars alter, lingua græca vulgari*

Les manuscrits du XVIe siècle

10. Paris, B. N. F., ms. grec suppl. 465, *Assisiæ regni Hierosolymitani*
11. Athos, Saint Monastère de la Grande Laure de l'Athos, ms. grec
12. Venise, Biblioteca Nazionale Marciana, ms. it. II 46 (anciennement conseil des dix n° 5.057), *Assise di Gerusalemme*
13. Venise, Biblioteca Nazionale Marciana, ms. it. 47 (anciennement conseil des dix n° 5.038), *Assise di Gerusalemme*
14. Gloucester, Cheltenham Bibliothèque de Sir Thomas Phillipps ms. italien, n° 5684, *Assise osia altissima Corte de Hierusaleme Cipro*
15. Paris, B. N. F., ms. français, Dupuy 426, *Assises de Jérusalem*

Les manuscrits du XVIIe siècle

16. Paris, B. N. F., ms. italien 1496, (ancienne côte : Missions étrangères 334 (2)), Relazioni d'ambasciatori del Sec. XVII., 1601/1700, *Livre de Jean d'Ibelin*
17. Carpentras, Bibliothèque Inguimbertine, ms. français n°cgm 1786 (ancienne cote : P., XIX), *Assises et bons usages du roiaume de Hierusalem*
18. Troyes, Médiathèque du Grand Troyes, ms. français, Aube n°cgm 24, *Les Assises et bons usages du royaume de Jerusalem*
19. Paris, B. N. F., ms. français, Dupuy 652, *Livre des ASSISES et bons usages du royaume de JERUSALEM ; Livre des lignages de sa mer*
20. Paris, B. N. F., ms. français, Dupuy 278, *Le livre des Lignages d'outre-mer*
21. Paris, B. N. F., ms. français, 1078, (Anc. 7348/3 (ancienne cote), Baluze 396 (ancienne cote)), *Assises et bons usages de Jerusalem, d'un ms. de la Vaticane et Le Livre des lignages deçà mer*
22. Paris, B. N. F., ms. français, 1077 (ms. fr., Anc. 7347/3 (ancienne cote), Baluze 446 (ancienne cote)), *Assises et bons usages de Jerusalem, d'un ms. de la Vaticane et Le Livre des lignages deçà mer*
23. Paris, Bibliothèque Sainte-Geneviève, ms. français, 778, *Assises et bons usages de Jerusalem*
24. Paris, B. N. F., ms. italien 28 (Gaston d'Orléans 28 (ancienne cote), Regius 8390 (ancienne cote)), *Le Assise dell'alta Corte del Regno di Hierusalem et Cypro, tradotte da francese in lingua italiana de ordine de la Serenissima Ducal Signoria di Venetia per me Florio Bustron, cosi comandato da li Signori Rectori di questo regno de Cypro come nodaro eletto da li magnifici Deputati sopra la dicta traductione*
25. Paris, B. N. F., ms. italien 29 (Gaston d'Orléans 29 (ancienne cote), Regius 8391 (ancienne cote)), *Le Assise dell'alta Corte del Regno di Hierusalem et Cypro, tradotte da francese in lingua italiana de ordine de la Serenissima Ducal Signoria di Venetia per me Florio Bustron, cosi comandato da li Signori Rectori di questo regno de Cypro come nodaro eletto da li magnifici Deputati sopra la dicta traductione*
26. Vienne, Bibliothèque Palatine (Copies Foscarini 153), manuscrit en italien n° 6256, *Assise di Cipri tradotte da Florio Bustron*
27. Bologne, Bibliothèque universitaire, Cod ital n°1076 Tome 1, *Alta Corte le Assise buone usanze del reame di Hierusalem*

Les manuscrits du XVIIIe siècle

28. Munich, Bayerische Staatsbibliothek, ms. français, Codex Gallus 771, *Assises de Lorraine (Jérusalem)*
29. Paris, B. N. F., Département des manuscrits, ms. fr. 12206, (Supplément français 1540 ter, (ancienne cote)), *Assises de la haute court du royaume de Jérusalem, tirées de la bibliothèque de Saint-Marc de Venise. MDCCXC*
30. Paris, B. N. F., Département des manuscrits, ms. fr. 12207, (Supplément français 1540 ter, (ancienne cote)), *Assises de la basse court du royaume de Jérusalem, tirées de la bibliothèque de Saint-Marc de Venise. MDCCXC*
31. Vatican, Biblioteca Apostolica Vaticana, codex vaticanus latinus, ms. italien, 7806 A, *Livre des lignages d'Outremer*

II. Les éditions des manuscrits et des Livres des « Assises de Jérusalem »

A. L'édition des « Assises de Jérusalem » du XVIe siècle

DA GIOVANNI D'IBELIN, *L'Alta corte. Le assise et bone usanze del reame de Hyerusalem, La Bassa corte, Le Assise et bone usanze del reame de Hyerusalem*, 2 parties en 1 vol. in-fol, stamp. di A. Pincio, Venetia, 1535

B. Les éditions des « Assises de Jérusalem » du XVIIe siècle

LABBE Philippe, s.j., *L'Abrégé Royal de l'Alliance chronologique de l'histoire sacrée et profane, des Patriarches, Juges et Roys de l'ancien Testament, des Souverains Pontifes de l'Eglise, des Empereurs de Rome, de Grèce, d'Allemagne, Payens, Chrestiens et Othomans, des Roys, Princes, etc. avec le lignage d'Outremer, les Assises de Jérusalem, et un Recueil historique de Pièces anciennes*, Meturas, Paris, 1651, 2 Volumes

THAUMASSIERE (de la) Gaspard Thaumas, ed., *Coustumes de Beauvoisis par messire Philippes de Beaumanoir, Assises et bons usages du royaume de Jerusalem, par messire Jean d'Ibelin, et autres anciennes coutumes*, Bourges, 1690.

C. Les éditions des « Assises de Jérusalem » du XVIIIe siècle

CANCIANI Paul, *Barbarorum leges antiquae, « et Assisiae regni hierosolymitani ad inferiorem curiam pertinentes continentur »*, Volume II, Venise, 1781

CANCIANI Paul, *Barbarorum leges antiquae, « et Assisiae regni hierosolymitani ad superi curia pertinentes continentur »,* Volume V, Venise, 1781

D. Les éditions des « Assises de Jérusalem » du XIXe siècle

BEUGNOT Auguste-Arthur, *Les Assises de Jérusalem ou Recueil des ouvrages de jurisprudence composés pendant le XIIIe siècle dans les royaumes de Jérusalem et de Chypre*, ed., Recueil des historiens des croisades, vol. 1 : Lois (Paris : Académie royale des inscriptions et belles-lettres, 1841)

BEUGNOT Auguste-Arthur, *Les Assises de Jérusalem ou Recueil des ouvrages de jurisprudence composés pendant le XIIIe siècle dans les royaumes de Jérusalem et de Chypre*, ed., Recueil des historiens des croisades, vol. 2 : Lois, (Paris : Académie royale des inscriptions et belles-lettres, 1843)

FOUCHER Victor, *Assises du Royaume de Jérusalem (textes français et italien), conférées entre elles, ainsi qu'avec les lois des Francs, les capitulaires, les établissements de saint-Louis et le droit romain, suivies d'un précis historique et d'un glossaire*, Rennes, Blin, 2 vol., 1839-1841

KAUSLER (von) Eduard Heinrich, *Les Livres des Assises et des Usages dou Reaume de Jerusalem : sive Leges et Instituta Regni Hierosolymitani,* Stuttgart, 1839

PARDESSUS Jean-Marie, *Collection des lois maritimes antérieures au XVIIIe siècle*, Imprimerie royale, Paris, 1828, T.1, p. 282

SATHAS Constantine, *Bibliotheca Graeca, Medii Aevi*, Maisonneuve, Paris, Vol. VI, 1877

E. Les éditions des « Assises de Jérusalem » du XXe siècle

ZELLER (Von DR. jur.) Henrich Ludwig, *Die Assisen von Jerusalem nach der Handschrift München Cod. gall. n° 51, Diplomatischer Abdruck mit deutscher Übersetzung, Einleitung, Glossar…*, Berlin : R. L. Prager, 1910

GREILSAMMER Myriam, *Le Livre au roi*, Académie des inscriptions et et belles-lettres, Paris, 1995

F. Les éditions des « Assises de Jérusalem » du XXIe siècle

COUREAS Nicholas, *The Assizes of the Lusignan Kingdom of Cyprus*, (traduction anglaise du grec), Nicosia : Cyprus Research Centre, 2002

EDBURY Peter. W., *John of Ibelin, le Livre des Assises*, ed., Leiden, 2003

EDBURY Peter. W., *Philip of Novara, Le Livre de Forme de Plait*, éd. & trans., Nicosia, 2009

NIELEN Marie-Adélaïde, *Lignages d'outremer*, Académie des inscriptions et belles-lettres, Paris, 2003

III. Les autres sources imprimées du droit hiérosolymitain

A. Le concile de Naplouse de 1120

MANSI Jean, *Sacrorum conciliorum, nova et amplissima collectio*, 31 volumes, in-folio, Florence et Venise entre 1759 et 1798, XXI, col. 262

KEDAR Benjamin Z., *On the Origins of the Earliest Laws of Frankish Jerusalem* : The Canons of the Council of *Nablus*, Speculum LXXIV (2), 1999

B. Les Chartes de Terre-Sainte provenant de l'abbaye de Notre-Dame de Josaphat

DELABORDE François, *Chartes de Terre-Sainte provenant de l'abbaye de l'abbaye de Notre-Dame de Josaphat*, XIXe fascicule des Publications de l'école française de Rome et d'Athènes, Paris, Thorin, 1880

KOHLER Charles, *Chartes de l'abbaye de Notre-Dame de la Vallée de Josapahat en Terre-Sainte (1108-1291), Analyses et extraits*, Revue de l'Orient latin n° 7, 1899

C. Regesta Regni Hierosolymitani

Regesta Regni Hierosolymitani (MXCVII-MCCXCII), ROCHRICHT Reinhold, ed., Libraria Academica Wagnerianer, Innsbruck, 1904

D. Tractus de locis et statu sancte terre Ierosolimitane

KEDAR Benjamin Z., « *The Tractatus de locis et statu sancta terre* », *The Crusades and their Sources,* Essays Presented to Bernard Hamilton, Aldershot, Ashgate, 1998, p. 123-131.

E. Bullarium Cyprium

Bullarium Cyprium, C. SCHABEL, J. RICHARD, C. PERRAT éd., « *Texts and Studies in the History of Cyprus, 64, 68* », Nicosia, 2010, 2012, vol. 3

F. Lettres historiques des croisades

Inventaire critique des lettres historiques des croisades (768-1100), éd. Comte P. RIANT, Ernest Leroux éditeur, Paris, 1880

Lettres inédites concernant les croisades (1275-1307), éd. C. KOHLER et C.-V. LANGLOIS, Bibliothèque de l'École des Chartes n° 52, 1891, p. 46-63

G. Le cartulaire de l'église du Saint-Sépulcre de Jérusalem

BRESC-BAUTIER Geneviève, *Le cartulaire du chapitre du Saint-Sépulcre de Jérusalem*, « Documents relatifs à l'histoire des Croisades publiés par l'Académie des inscriptions et belles-lettres, 15. », P. Geuthner éd., Paris, 1984

ROZIERE Eugène (de), *Cartulaire de l'église du Saint-Sépulcre de Jérusalem, publié d'après les Manuscrits du Vatican (ms.Vatican. latin. 7241)*, Paris, Imprimerie Nationale, 1849

TARDIF Adolphe, *Cartulaire de l'église du Saint-Sépulcre de Jérusalem*, Bibliothèque de l'école des chartes, 1852, tome 13, p. 513-532

H. Le cartulaire de la Cathédrale de la Sainte Sagesse de Nicosie

COUREAS Nicholas et SCHABEL Christopher (Ed.), *The Cartulary of the Cathedral of Holy Wisdom of Nicosia*, Nicosie, 1997

I. La règle du Temple

CURZON Henri (de), *La règle du temple, publiée pour la société de l'histoire de France*, Renouard, 1886

J. Le cartulaire du Temple

Cartulaire général de l'ordre du Temple (1119–1150), Marquis d'ALBON éd., Librairie ancienne Honoré Champion, Paris, 1913

K. Le cartulaire de l'Ordre Teutonique

STREHLKE Ernst, *Tabulae Ordinis Teutonici*, Berlin, 1869

L. Le Code Diplomatique de l'Ordre de Saint-Jean de Jérusalem

DELAVILLE LE ROULX Joseph, ed., *Cartulaire général des Hospitaliers de S. Jean de Jérusalem (1100- 1310)*, vol. 1 (1100-1200), Ernest Leroux, Paris, 1894

DELAVILLE LE ROULX Joseph, *Les archives, la bibliothèque et le trésor de l'ordre de Saint-Jean de Jérusalem à Malte*, « Bibliothèques des Écoles françaises d'Athènes et de Rome, 32 », Thorin, Paris, 1883

PAOLI Sebastiano, *Codice Diplomatico del sacro militare ordine Gerosolimitano oggi di Malta raccolto da vari documenti di quell'archivio, per servire alla storia dello stesso Ordine*, Lucques, 1733-1737, 2 vol. in-fol.

M. Le cartulaire de l'Ordre de Saint-Lazare

MARSY Arthur (comte de), *Fragment d'un Cartulaire de l'Ordre de S.Lazare en Terre sainte*, Gênes, Imprimerie de l'Institut royal des sourds-muets, 1883

N. Chartes, documents, lettres, diplômes, traités de Chypre sous la domination des Lusignan

KOHLER Charles, « Documents chypriotes du début du XIVe siècle », Revue de l'Orient Latin n° 11 3-4, 1908, p. 440-452.

KOHLER Charles, « Documents inédits concernant l'Orient latin et les croisades (XIIe-XIVe siècle) », Revue de L'Orient latin n° 7, 1899, p. 1-37

MAS-LATRIE Louis (de), *Histoire de l'île de Chypre sous le règne des princes de la maison de Lusignan*, d'après un mémoire couronné par l'Académie des inscriptions et belles-lettres, Paris, Imprimerie impériale, 1852 t. II et 1855 t. III, (Chartes, documents, lettres, diplômes, traités de Chypre sous la domination des Lusignan)

MAS LATRIE (de) Louis, *Nouvelles preuves de l'histoire de Chypre sous le règne des princes de la maison de Lusignan*, Paris, Baur et Detaille Librairie, 1874

RICHARD Jean, *Chypres sous les Lusignans, Documents chypriotes des Archives du Vatican (XIVe et XVe siècles)*, Geuthner, Paris,1962

O. Le « Livre des remembrances » de la Secrète du royaume de Chypre

VIOLLET Paul, *Les Remembrances de la haute cour de Nicosie*, Gênes, impr. de l'Institut royal des sourds-muets, 1881

RICHARD Jean et PAPADOPOULOS Théodore, *Le « Livre des remembrances » de la Secrète du royaume de Chypre (1468-1469)*, Nicosie : Centre de recherches scientifiques, Sources et études de l'histoire de Chypre, 1983

SANUDO Marino Torsello, *The Book of the Secrets of the Faithful of the Cross (Liber Secretorum Fidelium Crucis)*, tr. Peter Lock, Farnham, Ashgate, 2011

IV. Les autres sources du droit de l'Orient Latin

A. Le code juridique du royaume arménien de Cilicie

RICHARD Jean, « La diplomatique royale dans les royaumes d'Arménie et de Chypre (XIIe-XVe siècles) », In Bibliothèque de l'école des chartes, 1986, tome 144, (1) p. 69-86

B. Les Assises d'Antioche

Assises d'Antioche, reproduites en français et publiées au sixième centenaire de la mort de Sempad, le connétable, leur ancien traducteur arménien, dédiées à l'Académie des Inscriptions et Belles-Lettres de France par la Société Mekhithariste de Saint-Lazare, Venise, 1876

MAS-LATRIE Louis (de), *Assises d'Antioche*..., In Bibliothèque de l'école des chartes, 1876, tome 37, p. 541-546

C. Les Assises de Romanie, de la principauté de Morée ou d'Achaïe

Actes relatifs à la principauté de Morée (1289-1300), pub. par Charles PERRAT et Jean LONGNON, Collection de documents inédits sur l'histoire de France, série in-8°, VOL. 6, Bibliothèque nationale, Paris 1967

CANCIANI Paolo, *Liber Consuetudinum imperii Romaniae, in Venetorum et Francorum ditionem redacti, concinnatus in usum Principatus Achajae a Serenissima Republica Veneta. Barbarorum leges antiquae III*, Venice, 1785

JACOBY David, *La féodalité en Grèce médiévale : les « Assises de Romanie », sources, application et diffusion*, Mouton et Cie, Paris, La Haye, 1971

RECOURA Georges, Les Assises de Romanie, Edition Critique avec une Introduction et des Notes, Edité par Honoré Champion, Paris, 1930

TOPPING Peter W., *Feudal Institutions as Revealed in the Assizes of Romania : The Law Code of Frankish Greece* ; Translation of the Text of the Assizes with a Commentary on Feudal Institutions in Greece and Medieval Europe, Philadelphia, University of Pennsylvania Press, 1949

Bibliographie spécialisée

A. Monographies

EDBURY Peter W., *John of Ibelin and the Kingdom of Jerusalem*, Woodbridge, Suffolk, The Boydell Press, 1997

EDBURY Peter W., *Law and History in the Latin East*, Ashgate Publishing Limited, 2014

MAYER Hans Eberhard, *Von der Cour des Bourgeois zum öffentlichen Notariat Die freiwillige Gerichtsbarkeit in den Kreuzfahrerstaaten*, Wiesbaden, Harrossowitz Verlag, 2016

MONNIER Francis, *Godefroi de Bouillon et les Assises de Jérusalem*, avec des documents inédits, Librairie académique Didier et Cie, Éditeurs, Paris, 1874

B. Articles

BEUGNOT Auguste Arthur, « Mémoire sur le régime des terres dans les principautés fondées en Syrie par les Francs à la suite des croisades », [Premier article.], in *Bibliothèque de l'école des chartes*, 1853, tome 14, p. 529-545

BEUGNOT Auguste Arthur, « Mémoire sur le régime des terres dans les principautés fondées en Syrie par les Francs à la suite des croisades », [Deuxième article.], in *Bibliothèque de l'école des chartes*, 1854, tome 15, p. 31-57

BEUGNOT Auguste Arthur, « Mémoire sur le régime des terres dans les principautés fondées en Syrie par les Francs à la suite des croisades », [Troisième article.], in *Bibliothèque de l'école des chartes*, 1854, tome 15, p. 236-262

BEUGNOT Auguste Arthur, « Mémoire sur le régime des terres dans les principautés fondées en Syrie par les Francs à la suite des croisades », [Quatrième article.], in *Bibliothèque de l'école des chartes*, 1854, tome 15, p. 409-429

BEUGNOT Auguste Arthur, « Notice sur la vie et sur les écrits de Philippe de Navarre », in *Bibliothèque de l'école des chartes*, 1841, tome 2, p. 1-31

BISHOP Adam, « Adaptations of the Roman Lex Aquilia in the Burgess Assizes of Jerusalem », *Crusading in Art,* Thought and Will, Brill, 2018, p.110-125

BRUNDAGE James, « Latin Jurists in the Levant, The Legal Elite of the Crusader States », in *Shatzmiller*, 1993, p. 18-42

BRUNDAGE James, « Marriage Laws in the Latin Kingdom of Jerusalem », *Outremer : Studies in the History of the Crusading Kingdom of Jerusalem Presented to Joshua Prawe*r, Jérusalem, Yad Ben Zvi, 1982, p. 258-271

EDBURY Peter W., « Culturel encounters in the Latin East : John of Jaffa and Philip of Novara », *Cultural Encounters during the Crusades*, Odense, University Press of Southern Denmark, 2013, p. 229-236

EDBURY Peter W., « Fief and Vassals in the Kingdom of Jerusalem : From the Twelfth Century to the Thirteenth », *Crusades*, 1 (2002), p. 49-62

EDBURY Peter W., « Philip of Novara and the Livre de forme de plait », *Praktika tou tritou diethnous kyprologikou sunedriou*, t. 2, Nicosie, Etaireia Kupriakou Spoudou, 2001, p. 555-569.

EDBURY Peter W., « The Ibelin Counts of Jaffa : A previously Unknown Passage from the « lignages d'Outremer » », *The English Historical Review*, Jul. 1974, Vol. 89, No. 352, p. 604-610

EDBURY Peter W., « The Livre des Assises by John of Jaffa : the development and Transmission of the Text », *The Crusades and their Sources : Essays presented to Bernard Hamilton*, Aldershot, Ashgate, 1998, p. 164-174

EDBURY Peter W., « The Livre des Assises by John of Jaffa : the development and transmission of the text », *Law and History in the Latin East*, Farnham, 2014, n° IV

EDBURY Peter W., « Women and the Customs of the High Court of Jerusalem according to John of Ibelin », *Chemins d'Outre-mer : études d'histoire sur la Méditerranée médiévale offertes à Michel Balard*, Paris, 2004, p. 285-292

EDBURY Peter William, « The 'Livre' of Geoffrey le Tor and the 'Assises' of Jerusalem », in *M.J. Peláez, ed. Historia administrativa y ciencia de la administración comparada. Trabajos en homenaje a Ferran Valls i Taberner*, vol 15 (Barcelona: Promociones Publicaciones Universitarias, 1990), repr. in *Kingdoms of the Crusaders : From Jerusalem to Cyprus* (Aldershot: Ashgate, Variorum Collected Series Studies, 1999)

EDBURY Peter., « Law and Custom in the Latin East : Les Letres dou Sepulcre », *Intercultural Contacts in the Medieval Mediterranean : Studies in Honour of David Jacoby*, London, Frank Cass, 1996, p. 71-79

ESZLARY (d') Charles, « L'influence des Assises de Jérusalem sur la Bulle d'or hongroise », in *Le Moyen Âge* vol. 60 (1954) p. 335-378

GANSHOF François-Louis, « Compte rendu de l'Étude critique sur les Livres des Assises de Jérusalem », *Revue belge de philologie et d'histoire*, vol. 4, n° 2 (1925), p. 520

GERAUD Hercule, « Assises de Jérusalem, ou recueil des ouvrages de jurisprudence composés pendant le treizième siècle dans les royaumes de Jérusalem et de Chypre », t. I, Assises de la Haute-Cour, par le comte Beugnot…, in *Bibliothèque de l'école des chartes*, 1841, tome 2, p. 289-292

GRANDCLAUDE Maurice, « Caractère du Livre au Roi », Revue historique de droit français et étranger, 5 (1926), p. 308-314

GRANDCLAUDE Maurice, « Classement sommaire des manuscrits des principaux livres des Assises de Jérusalem », *Revue historique de droit français et étranger*, 5 (1926), p. 418-475

GRANDCLAUDE Maurice, « Liste des assises remontant au premier royaume de Jérusalem (1099-1187) », in *Mélanges Paul Fournier*, Paris, 1929, p. 329-345

GREILSAMMER Myriam, « Anatomie d'un mensonge : le Livre au Roi et la révision de l'histoire du royaume latin de Jérusalem par les juristes du XIIIe siècle », *Tijdschrift voor Rechtsgeschiedenis*, n°67 3-4, 1999, p. 239-254

GREILSAMMER Myriam, « L'imaginaire masculin et la soumission des vassales dans le Royaume latin de Jérusalem : un jalon supplémentaire dans l'Histoire de la violence symbolique envers les femmes », *Journal of Medieval History*, n°27, 2001, p. 331-363

GRIEF Esteban Augusto, « Los Assises de la Cour de Bourgeois y la práctica médica en el Reino Latino de Jerusalén », Universidad Gabriela Mistral, Centro de Estudios Medievales, *Revista Chilena de Estudios Medievales,* 14, 3-2019, p. 64-74

LA MONTE John L., « Three questions concerning the Assises de Jerusalem », *Byzantina- Metabyzantina 1 (1946)*, p. 201-211

LAJARD Félix, « Philippe de Navarre, Jean d'Ibelin, Geoffroi le Tort, Jacques d'Ibelin, et rédacteurs anonymes des Assises de Jérusalem », *Histoire littéraire de la France*, Paris, Firmin Didot et Treuttel et Wurtz, t. 21, 1847, p. 433-467
LEFEBVRE Jean-Luc, « Aux sources de la *Magna Carta* (1215) : le droit du Royaume franc et latin de Jérusalem », in *Le huitième centenaire de la Magna Carta,* sous la direction de Emmanuel CARTIER et Jean-Pierre MACHELON, Mare et Martin, Droit public, Université de Lille, 2017
LOUD Graham A., « The Assise sur la Ligece and Ralph of Tiberias », *Crusade and settlement*, Papers reads at the First Conference of the Society for the Study of the Crusades and the Latin East and presented to R. C. Smail, Cardiff, University College Cardiff Press, 1985
MAYER Hans Eberhard, « Ibelin vs. Ibelin: The Struggle for the Regency of Jerusalem 1253-1258 », *Proceedings of the American Philosophical* Society, n°122, 1978, p. 25-57
MAYER Hans Eberhard, « The Concordat of Nablus », *Journal of Ecclesistical History*, n°33, 1982, p. 531-543
MEYNAL Edmond, « De quelques particularités des successions féodales dans les Assises de Jérusalem », *Nouvelle revue historique de droit français et étranger*, vol. 16 (1892), p. 408-426
NADER Marwan, « Urban Muslims, Latin laws, and legal institutions in the Kingdom of Jerusalem », *Medieval Encounters* 13 (2007), p. 249-251
NIELEN-VANDEVOORDE Marie-Adélaïde, « Un livre méconnu des Assises de Jérusalem : les Lignages d'outremer », in *Bibliothèque de l'école des chartes*, 1995, tome 153, livraison 1. p. 103-130
PARDESSUS Jean-Marie, « Mémoire sur l'origine du droit coutumier en France, et sur son état jusqu'au XIIIe siècle », *Mémoires de l'Institut national de France*, tome 10, Paris, 1833, p 666-765
PARDESSUS Jean-Marie, « Rapport fait à l'Académie des inscriptions et belles-lettres, au nom de la commission des travaux littéraires, sur la publication des Assises de Jérusalem », dans la séance du 16 février 1838
PARIS Paulin, « Note sur l'édition de Beugnot », *Journal des savants*, Imprimerie royale, Paris, juillet, 1841
PRAWER Joshua, « Estates, Communities and the Constitution of the latin Kingdom », in *Proceedings de l'Académie israélienne*, 1966
PRAWER Joshua, « Étude préliminaire sur les sources et la composition du Livre des Assises des Bourgeois », *Revue historique de droit français et étranger* (1922-), Quatrième série, Vol. 31 (1954), p. 358-382
PRAWER Joshua, « Étude sur le droit des Assises de Jérusalem : droit de confiscation et droit d'exhérédation », *Revue historique de droit français et étranger*, 39 (1961), p. 520-551 et 40 (1962), p. 29-42
PRAWER Joshua, « Étude sur le droit des Assises de Jérusalem », in *La Revue historique de droit français et étranger*, 1962
PRAWER Joshua, « L'établissement des coutumes du marché à Saint-Jean-d'Acre », in *Revue historique de droit français et étranger*, Vol. 28, 1951, p. 329-351
PRAWER Joshua, « L'établissement des coutumes du marché à Saint-Jean-d'Acre », in *Revue historique de droit français et étranger*, 1951
PRAWER Joshua, « La noblesse et le régime féodal du royaume latin de Jérusalem », in *Le Moyen Âge*, 1959

RECOURA Georges, « Notes sur six manuscrits inédits ou peu connus des assises de Jérusalem », in *Mélanges d'archéologie et d'histoire*, tome 42, 1925, p. 147-166
RILEY_SMITH Jonathan, « The Assise sur la Ligece and the Commune of Acre », *Traditio*, t. XXVII (1971), p. 184-185
TAILLANDIER Alphonse-Honoré, « Dissertation sur les Assises de Jérusalem », *La Thémis*, t. VII, 10ième livraison, 1824, p. 1-20
TOPPING Peter W., « The Formation of the Assizes of Romania », *Byzantion*, Vol. 17 (1944-1945), p. 304-314

C. Thèses

BISHOP Adam, *The Criminal Law and the development of the legal system of the crusader Kingdom of Jerusalem in the twelfth century*, Doctor of Philosophy, Centre for Medieval Studies University of Toronto, 2011 (199 p.)
CHRISTIN Pierre, *Les classes inférieures d'après les Assises de Jérusalem*, Thèse pour le doctorat, Université de Poitiers, Faculté de droit, 1912 (173 p.)
DERAZE Edmond, *Le mariage d'après les Assises de Jérusalem*, Thèse pour le doctorat, Université de Poitiers, Faculté de droit, Imprimerie Blais et Roy, 1910 (120 p.)
DODU Gaston, *Histoire des institutions monarchiques dans le royaume latin de Jérusalem 1099-1291* (Thèse présentée à la faculté des lettres de Paris), Paris, Librairie Hachette et Cie, 1894 (380 p.)
GRANDCLAUDE Maurice, *Étude critique des livres des Assises de Jérusalem*, Jouve et Cie, Paris, 1923 (185 p.)
MARQUE Robert, *Les cessions testamentaires d'après les Assises de Jérusalem*, 1912 (113 p.)
NADER Marwan, *Burgesses and Burgess Law in the Latin Kingdoms of Jerusalem and Cyprus (1099-1325)*, Aldershot : Ashgate, 2006 (238 p.)
NIELEN-VANDEVOORDE Marie-Adélaïde, *Les "Lignages d'Outremer" et la société nobiliaire de l'Orient latin*, diplôme d'archiviste paléographe, École nationale des chartes, Paris, 1990, (253 p.)
VIOLET Paul, *Étude sur la cour du vicomte, ou juridiction bourgeoise en Orient au temps des croisades*, thèse d'École des chartes, 1862. (Thèse manuscrite), Archives nationales, fonds Paul Viollet, cote AB/XIX/3201 (87 p.)

D. Colloque

Colloque « Autour des Assises de Jérusalem », sous la direction de Jérôme Devard et Bernard Ribémont, Université d'Orléans, Orléans 21-22 mai 2015, Classiques Garnier, Collection / Revue : POLEN, Pouvoirs, lettres, normes, n° 10, 2018
Contributions :
Michel Balard, « Remarques sur les Assises de Jérusalem, » p. 19-30
Jérôme Devard, « La « légendarisation » de Godefroy de Bouillon, Etude d'un processus de mythification », p. 31-44
Ahmed Djelida, « Le contrôle de la féodalité par le roi au XIIe siècle, Les cas hiérosolymitain et siculo-normand », p. 45. 62
Marie-Geneviève Grossel, « L'image de la féodalité dans l'Historia Orientalis de Jacques de Vitry », p. 63-78
Jérôme Devard, « Aux origines du péché originel quant à la mauvaise utilisation des Assises de Jérusalem, L'édition de Gaspard Thaumas de la Thaumassière (1690) », p. 79-92
Florian Besson, « La justice, le souverain et le pouvoir dans le Livre du Roi », p. 95-112
Adam Bishop, « Les Assises de la Cour des Bourgeois et la question de leurs sources », p. 113-126
Muriel Bonnaud, « Le règlement des conflits dans le Livre des Assises de Jean d'Ibelin », p. 127-142
Peter Edbury, « The Assizes of Jerusalem and legal practice, the political crisis in Cyprus in the early fourteenth century », p.143-158
Myriam Greisalmmer, « L'instrumentalisation du mariage des vassales dans les Assises de Jérusalem », p. 159-180
Corinne Leveleux-Texeira, « La procédure criminelle dans les Assises de Jérusalem », p. 181-204
Marie-Adélaïde Nielen, « Les lignages d'Outremer : un texte ou des textes ? », p. 205-216
Stéphane Boissellier, « Conclusions, La société, le droit et l'imaginaire dans l'Orient latin », p. 217-232

Colloque du Département d'Études médiévales de l'Université de Paris-Sorbonne (Paris IV), *Culture et civilisation médiévales (V) : Jérusalem, Rome, Constantinople : l'image et le mythe de la ville au Moyen Âge*, Presses de l'Université de Paris-Sorbonne, Paris, 1986

Table des matières

Structures éditoriales du groupe L'Harmattan

L'Harmattan Italie
Via degli Artisti, 15
10124 Torino
harmattan.italia@gmail.com

L'Harmattan Hongrie
Kossuth l. u. 14-16.
1053 Budapest
harmattan@harmattan.hu

L'Harmattan Sénégal
10 VDN en face Mermoz
BP 45034 Dakar-Fann
senharmattan@gmail.com

L'Harmattan Cameroun
TSINGA/FECAFOOT
BP 11486 Yaoundé
inkoukam@gmail.com

L'Harmattan Burkina Faso
Achille Somé – tengnule@hotmail.fr

L'Harmattan Guinée
Almamya, rue KA 028 OKB Agency
BP 3470 Conakry
harmattanguinee@yahoo.fr

L'Harmattan RDC
185, avenue Nyangwe
Commune de Lingwala – Kinshasa
matangilamusadila@yahoo.fr

L'Harmattan Congo
67, boulevard Denis-Sassou-N'Guesso
BP 2874 Brazzaville
harmattan.congo@yahoo.fr

L'Harmattan Mali
ACI 2000 - Immeuble Mgr Jean Marie Cisse
Bureau 10
BP 145 Bamako-Mali
mali@harmattan.fr

L'Harmattan Togo
Djidjole – Lomé
Maison Amela
face EPP BATOME
ddamela@aol.com

L'Harmattan Côte d'Ivoire
Résidence Karl – Cité des Arts
Abidjan-Cocody
03 BP 1588 Abidjan
espace_harmattan.ci@hotmail.fr

Nos librairies en France

Librairie internationale
16, rue des Écoles
75005 Paris
librairie.internationale@harmattan.fr
01 40 46 79 11
www.librairieharmattan.com

Librairie des savoirs
21, rue des Écoles
75005 Paris
librairie.sh@harmattan.fr
01 46 34 13 71
www.librairieharmattansh.com

Librairie Le Lucernaire
53, rue Notre-Dame-des-Champs
75006 Paris
librairie@lucernaire.fr
01 42 22 67 13

www.ingramcontent.com/pod-product-compliance
Lightning Source LLC
LaVergne TN
LVHW011158061026
849535LV00003B/778
* 9 7 8 2 1 4 0 3 4 7 2 8 3 *